INTRODUÇÃO À ARQUITETURA

Os autores

FRANCIS D. K. CHING é Professor Emérito de Arquitetura na Universidade de Washington. Ele é autor ou coautor de inúmeros livros de arquitetura e projeto, incluindo *Arquitetura: Forma, Espaço e Ordem* (3.ed.), *Técnicas de Construção Ilustradas* (4.ed.), *Sistemas Estruturais Ilustrados*, *Representação Gráfica em Arquitetura* (5.ed.) e *Desenho para Arquitetos* (2.ed.), todos publicados pela Bookman Companhia Editora, bem como do *Dicionário Visual de Arquitetura* e *A Global History of Architecture*.

JAMES F. ECKLER é Diretor do Programa de Arquitetura da Escola de Arquitetura da Universidade Marywood. Além de lecionar, o Professor Eckler está profundamente envolvido com pesquisas sobre a cultura do lugar no ambiente urbano e o papel da arquitetura no desenvolvimento das comunidades. Ele também é autor da obra *Language of Space and Form*.

```
C539i   Ching, Francis D. K.
            Introdução à arquitetura / Francis D. K. Ching, James F.
        Eckler ; tradução: Alexandre Salvaterra. – Porto Alegre :
        Bookman, 2014.
            viii, 421 p. : il. ; 28 cm.

            ISBN 978-85-8260-101-3

            1. Arquitetura. I. Eckler, James F. II. Título.

                                                        CDU 72
```

Catalogação na publicação: Ana Paula M. Magnus – CRB 10/2052

FRANCIS D. K.
CHING
JAMES F. ECKLER

INTRODUÇÃO À ARQUITETURA

Tradução
Alexandre Salvaterra
Arquiteto e Urbanista pela Universidade Federal do Rio Grande do Sul

bookman

2014

Obra originalmente publicada sob o título *Introduction to Architecture*, 1st Edition
ISBN 9781118142066 / 1118142063

Copyright ©2013, John Wiley & Sons,Inc.
All Rights Reserved. This translation published under license with the original publisher John Wiley & Sons,Inc.

Gerente Editorial: *Arysinha Jacques Affonso*

Colaboraram nesta edição:

Coordenadora editorial: *Denise Weber Nowaczyk*

Capa: *VS Digital (arte sobre capa original)*

Leitura final: *Isabela Beraldi Esperandio*

Editoração: *Techbooks*

Reservados todos os direitos de publicação, em língua portuguesa, à
BOOKMAN EDITORA LTDA., uma empresa do GRUPO A EDUCAÇÃO S.A.
Av. Jerônimo de Ornelas, 670 – Santana
90040-340 – Porto Alegre – RS
Fone: (51) 3027-7000   Fax: (51) 3027-7070

É proibida a duplicação ou reprodução deste volume, no todo ou em parte, sob quaisquer formas ou por quaisquer meios (eletrônico, mecânico, gravação, fotocópia, distribuição na Web e outros), sem permissão expressa da Editora.

Unidade São Paulo
Av. Embaixador Macedo Soares, 10.735 – Pavilhão 5 – Cond. Espace Center
Vila Anastácio – 05095-035 – São Paulo – SP
Fone: (11) 3665-1100   Fax: (11) 3667-1333

SAC 0800 703-3444 – www.grupoa.com.br

IMPRESSO NO BRASIL
PRINTED IN BRAZIL

Prefácio

A arquitetura é um tema multifacetado. Ela nasceu da necessidade de abrigo, forjada pela ciência dos materiais e da energia e transformada em arte por nossos instintos de criação e busca de significados. Ela reflete a cultura e a sociedade, na medida em que responde a necessidades reais e imaginadas dos seres humanos.

A arquitetura é parte fundamental de nossas vidas. Um bom projeto – que muitas vezes passa despercebido – discretamente facilita as atividades da vida cotidiana. O desafio do arquiteto é criar espaços que estejam perfeitamente sintonizados com as atividades que ocorrem em seus interiores. Este texto busca esclarecer algumas das ferramentas e técnicas à disposição do arquiteto que enfrenta tal desafio. Após estudar as páginas desta obra, alguns dos atributos de uma edificação que antes você não percebia talvez se tornem mais evidentes.

Ao criar um texto introdutório que cobre as muitas facetas da arquitetura de modo conciso e coerente, compilamos materiais de várias obras, as quais listamos a seguir. Além disso, foram agregadas informações totalmente novas ao texto, abordando a relação entre a arquitetura e seu contexto urbano.

- **A Global History of Architecture**, de Francis D. K. Ching, Mark Jarzombeck e Vikramaditya Prakash

Esse texto ilustra a evolução da arquitetura no contexto dos eventos mundiais que motivaram sua mudança. Breves segmentos dessa obra foram incluídos para apresentar a nossos leitores uma amostra do passado valioso, da diversidade e da importância cultural da arquitetura.

- **Arquitetura: Forma, Espaço e Ordem**, de Francis D. K. Ching

Esse texto apresenta as características fundamentais comuns a todas as obras de arquitetura. Parte do conteúdo dessa obra foi incluída para que o leitor conheça alguns dos princípios e estratégias de projeto empregados pelos arquitetos.

- **Building Codes Illustrated**, de Francis D. K. Ching e Steven R. Winkel

Os códigos de edificações são importantes condicionantes legais em um projeto de arquitetura. Esse texto detalha as exigências legais da arquitetura, especificamente dos Estados Unidos. Uma pequena parte do conteúdo dessa obra foi incluída para que o leitor tenha uma melhor compreensão de algumas das responsabilidades legais e sociais da arquitetura.

- **Técnicas de Construção Ilustradas**, de Francis D. K. Ching

Esse texto detalha os diversos materiais e métodos de construção mais comuns na prática atual. Parte do conteúdo dessa obra foi incluída para que o leitor entenda o impacto das técnicas de construção nas decisões de projeto tomadas pelos arquitetos.

- **Desenho para Arquitetos**, de Francis D. K. Ching e Steve P. Juroszek

Esse texto ilustra as várias técnicas de desenho empregadas por arquitetos para a representação e a comunicação de suas ideias de projeto. Incluímos esse conteúdo para apresentar algumas das várias habilidades técnicas que os arquitetos devem ter, além de oferecer aos leitores uma ideia da complexidade do processo de projeto, de seu conceito inicial à execução da obra.

- **Arquitetura de Interiores Ilustrada**, de Francis D. K. Ching e Corky Binggeli

Esse texto explica a disciplina e a profissão da arquitetura de interiores. Os conteúdos desse texto foram incluídos para que os leitores compreendam as relações profissionais, disciplinares e filosóficas entre a arquitetura *lato sensu* e o projeto de interiores.

- **Dicionário Visual de Arquitetura**, de Francis D. K. Ching

Esse texto reúne uma lista completa de componentes, elementos e sistemas de arquitetura. Ele oferece definições detalhadas de seu uso ou de sua importância, além de ilustrações gráficas. Parte de seu conteúdo foi incluída para oferecer aos leitores uma melhor compreensão dos componentes que formam uma edificação e ampliar seu vocabulário de arquitetura.

- **Language of Space and Form: Generative Terms for Architecture**, de James Eckler

Esse texto reúne uma lista completa de princípios e conceitos de projeto de arquitetura. Ele apresenta de maneira sucinta as maneiras pelas quais tais princípios podem ser aproveitados para gerar ideias nas etapas preliminares do processo de projeto. Conteúdos dessa obra foram aproveitados para introduzir e conectar os diversos tópicos apresentados em nosso livro.

Esperamos que essa compilação seja ao mesmo tempo inspiradora e instrutiva ao introduzir os alunos à arte e à disciplina da arquitetura. Caso mais informações sobre certo tópico sejam necessárias em qualquer momento da leitura de *Introdução à Arquitetura*, recomendamos ao leitor consultar qualquer uma das publicações listadas anteriormente.

O Sistema Internacional de Unidades

O Sistema Internacional de Unidades é um sistema de unidades físicas coerentes internacionalmente aceito, que utiliza metro, quilograma, segundo, ampère, kelvin e candela como unidades básicas de comprimento, massa, tempo, corrente elétrica, temperatura e intensidade luminosa. Ao longo deste livro, demos preferência para o seu uso, evitando, na medida do possível, o uso do Padrão Imperial ou Norte-Americano. Alguma observações:

- Observe que 3.487 mm = 3,487 m e que a abreviatura de polegada (25,4 mm) é in (do inglês *inch*).

- Todas as dimensões lineares são dadas no Sistema Internacional de Unidades – milímetros (mm), centímetros (cm) ou metros (m) –, mas algumas dimensões também são fornecidas em polegadas (in), uma vez que ambas são usuais no Brasil, como quando se fala de madeira ou aço, por exemplo.

Sumário

1. **Introdução**
   Objeto, Espaço, Edificação, Cidade   1

2. **Os Primórdios da Arquitetura**
   A História Antiga – dos Primórdios da Humanidade ao Renascimento   13

3. **Uma História Concisa**
   A Arquitetura do Renascimento à Idade Contemporânea   37

4. **Os Fundamentos da Arquitetura**
   A Forma   51

5. **Os Fundamentos da Arquitetura**
   O Espaço   79

6. **Os Fundamentos da Arquitetura**
   A Ordem   125

7. **Os Elementos da Arquitetura**
   Tipos, Sistemas e Componentes que Determinam o Projeto   165

8. **O Processo de Projeto**
   Ferramentas e Técnicas para a Geração de Ideias   199

9. **Os Materiais da Arquitetura**
   Propriedades, Características e Comportamentos   231

10. **As Técnicas de Construção**
    Implicações no Projeto de Arquitetura   249

11. **A Estrutura de uma Edificação**
    Resistindo às Forças que Agem sobre uma Edificação   281

12. **As Instalações Prediais**
    Como Funciona uma Edificação?   299

13. **A Prática e a Comunicação da Arquitetura**
    Quais São as Responsabilidades de um Arquiteto?   321

14. **As Disciplinas Relacionadas**
    A Arquitetura de Interiores   349

15. **As Disciplinas Relacionadas**
    O Urbanismo   373

Glossário   409

Índice   415

1 Introdução

Objeto, Espaço, Edificação, Cidade

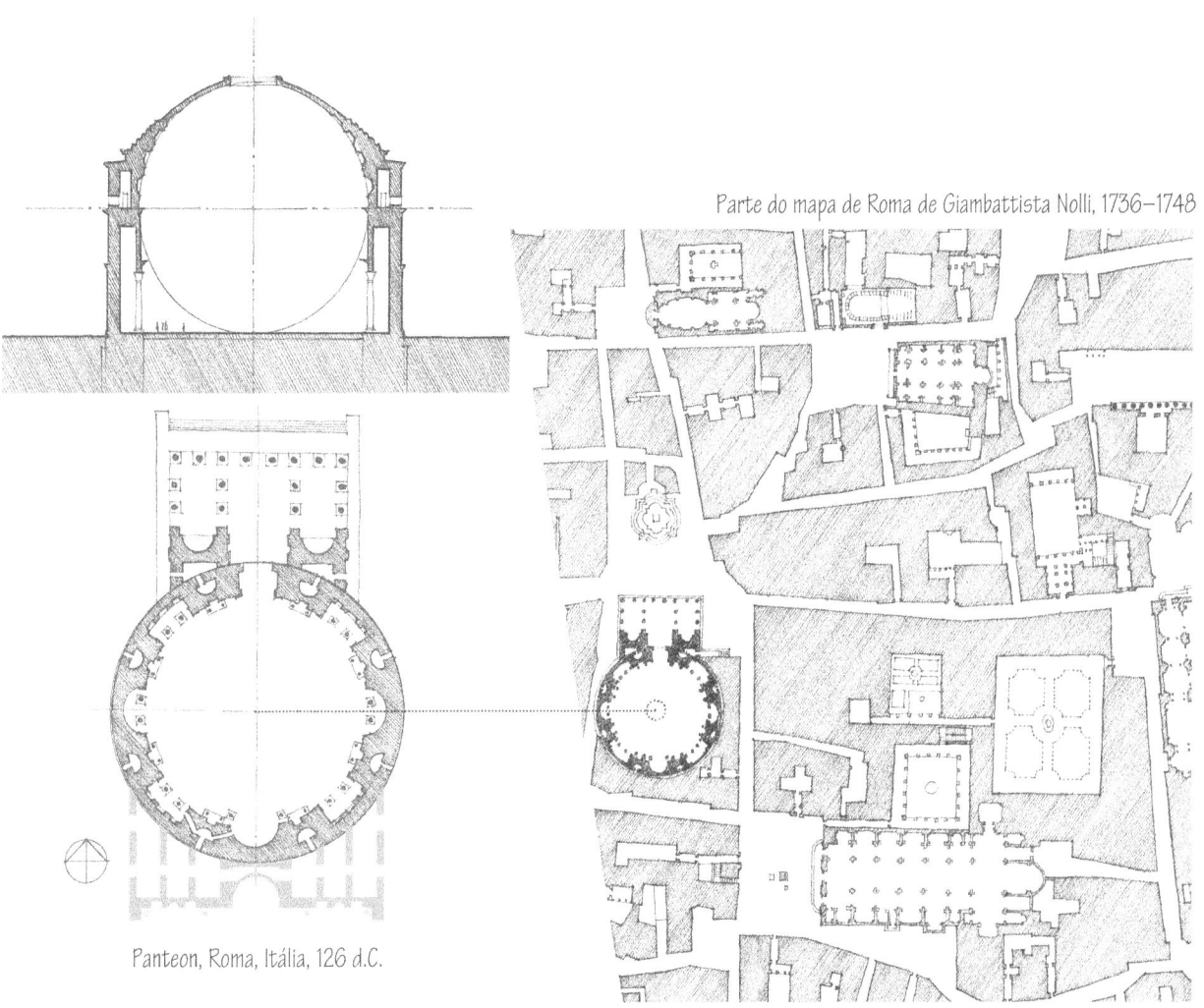

Parte do mapa de Roma de Giambattista Nolli, 1736–1748

Panteon, Roma, Itália, 126 d.C.

A mãe das artes é a arquitetura.
Sem uma arquitetura própria, não temos a alma de nossa própria civilização.
— Frank Lloyd Wright

O que é arquitetura?

A arquitetura é uma disciplina muito complexa. A maioria das pessoas passa toda a sua vida em contato constante com a arquitetura. Ela nos proporciona um lugar para morarmos, trabalharmos e nos divertirmos. Com tantas responsabilidades para a determinação de nossas experiências e com tamanha variedade de usos, a arquitetura tem formas demais para ser categorizada com precisão. Uma casa é utilizada basicamente da mesma maneira que qualquer outra, mas quantos tamanhos, formatos ou configurações diferentes são possíveis para uma casa? Não há apenas uma fórmula correta para determinar o leiaute perfeito de uma casa ou de qualquer outro tipo de edificação. Todavia, ainda que a arquitetura seja indefinida, ela também tem a responsabilidade de facilitar funções específicas.

Existem casas com várias formas e densidades.

Devido às inúmeras formas que pode assumir e à necessidade de que funcione de modos específicos, a arquitetura deve ser considerada tanto uma arte como uma ciência. Ela é uma disciplina artística que busca inventar por meio do projeto. Ela também é uma profissão que conta com técnicas de construção específicas.

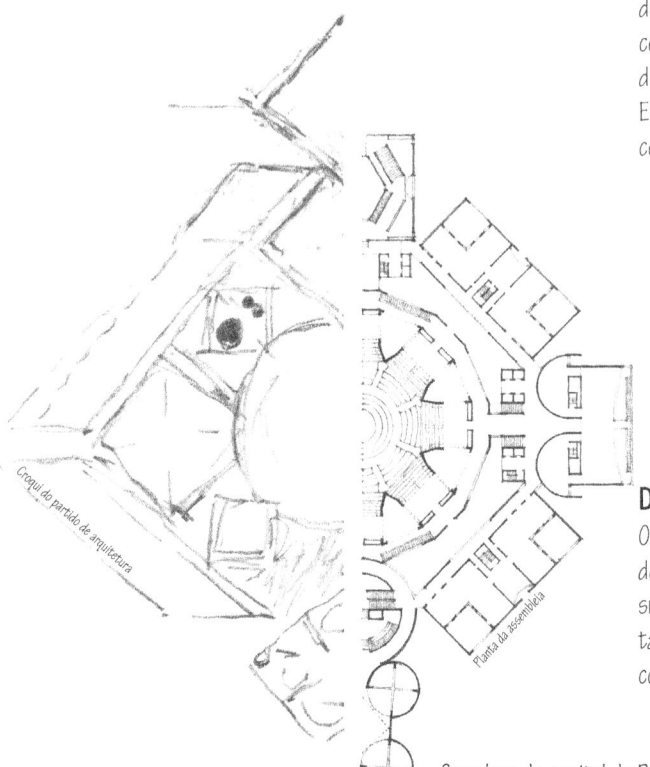

Disciplina artística e profissão técnica

Os arquitetos podem usar praticamente qualquer técnica de desenho e de elaboração de maquetes para desenvolver suas ideias. No entanto, eles devem documentar e comunicar tais ideias por meio de uma linguagem gráfica universalmente compreensível.

Complexo da capital de Bangladesh, Daca, 1962, Louis Kahn

OBJETO, ESPAÇO, EDIFICAÇÃO, CIDADE

O processo criativo e a técnica de construção

Os arquitetos desenvolvem muitas versões de uma mesma ideia, a fim de aperfeiçoá-la, experimentando-a em diferentes materiais e formas de representação. Contudo, todas as ideias que são sobrepostas no projeto de uma edificação devem ser colocadas em prática com os métodos convencionais das técnicas de construção. À medida que uma ideia se desenvolve, ela deve se manter como algo possível de executar.

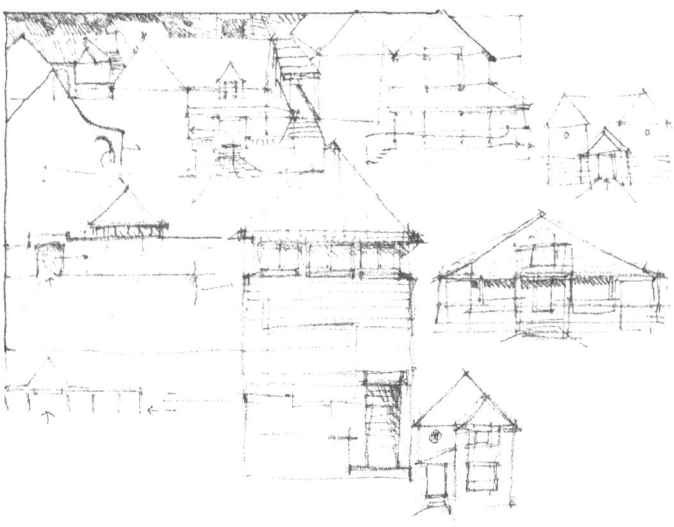

Desenvolvimento de uma ideia por meio de uma série de croquis, resultando em um desenho de execução da ideia final

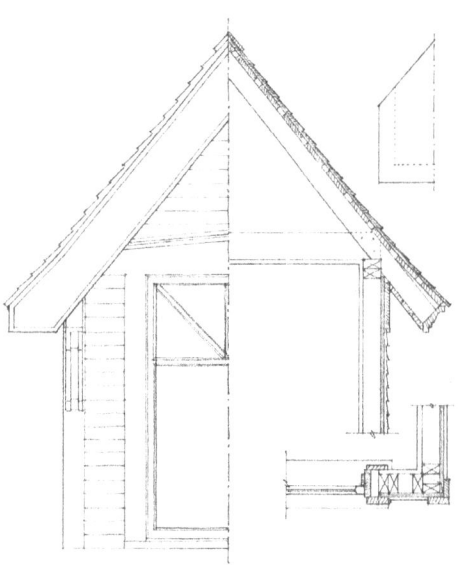

Aspectos intuitivo e acadêmico

Muitas das ideias de um arquiteto surgem espontaneamente ou por meio do ato de desenhar ou construir uma maquete. Outras ideias são resultado do estudo, de pesquisas e do acúmulo de conhecimentos ao longo do tempo.

Os gregos antigos chamavam esses dois aspectos da arquitetura de *episteme* e *techne*. *Episteme* é a busca do conhecimento. *Techne* é um ofício ou uma atividade artística. Para entender a arquitetura, devemos nos dar conta de que essas duas ideias se relacionam entre si e frequentemente se sobrepõem, ao ponto de serem quase sinônimas.

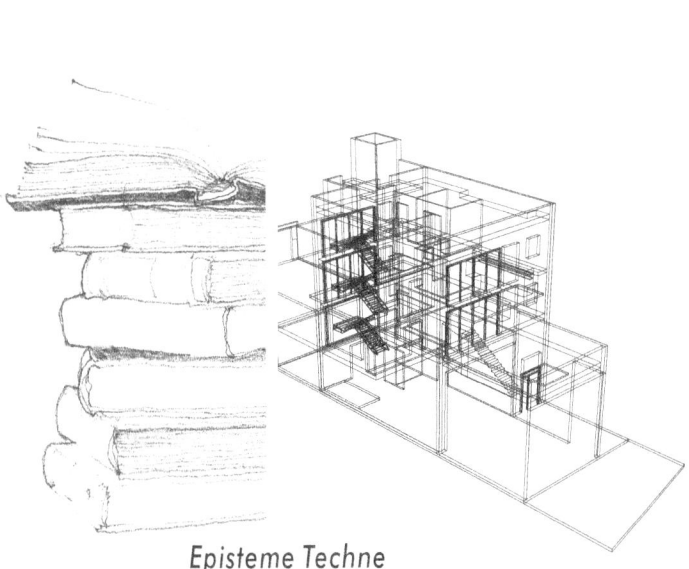

Episteme Techne

Os dois aspectos da arquitetura são executados por meio daquilo que os arquitetos chamam de "processo de projeto". O processo de projeto é a série de etapas que são percorridas para desenvolver a edificação de uma ideia inicial até uma proposta final. Ao projetar, os arquitetos devem continuamente avançar e retroceder entre o ato criativo da arquitetura e a compreensão técnica de como uma edificação é construída.

Episteme

A *episteme* da arquitetura está no questionamento que é intrínseco ao processo de projeto. No processo de projeto, são feitas muitas perguntas, as quais definem o problema a ser solucionado. Para respondê-las, o arquiteto deve se basear em um conjunto de conhecimentos, que influenciará suas decisões de projeto. Ao projetar, o arquiteto cria muitas versões diferentes de uma ideia, buscando testá-la e aprimorá-la. Esse processo pode gerar novas ideias à medida que as descobertas são feitas — muitas das quais são inesperadas, mas ainda assim podem ser associadas a um conhecimento dos fundamentos da arquitetura e de suas disciplinas colaboradoras.

Alguns aspectos da arquitetura relativos à busca do conhecimento:

- História da arquitetura
- Teoria da arquitetura
- Comportamento humano
- Percepção humana

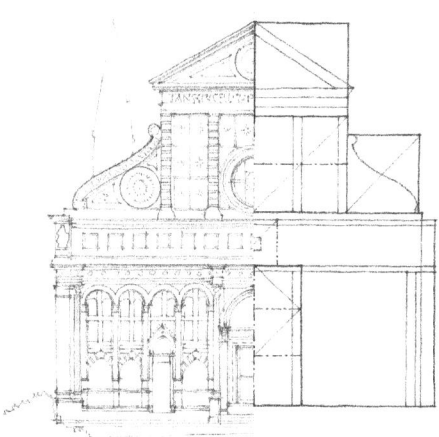

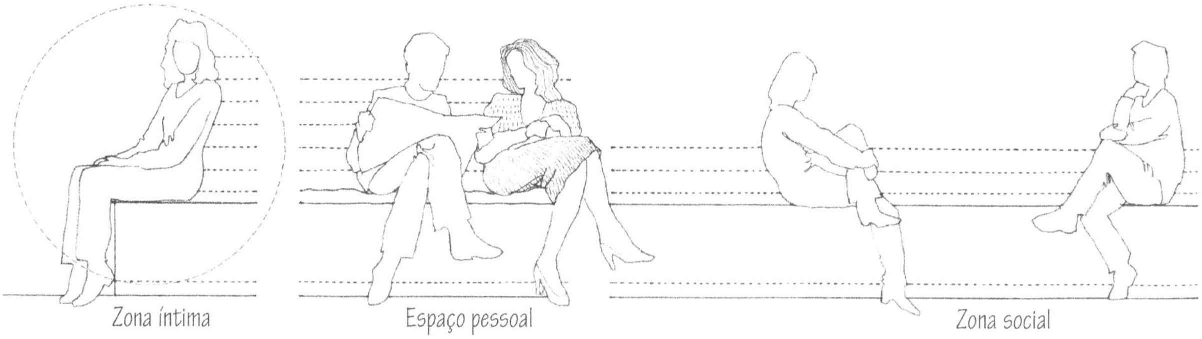

Santa Maria Novella, Florença, Itália
Leon Battista Alberti projetou a fachada renascentista (1456–1470) para completar esta igreja gótica (1278–1350).

Zona íntima   Espaço pessoal   Zona social

Os dados visuais recebidos pelos olhos são processados, manipulados e filtrados pela mente, em uma busca ativa de estruturas e significados.

OBJETO, ESPAÇO, EDIFICAÇÃO, CIDADE

Techne

A *techne* da arquitetura está no ofício de edificar e na aplicação da técnica ao projeto. Ela é a arte e o ofício de edificar. No processo de projeto, são feitas descobertas durante a prática. O arquiteto deve saber como desenhar e representar uma ideia antes de conseguir ver se ela resolve de modo adequado o problema de projeto. Diferentes técnicas de representação de uma ideia podem permitir ao arquiteto investigá-la e entender melhor o seu funcionamento. Além disso, o entendimento das técnicas e tecnologias de construção pode resultar, no final desse processo, em uma edificação mais fácil de ser executada.

Alguns aspectos da arquitetura relativos ao ofício ou à técnica:

- Técnicas de construção
- Propriedades dos materiais de construção
- Tecnologias da edificação
- Representação e comunicação de ideias (por meio de desenhos e maquetes)

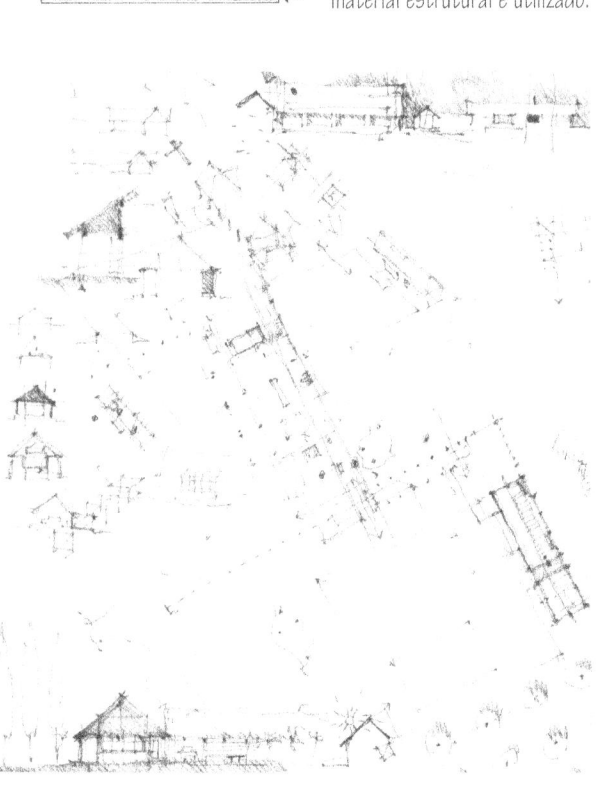

Alternativas para os elementos de uma estrutura e um sistema de montagem

A direção das fibras é o principal determinante do modo pelo qual um material estrutural é utilizado.

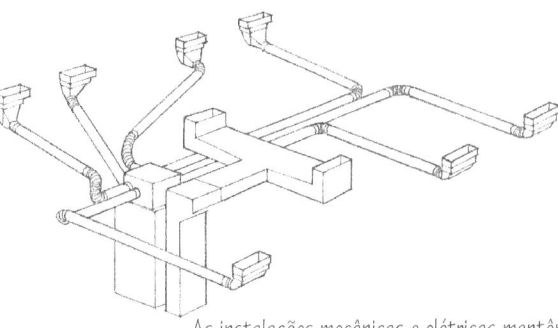

As instalações mecânicas e elétricas mantêm as condições necessárias para conforto, saúde e segurança dos usuários de uma edificação.

O pensamento do arquiteto

Todas essas características da arquitetura determinam como um arquiteto pensa. Elas definem o modo pelo qual o projetista gera as ideias para uma edificação. Ainda oferecem ao arquiteto as ferramentas necessárias para que ele projete, em uma acepção mais geral da palavra. A prioridade da arquitetura é a habitação — um projeto de como as pessoas ocuparão e utilizarão um ambiente. Isso implica uma enorme variedade de aplicações, exigindo que o arquiteto projete em inúmeras escalas — do tamanho de uma maçaneta de porta à área de uma quadra da cidade.

6 INTRODUÇÃO

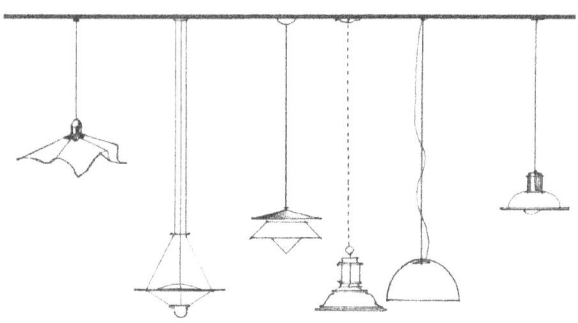

Exemplos de luminárias suspensas

Gravura de Juan Miró

Cadeiras desenhadas pelos arquitetos
Arne Jacobsen e Alvar Aalto

Sala de estar, Vila Mairea, Noormarkku, Finlândia, 1938–1939, Alvar Aalto

A escala do projeto

O domínio da arquitetura não se restringe às edificações. O processo do projeto de arquitetura se traduz em uma variedade de escalas e é aplicável ao desenho de objetos, espaços e mesmo cidades. É claro que o papel principal do arquiteto é o projeto de edificações, mas há muitos aspectos de um prédio que exigem que o arquiteto projete tanto em escalas maiores como em menores. A arquitetura é uma disciplina de projetos, e, a seguir, veremos outras facetas do projeto de arquitetura.

O desenho de objetos

O projeto de edificações vai das considerações sobre o terreno ao desenho dos detalhes. Os detalhes das edificações são projetados tendo em vista funções específicas do espaço. Eles requerem habilidades para projetar em escalas muito pequenas. Além dos detalhes, essas mesmas habilidades podem ser usadas para o desenho de objetos, os quais podem estar diretamente relacionados com o projeto de uma edificação, como um ornamento ou uma maçaneta de porta, ou ser projetos isolados que se beneficiam das várias habilidades de um arquiteto.

- O desenho de mobiliário exige do arquiteto sensibilidade de desenho e conhecimento de ergonomia.
- O projeto de iluminação requer que o arquiteto entenda o comportamento da luz e deseje criar uma experiência particular com ela.
- A escultura e a pintura são frequentemente praticadas pelos arquitetos, devido às semelhanças entre seus princípios compositivos e suas técnicas de trabalho.

O projeto de espaços

Um dos elementos fundamentais da arquitetura é o espaço. Além de projetar uma edificação, o arquiteto deve configurar seus espaços internos, de modo que possam ser utilizados para uma função específica. O projeto de espaços exige que o arquiteto tenha conhecimentos de proporções, organização, iluminação e materiais.

- Um cômodo exige que o arquiteto entenda o projeto a ser configurado para determinada função.
- Um espaço externo exige que o arquiteto entenda sua composição e defina seus limites, sem fechá-lo completamente.
- As edificações são artefatos experimentais. A experiência depende da configuração dos espaços, a qual afeta a maneira como eles são percebidos. Isso exige do arquiteto conhecimentos sobre materiais, proporções, cores, texturas e o modo como os ambientes são percebidos.

OBJETO, ESPAÇO, EDIFICAÇÃO, CIDADE

O projeto de edificações

A primeira coisa que devemos entender sobre a atividade do arquiteto é a escala das edificações. As edificações têm propósitos específicos e devem ser organizadas para alcançar tais objetivos. O arquiteto também tem a obrigação de configurar os espaços internos de um prédio e posicioná-lo de modo adequado em seu contexto. Ambas as questões influenciam o sucesso de uma edificação em alcançar seu propósito estabelecido.

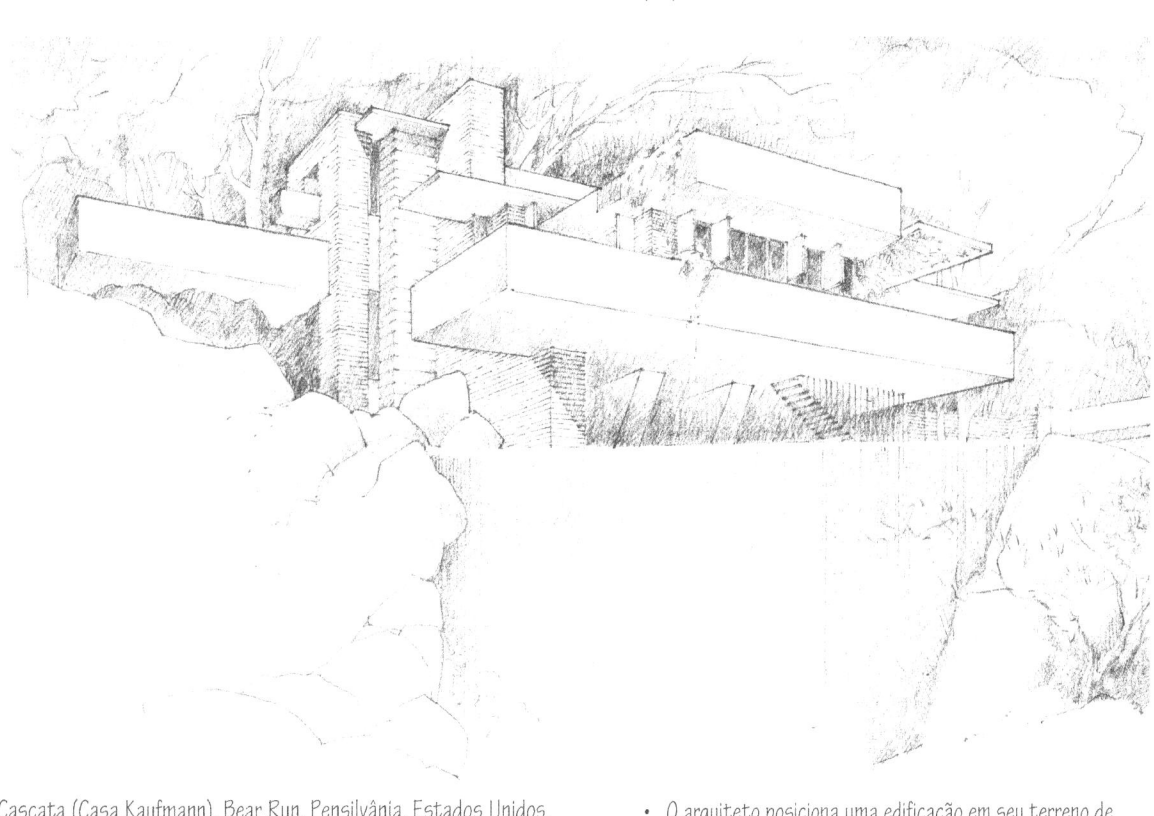

Casa da Cascata (Casa Kaufmann), Bear Run, Pensilvânia, Estados Unidos, 1936–1937, Frank Lloyd Wright

- O arquiteto posiciona uma edificação em seu terreno de modo a estabelecer relações com as demais construções ao seu redor.
- O arquiteto configura uma edificação tendo em mente uma função específica.
- O arquiteto distribui os espaços internos da edificação de modo a dar suporte adequado à sua função.

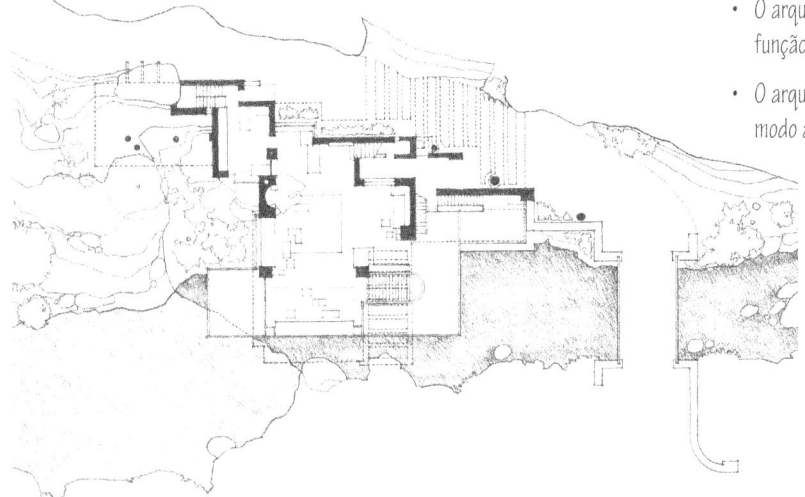

8 INTRODUÇÃO

O desenho urbano

As cidades têm muitas características em comum com uma edificação. Elas são artefatos espaciais, ambientes experimentais projetados com funções específicas em mente. Essas semelhanças fazem com que o arquiteto seja a pessoa ideal para influenciar o desenho, o crescimento e o desenvolvimento dos ambientes urbanos. Os arquitetos também são responsáveis pelas edificações que compõem uma cidade e, por meio de seu desenho, podem afetar diretamente o meio urbano.

- O desenho de espaços é a especialidade dos arquitetos e é aplicado à escala das cidades para o desenvolvimento de espaços públicos e ruas.

- As edificações compõem uma cidade, fazendo com que o arquiteto possa definir o desenvolvimento da cidade.

- O zoneamento de uma cidade determina as relações entre suas várias funções, exigindo que o arquiteto entenda as relações de seu programa de necessidades.

Planta de Paris no século XVII

Planta de Walter Burley Griffin para Canberra, Austrália, 1912

OBJETO, ESPAÇO, EDIFICAÇÃO, CIDADE

As disciplinas relacionadas com a arquitetura

A arquitetura é uma disciplina muito antiga e tem diversas facetas. Ela aborda vários dos temas que influenciam o modo como vivemos.

A arquitetura também é uma das belas-artes. Ela compartilha muitos dos princípios compositivos da pintura, da escultura, da música e da literatura. É por meio desses princípios de desenho e composição que ela se vincula às demais artes.

Ela também é responsável pela criação de produtos que contribuem para facilitar nossa vida. Isso alinha a arquitetura de edificações a outras disciplinas de desenho e projeto, como a arquitetura de interiores, o desenho urbano e o desenho de produtos. Devido à sua ênfase nos ambientes habitáveis, a arquitetura de interiores e o desenho urbano têm sido historicamente considerados parte intrínseca da arquitetura *lato sensu*.

A arquitetura também é uma ciência baseada na construção que emprega o conhecimento das formas e dos materiais para criar edificações e prever como elas agirão quando submetidas a esforços mecânicos. Isso vincula a arquitetura às várias disciplinas da construção e da física. Ela também emprega conhecimentos sobre o comportamento, a percepção e a cultura para criar espaços que deem suporte ao estilo de vida de seus usuários. Dessa maneira, a arquitetura está relacionada com as ciências sociais.

O arquiteto deve ter um conhecimento geral dessas disciplinas relacionadas mesmo não sendo um especialista. Esse conhecimento desempenha um papel crucial na determinação do sucesso de uma edificação, pois permite ao arquiteto fazer projetos humanistas e funcionais que afetem de modo positivo nossos estilos de vida.

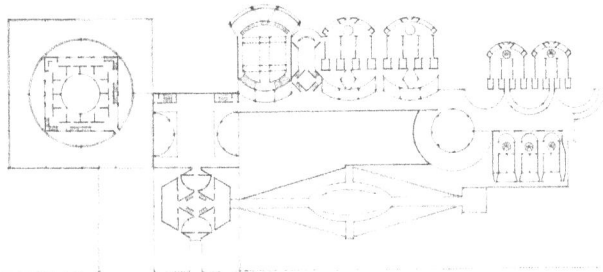

Projeto para o complexo da capital do Paquistão, Islamabad, 1965, Louis Kahn

Arquitetura de interiores

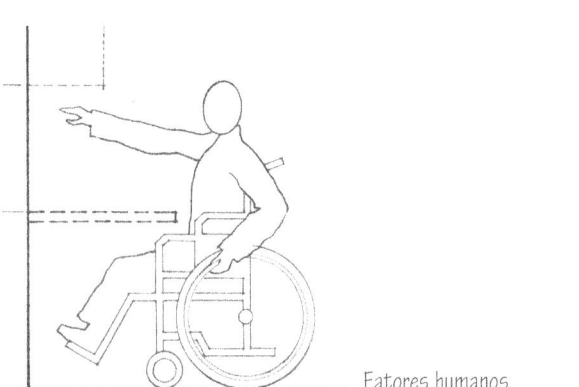

Fatores humanos

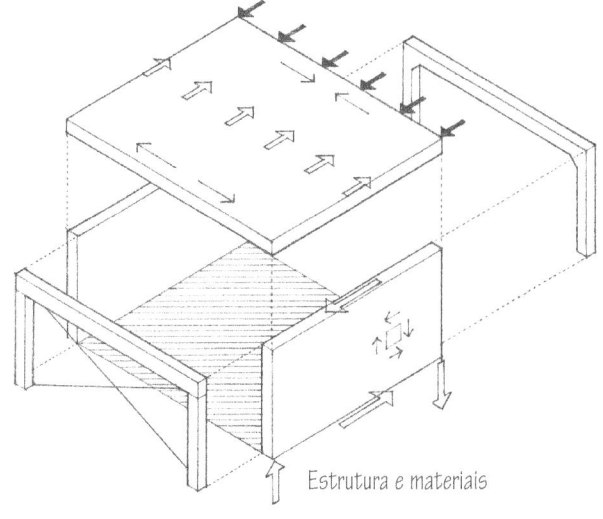

Estrutura e materiais

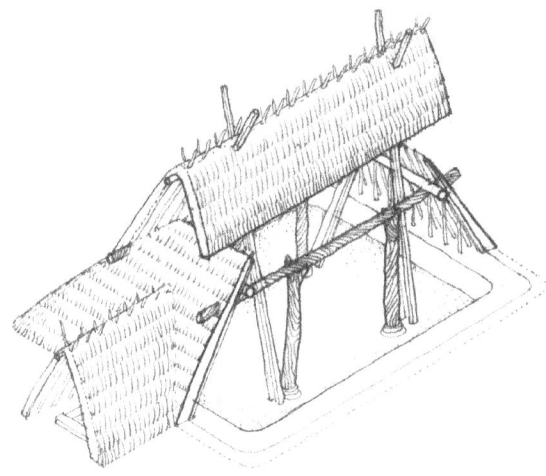

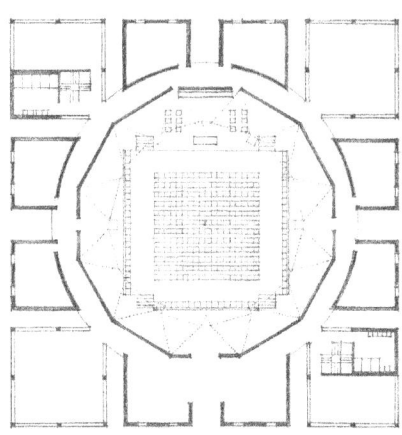

A estrutura deste livro

Esta obra tem como objetivo oferecer um breve panorama das questões e das práticas da arquitetura. Ela é uma disciplina muito antiga, complexa e diversa; assim, o tema deste livro se restringe apenas a seus aspectos mais fundamentais.

O formato deste livro segue a distinção entre *episteme* e *techne* que descrevemos anteriormente. Os primeiros capítulos cobrem a história e a teoria da arquitetura, bem como os elementos e os processos do projeto. A segunda parte do texto é dedicada aos aspectos técnicos da profissão do arquiteto na atualidade.

Contudo, mesmo dentro desses subtemas, podemos ver as relações entre o conhecimento e a arte de edificar. Não é possível dividir as duas facetas da arquitetura. Na primeira parte do texto, que detalha os conceitos e o processo de projeto, não é possível separar os aspectos artísticos dos conhecimentos com base nos quais tais conceitos são estabelecidos. Da mesma maneira, nos capítulos posteriores, que detalham aspectos técnicos da profissão, não é possível desvincular completamente o desejo artístico do ato de construir. Assim, podemos considerar a estrutura deste livro como uma divisão entre o pensamento de projeto e a execução de um projeto, sabendo que nenhum dos dois jamais fica isolado de seus fundamentos artísticos ou acadêmicos.

Os capítulos que tratam do pensamento de projeto de arquitetura são:

- **Os Primórdios da Arquitetura: A História Antiga dos Primórdios da Humanidade ao Renascimento** – O Capítulo 2 cobre a história da arquitetura antiga. Ele aborda a formação da disciplina e os fatores que motivaram seu desenvolvimento inicial. Em vez de oferecer uma história detalhada, esse capítulo foca os eventos que estavam por trás da arquitetura e contribuíram para as primeiras etapas do seu desenvolvimento.

- **Uma História Concisa: A Arquitetura do Renascimento à Idade Contemporânea** – O Capítulo 3 aborda a história da arquitetura do Renascimento à Idade Contemporânea. Ele também foca os diversos eventos globais que deram forma à profissão do arquiteto, em vez de oferecer um relato histórico detalhado.

OBJETO, ESPAÇO, EDIFICAÇÃO, CIDADE

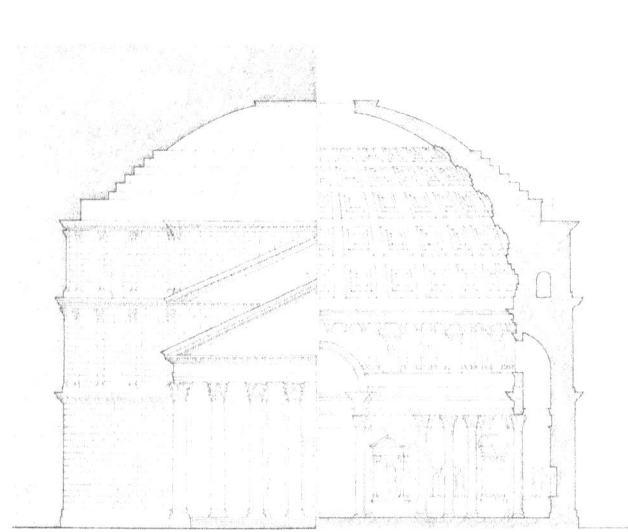

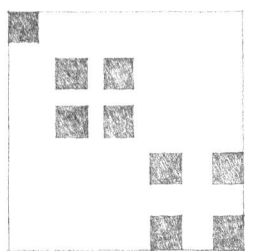

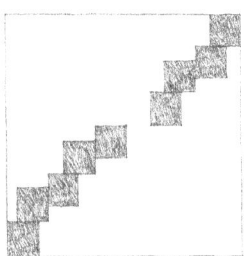

- **Os Fundamentos da Arquitetura: A Forma** – O Capítulo 4 discute a forma como uma das considerações básicas do projeto de arquitetura. Trata-se da natureza física da arquitetura. Esse capítulo detalha as maneiras pelas quais o processo de projeto é entendido e desenvolvido. Além disso, cobre o modo como o pensamento formal estabelece e entende os materiais, a construção e outros modos de materialização de um projeto.

- **Os Fundamentos da Arquitetura: O Espaço** – O Capítulo 5 discute o espaço como uma das principais considerações do projeto de arquitetura. Trata-se da natureza experimental e habitável da arquitetura. Esse capítulo detalha os modos pelos quais o espaço pode ser entendido e utilizado no processo de projeto. Ele também apresenta como a composição dos espaços determina a elaboração do programa de necessidades e as experiências dos usuários.

- **Os Fundamentos da Arquitetura: A Ordem** – O Capítulo 6 discute a ordem como uma das principais considerações do projeto de arquitetura. Trata-se da natureza organizadora da arquitetura. Esse capítulo detalha os modos pelos quais a organização e a hierarquização podem ser empregadas no processo de projeto. Ele também apresenta como o arranjo e a composição dos elementos de arquitetura determinam a elaboração do programa de necessidades e a distribuição dos espaços em sequência.

- **Os Elementos da Arquitetura: Tipos, Sistemas e Componentes que Determinam o Projeto** – O Capítulo 7 discute os elementos que compõem a arquitetura. Ele analisa a anatomia de uma edificação e as diferentes maneiras pelas quais seus vários elementos podem ser combinados para promover a inovação como parte do processo de projeto.

- **O Processo de Projeto: Ferramentas e Técnicas para a Geração de Ideias** – O Capítulo 8 discute o processo de projeto como o principal meio pelo qual um arquiteto gera ideias de projeto específicas. Ele analisa as considerações do processo, além de abordar a natureza iterativa e heurística do projeto. Esse capítulo discute com maiores detalhes as várias técnicas de representação e os tipos de desenho que podem ser empregados ao longo de todo o processo de projeto.

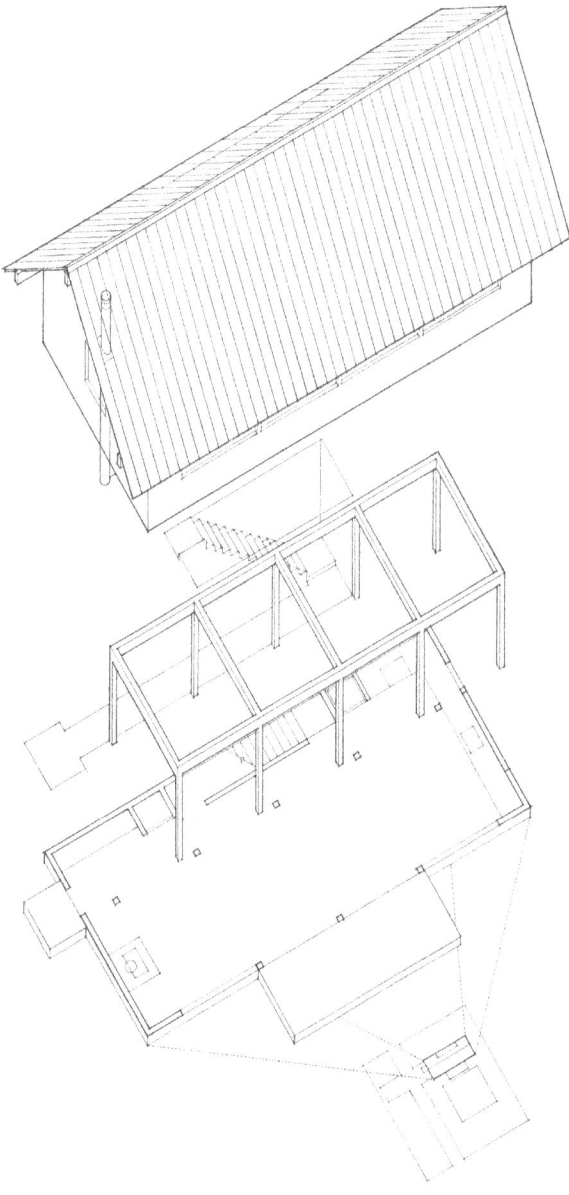

Os capítulos que detalham a execução de um projeto de arquitetura são:

- **Materiais da Arquitetura: Propriedades, Características e Comportamentos** – O Capítulo 9 discute o uso dos materiais na arquitetura. Ele detalha os materiais como um meio de afetar nossas percepções do espaço. Além disso, aborda o comportamento dos materiais que são utilizados para a construção e influenciados por vários fatores que afetam uma edificação à medida que ela envelhece.

- **Técnicas de Construção: Implicações no Projeto de Arquitetura** – O Capítulo 10 detalha as várias técnicas de construção e as maneiras pelas quais elas podem influenciar nas decisões de projeto. Ele aborda as vantagens e desvantagens dos tipos de construção mais comuns.

- **A Estrutura de uma Edificação: Resistindo às Forças que Agem sobre uma Edificação** – O Capítulo 11 discute as considerações estruturais de um projeto de arquitetura e sua execução. Ele aborda os esforços e as cargas que afetam as edificações e os elementos de arquitetura. Também trata do comportamento dos sistemas estruturais mais comuns para edificações.

- **As Instalações Prediais: Como Funciona uma Edificação?** – O Capítulo 12 discute os sistemas mecânicos que permitem a uma edificação funcionar adequadamente, ou seja, as instalações elétricas e hidrossanitárias e os sistemas mecânicos que controlam a temperatura, umidade e ventilação e outros fatores que afetam os ambientes internos.

- **A Prática e a Comunicação da Arquitetura: Quais São as Responsabilidades de um Arquiteto?** – O Capítulo 13 discute a profissão da arquitetura e o papel do arquiteto na execução de uma edificação. Ele oferece um panorama da responsabilidade legal e das técnicas de organização e comunicação com os clientes e os vários colaboradores de uma equipe de projeto.

- **As Disciplinas Relacionadas: A Arquitetura de Interiores** – O Capítulo 14 discute a arquitetura de interiores como uma disciplina relacionada à arquitetura *lato sensu*. Ele aborda as prioridades do projeto de interiores e a maneira como elas se relacionam ou se sobrepõem às da arquitetura.

- **As Disciplinas Relacionadas: O Urbanismo** – O Capítulo 15 discute o desenho e o planejamento urbanos como disciplinas relacionadas à arquitetura. Ele aborda as características da cidade e discute as prioridades dos planejadores urbanos, bem como o modo pelos quais estas se relacionam ou se sobrepõem às da arquitetura. Esse capítulo também discute a influência que o arquiteto tem na transformação de uma cidade e o papel que ele pode desempenhar na definição de estratégias para o seu desenvolvimento.

2 Os Primórdios da Arquitetura

A História Antiga – dos Primórdios da Humanidade ao Renascimento

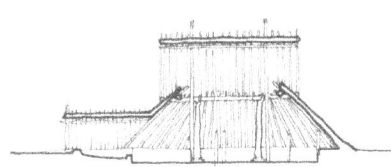

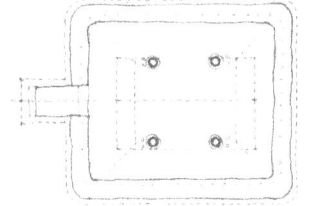

Salão de reuniões em Banpo, próximo à atual cidade de Xi'an, China, cerca de 4500 a.C.

Qual foi a primeira arquitetura?

As origens da arquitetura há muito fascinam tanto seus praticantes quanto seus estudiosos. A compreensão das primeiras encarnações da arquitetura auxilia a lançar luz sobre seus motivos mais básicos. Ao observar o primeiro exemplo de edificação, podemos ver a arquitetura como uma ferramenta; é uma invenção cujo objetivo é satisfazer as necessidades mais básicas dos seres humanos: abrigo, proteção e controle sobre seu ambiente. Os primeiros exemplos de arquitetura nos ensinam o que significa habitar no sentido mais simples da palavra. Vemos o desejo da humanidade de não apenas procurar abrigo, mas também de criar um novo ambiente de acordo com as necessidades de cada indivíduo. Vemos a motivação para criar lugares – a arquitetura, mesmo em suas primeiras manifestações, é algo que se relaciona com a identidade das pessoas que a habitam; é um símbolo de laços sociais, um lugar de interação.

Estudar a arquitetura dos primórdios da humanidade, como resultado tanto das demandas pragmáticas de abrigo quanto das demandas sociais de reunião, proporciona uma compreensão da conexão entre forma e função.

Este capítulo trata da arquitetura mais antiga que se conhece, juntamente com os acontecimentos da época que provavelmente influenciaram seu desenvolvimento e suas características. A seguir, apresentaremos uma linha do tempo de acontecimentos e desenvolvimentos da arquitetura que vai de sua origem até sua emergência como uma disciplina complexa que aborda não apenas as necessidades básicas de abrigo, mas também as sociais e culturais. Essa linha do tempo começa com os eventos que determinaram a arquitetura nas civilizações mais antigas e avança até o período do pré-Renascimento.

As primeiras culturas humanas

Por volta de 12000 a.C., os seres humanos já haviam se distribuído por boa parte do globo, começando pela África e se movendo em direção ao oeste da Ásia, à Europa, ao sul e ao leste da Ásia, à Austrália, à América do Norte e, finalmente, ao longo da costa ocidental deste continente até a extremidade meridional da América do Sul. Eles começaram a criar sociedades de aldeias e grupos de casa perto de cavernas ou à beira-mar e junto a córregos, dando lugar a uma combinação de agropecuária e caça. A domesticação de animais e plantas continuou, exigindo não só o conhecimento das estações, mas também das maneiras de passar esse conhecimento de uma geração a outra. Foi com o mesmo espírito que as artes de construção e seus usos especializados para propósitos religiosos ou públicos começaram a se desenvolver e a assumir um papel cada vez mais importante. Seja utilizando barro nos tijolos ou na argamassa, junco na cobertura, betume como impermeabilizador, pedra como fundação ou madeira nas arquitraves, as ferramentas especializadas e a especialização social foram essenciais. Os resultados não foram, de maneira alguma, uniformes. Algumas sociedades eram mais pragmáticas que as outras; algumas eram mais simbólicas. Algumas enfatizavam os silos; outras, os templos. Em alguns lugares, os ofícios associados com a construção eram controlados pela elite. Em outros, as artes de construção tinham uma expressão mais popular. A arquitetura, como a própria civilização, nasceu na nossa pré-história e, como as outras artes, foi plural desde seus primórdios.

Os seres humanos paleolíticos fizeram pinturas de animais nas paredes e tetos de inúmeras cavernas, como as de Lascaux e Chauvet, no sudoeste da França e no norte da Espanha atuais, de 30000 a 10000 a.C.

As pinturas rupestres aborígenes representam a tradição artística mais longeva do mundo. As faces dos rochedos de Ubirr têm sido pintadas e repintadas há milênios, de cerca de 40000 a.C até o presente.

2500 a.C.

No início do terceiro milênio antes de Cristo, as várias civilizações que se desenvolveram junto aos rios estavam preparadas para um rápido desenvolvimento cultural. Naquela época, havia cinco centros culturais principais: China, Egito, Mesopotâmia, Margiana e o rio Indo, os quais, em conjunto, devem ser compreendidos como uma civilização suprarregional. O Egito era menos propenso a invasões por inimigos armados e, então, desenvolveu um conjunto consistente de tradições religiosas. Além disso, devido à sazonalidade de sua agricultura, os trabalhadores agropecuários podiam ser chamados pelos faraós para executar trabalhos forçados em construções. O complexo de templos de Zoser, construído em uma escala sem precedentes, foi uma das primeiras edificações monumentais de pedra no mundo. Essa edificação também era muito complexa, respondendo à cosmologia intrincada utilizada pelos construtores egípcios. Desse ponto de vista, eles foram os primeiros a modernizar sua cosmologia para se adequar às necessidades culturais e econômicas. Na Mesopotâmia, os elementos culturais divergentes e as amplas redes de comércio dificultaram a emergência de um poder estável e central. As cidades, dedicadas a várias divindades, eram entidades políticas independentes. Os canais de irrigação proporcionaram muitas riquezas para a nova geração de governantes que operavam em uma aliança estreita com a classe de sacerdotes, governando em templos construídos como montanhas artificiais, se elevando nos terraços coloridos das acrópoles. Ao contrário do Egito, o sistema de irrigação da Mesopotâmia era de manutenção mais difícil e exigia maior coordenação.

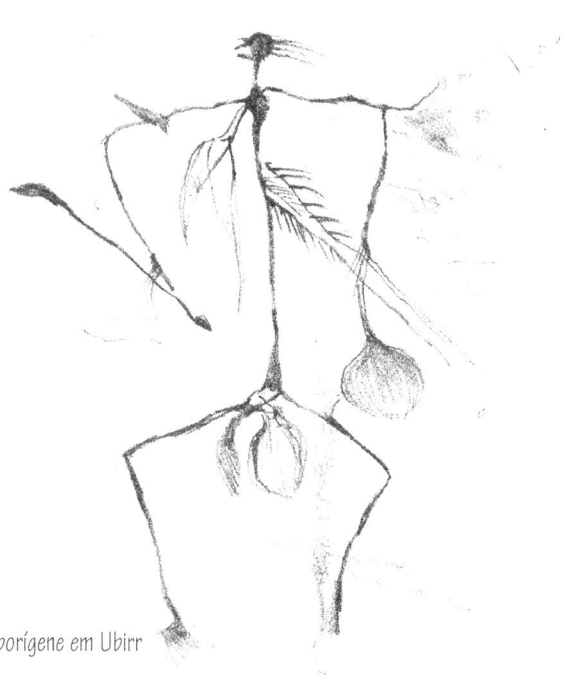

Arte rupestre aborígene em Ubirr

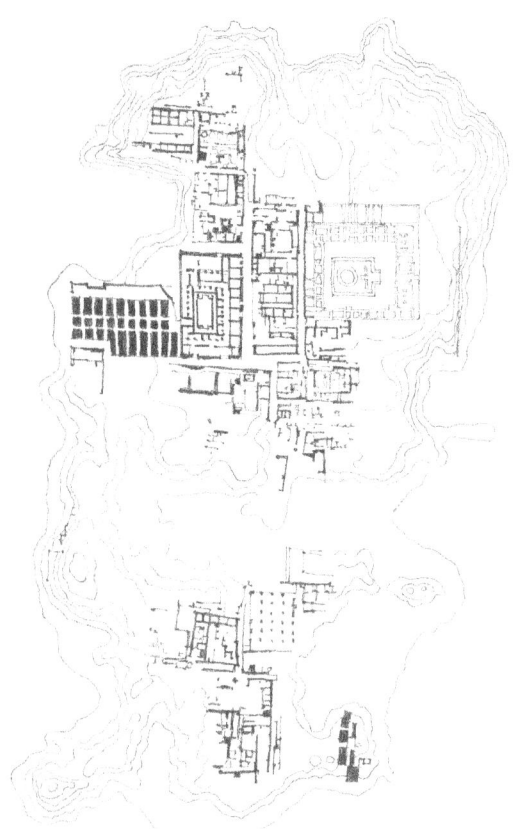

A cidade alta de Mohenjo-Daro, cerca de 2600 a.C.

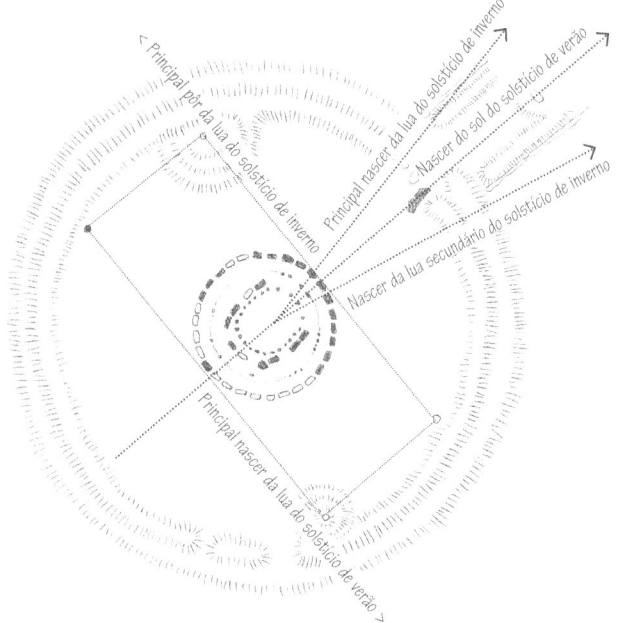

Reorientação de Stonehenge feita pelo povo béquer, cerca de 2300 a.C.

A tendência à urbanização também apareceu às margens dos rios Indo e Ghaggar-Hakra. As cidades lá construídas eram particularmente sofisticadas em termos de planejamento e drenagem pluvial. Em vez de um zigurate ou uma pirâmide no centro da cidade, havia enormes banhos públicos, como o de Mohenjo-Daro. Essas civilizações faziam muitos negócios com a Mesopotâmia, no norte do Golfo Pérsico, e com a Margiana. De fato, toda a área da Mesopotâmia ao rio Indo e do Mar Cáspio à Arábia formava o que os arqueólogos chamam de "zona de interconexão". Essa zona chegava a Derbent, no Mar Cáspio, onde recentemente se descobriram silos e uma cidade fortificada do terceiro milênio antes de Cristo.

A quarta zona de civilização se desenvolveu em torno do rio Oxus e é conhecida como Cultura Andronovo. Inicialmente, se baseava em pequenas aldeias, mas suas grandes cidades também se desenvolveram, até se tornarem o atual Turcomenistão e o Uzbequistão, que eram muito mais urbanos e organizados socialmente do que se pensava antes. As cidades não eram apenas grandes, mas foram projetadas com muita precisão geométrica. Na China, a primeira dinastia de que se tem registro, a dinastia Xia, emergiu em cerca de 2100 a.C. Mesmo assim, ainda encontramos uma civilização horizontal de aldeias e cidades unificadas em torno de centros de ritual comuns.

Na Europa, vemos o impacto do povo béquer, cujas origens ainda são discutidas, mas que provavelmente vieram da Espanha ou dos Bálcãs. Conhecidos por suas técnicas avançadas de trabalho com metal, eles deixaram vestígios em muitos lugares. Chegaram à Inglaterra, onde encontraram locais como Stonehenge, do qual se apropriaram, reprojetando-o com orientação para o sol em vez de para a lua. Embora fisicamente isso fosse mais uma questão de "calibragem", as implicações culturais que essa reorientação pressupõe são inquestionáveis.

Nas Américas, a população andina habitava uma estreita faixa litorânea entre o Oceano Pacífico e um deserto. Embora essas comunidades pudessem facilmente ter se tornado um nicho cultural esquecido, as correntes do Oceano Pacífico, com sua pesca abundante, ajudaram a sustentar a vida sedentária até que os habitantes aprendessem a dominar os rios, fazendo-os descer das montanhas por meio de canais e terraços. Muito recentemente, arqueólogos dataram um grande complexo cerimonial sobre o Vale do Supe, nos Andes peruanos, de cerca de 2750 a.C. Essa descoberta pôs abaixo a cronologia andina e exigiu uma revisão das datas da arquitetura cerimonial em grande escala para um período muito mais antigo do que se pensava. Grandes sítios arqueológicos nos Andes até hoje não foram explorados e datados com carbono; assim, suas histórias ainda não foram contadas.

OS PRIMÓRDIOS DA ARQUITETURA

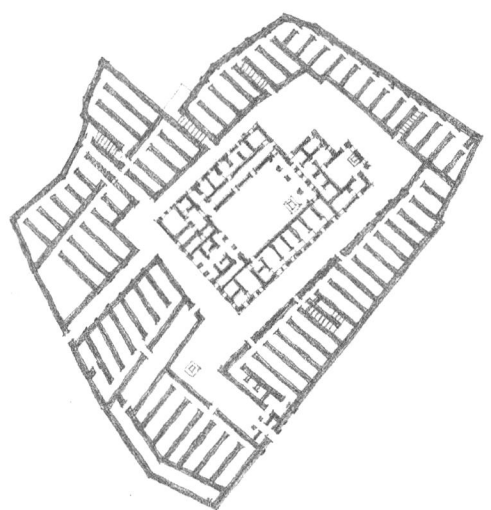

Templo I em Hattusas, cerca de 1800 a.C.

Reconstrução do palácio da dinastia Shang, em Zhengzhou, China, cerca de 1600 a.C.

1500 a.C.

Na metade do segundo milênio, a Ásia Central – da civilização bactro-margiana, na Turcomênia, à região dos rios Indo e Ghaggar-Hakra, no sul – entrou em um período de tumulto e decadência. O desastre ecológico da seca do rio Ghaggar-Hakra certamente contribuiu para isso, uma vez que criou um vácuo político. Durante a metade do segundo milênio antes de Cristo, muitas pessoas que se intitulavam "árias" ou "arianas", como são conhecidas hoje, se mudaram para o norte da Índia e introduziram novos elementos culturais. Visto que suas construções eram feitas com madeira, e não tijolo, restam muito poucas evidências concretas desse período de conflito e turbulência. Os recém-chegados trouxeram o ferro e textos orais sagrados que estão entre os mais antigos do mundo. Eles foram compilados e transcritos por volta de 1500 a.C. Esse período foi chamado de Védico, cujo nome se refere a Vedas, uma palavra do sânscrito indo-europeu que significa "conhecimento", e durou aproximadamente até 500 a.C.

O oeste da Ásia também passou por um período de mudanças e instabilidade. A Assíria, a Babilônia e outras cidades mesopotâmicas foram conquistadas por invasores de proveniência desconhecida, os mitanni e os cassitas, oriundos do norte e do leste. Uma situação semelhante aconteceu com os chamados Povos do Mar, que se dirigiram para o leste, ao longo da costa do Mediterrâneo, conquistando o delta do Nilo. Entre os recém-chegados, havia os hititas, que se assentaram na Anatólia, onde fundaram a capital, na região centro-norte, Hattusas, com seus inúmeros templos. Eles trouxeram escribas da Síria para manter seus registros em escrita cuneiforme, criando grandes arquivos estatais. Também reconheceram a importância do camelo como animal de carga; assim, pela metade do segundo milênio antes de Cristo, caravanas que chegavam a ter 600 animais já formavam rotas de comércio através das planícies do deserto. Os hititas e os egípcios se tornaram as principais potências terrestres no oeste da Ásia, e o Egito iniciou um período marcante da arquitetura de templos, cujo símbolo mais perfeito são as construções de Luxor.

Em 1650 a.C., a dinastia chinesa Shang, da Idade do Bronze, controlava uma ampla área do nordeste e do centro-norte da China, como o surgimento de grandes cidades, como Anyang e Zhengzhou, esta incluindo uma área de aproximadamente 1,5 Km por 2 Km – uma das maiores cidades planejadas do mundo naquela época. Esse período é notável por seus extraordinários recipientes de bronze para colocar vinho e alimentos, utilizados em rituais para conectar os governantes com seus ancestrais. A tecnologia chinesa do ferro era diferente da ocidental, devido ao fato de que os chineses não forjavam o metal, mas o fundiam, utilizando diversos moldes de cerâmica.

A região litorânea da Louisiana, na Costa do Golfo da América do Norte, atualmente chamada de Poverty Point, emergiu como o centro de uma importante nação. Os habitantes faziam enormes obras de terraplenagem como parte de uma paisagem sagrada artificialmente construída. Ao contrário de outras tribos nativas da região que usavam apenas matérias-primas locais, o povo de Poverty Point desenvolveu uma grande rede de comércio. Enquanto isso, nos Andes, as melhorias na tecnologia de irrigação permitiram que os agricultores se deslocassem rio acima, se afastando do oceano, expandissem suas economias e construíssem grandes assentamentos, como Cardal, no atual Peru. Entre os inúmeros aspectos de sua agricultura, o desenvolvimento do algodão foi o mais revolucionário. Os centros para rituais que foram construídos envolviam enormes complexos em formato de U – elementos arquitetônicos que permaneceriam parte da linguagem arquitetônica peruana por milênios. Os andinos não dispunham da roda, nem de animais de carga.

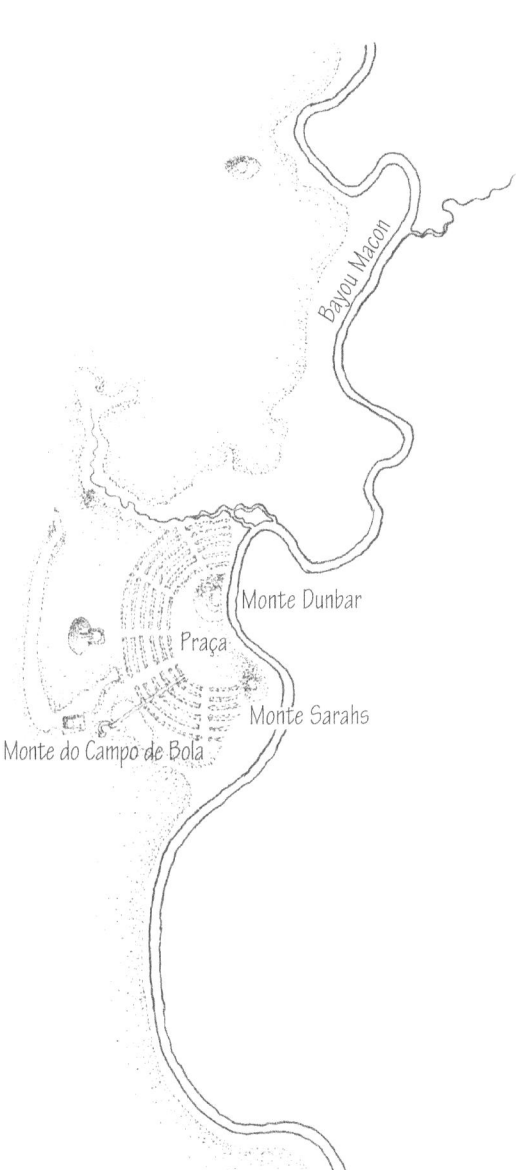

Planta da área de Poverty Point, cerca de 1800 a.C.

Planta do centro de Caral, Peru, cerca de 2000 a.C.

OS PRIMÓRDIOS DA ARQUITETURA

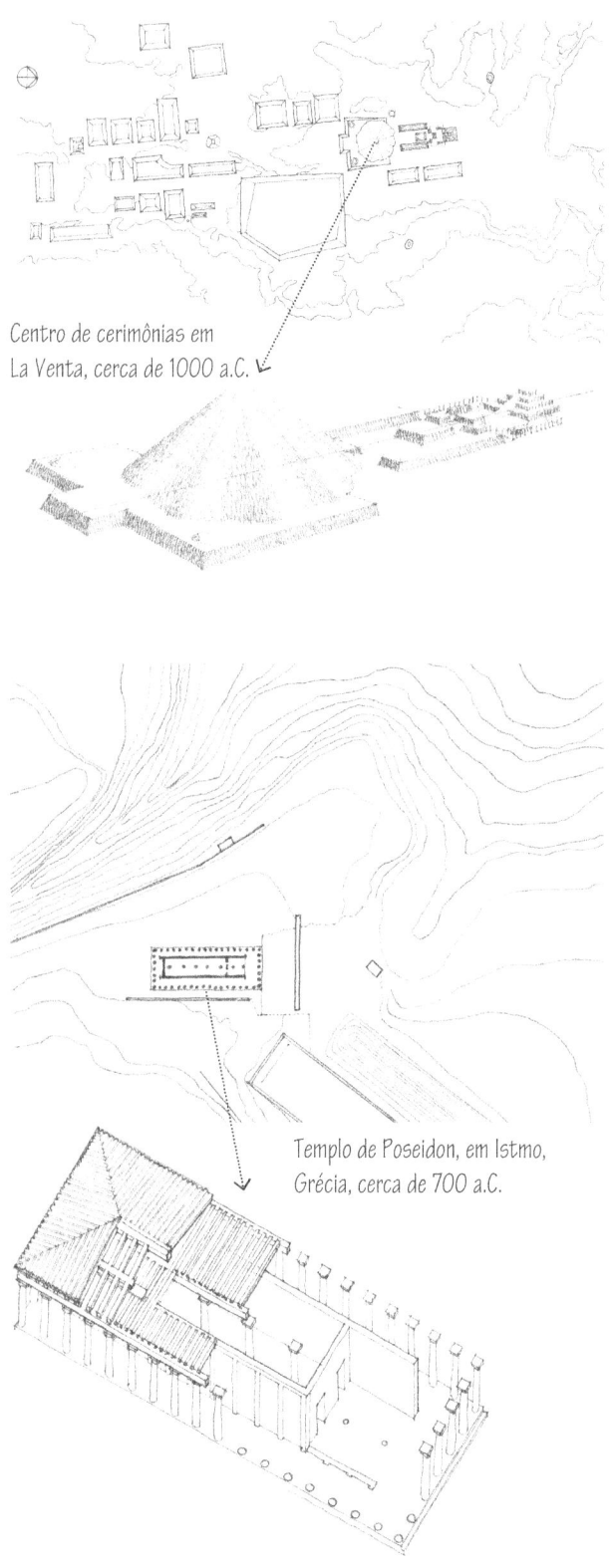

Centro de cerimônias em La Venta, cerca de 1000 a.C.

Templo de Poseidon, em Istmo, Grécia, cerca de 700 a.C.

800 a.C.

Por volta do ano 1000 a.C., as técnicas de agricultura e canalização da água que haviam sido desenvolvidas pelas comunidades litorâneas da América do Sul já estavam sendo aplicadas nos planaltos, de onde era mais fácil controlar o comércio. Diversos centros de rituais foram criados, como Chavín de Huántar, localizado na interseção de importantes rotas comerciais. Enquanto isso, na América Central, os olmecas haviam drenado as terras tropicais pantanosas de Veracruz e as convertido em prósperos campos para a agricultura, gerando excedentes de produção. Nessa época, e provavelmente por causa da criatividade dos olmecas, foi desenvolvido o cultivo do milho, que mudaria o mundo culinário das Américas. A próspera economia comercial resultante formou a base dos primeiros centros para rituais da América Central, como San Lorenzo e La Venta, no atual México.

Enquanto a Mesoamérica havia há pouco entrado na Idade do Bronze, o mundo da Eurásia estava entrando na Idade do Ferro. Em 1000 a.C., a fundição do ferro já era bastante difundida, tendo sido introduzida pelos hititas. O seu uso chegou até a China. As armas de ferro mudaram as relações de poder e foram, provavelmente, a causa de boa parte das convulsões sociais e dos deslocamentos desse período. Novas culturas surgiram e prosperaram, quase todas produtoras de ferro. No norte da Itália, encontramos os etruscos; na Grécia, os dóricos; no litoral da Turquia, os jônicos; na Armênia, os urartu; e, no sul do Egito, os núbios. No leste do Mediterrâneo, cidades como Biblos e Sídon se desenvolveram, assim como o reino de Israel, cuja capital era Jerusalém.

Foi nesse contexto de aperfeiçoamento das armas que os dóricos estabeleceram seu domínio sobre os portos do Mediterrâneo e estenderam seu poder em direção ao oeste, fundando colônias na Sicília e na Itália, para fortalecer as novas regiões em desenvolvimento e produtoras de grãos. A Magna Grécia, como era chamada, era tão poderosa que, pelo ano de 500 a.C., devemos considerá-la uma entidade econômica e cultural autônoma. É por isso que na Sicília e na Itália encontramos alguns dos mais desenvolvidos experimentos na arquitetura em pedra da Grécia Antiga.

Os séculos IX e VIII testemunharam o crescimento da importância regional da Palestina em relação ao reino de Kush, na Núbia, e ao de Sabeu, no Iêmen. Kush foi uma importante fonte de metal, e seus reis assumiram o controle do Egito por um período. O reino de Sabeu, no Iêmen, monopolizava a produção de olíbano (espécie de incenso), um óleo que derivava de uma planta que crescia apenas nessa região. Esse óleo, que era muito caro, era exigido em muitas cerimônias religiosas. Para chegar aos mercados, ele era trazido à Palestina, a qual estava conectada aos portos e às rotas de comércio.

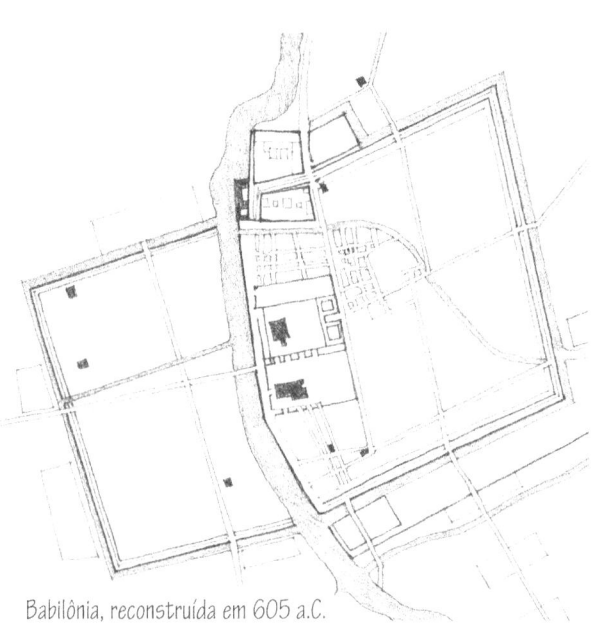

Babilônia, reconstruída em 605 a.C.

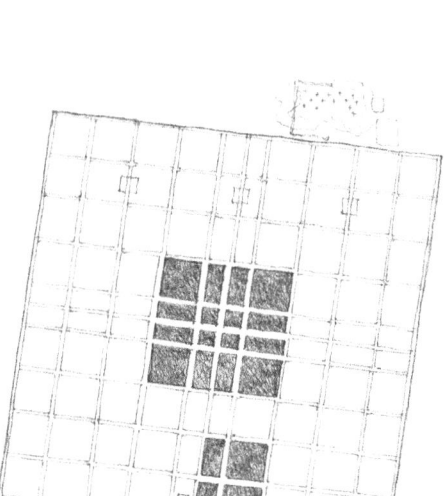

Planta da cidade de Luoyang, China, cerca de 1000 a.C.

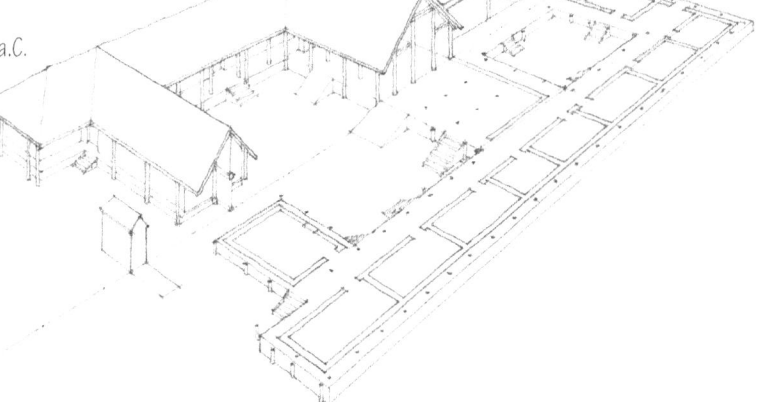

Centro de rituais em Fengchu, China, cerca de 1000 a.C.

Entre os séculos VIII e VI a.C., os assírios e os babilônios se estabeleceram como as potências dominantes do oeste da Ásia, mas, embora seus impérios fossem vastos e suas novas cidades famosas, sua inabilidade em estabelecer políticas financeiras e comerciais coerentes os tornou vulneráveis. A queda do Império Babilônico e de seu domínio pela Pérsia em 539 a.C. marcou o início do fim da centralização da cultura na Mesopotâmia, que havia sido, por mais de dois milênios, uma das forças de renovação dominantes, em termos culturais, econômicos e políticos, na Eurásia. Com esse colapso e a transferência de poder para a Pérsia, poderíamos acreditar que, a partir de então, o leste e o oeste se desenvolveram de maneiras diferentes. Ao leste, na Índia, os invasores védicos indo-arianos, que haviam se imposto como classe governante nos séculos anteriores, já tinham ocupado grandes partes da Planície Indo-Gangética, onde estabeleceram 16 mahajanapadas, ou reinos. Inicialmente, o estado de Kashi, com sua capital em Varanasi, dominou, mas foi suplantado por Koshala. Varanasi, no entanto, continuou sendo um importante centro de aprendizado e atraiu intelectuais de todos os reinos da atual Índia.

Em 1046 a.C., os Zhou substituíram os Shang, estabelecendo a dinastia mais duradoura da história chinesa. Eles construíram duas das quatro grandes cidades da China, Xi'an e Luoyang, codificando os princípios de planejamento urbano que eram citados, ainda que nem sempre seguidos, em todas as capitais chinesas subsequentes. Contudo, pouco restou dessas cidades, pois foram construídas principalmente com edificações de madeira em fundações com plataformas de terra. Os Zhou criaram a ideologia do poder imperial como "Mandato do Paraíso", a qual posteriormente foi exaltada como modelo de governo por Confúcio, entre outros. Eles também iniciaram um processo de consolidação, que resultou no exílio de tribos "bárbaras", principalmente no sul, os quais se tornaram os ancestrais dos atuais tailandeses, birmaneses e vietnamitas.

20 OS PRIMÓRDIOS DA ARQUITETURA

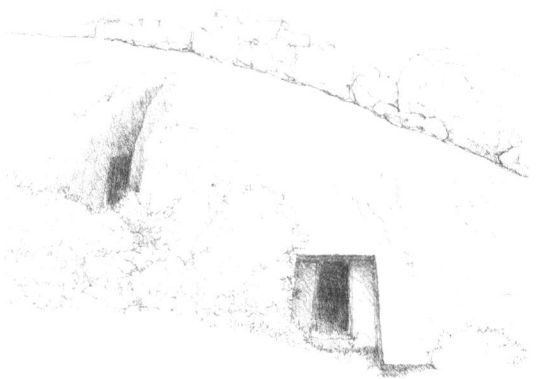

Entradas para duas das cavernas austeras nas Colinas Barabar, na Índia, utilizadas por budistas ascéticos, metade do século III a.C.

Parte do complexo de palácios de Persépolis, cerca de 500 a.C.

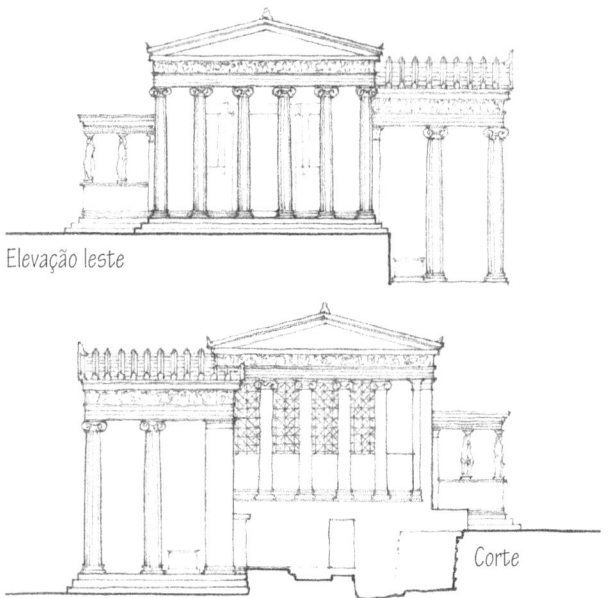

Elevação leste

Corte

Erectheum, Acrópolis, Atenas, Grécia, cerca de 420 a.C.

400 a.C.

Durante este período, as noções éticas e cívicas de governo e de conduta pessoal começaram a se consolidar em muitas partes da Eurásia. Na China, por exemplo, Confúcio (551–479 a.C.) concebia um mundo governado pela razão e pela conduta adequada, ao passo que o taoismo, coexistente ao confucionismo, enfatizava uma espécie de não interferência discreta e o paradoxo dos opostos complementares. Na Índia, Buda e Mahavira desafiavam o mundo altamente estratificado da ortodoxia védica, enfatizando a disciplina do sacrifício pessoal. O budismo poderia ter permanecido com um papel histórico secundário se Asoka (304–232 a.C.) – o criador do primeiro império do sul da Ásia – não o tivesse tornado uma religião oficial. Visto que o budismo era, naquela época, uma prática em grande parte ascética, Asoka não demandou a construção de grandes templos, mas distribuiu pilares gravados com os ensinamentos de Buda. No oeste e no centro da Ásia, encontramos o zoroastrianismo, uma religião com base na ética, que via o mundo como uma luta entre o bem e o mal. O homem era visto como um possível auxiliar de Deus, capaz de erradicar o mal. Na Grécia, Sócrates, Platão, Aristóteles e outros travaram debates vigorosos sobre democracia, direito e filosofia social. Atenas, ao adotar a democracia, foi a pioneira do estado moderno. Em outras palavras, da China à Grécia, o pensamento religioso, ético e social estava sofrendo várias alterações, as quais contrastavam com as tradições centenárias que aceitavam a noção de poder como algo imposto, e não algo a ser analisado de um ponto de vista teórico.

Na política, o principal ator no oeste e no centro da Ásia era a Pérsia. Preenchendo o vácuo criado pelo colapso dos impérios egípcio, assírio e babilônico, a Pérsia estendeu seu domínio do norte da Índia à Grécia, criando novas formas arquitetônicas nas grandes capitais de Pasárgada e Persépolis. O Mediterrâneo, porém, permaneceu sob forte controle da Grécia, e os gregos desenvolveram, no século V a.C., um vocabulário arquitetônico que seria a base da arquitetura da Europa e do oeste da Ásia. A tentativa malsucedida da Pérsia de invadir a Grécia, no entanto, teria consequências imprevistas, ao estimular as fantasias e ambições de Alexandre (356–323 a.C.), que conquistou a Pérsia e seus territórios com o auxílio de uma infantaria muito bem treinada de hoplitas e suas terríveis técnicas de luta da falange. Por um período, parecia que o Império Grego cresceria até chegar ao Indo, mas as ambições de Alexandre foram interrompidas por sua morte prematura em 323 a.C., na Babilônia. As terras conquistadas, divididas entre seus generais, se tornaram estados semi-independentes e centros regionais de poder. O mais forte destes foi o Egito, governado pelos ptolomeus, que governavam de Alexandria. Uma cidade de mesma importância foi Pergamon, na Anatólia. A minúscula ilha comercial de Delos substituiu Atenas como centro de comércio cosmopolita do Mediterrâneo. A estética da época, posteriormente chamada de Helenismo, tendia ao realismo, à delicadeza e à expressão emocional; ela deixou sua marca, especialmente na arquitetura e na escultura, em países tão distantes quanto a Índia e a China.

Na China, durante o período instável do fim da dinastia Zhou, entidades regionais em guerra competiam entre si na construção de grandes palácios, introduzindo o túmulo imperial como sinal de prestígio e poder. Por volta do século III a.C., as várias facções foram consolidadas e unificadas pela dinastia Qin (Ch'in), que deu à China seu nome.

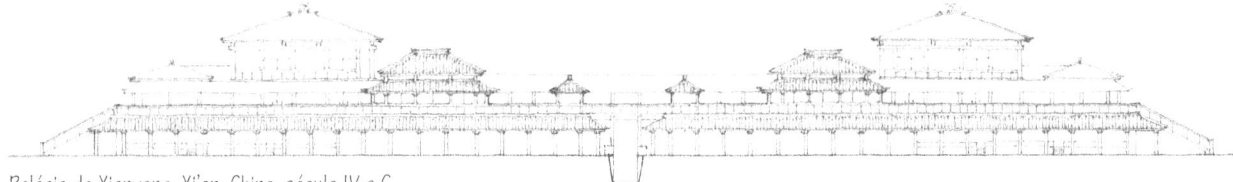

Palácio de Xianyang, Xi'an, China, século IV a.C.

Na América do Norte, as primeiras culturas complexas se desenvolveram nos bosques do leste, ao longo do rio Ohio e seus tributários. O solo era fértil, os peixes e a caça eram abundantes e as vias navegáveis facilitavam o comércio. Nesse ambiente, surgiu o povo conhecido como Construtores de Morros. Na América do Sul, os desenvolvimentos culturais mais importantes foram as sociedades bem-organizadas que habitavam as planícies peruanas: a civilização moche, ao norte, e as tribos nazca, ao sul. Os olmecas, os quais por certo tempo haviam sido a cultura mais influente na Mesoamérica, entraram em declínio por volta de 400 a.C., sendo substituídos pelos povos maia e zapoteca, que estavam fazendo a transição das tribos para pequenos estados.

Baixo relevo de Chalcatzingo, México, cerca de 400 a.C.

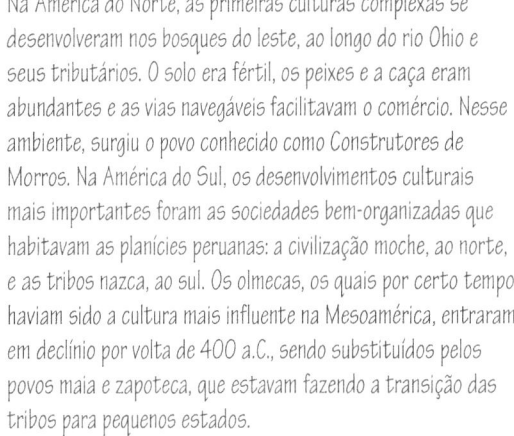

Vista aérea de Kaminaljuyu, um antigo sítio maia, cerca de 400 a.C.

1 d.C.

Nesta época, a Eurásia estava dominada pela China e por Roma e interconectada por um vasto sistema de rotas comerciais terrestres e marítimas, chamado, como um todo, de Rota da Seda. Como consequência dessas redes comerciais muito extensas, duas culturas em particular entraram em foco: os gandharans, no Afeganistão, e os nabateus, na Jordânia. Estes serviram como um laço de conexão com a Índia, permitindo que os comerciantes romanos evitassem a região de Parta. Os nabateus se destacavam por seu espírito inovador na arquitetura.

Inicialmente, a ascendência de Roma, em termos econômicos, abafou e reprimiu o oeste da Ásia, e houve poucas construções importantes durante o século I a.C. Porém, Roma logo conseguiu impor uma aparência coesa em seus domínios em expansão. Os imperadores romanos, de Augusto a Trajano, mudaram a arquitetura da Europa e do oeste da Ásia, construindo impressionantes templos, foros, vilas e cidades, todos com a marca típica de Roma.

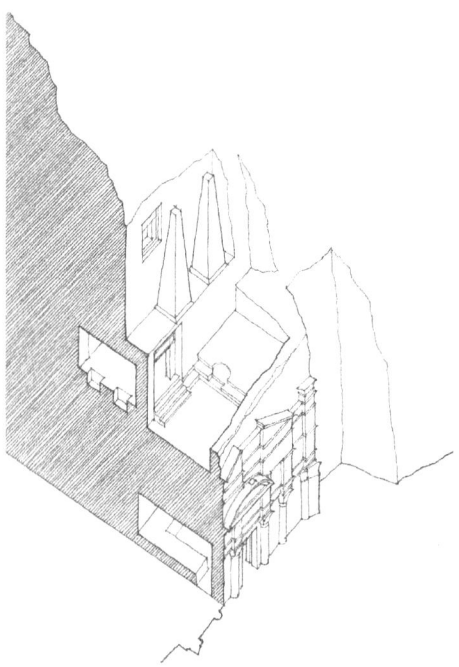

Túmulo do obelisco em Petra, sede comercial dos nabateus, 300 a.C.–100 d.C.

Templo de Mars Ultor, Foro de Augusto, Roma, Itália

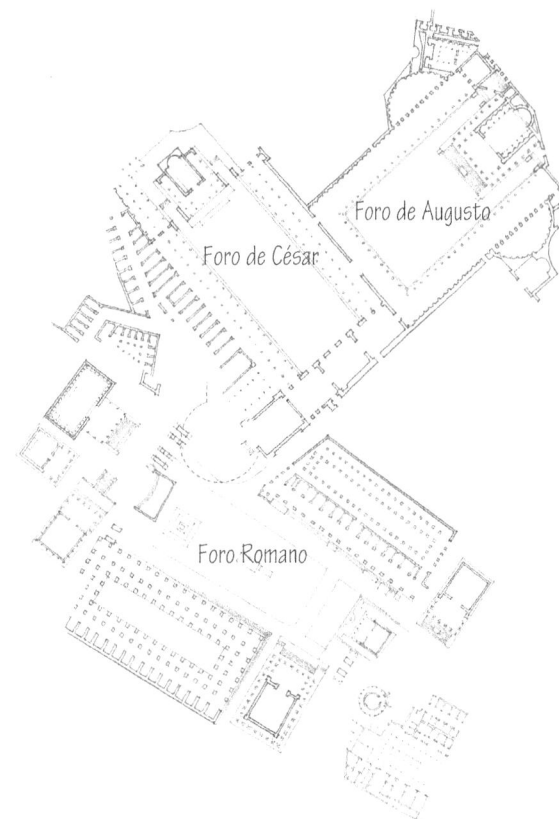

Planta dos foros imperiais de Roma, Itália, 48 a.C.–112 d.C.

Exemplo de um capitel coríntio

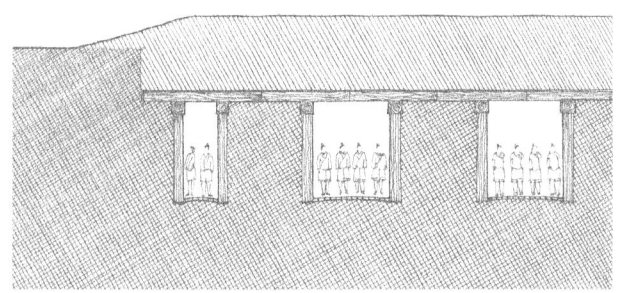

Corte pelos recintos do Túmulo do Primeiro Imperador, Lishan, China, 246–210 a.C.

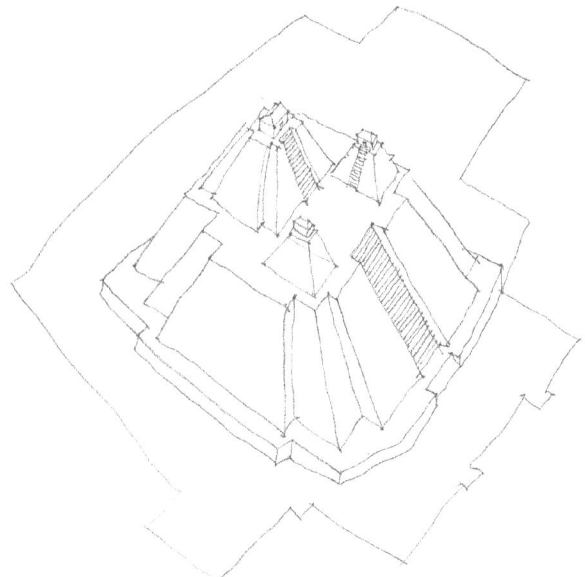

Reconstrução de El Tigre na antiga cidade maia de El Mirador, 150 a.C.–150 d.C.

Túmulo de poço em El Arenal, 300 a.C.–200 d.C.

Na China, a dinastia Qin, anexando sistematicamente todos os estados concorrentes, criou um governo centralizado, com uma burocracia correspondente. Por esse feito, o imperador Qin, Shi Huangdi, é conhecido como o Primeiro Imperador. Na verdade, é da palavra qin (ch'in) que deriva o nome China. Depois da morte de Shi Huangdi, a dinastia rapidamente entrou em colapso e foi substituída pela dinastia Han (202 a.C–220 d.C.), marcada por um longo período de paz tradicionalmente denominada Era da China Imperial. Embora mais transparentes e responsáveis, os Han mantiveram a ambição dos Qin de unificar e centralizar o império. A arquitetura Han estabeleceu precedentes que foram seguidos pelas dinastias seguintes. Embora pouco tenha restado de seus palácios, cidades e esculturas monumentais em pedra, as maquetes de argila e as referências literárias contêm descrições cheias de vida, como, por exemplo, sobre as "avenidas dos espíritos", do século I d.C., com seus monumentos de pedra, que conduzem aos túmulos imperiais. Na Ásia central, por causa da desintegração do Império Máuria, na Índia, por volta de 200 a.C., os nômades yueh-chi, da Mongólia, estabeleceram o Império Kushan (séculos I a.C.–III d.C.), que se estendeu de partes do Afeganistão e do Irã a Pataliputra, na região central da Planície Gangética ao leste, descendo até Sanchi, ao sul. Devido à sua localização singular, esse império se tornou um caldeirão de pessoas e ideias da Índia, da Pérsia, da China e mesmo do Império Romano.

Voltando para o continente americano, a Cultura Hopewell, na América do Norte, se tornou a primeira cultura em grande escala dessa região, criando uma rede de cidades e aldeias ao longo do rio Ohio. No México, Teotihuacán, no Vale do México, e Monte Albán, no Vale de Oaxaca, ascenderam ao poder rapidamente. Uma rede interconectada de aldeias na Península de Yucatán também começou a se desenvolver até se tornar a peculiar cultura maia, que dominaria a América Central no milênio seguinte. No litoral mexicano do Pacífico, nas proximidades do centro de Jalisco, túmulos de poço revelam uma nova cultura da morte. Construídos no coração dos centros urbanos, esses túmulos integravam os mortos ao cotidiano e às atividades da comunidade. No Peru, os chavin entravam em declínio, com suas partes se redefinindo sob o domínio dos moche e dos nazca.

OS PRIMÓRDIOS DA ARQUITETURA

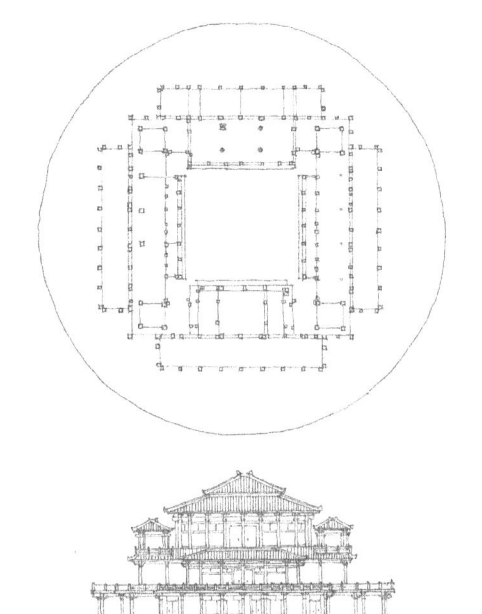

Edificação central do complexo de rituais Mingtang-Biyong, perto de Xi'an, China, século I a.C.–I d.C.

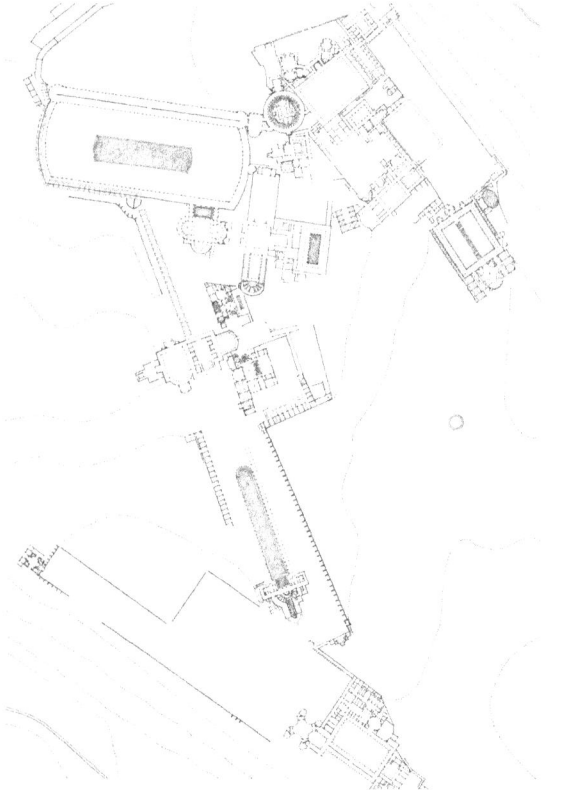

Vila de Adriano, Tivoli, Itália, 118–34 d.C.

200 d.C.

No ano de 200 d.C., Roma, Chang'an e Teotihuacán eram as megacidades do mundo; as três eram capitais de grandes impérios. A Roma Imperial, com mais de um milhão de habitantes, tinha a maior população, enquanto Teotihuacán, com 20 Km^2, tinha a maior área. Por volta do século VIII, porém, tanto Roma quanto Teotihuacán já haviam sido superadas por Chang'an, que se tornou a maior cidade do mundo, atraindo quase todo o universo asiático para sua órbita econômica.

Entre 100 e 300 d.C., o Império Romano se tornou um dos mais poderosos e mais extensos impérios do mundo e, ainda assim, estava à beira do desastre. Durante esse período, sua riqueza era investida em templos, palácios, termas, viadutos, bibliotecas, cortes, ruas, teatros e anfiteatros. O desenvolvimento da arquitetura romana, a arquitetura urbana mais rica de todas as civilizações até então, ia da Inglaterra até o norte da África e da Espanha até o Levante e teria um impacto profundo nos desenvolvimentos subsequentes de toda a Europa, por vários séculos. A dinastia Han também estava construindo cidades, palácios e túmulos em uma escala colossal, auxiliada por notáveis avanços em tecnologia e mineração. A capital ocidental, Chang'an, foi construída para servir como ponto de partida para caravanas que se dirigiam ao oeste através do deserto de Taklamakan. Situados entre a China e Roma estavam os partas, uma cultura tribal de ex-nômades baseada na criação de cavalos que se estabeleceu como elite dominante na Mesopotâmia e na Ásia central. Eles não tinham foco na arquitetura, permitindo que os cultos locais continuassem construindo templos na tradição helenística, mas eram hábeis comerciantes e tiveram um papel importante na criação da Rota da Seda, tendo a capital, Hecatompilo, como um de seus entrepostos principais.

Na religião, uma transformação importante acontecia no oeste da Ásia, com ramificações de longo prazo além de seus limites geográficos. As antigas religiões mesopotâmicas estavam sendo substituídas por cultos de mistério helenísticos e iranianos, por cultos ao sol, pelo culto ao fogo do zoroastrianismo e pelo cristianismo. Novos conceitos religiosos também se espalhavam pelo norte da Índia, a terra natal de Buda. Geralmente, essas novas práticas religiosas eram mais pessoais e místicas que suas antecessoras. Outra religião emergente era o mitraísmo, cada vez mais praticado pelos soldados nas províncias longínquas do Império Romano. O budismo, que deve ser compreendido como parte dessa busca por uma autotransformação ética, estava se desenvolvendo rapidamente, na forma de escolas monásticas localizadas ao longo das rotas de comércio, entrando cada vez mais na China e no sudeste da Ásia.

A HISTÓRIA ANTIGA – DOS PRIMÓRDIOS DA HUMANIDADE AO RENASCIMENTO

Complexo monástico kushana de Takht-i-Bahi, Peshawar, Paquistão, século II d.C.

No encontro global entre leste e oeste, devemos mencionar os kushanas, um povo da Mongólia que foi expulso da China para o atual Afeganistão, suplantando o Império Gandhara. Vivendo na encruzilhada da região, entre a Pérsia, a Índia e a China, e adotando o budismo, eles produziram complexos de estupas de articulação helênica e forma indiana, com certos elementos do zoroastrianismo. Durante esse período, as rotas comerciais marítimas do sul do Egito em direção ao litoral leste da África, até a Índia, a Indonésia e a China, começaram a se tornar uma rede comercial tão importante quanto a Rota da Seda (terrestre). Como Petra, na Jordânia, Aksum, na moderna Etiópia, se tornou uma significativa potência de comércio com a Índia e, ao norte, com o Império Romano.

No Peru, há diversos estados regionais emergindo: os moche, ao norte, e, ao sul, os nazca, que produziram grandes centros de peregrinação, como Cahuachi, onde posteriormente apareceram marcas misteriosas no solo, atualmente conhecidas como Linhas de Nazca. O propósito desses desenhos elaborados, que só podem ser vistos se sobrevoados, ainda não foi desvendado, assim como as questões sobre a natureza das práticas religiosas de Nazca, com as quais esses desenhos parecem estar relacionados. No México, o grande poder religioso, indiscutivelmente, foi Teotihuacán, a capital de um império que incluía a maior parte da América Central e que era o centro de uma rede comercial indo do delta do Mississipi até o litoral peruano. Teotihuacán era a maior e mais influente cidade da América pré-colonial. Toda a arquitetura subsequente na América Central foi influenciada por seu legado. Na América do Norte, com origens ao longo do vale do rio Ohio, encontramos a chamada Cultura Hopewell, uma confederação informal de tribos que compartilhavam uma estrutura de crenças e práticas de sepultamento semelhantes aos de Poverty Point, mais ao sul. Eles fizeram grandes trabalhos em terra, como morros artificiais, topos de colinas cercados e desenhos geométricos no solo, os quais serviam como lugares para reuniões e cerimônias. Ao contrário dos habitantes de Poverty Point, eles eram agricultores, com uma extensa rede comercial que ia do Atlântico às Montanhas Rochosas e ao Golfo do México.

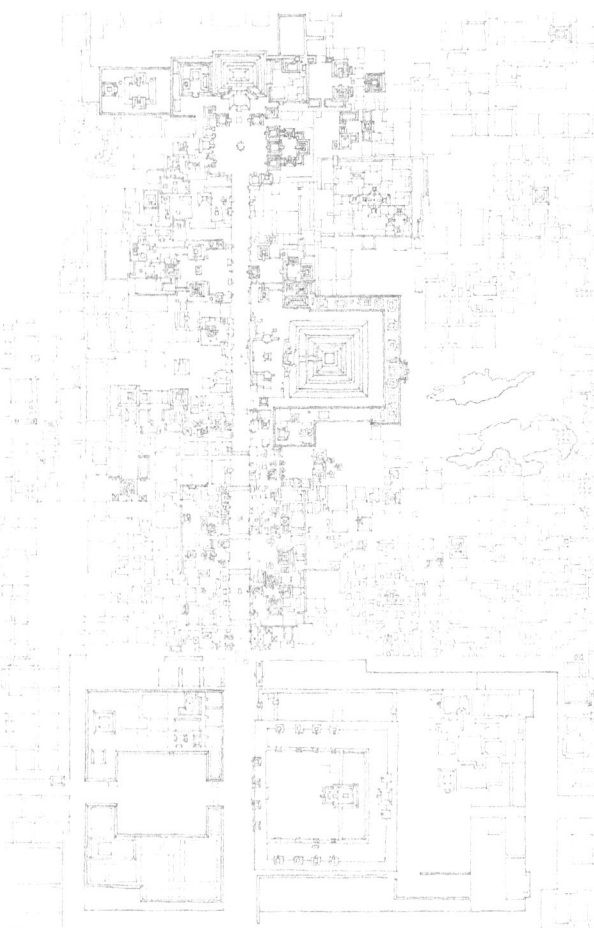

Área central de Teotihuacán, 150 a.C.–650 d.C.

Falcão de cobre e mão de mica, cultura Hopewell de morros artificiais, 200 a.C.–500 d.C.

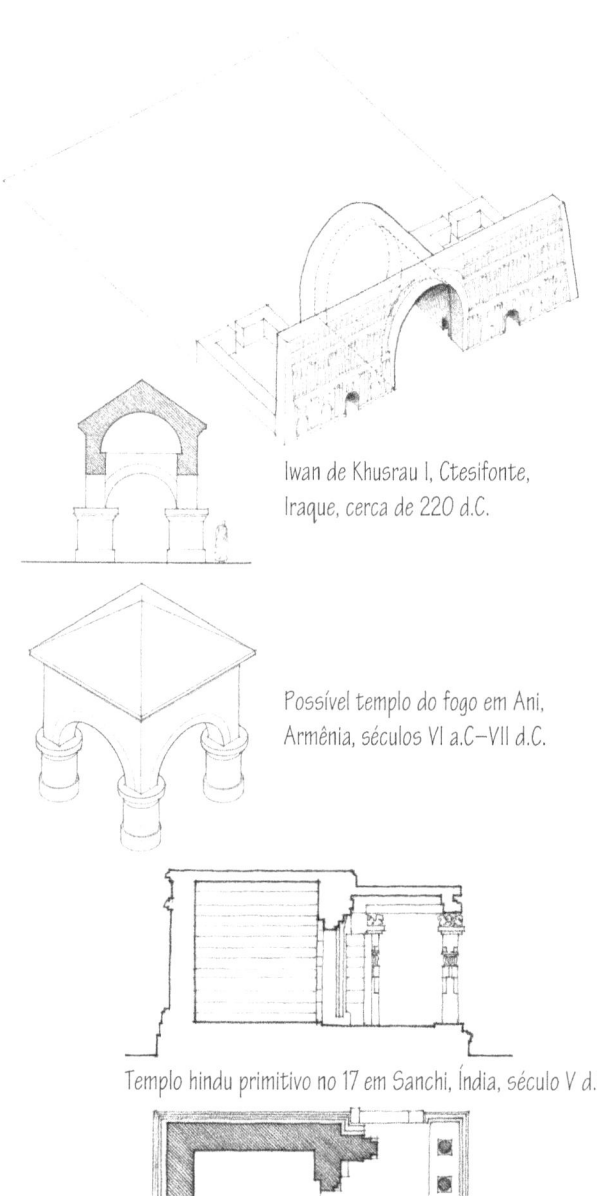

Iwan de Khusrau I, Ctesifonte, Iraque, cerca de 220 d.C.

Possível templo do fogo em Ani, Armênia, séculos VI a.C–VII d.C.

Templo hindu primitivo no 17 em Sanchi, Índia, século V d.C.

400 d.C.

O declínio da Europa em termos culturais e econômicos coincidiu com a mudança da sede do poder romano para Bizâncio e para o oeste da Ásia. Os outros centros principais eram o Império Sassânida, no centro da Ásia, o Império Gupta, na Índia, e a Dinastia Han, na China. Os sassânidas, substituindo os partas e reduzindo o poder dos kushanas, estabeleceram sua capital em Firuzabad. Eles governaram do Mediterrâneo até a fronteira com a China. No ano de 400 d.C., a Eurásia se encontrava em um momento de ajuste à medida que o sul da Ásia, a China e o Império Romano se transformavam com as novas ideias religiosas. O sul da Ásia passou pelo renascimento do hinduísmo, a China ficou sob o domínio do budismo, e o mundo romano estava quase acabando, com a ascensão do cristianismo. Aksum, ao norte da Etiópia, também era ainda importante, embora estivesse em declínio nesse período.

Na Ásia central, as edificações mais impressionantes da época foram feitas pelos sassânidas, no Iraque e no Irã, onde o zoroastrianismo ainda prevalecia. No entanto, pouco restou dos templos de fogo do zoroastrianismo, deixando uma página em branco na nossa compreensão da história do desenvolvimento arquitetônico da época. Mais para o leste, no sul da Ásia, os governantes gupta haviam construído um império que, em 400 d.C., controlava todo o norte da Índia. Eles consideravam sua missão reviver antigas teologias arianas, mas o fizeram de maneira que incorporassem práticas budistas. Nesse processo, criaram uma nova religião, que chamamos atualmente de hinduísmo. O "renascimento" hindu, então, sob o domínio dos gupta, acontecia simultaneamente ao desenvolvimento da prática budista em lugares como Ajanta e Nalanda. Junto aos primeiros templos hindus de tijolo dos gupta, alguns dos mais antigos templos budistas de tijolo também estavam sendo construídos, como o de Bodh-Gaya, o lugar da iluminação de Buda. O budismo mahayana continuou a se desenvolver com base no declínio do Império Kushan, que se localizava na interseção das rotas comerciais da Eurásia. Lá, esculturas colossais de Buda esculpidas na rocha foram construídas e teriam grande influência no desenvolvimento do budismo chinês, coreano e japonês.

Face íngreme do penhasco de Bamiyan, Afeganistão, século VI d.C.

A HISTÓRIA ANTIGA – DOS PRIMÓRDIOS DA HUMANIDADE AO RENASCIMENTO

Na China, o colapso da dinastia Han em 220 d.C. foi preenchido pelos Dezesseis Reinos, e a religião chinesa foi afetada pelo budismo trazido por comerciantes e monges da Índia. Em Dunhuang, localizada na extremidade oeste da Grande Muralha, onde a Rota da Seda se divide em seus percursos setentrional e meridional que perambulam pelo deserto de Taklamakan, monges budistas construíram um dos maiores complexos de cavernas do mundo. Centenas de cavernas, talhadas na face de grandes penhascos, funcionavam como uma companhia editora, onde milhares de cópias dos sutras da Índia eram copiados para distribuição através da China. O Japão, nesse período, teve seu primeiro governo centralizado, após a ascensão do clã Yamato. De modo semelhante, o sudeste da Ásia estava iniciando uma rápida expansão, com comerciantes indianos e chineses se lançando ao mar em busca de novos mercados. Os Pyu, em Mianmar, que adotaram o budismo, foram os primeiros asiáticos do sudeste a desenvolver grandes cidades fortificadas construídas junto com a irrigação extensiva permitida pelos córregos locais.

Em Roma, o imperador Constantino publicou o Édito de Milão em 313 d.C., o qual decretava a tolerância religiosa com os cristãos. Porém, a fundação da cidade de Constantino, Constantinopla, foi um híbrido de temas cristãos e pagãos. A cristianização do império continuou depois de sua morte, à medida que altares e templos "pagãos" foram destruídos, e novas formas de arquitetura, adequadas às necessidades religiosas do cristianismo, se estabeleceram. A arquitetura estava centralizada, em grande parte, em cidades associadas com grandes mártires, como Roma e Jerusalém. Ao mesmo tempo, invasores provenientes das estepes russas prejudicavam a unidade do império, então separado em diferentes jurisdições. No entanto, as cidades das províncias do leste, como Antioquia e Constantinopla, com suas fortes tradições helenísticas, permaneceram relativamente prósperas e se tornaram, por algum tempo, a chave para a sobrevivência do conhecimento europeu. O clima parece ter tido um papel importante nos desenvolvimentos desse período. A erupção vulcânica de Krakatoa em 416 d.C. acarretou anos de fome e disrupção pelo planeta.

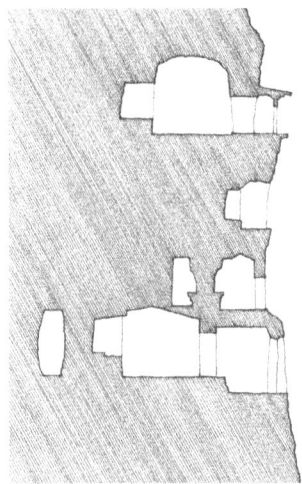

Corte das cavernas de Mogao, Dunhuang, séculos IV–XIV d.C.

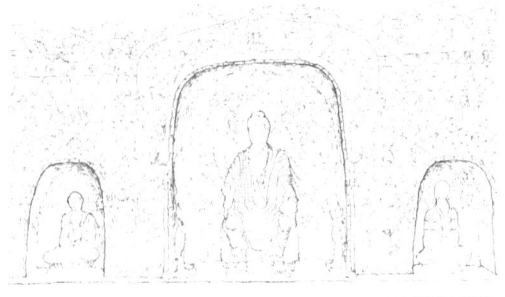

Parede oeste da caverna de Mogao 285, Dunhuang

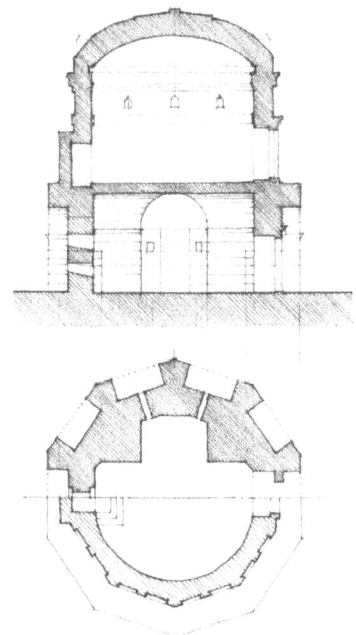

Túmulo de Teodorico, o Grande, Ravena, Itália, cerca de 520 d.C.

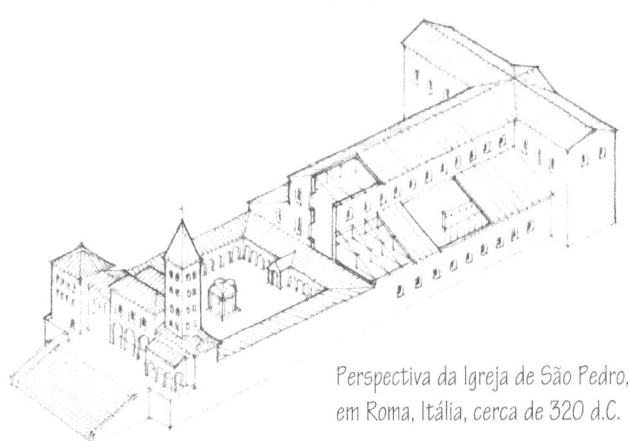

Perspectiva da Igreja de São Pedro, em Roma, Itália, cerca de 320 d.C.

28 OS PRIMÓRDIOS DA ARQUITETURA

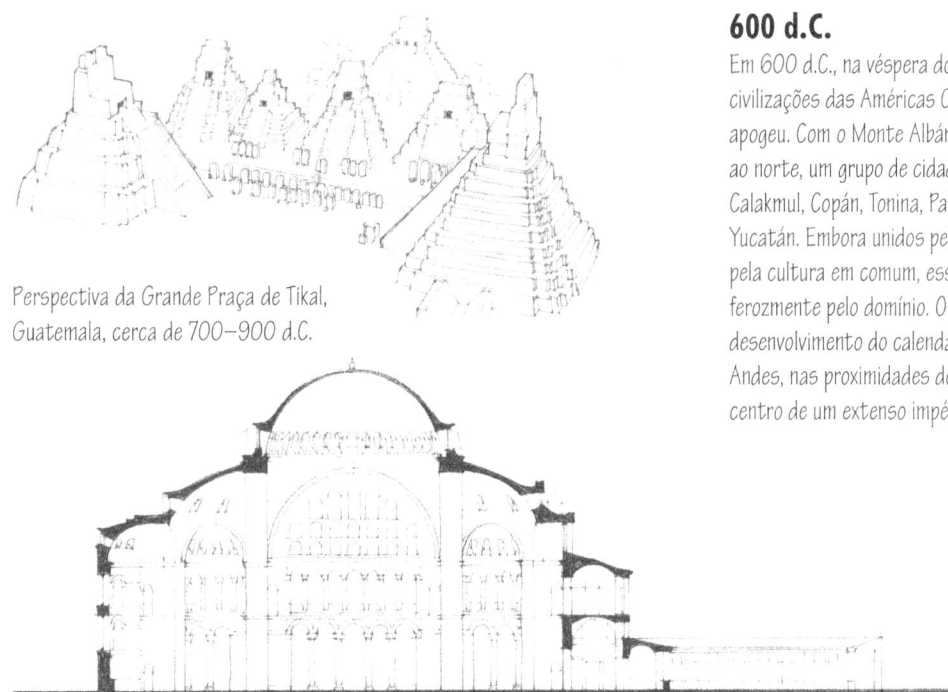

Perspectiva da Grande Praça de Tikal, Guatemala, cerca de 700–900 d.C.

Hagia Sophia, Istambul, Turquia, 532–37 d.C.

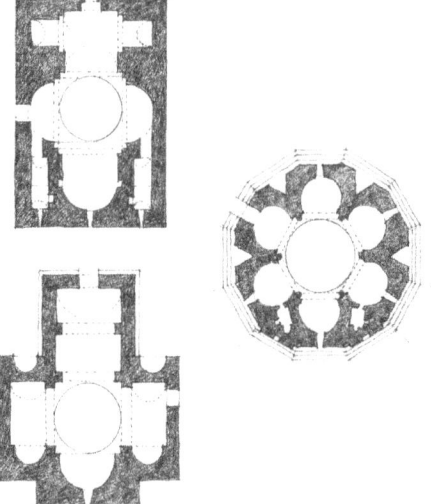

Exemplos de plantas de igrejas armênias

600 d.C.

Em 600 d.C., na véspera do colapso de Teotihuacán, as civilizações das Américas Central e do Sul estavam em seu apogeu. Com o Monte Albán ainda sendo um estado poderoso ao norte, um grupo de cidades-estados maias – Tikal, Calakmul, Copán, Tonina, Palenque e Yaxchilan – surgiu em Yucatán. Embora unidos pelo comércio, pelos laços familiares e pela cultura em comum, esses estados de Yucatán competiram ferozmente pelo domínio. O maior feito dos maias foi o desenvolvimento do calendário mais avançado do mundo. Nos Andes, nas proximidades do lago Titicaca, Tiwanaku emergiu no centro de um extenso império.

Na Eurásia, esse período foi uma época de consolidação, no qual as novas culturas mundiais em ascensão estavam mudando e sendo testadas. Os bizantinos, por exemplo, estavam no processo de adaptação do cristianismo, para estabelecer a base de onde o poder imperial poderia exercer sua autoridade. Novas formas arquitetônicas foram criadas, como a cúpula de tijolo, uma vez que o concreto-massa agora já havia sido esquecido. Hagia Sophia foi a conquista arquitetônica mais ambiciosa e esplêndida desse período. Os bizantinos, governando de Constantinopla, eram a potência dominante no Mediterrâneo, mas até mesmo eles tinham que negociar com hordas de invasores do norte e lidar da melhor maneira possível com os governantes ostrogodos da Itália. As planícies e os desertos da Síria e da Pérsia, embora ainda estivessem, teoricamente, sob o controle dos sassânidas, estavam em ebulição. Maomé fundou a última das grandes religiões modernas, o Islamismo, conquistando a cidade de Meca em 630 d.C. Com a crise da região central da Síria, a Armênia passou por um momento de crescimento, servindo como mediadora entre o Oriente e o Ocidente. Especialmente na arquitetura, isso teve um papel importante de transmissão cultural, com a preservação das antigas tradições gregas e helenísticas de ricas obras de alvenaria em contraste com as obras bizantinas, de cunho mais artesanal, que haviam retomado o tijolo; de resto, a arquitetura, no oeste europeu, era geralmente feita de pedra desbastada. Na área que atualmente é ocupada pelo norte da Síria, o leste da Turquia, a Geórgia e a própria Armênia, surgiram igrejas de pedra construídas com precisão, com implicações importantes para a arquitetura islâmica e cristã dos séculos seguintes.

A HISTÓRIA ANTIGA – DOS PRIMÓRDIOS DA HUMANIDADE AO RENASCIMENTO

As dinastias do sul da Ásia estavam acelerando sua transformação do budismo para o hinduísmo e se envolvendo em projetos experimentais de templos para responder às demandas litúrgicas do hinduísmo. Os kalcuris, e depois os chalukyas, no planalto Deccan, e os pallavas, ao sul, desenvolveram uma gama de templos com estrutura de pedra e talhados em rochedos. Enquanto o budismo desaparecia lentamente na Índia, ele emergia com grande força na China, na Coreia e no Japão. Os imperadores T'ang investiram muito em grandes projetos de obras públicas, como estradas e canais, que possibilitassem o comércio. Como consequência, as habilidades de engenharia amadureceram. Novos monastérios foram construídos, e uma nova forma de edificação – o ta, ou o pagode – emergiu a partir da estupa indiana. Enquanto isso, no Japão, o budismo, oriundo da Coreia, se fundiu com os já existentes conceitos xintoístas, para produzir uma vertente singular do budismo que, desde o começo, estava ligada a grandes obras de arquitetura, como o Templo Horyu, em Nara. A primeira edificação de Ise Jingu, o santuário xintoísta mais sagrado do Japão, também foi construída nessa época.

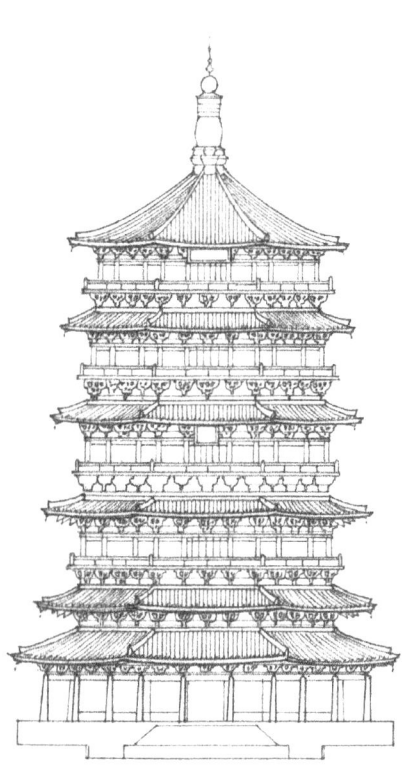

Pagode de madeira Yingxian, Templo Fogong, Província de Shanzi, China, 1056 d.C.

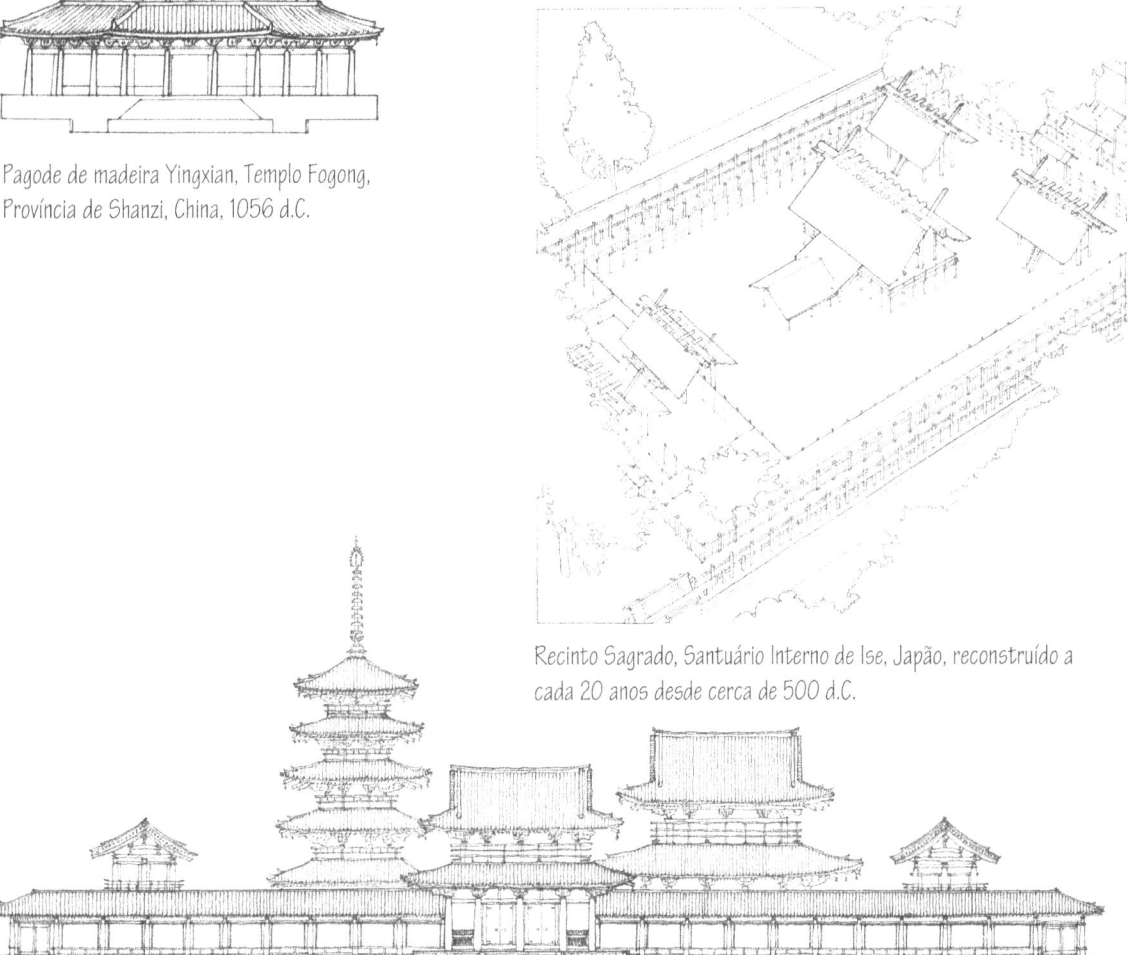

Recinto Sagrado, Santuário Interno de Ise, Japão, reconstruído a cada 20 anos desde cerca de 500 d.C.

Recinto oeste de Horyu-ji, Nara, Japão, século VII d.C.

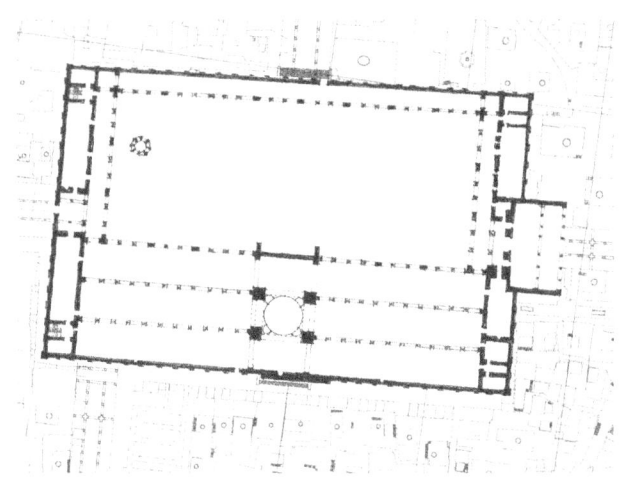

Planta da Mesquita de Umayyad ("A Grande Mesquita"), Damasco, Síria, 706–715 d.C.

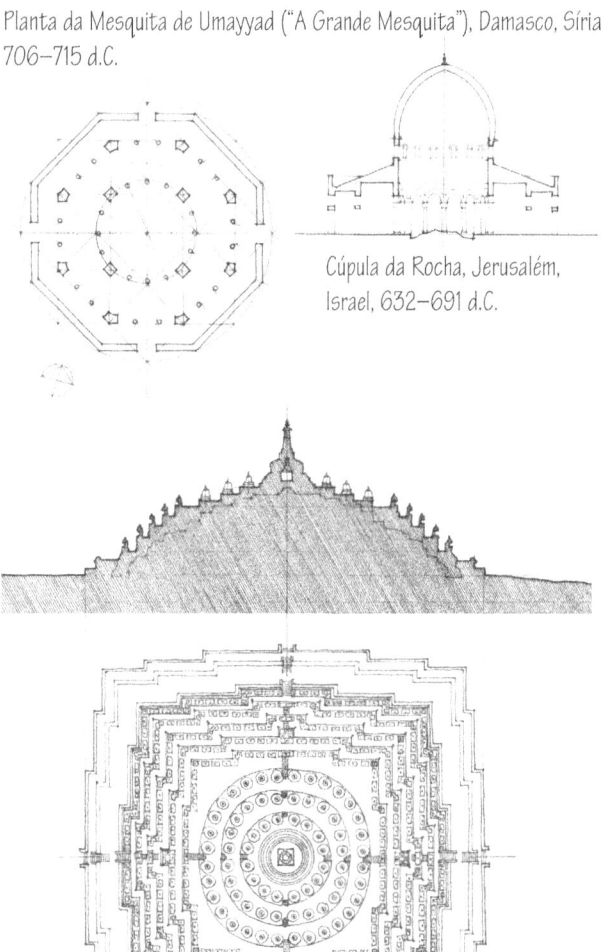

Cúpula da Rocha, Jerusalém, Israel, 632–691 d.C.

Terreno budista Mahayana de Borobodur, Java Central, Indonésia, 760–830 d.C.

800 d.C.

Em 800 d.C., a dinastia T'ang (618–906 d.C.), na China, era uma das maiores potências no mundo, e a cidade de Changan, no extremo leste da Rota da Seda, não só era seu propulsor econômico, como também o lugar de uma população grande e variada, com diferentes convicções e religiões. A arquitetura T'ang, no entanto, feita sobretudo de madeira, praticamente desapareceu, com exceção de alguns poucos salões monásticos que nos oferecem uma ideia de sua arquitetura. De semelhante importância global era o novo reino islâmico, que ia da Pérsia ao oeste do Mediterrâneo, chegando a Córdoba, na Espanha. A expressão arquitetônica do islamismo era a mesquita, a qual, nos primórdios da nova religião, era um grande salão hipostilo voltado para Meca. Porém, logo surgiram palácios e jardins mais elaborados, competindo com o *glamour* e a ostentação do Império Bizantino. No Morro do Templo, em Jerusalém, onde outrora havia dois templos judeus e um templo romano, uma nova edificação foi construída, a inigualável Cúpula da Rocha, venerando o local onde dizem que Maomé ascendeu ao paraíso. Os califas Umayyad, que ocupavam a antiga cidade romana e visigoda de Córdoba, em Al-Andalus, ou península espanhola, desenvolveram uma corte esplêndida e tolerante, com uma grande mesquita construída sobre as ruínas de um templo romano. Em 750 d.C., a dinastia Umayyad foi substituída pela Abásida, cuja nova capital, Bagdá, se tornou um dos maiores centros urbanos da época.

Enquanto isso, no sul da Ásia, dividido em diversos reinos, havia um animado centro de atividade intelectual e religiosa, deixando um legado arquitetônico substancial. Os arquitetos do reino hindu construíram com pedra, tijolo e por meio da talha em rochedos, como comprovam seus inúmeros templos. Ao mesmo tempo, os monastérios budistas continuaram e amadureceram, se tornando universidades de renome internacional. Monges da China, do Sri Lanka, do Japão, do sudoeste da Ásia e da Indonésia vinham estudar em Nalanda, Paharpur e Amaravati. O sudeste da Ásia também estava se consolidando, alimentado pelos crescentes laços comerciais com a China e a Índia, e particularmente com os pallavas, do leste da Índia. Na Indonésia, os reis shailendra construíram templos de pedra budistas e, em seguida, espetaculares templos hindus, incluindo um dos melhores santuários budistas com estupa, Borobodur. Ao norte da Indonésia, no Camboja, o rei khmer, Jayavarman III, fundou um novo reino hindu, com uma capital chamada Hariharalaya, na planície aluvial do lago Tonle Sap, o maior lago de água doce do sudeste da Ásia. A cidade, um quadrado perfeito de cerca de três quilômetros de lado com um templo em seu centro geométrico, competia com a cidade circular de Bagdá pelo posto de principal novo centro urbano. Tendo uma economia baseada na produção de arroz, os khmer governariam o Camboja por 600 anos, graças, em parte, à sua sofisticada tecnologia de irrigação.

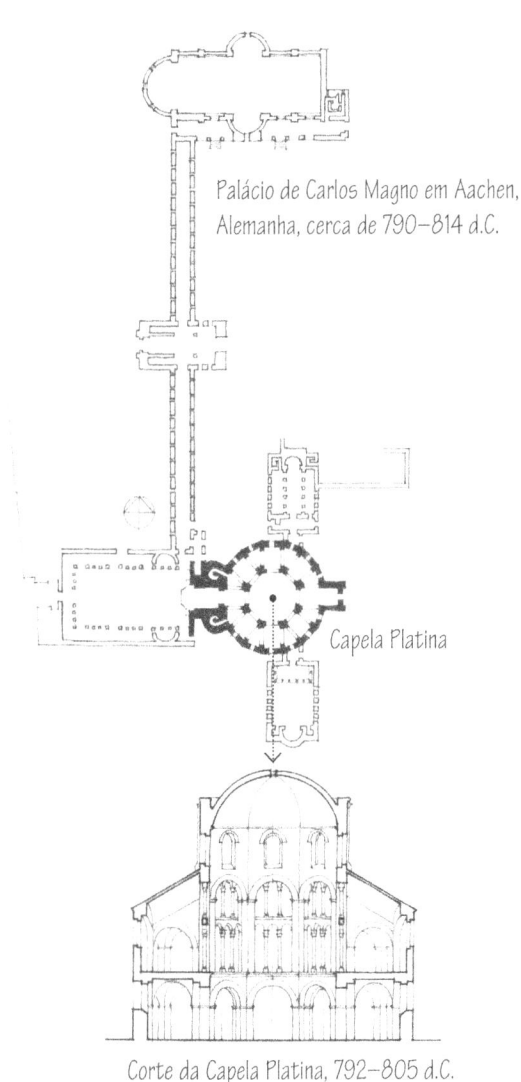

A HISTÓRIA ANTIGA – DOS PRIMÓRDIOS DA HUMANIDADE AO RENASCIMENTO

Palácio de Carlos Magno em Aachen, Alemanha, cerca de 790–814 d.C.

Capela Platina

Corte da Capela Platina, 792–805 d.C.

Em comparação às grandes quantidades de riquezas que circulavam do leste para o oeste e que paulatinamente se distribuíram pelo sudeste da Ásia, a situação na Europa, depois do colapso de Roma, ainda era bastante instável. A Europa começou a se estabilizar apenas quando Carlos Magno foi coroado Sacro Imperador Romano pelo Papa Leão III, na noite de Natal de 800 d.C. Sua capacidade de organizar o reino recolocou a Europa no horizonte global, mesmo que seus feitos arquitetônicos fossem relativamente insignificantes, visto que a tecnologia e a filosofia ainda estavam em sério declínio. Carlos Magno, embora mal soubesse ler, admirava e patrocinava a cultura e sustentava os monastérios, que eram os repositórios de textos antigos e a única fonte de alfabetização ao norte dos Alpes. Ansioso para assumir o legado do Império Romano, ele adotou a linguagem da arquitetura romana, que se tornaria a referência para a expressão arquitetônica nos séculos seguintes.

De modo geral, nos séculos IX e X, o mapa da Eurásia começou a prefigurar o mundo moderno, com reinos independentes distribuídos continuamente do Pacífico ao Atlântico, ligados pelo comércio e determinados tanto pela religião quanto pela geografia. Esse também foi um período de inovação urbana: Hariharalaya, a nova capital dos khmer; Bagdá, capital dos abásidas islâmicos; Córdoba, da Espanha; e Aachen, capital do Sacro Império Romano. Chang'an, no entanto, continuava sendo a maior cidade do mundo, junto com Bizâncio.

Na América, uma nova geração de cidades-estados maias havia surgido na Guatemala, em Honduras e em El Salvador, começando por volta de 250 d.C. O impacto das civilizações da América Central continuou a afetar os locais mais distantes, com a fundação de cidades como Pueblo Bonito, pelos chamados anasazi na América do Norte.

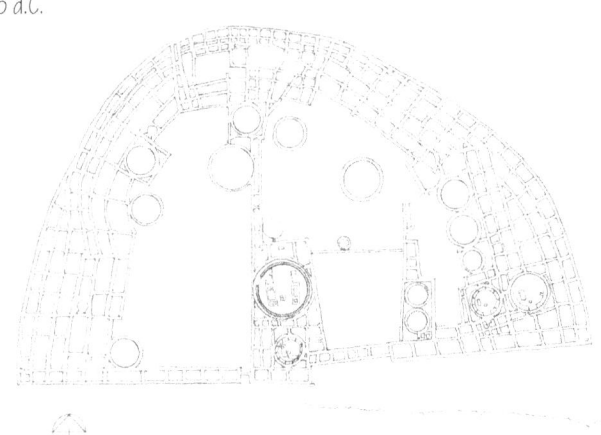

Planta e perspectiva de Pueblo Bonito, Parque Histórico Nacional da Cultura Chaco, Novo México, Estados Unidos, 828–1126 d.C.

1000 d.C.

A virada do milênio presenciou grandes programas de construção de templos em todo o sul e sudeste da Ásia. Milhares de templos surgiram. Não era um reino que coordenava isso, mas vários, todos rivalizando em riqueza e influência. Isso incluía os reinos mais antigos, como o Pratiharas, bem como os novos, como o Gangas, o Chandellas e o Solankis. A partir de certo momento, os cholas, no sul da Índia, passaram a controlar um território que ia do rio Ganges, ao norte, até a ilha do Sri Lanka, ao sul. Os khmer, no Camboja, estavam construindo grandes templos em sua capital, na planície de Angkor. Os srivijaya, na Indonésia, também eram grandes construtores de templos. Tudo isso foi, até certo ponto, uma consequência do enfraquecimento da Rota da Seda como resultado da instabilidade política no norte da China, que forçou os song para o sul, em busca de prosperidade econômica e oportunidades de comércio. Enquanto o território dos song, cruzado por uma rede de pequenas cidades recém-fundadas, desenvolveu uma economia mercantil forte, os liao, ao norte, que haviam adotado o budismo lamaísta, criaram novos monastérios híbridos, estabelecendo, assim, a primeira conexão sólida entre a China e o Tibete. Enquanto isso, no Japão, a mudança de poder do imperador para a aristocracia foi acompanhada pelo crescimento de uma nova forma de budismo, popular na China song contemporânea, conhecida como Budismo da Terra Pura.

No mundo islâmico, começamos a perceber diferenças políticas e religiosas que iriam determinar os movimentos de poder dessas regiões por séculos. O islamismo havia se dividido em diferentes entidades políticas, com as diferenças entre sunitas e xiitas se tornando irreversíveis. Do oeste ao leste, encontramos os bérberes, que dominaram a Espanha e a conectaram com sua base, nas proximidades de Marraquexe; os xiitas, que controlaram a Algéria e o Egito; os turcomanos seljuk sunitas, que haviam dominado a Pérsia e cujo líder se tornou o novo califa em 1055; e o Império Ghaznavid sunita, que se estendia do Afeganistão ao norte da Índia. Todos eram grandes construtores de mesquitas e palácios. Porém, os seljuks continuam sendo os mais impressionantes, pois impuseram uma arquitetura política, religiosa e econômica particularmente coerente em seu território. A Rota da Seda, embora reduzida, continuou a se desenvolver, com a capital armênia, Ani, se tornando um entreposto significativo. Outra cidade importante era o Cairo, o qual, sob o controle dos fatímidas, passou a ter novos palácios e mesquitas.

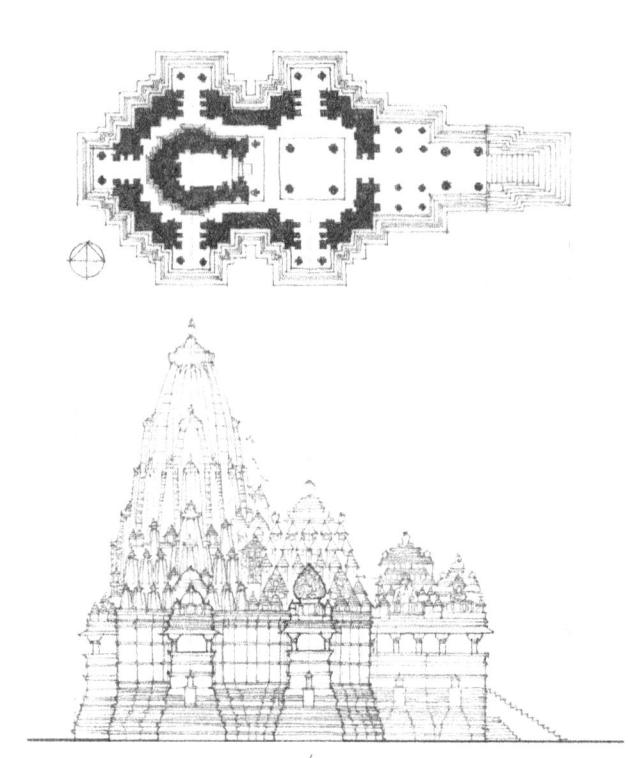

Templo Khandariya de Khajuraho, Índia, 1000–1025 d.C.

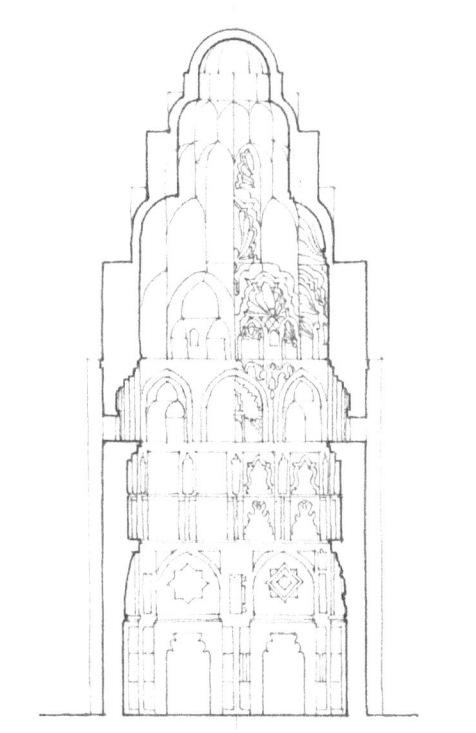

Corte do santuário do Imã Dur, Samarra, Iraque, 1085 d.C.

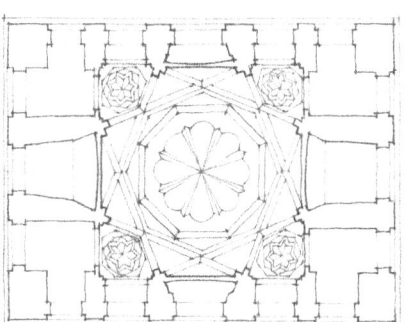

Planta do qubba, Al-Barubiyyib, Marraquexe, Marrocos, 1117 d.C. >

A HISTÓRIA ANTIGA – DOS PRIMÓRDIOS DA HUMANIDADE AO RENASCIMENTO

Na Europa, a disputa pelo poder era liderada pelos reis otonianos, na Alemanha, e pelos normandos, na Inglaterra. Ambos utilizaram uma combinação de instituições religiosas e militares para estabelecer sua autoridade no território. Os otonianos combinaram monastérios com pequenas cidades de comércio local, enquanto os normandos reorganizaram totalmente o sistema legal e religioso da Inglaterra. O resultado visível, em termos de arquitetura, foi o surgimento de catedrais, castelos e monastérios, que tendiam a mesclar elementos continentais e islâmicos, criando, parcialmente, a base do que depois seria conhecido como arquitetura gótica. Uma rede monástica complexa também estava em desenvolvimento, com os cluníacos, em particular, controlando os monastérios por toda a França, a Itália, a Alemanha e a Espanha, produzindo um rápido desenvolvimento na linguagem da arquitetura. Ao mesmo tempo, outro tipo de geografia religiosa emergiu como resultado do desenvolvimento de rotas de peregrinação que conectavam destinos muito distantes e difundiam os conhecimentos de arquitetura. A Itália estava, aos poucos, desenvolvendo suas próprias expressões arquitetônicas, incluindo o batistério, localizado no centro da cidade, ao lado do duomo ou catedral, que era pago com os recursos da cidade, em vez de ser bancado pela realeza e pelos impostos – como era comum na França e na Inglaterra.

Na península de Yucatán, a civilização maia estava em seu apogeu. No vale de Oaxaca, os zapotecas continuaram construindo novas cidades e, ao norte, os toltecas estavam prestes a estabelecer uma nova e poderosa dinastia destinada a definir profundamente a forma e o formato das culturas que os conquistadores espanhóis encontrariam 500 anos depois.

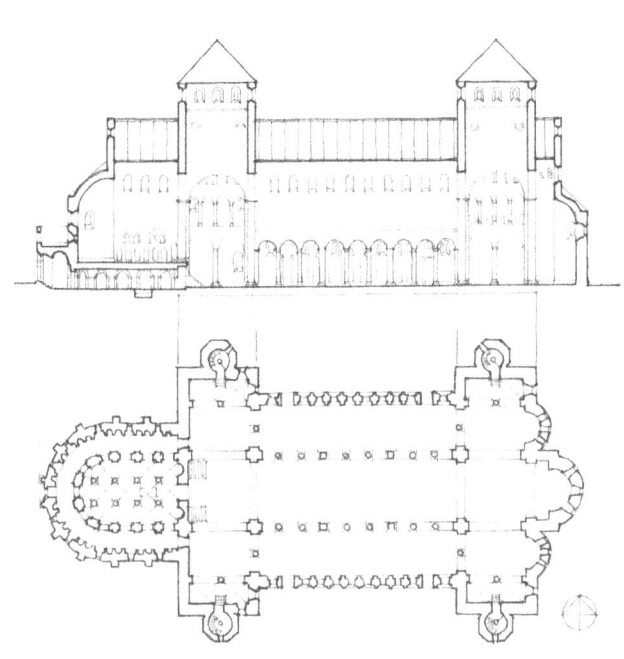

Igreja de São Michel em Hildesheim, Alemanha, 1001–1033 d.C.

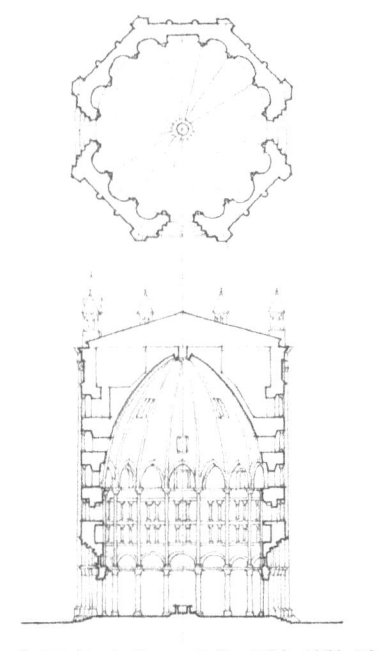

Batistério de Parma, Itália, 1196–1270 d.C.

Vista aérea da cidade maia de Copán, a partir de 400 d.C.

1200 d.C.

A história das religiões nunca é estática – principalmente durante este período. No Japão, o budismo se desenvolveu em uma variante conhecida como Budismo Terra Pura, que é baseado no conceito das visualizações como caminho para a libertação. O Santuário Itsukushima, no Japão, conseguiu pôr em prática a tentativa do Budismo Terra Pura de atingir um equilíbrio entre a meditação em espaços fechados e ao ar livre. Na China, o Budismo Mahayana continuou a se estabelecer com grandes monastérios patrocinados pelo governo, e o pagode (ta) servia como a representação vertical dos vários níveis de iluminação. Em Pagan, no atual Mianmar, o budismo passou a ser associado a painéis didáticos distribuídos dentro das superestruturas do templo. As edificações, outrora maciças, tinham, agora, uma espetacular iluminação interna. No Camboja, os governantes khmer deixaram de ser budistas shiavites para ser budistas vishnaites, pois estes serviam melhor à sua ideologia de divindade real que estava em desenvolvimento. O tamanho não era um problema. Angkor Wat ainda é uma das maiores edificações religiosas do mundo. No sul da Ásia, o hinduísmo continuou sua transformação para uma religião politeísta multifacetada. Os reis de Orissa destacaram o rei sol em um templo que tinha ao centro uma enorme carruagem de pedra. Os hoysalas desenvolveram templos cuja planta tinha forma de estrela, para acomodar múltiplas divindades.

No mundo cristão, a situação também era dinâmica, porém distinta. Encontramos um desenvolvimento quase simultâneo de grandes catedrais urbanas que exigiam a coordenação dos poderes da Igreja Romana com os do estado (a Catedral de Gloucester, na Inglaterra normanda); de igrejas de peregrinação, com sua ênfase na Virgem Maria (a Nossa Senhora de Reims, na França); e de igrejas que pertenciam a um novo tipo de ordem religiosa, os mendicantes, que renunciaram ao luxo e à ostentação de grandes catedrais, preferindo edificações simples e modestas (por exemplo, a Igreja Dominicana de Toulouse). Na Itália, as catedrais urbanas e as igrejas mendicantes formaram espaços litúrgicos híbridos, embora de certa maneira contraditórios. Os etíopes, que mantiveram a grande tradição de entalhe em rochedos, criaram toda uma arquitetura litúrgica baseada na distante Jerusalém.

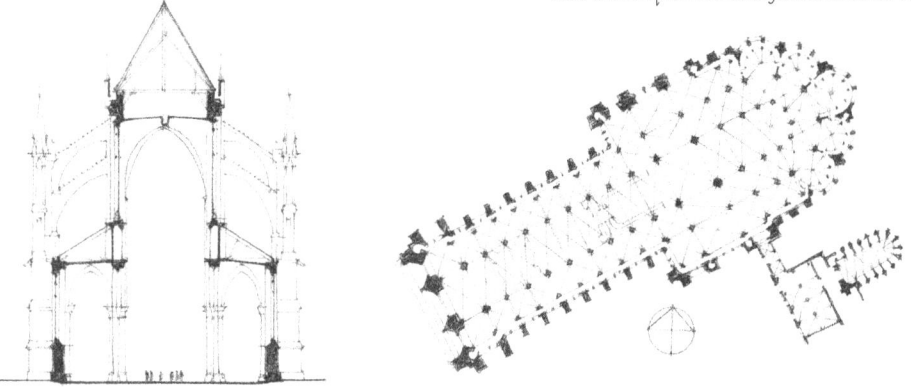

Planta de Angkor Wat, Camboja, 802–1220 d.C.

Corte e planta da Igreja Nossa Senhora de Reims, França, 1211–1290 d.C.

A HISTÓRIA ANTIGA – DOS PRIMÓRDIOS DA HUMANIDADE AO RENASCIMENTO

Corte das igrejas talhadas nos rochedos de Lalibela, Etiópia, século XIII d.C.

Se seguimos os pontos no mapa, fica claro que há uma grande lacuna na área entre a Ásia central e os Bálcãs, em áreas predominantemente islâmicas, onde a arquitetura esteve em uma paralisação virtual de 1220 até cerca de 1330 por causa dos problemas com os mongóis. Os exércitos da Mongólia avançaram para o sul, entrando na China e em Burma, e se dirigiram ao oeste pela Rússia e pela Anatólia, alterando o contexto econômico e político por todos os lugares onde passaram. Os song, na China, os seljuks, na Anatólia, o sultanato de Délhi, no norte da Índia, e o Império Novgorod, na Rússia, acabaram, todos, repentinamente. A única região islâmica que prosperou, longe do alcance dos mongóis, foi a Espanha e o norte da África, onde encontramos, em Fez e Granada, novos palácios e mesquitas. O mais espetacular desses palácios era Alhambra.

Planta de Alhambra, Granada, Espanha, séculos XIII–XIV d.C.

Complexo de Palácios de Alhambra

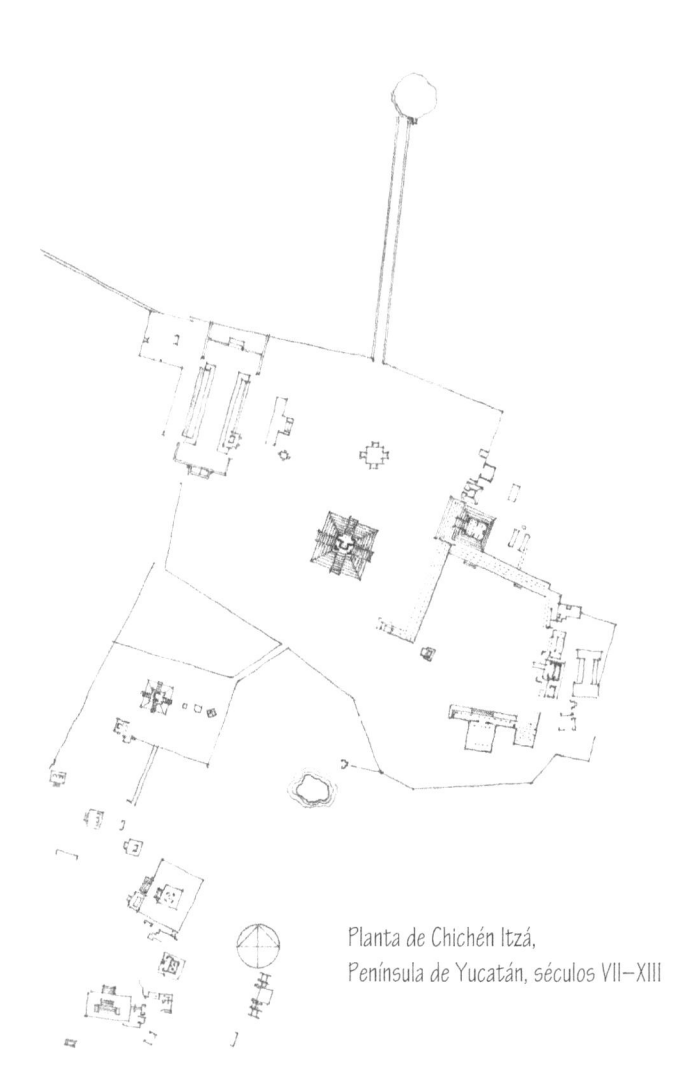

Assim que seu furor destrutivo esmaeceu, os mongóis rapidamente se adaptaram aos costumes locais, se tornando budistas, confucionistas ou islâmicos, tanto sunitas quanto xiitas, dependendo de onde estavam. Na China, eles fundaram a dinastia Yuan. Também ficou evidente que, ao eliminar as rivalidades locais, ao menos por certo tempo, os mongóis reduziram os riscos do comércio entre grandes distâncias na Eurásia. Isso permitiu uma aceleração na economia da Eurásia, que atingiu seu apogeu nos séculos XV e XVI. Uma das consequências da dominação mongol no norte da Eurásia no século XIII foi o desenvolvimento rápido de uma economia marítima no sul, que se estendia da África, da Índia e da Indonésia até a China. O sul da Ásia, na verdade, se tornou uma zona econômica autônoma com Pagan, os khmer, no Camboja, e o Império Srivijayan, na Malásia e em Sumatra, controlando o comércio entre a Índia e a China e se tornando grandes produtores de arroz. Agora todos os portos litorâneos do sul da China ao leste da África faziam parte da mesma rede de comércio.

Este foi o período de um incrível grupo de mecenas da arquitetura: o imperador Huizong (1100–1125), na China; o primeiro-ministro Taira no Kiyomori (1118–1181), no Japão; Suryavarman II (1113–1145), no Camboja; o rei Kyanzittha (1084–1113), em Burma; Qutb-ud-Din Aibak (1150–1210), no norte da Índia; o rei Narasimhadeva (1238–1273), de Orissa; o rei Lalibela (1185–1225), na Etiópia; Maomé I (1238–1273), na Espanha islâmica; e Frederico II (1194–1250), no Sacro Império Romano.

Na América Central, os toltecas, reivindicando a descendência de Teotihuacán, estabeleceram uma cultura militarista que definiria as civilizações da região até a conquista espanhola. Em Yucatán, Chichén Itzá emergiu como a primeira cidade-estado, no momento final do desenvolvimento maia antes de seu colapso, por volta de 1250.

Planta de Chichén Itzá, Península de Yucatán, séculos VII–XIII

3 Uma História Concisa

A Arquitetura do Renascimento à Idade Contemporânea

Igreja de São Sérgio e São Baco, Istambul, 525–530 d.C.

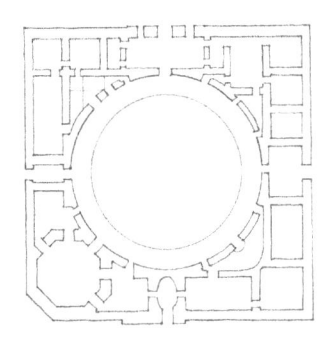

Palácio de Carlos V, Granada, Espanha, 1527–1568

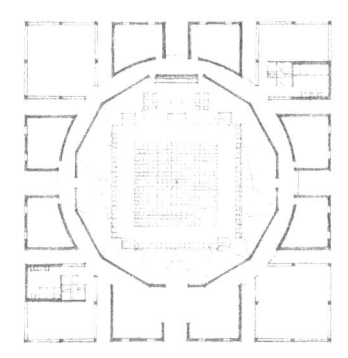

Primeira Igreja Unitária, Rochester, Nova York, Estados Unidos, Louis Kahn, 1959

Influências do passado

Frequentemente, a arquitetura é vista como uma disciplina que prospera com a inovação, às vezes até com rupturas radicais. Porém, boa parte da arquitetura é influenciada pelo passado. A disciplina, como um todo, avança mais por meio de um acúmulo de concepções do que pela geração súbita de novas ideias. Qualquer aplicação moderna de um princípio de projeto terá, provavelmente, um precedente histórico ao qual pode ser associada. É por essa razão que o estudo histórico é não só valioso, mas também necessário para que a arquitetura seja bem-sucedida. Este capítulo discute brevemente a evolução do pensamento arquitetônico do Renascimento até a atualidade. Ele oferece uma linha do tempo do desenvolvimento da arquitetura, relacionando-o com os acontecimentos correspondentes. Com este capítulo, você poderá entender melhor as forças que influenciam a evolução da arquitetura do Renascimento à Pós-Modernidade.

Vista panorâmica do Templo Maior, Tenochtitlán, Cidade do México, cerca de 1325–1521

Calendário de pedra de Tenochtitlán

1400 d.C.

Em 1250, um século após a queda dos toltecas, Chichén Itzá foi abandonada. Um grupo de migrantes do norte, conhecidos como méxicas, se estabeleceu nos vales centrais do México, criando novas cidades. Depois de dois séculos de conflito, a cidade de Tenochca estabeleceu uma aliança militar com os acolhuas de Texcoco e os tepanecas de Tlacopan, formando um bloco poderoso que conectava a maior parte do México central. Sua capital era Tenochtitlán, terreno da atual Cidade do México. Ao sul, o reino Chimu controlava os territórios do litoral da América do Sul nos séculos XIII e XIV. Eles exploraram o clima árido do local para construir uma das maiores cidades feitas de adobe, um antigo tipo de tijolo seco ao sol preparado com argila, areia e água, misturado com um pouco de palha. Na metade do século XV, os chimu foram substituídos por presunçosos soberanos das montanhas peruanas, os incas, cuja capital ficava em Cuzco. Em sua curta história, antes de serem dominados pelos espanhóis, os incas conquistaram as rotas de comércio do litoral da América do Sul, construíram grandes pontes de corda e estradas e cidades com uma das alvenarias de pedra irregular mais intrincadas e precisas já vistas.

O ano de 1400 marca, mais ou menos, o fim das grandes conquistas das estepes russas. As setas nos mapas, mostrando os gauleses, os hunos, os turcos, os mongóis e outras tribos das estepes já não se encontram lá; o mundo euro-asiático, pela primeira vez em mil anos, não estava ocupado por invasores migratórios. O impacto dos invasores não fora totalmente negativo; em um curto período, as respectivas tribos se adaptaram e começaram a fazer seu próprio tipo de contribuição — sejam as tribos liao, na China, que adotaram os hábitos chineses, sejam os hunos, no leste europeu, que se converteram ao cristianismo. Em pouco tempo, foram forjados novos imperativos estéticos e das civilizações. Típica desse período foi a emergência de uma nova onda de urbanismo global. Na verdade, muitas das cidades que hoje concentram esforços de preservação datam desse período.

Mesquita da Sexta-Feira de Bibi Khanum, Samarkand, Usbequistão, 1339–1404

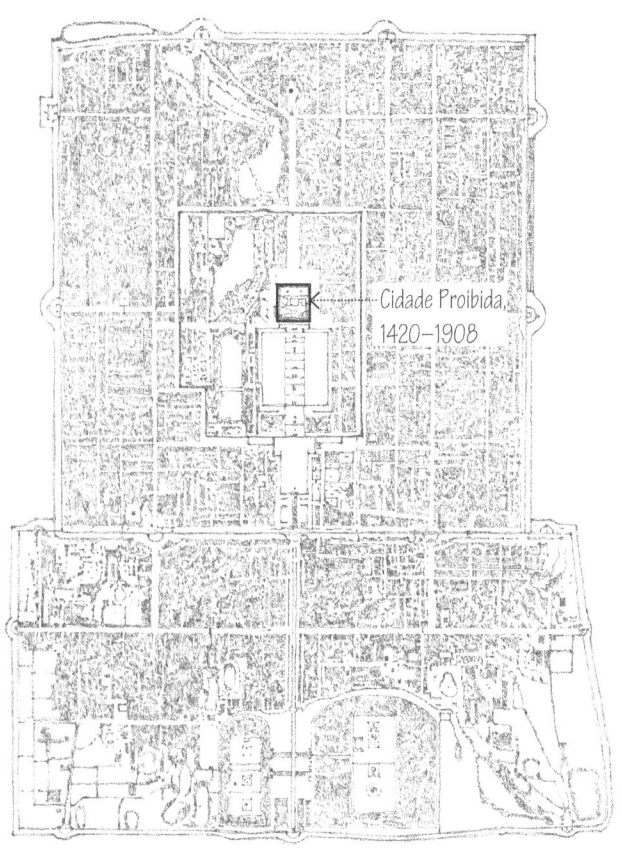

A ARQUITETURA DO RENASCIMENTO À IDADE CONTEMPORÂNEA

Na Coreia, Seul se transformou em uma capital grande e impressionante. Na China, foi construída a Cidade Proibida de Pequim. O islamismo, é claro, também estava refletindo e expressando sua prosperidade em mesquitas, escolas e mausoléus do Egito ao norte da Índia. Samarkand, a capital timúrida, se expandiu e era, provavelmente, a principal cidade econômica do mundo. Próxima estava a movimentada metrópole de Bukhara, a capital dos descendentes de Shiban, neto de Genghis Khan. Mais ao leste, os mamelucos realizavam avanços consideráveis na cidade do Cairo. De certa maneira, quem não se destaca nesse período é o sudeste da Ásia. O declínio dos khmer causou a decadência de toda a região, com exceção dos tailandeses, que, em sua nova capital, Ayutthaya, puderam se expandir nesse vácuo. É uma grande ironia que, com o aumento do comércio no século XIV, a Peste Negra tenha se espalhado, matando dezenas de milhares de pessoas pelo mundo, paralisando o progresso econômico europeu. Mesmo assim, pela metade do século XV já havia ocorrido uma recuperação suficiente para que o verdadeiro impacto do período da conquista do Novo Mundo pudesse ser visto.

O renascimento italiano só pode ser compreendido se considerarmos a nova posição da Itália na economia global. Com a restauração dos vínculos comerciais com a China, a Itália, com suas prósperas cidades-estados mercantis, estava muito bem posicionada para se conectar às grandes rotas de comércio que acabavam no Levante. Embora longe de estarem unificadas, suas cidades-estados rivais investiram seus novos recursos em arte e conhecimento, de modo que, como um todo, a Itália se tornou uma potência cultural dominante na Europa. A República de Veneza, com sua famosa frota marítima e seus postos comerciais no leste do Mediterrâneo — alguns adquiridos durante o tempo das cruzadas, para o qual "La Serenissima" havia fornecido o transporte —, cunhou suas próprias moedas e assegurou sua posição como principal mercado de ouro do mundo. Florença também começou a se destacar, e os Medici se tornaram os principais banqueiros da Europa. Enquanto muitas edificações eram construídas em Florença e Veneza, cidades como Londres, Aachen e Paris estavam em declínio.

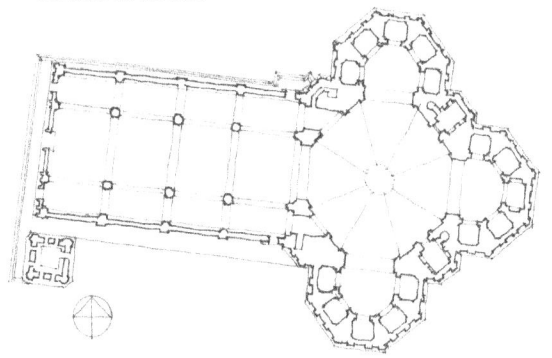

Planta de Pequim, China (Cidade Proibida, 1420-1908)

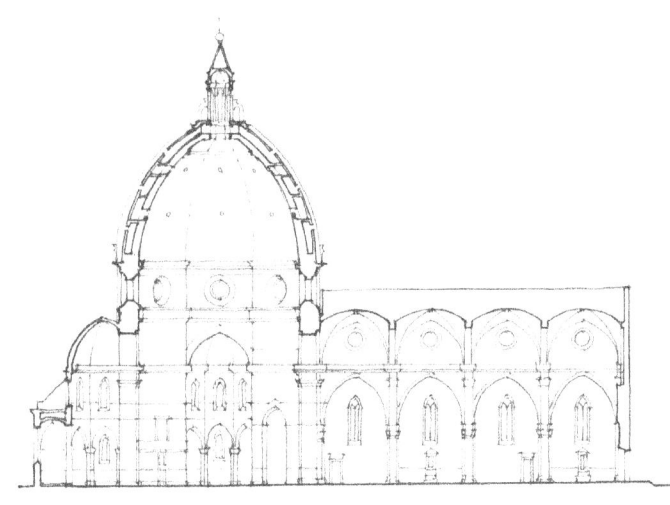

Catedral de Florença, Itália, iniciada em 1294

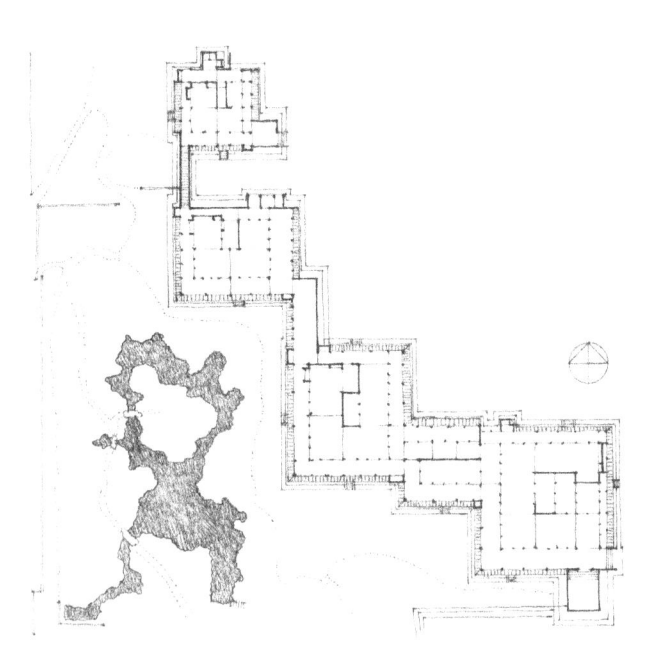

Palácio de Ninomaru, Castelo de Nijo, Quioto, Japão, 1601–1603

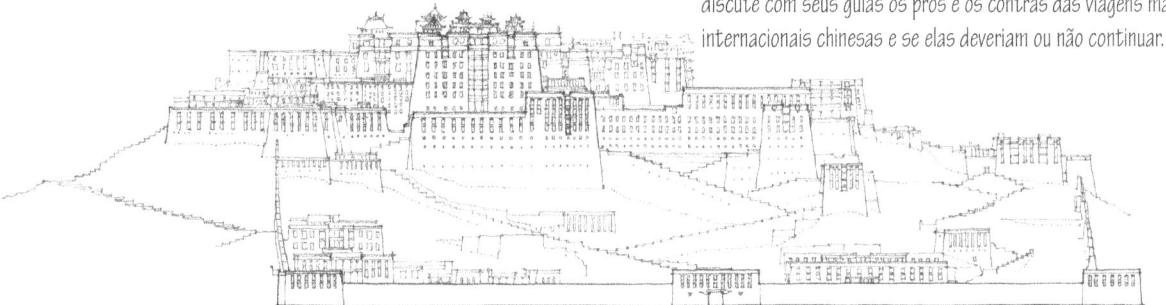

Palácio de Potala, Lhasa, Tibete, 1649–1694

1600 d.C.
A arquitetura do bloco de poder euro-asiático

No século XVII, o mundo euro-asiático, do Japão ao oeste da Europa, era um bloco de poder econômico contínuo devido ao comércio estabelecido entre os países e no litoral. De uma extremidade à outra, a riqueza e as ideias viajavam nas bagagens ou nas mentes dos comerciantes, emigrantes e exércitos. Essa era a ordem do Velho Mundo, a qual, agora, estava cada vez mais enfraquecida pelo novo e mais eficiente comércio oceânico. Imagine um viajante, em 1652, iniciando uma viagem através da Europa e da Ásia para estudar os últimos desenvolvimentos no campo da arquitetura. Começando no Japão, ele é conduzido pelo Palácio de Ninomaru, no Castelo de Nijo, localizado no centro de Quioto, a capital do país. Ele visita, então, a austera Vila Imperial de Katsura e é apresentado pelos anfitriões às novas complexidades da cerimônia zen do chá. Chegando à Coreia, ele visita o Palácio de Gyeongbok, em Seul (iniciado em 1394), levado por um mongol que serve ao império Manchu, o qual reduzira a Coreia a um estado servil. Viajando com um comandante mongol até o centro da Manchúria, através de Mukden, sua capital, ele visita a ainda relativamente nova Cidade Proibida, a qual começara a ser reformada pelos novos governantes Manchu. Eles há pouco haviam conquistado Pequim, em cujo centro a Cidade se localiza. Nessa época, havia estabilidade suficiente para se viajar até os túmulos Ming, nas proximidades. No caminho, ele discute com seus guias os prós e os contras das viagens marítimas internacionais chinesas e se elas deveriam ou não continuar.

Ele, então, dirige-se ao sul, ao planalto montanhoso do Tibete, para visitar o espetacular Palácio de Potala, construído em um rochedo íngreme para o quinto Dalai Lama, cujos seguidores haviam esculpido um território político importante no Vale de Lhasa, no Himalaia. Descendo para as planícies férteis do rio Ganges, ele viaja agora por terras controladas por um dos descendentes islamizados dos mongóis, Akbar, o Grande. Ele passa por Man Mandir, um dos magníficos palácios do século XVI da cidade de Gwalior, no centro da Índia, e vai para Délhi, com seus enormes palácios. Ele examina a grande cidade planejada, Fatehpur Sikri, capital do Império Mogol de 1571 a 1585, fundada pelo próprio Akbar, e então segue para o rio Yamuna, para ver o recém-finalizado Túmulo Iluminado, o qual depois seria conhecido como Taj Mahal. Aqui, ele ouve a respeito de novos colonizadores portugueses que vivem em uma pequena cidade litorânea chamada de Goa.

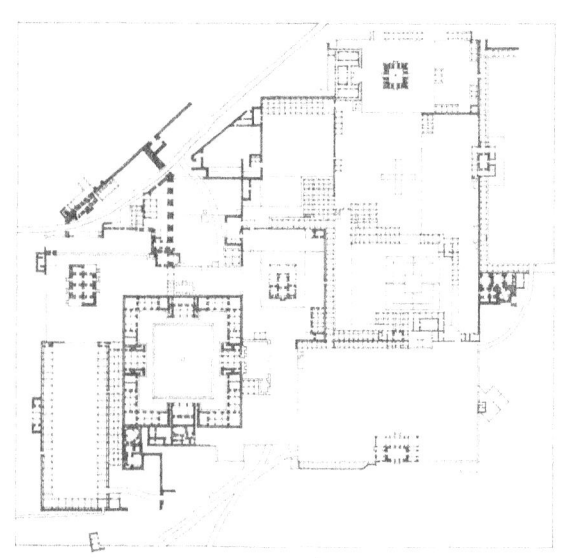

Conjunto do palácio, Fatehput Sikri, Índia, 1569–1574

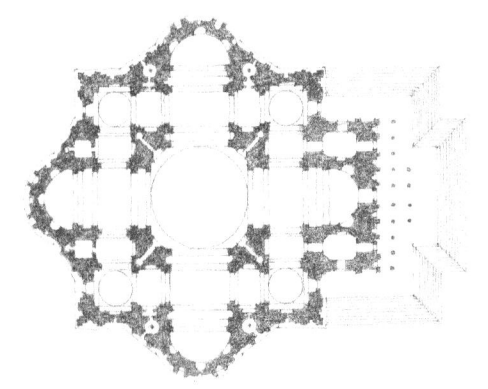

Planta de Michelangelo para a Basílica de São Pedro, Roma, Itália, 1547

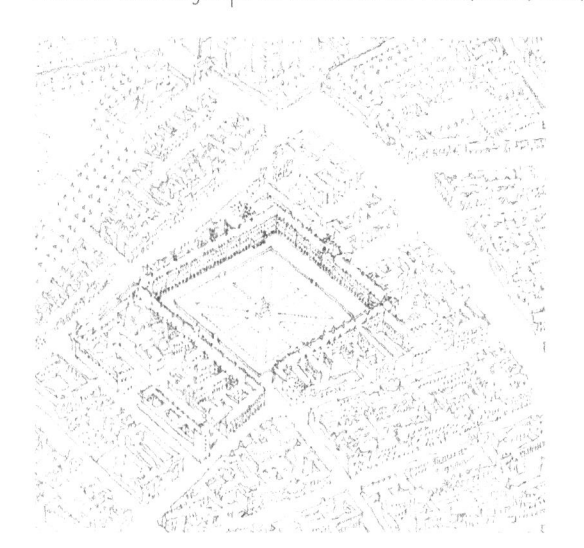

Place Royale, Paris, França, iniciada em 1605

O viajante, então, se dirige a Kandahar e atravessa o território persa, seguindo as rotas de comércio para Isfahan, onde vê a grande expansão urbana da cidade, com sua enorme praça, suas mesquitas suntuosas e seus amplos jardins reais. Lá, conhece comerciantes de lugares tão distantes como a Inglaterra. De Isfahan, ele cruza montanhas e desertos até áreas recém-controladas pelos otomanos e, seguindo as velhas rotas das caravanas de Seljuk, se dirige à Antioquia, no Mediterrâneo, onde embarca em um navio para Istambul. Essa cidade, dominada pelos otomanos em 1453, estava em processo de reconstrução por seus novos soberanos. Ele admira a grande Hagia Sophia, mas seu guia aponta para a superioridade das mesquitas recém-construídas por Mimar Sinan (1489–1588), grande arquiteto e engenheiro.

De Istambul, ele embarca em um navio mercante para o porto um pouco decadente de Veneza e lá lhe falam das dificuldades econômicas e da concorrência com os holandeses, enquanto é levado para ver a Basílica de São Giorgio Maggiore, de Andrea Palladio. Ele segue, então, um grupo de peregrinos até Roma, uma cidade enriquecida pelo dinheiro espanhol. A cúpula da Basílica de São Pedro, baseada nos desenhos de Michelangelo e com um dos projetos mais difíceis e espetaculares de toda a Europa, estava sendo finalizada. Na frente da igreja, ele vê uma área ampla que acabara de ser desobstruída para a Praça de São Pedro, com sua grande colunata, um projeto de Gian Lorenzo Bernini. Ele visita a edificação recém-construída de Francesco Borromini, a Sant'Ivo alla Sapienza, e discute com seus padres sobre os esforços para fortalecer a Contra-Reforma.

Do porto romano de Óstia, viaja de barco até Marselha e, então, vai para o norte, em direção à França. Ele admira a recente prosperidade da aristocracia e observa alguns dos grandes *chateaux*, como o Castelo de Chambord, de Francisco I, no Loire, cuja escadaria helicoidal dupla talvez tenha sido projetada por Leonardo da Vinci, o qual, a convite de Francisco I, passou seus anos finais próximo ao rei. Nosso viajante também visitou a Place Royale, em Paris, parando no caminho, é claro, para admirar as grandes catedrais. Mas, para ver a energia dos europeus em ação, ele vai a Amsterdã, uma metrópole mundial sem grandes palácios ou igrejas imponentes, mas com um porto movimentado, prova da ousadia mercantil dos holandeses. Ele visita a nova prefeitura e o novo banco, cujo piso de mármore tem o mapa-múndi incrustado. Ele também visita as primeiras igrejas protestantes, simples e austeras, e lhe contam sobre terríveis guerras religiosas. Ao atravessar o Canal da Mancha, visita a recém-construída Casa de Banquetes (1619–1622), uma das primeiras edificações inglesas a ser projetada no modo italianizado moderno, com uma edificação representando um poder ambicioso, mas — do ponto de vista dos chineses, mogóis, otomanos e holandeses — ainda relativamente marginal, isto é, a Inglaterra ainda tinha como principal mercadoria de exportação a lã e sua política externa ainda era mais baseada na pirataria que na política.

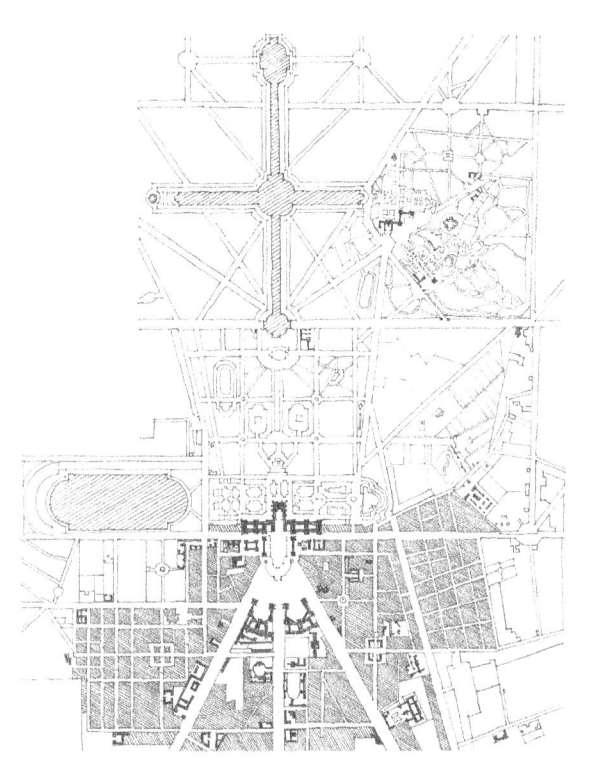

Planta de Versalhes, França, 1661-1778

Kaffeehaus Jüngling, Viena, Áustria, cerca de 1838

1700 d.C.

Por volta do início do século XVIII, cidades como Samarkand, Bukhara e Alepo, que já haviam sido o centro do comércio euro-asiático, se tornaram cada vez mais marginais à nova economia mundial de portos marítimos estabelecida pelas potências europeias. Basta pensarmos nas grandes novas metrópoles, como Macau, Hong Kong, Singapura, Bombaim, Calcutá, Madras, Cidade do Cabo, Senegal (originalmente Saint Louis), Rio de Janeiro, Buenos Aires, Boston, Nova York e Cidade de Quebec, para nos lembrarmos do escopo global desse fenômeno. Esse sistema tinha como base o forte e a plantação. As populações locais se transformaram em forças de trabalho, e, quando estas estavam em falta, trabalhadores escravizados e contratados eram trazidos em navios da África e da Ásia. Na Europa, os franceses foram os primeiros a transformar o poder e a riqueza colonial em projetos de arquitetura em grande escala – nenhum maior que Versalhes (1668). O privilégio aristocrático e o mercantilismo da alta burguesia resultaram em grandes residências, que refletiam as pretensões sociais de seus proprietários e as novas condições econômicas. Novos tipos de edificação, como os apartamentos burgueses (ou hotéis), as cafeterias, os parques e os teatros, surgiram para estimular a nova cultura. Esta também foi uma época de inquietação. Era o auge das perseguições religiosas, e as tensões entre as potências europeias pelo controle da economia global resultaram em uma série de guerras dispendiosas. A Guerra Holandesa (1672–1678) acabou favorecendo os franceses, mas, posteriormente, a Guerra da Secessão Espanhola (1701–1714) gerou uma importante mudança de poder na direção da Áustria e da Inglaterra, abrindo espaço para lugares como o Palácio Schönbrunn (iniciado em 1695) e o Palácio Blenheim (1705–1722). A Rússia também era uma potência em ascensão, se redefinindo cultural e arquitetonicamente com base no modelo europeu, com sua nova e enorme capital de São Petersburgo, fundada em 1703. Por toda a Europa, o estilo barroco – como passou a ser conhecido – predominava, e milhares de igrejas foram construídas ou reformadas dessa maneira. Palácios enormes também foram construídos, primeiro na França e depois na Áustria, na Itália e na Alemanha, com longas alamedas e jardins que se estendiam pela paisagem. A crescente centralização dos governos levou à criação de novas instituições estatais, como hospitais e asilos.

A ARQUITETURA DO RENASCIMENTO À IDADE CONTEMPORÂNEA 43

A China e o Japão, no entanto, ainda estavam equilibrados econômica e politicamente, resistindo ao oeste colonizador. A dinastia Qing anexou partes da Ásia central e do Tibete, criando o maior império chinês da história. Para acomodar as diversas populações da China, o imperador Qianlong desenvolveu uma concepção pan-asiática de império, construindo dezenas de novos palácios e jardins e restabelecendo a conexão com o budismo tibetano que havia na era Yuan. Visto que a moeda chinesa se baseava no padrão da prata, os comerciantes europeus, muito interessados nos bens chineses, despejavam prata no império. No Japão, os xogunatos de Tokugawa estavam em processo de redefinição da cultura, criando um mundo que seguia um código estrito de comportamento, em muitos aspectos, incrivelmente moderno, uma vez que a classe média em ascensão procurava maneiras de articular as instituições que serviam às suas necessidades, apesar das restrições impostas pelos xoguns.

Fac-símile da xilogravura de Tobei Kamei de Shimabara, distrito das gueixas, em Quioto

Na Índia, no breve período em que o Império Mogol enfraqueceu e antes da colonização completa do país, os governantes locais aproveitaram a oportunidade para proclamar a independência. Shuja-ud-Daula, no norte da Índia, os nawab de Oudh, em Bengala, os sikhs, no Punjab, os rajputs, no Rajastão, e os Marathas, no Deccan, lutavam uns contra os outros pelo poder, ao mesmo tempo que os colonizadores europeus começavam a construir em suas bases litorâneas e a adquirir terras no interior. Como resultado, embora fosse um momento de turbulência na Índia, foi também um período de desenvolvimento extraordinário do ponto de vista cultural e arquitetônico. Os sikhs, um movimento reformista, se enraizaram no noroeste da Índia e estabeleceram um reino formidável. Darbar Sahib (o Templo Dourado), em Amritsar, era seu santuário mais importante. Os mallas, do Nepal, enquanto isso, desfrutavam de certa imunidade em relação a esses acontecimentos globais vizinhos, mas sua praça real em Patan incluía elementos internacionais. Em contraste com o vigor da Europa, da Índia e do leste da Ásia, a construção no oeste e no centro da Ásia desaqueceu. Isso aconteceu de forma tão marcante que a maioria dos livros que tratam da arquitetura islâmica termina por volta de 1750. O resultado disso foi que o leste e o oeste, ambos fortes e estáveis, se dividiram em torno de um centro cada vez mais marginalizado economicamente.

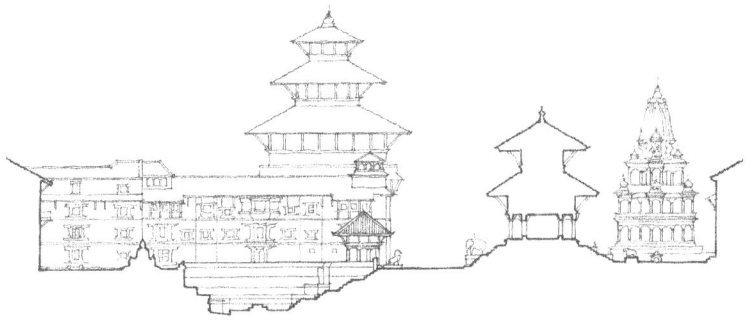

Corte leste-oeste da Praça Durbar, voltado para o sul

Praça Durbar, Patan, Nepal, reconstruída no século XVII

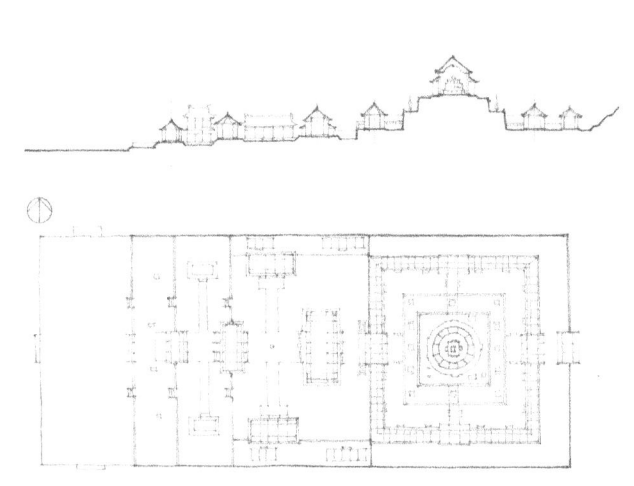

Planta e corte do Pulesi, Chengde, China, 1767

Planta do Capitólio dos
Estados Unidos, Washington, D.C.,
Estados Unidos, William Thornton,
1793, modificado por
Henry Latrobe em 1817

1800 d.C.

Mesmo que a Europa estivesse crescendo e ficando cada vez mais forte, a maior potência mundial em 1800 era a China. Ela pode não ter se manifestado como tal, pois não possuía colônias, mas expandiu suas fronteiras à moda antiga, conquistando o Tibete, o Turquestão e a Mongólia. Em tamanho, população, produção e riqueza de matérias-primas, a China não tinha rivais. Seu ousado imperador, Qianlong, tinha como objetivo criar um império pan-asiático, unificado em torno do ideal de origem índico do cakravartin. Como a arquitetura chinesa nunca sofreu mudanças radicais em seu vocabulário visual e formal, existe uma tendência a vê-la como ligada à tradição, mas esta seria uma redução muito simplificada. A imitação proposital empregada por Qianlong em sua nova capital, Chengde, foi motivada pela inovação ideológica de construir uma visão da China como o centro de um mundo pan-asiático. O mundo chinês, contudo, entrou em rápido declínio no momento em que os ingleses forçaram os chineses a aceitar cada vez mais ópio, contra a vontade do imperador, em "troca" de chá.

A Europa também estava passando por uma revisão em seus fundamentos causada pelo Iluminismo, que repensava as ideias sobre natureza, leis e governo. Napoleão e seus exércitos forçaram uma mudança não apenas na França, mas também na Itália, na Áustria e na Alemanha. A força repressora da aristocracia havia sido aniquilada, e seus aspectos arbitrários, revelados. Surgiram novos tipos de edificação, relacionados ao governo e à burocracia. Nesse aspecto, não podemos comparar a Casa Somerset (1776–1801), em Londres, o Capitólio dos Estados Unidos (1792), os Quatro Tribunais (1786–1802), em Dublin, o Capitólio do Estado da Virgínia (1785), a Casa do Governo, em Calcutá e as novas Casas do Parlamento (1840–1860), em Londres. A arquitetura da administração pública trouxe consigo outros tipos de arquitetura — por exemplo, a de controle, como a prisão panóptica. Nos Estados Unidos, porém, o Iluminismo era expresso com um fervor utópico particular, estimulado pela Revolução Norte-Americana e pela ideia de que o país era a terra das inúmeras oportunidades.

De um ponto de vista urbano, algumas das cidades mais importantes sendo projetadas eram Chengde, na China, e Washington, D.C., nos Estados Unidos, ambas já bem-estabelecidas por volta de 1800. A libertação da Grécia da ocupação otomana, em 1829, gerou um forte movimento neogrego não apenas nos Estados Unidos, mas também na Alemanha, na Escócia e na Índia britânica.

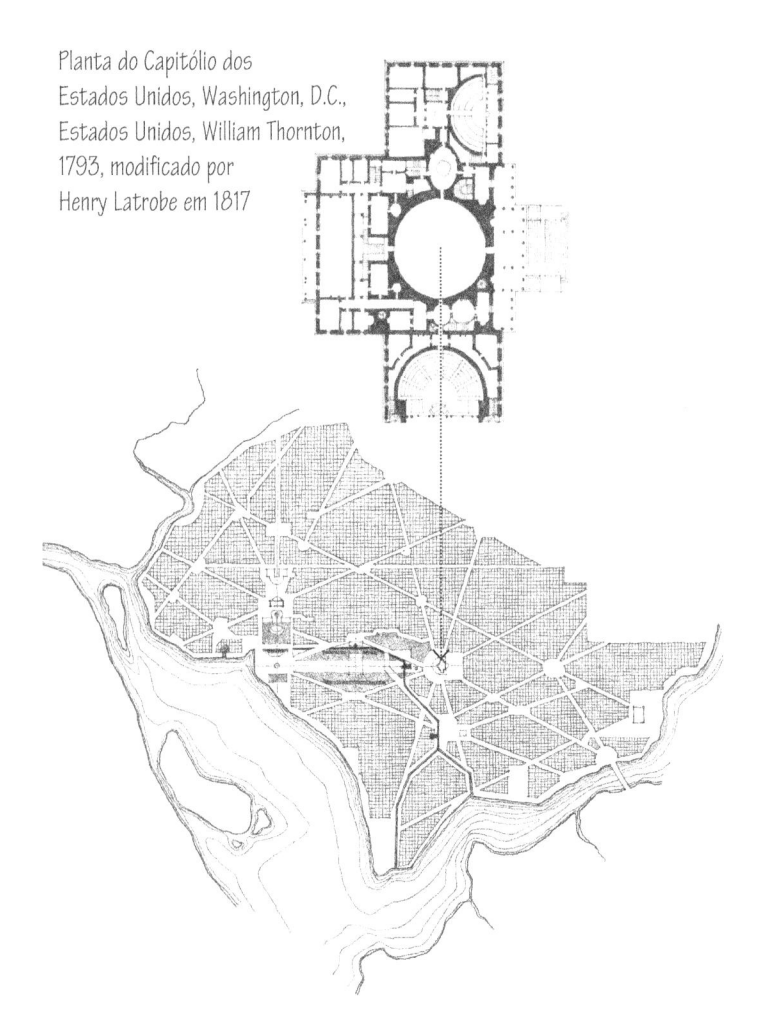

Planta de Washington, D.C., Estados Unidos, feita por L'Enfant, 1792

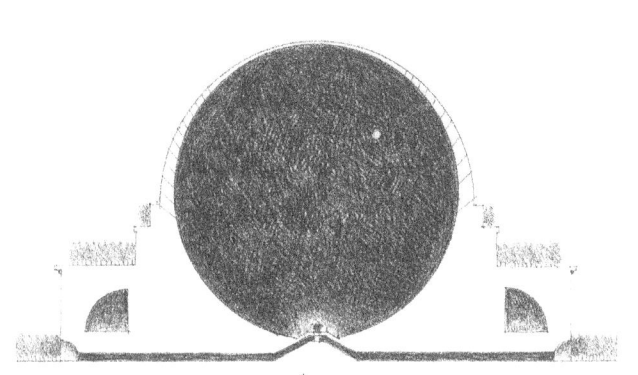

A ARQUITETURA DO RENASCIMENTO À IDADE CONTEMPORÂNEA

A visão utópica do Iluminismo europeu era com frequência amenizada, quando não cooptada totalmente, pelas tradições ainda fortes dos privilégios da aristocracia, criando uma arquitetura geralmente conhecida como neoclássica, cuja história deu muitas voltas e, em certos casos, retrocedeu para um romantismo mais conservador, sobretudo na Inglaterra. Ainda assim, traços de um neoclassicismo mais vigoroso e austero, como o proposto pelos arquitetos franceses Claude Nicholas Ledoux e Étienne-Louis Boullée, podem ser encontrados por toda a Europa a partir de 1800. A reação contra o neoclassicismo e a difusão do romantismo, que se transformou em romantismo nacional depois das guerras napoleônicas, se tornaram cada vez mais importantes com o passar do século.

Com exceção da China, da Europa e das colônias controladas pelos europeus, havia duas áreas que continuavam a se desenvolver arquitetonicamente, mas de maneiras muito diferentes – o Japão e a Tailândia. O Japão, como a China, havia se fechado para a influência europeia, mas mantinha uma forte tradição arquitetônica, desenvolvendo uma arquitetura "moderna" da classe média, como o teatro Kabuki. Já a Tailândia, que nunca fora colonizada, estava muito disposta a se abrir para a influência ocidental, unificando elementos emprestados em práticas desenvolvidas regionalmente. Nesse sentido, a história do urbanismo do século XIX deve incluir não só cidades novas como Washington, D.C., e o replanejamento de cidades mais antigas como Berlim, Londres, Paris, Dublin e Atenas, mas também Bangkok, a capital tailandesa recém-fundada. A Tailândia nos dá uma ideia do que é a arquitetura moderna "oriental" que não passou pela colonização dos europeus nem pelo fechamento em nome da tradição.

Cenotáfio para Sir Isaac Newton, Étienne-Louis Boullée (1728–1799)

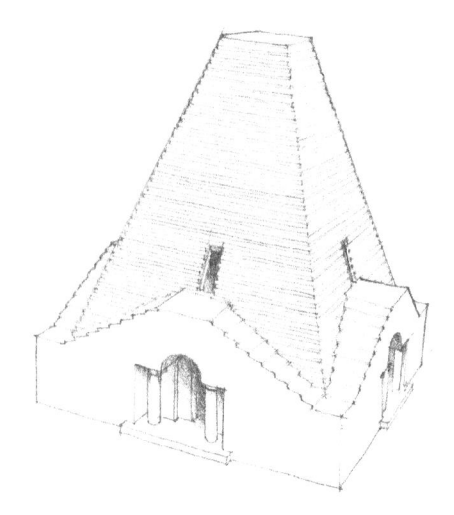

Edificação piramidal, projeto de uma forja de canhões, Claude Nicolas Ledoux (1706–1836)

Fac-símile de *Interior de um Teatro Kabuki*, de Nishimura Shigenaga, século XVIII

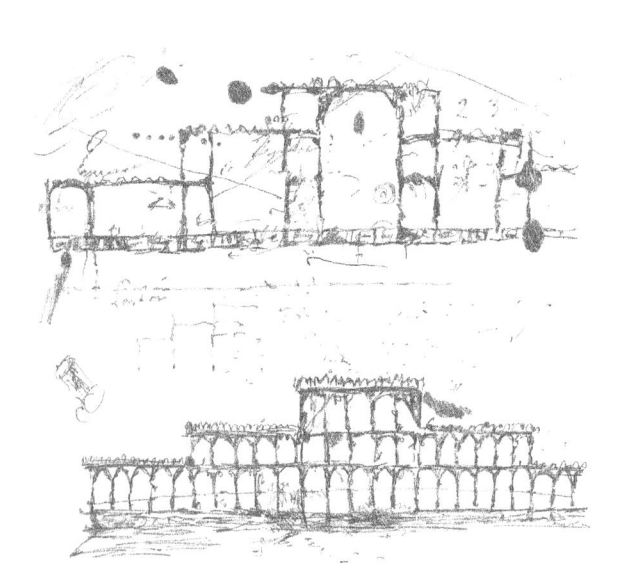

Esboço do Palácio de Cristal feito por Sir Joseph Paxton, Londres, Inglaterra, 1850

Desenho de tecido de William Morris

1900 d.C.

Entre 1840 e 1900, o território mundial controlado pelas potências colonizadoras europeias cresceu de 60 para 91%, impulsionado por uma política sistemática de expansão colonial. Essa expansão serviu para promover a agricultura e acelerou a industrialização na Europa. A França, porém, havia ficado para trás. No fim do século XIX, o lucro produzido por suas colônias havia aumentado muito pouco, enquanto o custo para administrar um império havia subido significativamente. Para a Inglaterra, no entanto, a colonização iniciou uma era de prosperidade desenfreada, tornando-a a potência mundial incontestável, especialmente após a China ser derrubada, na metade do século XIX, por meio de uma política de ação militar, intimidação política e compra de ópio forçada. No final do século XIX, a Inglaterra podia agir com impunidade em todo o mundo. Ela invadiu o Egito em 1882, para controlar o Canal de Suez, e a África do Sul em 1899, para dominar as minas de ouro. Na mudança do século, a riqueza da Inglaterra provocou uma reação da Alemanha, que não possuía um império colonial, mas cujo processo de industrialização fora rápido, mesmo que iniciado apenas no final do século XIX. A segunda metade desse século, devido ao longo reinado da rainha Vitória (de 1837 a 1901), é apropriadamente chamada de Era Vitoriana.

Os filósofos políticos, sobretudo Karl Marx (1818–1883), lançaram luz sobre a emergência da relação cada vez mais próxima entre governo, poder e capital. Enquanto Marx expunha os mecanismos de funcionamento do capitalismo, Charles Darwin (1809–1882) trouxe à luz os mecanismos de funcionamento da seleção natural. Nas artes, a nova geração da década de 1880 – liderada por William Morris (1834–1896), entre outros – começou a se rebelar contra a desumanização da produção industrial e o lado escuro da sociedade inglesa, demandando uma maneira mais simples e, para eles, mais autêntica de produzir artes e ofícios. Frederick Law Olmsted (1822–1903), nos Estados Unidos, liderou um movimento para incluir novamente a natureza nas considerações sobre arquitetura e urbanismo.

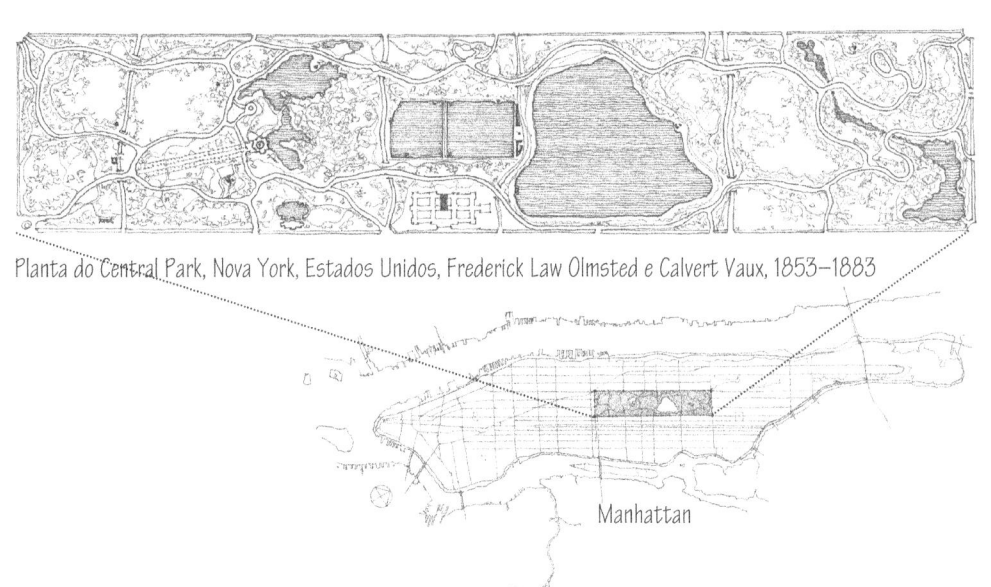

Planta do Central Park, Nova York, Estados Unidos, Frederick Law Olmsted e Calvert Vaux, 1853–1883

Manhattan

A ARQUITETURA DO RENASCIMENTO À IDADE CONTEMPORÂNEA

Parte da renovação de Paris, França, planejada por Georges-Eugene Hausmann, 1853–1870

Vila Savoye, Poissy, Paris, França, Le Corbusier, 1928–1931

Pavilhão Soviético, Exposição Internacional de 1925, Paris, França, Konstantin Melnikov

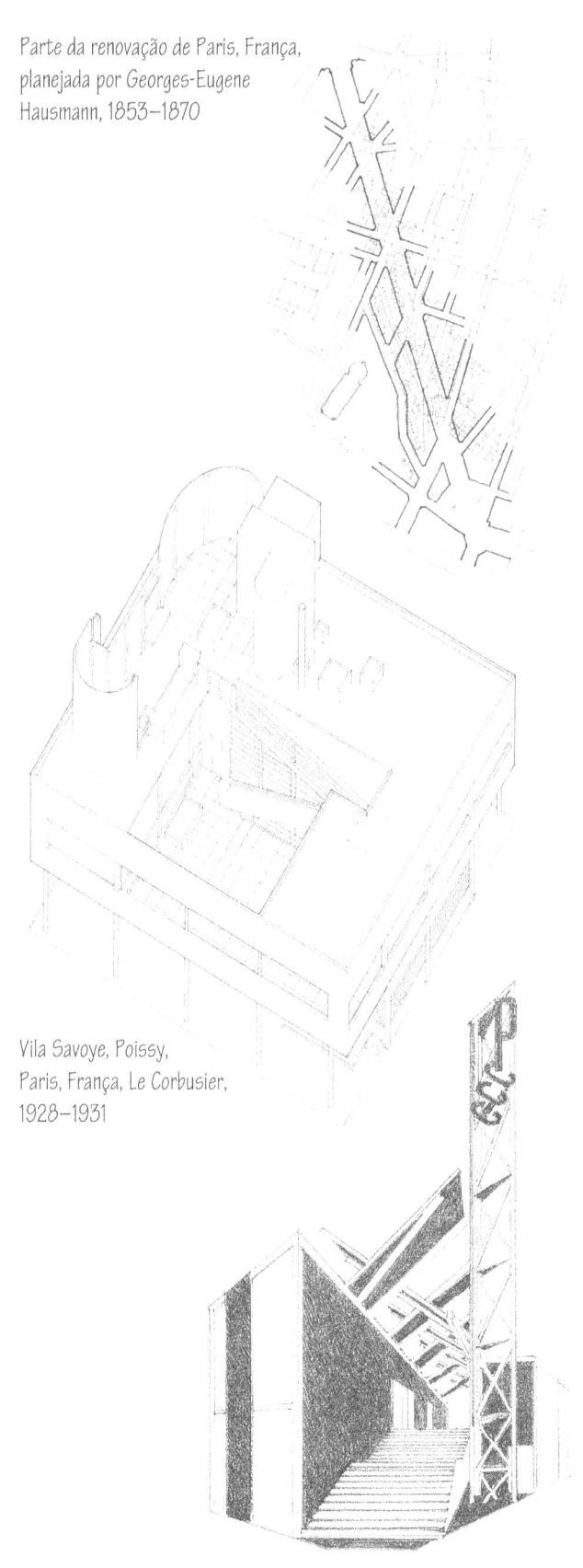

Embora a Inglaterra desempenhasse o papel principal economicamente e nas questões de arquitetura doméstica, os franceses começaram a se afirmar nas questões de cultura urbana. O centro de Paris foi totalmente reconstruído durante o reinado de Napoleão III e se tornou modelo de replanejamento urbano na Europa e em todo o mundo. A maioria dos produtos exportados da Argentina, por exemplo, pode ter ido para a Inglaterra, mas, quando se tratava das vias e edificações públicas, a elite se voltava para os modelos parisienses. O *Beaux-Arts* francês, como uma expressão que combinava a elegância burguesa e a eficácia profissional (também conhecido como estilo do Segundo Império), foi um movimento internacional independente.

Ocorreu uma mudança notável na virada do século, envolvendo uma separação entre o público e o privado. A arquitetura pública tendia a ser elaborada, formal e ornamentada, enquanto a arquitetura doméstica passou a ser dominada pelo etos mais discreto do movimento artes e ofícios. Ambas, porém, devem ser vistas como parte de um processo de modernização da época. Experimentos radicais eram realizados para inventar novos estilos e possibilidades na arquitetura. Com o desenvolvimento da *art nouveau* e do expressionismo na Europa e com as invenções de Frank Lloyd Wright nos Estados Unidos, as bases da arquitetura moderna foram estabelecidas. Na verdade, entre 1890 e 1910, a arquitetura foi significativamente mais experimental do que na década de 1930. Novos materiais, como o concreto, eram utilizados para construir novos tipos de edificações. A estrutura de aço independente, desenvolvida em Chicago e em Nova York, desafiava as normas de vida e trabalho urbanos. Particularmente importante na transição para o modernismo foi o movimento expressionista, o qual nos anos anteriores e posteriores à Primeira Guerra Mundial, articulou a primeira alternativa coerente – embora às vezes fantasiosa – às práticas tradicionais de arquitetura. Em meados da década de 1920, no entanto, o movimento modernista, como é geralmente denominado, começou a tomar forma nas edificações e nas teorias de Walter Gropius, Ludwig Mies van der Rohe e Le Corbusier, entre muitos outros, tendo a Bauhaus, na Alemanha, os arquitetos do de Stijl, na Holanda, e os construtivistas, na recém-formada União das Repúblicas Socialistas Soviéticas (URSS ou União Soviética), como pontos de partida para essa estética em desenvolvimento.

Visão de Le Corbusier para o bloco residencial da Cidade Radiante, 1935

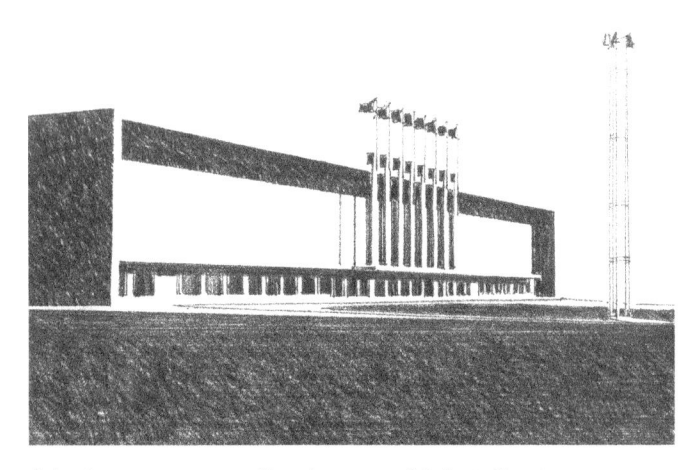

Salão de exposições para a Feira Internacional de Izmir, Turquia, Sevki Balmumcu, 1936

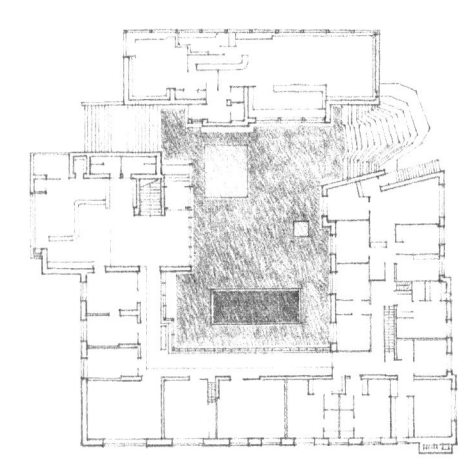

Planta da Prefeitura de Säynätsalo, Finlândia, Alvar Aalto, 1949-1952

1950 d.C.

Os marcos do início do Movimento Moderno incluíam a nova escola de projeto e desenho industrial de Walter Gropius, a Bauhaus (fundada em 1919); o livro Vers une Architecture (Por uma Arquitetura), de Le Corbusier, publicado pela primeira vez em 1923; e a Exposição Weissenhof Siedlung, de Ludwig Mies van der Rohe, em 1927. O CIAM (Congresso Internacional de Arquitetura Moderna), fundado em 1928, também desempenhou um papel importante, pois cresceu rapidamente e se tornou uma organização com dezenas de membros pelo mundo inteiro, todos comprometidos com os ideais de trazer o funcionalismo e o racionalismo para o planejamento urbano e de edificações. O modernismo, porém, não tinha um apelo universal. A Alemanha de Hitler e a União Soviética de Joseph Stalin rejeitaram o modernismo a favor de um estilo monumental neoclássico, gerando grandes antagonismos entre modernistas e tradicionalistas. Mesmo na França, apesar da obra e dos esforços de Le Corbusier, havia apenas um punhado de edificações modernistas antes da Segunda Guerra Mundial. Nesse período, os fascistas italianos eram peculiares, na medida em que rapidamente adotaram a arquitetura moderna – embora ainda de teor clássico – para expressar suas ideias nacionalistas. Enquanto, na Europa, era muito contestado, o modernismo foi adotado em Ankara e Tel Aviv, onde se encontrava mais arquitetura modernista que em qualquer outro lugar no mundo.

Foi somente depois da Segunda Guerra Mundial que a arquitetura moderna se consolidou e começou a fazer contribuições mais significativas e constantes para o espaço urbano, como a Prefeitura de Säynätsalo, na Finlândia, e a Pragerstrasse, em Dresden. Havia também duas novas capitais: Chandigarh, na Índia, e Brasília, no Brasil. Os Estados Unidos haviam há pouco adotado, com hesitação, o modernismo. No entanto, isso mudou com a iniciativa de Mies van der Rohe em dar aulas no Instituto de Tecnologia de Illinois, em Chicago, e de Walter Gropius, na Universidade de Harvard. Com o estabelecimento da aceitação acadêmica, o espírito modernista estava encaminhado. As corporações, em particular, logo adotaram o novo estilo, com suas superfícies lisas e anônimas, como a Casa Lever (1950-1952), projetada pela firma Skidmore Owings and Merrill (SOM), e o Edifício Seagram, de Mies van der Rohe, ambos na cidade de Nova York, dando o tom. A SOM logo se especializou no projeto de sedes de empresas nos Estados Unidos e no exterior e se tornou uma das maiores firmas de arquitetura da época.

A ARQUITETURA DO RENASCIMENTO À IDADE CONTEMPORÂNEA

A coerência e o anonimato relativos da arquitetura pós-Segunda Guerra Mundial foram estabelecidos por obras de prestígio que introduziram novas formas ousadas e interessantes no contexto urbano: o Museu Guggenheim (Frank Lloyd Wright, 1956–1959), a Filarmônica de Berlim (Hans Scharoun, 1956–1963), a Ópera de Sydney (Jørn Utzon, 1957–1973).

Durante a década de 1960, as convenções do modernismo estavam perdendo força, e os arquitetos começaram a experimentar a criação de edificações de grande escala e formas simples, em um estilo que ficaria conhecido como brutalismo, como o Centro de Imprensa e Teletransmissão Yamanashi (Kenzo Tange, 1964–1967), em Kofu, no Japão, e o Teatro Real Nacional (Denys Lasdun, 1976), em Londres – edificações de formas exageradas e grandes volumes. Nessa época, as alegações de universalidade da arquitetura, sua estética anticontextual e a insipidez dos projetos de habitação começaram a sofrer muitas críticas. Um grupo da Inglaterra, que passou a ser conhecido pelo nome do periódico que fundara, Archigram, promovia uma arquitetura influenciada pela *Pop Art* que fosse móvel, flexível, transitória e voltada para os jovens.

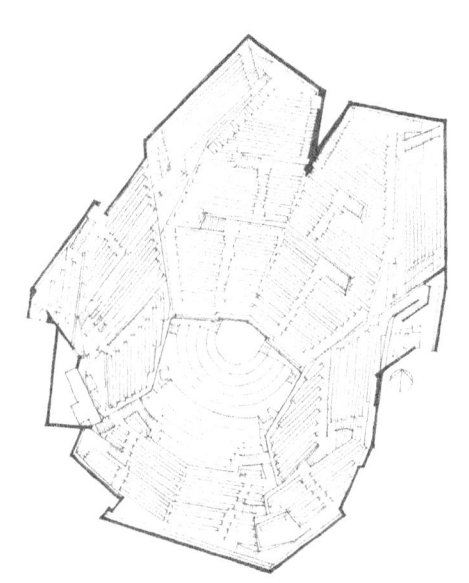

Planta da Filarmônica de Berlim, Alemanha, Hans Scharoun, 1956–1963

Ópera de Sydney, Austrália, Jørn Utzon, 1957–1973

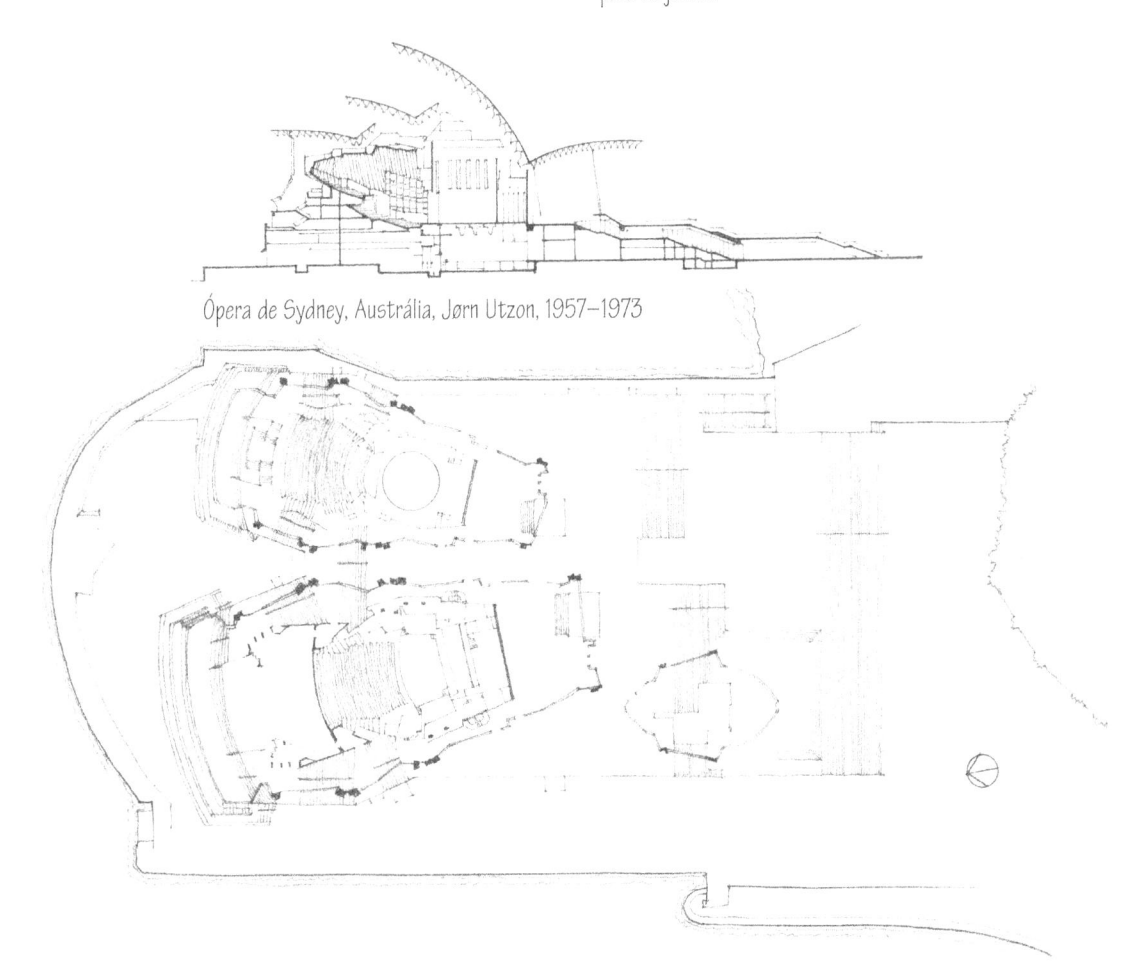

Centro de Pesquisa em Ciências Sociais, Berlim, Alemanha, 1981, James Stirling

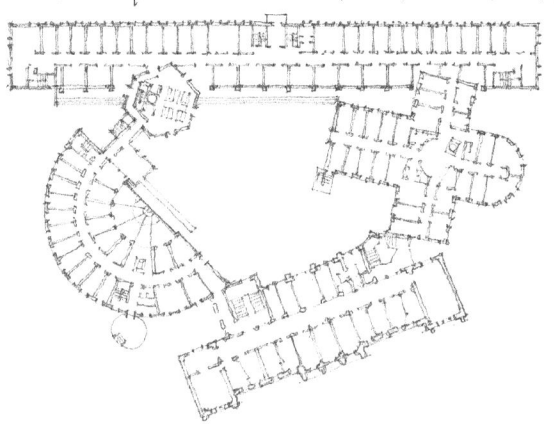

Essas e outras críticas se desenvolveram e se tornaram um movimento que, na década de 1970, ficou conhecido como pós-modernismo. Alguns arquitetos, como Aldo Rossi, na Itália, esperavam um retorno à história; outros, como Robert Venturi e Denise Scott Brown, buscavam a paródia e a ironia; enquanto Peter Eisenman, nos Estados Unidos, e Oswald Mathias Ungers, na Alemanha, buscavam um formalismo ainda mais rigoroso que o dos modernistas. O aspecto mais duradouro do pós-modernismo foi sua luta por uma maior consciência do contexto das edificações; porém, como o contexto seria definido era algo muito discutido e variava do muito abstrato Museu Judaico de Berlim (2001), de Daniel Libeskind, aos esforços do Príncipe Charles, da Inglaterra, em resgatar um interesse por estilos tradicionais. Na década de 1990, contrariando o teor conservador de muitas das produções arquitetônicas, um grupo de arquitetos de vanguarda, dentre os quais estava o holandês Rem Koolhaas, clamava por um retorno às formas e abstrações modernistas. Avanços na tecnologia e na informática também permitiram que os arquitetos criassem estruturas que, na década anterior, seriam impensáveis. O Museu Guggenheim (1997), de Frank Gehry, em Bilbao, na Espanha, com sua pele curva de titânio, e a Kunsthaus (2003) azul e em forma de bolha, de Peter Cook e Colin Fournier, em Graz, na Áustria, são exemplos notáveis.

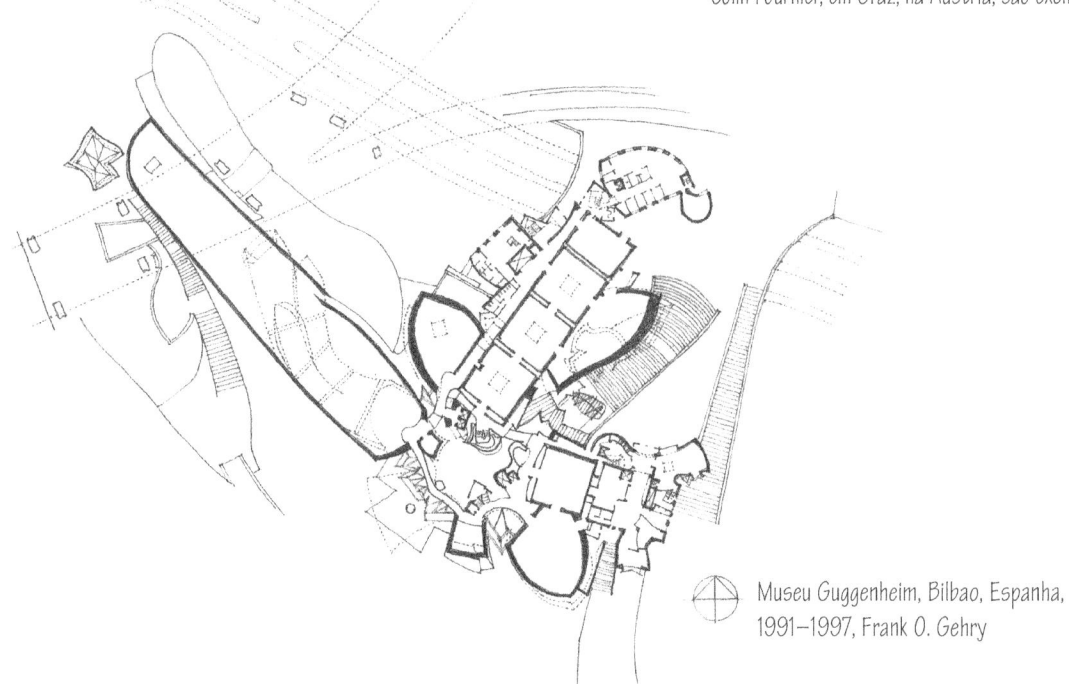

Museu Guggenheim, Bilbao, Espanha, 1991–1997, Frank O. Gehry

4 Os Fundamentos da Arquitetura

A Forma

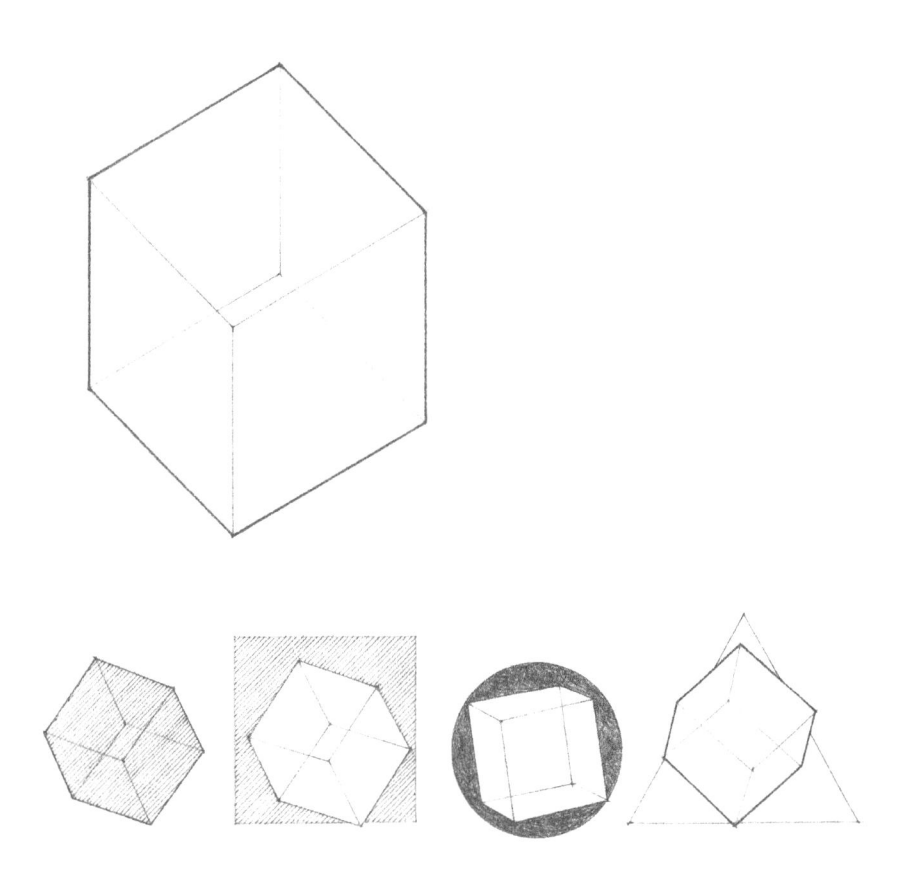

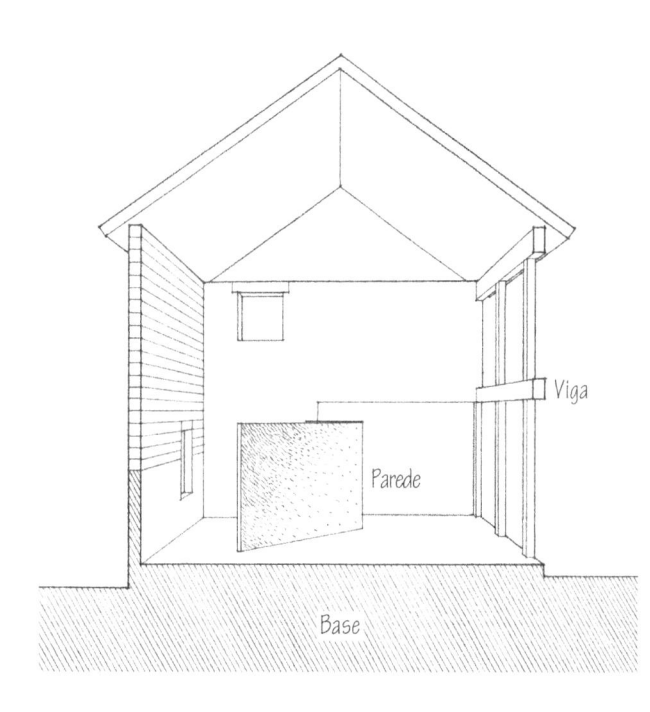

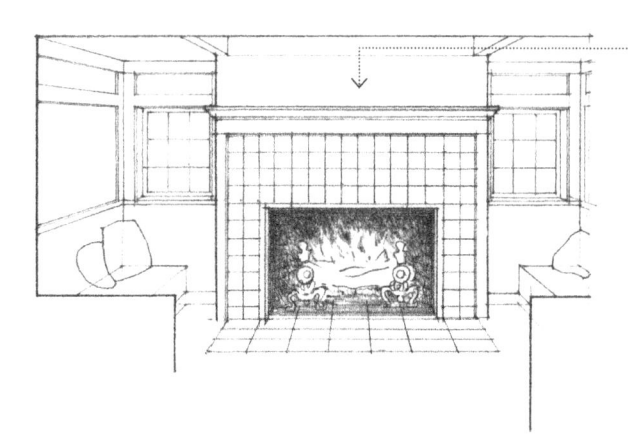

A tectônica

A forma pode ser considerada de diversos modos na arquitetura. Ela pode ser abordada em termos de composição, uma vez que se relaciona com a construção, ou em termos de materiais ou de características dos materiais.

Quanto à composição, a arquitetura pode ser entendida como uma relação entre cheios e vazios. Ao pensar a arquitetura dessa maneira, o vazio é a área que não pode ser habitada – o espaço. A massa é ocupada pela presença física da edificação – a forma. A forma se refere ao caráter físico da arquitetura. Ela define os limites do espaço e determina as maneiras pelas quais ele pode ser ocupado.

Especialmente nas etapas iniciais do processo de projeto, as partes de uma edificação podem ser entendidas de modo genérico. O sistema pelo qual as formas genéricas são reunidas a fim de definir o espaço é chamado de *tectônica*, termo que deriva do grego *tektonikos*, o qual significa "relativo à construção". A tectônica é um sistema lógico que divide os elementos formais em tipos baseados em suas proporções; isso se traduz em como tais formas podem ser empregadas em um projeto.

Os quatro elementos da tectônica são:

- Massa: uma forma que é proporcionalmente similar em todas as dimensões (um embasamento ou um plinto).
- Plano: uma forma que é proporcionalmente similar em duas dimensões e significativamente menor na terceira (uma parede).
- Barra: uma forma que é proporcionalmente similar em duas dimensões e significativamente mais longa na terceira (uma viga).
- Foco: um elemento formal que age como ponto de atração. Como a lareira ou a fogueira tradicionalmente ofereciam calor, permitiam cozinhar e configuravam um lugar para interação social, elas costumavam ser o mais importante elemento em um projeto de arquitetura residencial, constituindo o centro de tais composições espaciais.

Posteriormente, o conhecimento sobre a construção passou a permitir que os arquitetos traduzissem uma ideia genérica e compositiva da forma em um conceito que incorporasse o material e as características estruturais de uma edificação. A construção também é uma preocupação sempre presente na arquitetura. Além dos condicionantes impostos pelas cargas estruturais e pela resistência dos materiais, a construção também tem a capacidade de afetar a maneira como o espaço é percebido. Cor, textura, peso visual, opacidade e refletividade, entre outros atributos, são características dos materiais que influenciam como as pessoas ocupam e usam um espaço.

Os arquitetos utilizam esse conhecimento da forma para afetar o modo como pensam um projeto. Eles continuamente descobrem novas possibilidades de projeto, à medida que as tecnologias avançam e os conhecimentos sobre os materiais aumentam, tornando possíveis novas formas edificadas que outrora apenas existiam em nossa imaginação.

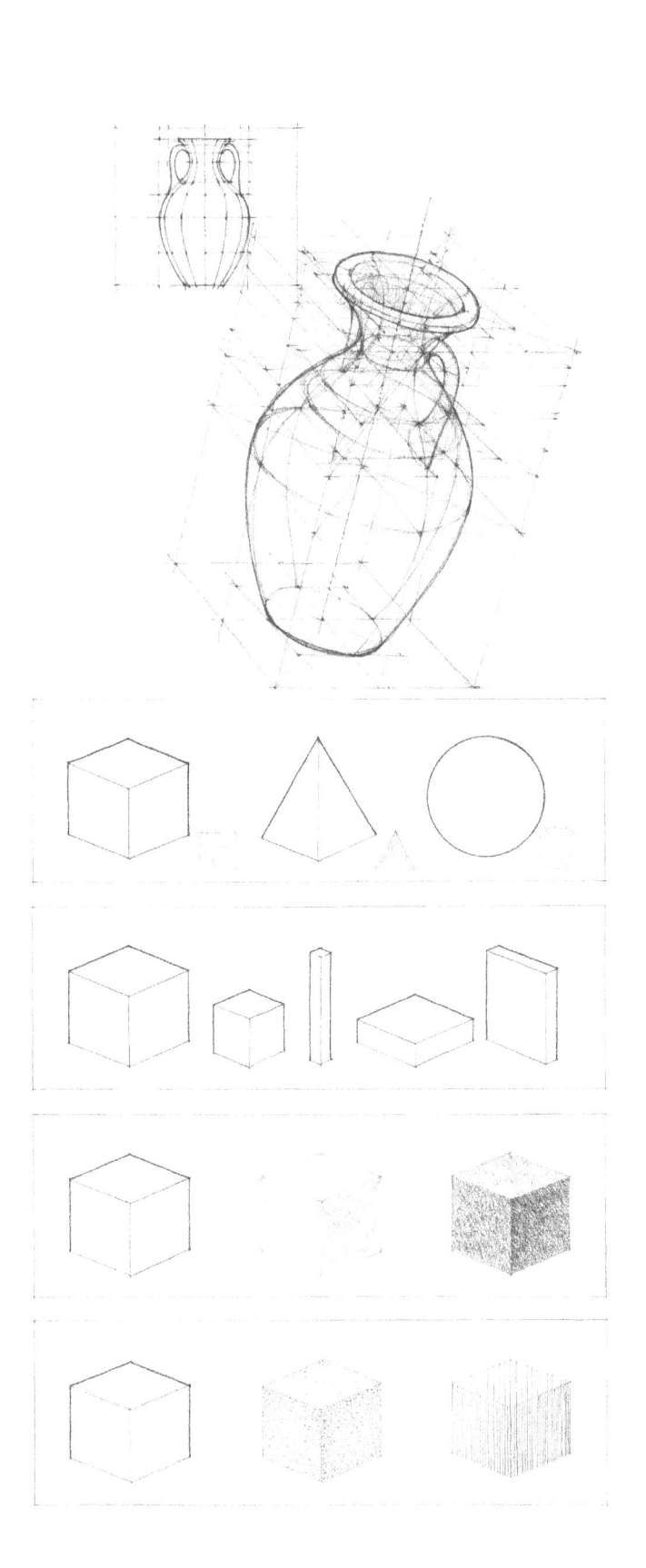

Características da forma

A forma é um termo abrangente que tem vários significados. Ela pode se referir a uma aparência externa passível de ser reconhecida, como a de uma cadeira ou de um corpo humano que senta nela. Pode também aludir a uma condição particular na qual algo atua ou se manifesta, como quando falamos da água na forma de gelo ou vapor.

Em arte e projeto, frequentemente utilizamos o termo para denotar a estrutura formal de uma obra – a maneira de dispor e coordenar os elementos e as partes de uma composição para produzir uma imagem coerente. No contexto deste estudo, forma se refere tanto à estrutura interna e ao perfil externo quanto ao princípio que confere unidade ao todo.

Enquanto forma frequentemente inclui uma ideia de massa ou volume tridimensional, formato refere-se mais especificamente ao aspecto essencial da forma que governa sua aparência – a configuração ou a disposição relativa das linhas ou dos contornos que delimitam uma figura ou forma.

Formato
É o contorno característico ou a configuração da superfície de uma forma particular.

Formato é o principal aspecto por meio do qual identificamos e classificamos as formas.

Além do formato, as formas incluem propriedades visuais de tamanho, cor e textura.

Tamanho
São as dimensões físicas de comprimento, largura e profundidade de uma forma. Embora essas dimensões determinem as proporções de uma forma, sua escala é determinada por seu tamanho relativo a outras formas do contexto.

Cor
É um fenômeno de luz e percepção visual que pode ser descrito em termos da percepção que um indivíduo tem de matiz, saturação e valor tonal. A cor é o atributo que mais claramente distingue uma forma de seu ambiente. Ela também afeta o peso visual de uma forma.

Textura
É a qualidade visual e especialmente tátil conferida a uma superfície pelo tamanho, formato, disposição e proporção das partes. A textura também determina o grau em que as superfícies de uma forma refletem ou absorvem a luz incidente.

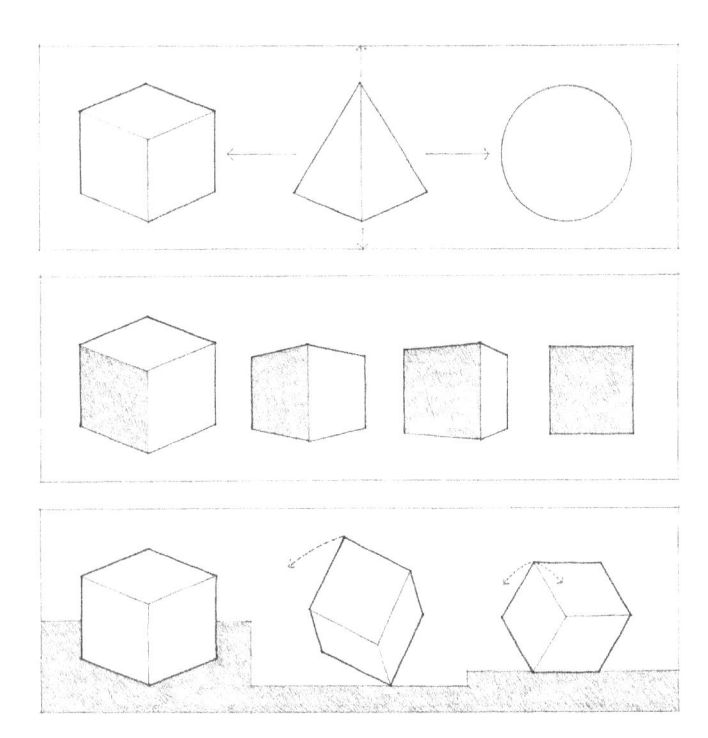

As formas também têm propriedades relacionais que determinam o padrão e a composição dos elementos, entre aos quais se incluem a posição, a orientação e a inércia visual.

Posição
A localização de uma forma em relação ao seu ambiente ou ao campo visual dentro do qual ela é vista.

Orientação
A direção de uma forma em relação ao plano do solo, aos pontos cardeais, a outras formas ou ao observador.

Inércia visual
O grau de concentração e estabilidade de uma forma. A inércia visual de uma forma depende de sua geometria, bem como de sua orientação em relação ao plano do solo, à força da gravidade e à nossa linha de visão.

Todas essas propriedades da forma, na realidade, são afetadas pelas condições sob as quais a observamos.

- Uma perspectiva ou um ângulo de visão variável apresenta diferentes formatos ou aspectos de uma forma aos nossos olhos.
- Nossa distância de uma forma determina seu tamanho aparente.
- As condições de iluminação sob as quais vemos uma forma afetam a clareza de seu formato e de sua estrutura.
- O campo visual que circunda uma forma influencia nossa capacidade de lê-la e identificá-la.

Formato

O formato se refere ao perfil característico de uma figura plana ou à configuração de uma forma volumétrica. Ele é o principal meio pelo qual reconhecemos, identificamos e categorizamos figuras e formas particulares. Nossa percepção de formato depende do grau de contraste visual existente entre o contorno que separa uma figura de seu fundo ou entre uma forma e seu campo.

Busto da Rainha Nefertiti

Padrão do movimento ocular de uma pessoa que observa a figura acima, de acordo como uma pesquisa feita por Alfred L. Yarbus, do Instituto de Problemas de Transmissão de Informações, em Moscou

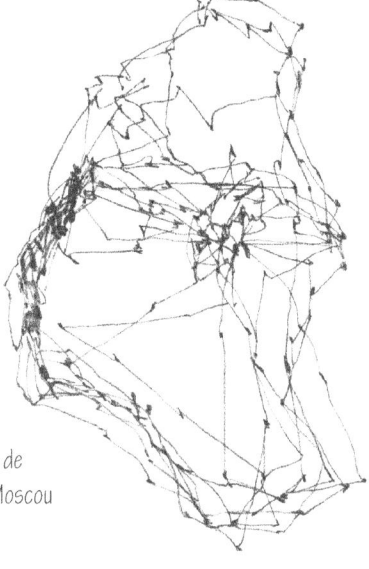

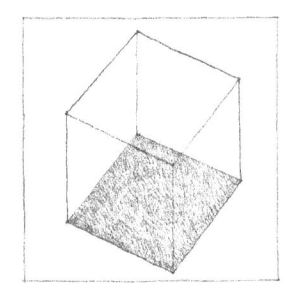

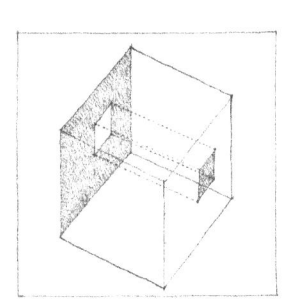

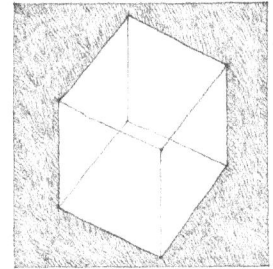

Na arquitetura, trabalhamos com os formatos de:

- Planos de piso, parede e teto que configuram um espaço
- Aberturas de portas e janelas em um espaço delimitado
- Silhuetas e contornos das formas edificadas

Superfície

Na transição dos formatos dos planos para as formas dos volumes se encontra o domínio das superfícies. A superfície se refere, em primeiro lugar, a qualquer figura que tiver apenas duas dimensões, como um plano. No entanto, o termo também pode fazer alusão a um lugar geométrico curvo e bidimensional de pontos que define o limite de uma figura tridimensional. Há uma classe especial de figura tridimensional que pode ser gerada a partir da família geométrica de curvas e retas. Essa classe de superfícies curvas inclui as seguintes:

- As superfícies cilíndricas são geradas deslocando-se uma reta ao longo de uma curva plana ou vice-versa. Dependendo da curva, uma superfície cilíndrica pode ser circular, elíptica ou parabólica. Devido à sua geometria de retas, uma superfície cilíndrica pode ser considerada uma superfície de translação ou regrada.

- As superfícies de translação são geradas deslocando-se uma curva plana ao longo de uma reta ou sobre outra curva plana.

- As superfícies regradas são geradas pelo movimento de uma reta. Devido à sua geometria de reta, uma superfície regrada é geralmente mais fácil de se formar e construir que uma superfície de rotação ou translação.

- As superfícies de rotação são geradas pela rotação de uma curva plana em relação a um eixo.

- Os paraboloides são superfícies cujas interseções de planos são parábolas e elipses ou parábolas e hipérboles. As parábolas são curvas planas geradas por um ponto em movimento que permanece equidistante a uma linha fixa e a um ponto fixo que não está na reta. As hipérboles são curvas planas formadas pela interseção de um cone circular por um plano que corta as duas metades do cone.

- Os paraboloides hiperbólicos são superfícies geradas deslocando-se uma parábola com curvatura para baixo ao longo de uma parábola com curvatura para cima, ou deslocando-se um segmento de reta com suas extremidades em duas linhas oblíquas. Podem, então, ser considerados superfícies tanto regradas quanto de translação.

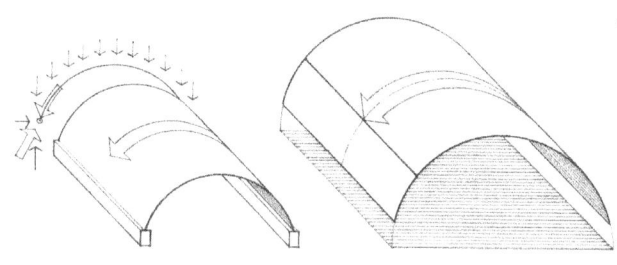

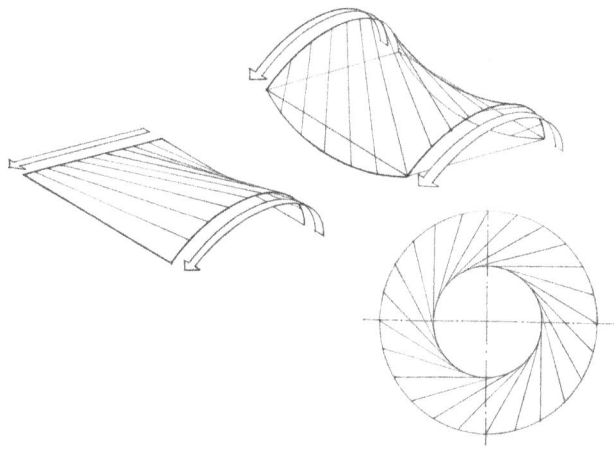

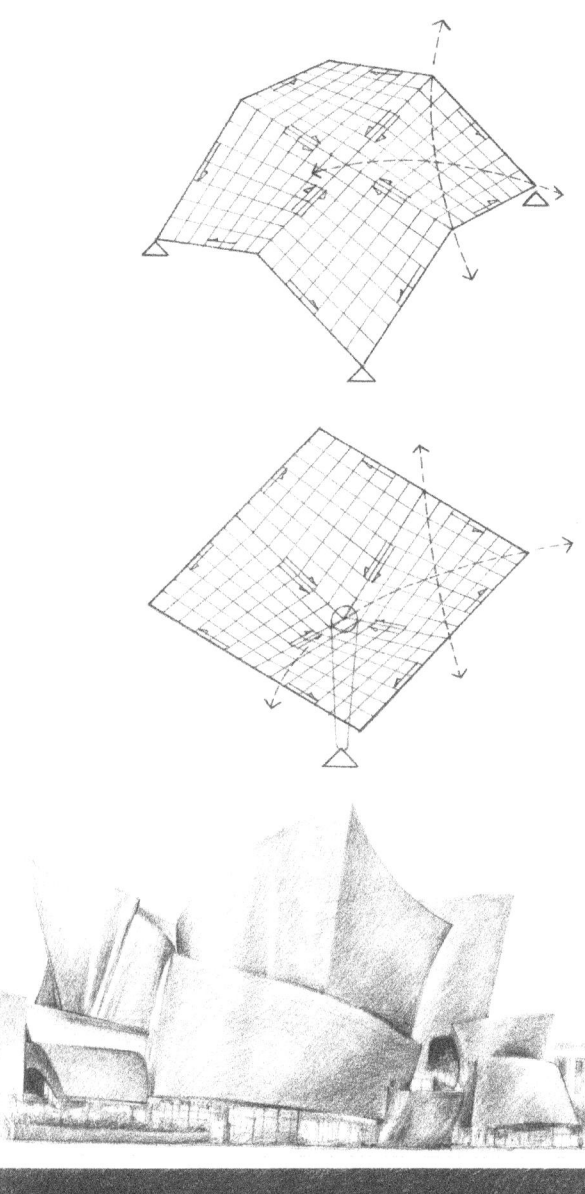

A FORMA

- As superfícies em sela têm uma curvatura para cima, em uma direção, e uma para baixo, na direção perpendicular. As partes da curvatura para baixo atuam como arcos e as partes da curvatura para cima se comportam como uma estrutura de cabos. Se as extremidades de uma superfície em sela não estiverem sustentadas, o comportamento de uma viga também pode estar presente.

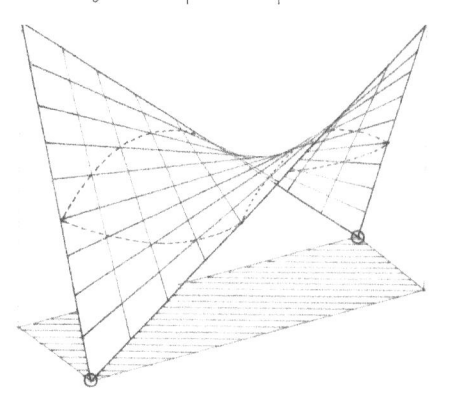

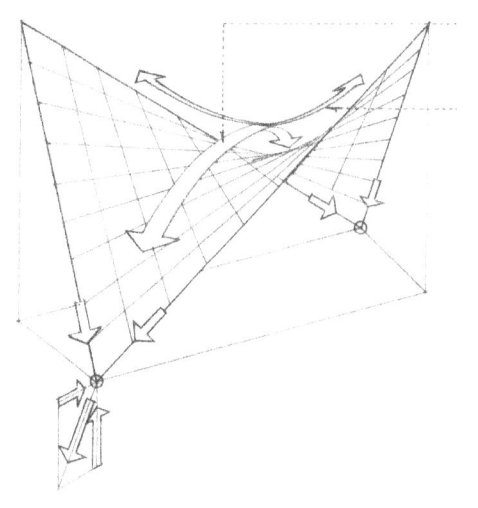

A base geométrica para essas superfícies curvas pode ser empregada de modo efetivo na modelagem digital, assim como na descrição, fabricação e montagem de elementos e componentes curvilíneos de arquitetura. O aspecto fluido dessas superfícies contrasta com a natureza angular das formas retilíneas e é apropriado para descrever a forma das cascas e dos elementos de vedação externa não portantes. As superfícies curvas simétricas, como as cúpulas e as abóbadas de berço, são estáveis por natureza. As superfícies curvas assimétricas, por outro lado, podem ser mais vigorosas e expressivas. Seus formatos mudam de maneira radical quando são vistos de diferentes perspectivas.

Sala de Concerto da Walt Disney, Los Angeles, Califórnia, Estados Unidos, 1987–2003, Frank O. Gehry and Partners

Transformação

Todas as outras formas podem ser compreendidas como transformações dos sólidos primários, variações geradas pela manipulação de uma ou mais dimensões ou pela adição ou subtração de elementos.

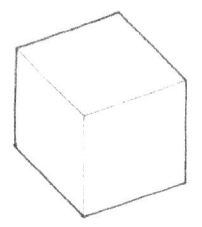

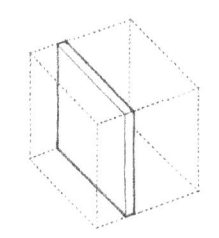

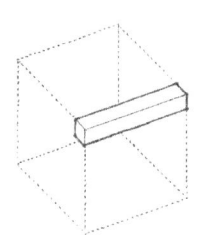

Transformação das dimensões

Uma forma pode ser transformada com a alteração de uma ou mais de suas dimensões e, mesmo assim, conservar sua identidade como membro de uma família de formas. Um cubo, por exemplo, pode ser transformado em formas prismáticas semelhantes, por meio de mudanças distintas em altura, largura ou comprimento. Ele pode ser comprimido em uma forma plana ou ser estendido em uma forma linear.

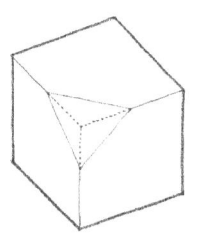

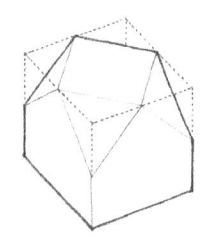

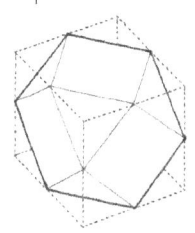

Transformação por subtração

Uma forma pode ser transformada pela subtração de uma porção de seu volume. Dependendo da extensão do processo subtrativo, a forma pode conservar sua identidade inicial ou ser transformada em uma forma de outra família. Por exemplo, um cubo pode conservar sua identidade como cubo mesmo que uma porção dele seja removida, ou pode ser transformado em uma série de poliedros regulares que começam a parecer uma esfera.

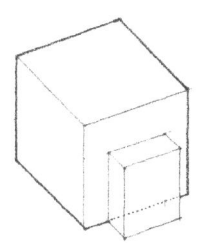

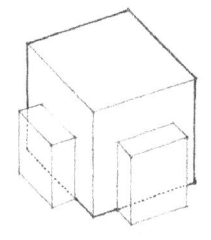

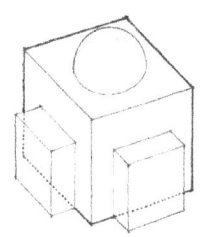

Transformação por adição

Uma forma pode ser transformada com a adição de elementos ao seu volume. A natureza do processo aditivo e o número e os tamanhos relativos de elementos acrescentados determinam se a identidade da forma inicial será alterada ou preservada.

Transformação das dimensões de um cubo em um bloco horizontalizado: Unidade de Habitação, Firminy-Vert, França, 1963–1968, Le Corbusier

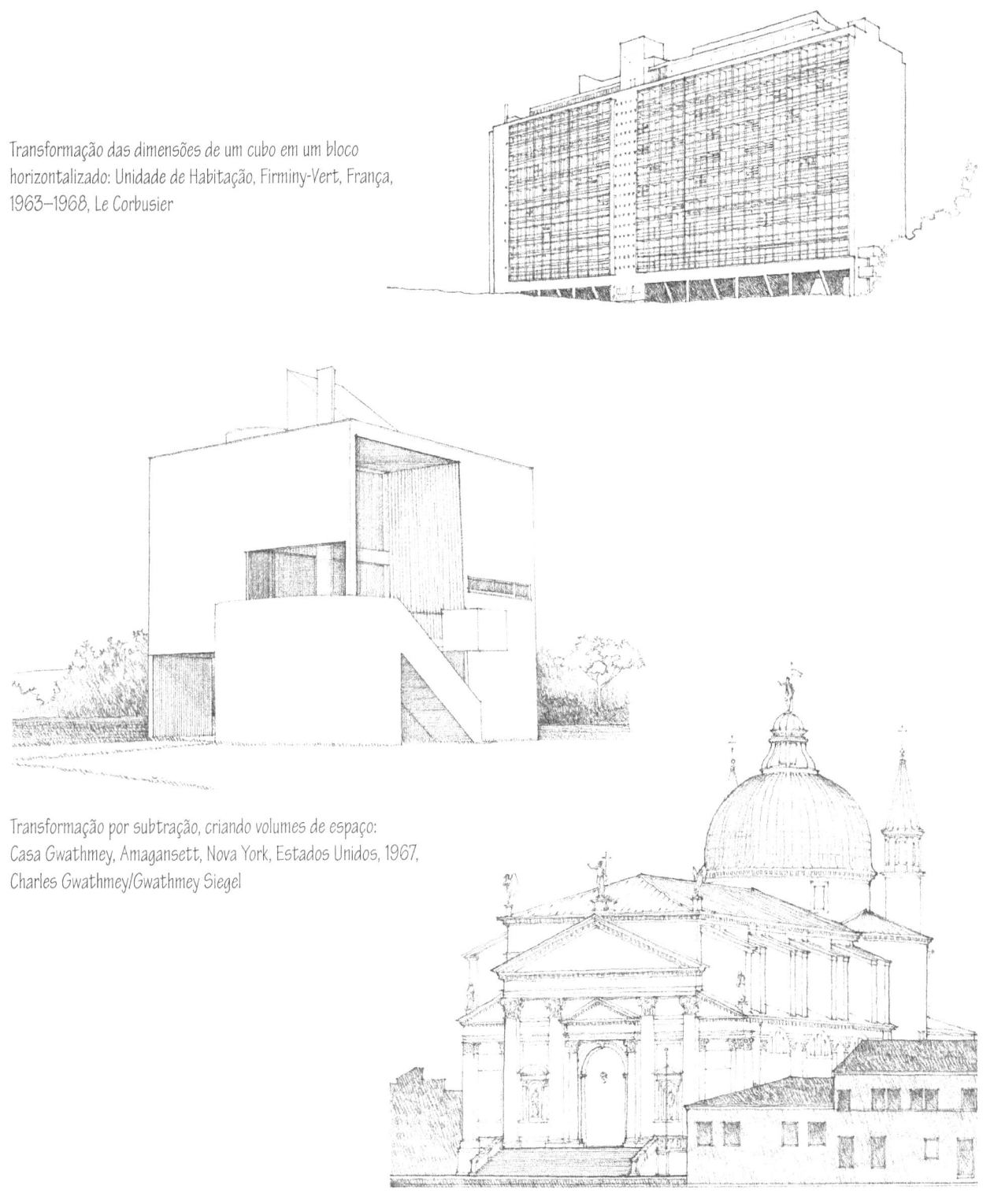

Transformação por subtração, criando volumes de espaço: Casa Gwathmey, Amagansett, Nova York, Estados Unidos, 1967, Charles Gwathmey/Gwathmey Siegel

Transformação por adição de uma forma matriz, por meio da conexão de formas subordinadas: Il Redentore (Igreja do Santíssimo Redentor), Veneza, Itália, 1577–1592, Andrea Palladio

Transformação dimensional

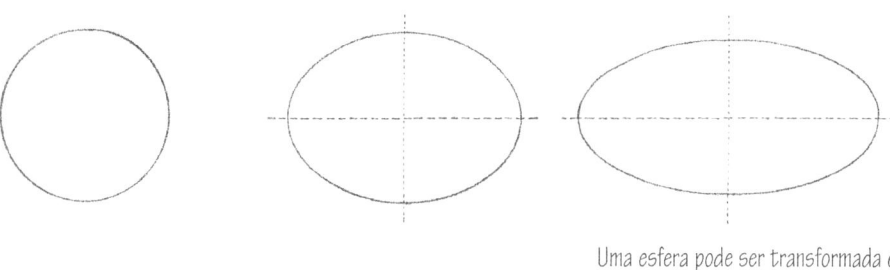

Uma esfera pode ser transformada em várias formas ovoides ou elípticas por meio do alongamento de seu eixo.

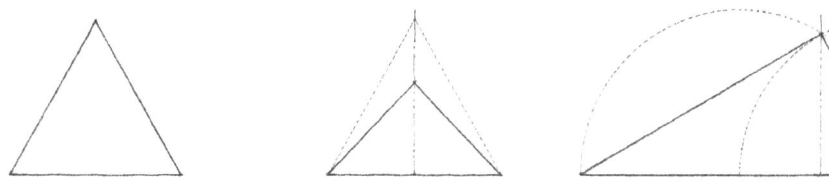

Uma pirâmide pode ser transformada pela alteração das dimensões de sua base, modificação da altura de seu ápice ou inclinação de seu eixo normalmente vertical.

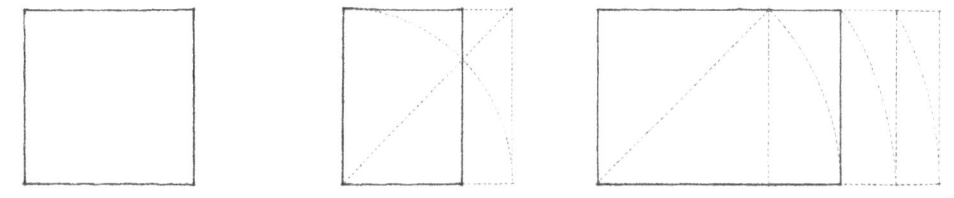

Um cubo pode ser transformado em formas prismáticas similares pela redução ou pelo alongamento de sua altura, largura ou profundidade.

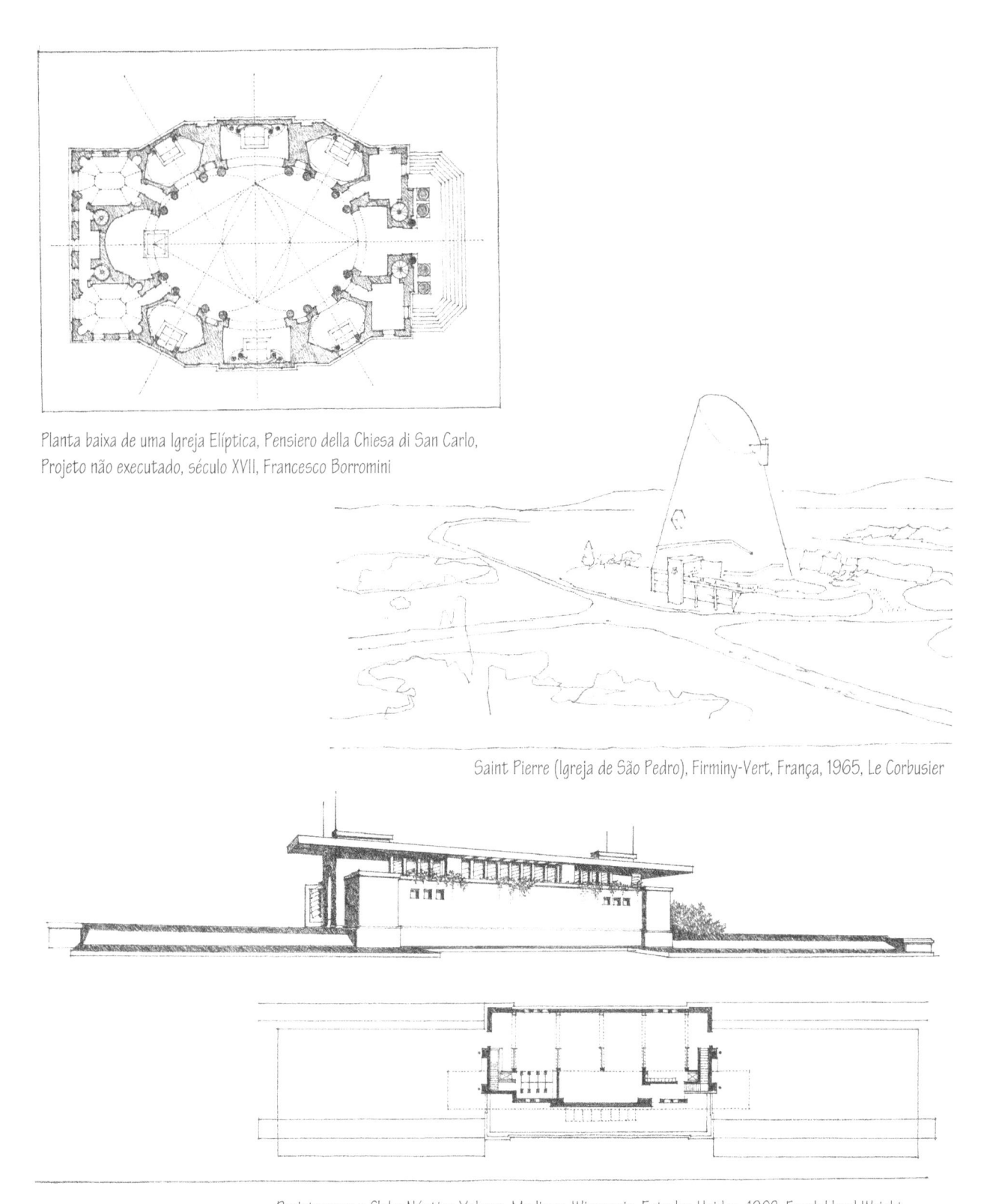

Planta baixa de uma Igreja Elíptica, Pensiero della Chiesa di San Carlo, Projeto não executado, século XVII, Francesco Borromini

Saint Pierre (Igreja de São Pedro), Firminy-Vert, França, 1965, Le Corbusier

Projeto para o Clube Náutico Yahara, Madison, Wisconsin, Estados Unidos, 1902, Frank Lloyd Wright

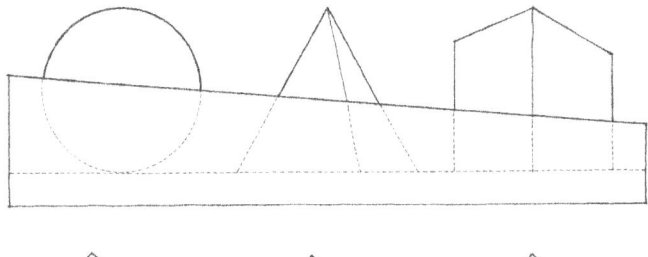

Forma subtrativa

Buscamos regularidade e continuidade nas formas que vemos em nosso campo de visão. Quando qualquer um dos sólidos primários está parcialmente oculto de nossa visão, tendemos a completar sua forma e a visualizá-lo como se estivesse completo, pois nossa mente completa aquilo que os olhos não veem. De modo semelhante, quando as formas regulares têm fragmentos faltando em seus volumes, elas mantêm suas identidades formais se as percebermos como todos incompletos. Chamamos essas formas mutiladas de formas subtrativas.

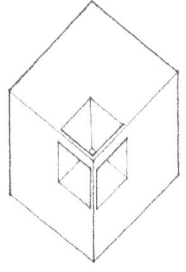

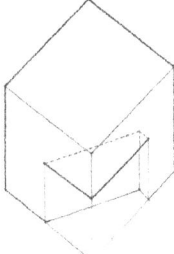

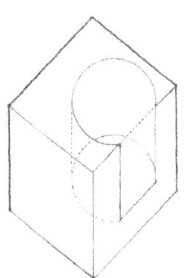

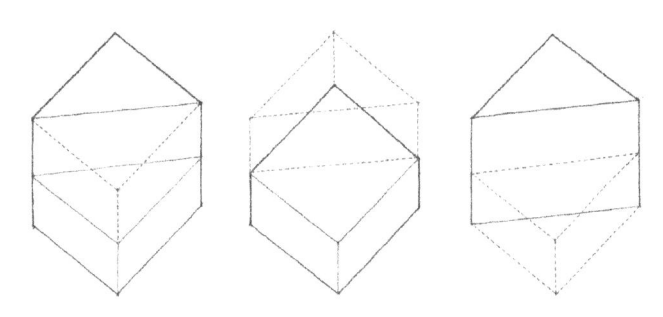

Por serem facilmente reconhecíveis, as formas geométricas simples, como os sólidos primários, se adaptam prontamente à subtração. Essas formas manterão suas identidades formais se partes de seus volumes forem removidas sem que sejam afetadas suas arestas, seus cantos e seu perfil geral.

Se for removida uma parte significativa dos cantos, alterando radicalmente o perfil, o resultado será uma ambiguidade em relação à identidade original da forma.

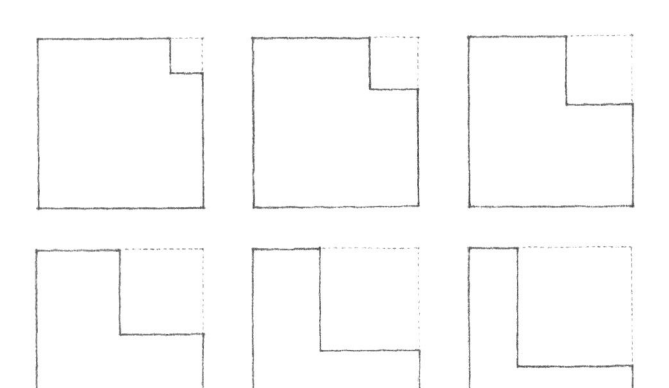

Nesta série de figuras, em que momento o formato quadrado cuja quina é removida se torna uma configuração de dois planos retangulares em L?

A FORMA 63

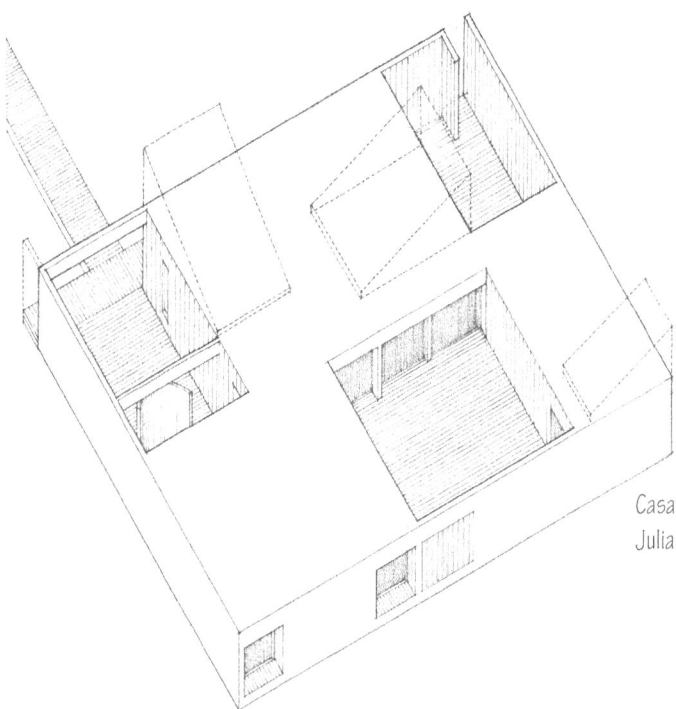

Casa Gorman, Amagansett, Nova York, Estados Unidos, 1968, Julian e Barbara Neski

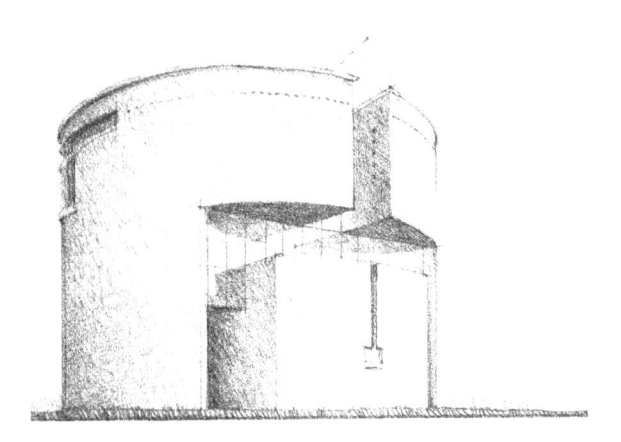

Casa em Stabio, Suíça, 1981, Mario Botta

Volumes espaciais podem ser subtraídos de uma forma, a fim de criar entradas escavadas, pátios internos positivos ou aberturas de janela sombreadas pelas superfícies verticais e horizontais da cavidade.

Khasneh al Faroun, Petra, século I d.C.

Em sua obra *Cinco Pontos de Uma Nova Arquitetura* (1926), Le Corbusier comenta a forma:

"Composição Cumulativa

- forma aditiva
- tipo relativamente fácil
- pitoresca; cheia de movimento
- pode ser completamente regrada por meio da classificação e da hierarquia"

"Composição Cúbica (Prismas Puros)

- muito difícil (de satisfazer o espírito)"

"muito fácil

- (de combinação conveniente)"

"forma subtrativa

- muito generosa
- um desejo arquitetônico é confirmado pela forma externa
- todas as necessidades funcionais são satisfeitas no interior (penetração da luz, continuidade, circulação)"

Desenhos baseados em croquis, *Quatro Formas de Casas*, em *Cinco Pontos de Uma Nova Arquitetura*, de Le Corbusier

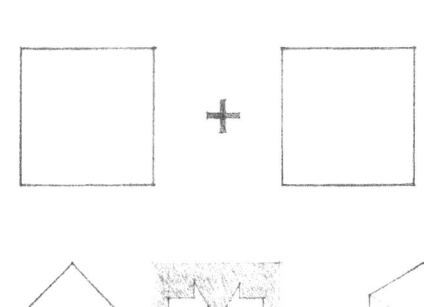

Formas agrupadas

Enquanto uma forma subtrativa resulta da remoção de parte de um volume original, uma forma aditiva é produzida quando duas ou mais formas subordinadas são relacionadas ou fisicamente conectadas a um volume.

As possibilidades básicas para o agrupamento de duas ou mais formas serão tratadas a seguir:

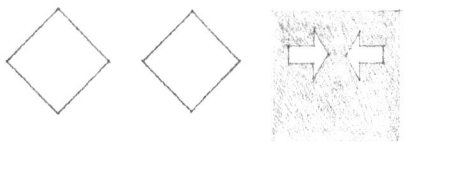

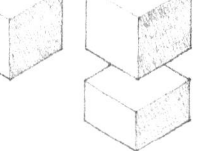

Tensão espacial
Este tipo de relação se baseia na grande proximidade das formas ou no compartilhamento de uma característica visual, como formato, cor ou material.

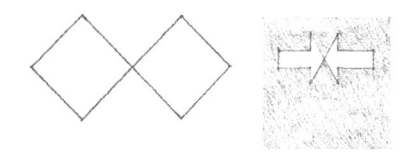

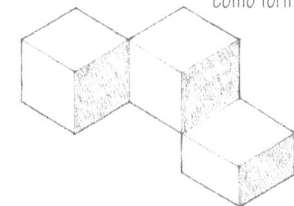

Contato de arestas
Neste tipo de relação, as formas têm uma aresta comum e podem girar em torno dela.

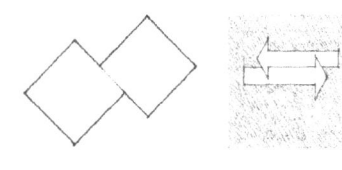

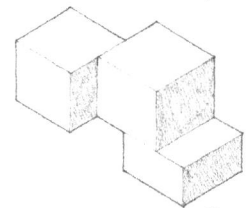

Contato de faces
Este tipo de relação exige que as duas formas tenham superfícies planas correspondentes e paralelas entre si.

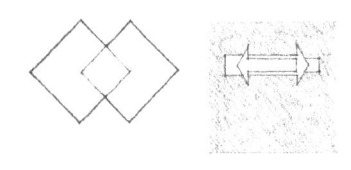

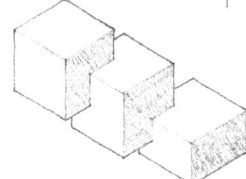

Volumes interseccionados
Neste tipo de relação, as formas se sobrepõem parcialmente no espaço. As formas não precisam dividir quaisquer características visuais.

Destaque das superfícies

Nossa percepção de formato, tamanho, escala, proporção e peso visual é afetada pelas propriedades das superfícies, bem como por seu contexto visual.

Um bom contraste entre a cor superficial de um plano e aquela do campo no qual ele se insere pode reforçar o formato de uma superfície, enquanto a modificação de seu valor tonal pode aumentar ou diminuir seu peso visual.

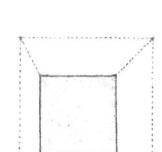

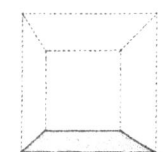

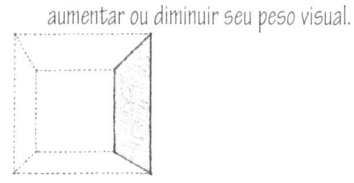

Uma vista frontal revela o verdadeiro formato de um plano; as vistas oblíquas o distorcem.

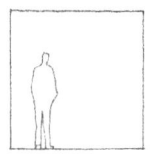

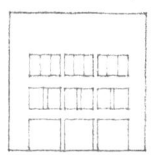

Os elementos de tamanho conhecido que são colocados no contexto visual de um lugar podem reforçar nossa percepção de tamanho e escala.

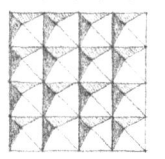

A textura e a cor afetam conjuntamente o peso visual e a escala de um plano e seu grau de absorção ou reflexão de luz e som.

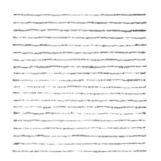

Padrões óticos direcionais ou explodidos podem distorcer o formato ou exagerar as proporções de um plano.

Apartamentos da Vincent Street, Londres, Inglaterra, 1928, Sir Edwin Lutyens

Palazzo Medici-Ricardo, Florença, Itália, 1444–1460, Michelozzi

A cor, a textura e o padrão das superfícies ressaltam a existência dos diferentes planos e influenciam o peso visual de uma forma.

Casa Hoffman, East Hampton, Nova York, Estados Unidos, 1966–1967, Richard Meier

Os padrões lineares têm a capacidade de enfatizar a altura ou o comprimento de uma forma, unificar suas superfícies e lhe conferir sua textura.

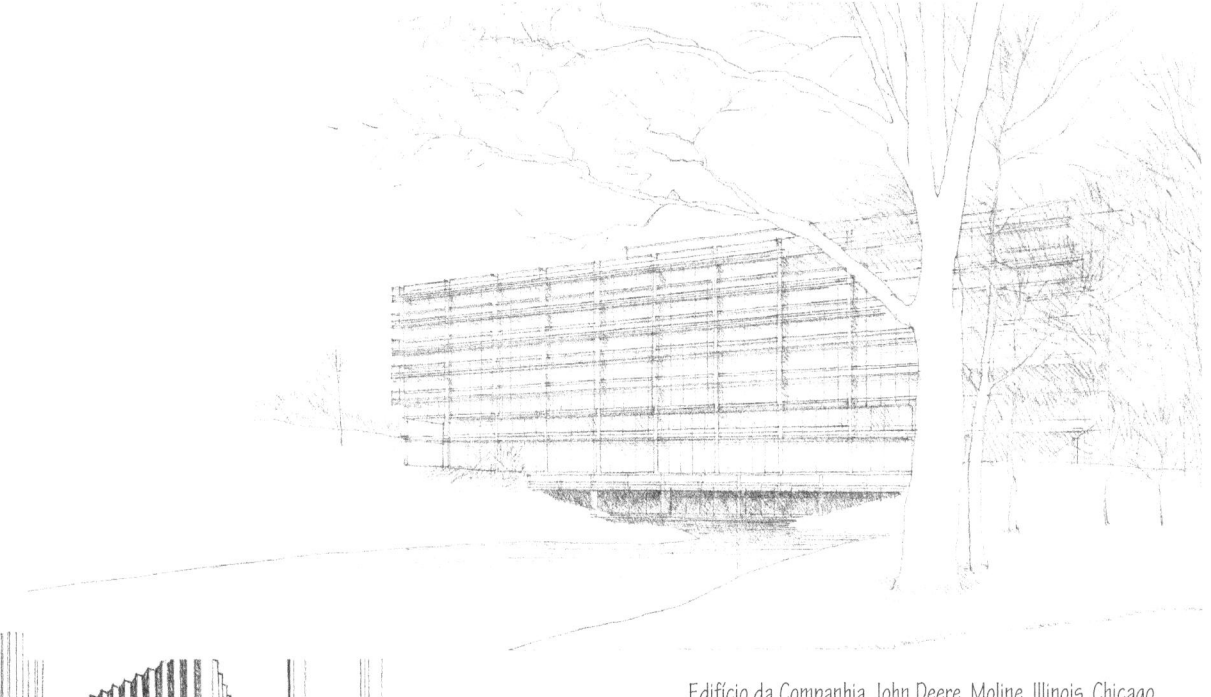

Edifício da Companhia John Deere, Moline, Illinois, Chicago, Estados Unidos, 1961–1964, Eero Saarinen and Associates. Os brises lineares acentuam a horizontalidade da forma do prédio.

Edifício da CBS, Cidade de Nova York, 1962–1964, Eero Saarinen and Associates. Os elementos das fachadas, em forma de coluna, enfatizam a verticalidade deste prédio muito alto.

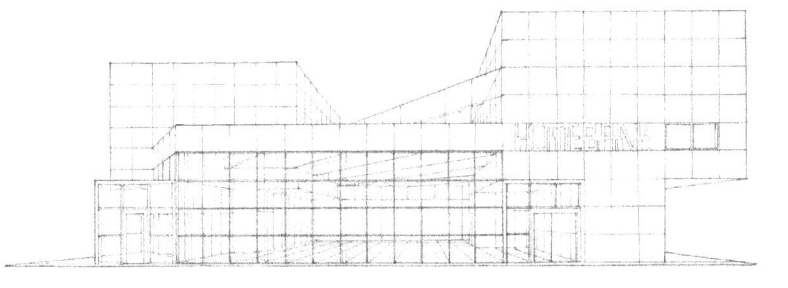

Banco Fukuoka Sogo, Estudo para a Agência em Saga, Japão, 1971, Arata Isozaki. O padrão em malha unifica as superfícies do volume composto.

A FORMA 69

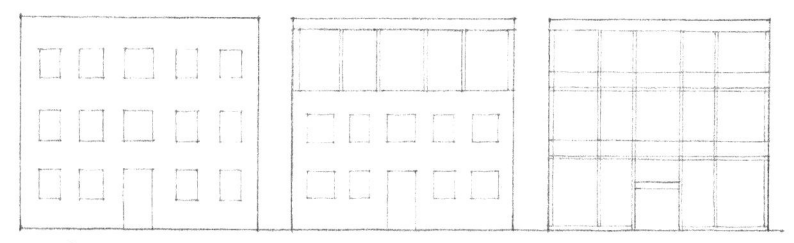

Transformação de uma superfície de um padrão de aberturas em um plano a uma fachada-cortina articulada por uma malha de esquadrias lineares.

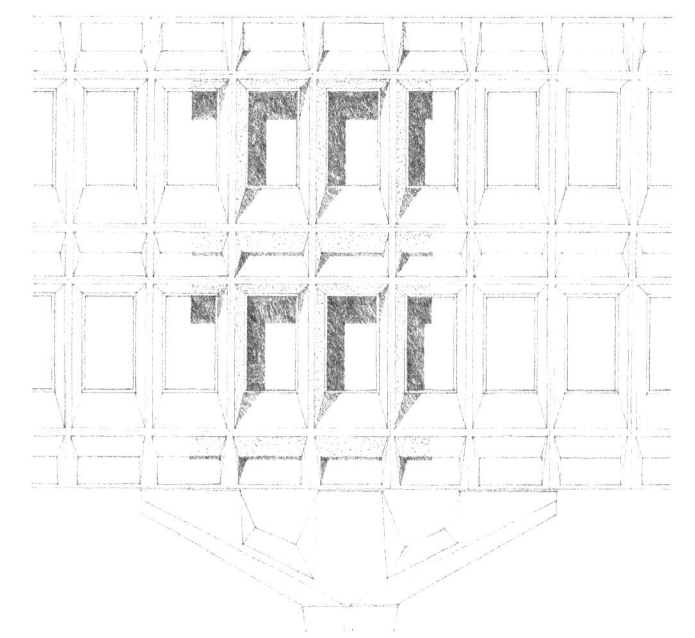

Exemplos de padrões lineares na forma das edificações

Centro de Pesquisas da IBM, La Guade, Var, França, 1960–1961, Marcel Breuer. A forma tridimensional das aberturas cria uma textura de luz, tonalidades e sombras.

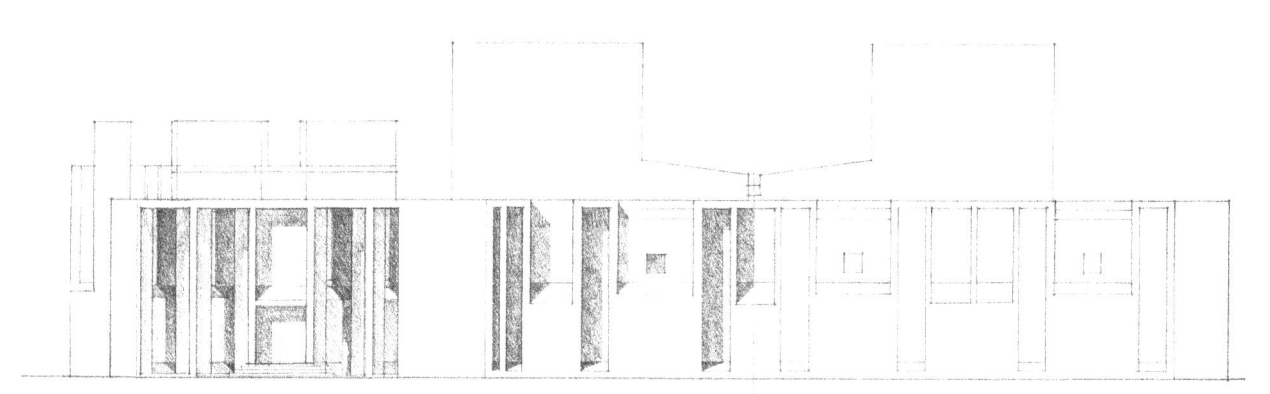

Primeira Igreja Unitária, Rochester, Nova York, Estados Unidos, 1956–1967, Louis Kahn. O padrão de aberturas e cavidades interrompe a continuidade dos planos das paredes externas.

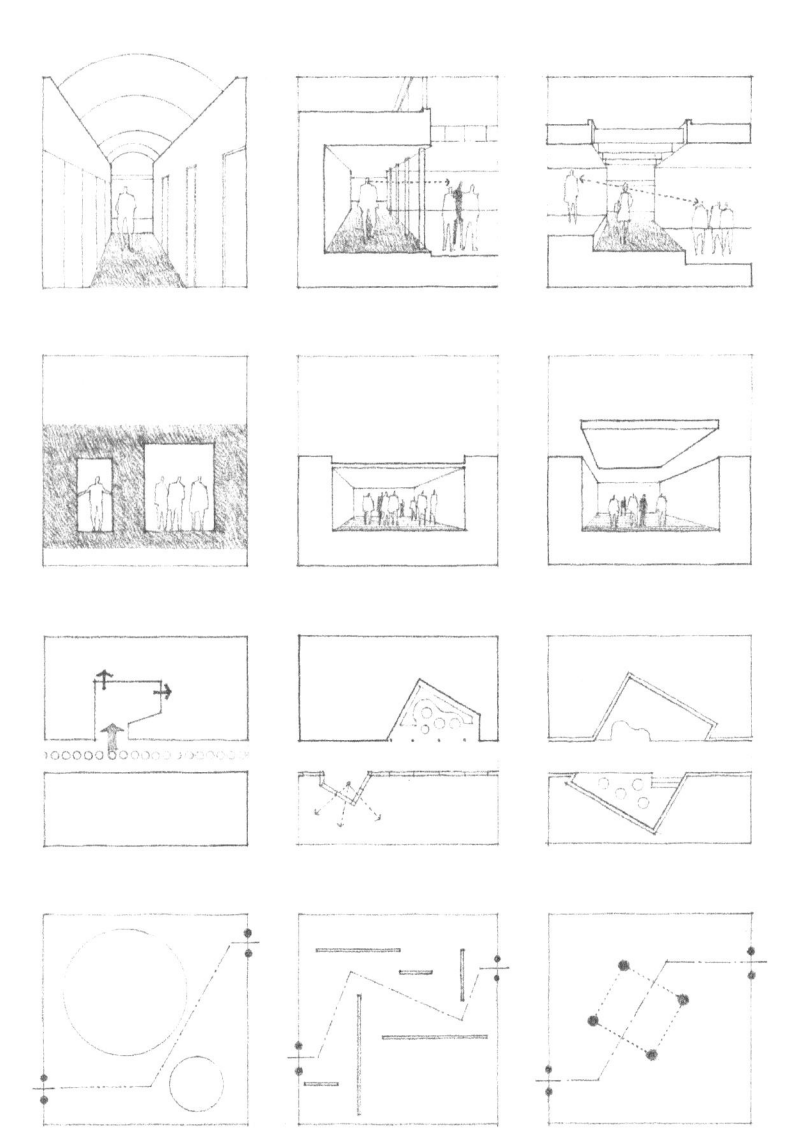

Forma e movimento

Um espaço de circulação pode ser fechado, aberto em um dos lados ou aberto em ambos os lados.

Fechado

Um espaço fechado forma uma galeria pública ou um corredor privado que se relaciona com os espaços que conecta por meio de entradas em um plano de parede.

Aberto em um dos lados

Um espaço aberto em um dos lados forma um balcão que proporciona continuidade visual e espacial com os espaços que ele conecta.

Aberto em ambos os lados

Um espaço aberto em ambos os lados forma uma passagem com colunata (uma galeria) que se torna uma extensão física do espaço que ela atravessa.

A largura e o pé direito de um espaço de circulação devem ser proporcionais ao tipo e ao volume de uso a que ele deve atender. Uma diferença de escala deve ser criada entre um passeio público, um corredor mais privado e um acesso de serviço.

Uma circulação estreita e parcialmente fechada naturalmente encoraja um movimento para a frente. A fim de acomodar um trânsito maior ou de criar espaços para descanso, parada ou observação, partes da circulação podem ser alargadas, criando-se áreas de refúgio. A circulação também pode ser alargada por meio de sua fusão com os espaços pelos quais ela passa.

Em um espaço amplo, a circulação pode ser aleatória e determinada pelas atividades e pelo leiaute dos móveis e dos acessórios.

Escadas e escadarias

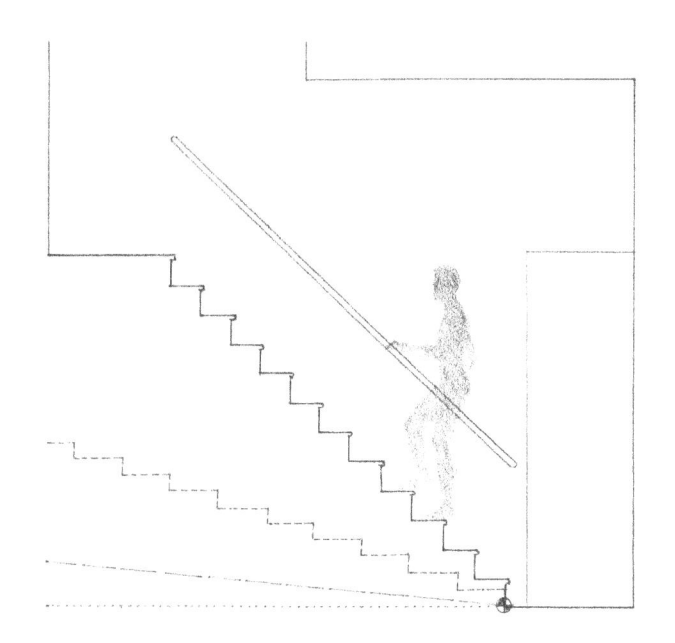

As escadas e escadarias (escadas monumentais) permitem nossa circulação vertical entre os diferentes níveis de uma edificação ou de um espaço externo. A inclinação de uma escada, determinada pelas dimensões dos espelhos e dos pisos de seus degraus, deve ser proporcional aos movimentos e à capacidade de nossos corpos. Se a escada for muito íngreme, sua subida será fisicamente exaustiva e psicologicamente assustadora e sua descida, perigosa. Se ela for muito plana, seus degraus deverão ser dimensionados de acordo com nossos passos.

Uma escada deve ser larga o suficiente para acomodar nossa passagem, bem como a subida ou a descida de móveis e equipamentos. A largura da escada também nos sugere seu caráter público ou privado. Degraus largos e com espelhos baixos podem ser convidativos, enquanto degraus íngremes e estreitos podem conduzir a espaços mais privativos.

Enquanto o ato de subir uma escada pode sugerir privacidade, solidão ou separação, o processo de descê-la pode transmitir a ideia de que estamos nos direcionando ao solo seguro, protegido ou estável.

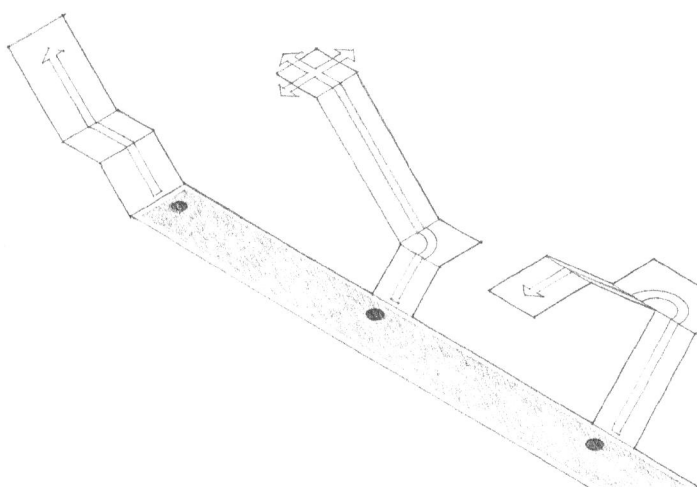

Os patamares interrompem o percurso de uma escada (um lanço) e permitem a mudança de direção. Eles também nos oferecem oportunidades para descanso, acesso a espaços secundários e vistas a partir da escada. A distribuição dos patamares, junto com a inclinação da escada, determina o ritmo e a coreografia de nossos movimentos ao subirmos ou descermos seus degraus.

As escadas, ao acomodar uma mudança de nível, podem reforçar a circulação, interrompê-la, resolver uma mudança em seu percurso ou terminá-la antes da entrada em um espaço importante.

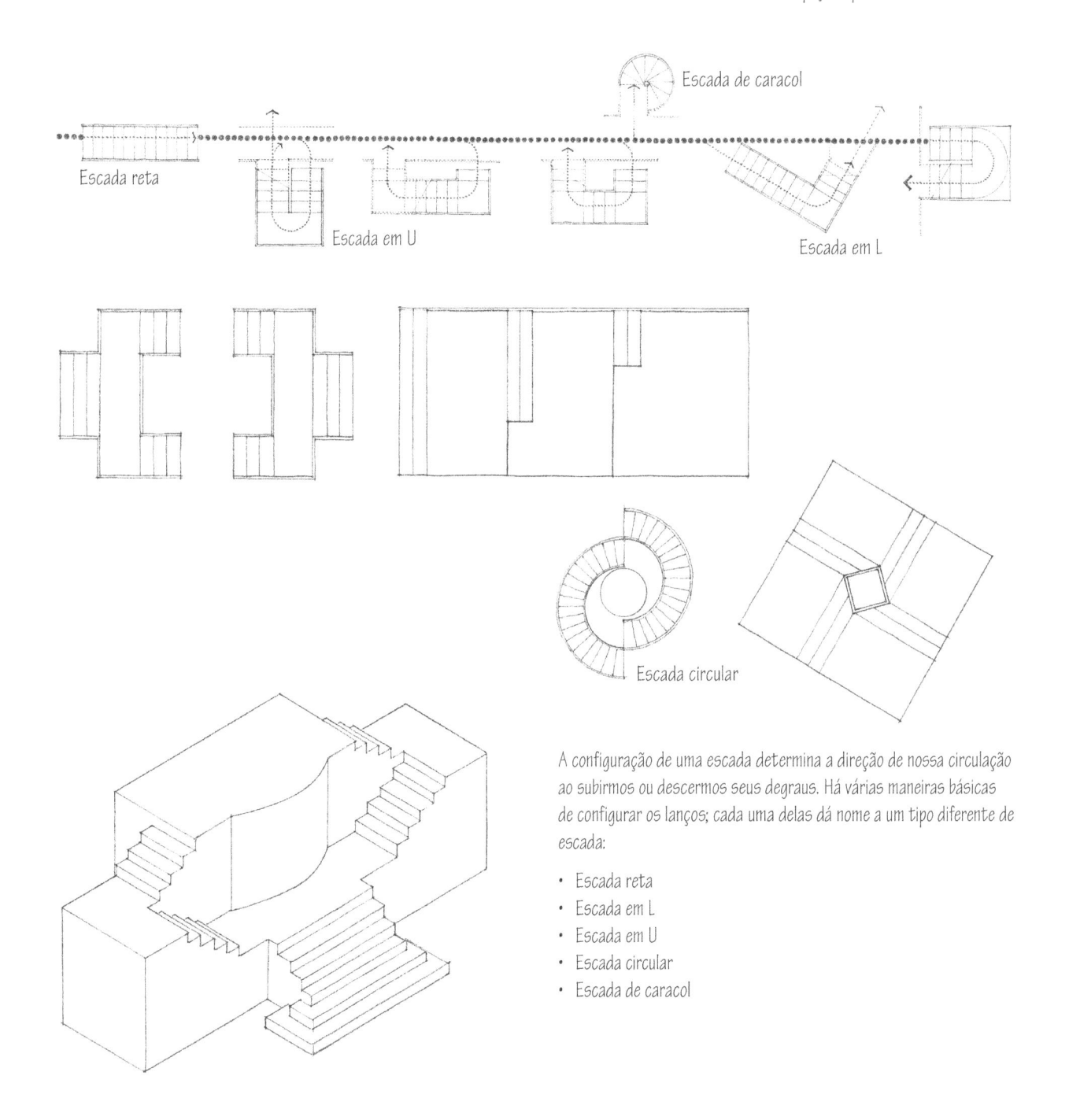

Escada de caracol

Escada reta

Escada em U

Escada em L

Escada circular

A configuração de uma escada determina a direção de nossa circulação ao subirmos ou descermos seus degraus. Há várias maneiras básicas de configurar os lanços; cada uma delas dá nome a um tipo diferente de escada:

- Escada reta
- Escada em L
- Escada em U
- Escada circular
- Escada de caracol

A FORMA 73

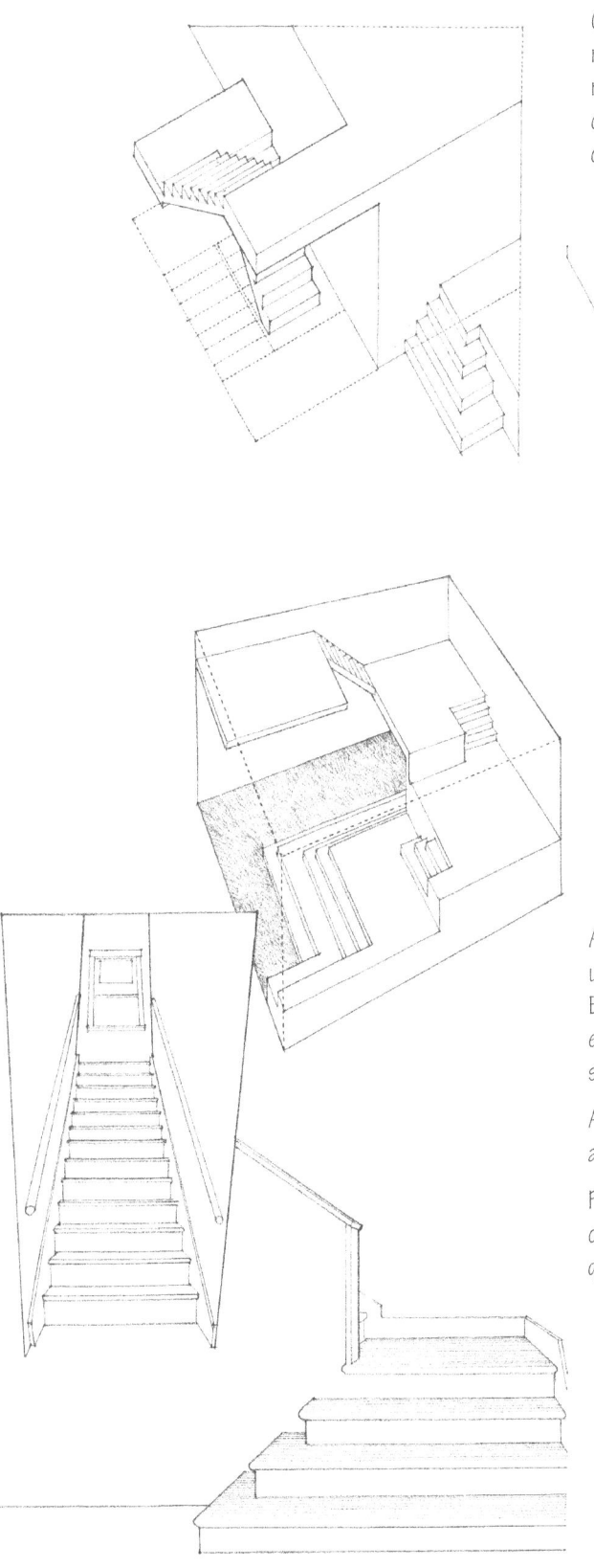

O espaço ocupado por uma escada às vezes é muito grande, mas sua forma pode ser encaixada em um interior de várias maneiras. A escada pode ser tratada como uma forma aditiva ou como um sólido que foi escavado para criar um espaço para circulação e descanso.

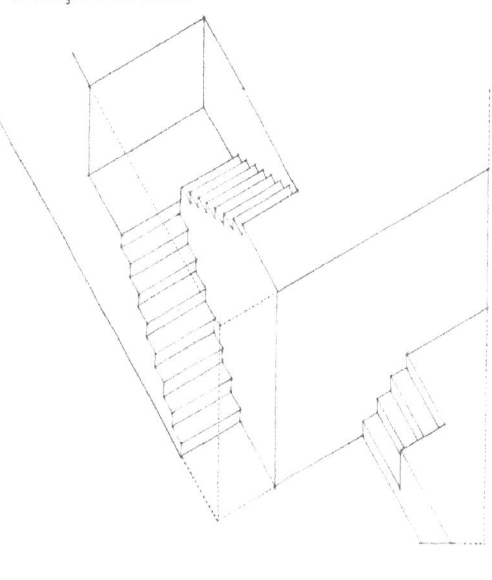

A escada pode ser lançada ao longo de uma das laterais de um cômodo, envolver o espaço ou preencher todo o seu volume. Ela pode se fundir com os limites do espaço ou se estender em uma série de amplos patamares, criando espaços para nos sentarmos ou desenvolvermos outras atividades.

A escada pode estar confinada a uma caixa estreita, dando acesso a um local de uso privativo ou desmotivando o acesso.

Por outro lado, os patamares que ficam visíveis desde a chegada à escada nos convidam a subir, assim como os degraus que se ampliam na base da escada.

Proporção e escala

Enquanto a escala alude ao tamanho de algo comparado a um padrão de referência ou ao tamanho de outra coisa, a proporção se refere à relação apropriada e harmoniosa de uma parte com a outra e com o todo. Essa relação pode não ser somente de magnitude, mas também de quantidade ou grau. Embora o projetista geralmente disponha de uma gama de escolhas ao determinar as proporções das coisas, algumas nos são dadas pela natureza dos materiais, pela maneira como os elementos construtivos respondem às forças e como as coisas são feitas.

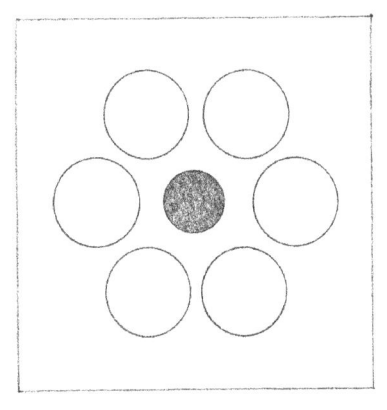

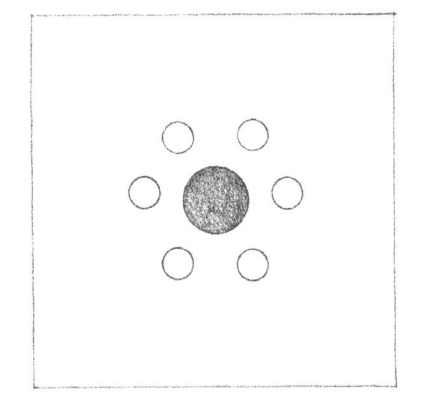

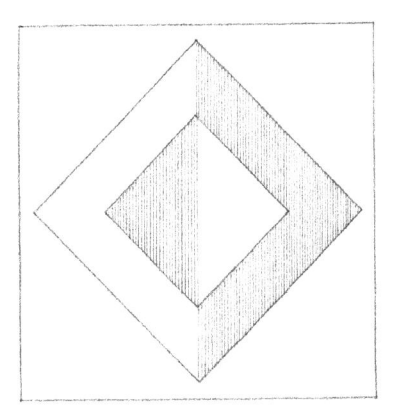

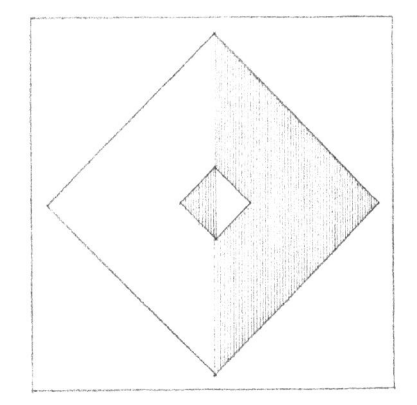

A FORMA 75

Todos os materiais de construção utilizados na arquitetura têm propriedades distintas de elasticidade, rigidez e durabilidade. Todos têm ainda uma resistência máxima além da qual não podem ser distendidos sem que se fraturem, se quebrem ou entrem em colapso. Como os esforços de um material resultantes da força da gravidade aumentam com o tamanho, todos os materiais também têm dimensões racionais que não podem ser ultrapassadas. Por exemplo, pode-se esperar que uma laje de pedra com 10 cm de espessura e 2,5 m de comprimento se sustente como uma ponte entre dois suportes. Porém, se seu tamanho quadruplicasse para 40 cm de espessura e 10 m de comprimento, esta provavelmente entraria em colapso, devido a seu próprio peso. Mesmo um material forte como o aço não pode vencer certos vãos sem que seja excedida sua resistência-limite.

Todos os materiais também têm proporções racionais que são ditadas por suas forças e fraquezas inerentes. As unidades de alvenaria, como o tijolo, são resistentes à compressão e sua resistência depende da massa. Tais materiais são, portanto, volumétricos em termos de forma. Materiais como o aço são resistentes tanto à compressão quanto à tração, podendo, portanto, ser moldados em forma de pilares e vigas lineares, assim como em chapas. A madeira, sendo um material flexível e razoavelmente elástico, pode ser utilizada em pilares e vigas lineares, tábuas planas e como um elemento volumétrico para a construção de cabanas rústicas de toras de madeira.

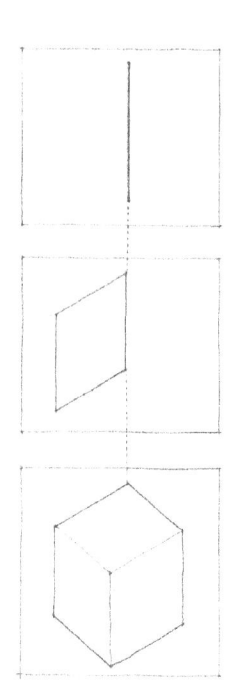

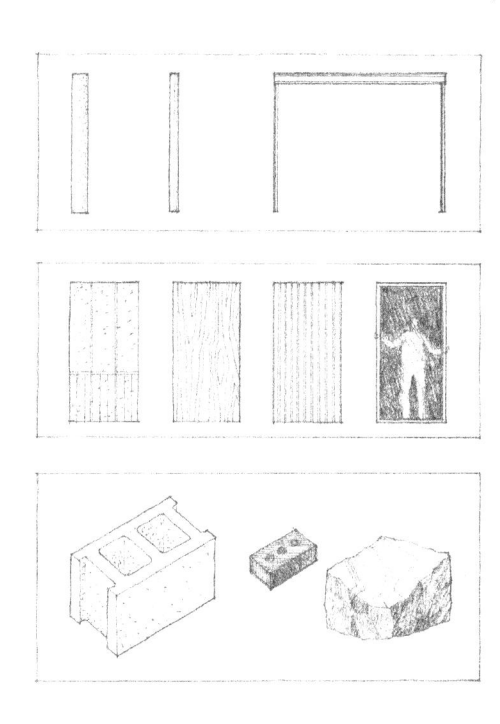

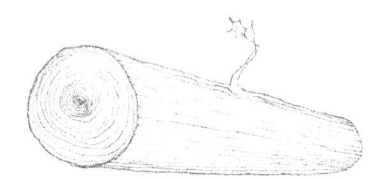

Na construção de uma obra de arquitetura, são utilizados elementos estruturais para transpor espaços e transmitir suas cargas, por meio de suportes verticais, para o sistema de fundação de um edifício. O tamanho e a proporção desses elementos estão diretamente relacionados às funções estruturais que desempenham e podem, portanto, constituir indicadores visuais do tamanho e da escala dos espaços que ajudam a configurar.

As vigas, por exemplo, transmitem suas cargas horizontalmente através do espaço para seus suportes verticais. Se o vão ou a carga de uma viga fossem duplicados, seus esforços de flexão também dobrariam, possivelmente provocando seu colapso estrutural. Porém, se sua altura fosse duplicada, sua força quadruplicaria. A altura, portanto, constitui a dimensão mais importante de uma viga, e a razão entre a altura e o vão a ser vencido pode constituir um indicador útil de sua função estrutural.

De maneira semelhante, os pilares se tornam mais espessos à medida que suas cargas e alturas entre apoios aumentam. Juntos, vigas e pilares formam a armação estrutural que define módulos de espaço. Por meio de seu tamanho e de sua proporção, pilares e vigas trabalham o espaço, conferindo-lhe escala e uma estrutura hierárquica. Podemos observar isso na maneira como os caibros de uma cobertura são sustentados por vigas secundárias, as quais, por sua vez, são suportadas por vigas-mestras. Cada elemento aumenta em espessura à medida que sua carga e sua envergadura aumentam em tamanho.

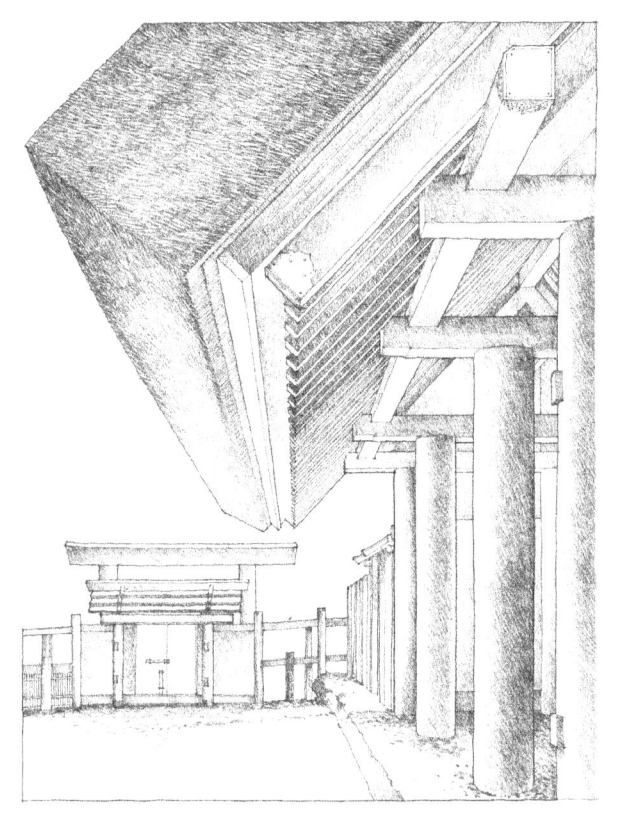

Portão sul da terceira cerca de Naigu, o santuário interno, Santuário de Ise, Província de Mie, Japão, 690 d.C.

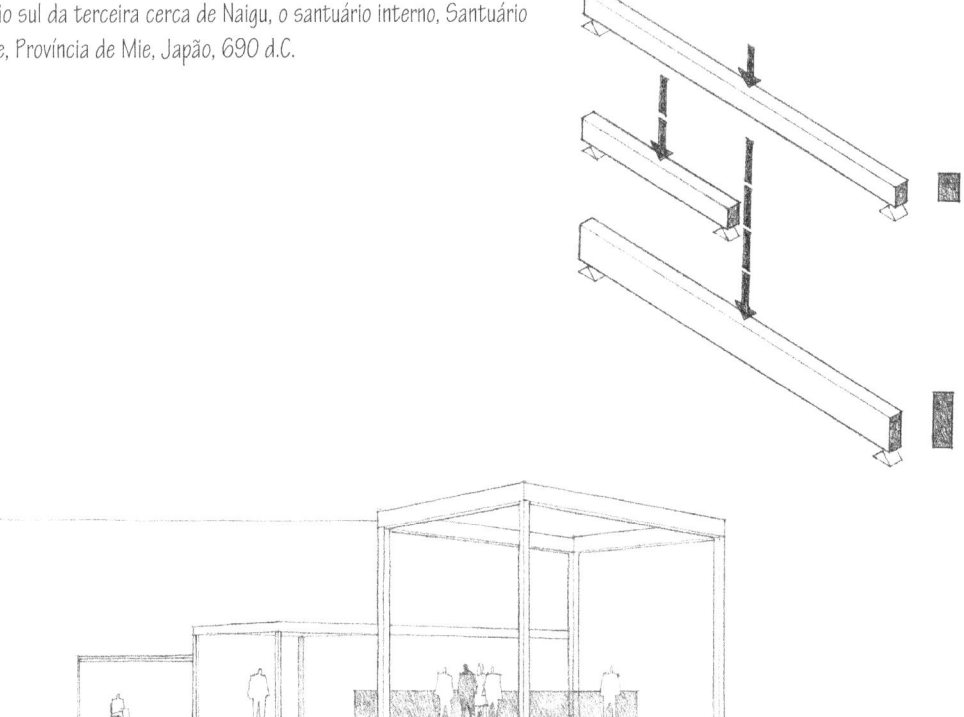

A FORMA

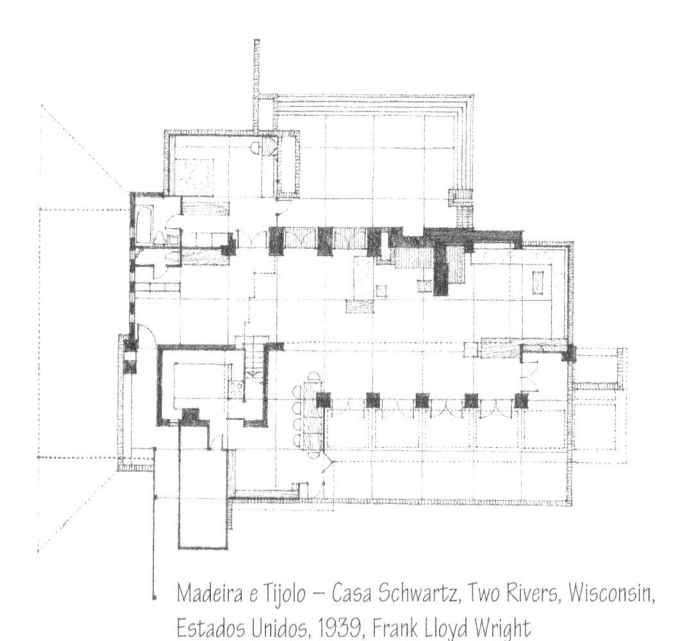

As proporções de outros elementos estruturais, como paredes portantes, lajes de piso ou de cobertura, abóbadas e cúpulas, também nos fornecem indícios visuais de sua função em um sistema estrutural, assim como a natureza de seus materiais. Uma parede de alvenaria muito resistente à compressão, porém relativamente pouco resistente à flexão, será mais espessa do que uma parede de concreto armado submetida às mesmas cargas. Uma coluna de aço será mais fina do que um poste de madeira que suporta a mesma carga. Uma laje de concreto armado com 10 cm de espessura irá vencer um vão maior do que um deque de madeira com a mesma espessura.

Como a estabilidade de uma estrutura depende menos do peso e da rigidez de seu material e mais de sua geometria, como no caso de uma membrana estrutural ou treliça espacial, seus elementos se tornarão cada vez mais finos até que percam a sua capacidade de conferir escala e dimensão a um espaço.

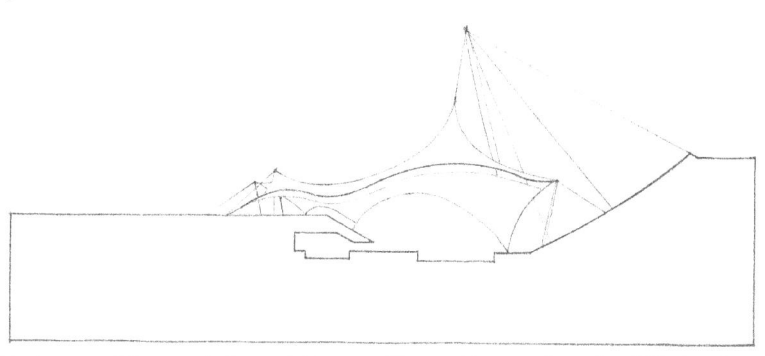

Madeira e Tijolo – Casa Schwartz, Two Rivers, Wisconsin, Estados Unidos, 1939, Frank Lloyd Wright

Membrana – Cobertura da Arena de Natação Olímpica, Munique, Alemanha, 1972, Frei Otto

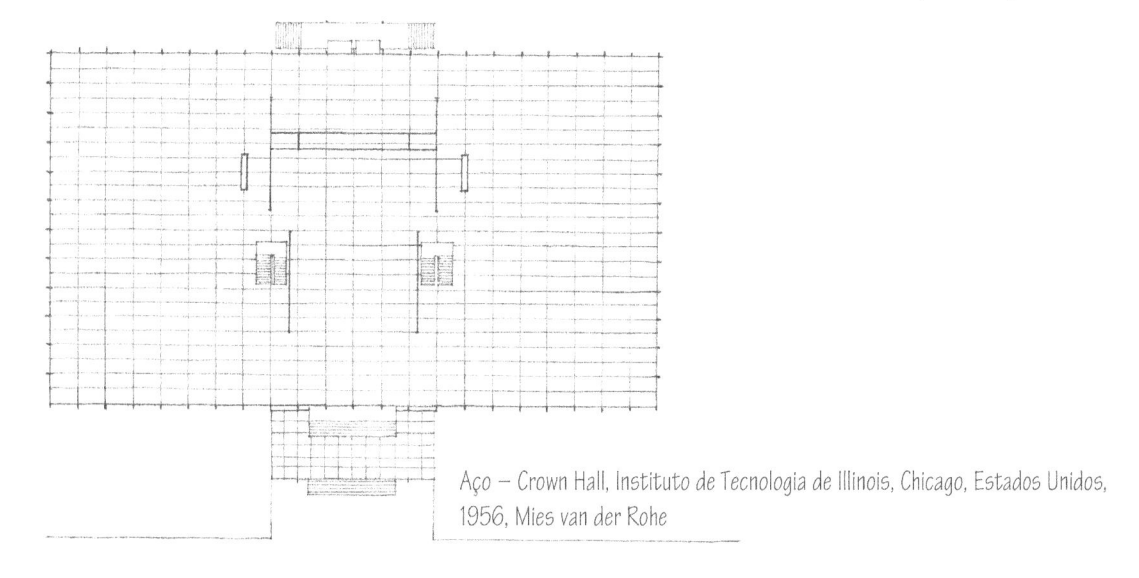

Aço – Crown Hall, Instituto de Tecnologia de Illinois, Chicago, Estados Unidos, 1956, Mies van der Rohe

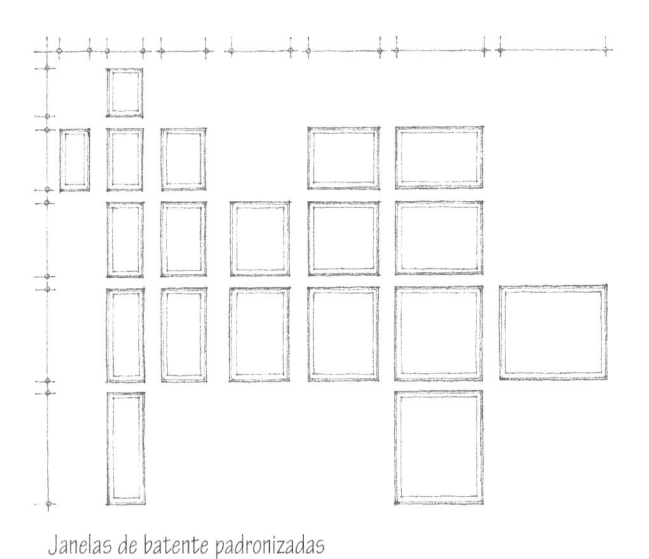

OS FUNDAMENTOS DA ARQUITETURA

Janelas de batente padronizadas

Muitos elementos arquitetônicos são dimensionados e proporcionados não só de acordo com suas propriedades estruturais e sua função, mas também com o processo por meio do qual são fabricados. Como esses elementos são produzidos em massa nas fábricas, eles têm tamanhos e proporções padronizados que lhes são impostos pelos fabricantes individuais ou pelas normas industriais.

Blocos de concreto e tijolos comuns, por exemplo, são produzidos como unidades construtivas modulares. Embora distingam entre si em tamanho, ambos são proporcionados de modo semelhante. A madeira compensada e outros materiais de revestimento também são fabricados como unidades modulares com proporções fixas. Os perfis de aço têm proporções fixas geralmente adotadas pelos fabricantes de aço. Janelas e portas têm proporções determinadas pelos fabricantes individuais das unidades.

Como esses e outros materiais devem, por fim, ser reunidos e alcançar um alto grau de compatibilidade na construção de um edifício, os tamanhos e proporções padronizados dos elementos industrializados também afetam o tamanho, a proporção e o espaçamento de outros materiais. As unidades de janelas e portas padronizadas são dimensionadas e proporcionadas para se ajustar às aberturas de alvenaria modulares. Montantes e travessas de madeira ou metal são espaçados para aceitar os materiais de revestimento modulares.

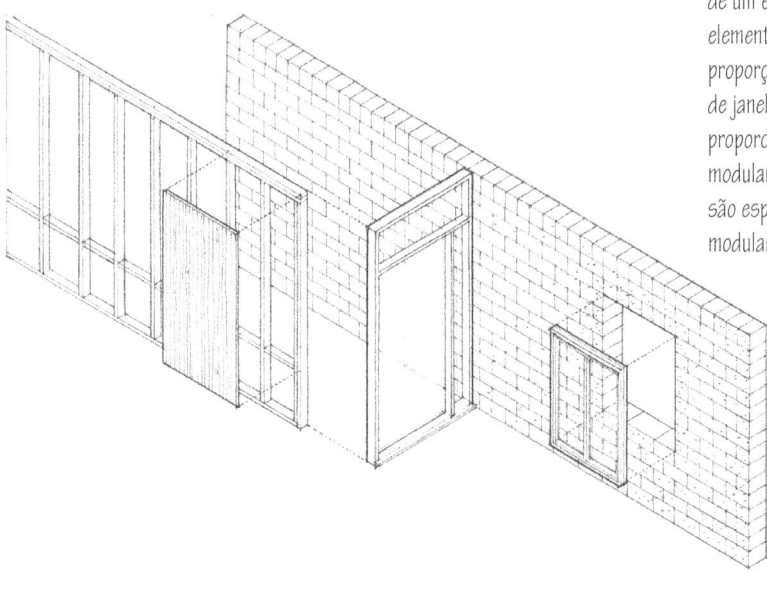

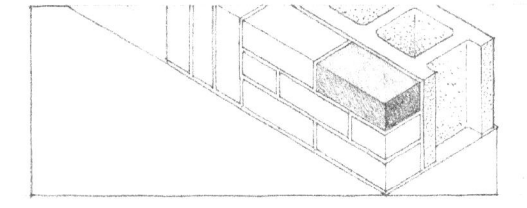

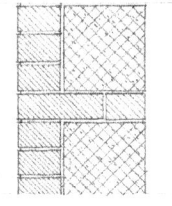

5 Os Fundamentos da Arquitetura

O Espaço

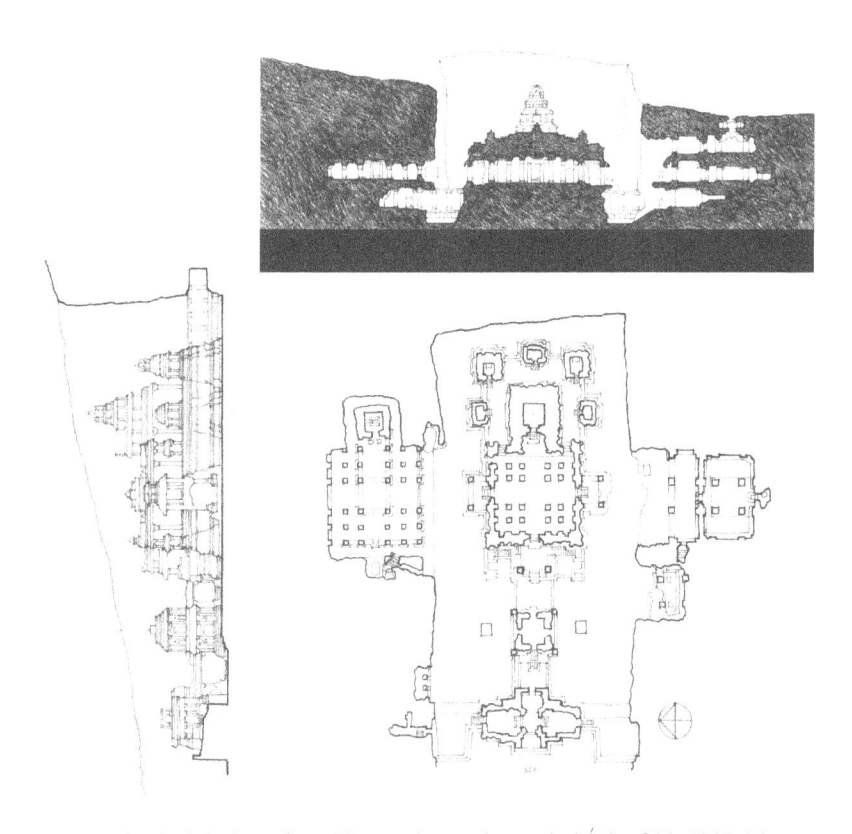

Templo de Kailasnath, em Ellora, próximo a Aurangabad, Índia, 600–1000 d.C.

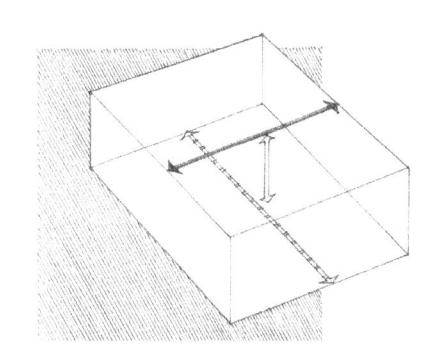

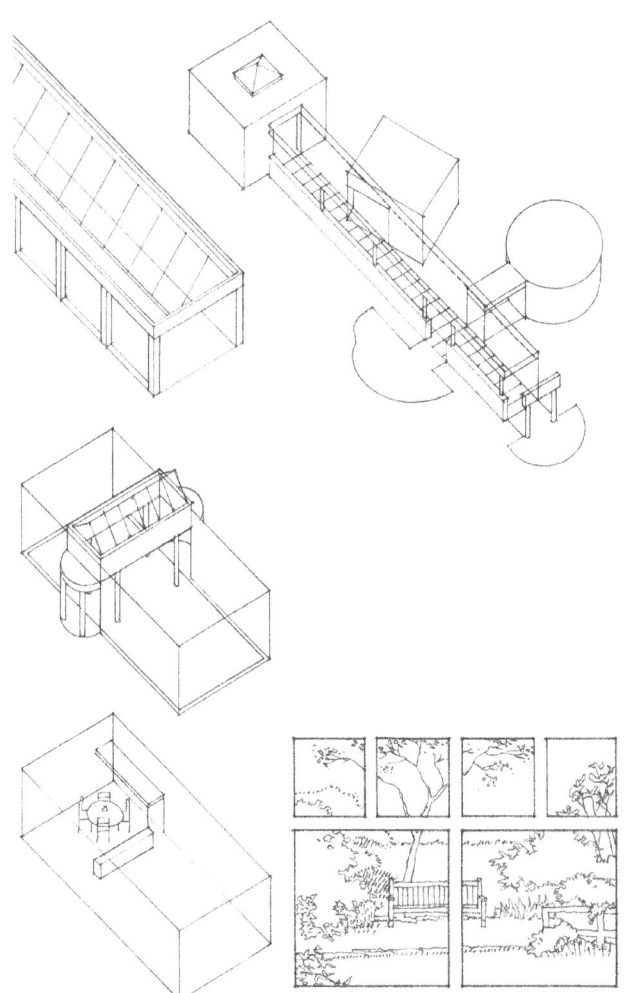

Por que o espaço é importante para a arquitetura?

O espaço é o vazio existente entre as formas. Ele é o principal meio da arquitetura, por poder ser habitado. Além disso, na arquitetura, o espaço é cuidadosamente configurado para acomodar várias funções – ele confere propósito a uma edificação. Ele é determinado pelo programa de necessidades de uma obra de arquitetura, e é responsabilidade do arquiteto configurar espaços que possam acomodar as diversas funções de uma edificação.

Isso ocorre de diversas maneiras ao longo do processo de projeto. A função de um espaço é facilitada por variáveis que podem ser manipuladas pelo arquiteto:

- O tamanho e a proporção de um espaço determinam as funções que ele pode acomodar ou não.

- Sua organização em relação aos demais espaços de uma edificação determina o grau de acesso e as relações com as outras funções da edificação.

- Materiais, proporções, iluminação e temperatura determinam a maneira pela qual o espaço é percebido e pode ser utilizado para encorajar um usuário a se comportar de uma ou outra maneira.

A arquitetura é um ambiente que é experimentado por seus habitantes. Quem cria essa experiência é o arquiteto – ela é resultado direto do projeto. Embora o espaço seja o principal meio da arquitetura, ele também é definido e contido pelas formas. Assim, manipula-se a forma de modo a determinar suas características em termos de organização, programa de necessidades e experiências. Este capítulo discute as muitas maneiras sutis pelas quais o espaço e a forma podem ser configurados para uma função ou uma experiência particular. Abordaremos as variáveis que podem ser manipuladas pelo arquiteto e as consequências de tais decisões.

Forma e o espaço

O espaço constantemente engloba nosso ser. Por meio do espaço, nos movemos, vemos as formas, ouvimos os sons, sentimos as brisas, cheiramos as fragrâncias de um jardim florido. Ele é uma substância material, assim como a madeira ou a pedra. Ainda assim, é como um vapor, amorfo por natureza. Sua forma visual, suas dimensões e sua escala, o tipo de sua luz – todas essas características dependem de nossa percepção dos limites espaciais definidos pelos elementos da forma. À medida que o espaço começa a ser apreendido, fechado, modelado e organizado pelos elementos da massa, a arquitetura começa a surgir.

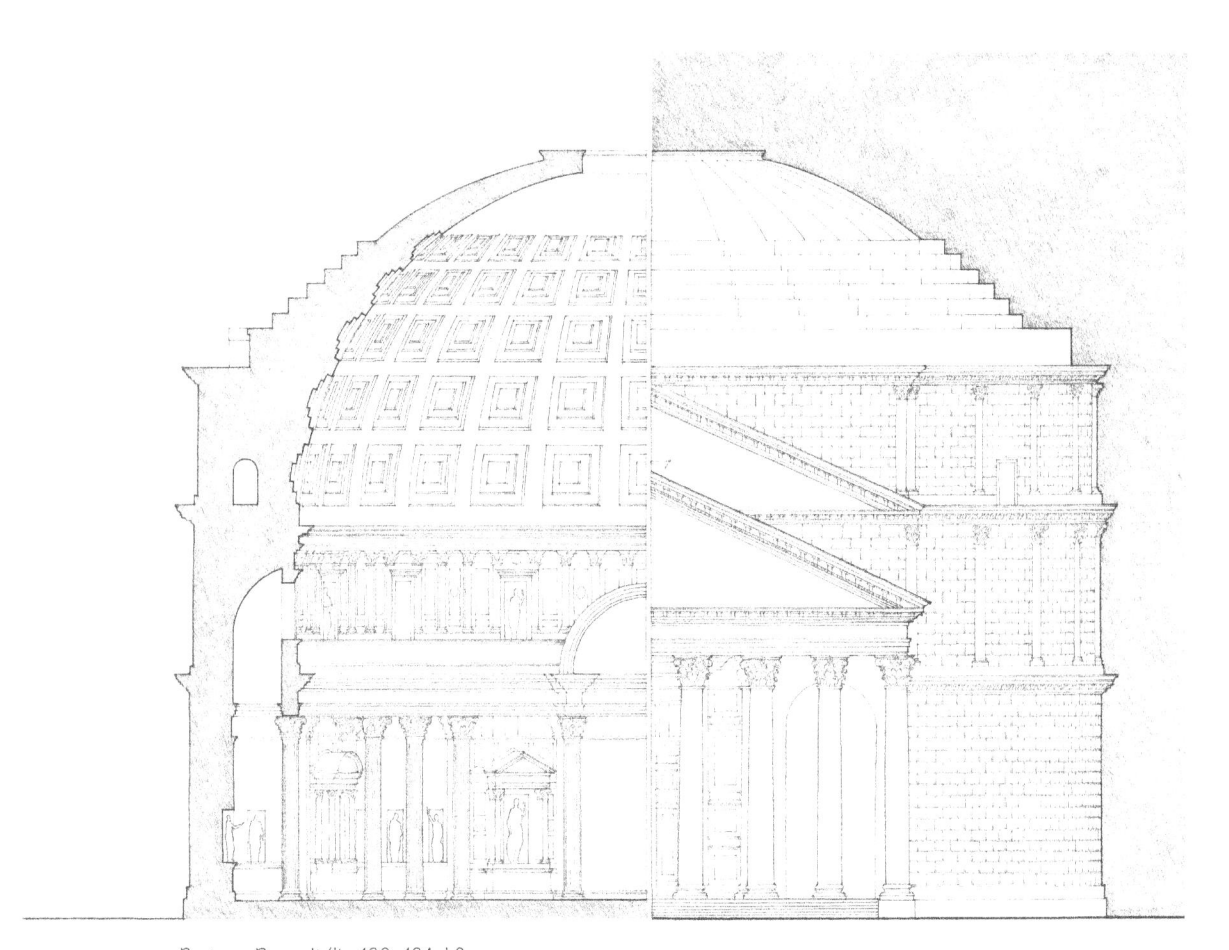

Panteon, Roma, Itália, 120–124 d.C.

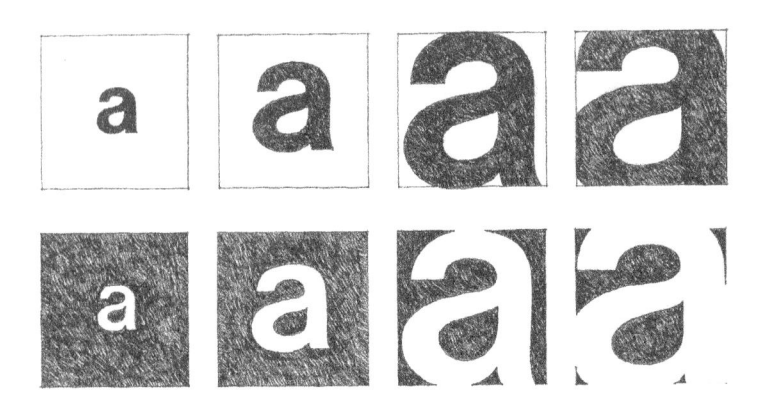

Duas faces ou um vaso?

Branco sobre preto ou preto sobre branco?

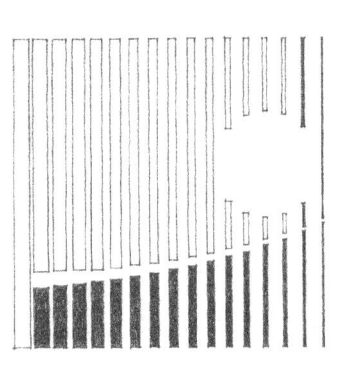

Unidade de opostos

Nosso campo visual normalmente consiste em elementos heterogêneos que diferem em formato, tamanho, cor ou orientação. A fim de entender melhor a estrutura de um campo visual, tendemos a organizar seus elementos em dois grupos antagônicos: elementos positivos, que são percebidos como figuras, e elementos negativos, que servem de fundo para as figuras.

Nossa percepção e compreensão de uma composição dependem de como interpretamos a interação visual entre os elementos positivos e negativos dentro de seu campo visual. Nesta página, por exemplo, as letras são vistas como figuras negras contra o fundo branco da superfície do papel. Consequentemente, somos capazes de perceber sua organização em palavras, frases e parágrafos. Nos diagramas à esquerda, a letra "a" é vista como uma figura, não somente por que a reconhecemos como uma letra de nosso alfabeto, mas também por que seu perfil é distinto, seu valor tonal contrasta com o do fundo e seu posicionamento a isola de seu contexto. No entanto, à medida que ela aumenta de tamanho em relação a seu campo, os outros elementos em seu interior e a seu redor passam a competir por nossa atenção como figuras. Às vezes, as relações entre as figuras e seus fundos são tão ambíguas que visualmente alternamos suas identidades de forma contínua, ora vendo as figuras, ora seus fundos.

Em todos os casos, contudo, devemos entender que as figuras, os elementos positivos que atraem nossa atenção, não poderiam existir sem um fundo contrastante. As figuras e seus fundos, portanto, são mais do que meros opostos. Juntos, formam uma realidade inseparável — uma unidade de opostos —, assim como os elementos da forma e do espaço compõem juntos a realidade da arquitetura.

Taj Mahal, Agra, Índia, 1630–1653. O xá Jahan construiu esse mausoléu de mármore branco para sua esposa favorita, Muntaz Mahal.

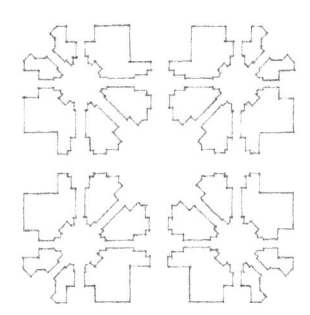

Linhas definindo o limite entre a massa sólida e o espaço vazio

A forma da massa sólida representada como uma figura

A forma do vazio espacial representado como uma figura

A forma da arquitetura ocorre na junção entre a massa e o espaço. Ao executarmos e lermos os desenhos de um projeto, devemos atentar tanto à forma da massa que contém um volume de espaço quanto à forma do volume espacial em si.

Fragmento de um mapa de Roma, Itália, desenhado por Giambattista Nolli, em 1748

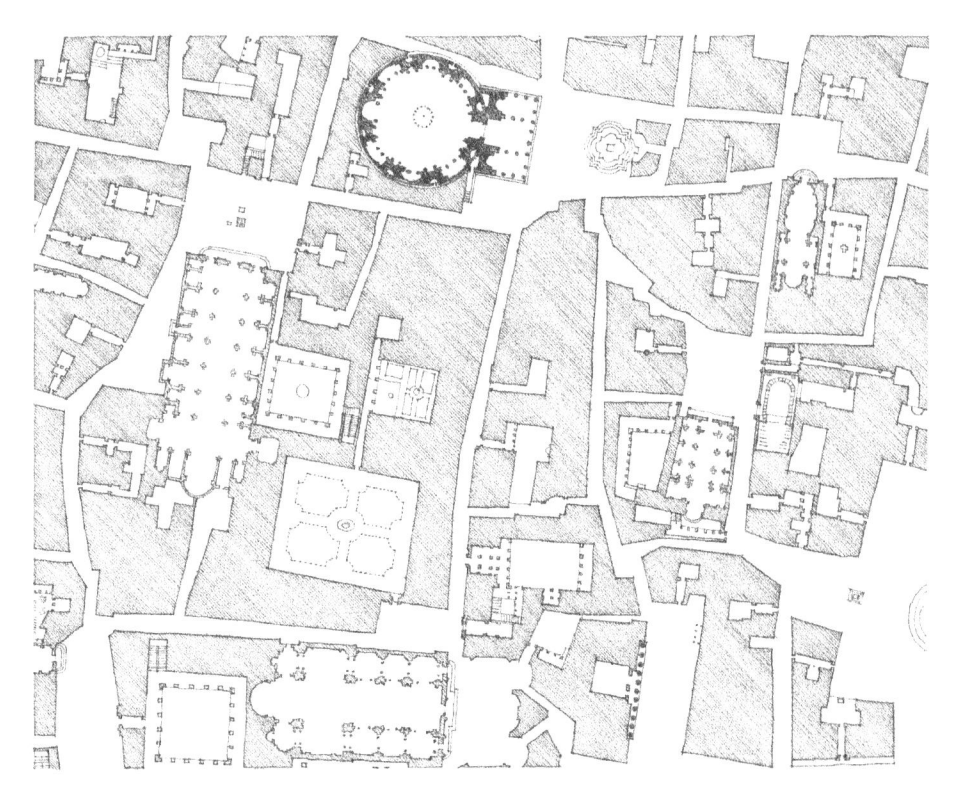

Dependendo daquilo que percebemos como sendo elementos positivos, a relação entre figura e fundo das formas da massa e do espaço pode ser invertida em diferentes partes deste mapa de Roma. Em algumas partes do mapa, os prédios se mostram como formas positivas que definem os espaços urbanos; em outras, as praças, os pátios e os principais espaços internos de importantes prédios públicos são lidos como elementos positivos, vistos contra o fundo das massas dos elementos de arquitetura circundantes.

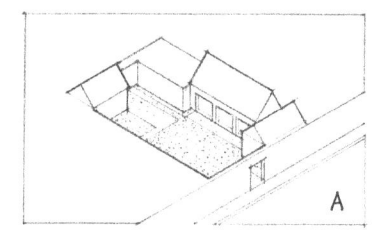

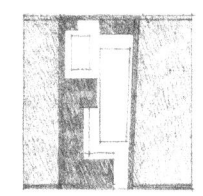

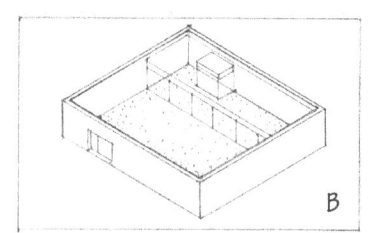

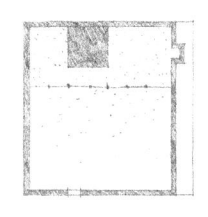

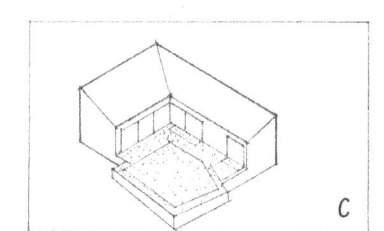

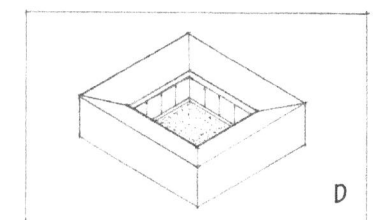

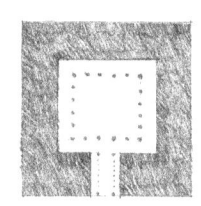

A relação simbólica das formas de massa e espaço na arquitetura pode ser examinada e sua presença é constatada em diferentes escalas. Em cada nível, devemos atentar não somente à forma da edificação, mas também a seu impacto sobre o espaço circundante. Na escala urbana, devemos considerar cuidadosamente se o papel de uma edificação é continuar o tecido urbano existente em um lugar, compor um pano de fundo para as outras edificações, definir um espaço urbano ou se deveria estar solto no espaço, como um objeto importante.

Na escala do terreno, há várias estratégias para relacionar a forma de uma edificação ao espaço que a circunda. Um prédio pode:

A. formar um muro ao longo de suas divisas, ajudando a definir um espaço externo positivo;

B. fundir seu espaço interno com o espaço externo privado de um terreno murado;

C. fechar parte de seu terreno, configurando um espaço de estar externo e protegido de condições climáticas indesejáveis;

D. configurar e fechar um pátio interno ou um átrio dentro de seu volume, compondo um esquema introvertido.

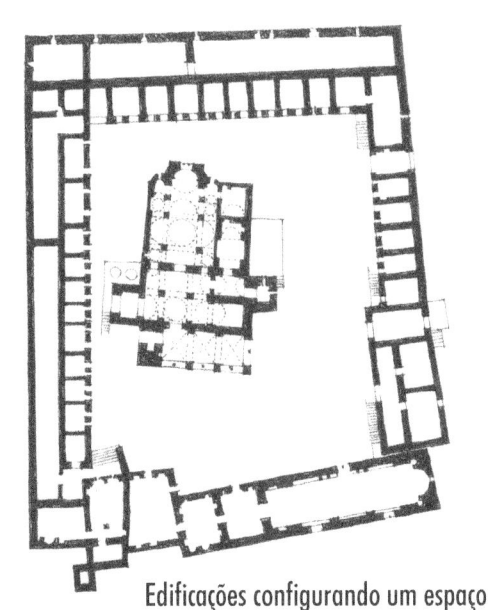

Edificações configurando um espaço
Monastério de São Melécio de Antioquia, Monte Kithairon, Grécia, século IX

E. impor-se como um objeto independente no espaço, dominando seu terreno por meio de sua forma e de sua implantação – um esquema extrovertido;

F. espalhar-se e criar uma ampla fachada voltada para uma vista, terminando um eixo ou definindo o lado de um espaço urbano;

G. estar solto no terreno, mas permitir que seus espaços internos se fundam com espaços externos privados;

H. compor formas positivas em um espaço negativo.

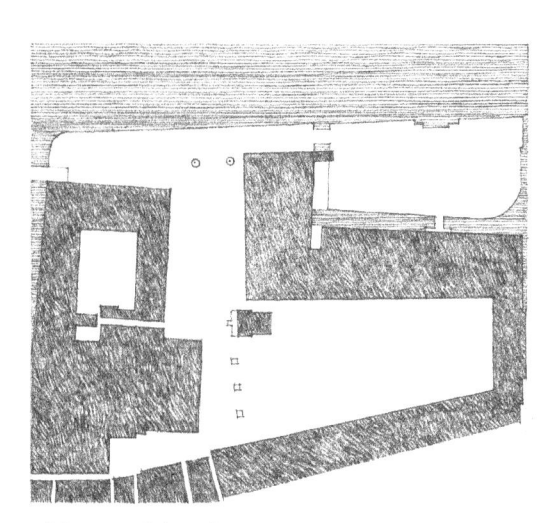

Edificações definindo um espaço
Praça de São Marcos, Veneza, Itália

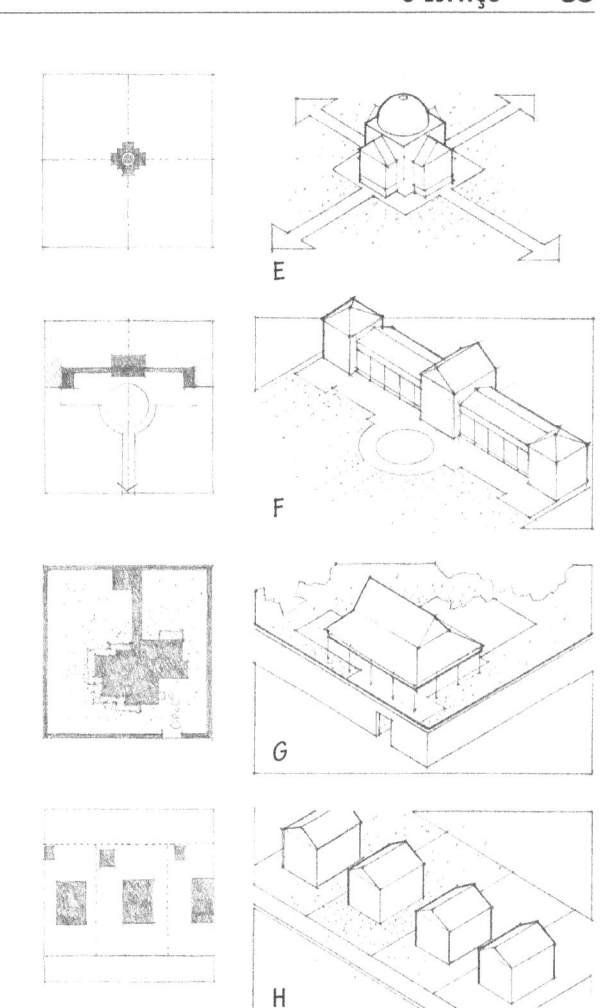

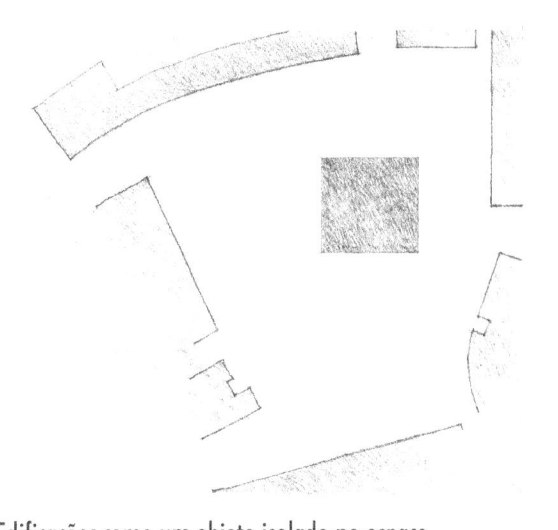

Edificações como um objeto isolado no espaço
Prefeitura de Boston, Estados Unidos, 1960, Kallmann, McKinnell and Knowles

Na escala da edificação, tendemos a ler as configurações de paredes como os elementos positivos de uma planta. No entanto, o espaço intermediário em branco não deve ser visto simplesmente como um fundo para as paredes, mas também como figuras do desenho que têm formato e forma.

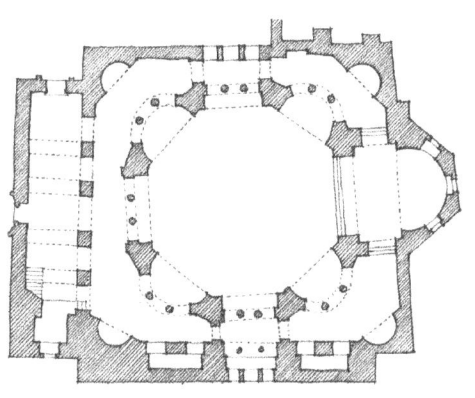

Igreja de São Sérgio e São Baco, Istambul, Turquia, 525–530 d.C.

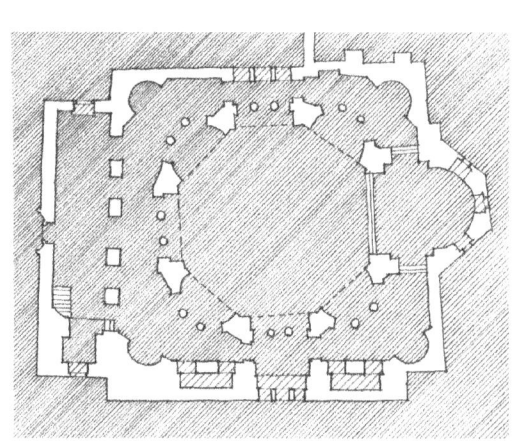

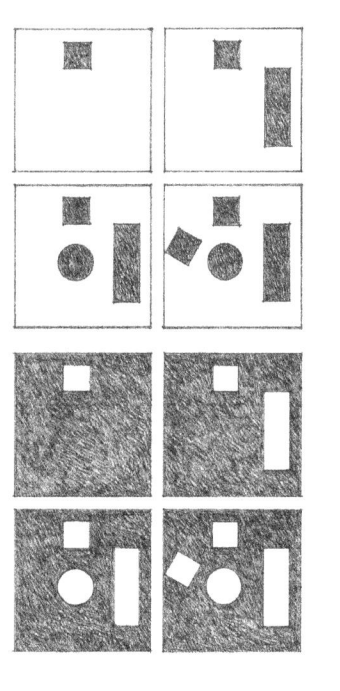

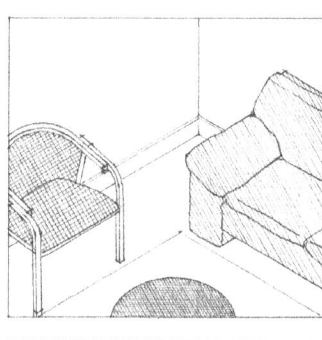

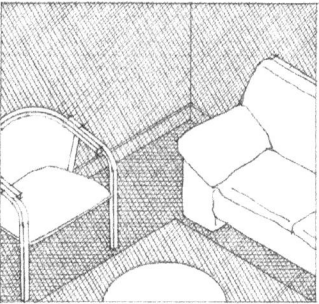

Mesmo na escala do cômodo, os móveis e os acessórios podem se colocar como formas dentro de um campo espacial ou servir para definir a própria forma do campo espacial.

A forma definindo o espaço

Quando inserimos uma figura bidimensional em uma página, ela influencia o formato do espaço branco ao seu redor. Da mesma maneira, qualquer forma tridimensional naturalmente destaca o volume de espaço que a rodeia e gera um campo de influência ou território, passando a dominá-lo. A próxima seção deste capítulo analisa os elementos horizontais e verticais da forma e apresenta exemplos de como várias configurações desses elementos formais geram e configuram tipos específicos de espaços.

Praça em Giron, Colômbia

Elementos horizontais definindo o espaço

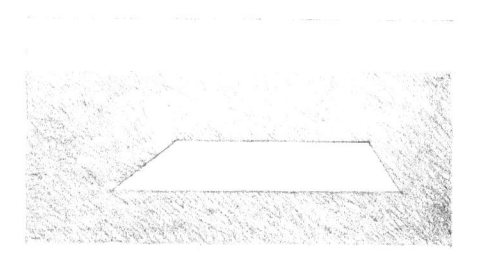

Plano-base
Um plano-base horizontal disposto como uma figura sobre um fundo contrastante define um espaço simples. Esse campo pode ser visualmente reforçado das maneiras a seguir:

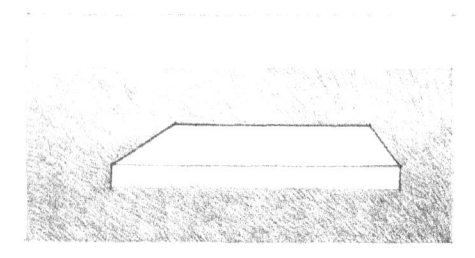

Plano-base elevado
Um plano horizontal elevado em relação ao plano do solo estabelece superfícies verticais ao longo de suas bordas, reforçando a separação entre seu campo e o solo que o circunda.

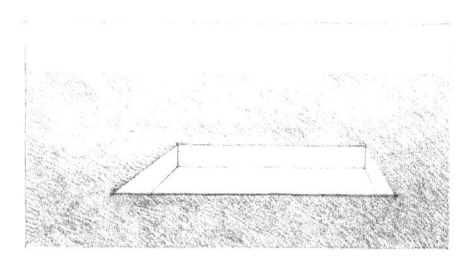

Plano-base rebaixado
Um plano horizontal rebaixado em relação ao plano do solo utiliza as superfícies verticais da área rebaixada para definir um volume de espaço.

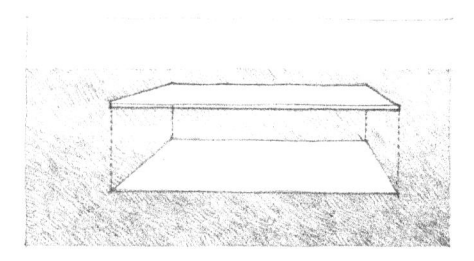

Plano de cobertura
Um plano horizontal localizado acima de nossas cabeças define um volume de espaço entre ele e o plano-base.

Plano-base

Para que um plano horizontal seja visto como uma figura, deve haver uma mudança perceptível de cor, tom ou textura entre sua superfície e a de seu entorno imediato.

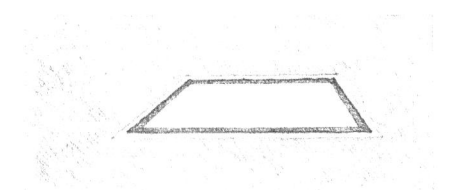

Quanto mais forte for a definição da borda do plano horizontal, mais evidente será seu campo.

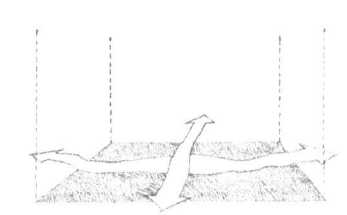

Embora haja um fluxo contínuo de espaço dentro dele, o campo também gera uma zona ou uma esfera espacial dentro de seus limites.

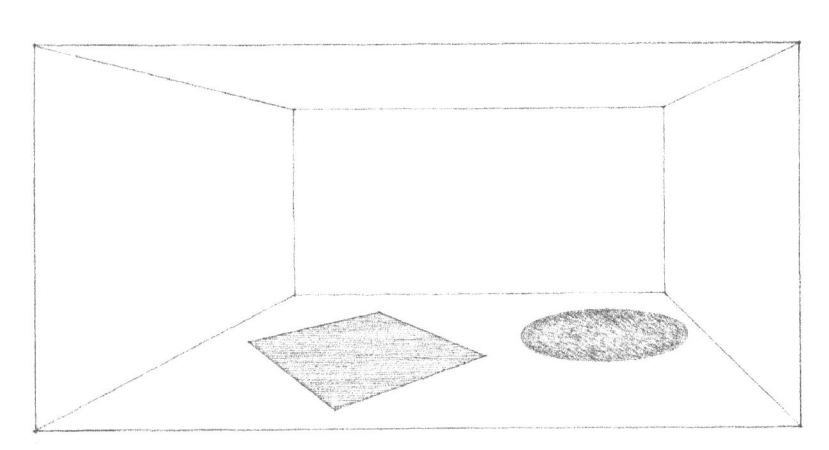

O tratamento diferenciado da superfície do plano-base ou do plano do piso frequentemente é empregado na arquitetura para definir uma zona de espaço dentro de um contexto maior. Os exemplos da página seguinte ilustram como este tipo de definição espacial pode ser utilizado para diferenciar entre uma área de circulação e os locais de estar, estabelecendo um campo a partir do qual a forma de uma edificação se eleva do solo ou articula uma zona funcional dentro de um único cômodo habitável.

Plano-base elevado

A elevação de parte do plano-base cria uma área específica dentro de um contexto espacial maior. As mudanças de nível que ocorrem ao longo de um plano-base elevado definem os limites de seu campo espacial e interrompem o fluxo do espaço através de sua superfície.

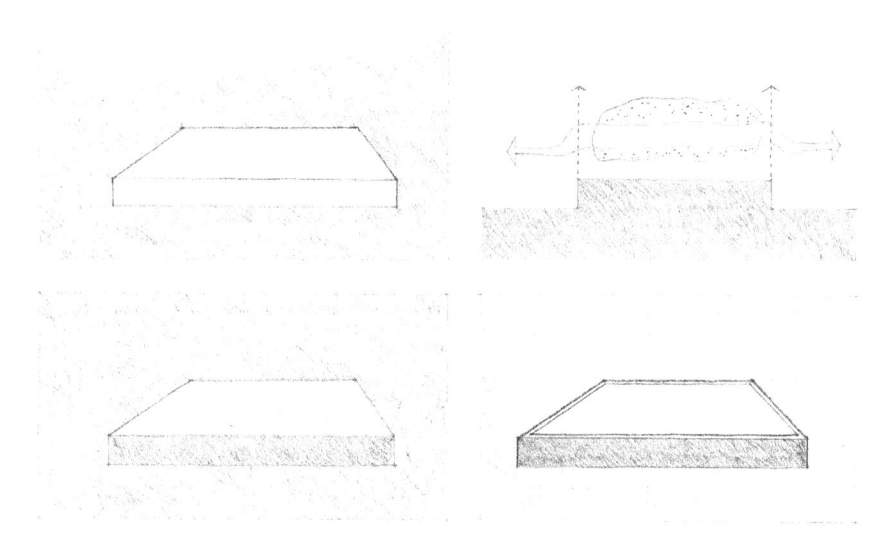

Se as características superficiais do plano-base continuarem para cima e através dele, o campo do plano-base elevado dará uma forte impressão de ser simplesmente uma parte do espaço no qual está inserido. Se, no entanto, suas laterais tiverem forma, cor ou textura diferenciada, o campo se tornará uma plataforma separada e distinta do entorno.

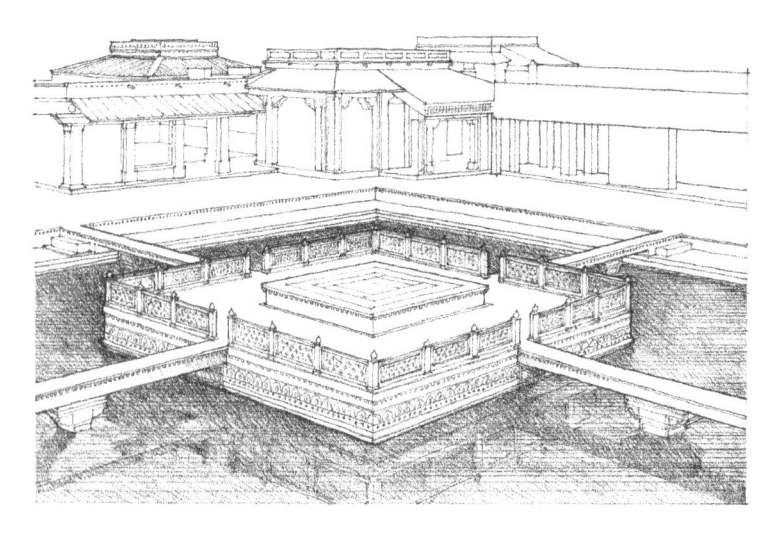

Um lugar especial é criado por meio de uma plataforma inserida em um lago artificial, circundado pelos aposentos de estar e dormir do imperador.

Diwan-i-Khas, Fatehpur Sikri, complexo do palácio de Akbar, o Grande, imperador mogol da Índia, 1569–1574.

O grau em que a continuidade espacial e visual é mantida entre um espaço elevado e seu entorno depende da escala da mudança de nível.

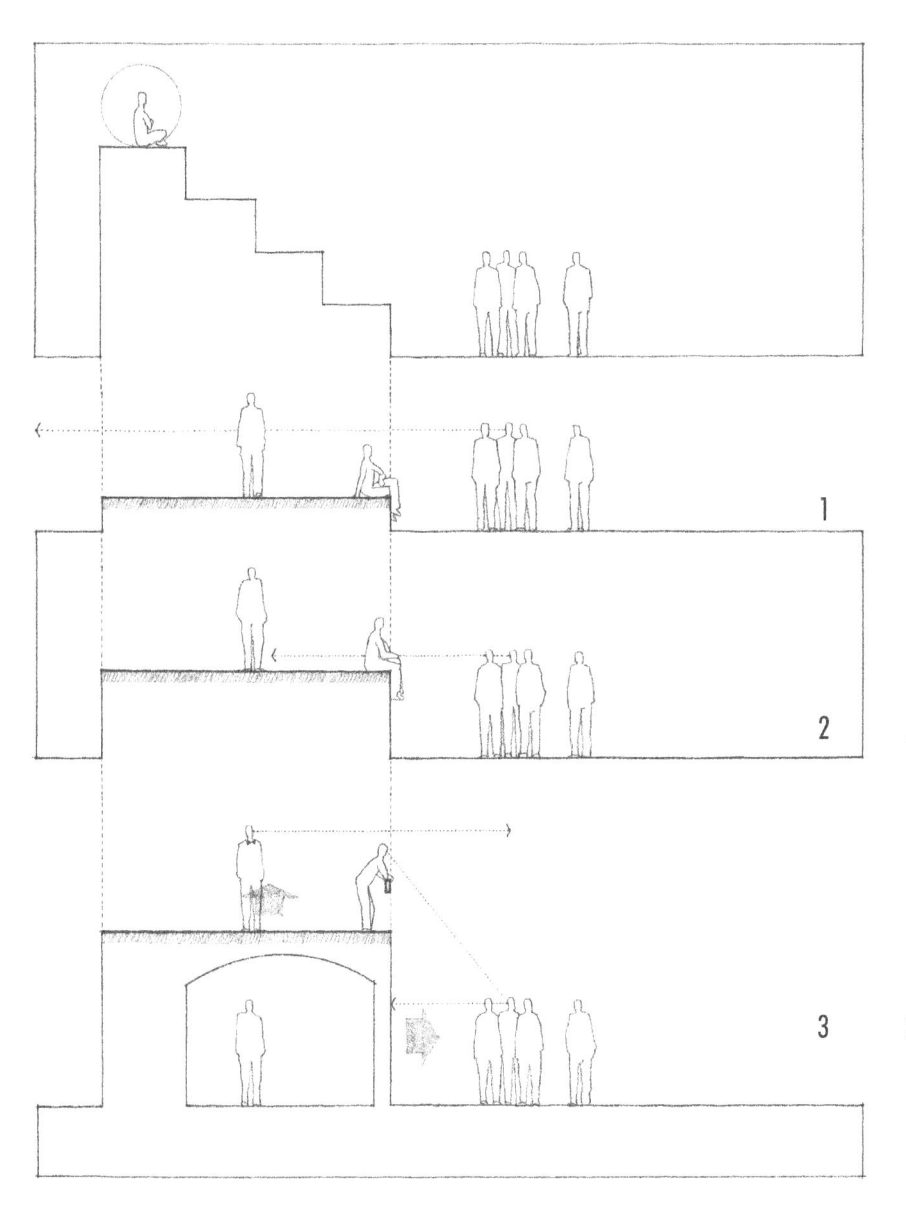

1. As laterais do campo são bem-definidas, a continuidade espacial é mantida e o acesso físico é facilmente resolvido.

2. A continuidade visual é preservada, mas a continuidade espacial é interrompida; o acesso físico exige o uso de escadas ou rampas.

3. A continuidade visual e espacial são preservadas, o campo do plano elevado é isolado do plano do solo ou do piso e o plano elevado é transformado em um elemento de abrigo para o espaço abaixo.

A elevação de uma parte do plano-base cria uma plataforma ou um pódio que sustenta estrutural e visualmente a forma e a massa de uma edificação. O plano-base elevado talvez já exista no terreno ou ele pode ser construído, a fim de erguer propositalmente uma edificação em relação ao seu contexto imediato ou para realçar sua imagem na paisagem. Os exemplos desta página ilustram como tais técnicas têm sido utilizadas ao longo da história para valorizar lugares sagrados e honoríficos.

Templo da Montanha no Templo Bakong, próximo a Siem Reap, Camboja, Hariharalaya, 881 d.C.

Templo de Júpiter Capitolino, Roma, Itália, 509 a.C.

Pavilhão da Suprema Harmonia (Taihe Dian) na Cidade Proibida, Pequim, China, 1627

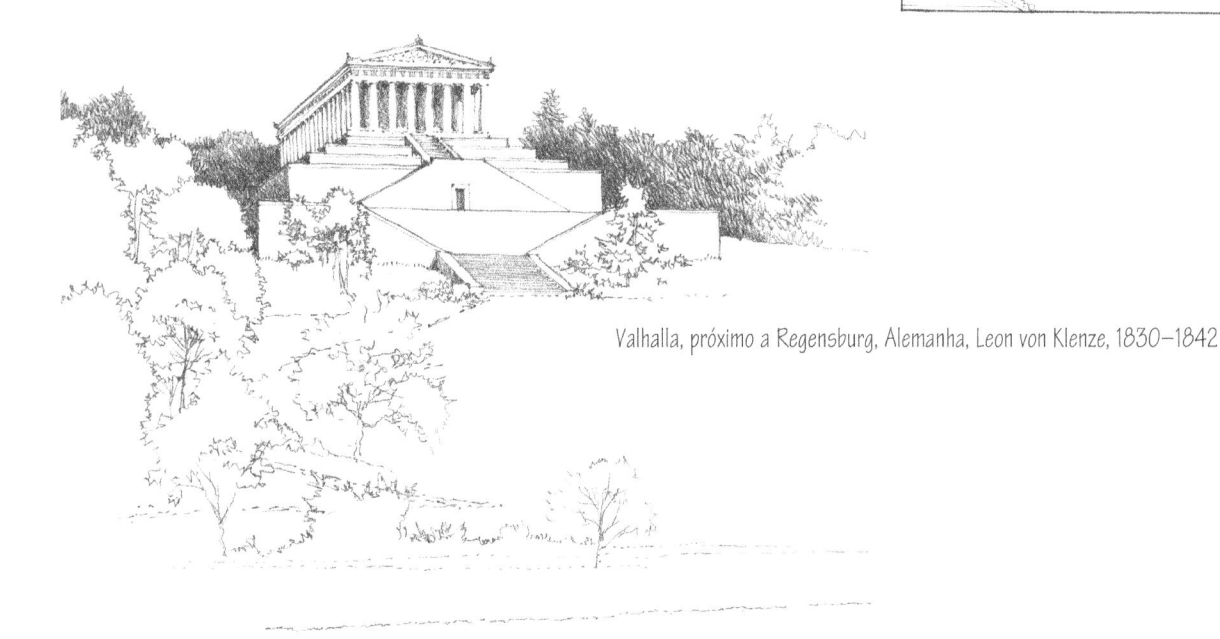

Valhalla, próximo a Regensburg, Alemanha, Leon von Klenze, 1830–1842

Plano-base rebaixado

O rebaixamento de parte do plano-base isola uma área de seu contexto. As superfícies verticais da depressão estabelecem os limites da área. Esses limites não são sugeridos – como é o caso do plano-base elevado –, mas seus planos laterais visíveis começam a formar as paredes do espaço.

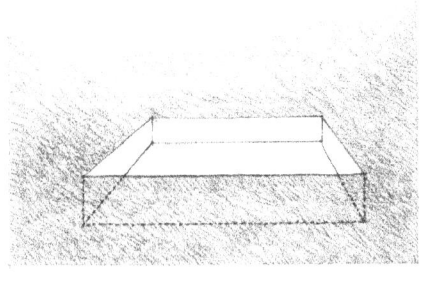

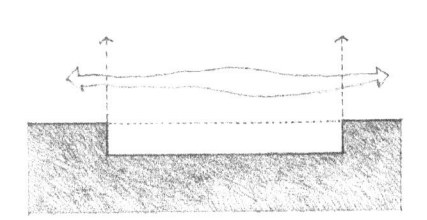

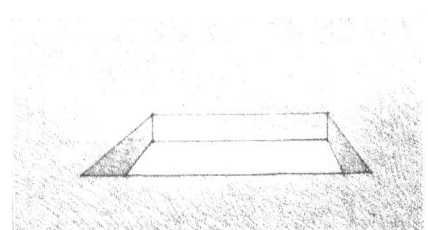

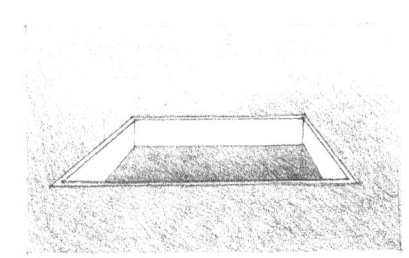

O campo espacial pode ser ainda mais bem definido se o tratamento de suas superfícies contrastar com o da área rebaixada e o do plano-base do entorno.

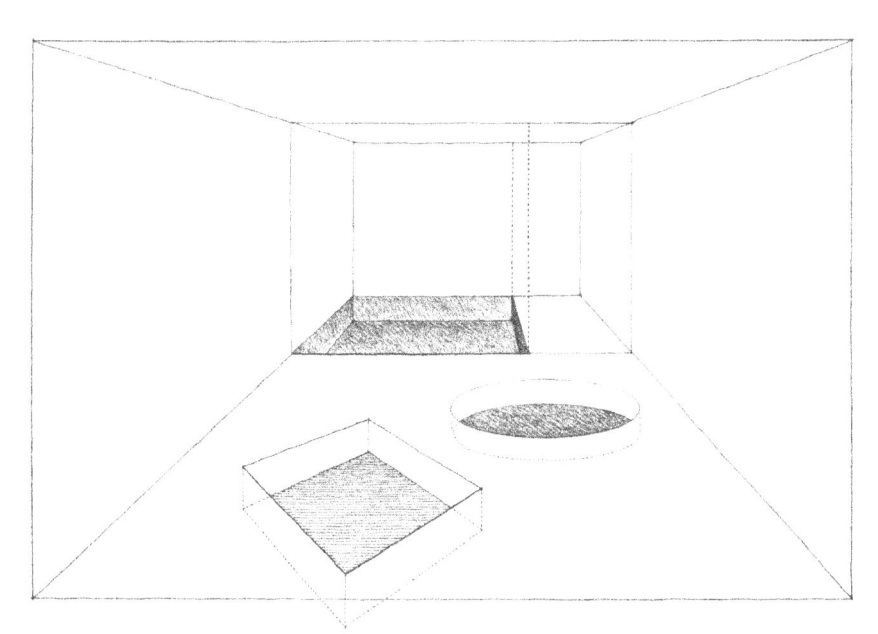

Um contraste na forma, na geometria ou na orientação também pode reforçar visualmente a identidade e a independência do campo rebaixado em relação a seu contexto espacial.

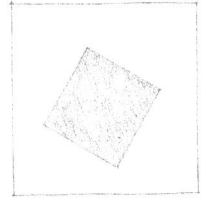

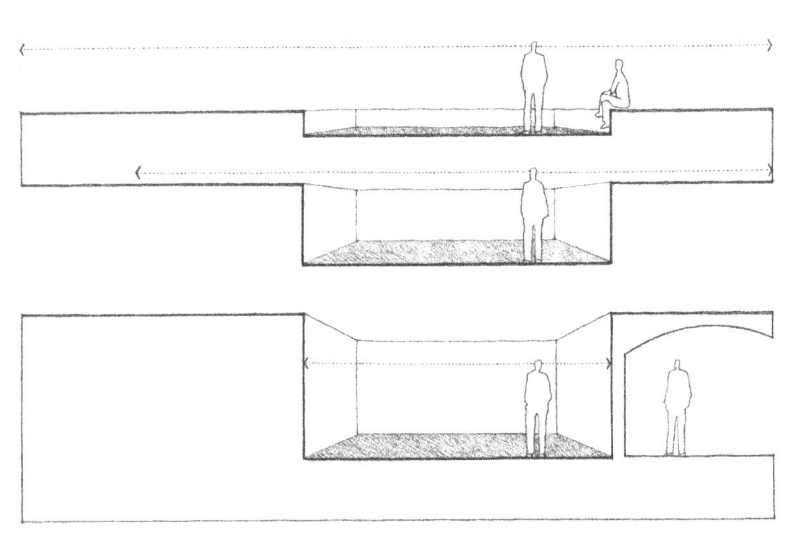

O grau de continuidade espacial entre uma área rebaixada e a área elevada que a circunda depende da escala da mudança de nível.

- A área rebaixada pode ser uma interrupção do plano do solo ou do piso e permanecer como parte integral do espaço circundante.
- O aumento da profundidade da área rebaixada enfraquece sua relação visual com o entorno e reforça sua definição como um volume de espaço distinto.
- Quando o plano-base original passa para cima do nível de nossos olhos, a área rebaixada se torna um cômodo separado e distinto por si só.

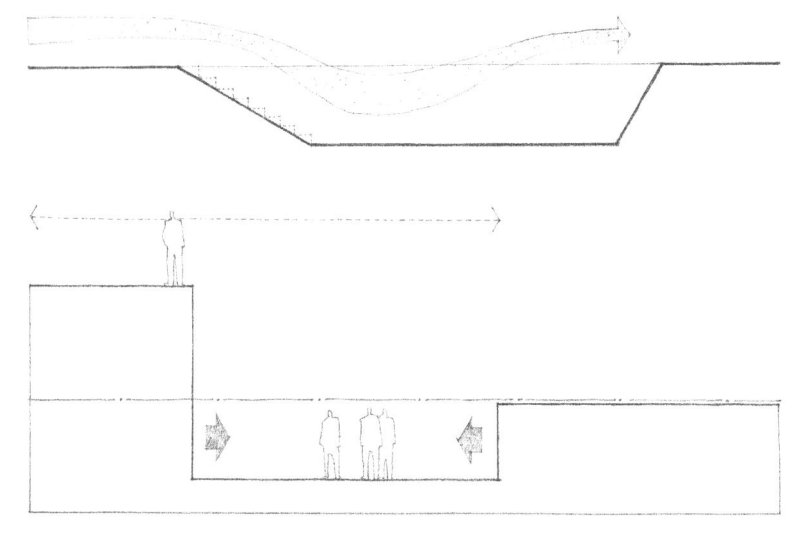

A criação de uma área com degraus, terraços ou rampas para a transição de um nível a outro ajuda a promover a continuidade entre o espaço rebaixado e a área que se eleva em relação a ele.

Enquanto o ato de subir a um espaço elevado pode expressar a natureza extrovertida ou a importância de tal área, passar para um espaço rebaixado em relação a seu entorno pode sugerir sua natureza introvertida ou seu caráter de abrigo e proteção.

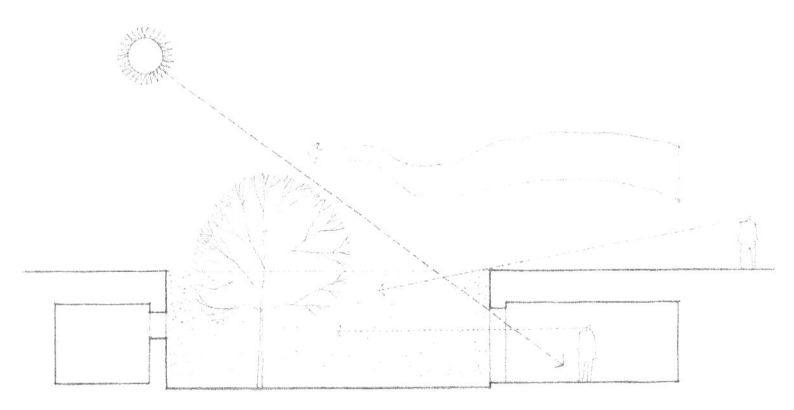

O plano do solo pode ser rebaixado para configurar espaços externos protegidos vinculados a edificações subterrâneas. Um pátio interno rebaixado, além de estar protegido dos ventos e dos ruídos do nível do solo pela massa que o circunda, se mantém como uma fonte de ar, luz e vistas para os espaços subterrâneos que se abrem para ele.

Praça Rebaixada, Centro Rockefeller, Cidade de Nova York, Estados Unidos, 1930, Wallace K. Harrison and Max Abramovitz. A praça rebaixada do Centro Rockefeller, um café ao ar livre durante o verão e uma pista de patinação no inverno, pode ser observada da praça acima e também há lojas que se abrem para ela no nível inferior.

Biblioteca do Centro Paroquial Wolfsburg, Essen, Alemanha, 1962, Alvar Aalto

Vista da área de estar rebaixada, casa no litoral de Massachusetts, Estados Unidos, 1948, Hugh Stubbins

Plano de cobertura

Do mesmo modo que uma árvore frondosa cria uma ideia de proteção sob sua copa, o plano de cobertura define um espaço entre ele e o plano-base. Assim como as arestas do plano de cobertura estabelecem os limites desse espaço, seu formato, tamanho e altura em relação ao plano-base determinam as características formais desse espaço.

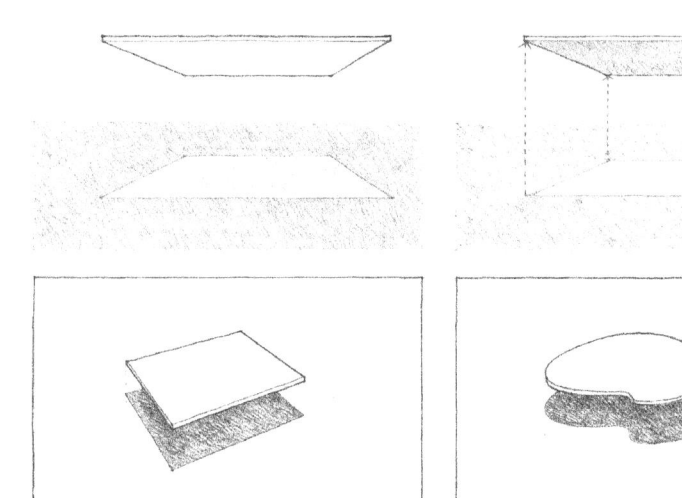

Enquanto as manipulações anteriores do plano-base (o plano do solo ou do piso) definiam espaços cujos limites superiores foram estabelecidos pelo contexto, um plano de cobertura tem a capacidade de configurar um volume de espaço por si só.

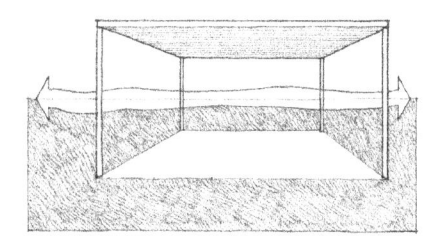

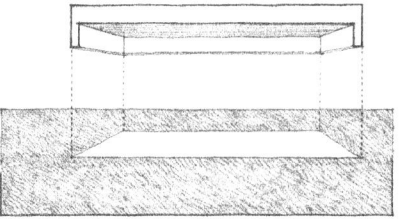

Se usarmos elementos lineares, como pilares ou colunas, para sustentar o plano de cobertura, eles ajudarão a estabelecer visualmente os limites do espaço definido, sem interferir no fluxo do espaço por meio do campo definido.

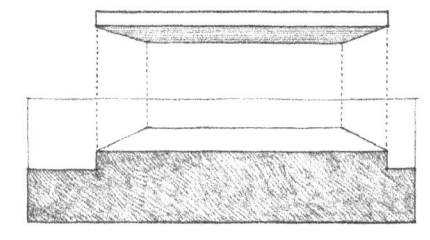

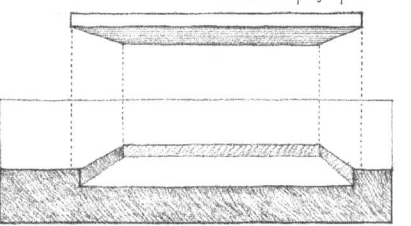

Da mesma forma, se as arestas do plano de cobertura forem viradas para baixo (veja acima) ou se o plano-base for articulado por meio de uma mudança de nível (elevado ou rebaixado), os limites do volume de espaço definido serão visualmente reforçados.

O principal elemento no alto de uma edificação é seu plano de cobertura. Além de proteger os espaços internos do sol, da chuva e da neve, ele tem grande impacto na forma geral da edificação e na configuração de seus espaços. A forma do plano de cobertura, por sua vez, é determinada pelo material, pela geometria e pelas proporções de seu sistema estrutural, bem como pela maneira como as cargas são transferidas pelos espaços aos apoios e ao solo.

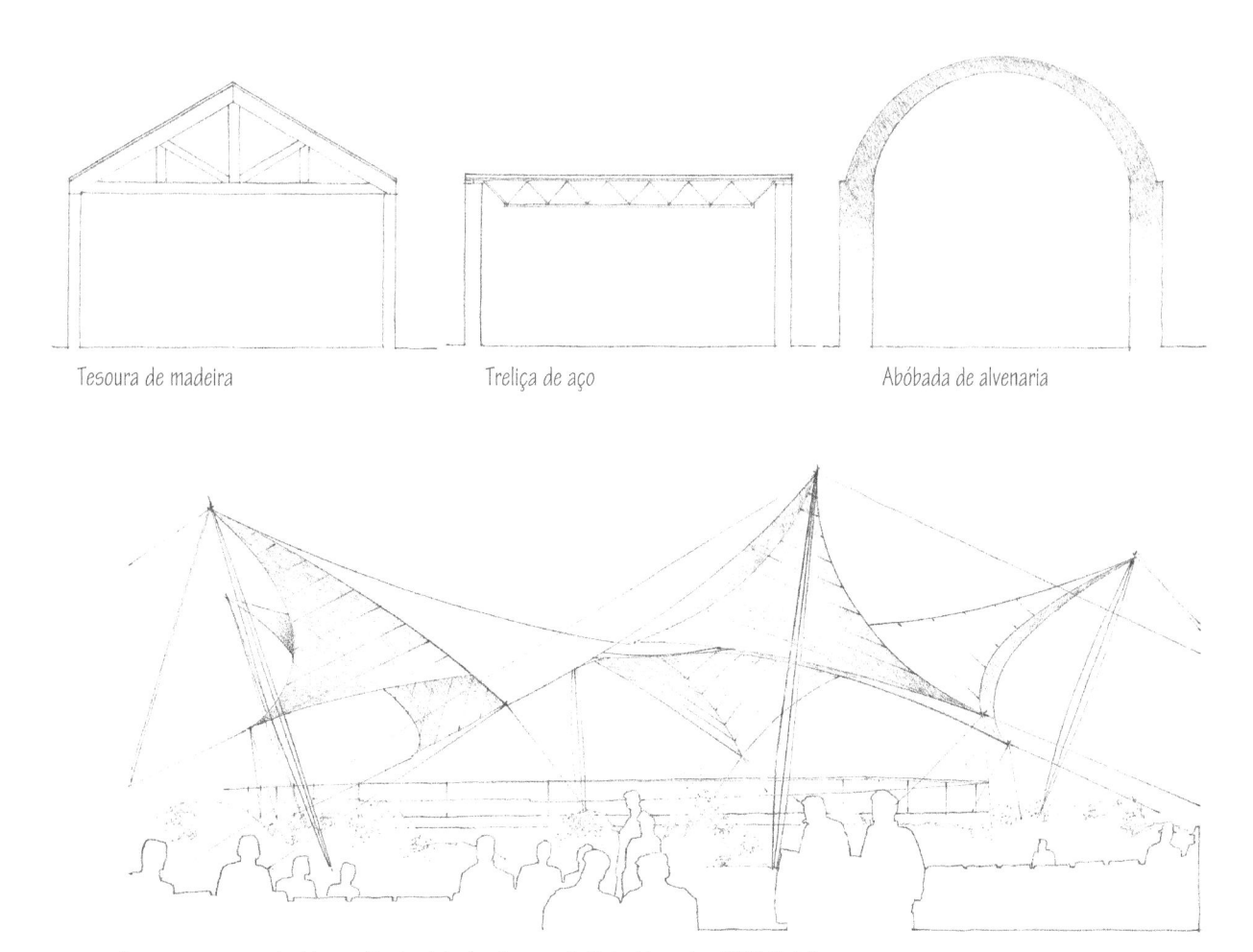

Transporte da cobertura de uma casa em Guiné

Tesoura de madeira

Treliça de aço

Abóbada de alvenaria

Estrutura tensionada, Mostra Nacional de Jardinagem, Colônia, Alemanha, 1957, Frei Otto

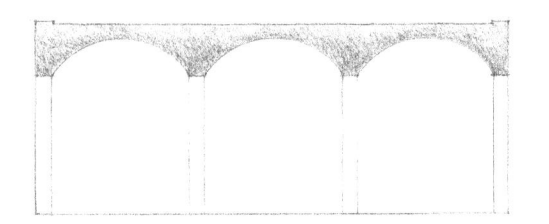

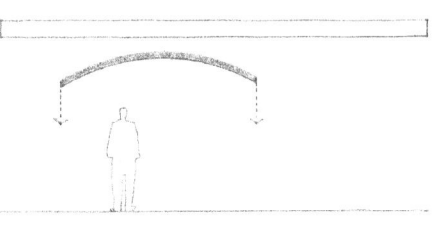

O plano do teto de um espaço interno pode refletir a forma do sistema estrutural que sustenta o piso acima ou o plano de cobertura. Quando não está resistindo às forças climáticas ou transferindo grandes cargas, esse plano pode estar destacado do plano de cobertura ou do piso acima e se tornar um elemento visualmente ativo no espaço.

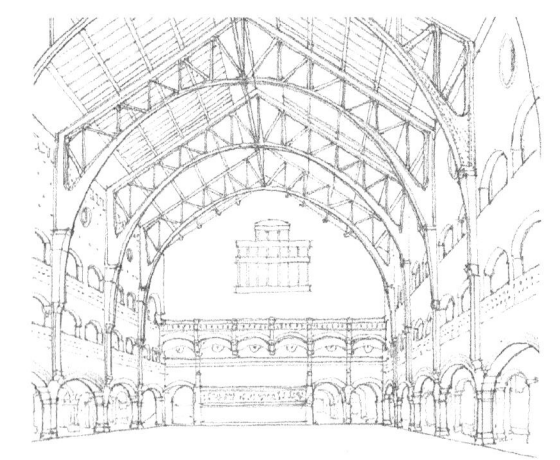

Instituto Bandung de Tecnologia, Bandung, Indonésia, 1920, Henri Maclaine Pont

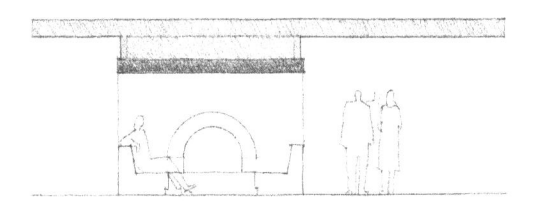

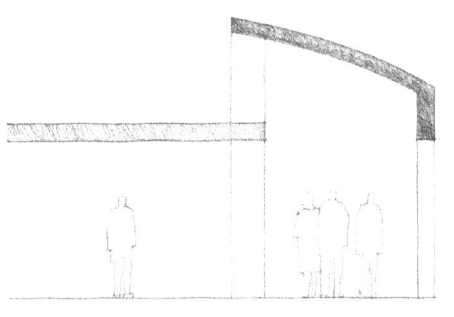

Assim como no caso do plano-base, o plano do teto pode ser manipulado de modo a definir e destacar zonas de espaço dentro de um cômodo. Ele pode ser rebaixado ou elevado, a fim de alterar a escala de um espaço, definir um percurso através do cômodo ou permitir que a luz natural incida no ambiente interno, vinda de cima.

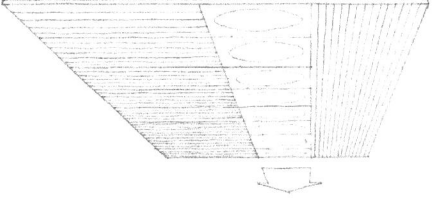

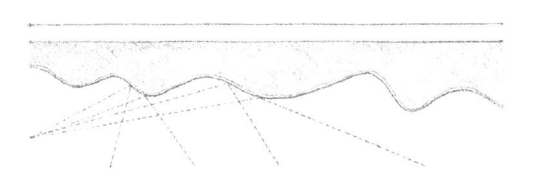

Forma, cor, textura e padrão do plano de teto também podem ser manipulados tanto para melhorar a qualidade da iluminação ou o desempenho acústico dentro de um espaço quanto para conferir direcionalidade ou orientação a este.

Elementos verticais configurando o espaço

Na seção anterior deste capítulo, os planos horizontais definiam os campos espaciais nos quais os limites verticais eram sugeridos, em vez de explicitamente descritos. A seção a seguir discute o papel crucial que os elementos verticais da forma desempenham para estabelecer com clareza os limites visuais de um campo espacial.

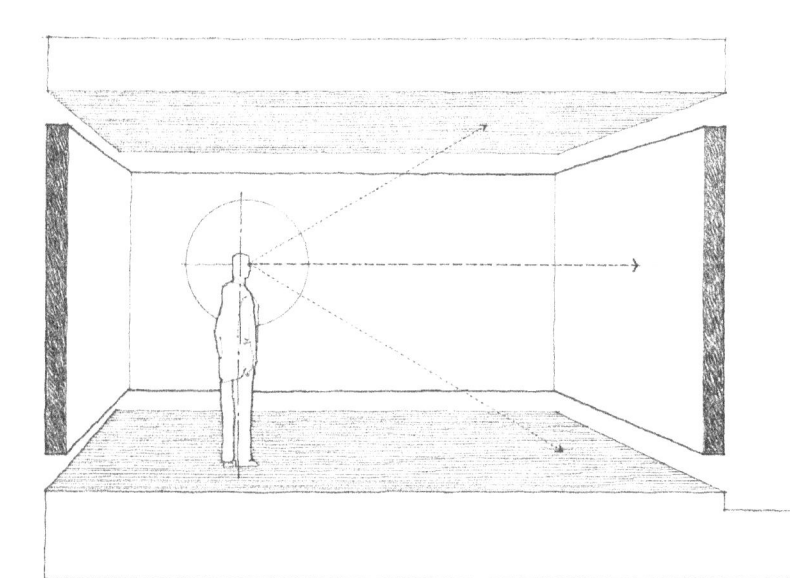

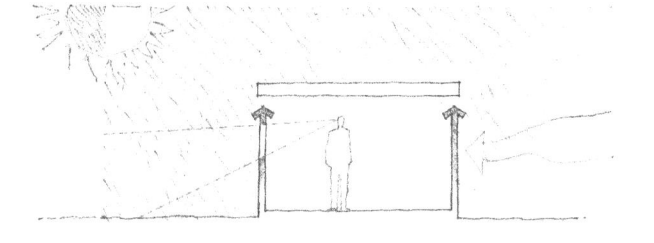

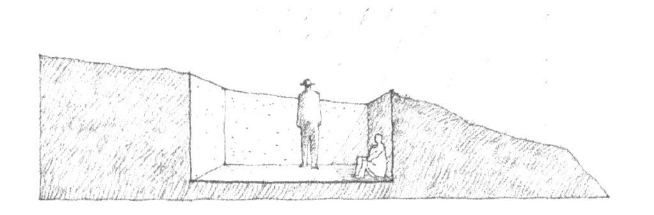

As formas verticais têm mais presença em nosso campo visual que os planos horizontais e, portanto, são mais eficazes para definir um volume de espaço distinto, criando um senso de fechamento e privacidade para aqueles que estão dentro dele. Além disso, servem para separar um espaço do outro e para estabelecer um limite comum entre os ambientes internos e externos.

Os elementos verticais da forma também desempenham importantes papéis na construção das formas e dos espaços da arquitetura. Eles servem de suportes estruturais para os planos de piso e de cobertura, proporcionam abrigo e proteção contra o clima e auxiliam a controlar o fluxo de ar, calor e som que entra e cruza os espaços internos de uma edificação.

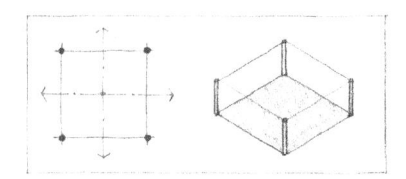

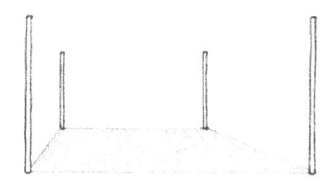

Elementos verticais retilíneos
Os elementos verticais retilíneos definem as arestas perpendiculares ao piso de um volume de espaço.

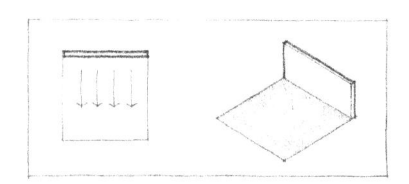

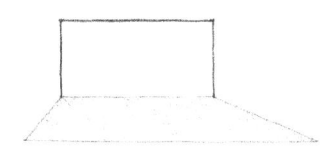

Plano vertical único
Um único plano vertical destaca o espaço para o qual está voltado.

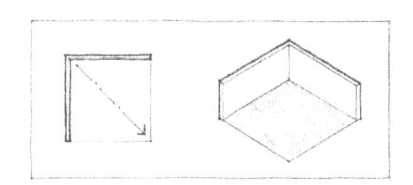

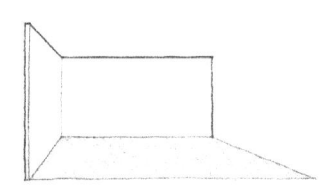

Planos verticais em L
Uma configuração de planos verticais em L criará um espaço entre eles, orientado para fora e na diagonal, a partir da quina entre os dois planos.

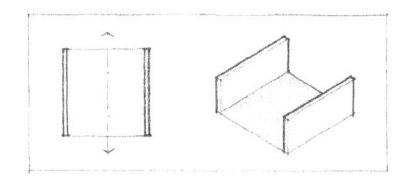

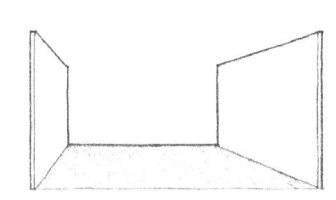

Planos verticais paralelos
Dois planos verticais paralelos definem um volume de espaço entre eles, o qual é orientado axialmente em direção a ambas as aberturas da configuração.

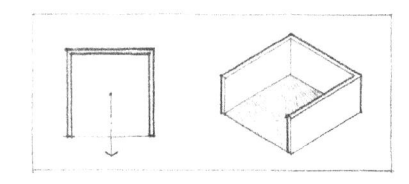

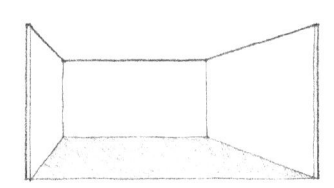

Planos em U
Uma configuração de planos verticais em U define um volume de espaço que está orientado principalmente para a abertura da configuração.

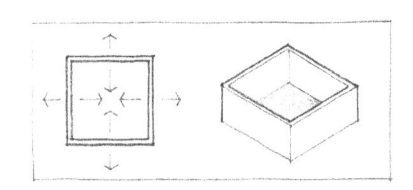

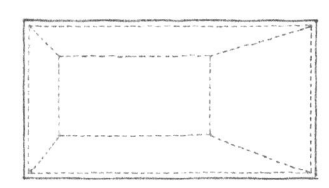

Quatro planos: fechamento
Quatro planos verticais estabelecem os limites de um espaço introvertido e influenciam o campo espacial em torno do fechamento.

Elementos verticais retilíneos

Um elemento vertical retilíneo, como uma coluna, um obelisco ou uma torre, estabelece um ponto no plano-base (no solo ou no piso) e o torna visível no espaço. Colocado em posição ereta e isolada, o elemento esbelto e linear não é direcional, exceto pelo percurso que nos levaria a ele. Pode ser criado um número ilimitado de eixos que passam através dele.

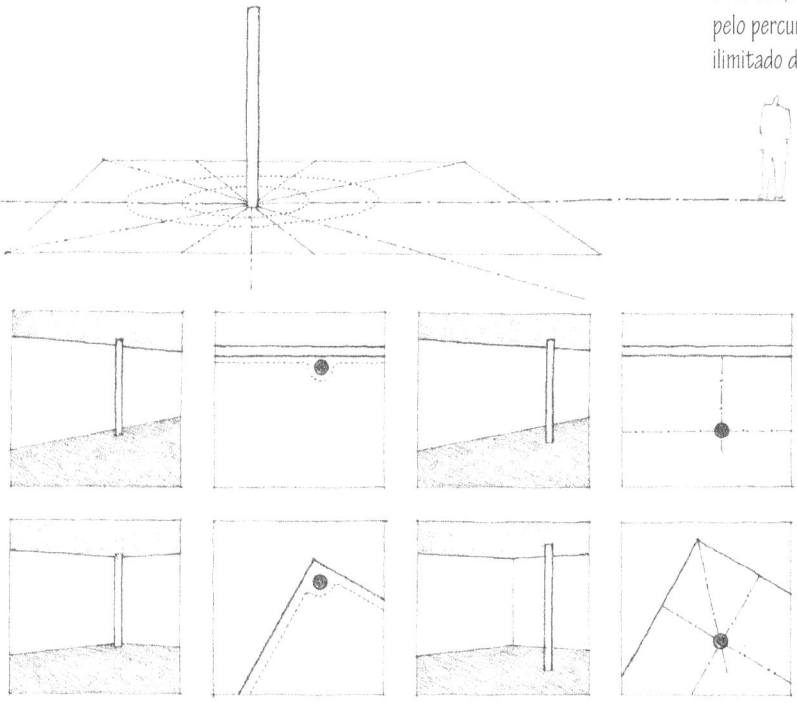

Quando inserida dentro de um volume de espaço bem-definido, uma coluna irá gerar um campo espacial ao seu redor e interagir com as vedações do espaço. Uma coluna adossada — ou seja, conectada a uma parede — escora o plano e destaca a superfície deste. Na quina de um cômodo, a coluna ressaltará o encontro de dois planos de parede. Se estiver solta no espaço, a coluna configurará zonas de espaço dentro do cômodo.

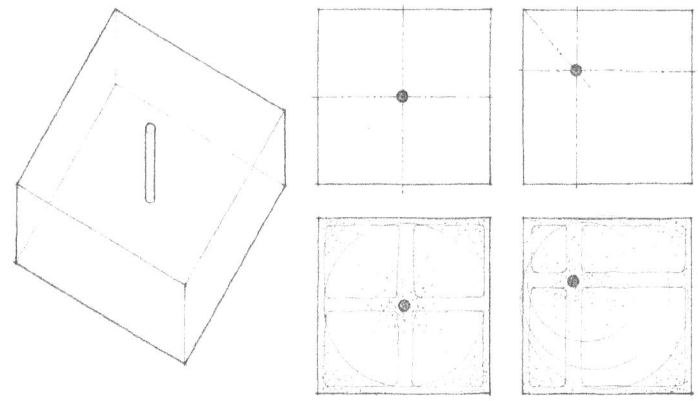

Quando centralizada em um espaço, uma coluna se imporá como o centro do campo e definirá zonas de espaço equivalentes entre si e os planos das paredes que definem o cômodo. Se estiver deslocada, a coluna definirá zonas de espaço hierarquizadas e diferenciadas, em função de seus tamanhos, formas e localizações.

Nenhum volume de espaço pode ser configurado sem a definição de suas arestas e quinas. Os elementos retilíneos servem a esse propósito, ao marcarem os limites dos espaços que exigem a continuidade visual e espacial com seu contexto.

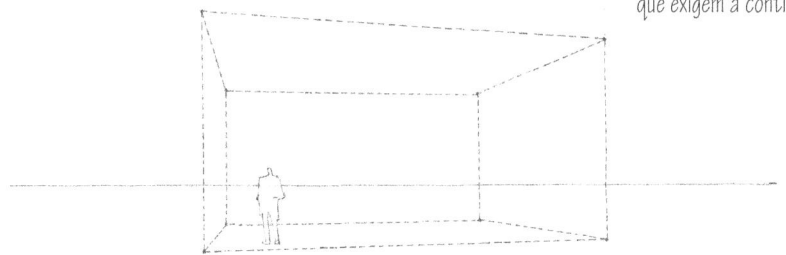

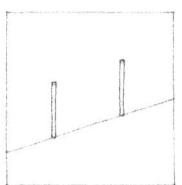

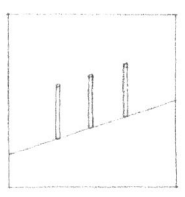

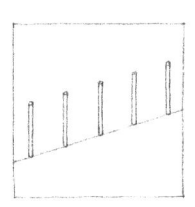

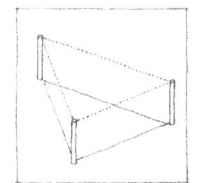

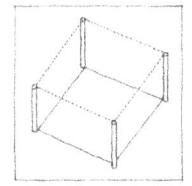

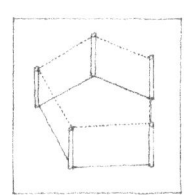

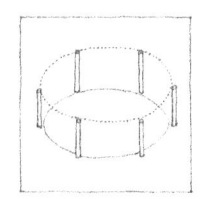

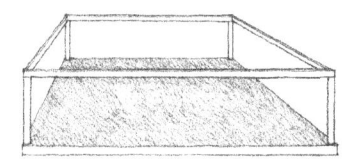

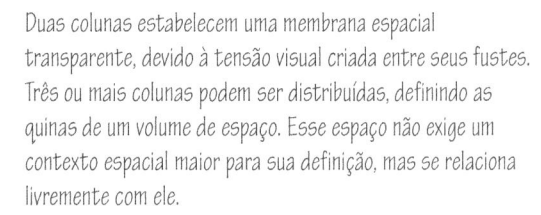

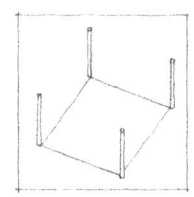

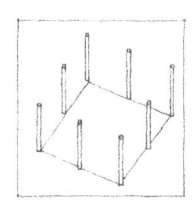

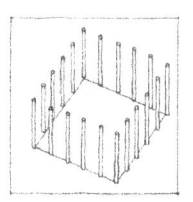

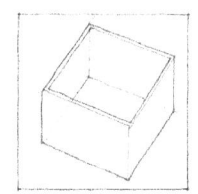

Duas colunas estabelecem uma membrana espacial transparente, devido à tensão visual criada entre seus fustes. Três ou mais colunas podem ser distribuídas, definindo as quinas de um volume de espaço. Esse espaço não exige um contexto espacial maior para sua definição, mas se relaciona livremente com ele.

As arestas do volume de espaço podem ser visualmente reforçadas por meio do tratamento de seu plano-base e pelo estabelecimento de seus limites superiores, com vigas apoiadas entre as colunas ou com um plano de cobertura. Uma série de colunas iguais ao longo de seu perímetro reforçaria ainda mais a definição do volume.

O ESPAÇO 103

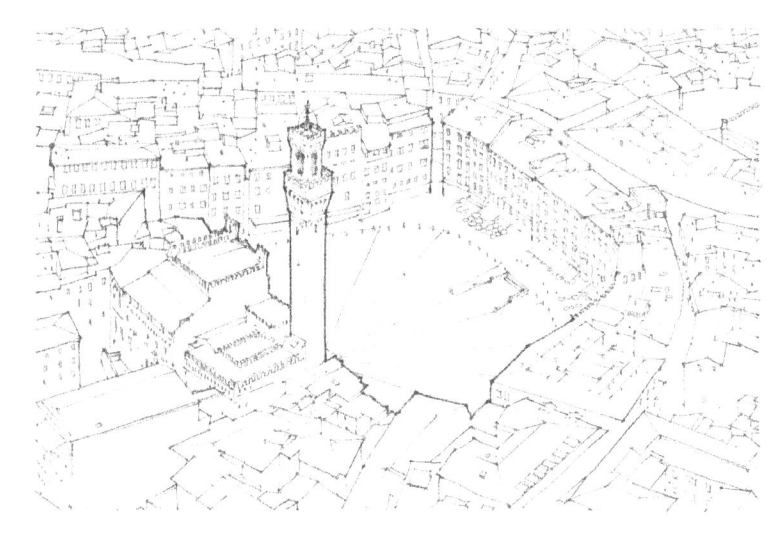

Piazza del Campo (Praça do Campo), Siena, Itália

Elementos verticais retilíneos podem dar acabamento a um eixo, marcar o centro de um espaço urbano ou criar um foco para uma praça se estiverem deslocados a um dos lados da praça.

Claustro e Sala dos Cavaleiros, Mont Saint Michel, França, 1203–1228

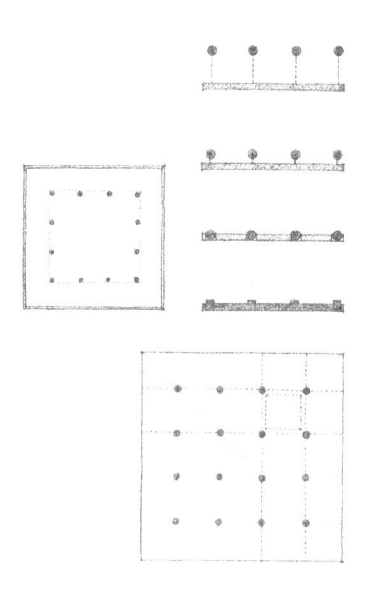

Uma série de colunas distribuídas regularmente ou de elementos verticais similares configura uma colunata. Esse elemento arquetípico no vocabulário do projeto de arquitetura define de modo eficaz um dos lados de um volume espacial, ao mesmo tempo que mantém a continuidade visual e espacial entre o espaço e seu entorno. As colunas também podem se fundir a uma parede, se tornando adossadas, o que enfatiza a superfície e reduz a escala da parede, além de estabelecer ritmo e proporções nos vãos.

Uma malha de colunas dentro de um cômodo maior ou de um salão serve não apenas para sustentar o piso e o plano do teto ou da cobertura acima. As fileiras ordenadas de colunas também pontuam o volume espacial e estabelecem um ritmo e uma escala mensuráveis, que tornam as dimensões do espaço compreensíveis ao observador.

Plano vertical único

Um plano vertical único ou solto, isolado no espaço, apresenta características visuais bastante distintas daquelas de uma coluna isolada. Uma coluna de seção redonda não tem direção predominante, exceto pelo seu eixo vertical. Um pilar de seção quadrada tem dois conjuntos equivalentes de faces e, portanto, dois eixos idênticos. Um pilar de seção retangular também tem dois eixos, mas eles têm efeitos diferentes. À medida que tal pilar se torna uma lâmina, ele pode parecer um mero fragmento de um plano infinitamente maior ou mais longo, seccionando e dividindo o volume de espaço.

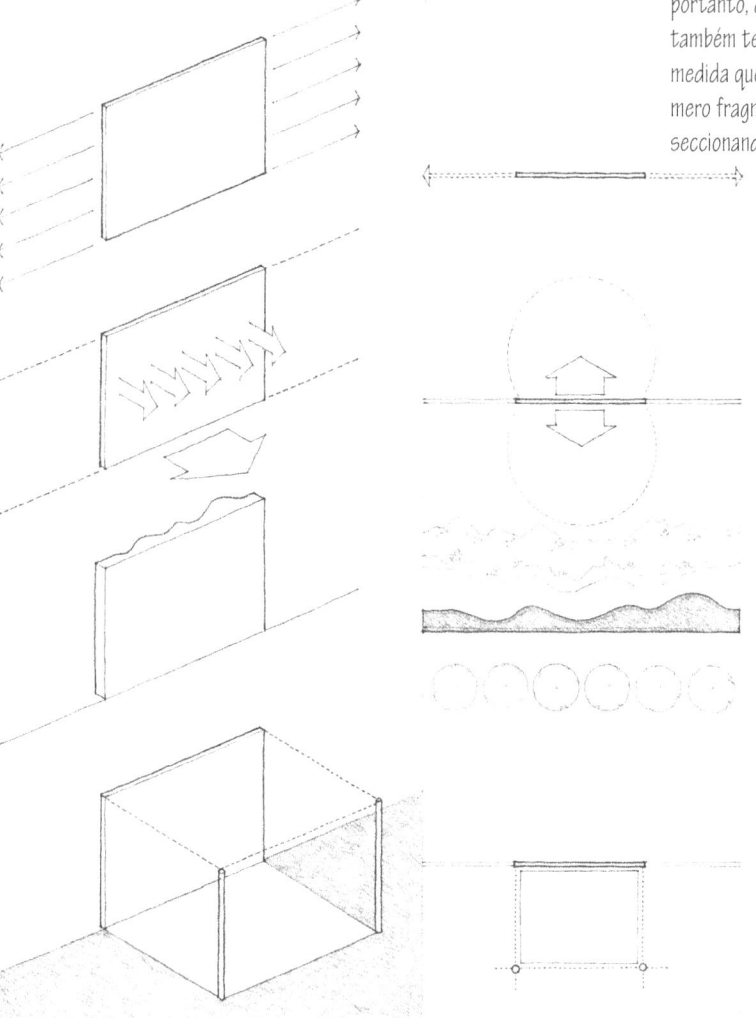

Um plano vertical tem frontalidade. Suas duas superfícies de faces estão voltadas para dois campos espaciais distintos, estabelecendo um limite.

Essas duas faces de um plano podem ser equivalentes e estar voltadas para espaços similares, ou então podem ser diferentes em forma, cor ou textura, a fim de responder a condições espaciais distintas ou de as destacar. Um plano vertical pode, portanto, ter duas frentes ou uma frente e um fundo.

O espaço para o qual um único volume vertical está voltado não é bem definido. O plano, por si só, consegue apenas estabelecer um dos lados do campo. Para definir um volume de espaço tridimensional, o plano deve interagir com outros elementos da forma.

O ESPAÇO   105

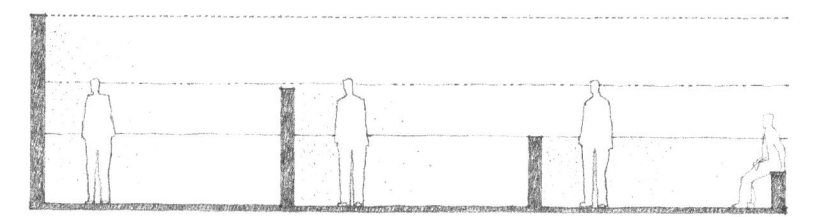

A altura de um plano vertical em relação à altura de nosso corpo e de nossa linha de visão é o fator crucial que afeta a capacidade do plano de descrever visualmente o espaço. Quando o plano tem 60 cm de altura, ele define o lado de um campo espacial, mas cria um senso de fechamento muito fraco ou mesmo inexistente. Quando o plano chega à altura de nossa cintura, ele começa a estabelecer a ideia de fechamento, embora preserve a continuidade visual com o espaço adjacente. Quando o plano vertical se aproxima da altura de nossos olhos, ele passa efetivamente a separar os espaços entre si. Acima de nossa altura, o plano interrompe a continuidade visual e espacial entre dois campos e proporciona um forte senso de fechamento.

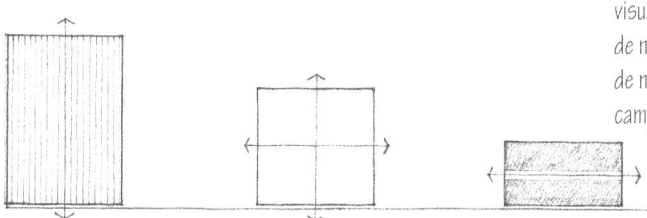

A cor, a textura e o padrão superficiais de um plano afetam nossa percepção de seu peso visual, sua escala e sua proporção.

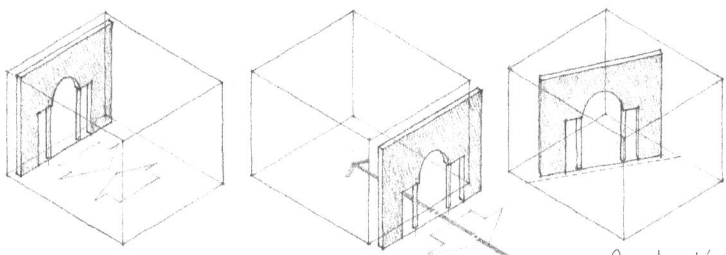

Quando está relacionado a um volume de espaço definido, o plano vertical pode ser a principal face do espaço, conferindo-lhe uma orientação específica. O plano vertical pode estar voltado para o espaço e definir um plano de entrada. Pode também ser um elemento solto dentro de um espaço e dividir o volume em duas áreas separadas, mas relacionadas.

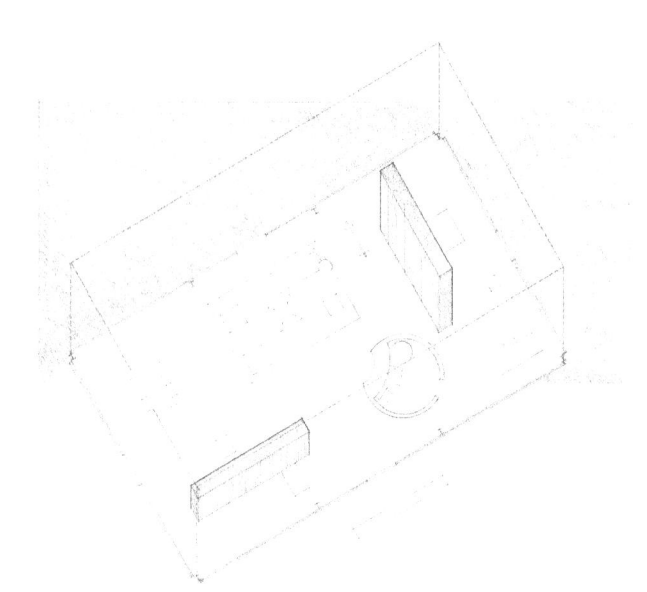

Casa de Vidro, New Canaan, Connecticut, Estados Unidos, 1949, Philip Johnson

Plantas em L configuradas por planos verticais

Uma configuração de planos verticais em L define um espaço ao longo de uma diagonal que parte da quina côncava do cômodo. Embora esse campo seja bem-definido e fechado na quina, ele rapidamente se desmaterializa ao se afastar da quina. O campo introvertido da quina interna se torna extrovertido à medida que se aproxima das extremidades abertas dos planos.

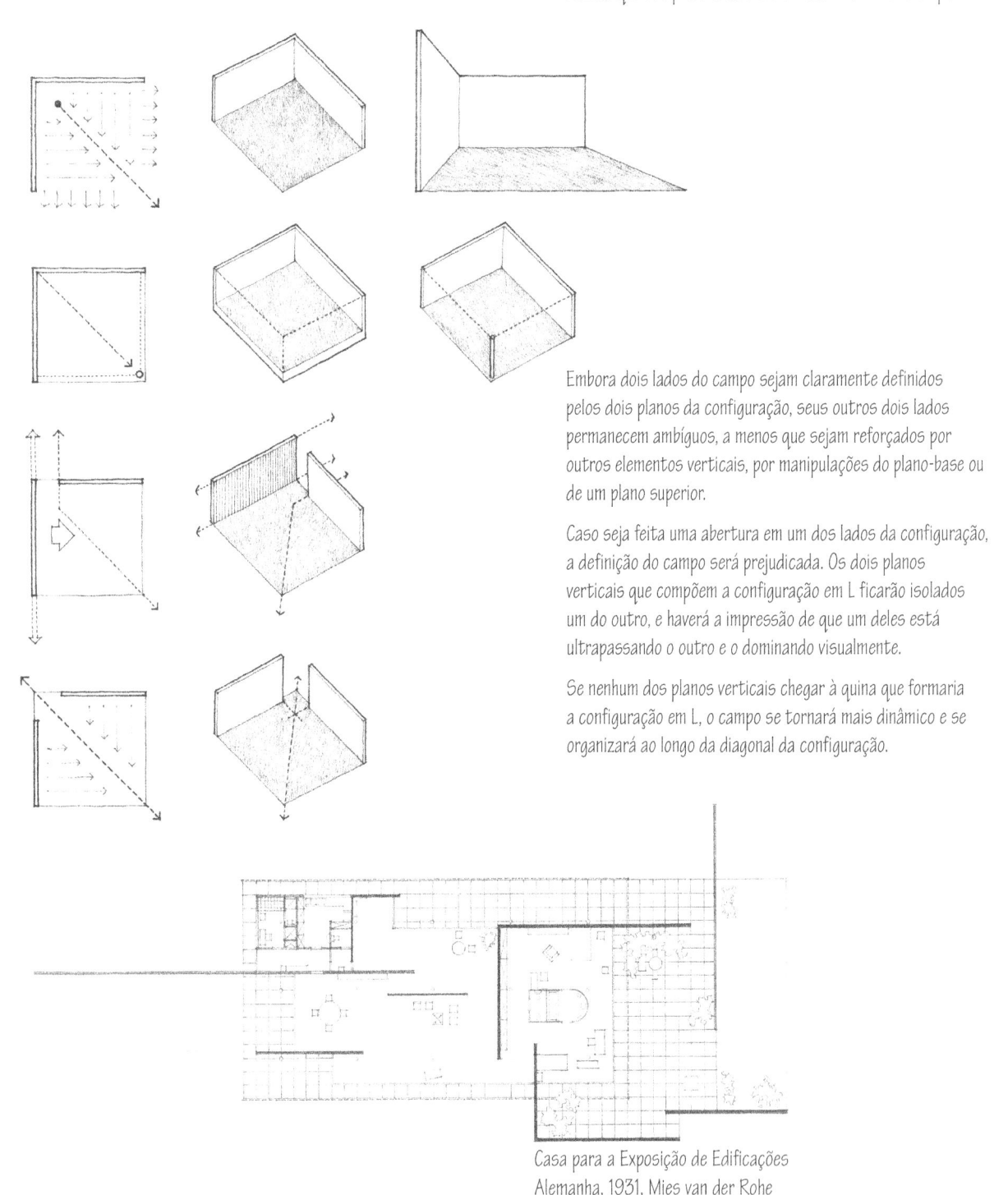

Embora dois lados do campo sejam claramente definidos pelos dois planos da configuração, seus outros dois lados permanecem ambíguos, a menos que sejam reforçados por outros elementos verticais, por manipulações do plano-base ou de um plano superior.

Caso seja feita uma abertura em um dos lados da configuração, a definição do campo será prejudicada. Os dois planos verticais que compõem a configuração em L ficarão isolados um do outro, e haverá a impressão de que um deles está ultrapassando o outro e o dominando visualmente.

Se nenhum dos planos verticais chegar à quina que formaria a configuração em L, o campo se tornará mais dinâmico e se organizará ao longo da diagonal da configuração.

Casa para a Exposição de Edificações
Alemanha, 1931, Mies van der Rohe

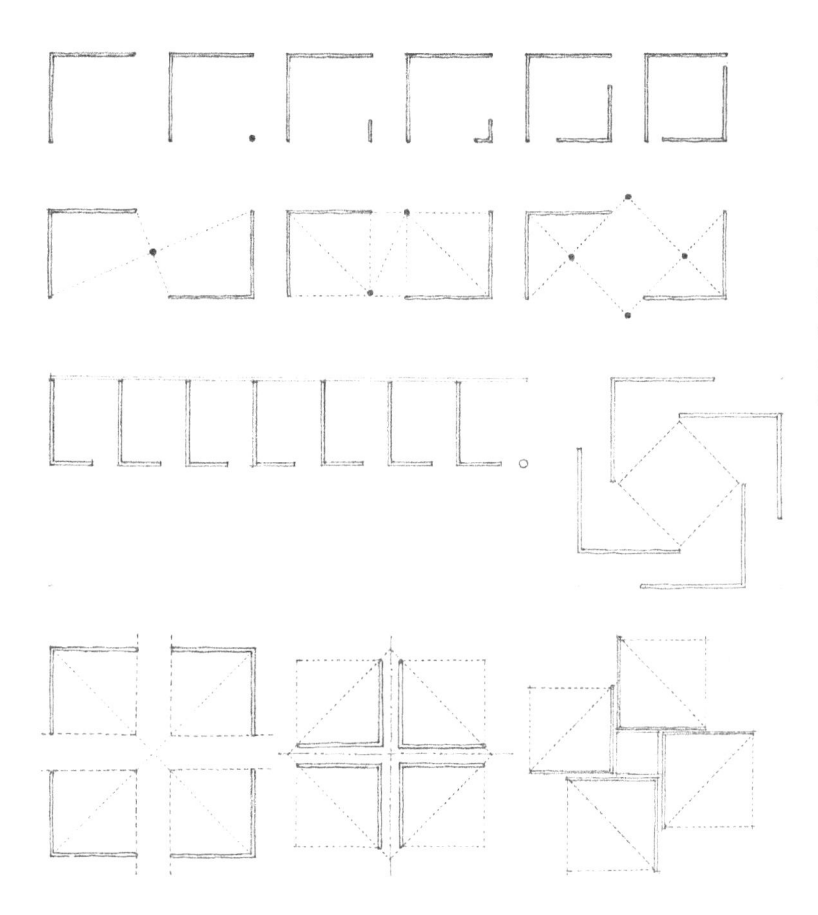

As configurações de planos verticais em L são estáveis e autoportantes, podendo ficar soltas no espaço. Como são abertas, são elementos flexíveis de composição do espaço. Elas podem ser empregadas em conjunto ou com outros elementos definidores da forma, gerando uma grande variedade de espaços.

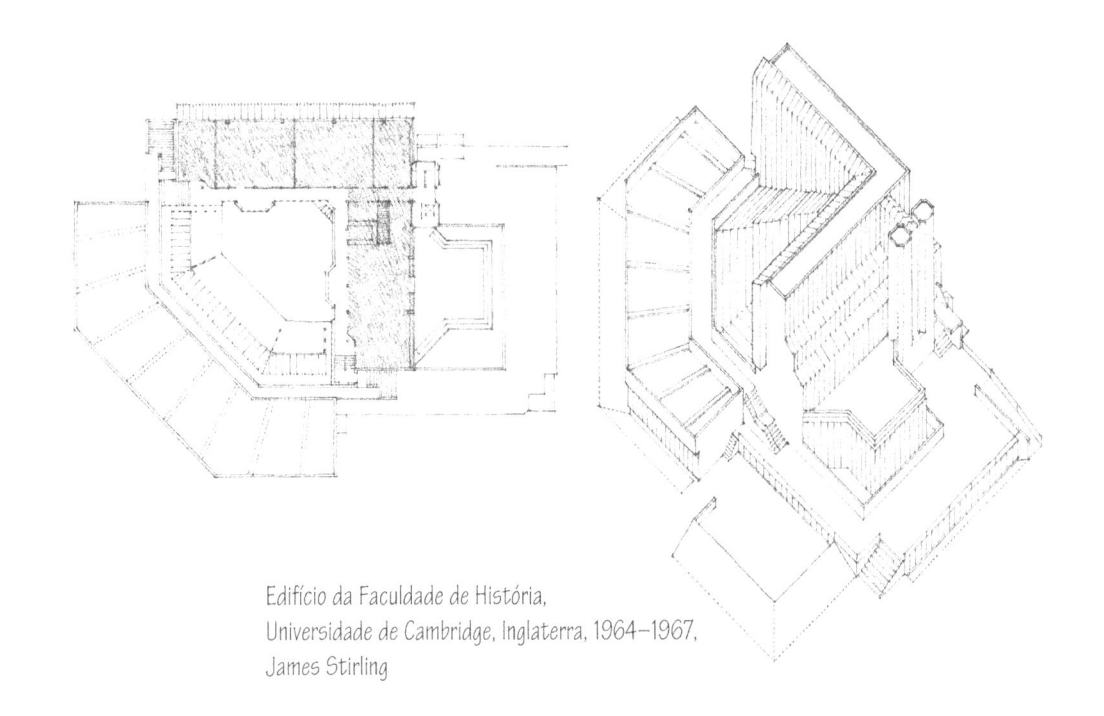

Edifício da Faculdade de História,
Universidade de Cambridge, Inglaterra, 1964–1967,
James Stirling

Planos verticais paralelos

Um par de planos verticais paralelos define um campo espacial entre eles. Os lados abertos do campo, estabelecidos pelas arestas verticais das paredes, conferem ao espaço uma forte direcionalidade. Sua orientação principal é ao longo do eixo em relação ao qual os planos são simétricos. Uma vez que os planos paralelos não se encontram para formar quinas e fechar totalmente o campo, o espaço é extrovertido por natureza.

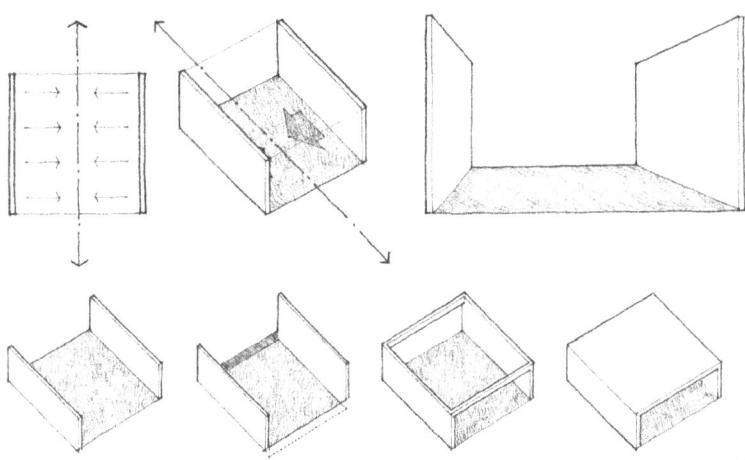

A definição do campo espacial ao longo das extremidades abertas da configuração pode ser visualmente reforçada por meio da manipulação do plano-base ou da adição de elementos no topo da composição.

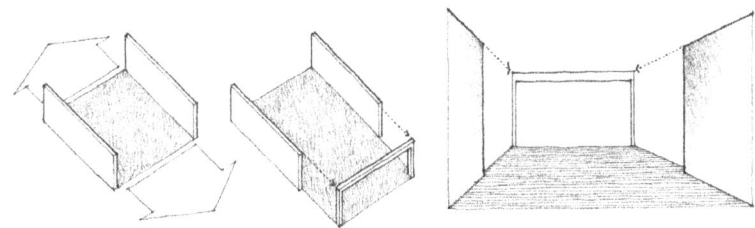

O campo espacial pode ser ampliado por meio da extensão do plano-base além das extremidades da configuração. Esse campo expandido pode, por sua vez, ser finalizado, com a inserção de um plano vertical cuja largura e altura equivalem à do campo espacial.

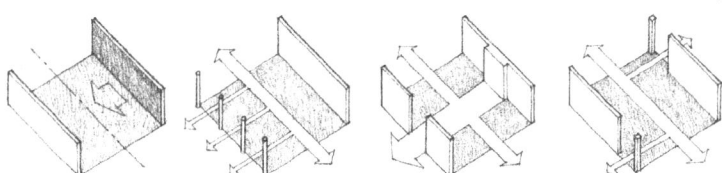

Se um dos planos paralelos for diferenciado em relação ao outro mediante uma mudança de forma, cor ou textura, um eixo secundário, perpendicular ao fluxo do espaço, será estabelecido dentro do campo espacial. Também é possível criar uma ou mais aberturas nos planos introduzindo eixos secundários ao campo e calibrando a direcionalidade do espaço.

O ESPAÇO   109

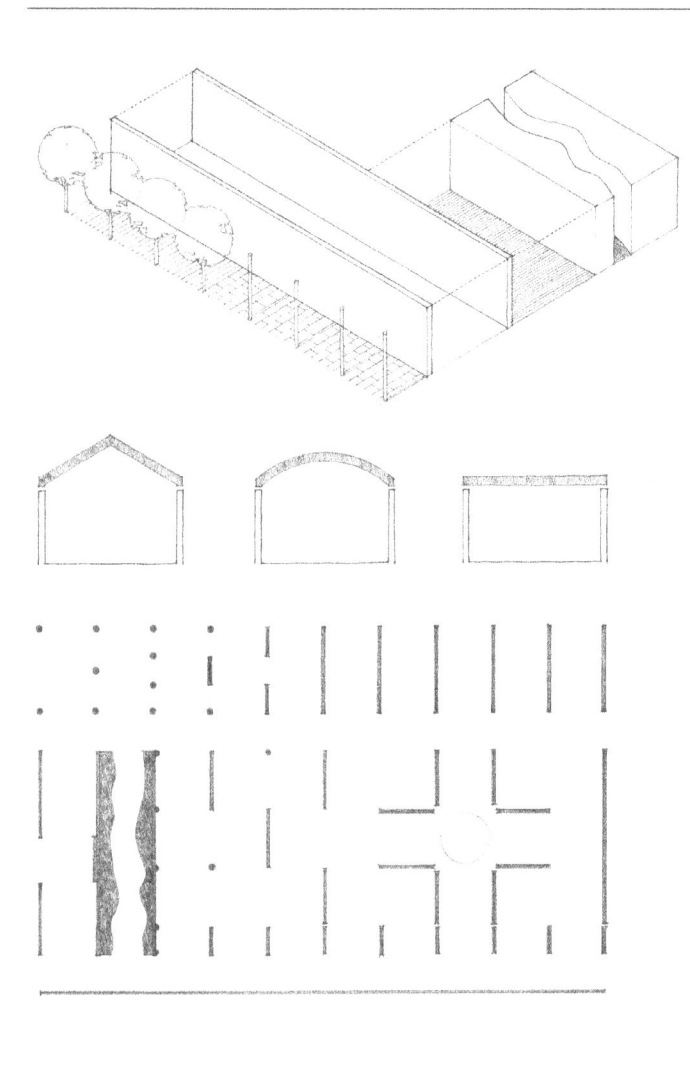

Vários elementos da arquitetura podem ser vistos como planos paralelos que configuram um campo espacial:

- um par de paredes internas a uma edificação
- um espaço na rua delimitado pelas fachadas de duas edificações opostas entre si
- um caramanchão ou uma pérgola
- um passeio ou uma alameda ladeado por cercas vivas ou fileiras de árvores
- um acidente topográfico natural na paisagem

Conjuntos de planos verticais paralelos podem compor uma grande variedade de configurações. Seus campos espaciais podem estar relacionados entre si por meio dos lados abertos das configurações ou por meio de aberturas feitas nos próprios planos verticais.

Os planos verticais paralelos de um sistema estrutural de paredes portantes podem ser a força geratriz que está por trás da forma e da organização de um prédio. Seu padrão repetitivo pode ser modificado mediante a variação de seu comprimento ou a introdução de vazios entre os planos, para acomodar as exigências dimensionais dos espaços maiores. Esses vazios também ajudam a definir as rotas de circulação e a estabelecer relações visuais perpendiculares aos planos de paredes.

As aberturas no espaço definidas pelos planos de paredes paralelas também podem ser criadas por meio da alteração do espaçamento entre planos e do próprio desenho dos planos.

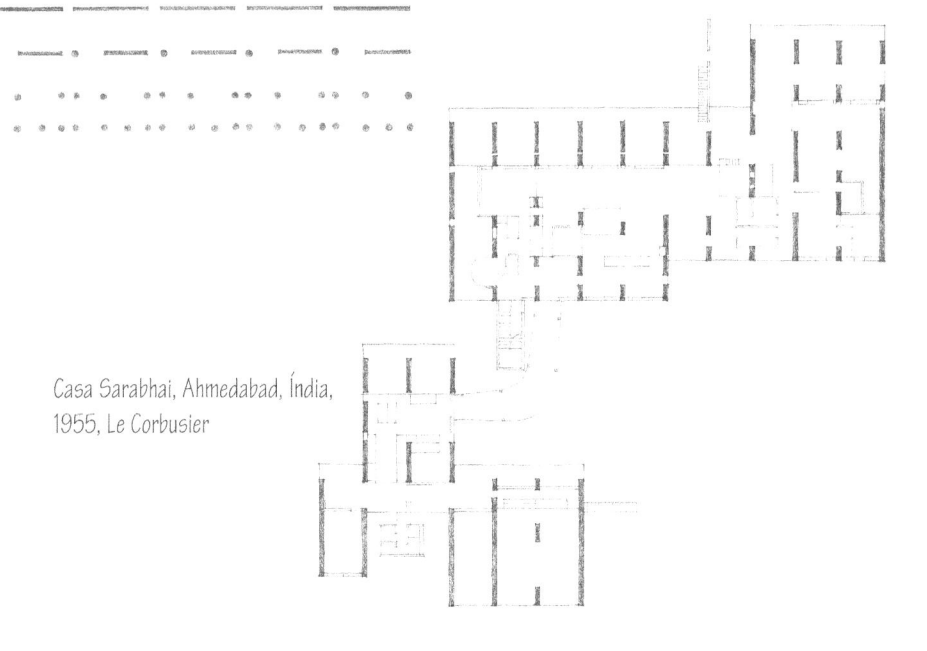

Casa Sarabhai, Ahmedabad, Índia, 1955, Le Corbusier

Planos em U

Uma configuração em U por meio do uso de planos verticais define um campo espacial voltado, ao mesmo tempo, para dentro e para fora. Na extremidade fechada da configuração, o campo é bem-definido, mas, em direção à extremidade fechada, o campo se torna extrovertido por natureza.

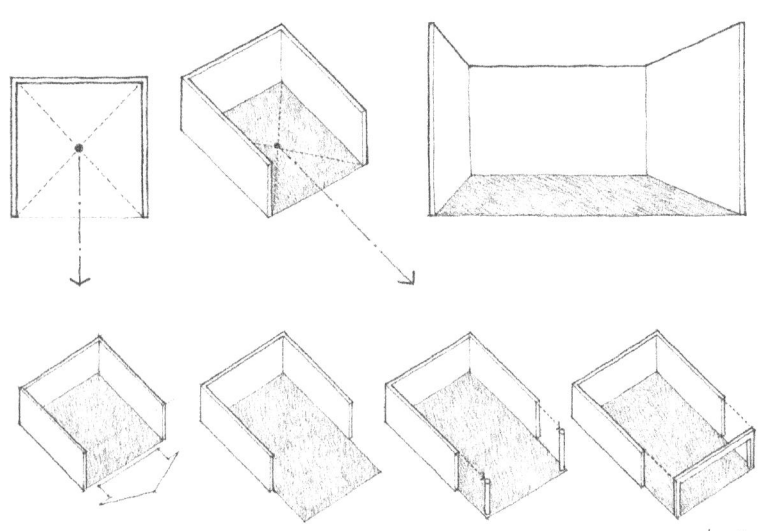

A extremidade aberta é o principal aspecto dessa configuração, em virtude de sua singularidade em relação aos outros três planos verticais. Ela permite que o campo tenha continuidade visual e espacial com o espaço contíguo. A extensão do campo espacial em direção a esse espaço limítrofe pode ser visualmente reforçada pela continuidade do plano-base, ultrapassando a extremidade aberta da configuração.

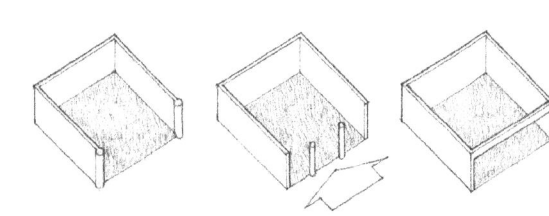

Se o plano da abertura for reforçado com a inserção de colunas ou de elementos aéreos, a definição do campo original também será realçada e a continuidade com o espaço adjacente será interrompida.

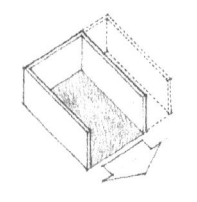

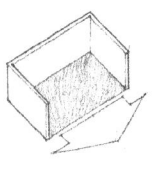

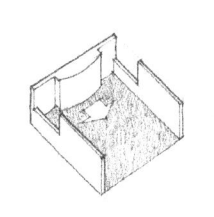

Quando a configuração dos planos for retangular e oblonga, a extremidade aberta poderá estar tanto no lado maior como no menor. Em ambos os casos, o lado aberto permanecerá sendo a principal face do campo espacial e o plano oposto a esta face será o elemento enfatizado entre os outros três planos verticais da configuração.

O ESPAÇO

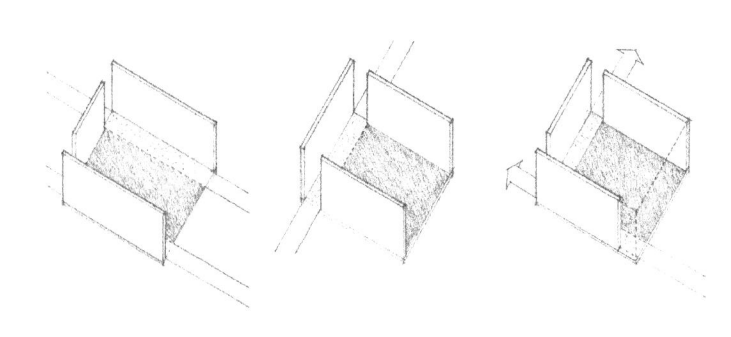

Se forem introduzidas aberturas nas quinas da configuração em U, serão criadas zonas secundárias dentro de um campo multidirecional e dinâmico.

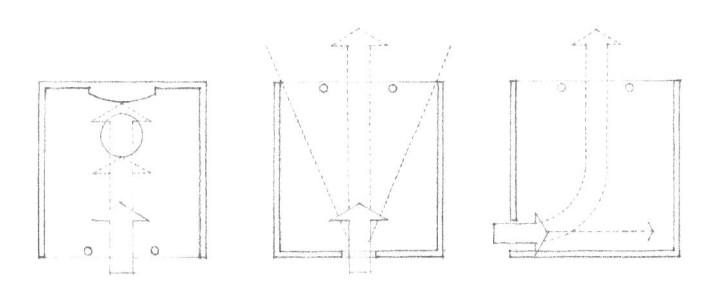

Se o campo for acessado por meio da extremidade aberta da configuração, o plano de fundo ou uma forma inserida em frente a ele criará uma terminação para nossa visão do espaço. Se, contudo, o acesso for por meio de uma abertura em um dos três planos verticais que configuram o espaço em U, a visão do que está além do plano vazado chamará nossa atenção e será o foco da sequência espacial.

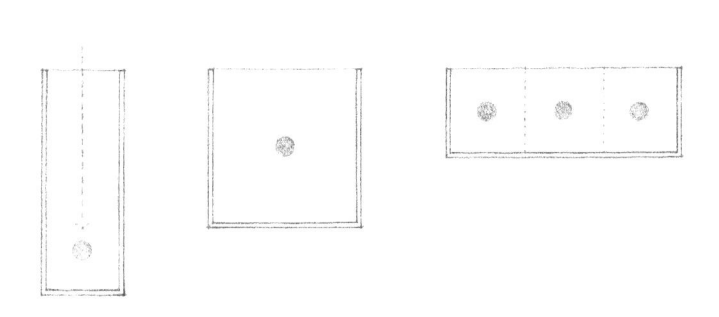

Caso a extremidade de um campo espacial longo e estreito esteja aberta, o espaço irá encorajar o movimento e induzir uma progressão ou uma sequência de eventos. Se o campo for quadrado (ou quase quadrado), o espaço terá natureza estática e o caráter de um lugar de estar, em vez de um lugar que sugere o movimento. Se a lateral de um espaço longo e estreito for aberta, o espaço ficará suscetível a uma subdivisão em várias zonas.

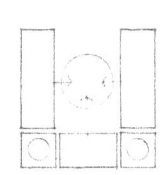

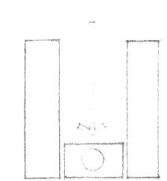

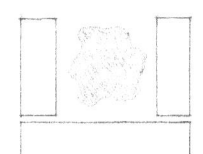

As configurações de edificações e elementos em U têm a capacidade inerente de capturar e configurar o espaço externo. Sua composição pode ser considerada como consistindo essencialmente em formas longitudinais. As quinas da configuração podem ser ressaltadas como elementos independentes ou ser incorporadas ao grupo das formas longitudinais.

112 OS FUNDAMENTOS DA ARQUITETURA

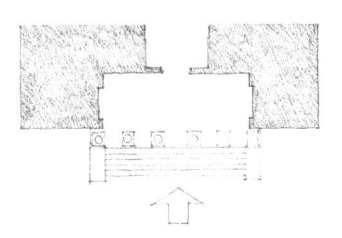

Uma organização em U pode configurar um pátio de entrada em uma edificação ou formar uma entrada recuada dentro de seu volume.

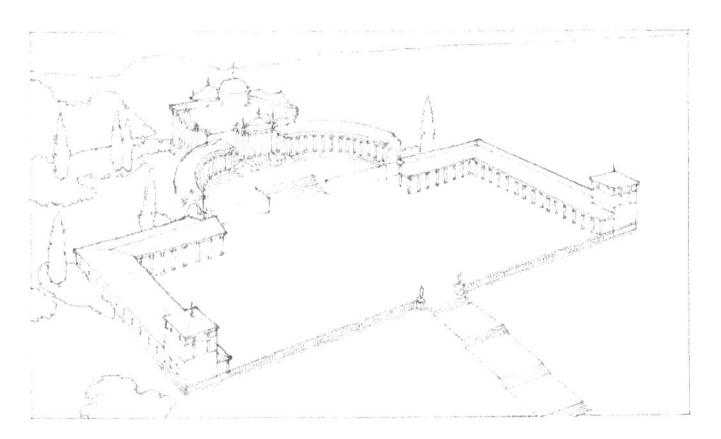

Vila Trissino, Meledo, Itália, de *Os Quatro Livros da Arquitetura*, Andrea Palladio

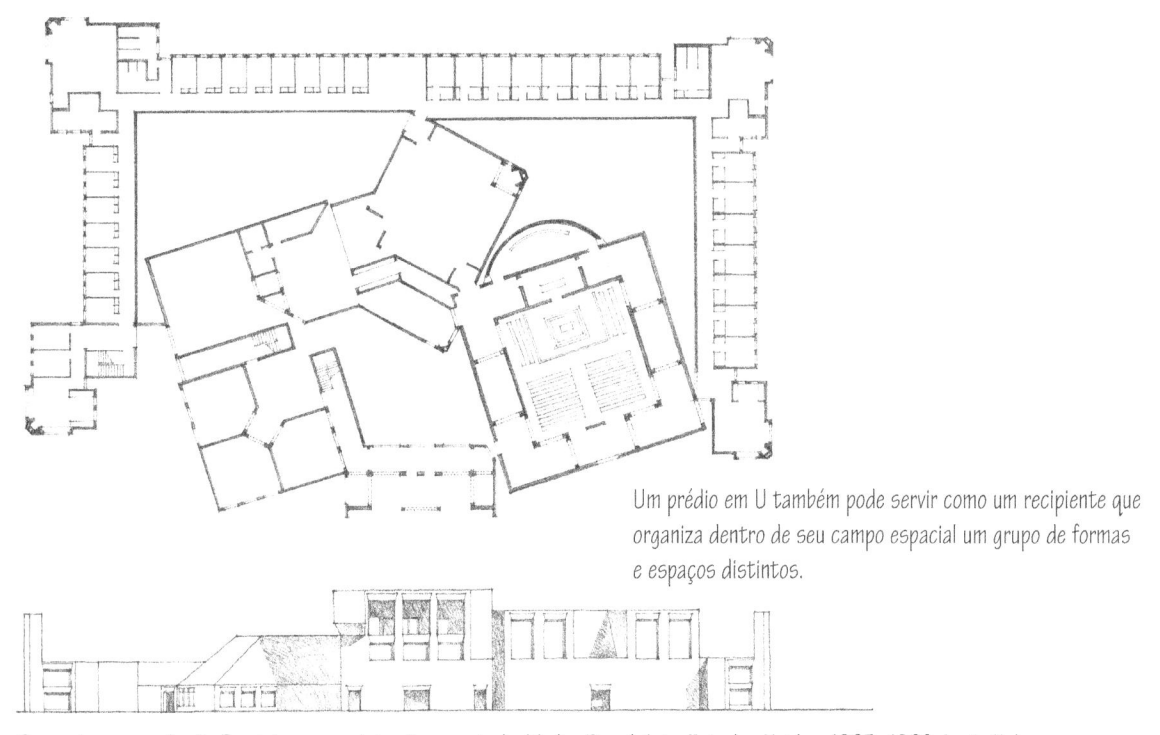

Um prédio em U também pode servir como um recipiente que organiza dentro de seu campo espacial um grupo de formas e espaços distintos.

Convento para as Irmãs Dominicanas, projeto não executado, Media, Pensilvânia, Estados Unidos, 1965–1968, Louis Kahn

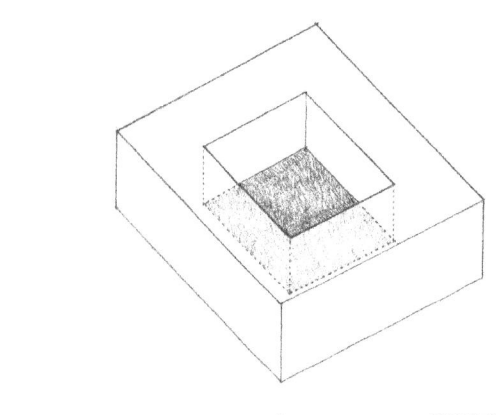

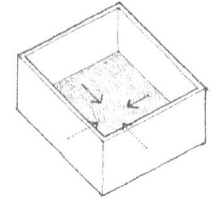

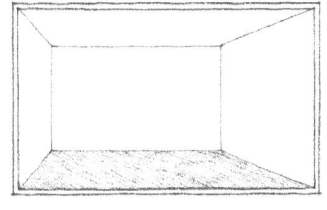

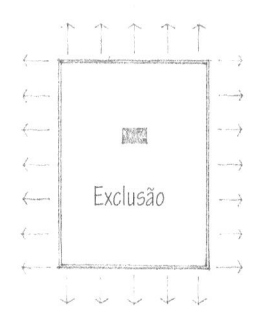

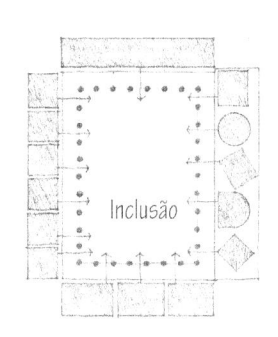

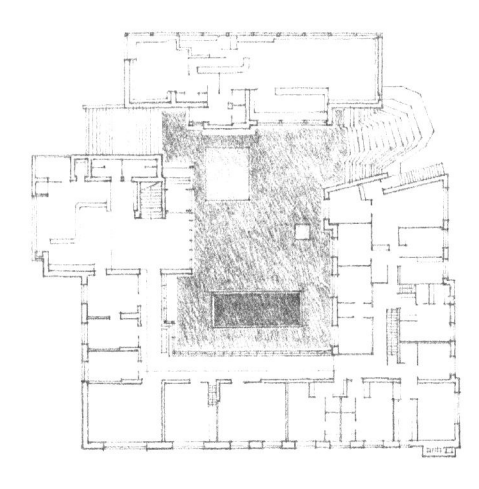

Quatro planos verticais: fechamento

Provavelmente o tipo de definição espacial mais comum – e sem dúvida o mais forte – na arquitetura seja quatro planos verticais configurando um campo espacial. Uma vez que o campo é totalmente fechado, seu espaço é naturalmente introvertido. Para alcançar o domínio visual dentro de um espaço ou se tornar sua face principal, um dos planos do fechamento deve ser diferenciado dos demais por meio de seu tamanho, forma, tratamento da superfície ou natureza de suas aberturas.

Campos espaciais bem-definidos e fechados podem ser encontrados na arquitetura em várias escalas, seja em uma grande praça, um pátio interno ou um átrio ou em um mero vestíbulo ou cômodo de um conjunto edificado.

Historicamente, quatro planos costumam ser empregados para definir um campo visual e espacial para uma edificação sagrada ou importante que se destaca como um objeto dentro do fechamento. Os planos de fechamento podem ser baluartes, muros ou cercas, isolando o campo e excluindo do recinto os elementos do entorno.

Em um contexto urbano, um campo espacial bem-delimitado pode organizar uma série de edificações ao longo de seu perímetro. O fechamento pode consistir em arcadas ou galerias que trazem os prédios que o circundam para seu domínio e ativam os espaços que eles definem.

Prefeitura de Säynätsalo, Finlândia, 1950–1952, Alvar Aalto

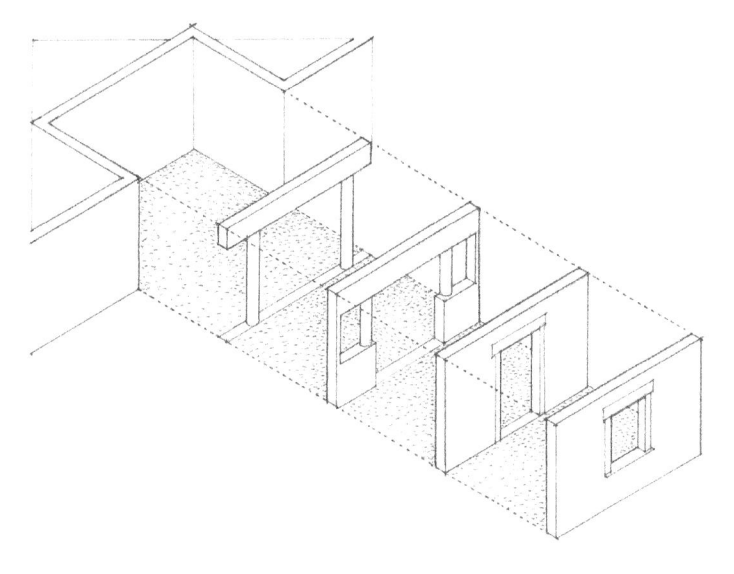

Aberturas em elementos definidores do espaço

Nenhuma continuidade espacial ou visual é possível com espaços adjacentes sem que haja aberturas nos planos de fechamento de um campo espacial. As portas permitem a entrada em um cômodo e influenciam seus padrões de movimento e uso interno. As janelas permitem a incidência da luz dentro do espaço e a iluminação das superfícies de um cômodo, oferecem vistas para o exterior, estabelecem relações visuais entre o cômodo e os espaços adjacentes e proporcionam a ventilação natural do espaço. Embora essas aberturas criem continuidade com os espaços adjacentes, elas também podem, conforme seu tamanho, número e localização, passar a erodir a delimitação do espaço.

A próxima seção deste capítulo foca os espaços fechados na escala do cômodo, onde a natureza das aberturas nas paredes de vedação do cômodo é um dos principais fatores na determinação das propriedades do espaço.

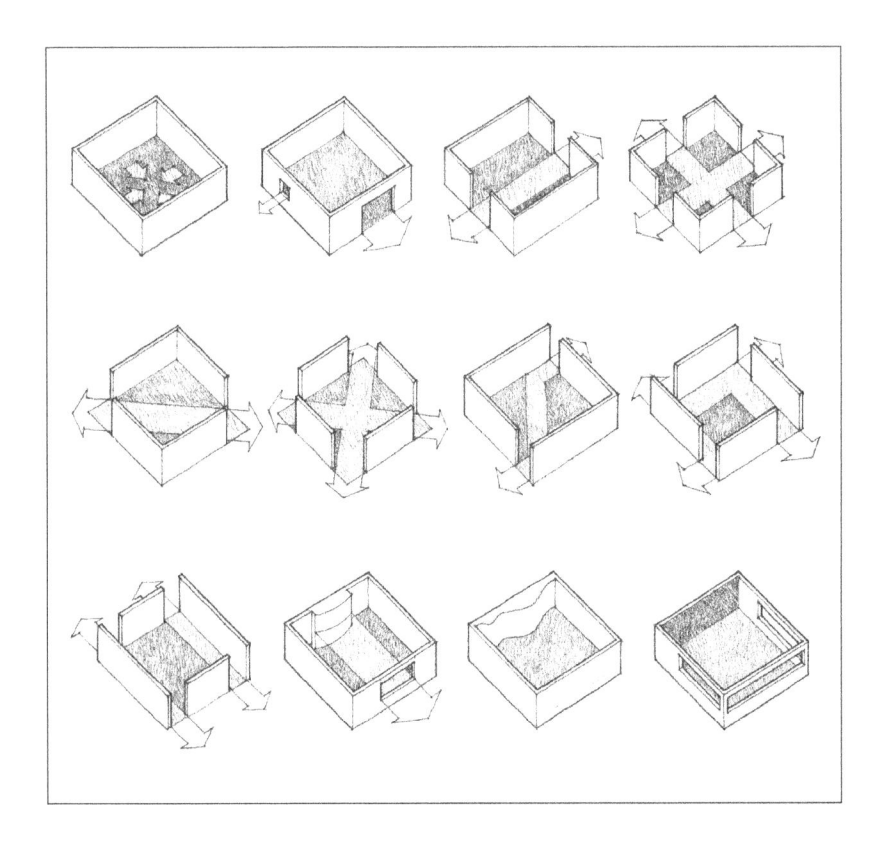

O ESPAÇO 115

Aberturas em planos

Uma abertura pode estar localizada totalmente em um plano de parede ou de teto e estar circundada em todos os lados pela superfície do plano.

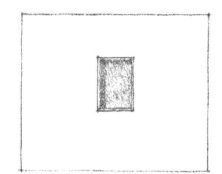

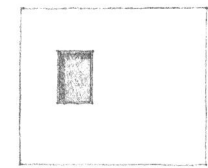

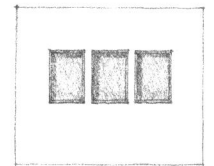

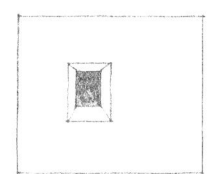

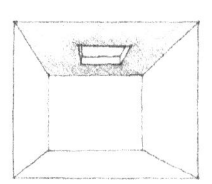

Centralizada   Deslocada   Agrupada   Profunda   Zenital

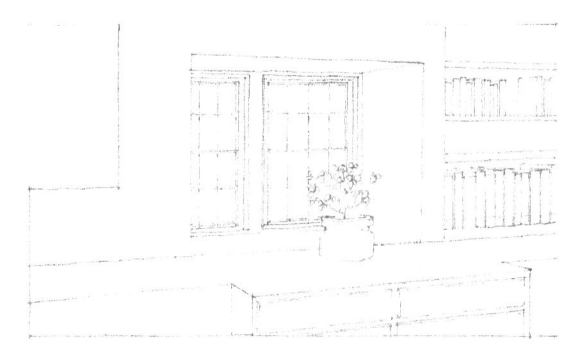

Uma abertura localizada totalmente ou em parte em um plano de parede ou de teto frequentemente aparece como uma figura brilhante, em contraste com o campo ou o fundo. Se estiver centralizada no plano, a abertura parecerá estável e organizará visualmente a superfície ao seu redor. O deslocamento da abertura para um dos lados criará certa tensão visual entre a abertura e a extremidade do plano em direção à qual esta for deslocada.

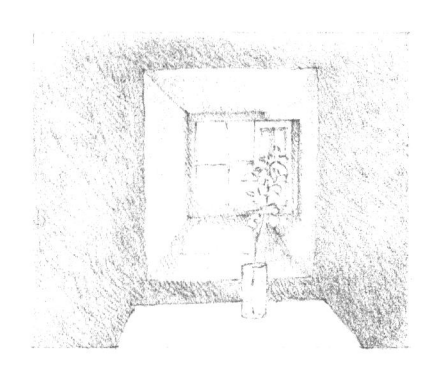

Interior da capela de Notre Dame du Haut, Ronchamp, França, 1950–1955, Le Corbusier

116 OS FUNDAMENTOS DA ARQUITETURA

Aberturas em quinas

Uma abertura pode estar localizada na própria quina dos planos da parede ou na quina da parede com o teto. Em ambos os casos, a abertura estará em um canto do espaço.

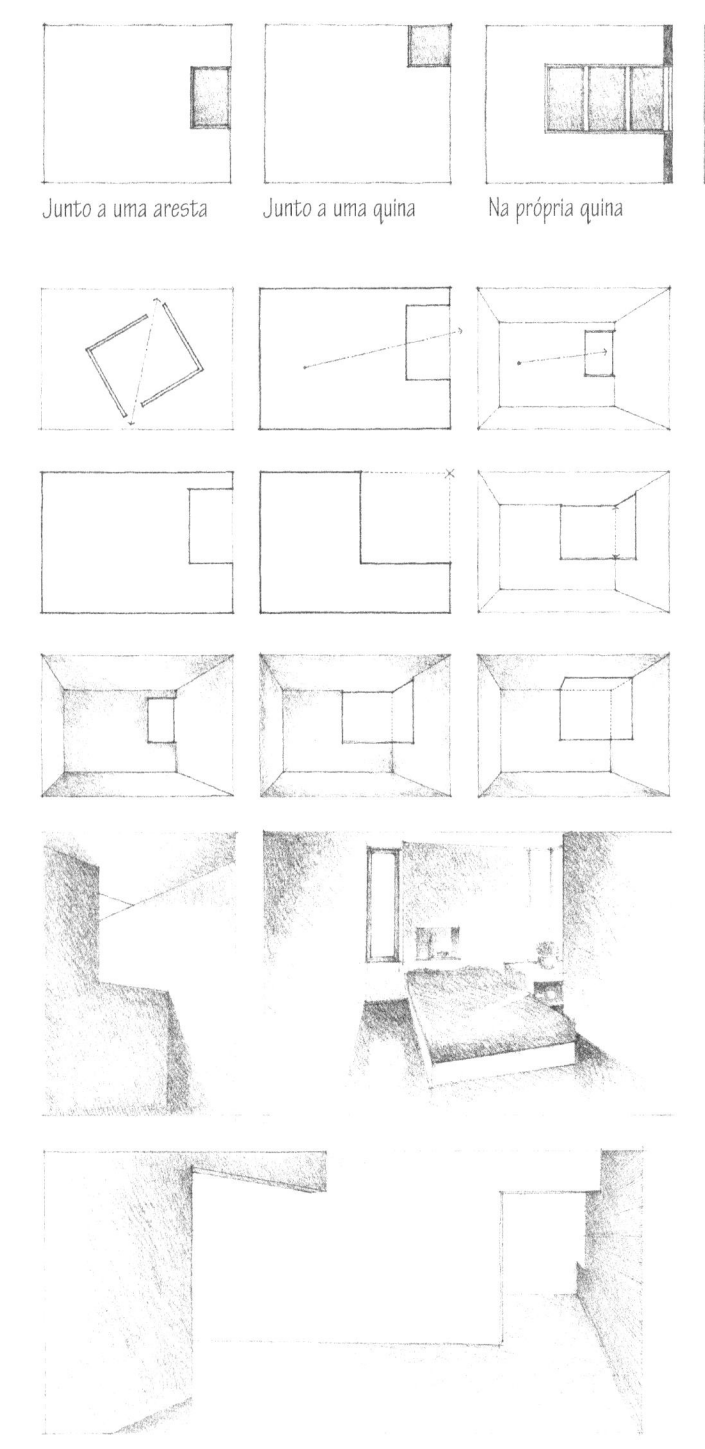

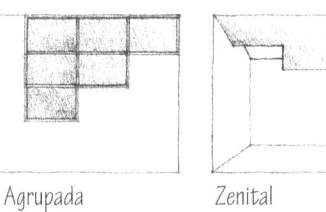

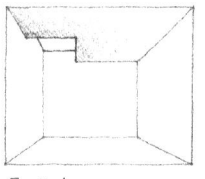

Junto a uma aresta | Junto a uma quina | Na própria quina | Agrupada | Zenital

As aberturas situadas em quinas conferem uma orientação diagonal ao espaço e aos planos nos quais elas se inserem. Esse efeito direcional pode ser desejável, por motivos de composição, ou a abertura no canto pode ser criada a fim de capturar uma vista interessante ou de iluminar uma quina escura do espaço.

O ESPAÇO   117

Aberturas entre dois planos

Uma abertura pode se estender verticalmente, entre os planos do piso e do teto, ou horizontalmente, entre dois planos de parede. Ela também pode ter seu tamanho ampliado para ocupar toda uma parede do espaço.

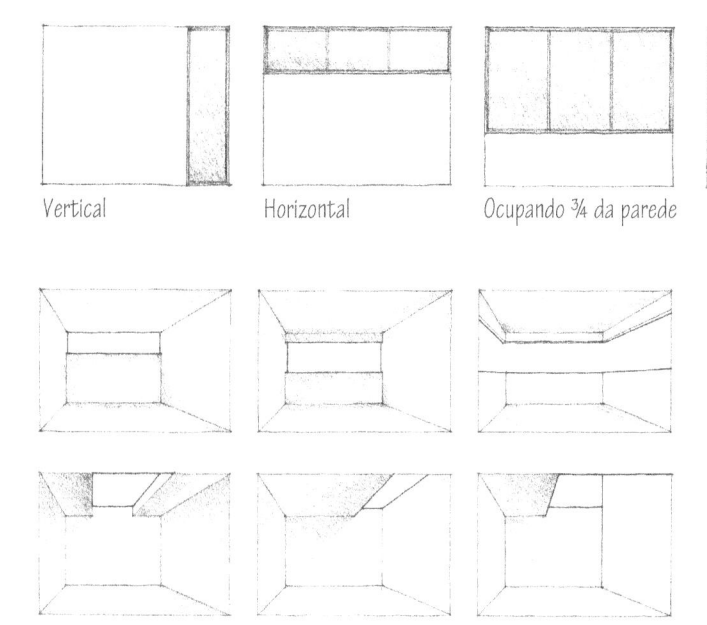

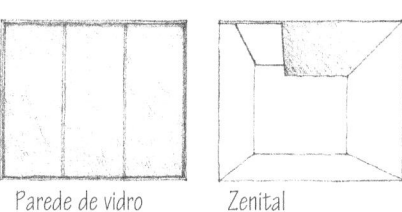

Vertical   Horizontal   Ocupando ¾ da parede   Parede de vidro   Zenital

Aberturas verticais que se estendem do plano do piso ao plano do teto de um espaço separam visualmente e reforçam as bordas dos planos de parede adjacentes.

Sala de estar, Casa Samuel Freeman, Los Angeles, Califórnia, Estados Unidos, 1924, Frank Lloyd Wright

Propriedades do espaço arquitetônico

As propriedades de um espaço arquitetônico, contudo, são muito mais ricas do que os diagramas conseguem retratar. As características espaciais de forma, proporção, escala, textura, iluminação e acústica dependem, em última análise, das propriedades de vedação de um espaço. Nossa percepção dessas características é frequentemente uma resposta aos efeitos conjuntos das propriedades encontradas e condicionadas pela cultura, por nossas experiências prévias e interesses ou gostos pessoais.

Dormitório da Casa em Alvenaria de Tijolo, New Canaan, Connecticut, Estados Unidos, 1949, Philip Johnson

Janela saliente da sala de estar, Casa da Colina, Helensburgh, Escócia, 1902–1903, Charles Rennie Mackintosh

Grau de fechamento

O grau de fechamento de um espaço, determinado pela configuração de seus elementos definidores e do padrão de suas aberturas, tem impacto significativo em nossa percepção de sua forma e orientação. De dentro de um espaço, vemos apenas a superfície de uma parede. É essa fina camada de material que forma o limite vertical do espaço. A espessura real de um plano de parede pode ser revelada apenas nas arestas de suas aberturas de portas e janelas.

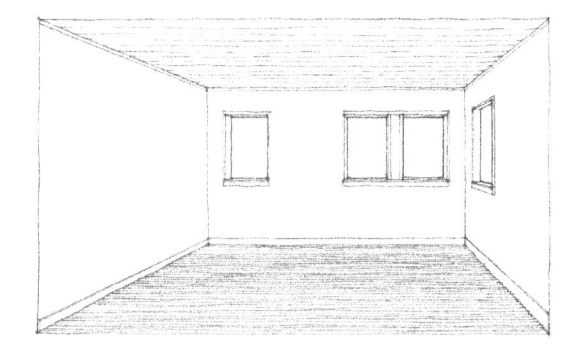

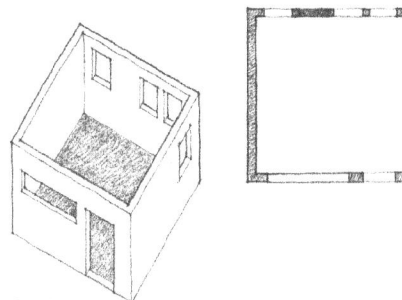

As aberturas que estão totalmente inseridas nos planos de fechamento de um espaço não enfraquecem a definição das arestas nem o senso de fechamento do espaço. A forma do espaço se mantém intacta e perceptível.

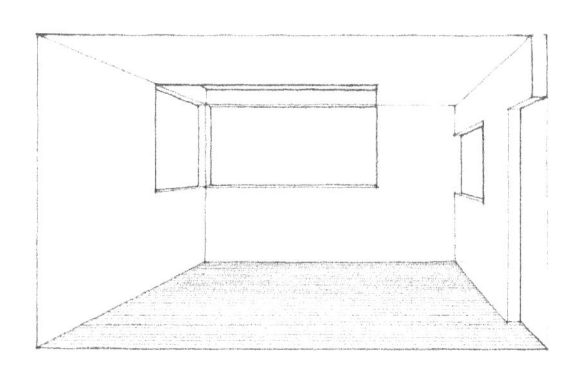

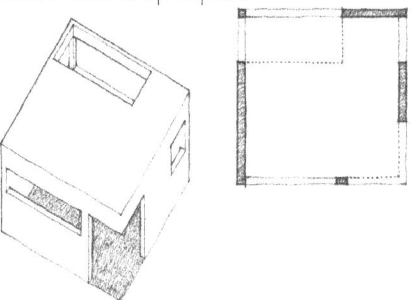

As aberturas localizadas ao longo das arestas dos planos de fechamento do espaço enfraquecem visualmente as quinas do volume. Embora essas aberturas erodam a forma geral do espaço, elas também promovem sua continuidade visual e sua interação com os espaços adjacentes.

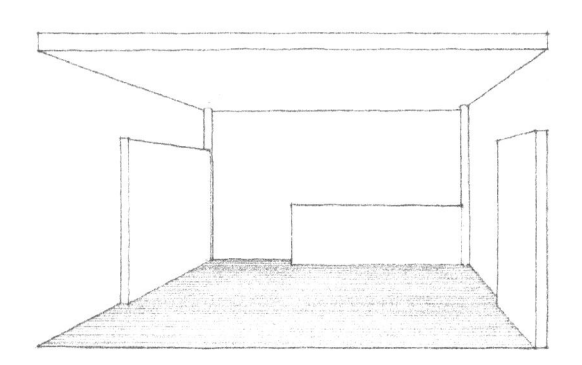

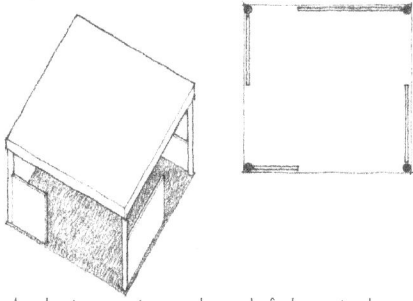

As aberturas entre os planos de fechamento de um espaço visualmente erodem os planos e reforçam sua individualidade. À medida que essas aberturas aumentam em número e tamanho, o espaço perde seu senso de fechamento, se torna mais difuso e passa a se fundir como os espaços contíguos. A ênfase visual passa para os planos de fechamento, saindo do volume do espaço definido pelos planos.

A luz

O sol é a abundante fonte de luz natural para a iluminação de formas e espaços na arquitetura. Embora a radiação solar seja intensa, as características de sua luz, manifestadas nas formas direta ou difusa, variam conforme o horário do dia, a estação e o lugar. Quando a energia luminosa do sol está dispersa por nuvens, névoa e precipitações, ela transmite as cores dinâmicas do céu e do clima às formas e superfícies que ilumina.

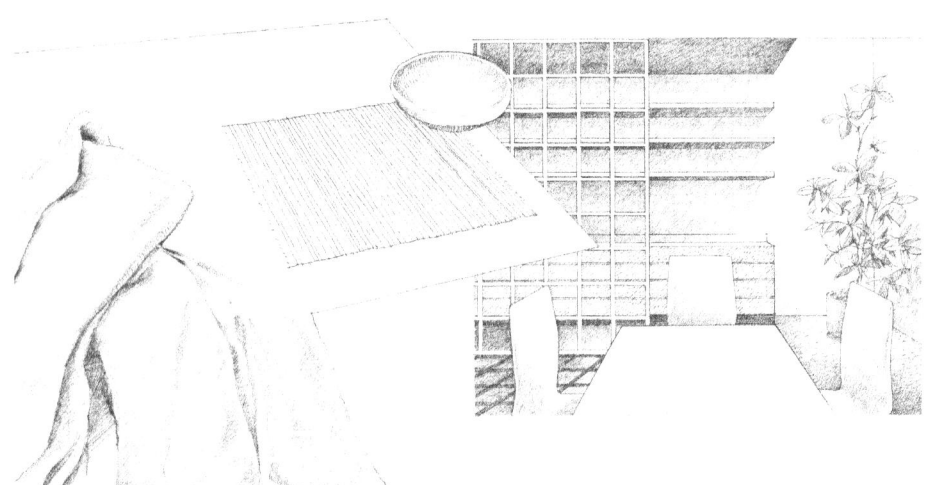

Penetrando um espaço através das janelas de um plano de parede ou das claraboias em um plano de cobertura, a energia solar irradiada incide sobre as superfícies de um ambiente interno, dá vida a suas cores e revela suas texturas. Com os padrões variáveis de luz, sombras próprias e sombras projetadas que cria, o sol anima o espaço de um cômodo, ressaltando as formas que nele estão contidas. Por meio de sua intensidade e de sua dispersão dentro do ambiente, a energia luminosa do sol pode esclarecer a forma do espaço ou distorcê-la. A cor e o brilho da luz solar podem criar uma atmosfera alegre dentro do cômodo, enquanto uma iluminação diurna mais difusa lhe confere uma ambiência sombria.

Como a intensidade e a direção da luz que o sol irradia são relativamente previsíveis, seu impacto visual nas superfícies, formas e espaços de um cômodo podem ser previstos com base no tamanho, na localização e na orientação das janelas e claraboias de seus planos de fechamento.

Casa da Cascata (Casa Kaufmann), Bear Run, próximo a Ohiopyle, Pensilvânia, Estados Unidos, 1936–1937, Frank Lloyd Wright

O tamanho de uma janela ou de uma claraboia controla a quantidade de luz natural (luz diurna) que o cômodo recebe. No entanto, o tamanho da abertura em uma parede ou em um plano de cobertura também depende de outros fatores, além da luz, como os materiais e o tipo de construção do plano de parede ou de cobertura; as necessidades de vista, privacidade visual e ventilação; o grau de fechamento desejado para o espaço; e o efeito das aberturas na forma externa da edificação. A localização e a orientação de uma janela ou de uma claraboia podem, portanto, ser mais importantes do que seu tamanho na determinação do tipo de iluminação que um cômodo recebe.

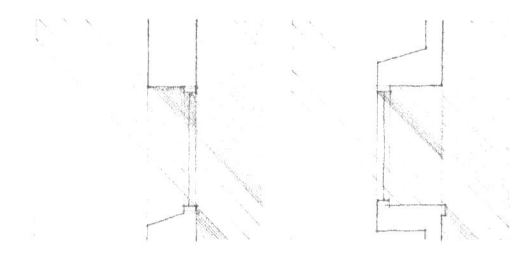

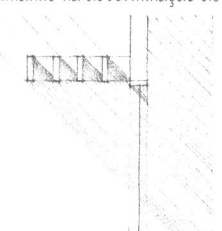

Uma abertura pode ser orientada para receber luz solar direta durante certos horários do dia. A luz solar direta proporciona alto grau de iluminação e é especialmente intensa por volta do meio-dia. Ela cria padrões de luz e sombras nas superfícies de um cômodo e ressalta de modo vívido as formas dentro do espaço. Os possíveis efeitos prejudiciais da luz solar direta, como o ofuscamento e o ganho térmico excessivo, podem ser controlados por meio do uso de elementos de sombreamento acoplados à própria abertura ou proporcionados pela folhagem de árvores próximas ou por construções vizinhas.

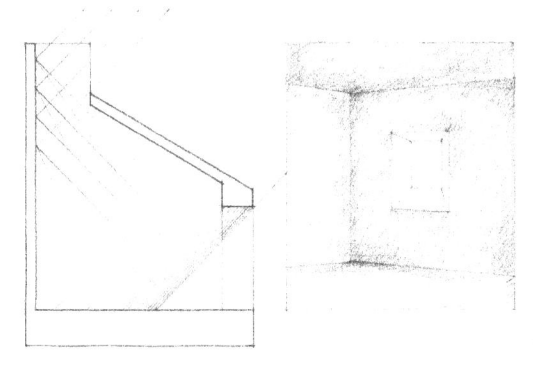

A localização de uma abertura afeta a maneira pela qual a luz natural entra em um cômodo e ilumina suas formas e superfícies. Quando localizada inteiramente dentro de um plano de parede, uma abertura pode ter o aspecto de um ponto de luz forte sobre uma superfície mais escura. Essa condição pode provocar ofuscamento se houver um contraste excessivo entre o brilho da abertura e o da superfície mais escura que a circunda. O ofuscamento desconfortável ou agressivo causado por razões de brilho excessivas entre as superfícies adjacentes ou as áreas de um cômodo pode ser atenuado ao se permitir que a luz natural incida no espaço interno vinda pelo menos de duas direções.

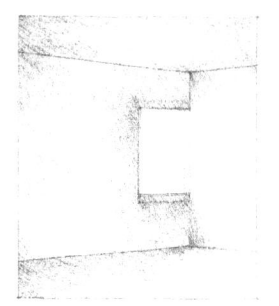

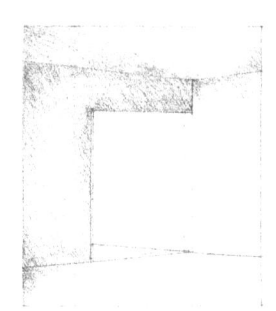

Quando uma abertura é localizada na extremidade de uma parede ou na quina de um cômodo, a luz natural que entra através dela banhará a parede adjacente e perpendicular ao plano da abertura. Essa superfície iluminada se torna uma fonte de luz e aumenta o nível de iluminação dentro do espaço.

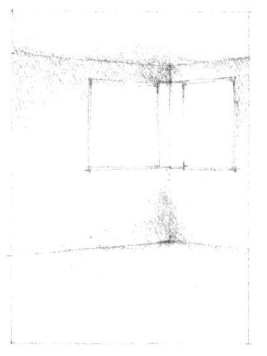

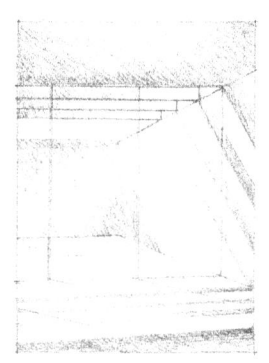

Outros fatores influenciam a iluminação natural de um cômodo. O formato e o desenho de uma abertura são refletidos no padrão de sombras projetado pela luz do sol sobre as formas e superfícies do ambiente. A cor e a textura dessas formas e superfícies, por sua vez, afetam sua refletividade e o nível de iluminação geral dentro do cômodo.

O ESPAÇO 123

A vista

Outra característica do espaço que deve ser considerada na fenestração dos cômodos é seu foco e sua orientação. Embora alguns cômodos tenham um foco interno, como uma lareira, outros têm orientação para fora — são extrovertidos — em função da vista para o exterior ou de um espaço adjacente. As aberturas de janela e claraboia proporcionam essa vista e estabelecem uma relação visual entre um cômodo e seu entorno imediato. O tamanho e a localização dessas aberturas determinam, evidentemente, a natureza da vista, bem como o grau de privacidade visual de um espaço interno.

Vista: interior do Templo Horyu-Ji, Nara, Japão, 607 d.C.
Uma janela pode estar localizada de forma que uma vista específica possa ser observada somente de uma posição dentro de um cômodo.

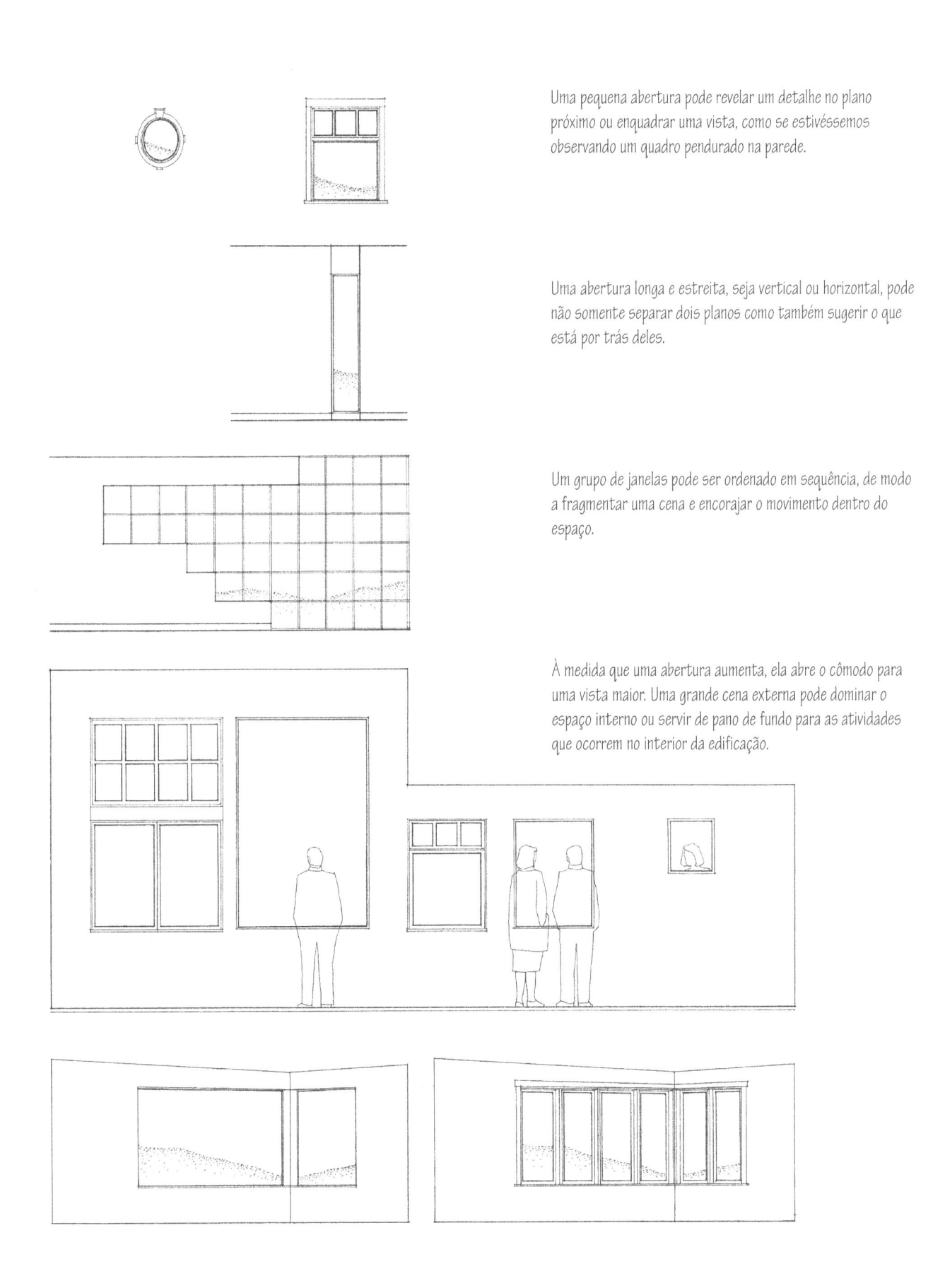

Uma pequena abertura pode revelar um detalhe no plano próximo ou enquadrar uma vista, como se estivéssemos observando um quadro pendurado na parede.

Uma abertura longa e estreita, seja vertical ou horizontal, pode não somente separar dois planos como também sugerir o que está por trás deles.

Um grupo de janelas pode ser ordenado em sequência, de modo a fragmentar uma cena e encorajar o movimento dentro do espaço.

À medida que uma abertura aumenta, ela abre o cômodo para uma vista maior. Uma grande cena externa pode dominar o espaço interno ou servir de pano de fundo para as atividades que ocorrem no interior da edificação.

6 Os Fundamentos da Arquitetura

A Ordem

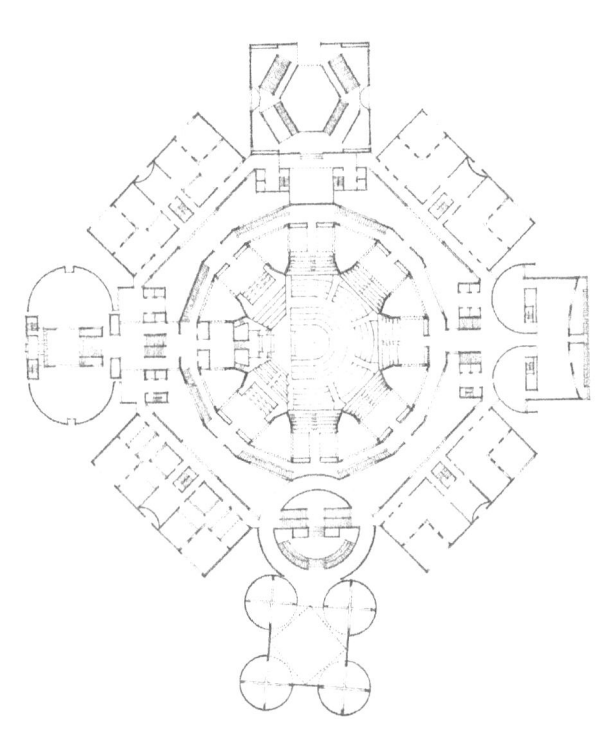

Edifício da Assembleia Nacional,
Complexo do Capitólio de Daca, Bangladesh,
iniciado em 1962, Louis Kahn

Como a arquitetura é organizada?

Os vários espaços e funções de uma edificação se relacionam entre si por meio de princípios de organização e ordenamento.

- Os princípios de organização determinam que cômodos ficam contíguos entre si e quais ficam separados. Eles determinam o caráter público ou privado de um espaço.

- Os princípios de ordenação determinam a sequência na qual as áreas são encontradas. Eles definem a lógica pela qual as características espaciais ou as funções são distribuídas por meio da composição de uma edificação.

Essas considerações fundamentais do projeto de arquitetura produzem edificações que fazem sentido — um prédio que é entendido de modo intuitivo à medida que nele entramos. A disposição e a sequência dos diferentes espaços entre si determinarão quais são mais ou menos importantes. As barreiras que dividem os espaços e as aberturas que os conectam dizem a uma pessoa quais espaços podem ser entrados e quais são proibidos. Já a proximidade ou a distância dos espaços entre si determinam a relação entre as funções da edificação.

Este capítulo discute questões de projeto relativas ao arranjo lógico dos espaços e das formas, a fim de definir especificamente as relações entre as partes de uma composição. Ele aborda os padrões de organização como estratégias de larga escala para a distribuição das partes de uma composição, bem como a lógica ordenadora que determina as relações entre as partes específicas de uma composição. Também discutiremos os elementos organizadores — as formas e composições que definem ou reforçam as relações entre os componentes.

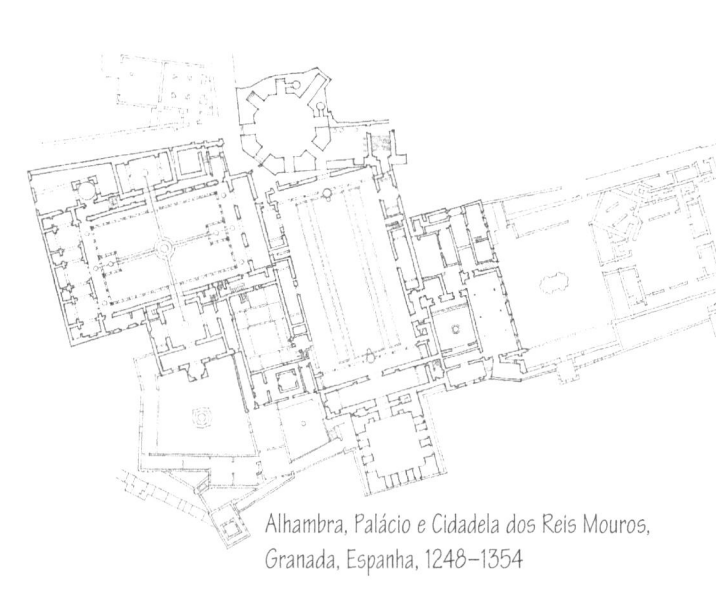

Alhambra, Palácio e Cidadela dos Reis Mouros, Granada, Espanha, 1248–1354

A organização da forma e do espaço

O capítulo anterior mostrou como várias configurações da forma podem ser manipuladas para definir um campo ou um volume de espaço isolado e como seus padrões de sólidos e espaços vazios afetam as características visuais do espaço definido.

Poucas edificações, no entanto, consistem em um espaço solitário. Elas geralmente são compostas de diversos ambientes, os quais devem se relacionar pela função, proximidade ou circulação. Este capítulo apresenta, para fins de estudo e discussão, as maneiras básicas pelas quais os recintos de uma edificação podem se relacionar e ser organizados em padrões coerentes de forma e espaço.

Dois espaços podem estar relacionados de diversos modos.

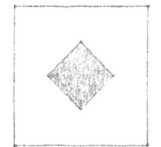

Espaço dentro de outro
Um espaço pode estar contido dentro do volume de outro espaço maior.

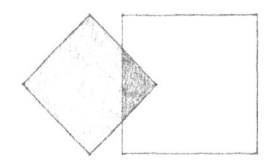

Espaços intersecionados
O campo de um espaço pode se sobrepor ao de outro espaço.

Espaços adjacentes
Dois espaços podem ser contíguos ou compartilhar uma área intermediária.

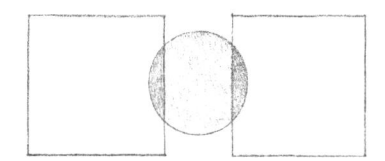

Espaços conectados por um terceiro espaço
Dois espaços podem ter uma relação estabelecida por um terceiro espaço.

Espaço dentro de outro

Um espaço pode envolver e conter outro espaço menor dentro de seu volume. A continuidade visual e espacial entre os dois espaços pode ser facilmente resolvida, mas o espaço menor, que está contido, dependerá do maior para sua relação com o ambiente externo.

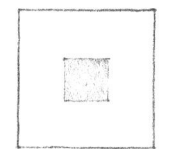

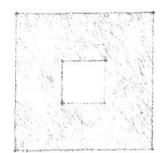

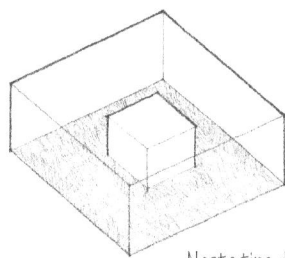

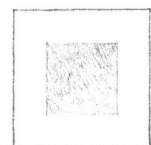

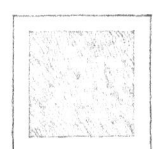

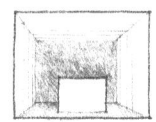

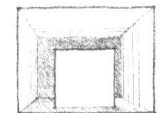

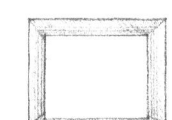

Neste tipo de relação espacial, o espaço maior, que contém o menor, serve como um campo tridimensional para o espaço menor. Para que este conceito possa ser percebido, é necessário que haja uma diferenciação clara de tamanho entre os dois espaços. Se o espaço contido aumentasse de tamanho, o espaço maior começaria a perder sua força como forma envolvente. Se o espaço contido continuasse a crescer, a área residual a seu redor se tornaria exígua demais para poder envolvê-lo. Assim, ela se tornaria uma mera camada ou uma pele ao redor do espaço contido, e a ideia original seria perdida.

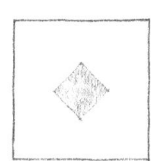

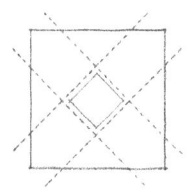

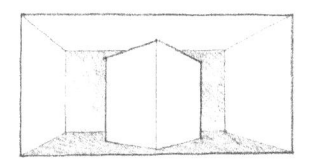

Para ser dotado de maior força de atração, o espaço contido pode ter a mesma forma do espaço que o contém, mas estar orientado de maneira diversa. Isso criaria uma malha secundária e estabeleceria um conjunto de espaços residuais dinâmicos dentro do espaço maior.

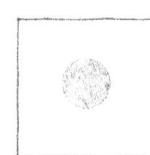

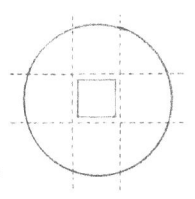

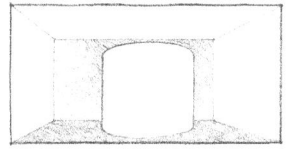

O espaço contido também pode diferir em forma em relação ao espaço que o contém, a fim de reforçar sua imagem como volume independente. Esse contraste de forma pode indicar uma diferença de função entre os dois espaços ou uma importância simbólica do espaço contido.

Espaços intersecionados

Uma relação espacial de interseção resulta da sobreposição de dois campos espaciais e do surgimento de uma zona de espaço compartilhada. Quando dois espaços têm seus volumes sobrepostos dessa maneira, cada um deles mantém sua identidade e sua definição como espaço. No entanto, a configuração resultante dos dois espaços intersecionados está sujeita a diversas interpretações.

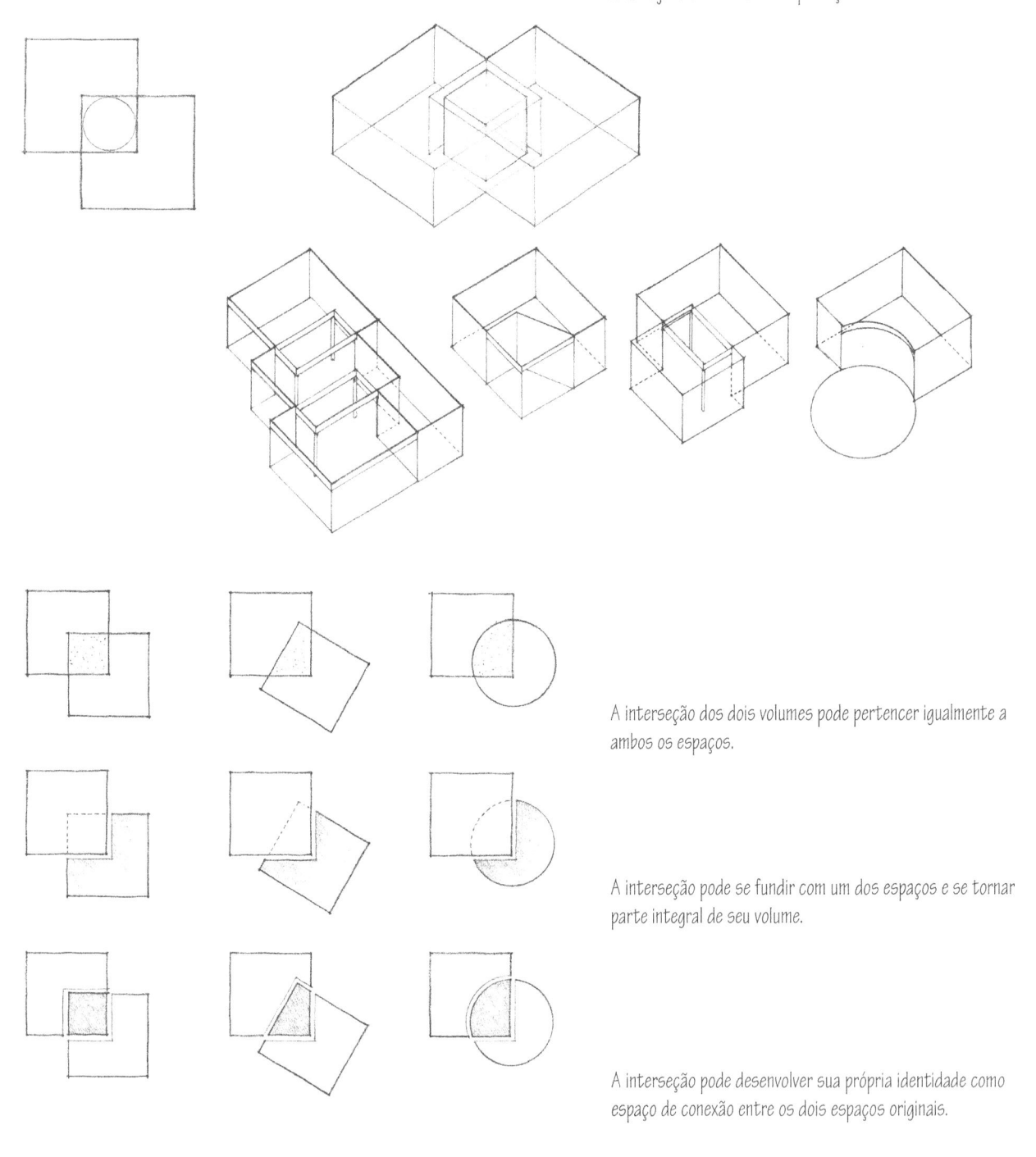

A interseção dos dois volumes pode pertencer igualmente a ambos os espaços.

A interseção pode se fundir com um dos espaços e se tornar parte integral de seu volume.

A interseção pode desenvolver sua própria identidade como espaço de conexão entre os dois espaços originais.

A ORDEM 129

Planta da Catedral de São Pedro
(segunda versão), Roma, Itália, 1506–1520,
Donato Bramante e Baldassare Peruzzi

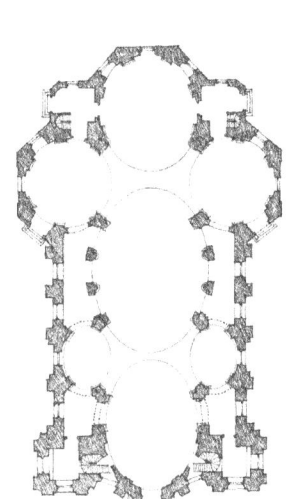

Igreja da Peregrinação (Basílica dos
Catorze Santos Auxiliares), Vierzehnheiligen,
Alemanha, 1744–1772, Balthasar Neumann

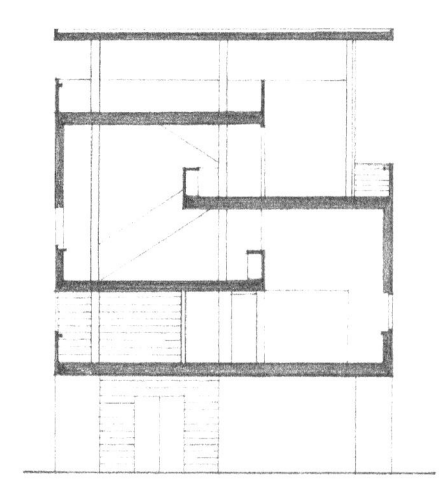

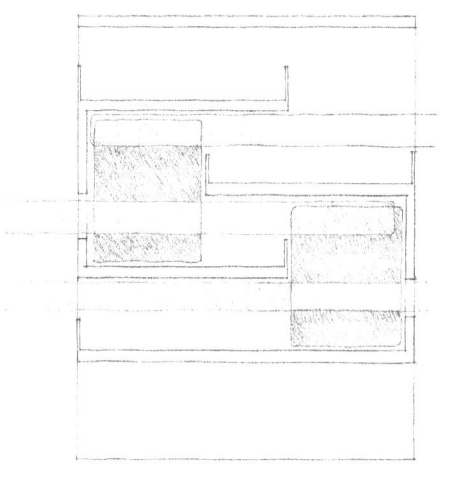

Vila em Cartago, Tunísia, 1928, Le Corbusier

Espaços adjacentes

A adjacência é o tipo mais comum de relação entre dois espaços de uma edificação. Ela permite que cada espaço seja claramente definido e responda à sua maneira às exigências funcionais ou simbólicas específicas. O grau de continuidade visual e espacial que ocorre entre os dois espaços adjacentes depende da natureza do plano que ao mesmo tempo os separa e conecta.

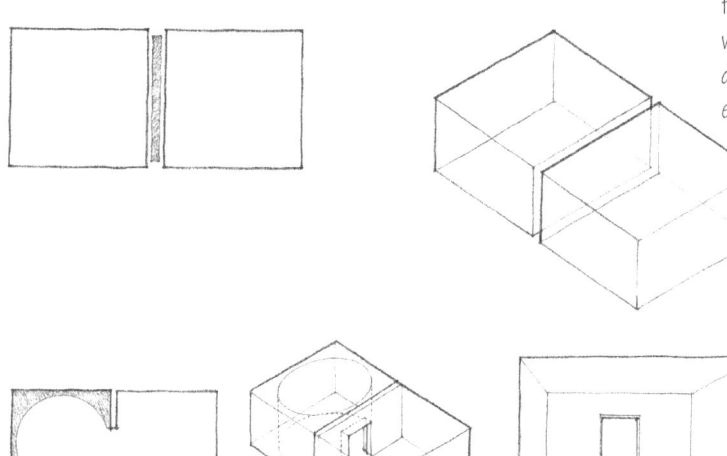

O plano de separação pode:

- limitar o contato físico e visual entre os dois espaços adjacentes, reforçando a individualidade de cada um e conciliando suas diferenças;

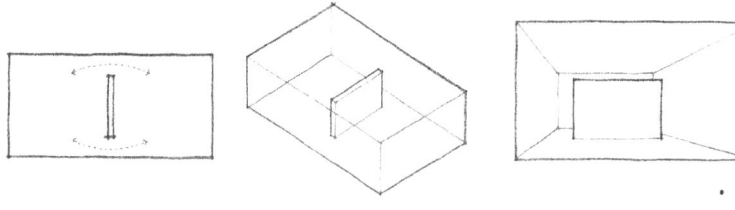

- ser um plano livre colocado dentro de um único volume de espaço;

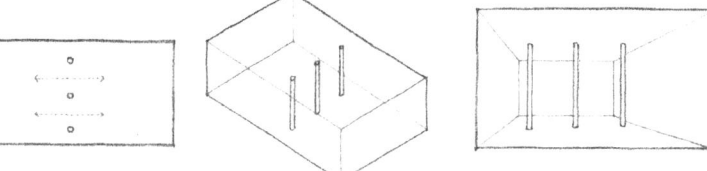

- ser definido por uma colunata, permitindo um alto nível de continuidade espacial e visual entre os dois espaços adjacentes;

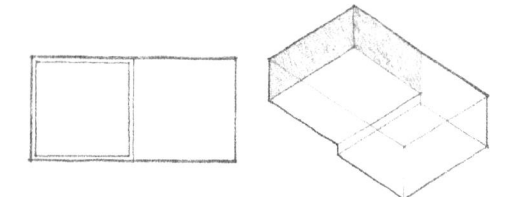

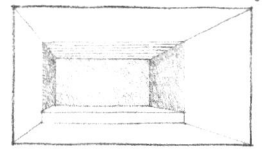

- ser apenas sugerido por meio de uma mudança de nível ou um contraste no material de superfície ou na textura entre os dois espaços. Este caso, assim como os últimos dois casos, também pode ser lido como um volume de espaço único dividido em duas zonas relacionadas.

A ORDEM   131

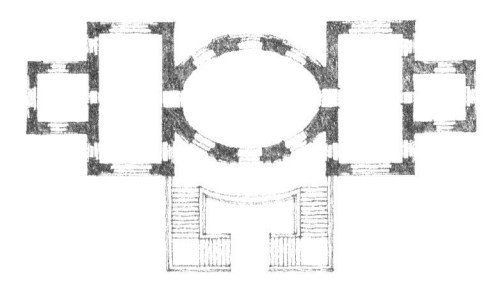

Projeto de Pavilhão, século XVII, Fischer von Erlach

Os espaços nestas duas edificações são diferenciados em termos de tamanho, formato e forma. As paredes que os configuram resolvem as diferenças entre os espaços adjacentes.

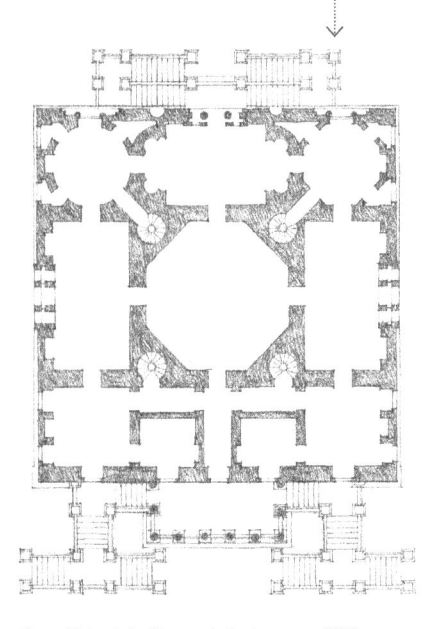

Casa Chiswick, Chiswick, Inglaterra, 1729, Lord Burlington e William Kent

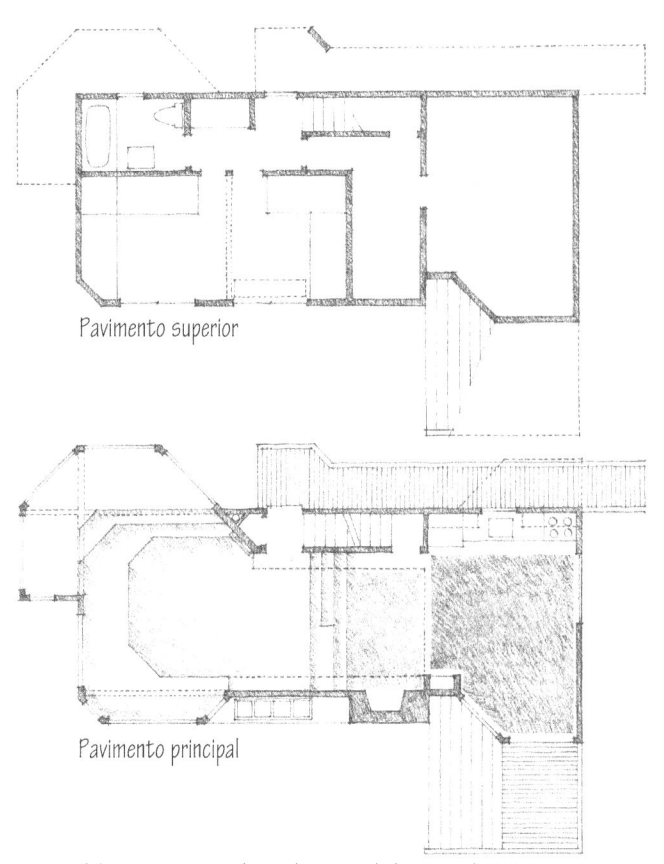

Pavimento superior

Pavimento principal

Três espaços — as áreas de estar, da lareira e de jantar — são definidos por mudanças em nível do piso, pé-direito, tipo de iluminação e vistas, e não por meio de planos de parede.

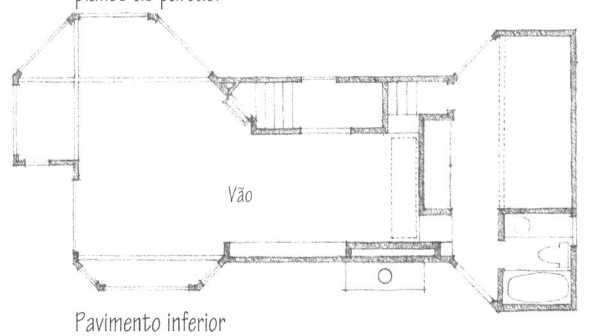

Vão

Pavimento inferior

Casa Lawrence, Sea Ranch, Califórnia, Estados Unidos, 1966, Moore-Turnbull/MLTW

Espaços conectados por um terceiro espaço

Dois espaços separados por uma distância podem estar conectados ou relacionados por meio de um terceiro espaço intermediário. A relação visual e espacial entre os dois espaços principais dependerá da natureza do terceiro espaço, que por eles é compartilhado.

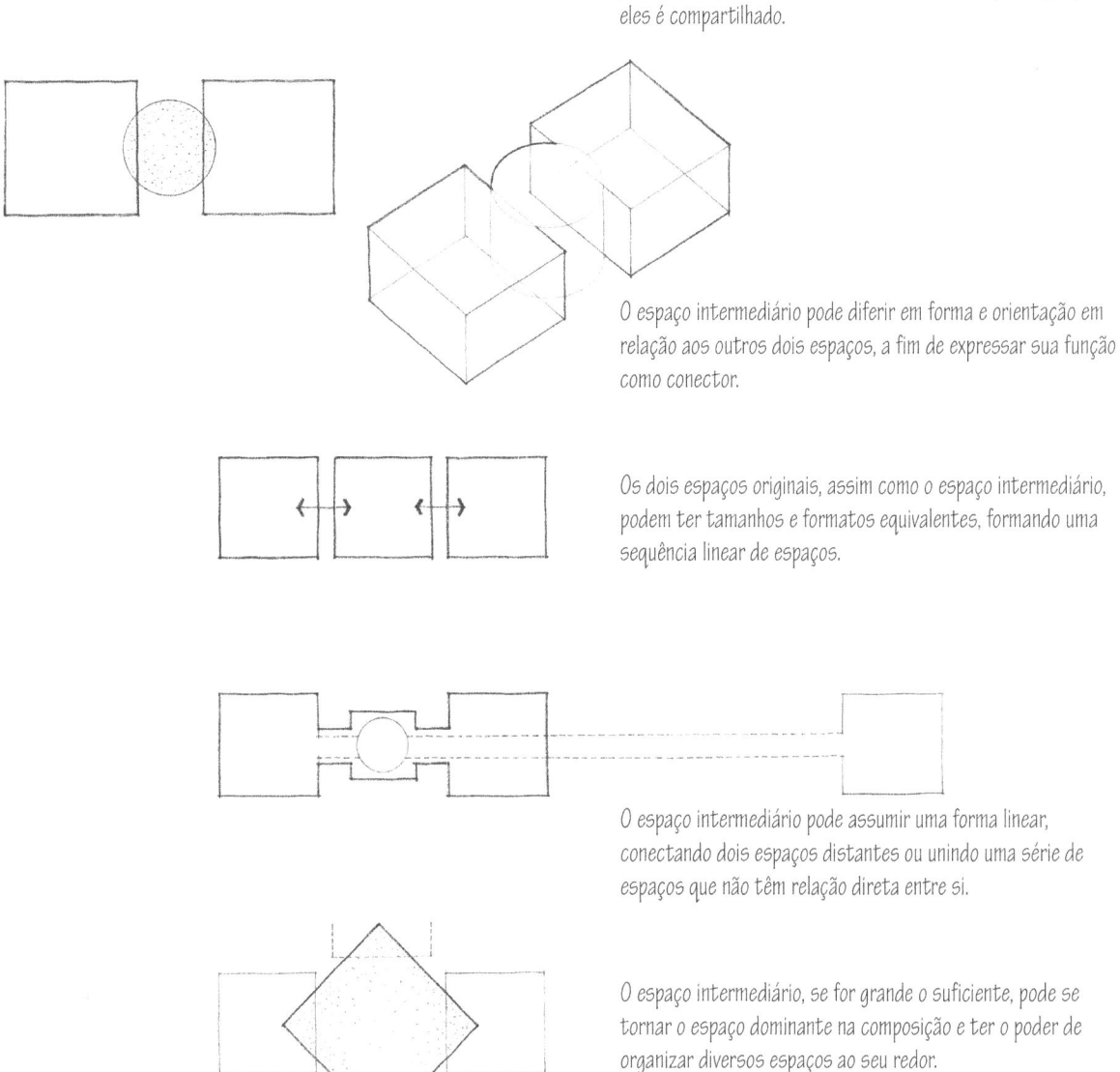

O espaço intermediário pode diferir em forma e orientação em relação aos outros dois espaços, a fim de expressar sua função como conector.

Os dois espaços originais, assim como o espaço intermediário, podem ter tamanhos e formatos equivalentes, formando uma sequência linear de espaços.

O espaço intermediário pode assumir uma forma linear, conectando dois espaços distantes ou unindo uma série de espaços que não têm relação direta entre si.

O espaço intermediário, se for grande o suficiente, pode se tornar o espaço dominante na composição e ter o poder de organizar diversos espaços ao seu redor.

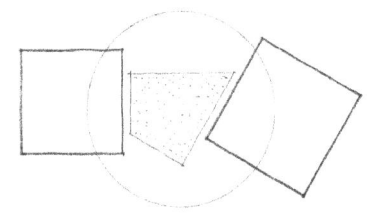

A forma do espaço intermediário pode ser de natureza residual e estar determinada apenas pelas formas e orientações dos dois espaços que estão sendo conectados.

A ORDEM   133

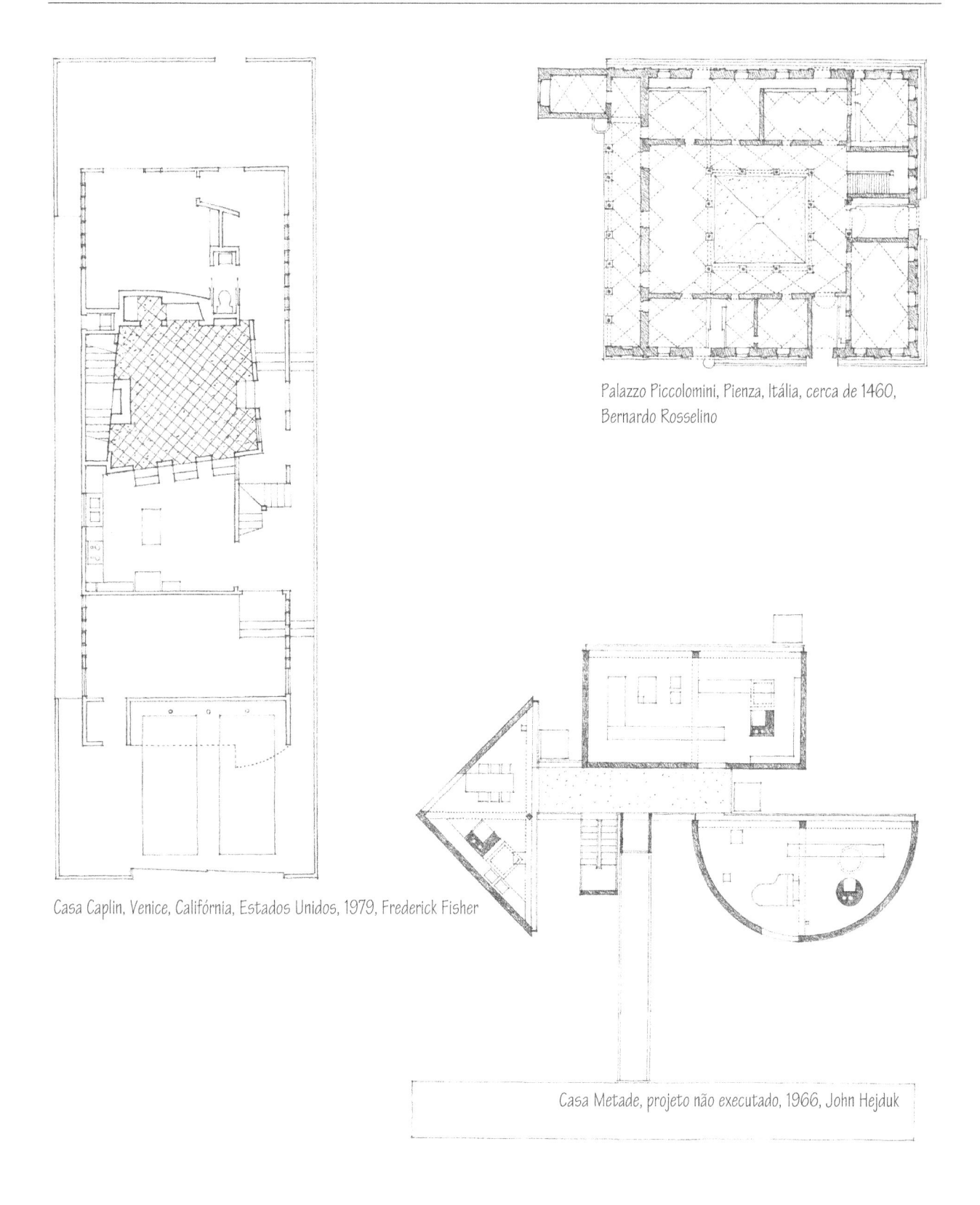

Palazzo Piccolomini, Pienza, Itália, cerca de 1460, Bernardo Rosselino

Casa Caplin, Venice, Califórnia, Estados Unidos, 1979, Frederick Fisher

Casa Metade, projeto não executado, 1966, John Hejduk

134 OS FUNDAMENTOS DA ARQUITETURA

Organizações espaciais

A seção seguinte apresenta as maneiras básicas de distribuição e organização dos espaços de uma edificação. Em um típico programa de necessidades de uma edificação, geralmente são exigidos vários tipos de espaços, os quais podem:

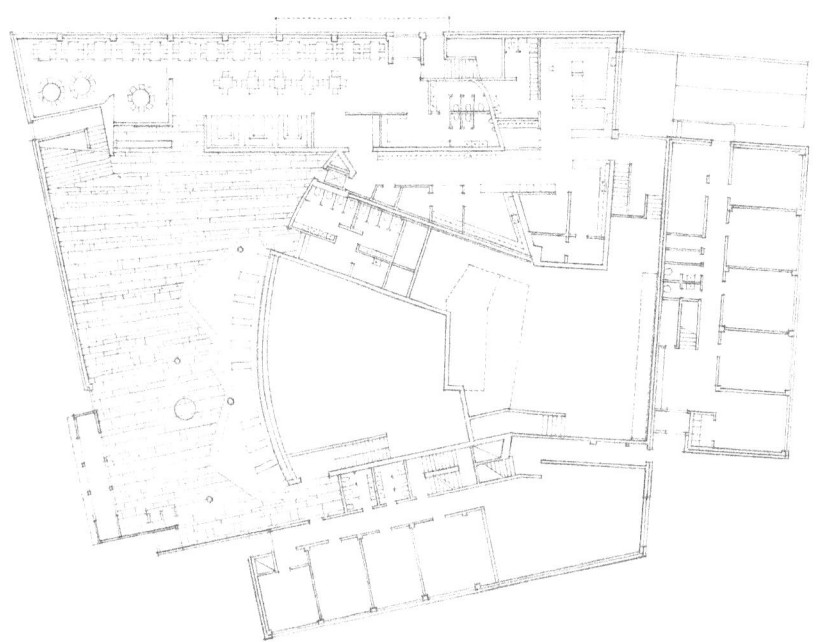

- Ter funções específicas ou exigir formas específicas
- Ter uso flexível e ser manipulados à vontade
- Ser singulares e únicos em termos de função e importância dentro da organização da edificação
- Ter funções similares e formar um agrupamento funcional ou se repetir em uma sequência linear
- Exigir a exposição externa à luz, à ventilação ou a vistas ou ter acesso aos espaços externos
- Ser segregados, para maior privacidade
- Ser facilmente acessíveis

Teatro de Seinäjoki, Finlândia, 1968–1969, Alvar Aalto

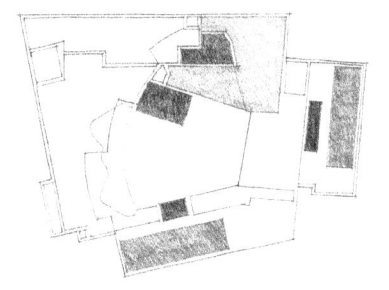

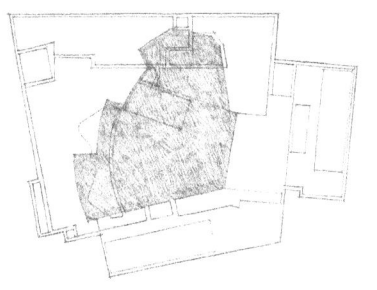

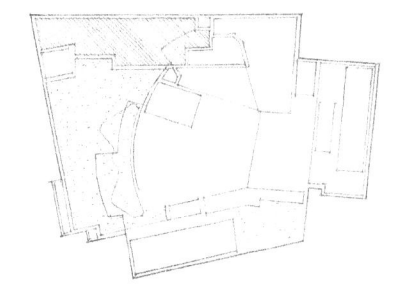

Diagramas analíticos dos tipos de espaços fixos e flexíveis no Teatro de Seinäjoki

A maneira pela qual tais espaços estão distribuídos pode esclarecer sua importância relativa e seu papel simbólico na organização de um prédio. A decisão quanto ao tipo de organização a ser empregada em uma situação específica dependerá das:

- Demadas do programa de necessidades, como proximidades funcionais, exigências dimensionais, classificação hierárquica dos espaços e necessidades de acesso, luz e vista
- Condições externas do terreno, que podem limitar a forma ou o crescimento da organização ou mesmo encorajar a organização a aproveitar certas particularidades do terreno e evitar outras

Cada tipo de organização espacial será apresentado por uma seção que discutirá características formais, relações espaciais e respostas contextuais da categoria. A seguir, vários exemplos ilustrarão as questões básicas levantadas na introdução. Cada um dos exemplos levará em consideração:

- Quais tipos de espaço são acomodados, e onde? Como eles são configurados?
- Quais tipos de relações são estabelecidos entre os espaços e entre os espaços e o ambiente externo?
- Onde pode ser a entrada da organização, e qual tipo de circulação será utilizado?
- Qual é a forma externa da organização, e como ela pode responder ao contexto?

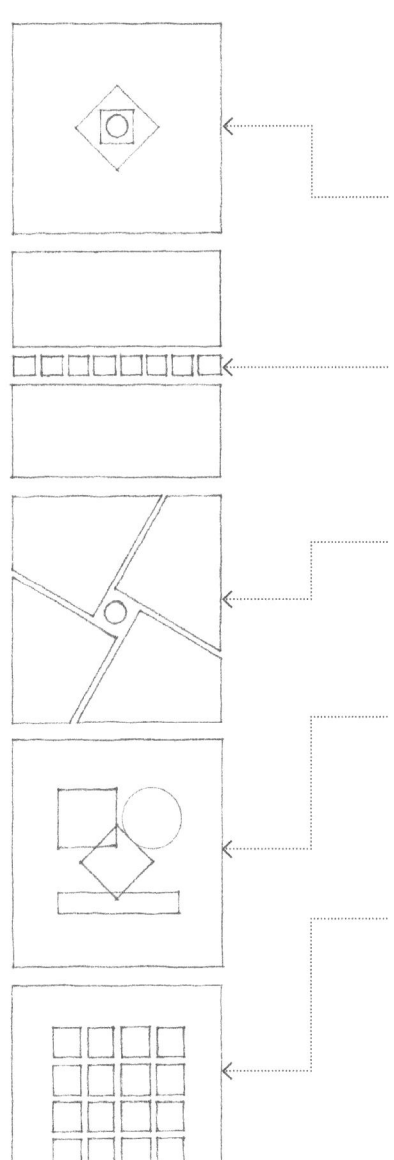

Organização centralizada
Um espaço central e dominante ao redor do qual vários espaços secundários são agrupados.

Organização linear
Uma sequência linear de espaços repetitivos.

Organização radial
Um espaço central a partir do qual organizações lineares de espaço se estendem de maneira radial.

Organização aglomerada
Espaços agrupados pela proximidade ou pelo compartilhamento de uma característica ou de uma relação visual.

Organização em malha
Espaços organizados dentro do campo de uma malha estrutural ou de outro sistema estrutural.

Organizações centralizadas

Uma organização centralizada é uma composição estável e concentrada que consiste em vários espaços secundários agrupados ao redor de um espaço central grande e dominante.

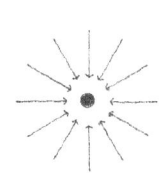

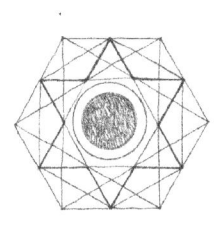

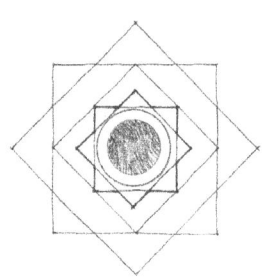

O espaço central e unificador da organização geralmente tem forma regular e é grande o suficiente para reunir vários espaços secundários ao redor de seu perímetro.

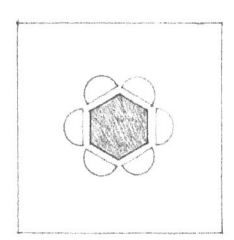

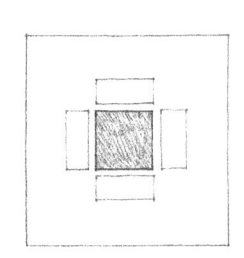

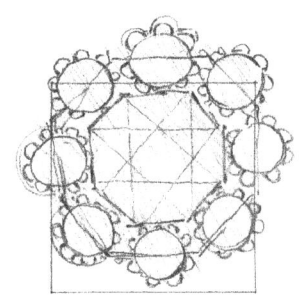

Igreja Ideal, Leonardo da Vinci

Os espaços secundários da organização podem ser equivalentes entre si em termos de função, forma e tamanho e criar uma configuração global que é geometricamente regular e simétrica em relação a dois ou mais eixos.

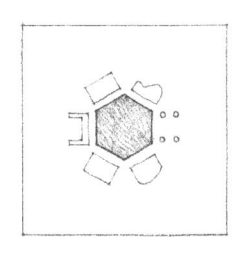

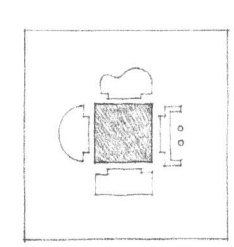

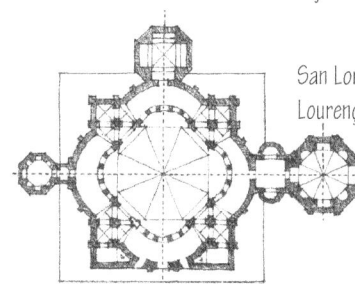

San Lorenzo Maggiore (Basílica de São Lourenço Maior), Milão, Itália, cerca de 480 d.C.

Os espaços secundários podem diferir entre si em forma ou tamanho a fim de responder a diferentes requisitos funcionais, expressar sua função relativa ou reconhecer seu entorno. Essa diferenciação entre os espaços secundários também permite que a forma da organização centralizada responda às condições ambientais de seu terreno.

Uma vez que uma organização centralizada é não direcional por sua própria natureza, o acesso e a entrada devem ficar evidentes no terreno e no tratamento dos espaços secundários, seja por meio de um portal ou de outro elemento marcante.

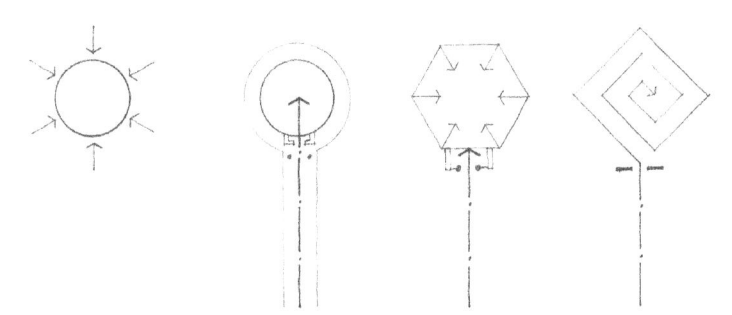

O padrão de circulação e movimento dentro de uma organização centralizada pode ter forma radial ou espiral ou compor um circuito. Contudo, em quase todos os casos, o padrão terminará no espaço central ou ao seu redor.

As organizações centralizadas cujas formas são relativamente compactas e geometricamente regulares podem ser empregadas para:

- Estabelecer pontos ou lugares no espaço
- Criar o foco para um eixo
- Servir como um objeto ou uma forma dentro de um campo bem-definido de volume espacial

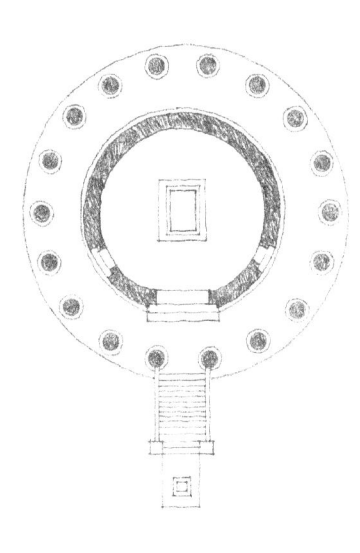

O espaço organizador central pode ser um espaço interno ou externo.

Organizações lineares

Uma organização linear consiste essencialmente em uma série de espaços. Tais espaços podem estar diretamente relacionados entre si ou conectados por meio de um espaço linear separado e distinto.

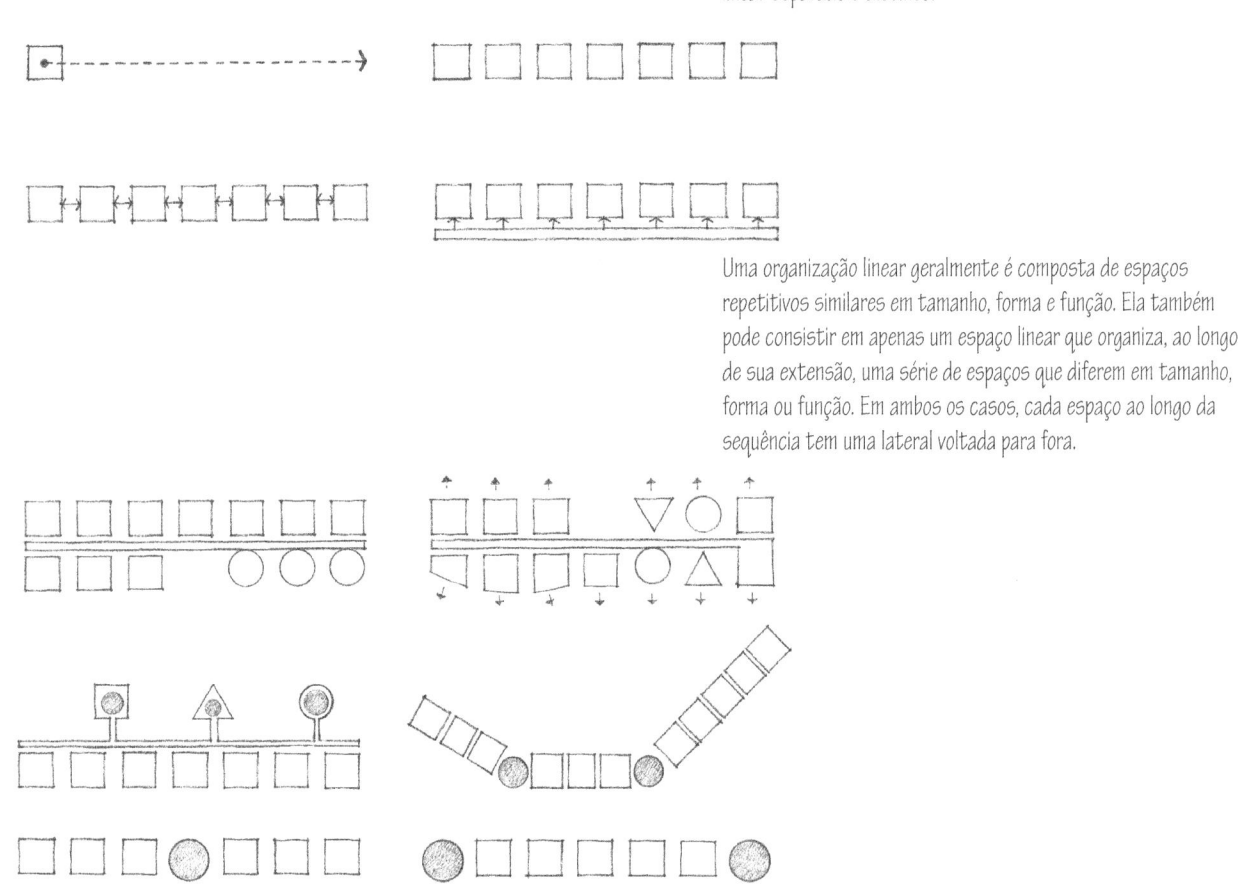

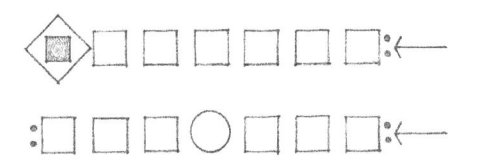

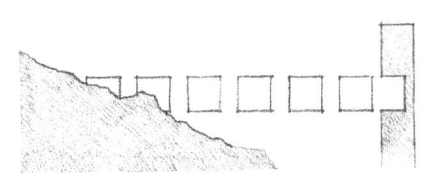

Uma organização linear geralmente é composta de espaços repetitivos similares em tamanho, forma e função. Ela também pode consistir em apenas um espaço linear que organiza, ao longo de sua extensão, uma série de espaços que diferem em tamanho, forma ou função. Em ambos os casos, cada espaço ao longo da sequência tem uma lateral voltada para fora.

Os espaços que são importantes para o conjunto, em termos funcionais ou simbólicos, podem estar posicionados em qualquer lugar da sequência linear e ter sua importância ressaltada pelo tamanho ou pela forma. Seu significado também pode ser enfatizado por sua localização, que pode ser:

- Na extremidade da sequência linear
- Deslocada da organização linear
- Nos pontos de articulação de uma forma linear segmentada

Devido ao seu comprimento característico, as organizações lineares expressam direção e transmitem ideias de movimento, extensão e crescimento. Para ter seu crescimento limitado, as organizações lineares podem ser terminadas por um espaço ou uma forma dominante, por uma entrada elaborada ou destacada ou pela fusão com outra forma edificada ou com a topografia de seu terreno.

A ORDEM   139

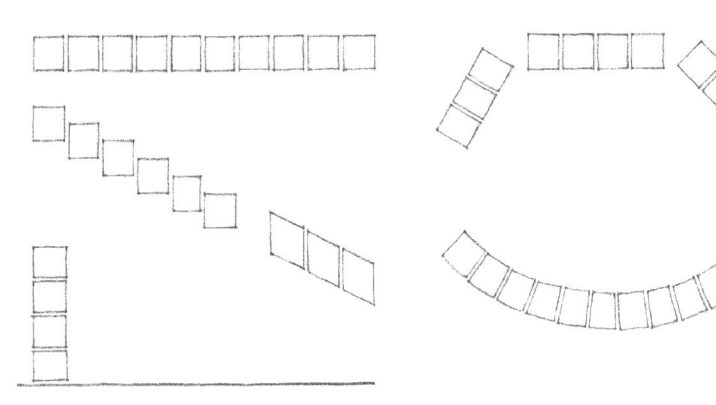

A forma de uma organização linear é flexível por natureza e pode responder imediatamente a várias condições de seu terreno. Ela pode se adaptar a mudanças na topografia, desviar de um corpo d'água ou de um grupo de árvores ou mudar de direção, a fim de orientar os espaços internos para obter uma melhor insolação e vistas mais interessantes. Ela pode ser reta, segmentada ou curvilínea, se desenvolver horizontalmente através do terreno, descer um declive na diagonal ou se erguer verticalmente, como uma torre.

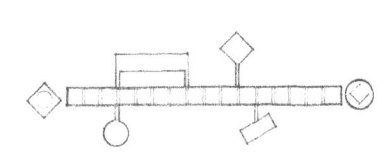

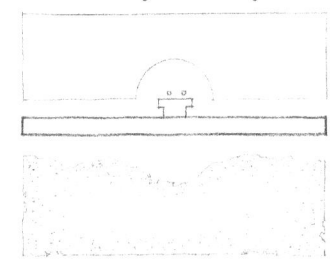

A forma de uma organização linear pode se relacionar com outras formas de seu contexto ao:

- Conectá-las e organizá-las ao longo de sua extensão
- Servir como muro ou barreira, separando-as em diferentes campos
- Circundá-las e fechá-las dentro de um espaço

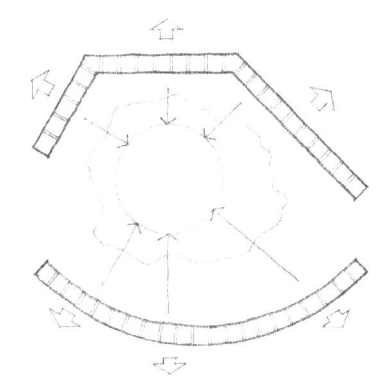

As organizações lineares com formas curvas ou segmentadas delimitam um espaço externo em seus lados côncavos e orientam seus espaços para o centro desse espaço. Em seus lados convexos, essas formas assumem o caráter de uma barreira e excluem o espaço externo de seu campo delimitado.

OS FUNDAMENTOS DA ARQUITETURA

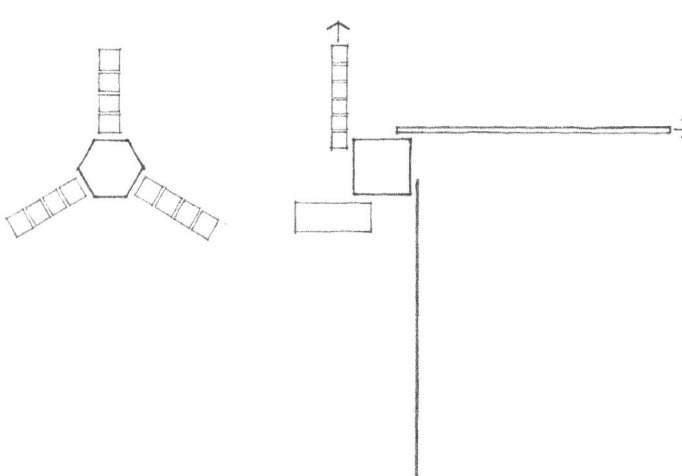

Organizações radiais

Uma organização de espaço radial combina elementos de organizações centralizadas e lineares. Ela consiste em um espaço central dominante, do qual uma série de organizações lineares se estendem de maneira radial. Enquanto uma organização centralizada é um esquema introvertido, por se voltar para o espaço central, uma organização radial é uma planta extrovertida voltada para seu contexto. Por meio de seus braços lineares, ela consegue se estender e se conectar a características ou elementos específicos do terreno.

Como ocorre com as organizações centralizadas, o espaço central de uma organização radial geralmente tem forma regular. Os braços lineares, cujo eixo é o espaço central, podem ser similares entre si em forma e comprimento e manter a regularidade da forma geral da organização.

Os braços irradiados também podem ser diferentes entre si, a fim de responder a exigências individuais de função e contexto.

Uma variação específica da organização radial é o padrão em cata-vento, no qual os braços do conjunto se desenvolvem a partir dos lados de um espaço central quadrado ou retangular. Esse arranjo resulta em um padrão dinâmico, que sugere visualmente um movimento de rotação em relação ao espaço central.

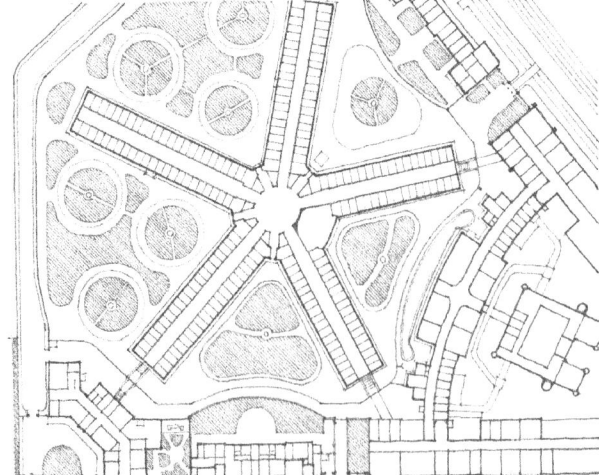

Penitenciária de Moabit, Berlim, Alemanha, 1869–1879, August Busse e Heinrich Herrmann

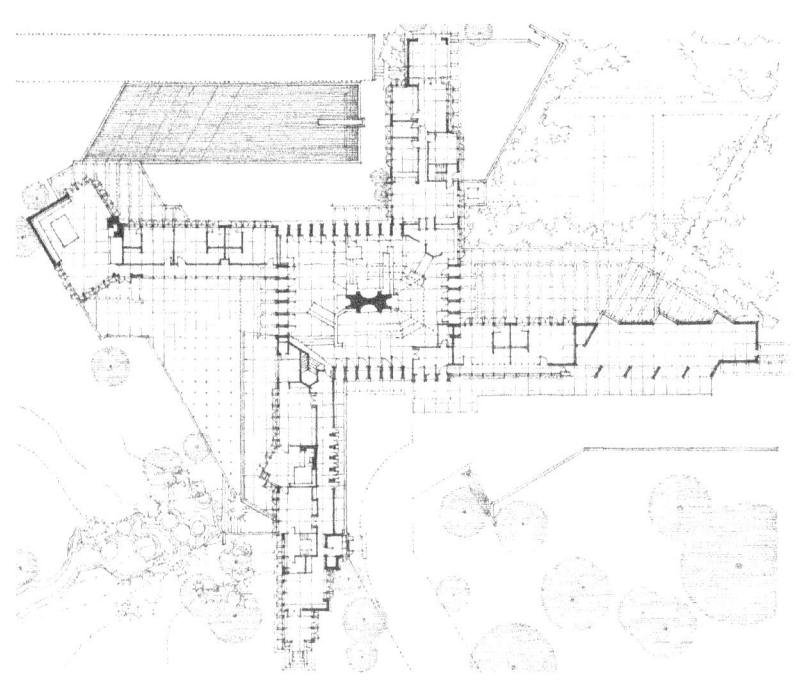

Casa Herbert F. Johnson (Wingspread ou Casa Cata-Vento), Wind Point, Wisconsin, Estados Unidos, 1937, Frank Lloyd Wright

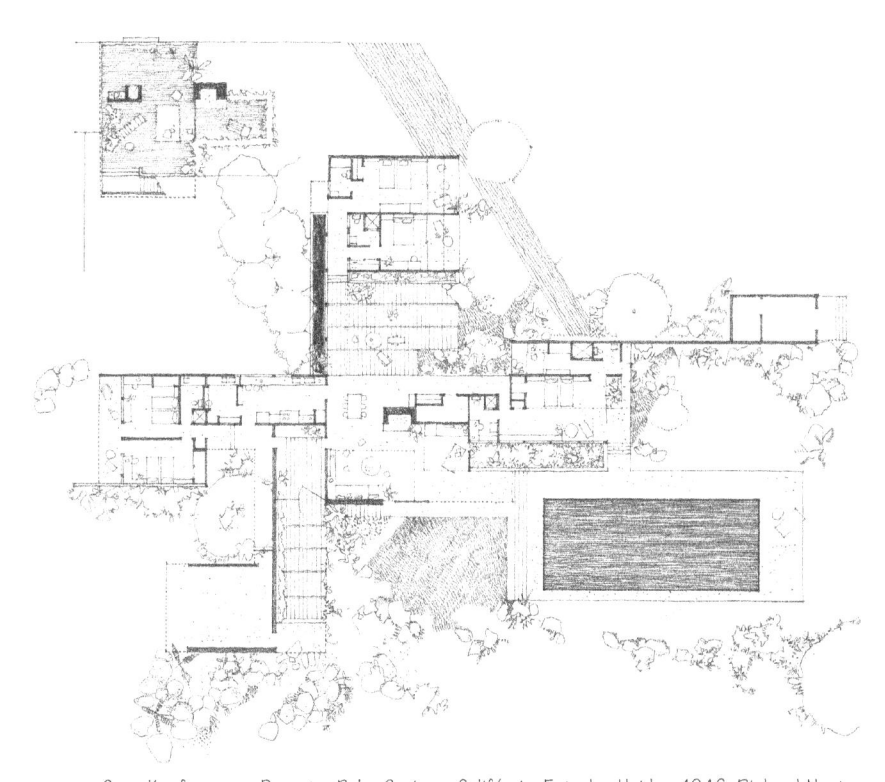

Casa Kaufmann no Deserto, Palm Springs, Califórnia, Estados Unidos, 1946, Richard Neutra

Organizações aglomeradas

Uma organização aglomerada se baseia na proximidade física para relacionar seus espaços. Ela frequentemente consiste em espaços celulares repetitivos que têm funções similares e compartilham uma característica visual, como o formato ou a orientação. Uma organização aglomerada também pode ser composta de espaços com diferentes tamanhos, formas e funções, desde que estejam relacionados entre si pela proximidade ou por um recurso de ordenação, como a simetria ou um eixo. Como seu padrão não se origina de um conceito geométrico rígido, a forma de uma organização aglomerada é flexível e pode crescer ou mudar rapidamente sem que seu caráter seja afetado.

Os espaços aglomerados podem ser organizados em relação a um ponto de entrada de uma edificação ou ao longo da circulação que o cruza. Os espaços também podem estar reunidos em relação a um grande campo bem-definido ou a volume de espaço. Esse padrão é similar ao da organização centralizada, mas carece da compacidade e regularidade geométrica dele. Os espaços de uma organização aglomerada também podem estar confinados em um campo definido ou em volume de espaço.

Uma vez que não há um lugar importante *a priori* dentro do padrão da organização aglomerada, o significado de um espaço deve ser articulado por meio de seu tamanho, sua forma ou sua orientação dentro do padrão.

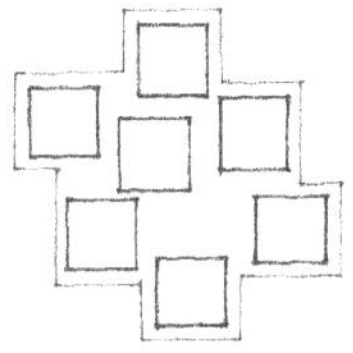

A simetria ou a condição axial pode ser utilizada para reforçar e unificar partes de uma organização aglomerada e ajudar a destacar a importância de um espaço ou de grupo de espaços dentro da composição.

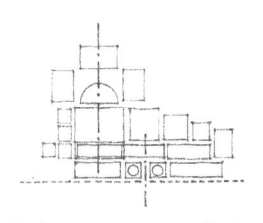

Espaços repetitivos

Com o mesmo formato

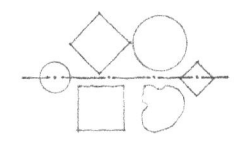

Organizados por um eixo

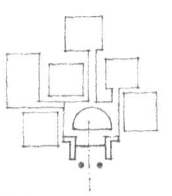

Aglomerados em relação à entrada

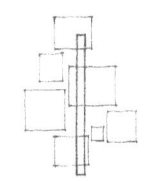

Agrupados ao longo de uma circulação...

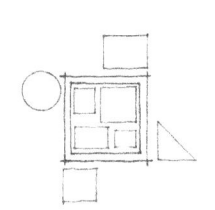

...ou de um circuito fechado

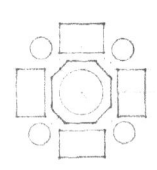

Padrão centralizado

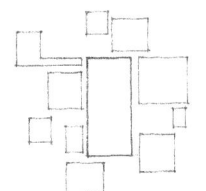

Padrão aglomerado

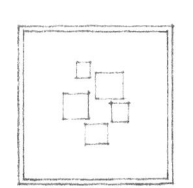

Padrão de elementos contidos em um espaço

Configurações axiais múltiplas

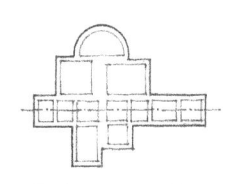

Configuração axial

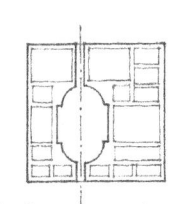

Configuração simétrica

A ORDEM 143

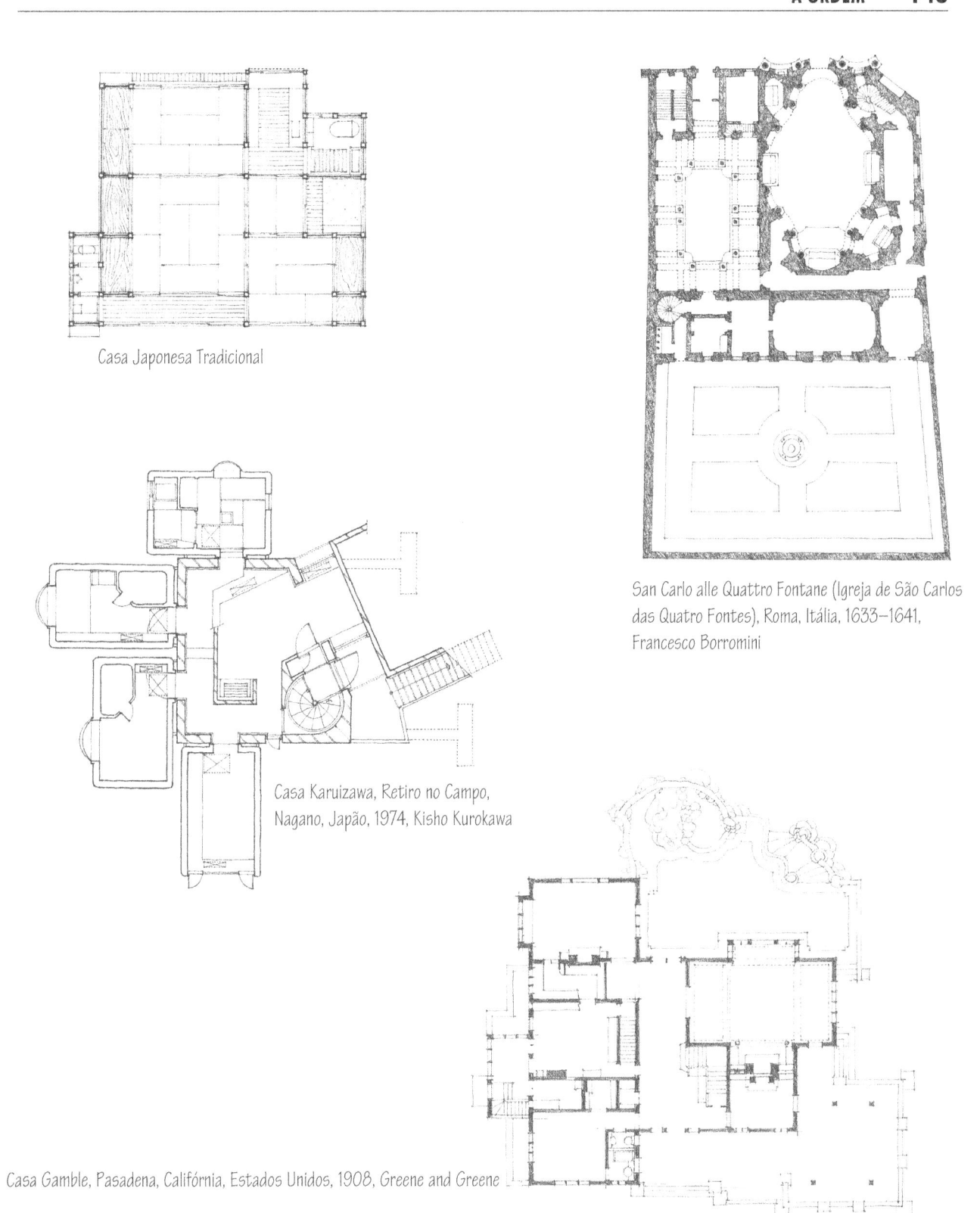

Casa Japonesa Tradicional

San Carlo alle Quattro Fontane (Igreja de São Carlos das Quatro Fontes), Roma, Itália, 1633–1641, Francesco Borromini

Casa Karuizawa, Retiro no Campo, Nagano, Japão, 1974, Kisho Kurokawa

Casa Gamble, Pasadena, Califórnia, Estados Unidos, 1908, Greene and Greene

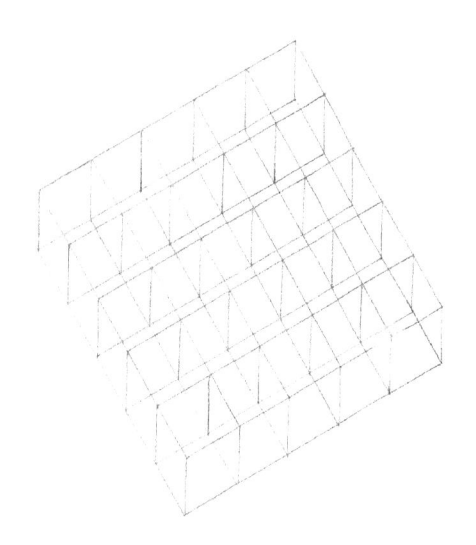

Organizações em malha

Uma organização em malha consiste em formas e espaços cujas posições no espaço e relações entre si são reguladas por um padrão ou um campo reticulado tridimensional.

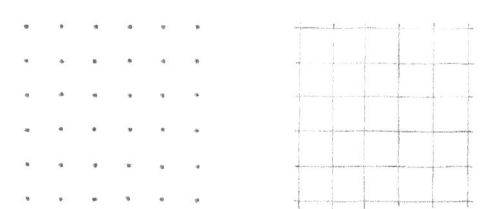

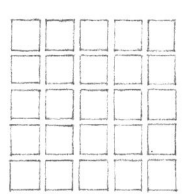

Uma malha é criada por meio do lançamento de dois conjuntos de retas paralelas, geralmente perpendiculares entre si, que estabelecem um padrão regular de pontos em suas interseções. Projetado à terceira dimensão, o padrão em malha se transforma em um conjunto de módulos de espaço repetitivos.

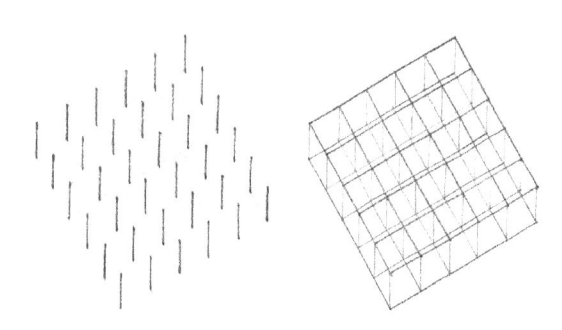

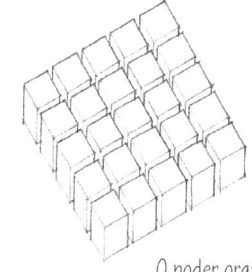

O poder organizador de uma malha resulta da regularidade e da continuidade de seu padrão, características que são transmitidas a seus elementos. Seu padrão estabelece um conjunto ou um campo estável de pontos e retas de referência por meio dos quais os espaços da malha, mesmo que tenham diferentes tamanhos, formas ou funções, podem compartilhar uma relação.

A ORDEM | 145

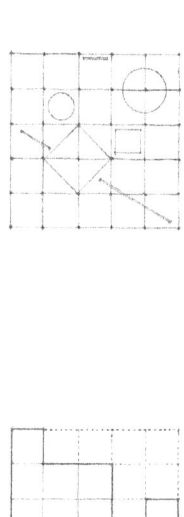

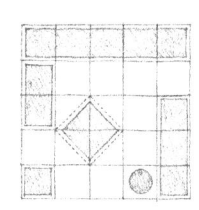

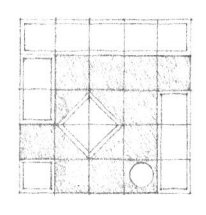

Na arquitetura, uma malha costuma ser estabelecida por meio de um sistema estrutural independente de pilares e vigas. Dentro do campo dessa malha, os espaços podem ser eventos isolados ou repetições do módulo. Seja qual for sua disposição dentro do campo, esses espaços, quando vistos como formas positivas, criarão um segundo conjunto de espaços negativos.

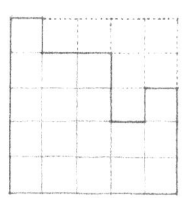

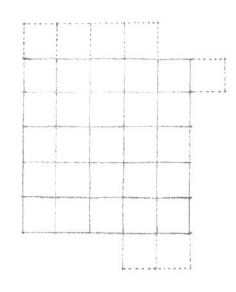

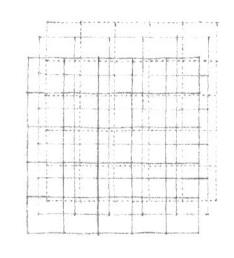

Como uma malha tridimensional consiste em módulos espaciais repetitivos, esses podem ser subtraídos, adicionados ou sobrepostos sem afetar a identidade da malha como uma estrutura de organização de espaços. Tais manipulações na forma podem ser utilizadas para adaptar uma malha ao seu terreno, definir uma entrada ou um espaço externo ou mesmo permitir o crescimento e a expansão da malha.

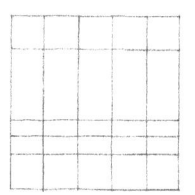

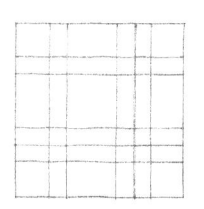

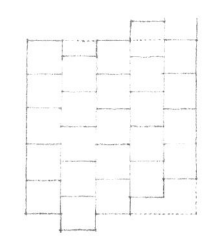

A fim de acomodar exigências dimensionais particulares de seus espaços ou destinar zonas à circulação ou a serviços, uma malha pode se tornar irregular em uma ou duas direções. Essa transformação dimensional cria um conjunto hierárquico de módulos diferenciados por tamanho, proporção e localização.

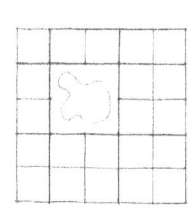

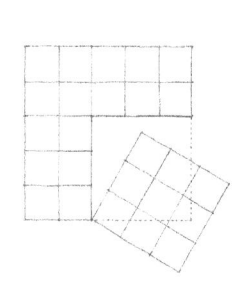

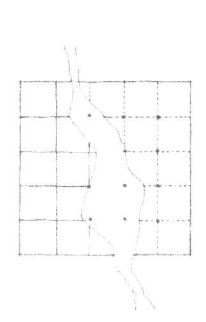

Uma malha também pode sofrer outras transformações. Partes da malha podem ser deslocadas, alterando a continuidade visual e espacial do conjunto. Uma malha pode ser interrompida para configurar um espaço principal ou acomodar um acidente topográfico. Parte da malha pode ser deslocada e girada em relação a um ponto do padrão básico. Ao longo de seu campo, uma malha pode transformar sua imagem, passando de um padrão de pontos para um de planos e, finalmente, de volumes.

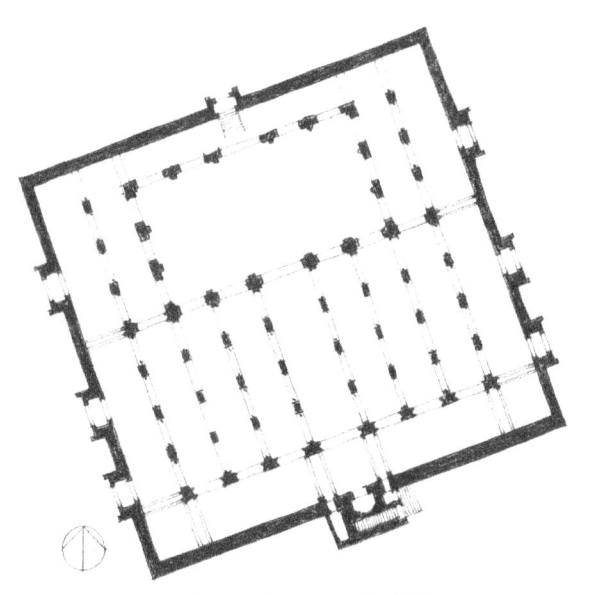

Mesquita de Tinmal, Marrocos, 1153–1154

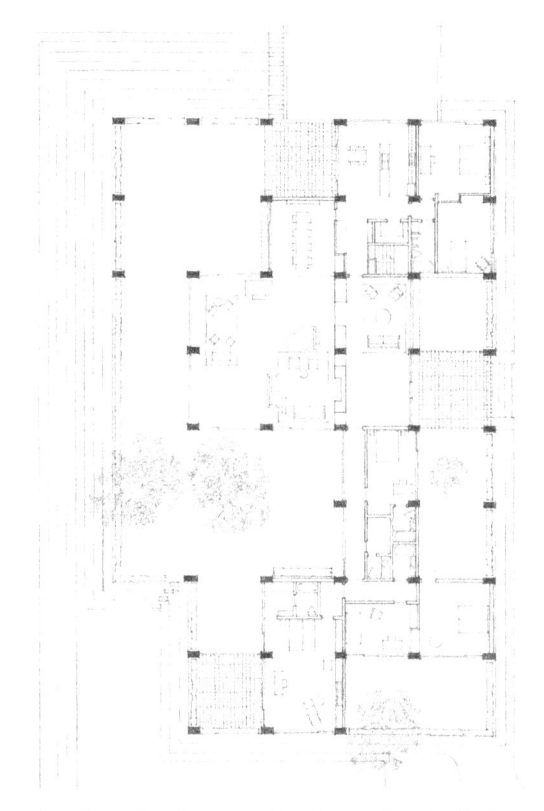

Casa I para Eric Boissonas, New Canaan, Estados Unidos, 1956, Philip Johnson

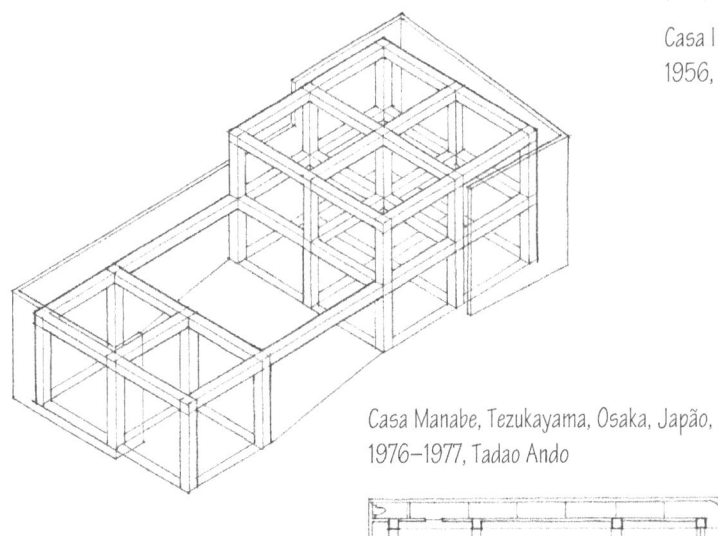

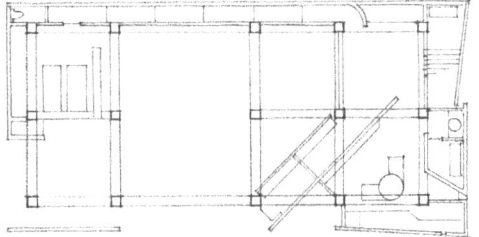

Casa Manabe, Tezukayama, Osaka, Japão, 1976–1977, Tadao Ando

A ORDEM 147

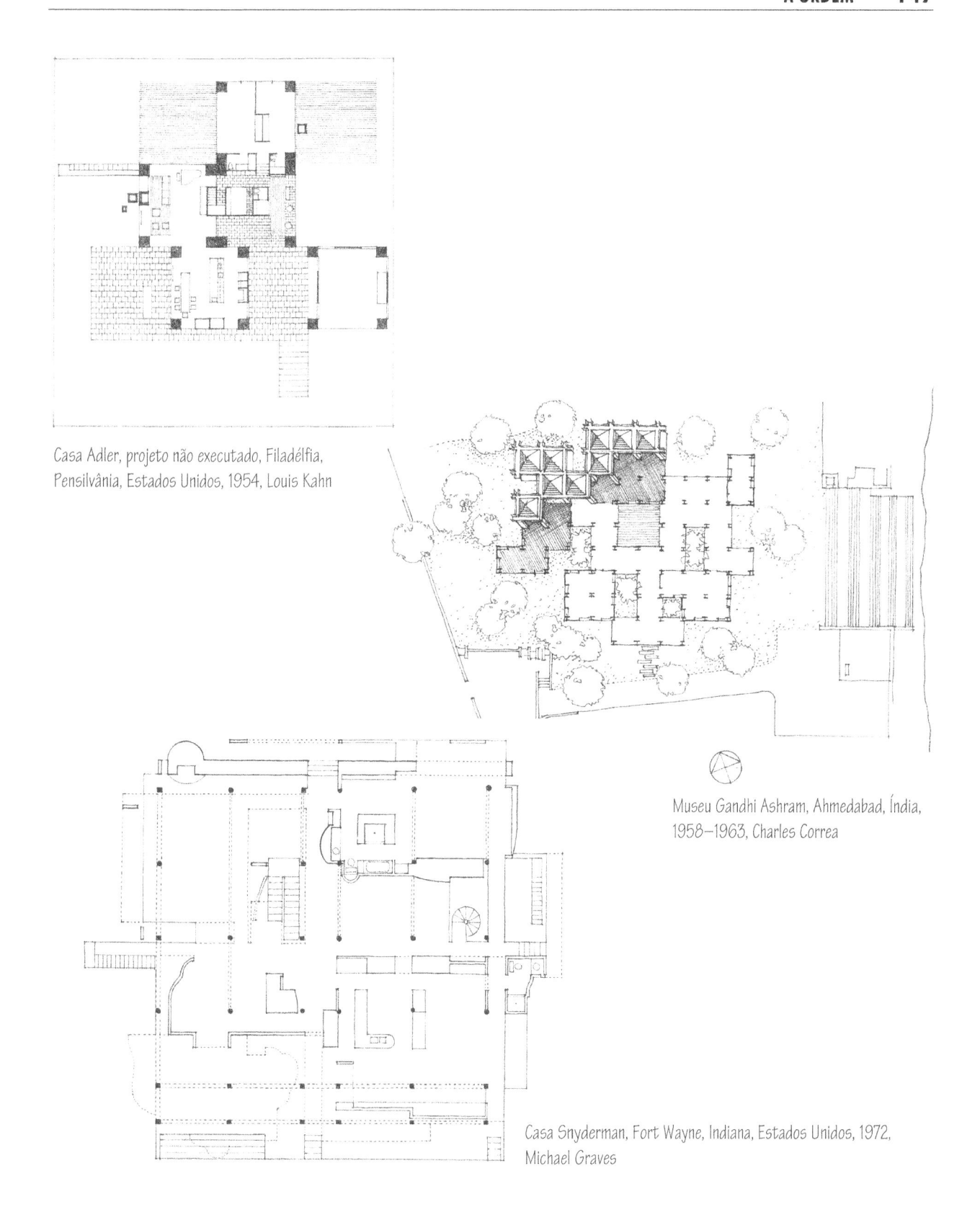

Casa Adler, projeto não executado, Filadélfia, Pensilvânia, Estados Unidos, 1954, Louis Kahn

Museu Gandhi Ashram, Ahmedabad, Índia, 1958–1963, Charles Correa

Casa Snyderman, Fort Wayne, Indiana, Estados Unidos, 1972, Michael Graves

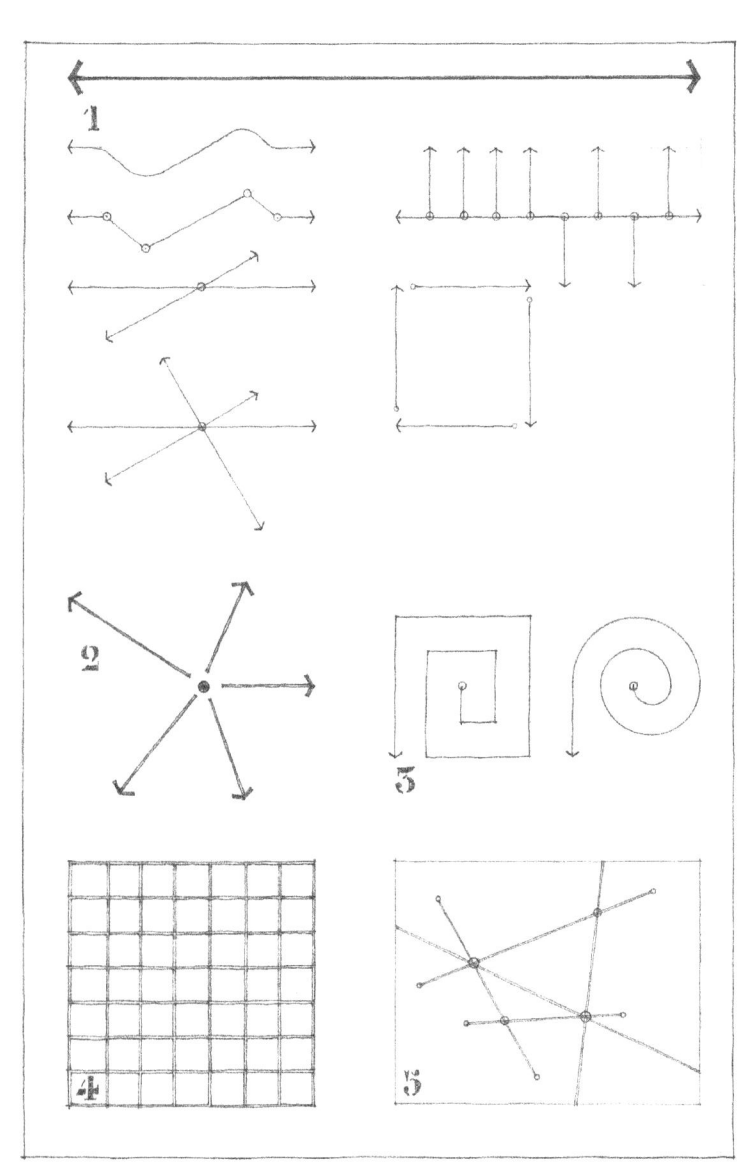

Circulação orientada pela organização

1. Linear
Todas as vias de circulação são lineares. Contudo, uma via reta pode ser o principal elemento organizador de uma série de espaços. A via também pode ser curvilínea ou segmentada, intersectar outras vias, ter ramificações ou formar um circuito fechado.

2. Radial
Uma configuração radial é formada por vias que saem de um ponto comum, central, ou nele terminam.

3. Espiral
Uma configuração espiral é uma única via, contínua, que se origina de um ponto central, se desenvolve ao redor deste e aos poucos se afasta.

4. Grelha
Uma configuração em grelha consiste em dois conjuntos de vias paralelas que se cruzam em intervalos regulares e criam módulos de espaço quadrados ou retangulares.

5. Rede
Uma configuração em rede consiste em vias que conectam pontos determinados no espaço.

6. Composta
Na realidade, uma edificação normalmente emprega uma combinação dos padrões citados. Os pontos importantes em qualquer padrão são centros de atividade, entradas para cômodos e saguões e núcleos de circulação vertical compostos de escadas, rampas e elevadores. Esses nós pontuam as vias de circulação através de uma edificação e criam oportunidades para parada, descanso e reorientação. A fim de evitar a criação de um labirinto desorientador, deve ser estabelecida uma ordem hierárquica entre as circulações e os nós de um prédio, por meio da diferenciação da escala, da forma, do comprimento e da localização.

A ORDEM   **149**

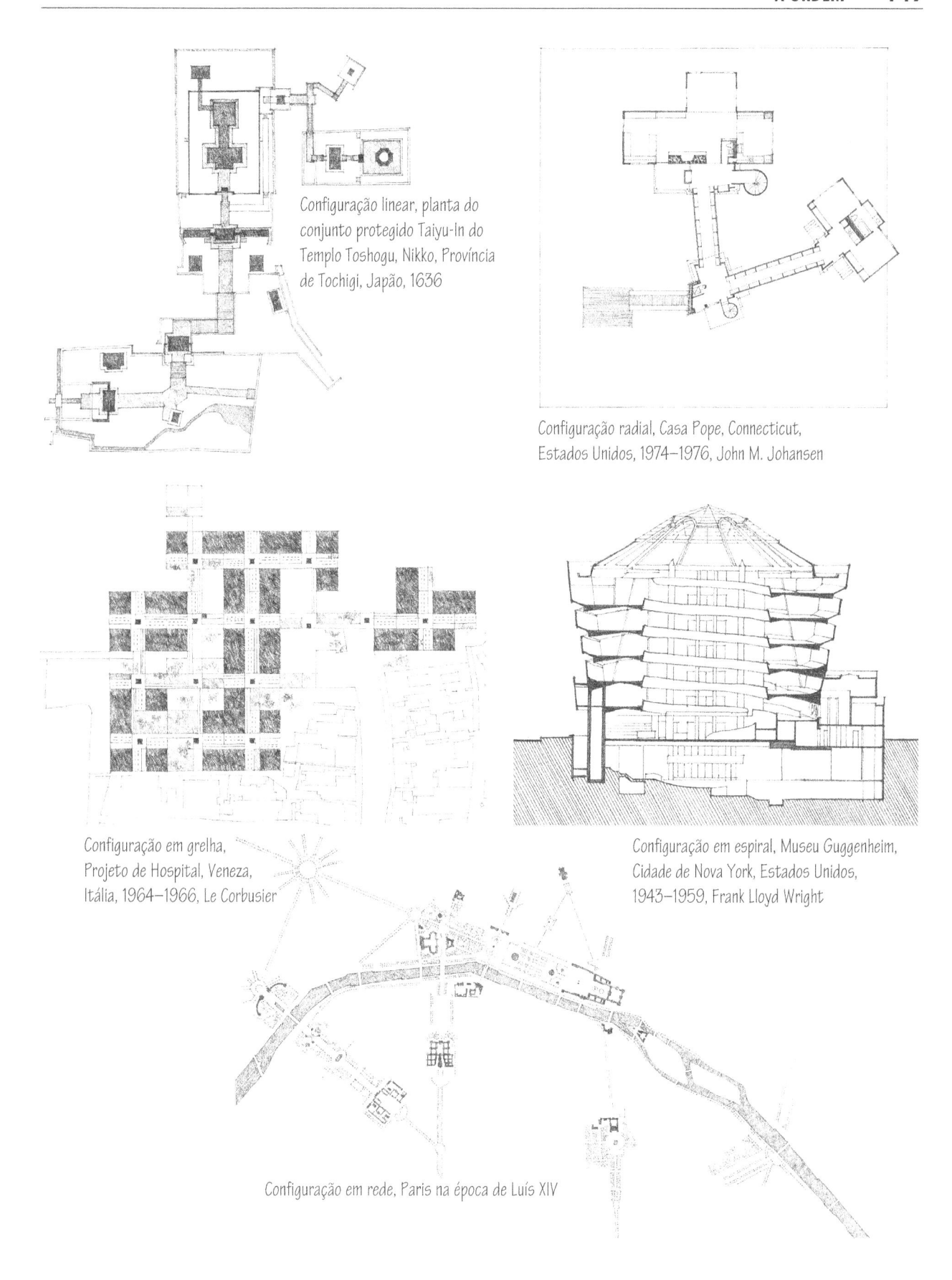

Configuração linear, planta do conjunto protegido Taiyu-In do Templo Toshogu, Nikko, Província de Tochigi, Japão, 1636

Configuração radial, Casa Pope, Connecticut, Estados Unidos, 1974–1976, John M. Johansen

Configuração em grelha, Projeto de Hospital, Veneza, Itália, 1964–1966, Le Corbusier

Configuração em espiral, Museu Guggenheim, Cidade de Nova York, Estados Unidos, 1943–1959, Frank Lloyd Wright

Configuração em rede, Paris na época de Luís XIV

Princípios ordenadores

Esta seção discute princípios adicionais que podem ser empregados para conferir ordem a uma composição de arquitetura. "Ordem" se refere não apenas à regularidade geométrica, mas à condição na qual qualquer parte de um todo é disposta de modo apropriado em relação às demais partes e ao seu propósito, para produzir um arranjo harmonioso.

Existe uma diversidade e uma complexidade naturais às exigências do programa de necessidades de uma edificação. As formas e os espaços de qualquer edificação deveriam reconhecer a hierarquia inerente às funções que acomodam, aos usuários que servem, ao propósito ou significado que transmitem e ao escopo que visam ou ao contexto no qual se inserem. É nesse reconhecimento da diversidade, complexidade e hierarquia naturais na elaboração do programa de necessidades, no projeto e na execução das edificações que os princípios ordenadores são discutidos.

Ordem sem diversidade pode resultar em monotonia ou tédio; diversidade sem ordem pode levar ao caos. Um senso de unidade, mas com a presença da variedade, é o ideal. Os princípios ordenadores a seguir são considerados recursos visuais que permitem que formas e espaços variados possam coexistir em uma edificação tanto em relação à percepção quanto ao conceito dentro de um todo ordenado, unificado e harmônico.

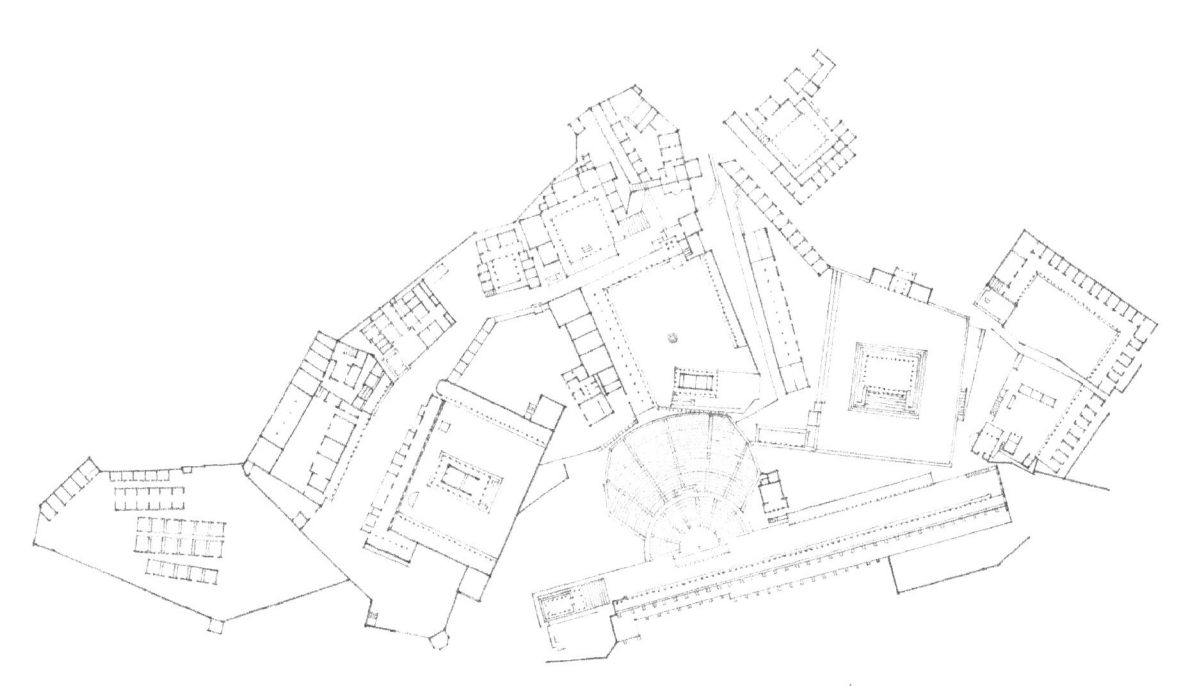

Pérgamo, Planta da Cidade Alta, Ásia Menor, século II a.C.

A ORDEM 151

Eixo
Uma reta estabelecida por dois pontos no espaço, em relação à qual as formas e os espaços podem ser distribuídos de modo simétrico ou equilibrado.

Simetria
A distribuição e o arranjo equilibrado de formas e espaços equivalentes em ambos os lados de uma linha ou de um plano paralelo, ou em relação a um centro ou eixo.

Hierarquia
O destaque da importância ou do significado de uma forma ou de um espaço em função de seu tamanho, formato ou posicionamento em relação às demais formas e espaços da organização.

Referência
Linha, plano ou volume que, devido à sua continuidade e regularidade, serve para reunir, medir e organizar um padrão de formas e espaços.

Ritmo
Um movimento unificador caracterizado por um padrão repetitivo ou pela alternação de elementos formais ou de motivos no espaço ou em uma forma modificada.

Transformação
O princípio de que um conceito, uma estrutura ou uma organização de arquitetura podem ser alterados por meio de uma série de manipulações e permutações distintas, em resposta a um contexto específico ou a um conjunto de condições, sem perda de identidade ou conceito.

Eixo

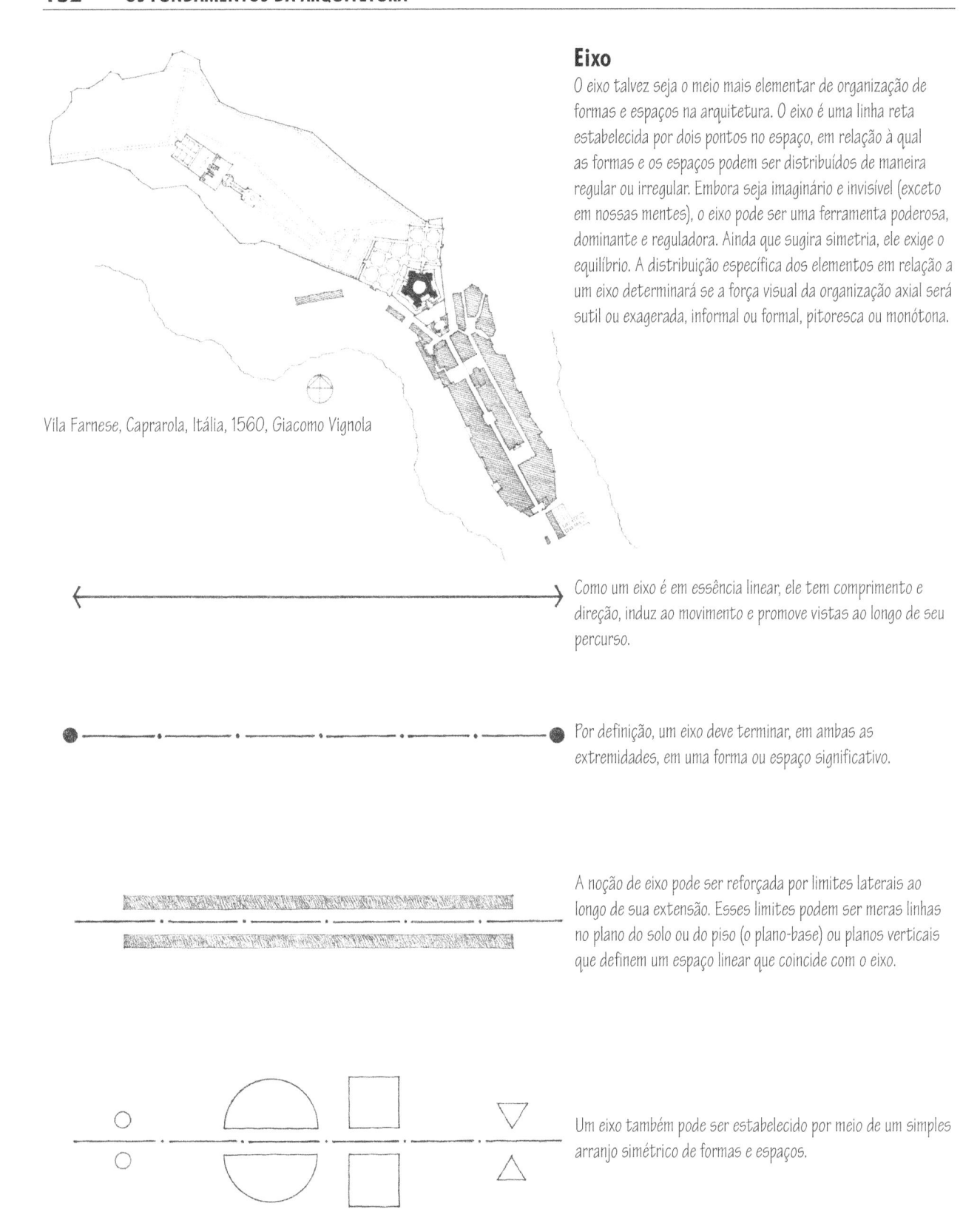

O eixo talvez seja o meio mais elementar de organização de formas e espaços na arquitetura. O eixo é uma linha reta estabelecida por dois pontos no espaço, em relação à qual as formas e os espaços podem ser distribuídos de maneira regular ou irregular. Embora seja imaginário e invisível (exceto em nossas mentes), o eixo pode ser uma ferramenta poderosa, dominante e reguladora. Ainda que sugira simetria, ele exige o equilíbrio. A distribuição específica dos elementos em relação a um eixo determinará se a força visual da organização axial será sutil ou exagerada, informal ou formal, pitoresca ou monótona.

Vila Farnese, Caprarola, Itália, 1560, Giacomo Vignola

Como um eixo é em essência linear, ele tem comprimento e direção, induz ao movimento e promove vistas ao longo de seu percurso.

Por definição, um eixo deve terminar, em ambas as extremidades, em uma forma ou espaço significativo.

A noção de eixo pode ser reforçada por limites laterais ao longo de sua extensão. Esses limites podem ser meras linhas no plano do solo ou do piso (o plano-base) ou planos verticais que definem um espaço linear que coincide com o eixo.

Um eixo também pode ser estabelecido por meio de um simples arranjo simétrico de formas e espaços.

A ORDEM 153

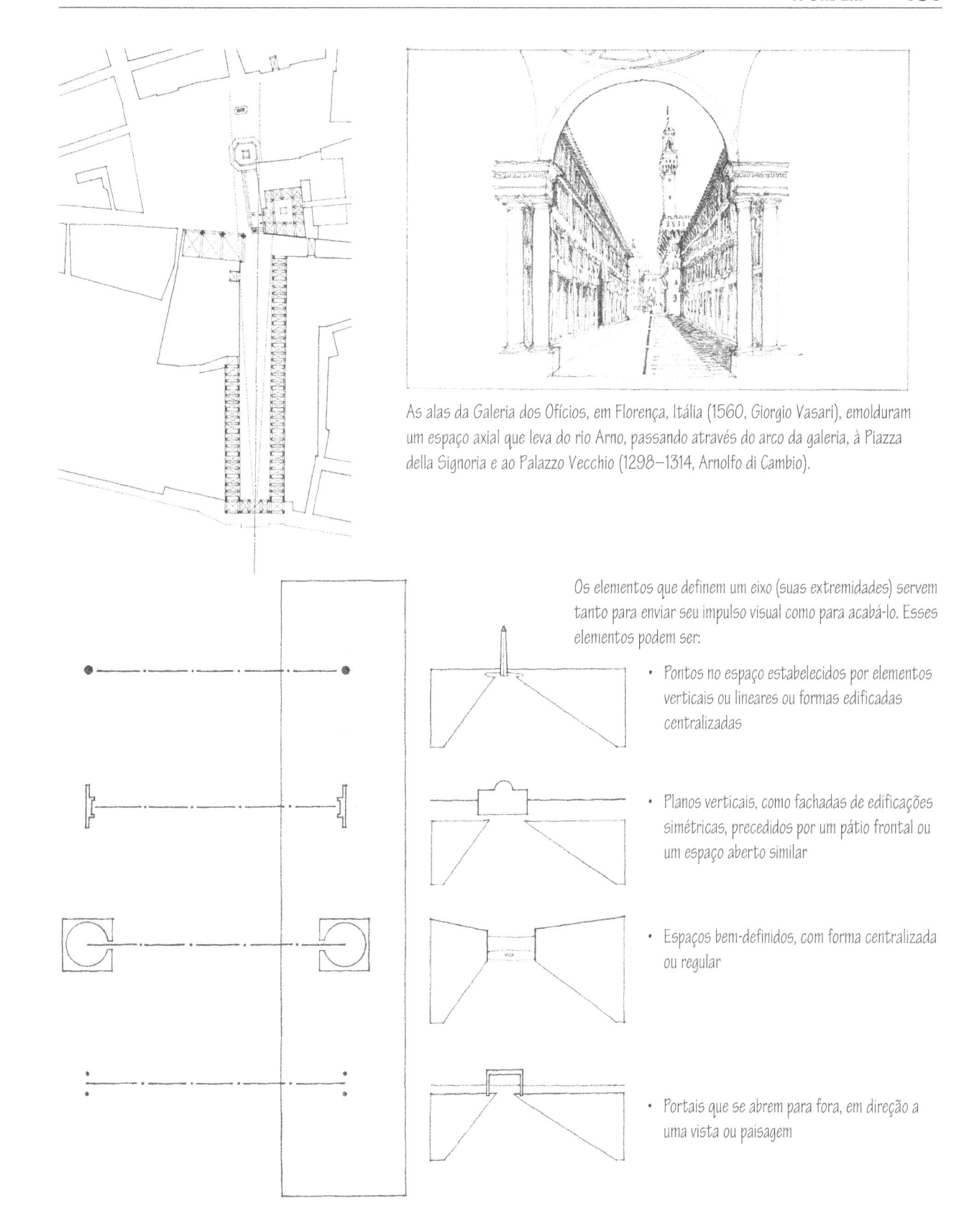

As alas da Galeria dos Ofícios, em Florença, Itália (1560, Giorgio Vasari), emolduram um espaço axial que leva do rio Arno, passando através do arco da galeria, à Piazza della Signoria e ao Palazzo Vecchio (1298–1314, Arnolfo di Cambio).

Os elementos que definem um eixo (suas extremidades) servem tanto para enviar seu impulso visual como para acabá-lo. Esses elementos podem ser:

- Pontos no espaço estabelecidos por elementos verticais ou lineares ou formas edificadas centralizadas

- Planos verticais, como fachadas de edificações simétricas, precedidos por um pátio frontal ou um espaço aberto similar

- Espaços bem-definidos, com forma centralizada ou regular

- Portais que se abrem para fora, em direção a uma vista ou paisagem

Simetria

Embora haja uma configuração axial sem a simultaneidade da simetria, o inverso não é possível, ou seja, toda simetria exige a existência de um eixo ou de um centro em relação ao qual ela é estruturada. Um eixo é estabelecido por dois pontos; uma simetria exige a distribuição equilibrada de padrões de forma e espaço equivalentes em ambos os lados da linha ou do plano divisor ou em relação ao centro ou ao eixo.

Há basicamente dois tipos de simetria:

1. A simetria bilateral se refere ao arranjo equilibrado de elementos similares ou equivalentes nos dois lados de um eixo intermediário, de modo que apenas um plano possa dividir o todo em metades praticamente idênticas.

2. A simetria radial se refere ao arranjo equilibrado de elementos similares em uma forma radial, de modo que a composição possa ser dividida em metades similares ao se passar um plano em qualquer ângulo, mas desde que ele cruze o ponto central do conjunto.

Uma composição de arquitetura pode empregar a simetria para organizar suas formas e espaços de duas maneiras. A organização inteira de uma edificação pode se feita de modo simétrico. Em algum lugar, contudo, todo arranjo simétrico deverá enfrentar e resolver a assimetria de seu terreno ou contexto.

A simetria pode ocorrer em apenas uma parte do prédio e organizar um padrão irregular de formas e espaços em torno de si própria. Nesse caso, a simetria local permite que o prédio responda a condições excepcionais de seu terreno ou programa de necessidades. A simetria perfeita poderá então ser reservada para espaços significativos ou importantes dentro da composição.

Planta de uma Igreja Ideal, 1460, Antonio Filarete

Edifício Hôtel de Beauvais, Paris, França, 1656, Antoine Le Pautre

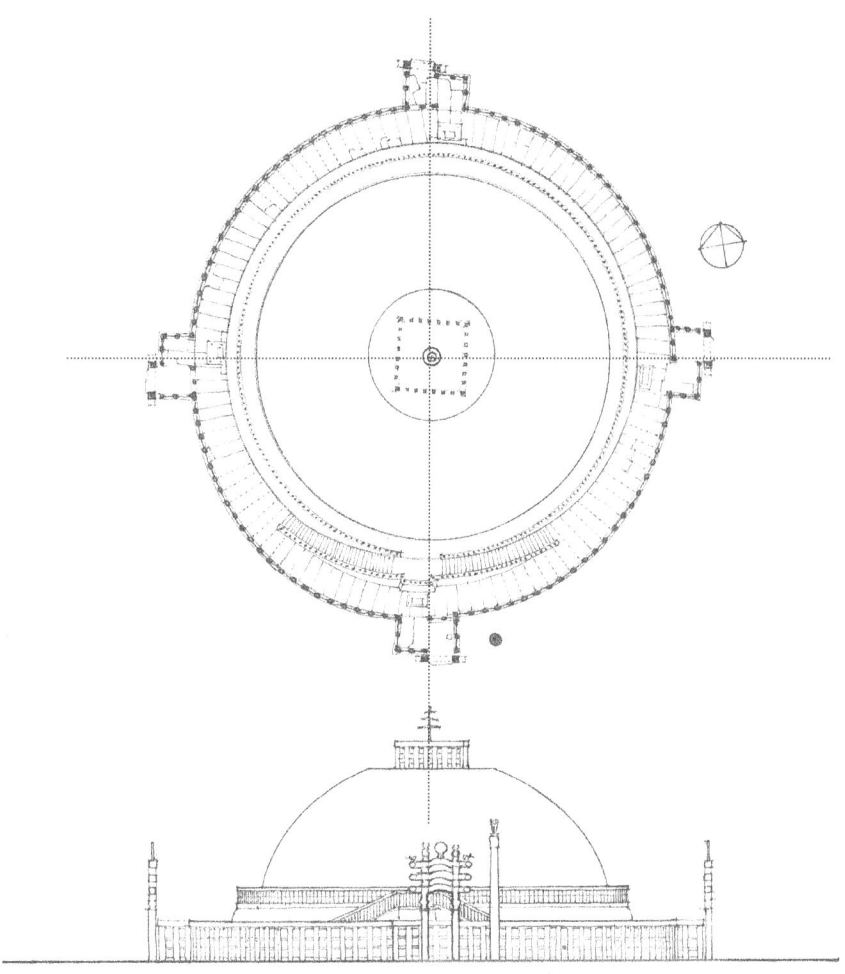

Simetria radial, Grande Estupa de Sanchi, Índia, cerca de 100 a.C.

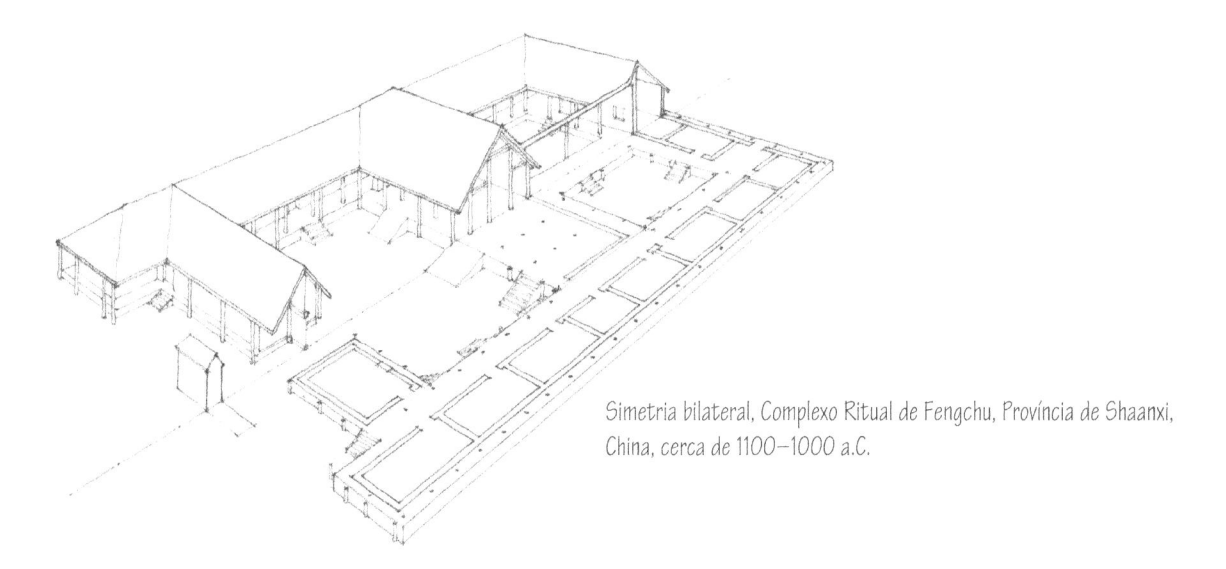

Simetria bilateral, Complexo Ritual de Fengchu, Província de Shaanxi, China, cerca de 1100–1000 a.C.

Hierarquia

O princípio da hierarquia implica o fato de que, na maior parte das composições de arquitetura (ou talvez em todas elas), existem diferenças reais entre suas formas e espaços. Tais diferenças refletem o grau de importância dessas formas e espaços, bem como os papéis funcionais, formais e simbólicos que elas desempenham na organização. O sistema de valores por meio do qual a importância relativa é mensurada dependerá, evidentemente, da situação específica, das necessidades e desejos dos usuários e das decisões do projetista. Os valores expressos podem ser individuais ou coletivos, pessoais ou culturais. De qualquer maneira, o modo como são reveladas tais diferenças funcionais ou simbólicas entre os elementos de uma edificação é crucial para o estabelecimento de uma ordem hierárquica clara entre suas formas e espaços.

Vista de Florença ilustrando como a catedral domina sua paisagem urbana

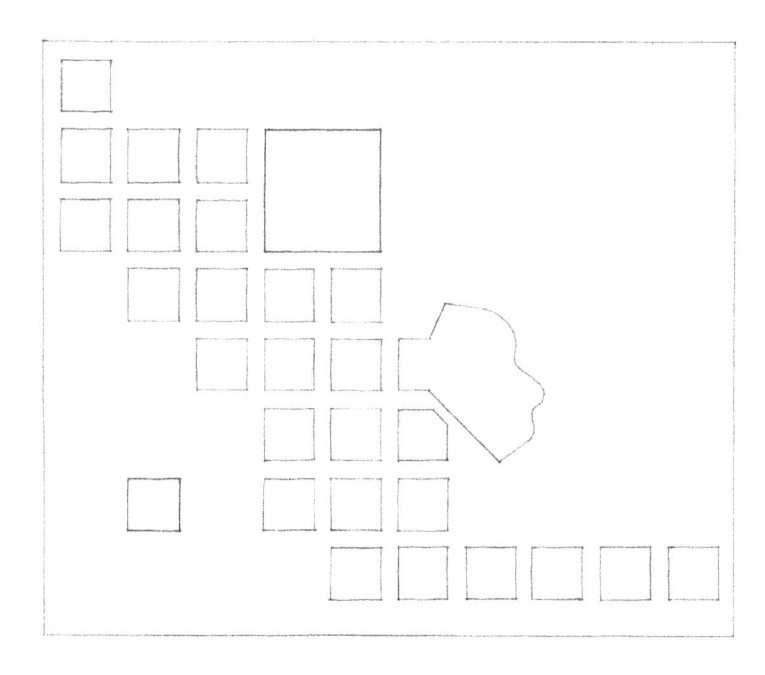

Para que uma forma ou um espaço se torne importante ou significativo dentro de uma organização, ele deve ser claramente visível. Essa ênfase pode ser alcançada conferindo-se a uma forma ou um formato:

- Um tamanho excepcional
- Um formato único
- Uma localização estratégica

Em cada caso, a forma ou o espaço com importância hierárquica se torna importante ou significativo por se tornar uma exceção à norma – uma anormalidade dentro de um padrão de resto regular.

Na composição da arquitetura, pode haver mais de um elemento dominante. Os pontos de ênfase secundários – que possuem valor de atração menor em relação ao ponto focal principal – criam destaques visuais. Esses elementos distintivos, porém secundários, podem tanto acomodar a variedade como criar interesse visual, ritmo e tensão em uma composição. No entanto, caso seu uso seja exagerado, o interesse se transformará em confusão: quando se tenta enfatizar tudo, nada é enfatizado.

Hierarquia pelo tamanho

Uma forma ou um espaço pode dominar uma composição de arquitetura por ter tamanho significativamente diferente de todos os demais elementos da composição. Esse predomínio muitas vezes se torna visível pelo tamanho destacado de um elemento. Em alguns casos, um elemento pode ser significativamente menor que os demais, mas estar inserido em um contexto bem-definido.

Hierarquia pelo formato

Uma forma ou um espaço pode dominar uma composição de arquitetura e, portanto, se tornar importante ao diferenciar nitidamente seu formato daquele dos demais elementos da composição. Um contraste claro no formato é essencial tanto no caso da diferenciação se basear em uma mudança na geometria quanto na regularidade da distribuição. É claro que também é importante que o formato selecionado para o elemento hierarquicamente significativo seja compatível com seu uso funcional.

Hierarquia pela localização

Uma forma ou um espaço pode dominar uma composição de arquitetura por estar estrategicamente posicionada, chamando a atenção para si própria como o elemento mais importante da composição. As localizações hierarquicamente importantes para uma forma ou um espaço incluem:

- O término de uma sequência linear ou de uma organização axial
- O ponto central de uma organização simétrica
- O foco de uma organização centralizada ou radial
- O deslocamento para cima, para baixo ou para o primeiro plano de uma composição

Referência

Uma referência é uma linha, um plano ou um volume com o qual os demais elementos de uma composição podem se relacionar. Ela organiza um padrão aleatório de elementos por meio de sua regularidade, continuidade e presença constante. Por exemplo, as linhas de uma partitura servem como referência ao criar uma base visual para a leitura das notas e tons da música. A regularidade de seu espaçamento e de sua continuidade organiza, esclarece e acentua as diferenças entre as séries de notas em uma composição musical.

Trecho de *Gavota I, Suíte nº 6 para Violoncelo*, de Johann Sebastian Bach (1685–1750). Transcrição de Jerry Snyder para o violão.

Uma seção anterior ilustrou a capacidade de um eixo de organizar uma série de elementos ao longo de seu comprimento. Na verdade, o eixo serve como uma referência. No entanto, uma referência não precisa ser uma reta – ela também pode ter forma plana ou volumétrica.

Para ser um elemento ordenador efetivo, uma referência linear deve ter continuidade visual suficiente para cortar ou secionar todos os elementos sendo organizados. Se a referência for um plano ou um volume, deverá ter tamanho, fechamento e regularidade suficientes para englobar ou reunir os elementos que estão sendo organizados dentro de seu campo.

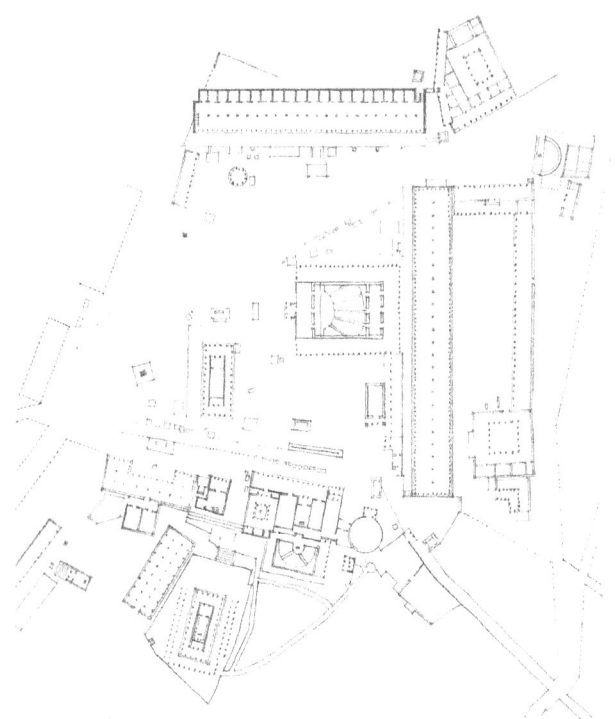

Planta da Ágora de Atenas, Grécia

Em uma organização aleatória de elementos distintos, uma referência pode organizar os elementos dos seguintes modos:

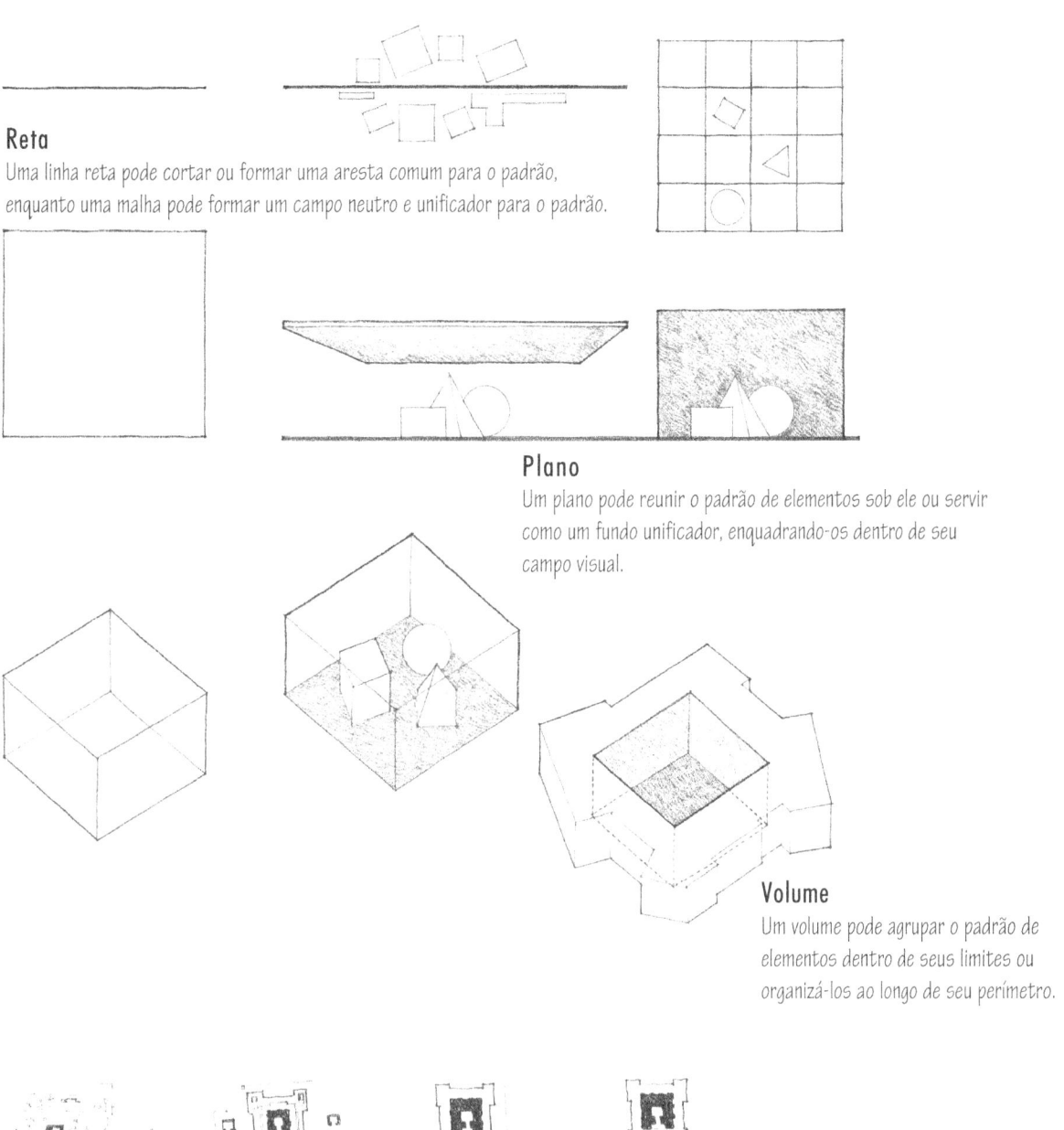

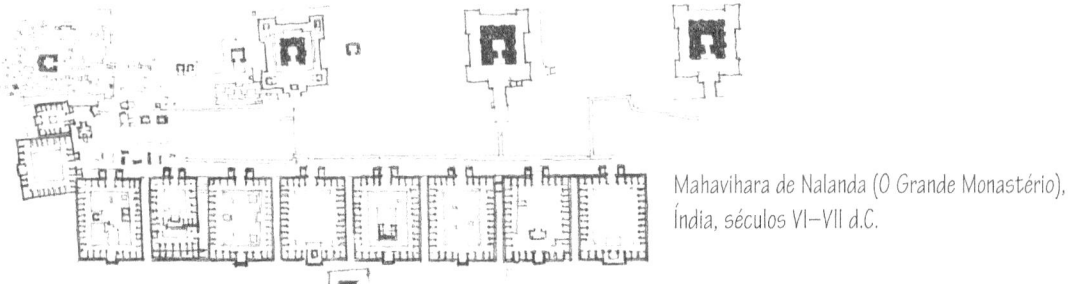

Reta
Uma linha reta pode cortar ou formar uma aresta comum para o padrão, enquanto uma malha pode formar um campo neutro e unificador para o padrão.

Plano
Um plano pode reunir o padrão de elementos sob ele ou servir como um fundo unificador, enquadrando-os dentro de seu campo visual.

Volume
Um volume pode agrupar o padrão de elementos dentro de seus limites ou organizá-los ao longo de seu perímetro.

Mahavihara de Nalanda (O Grande Monastério), Índia, séculos VI–VII d.C.

Ritmo

O ritmo se refere a qualquer movimento caracterizado por uma recorrência padronizada de elementos ou motivos, em intervalos regulares ou irregulares. O movimento pode ser de nossos olhos, à medida que acompanhamos os elementos recorrentes da composição, ou de nossos corpos, ao avançarmos ao longo de uma sequência de espaços. Em ambos os casos, o ritmo incorpora a noção fundamental de repetição como recurso para organizar as formas e os espaços na arquitetura.

Praticamente todas as edificações incluem elementos que são repetitivos por natureza. As vigas e colunas se repetem a fim de compor vãos estruturais e módulos espaciais. As janelas e portas abrem repetidamente as superfícies de uma edificação, proporcionando vistas, admitindo luz e ar e permitindo que as pessoas entrem nos interiores. Os espaços frequentemente se repetem para atender a exigências funcionais similares ou repetitivas do programa de necessidades. Esta seção discute os padrões de repetição que podem ser utilizados para organizar uma série de elementos recorrentes, bem como os ritmos visuais resultantes que esses padrões criam.

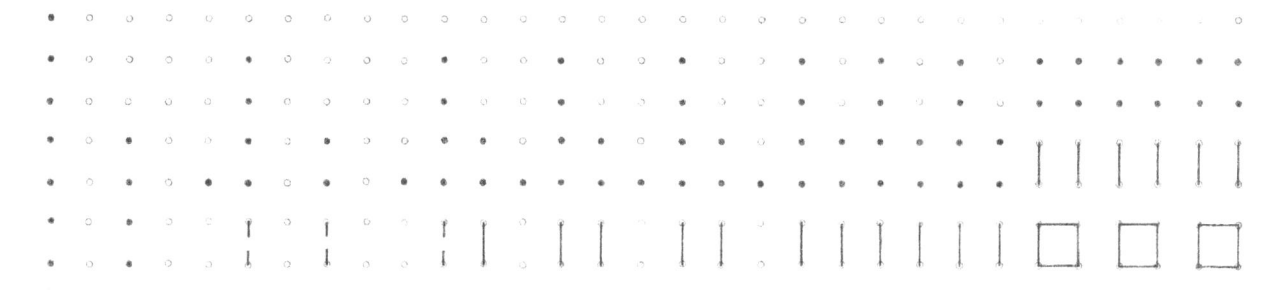

Complexo da Mesquita de Beyazid II, Bursa, Turquia, 1398–1403

Tendemos a agrupar os elementos de uma composição aleatória de acordo com:

- A contiguidade ou proximidade dos elementos entre si
- As características visuais que eles compartilham

O princípio da repetição emprega esses dois conceitos de repetição visual para ordenar os elementos recorrentes em uma composição.

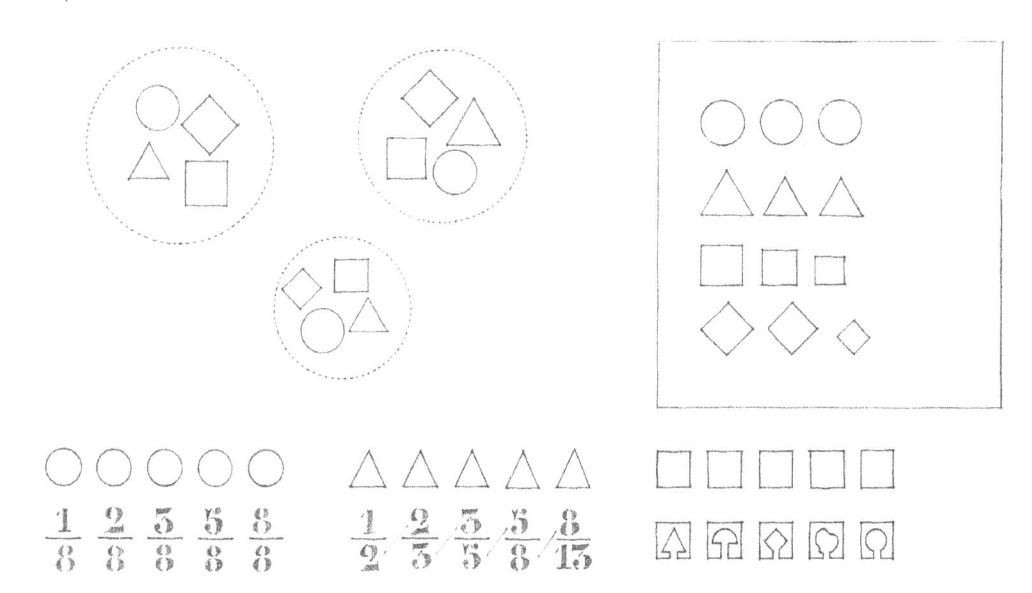

A forma mais simples de repetição é um padrão linear de elementos redundantes. Os elementos não precisam ser idênticos para serem agrupados de modo repetitivo. Eles podem simplesmente compartilhar uma característica ou ter um denominador comum, permitindo que cada um dos elementos seja único e, ainda assim, pertença à mesma família.

Tamanho

Formato

Detalhes distintivos

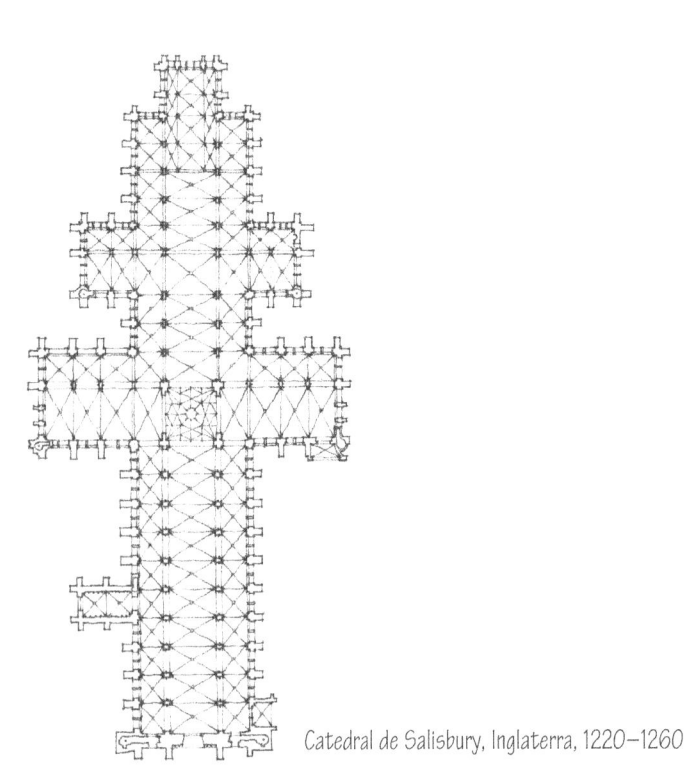

Os padrões estruturais frequentemente incluem a repetição de suportes verticais em intervalos regulares ou harmoniosos, os quais definem os vãos da estrutura ou as divisões do espaço. Com tais padrões repetitivos, a importância de um espaço pode ser enfatizada por seu tamanho e sua localização.

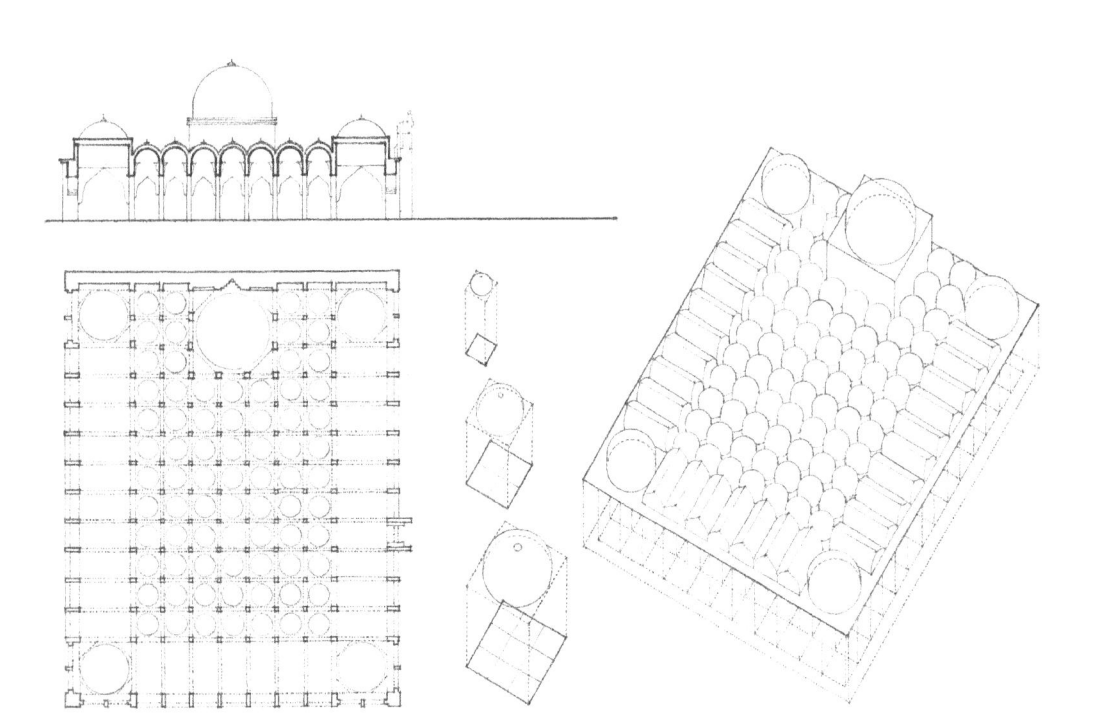

Catedral de Salisbury, Inglaterra, 1220–1260

Mesquita da Sexta-Feira (Jami Masjid), Gulbarga, Índia, 1367

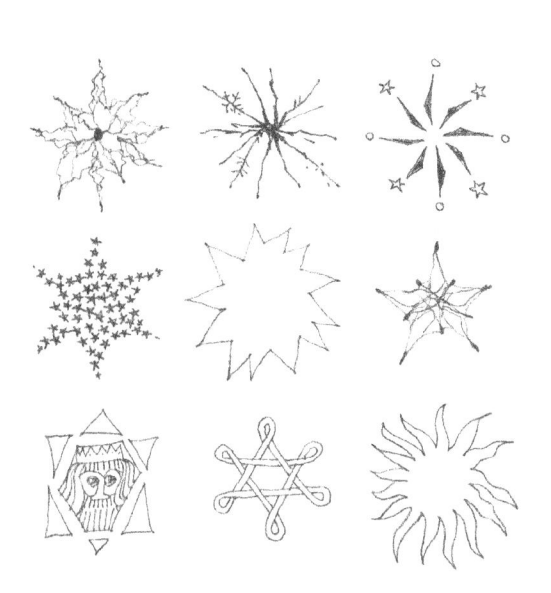

Transformação

O estudo da arquitetura, assim como o de outras disciplinas, deveria envolver a análise de seu passado, de suas experiências anteriores, tentativas e sucessos, da qual muita coisa pode ser aprendida e seguida como exemplo. O princípio da transformação aceita essa ideia; este livro, e todos os exemplos nele contidos, se baseia nesse princípio.

O princípio da transformação permite ao projetista selecionar um protótipo (um modelo) de arquitetura cuja estrutura formal e ordenamento de elementos possam ser adequados e razoáveis e o transformar por meio de uma série de manipulações distintas, a fim de dar uma resposta às condições específicas e ao contexto do projeto que se tem em mãos.

O projeto é um processo de geração por meio de análises e sínteses, de tentativas e erros, de experimentar possibilidades e aproveitar oportunidades. No processo de exploração de uma ideia e de análise de seu potencial, é essencial que o arquiteto entenda a natureza fundamental e a estrutura do conceito. Se o sistema ordenador de um protótipo é percebido e entendido, então o conceito do projeto poderá, por meio de uma série de permutações limitadas, ser esclarecido, reforçado e desenvolvido, em vez de destruído.

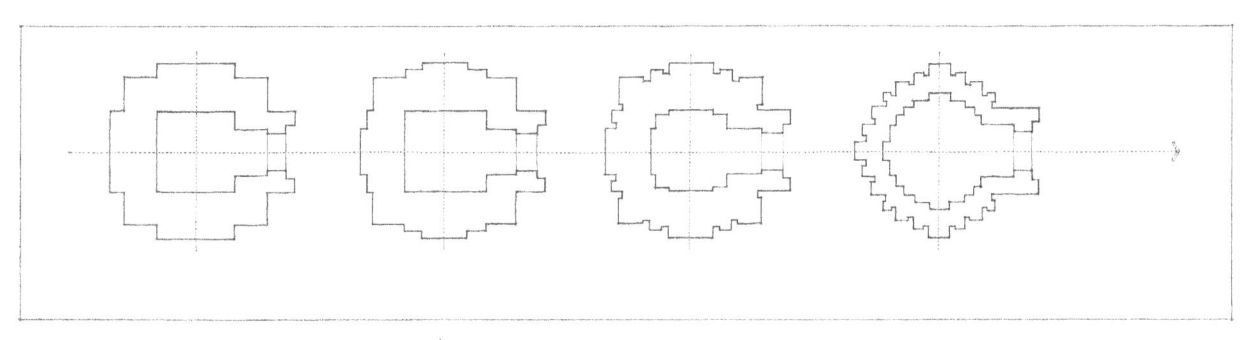

Esquema do desenvolvimento da cela do norte da Índia

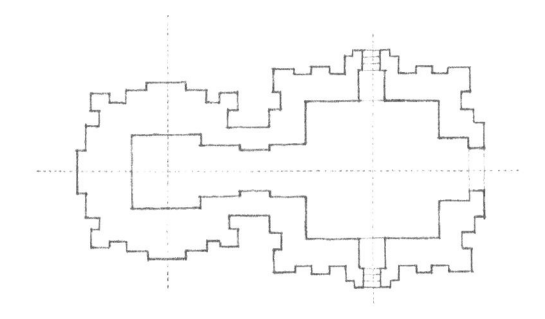

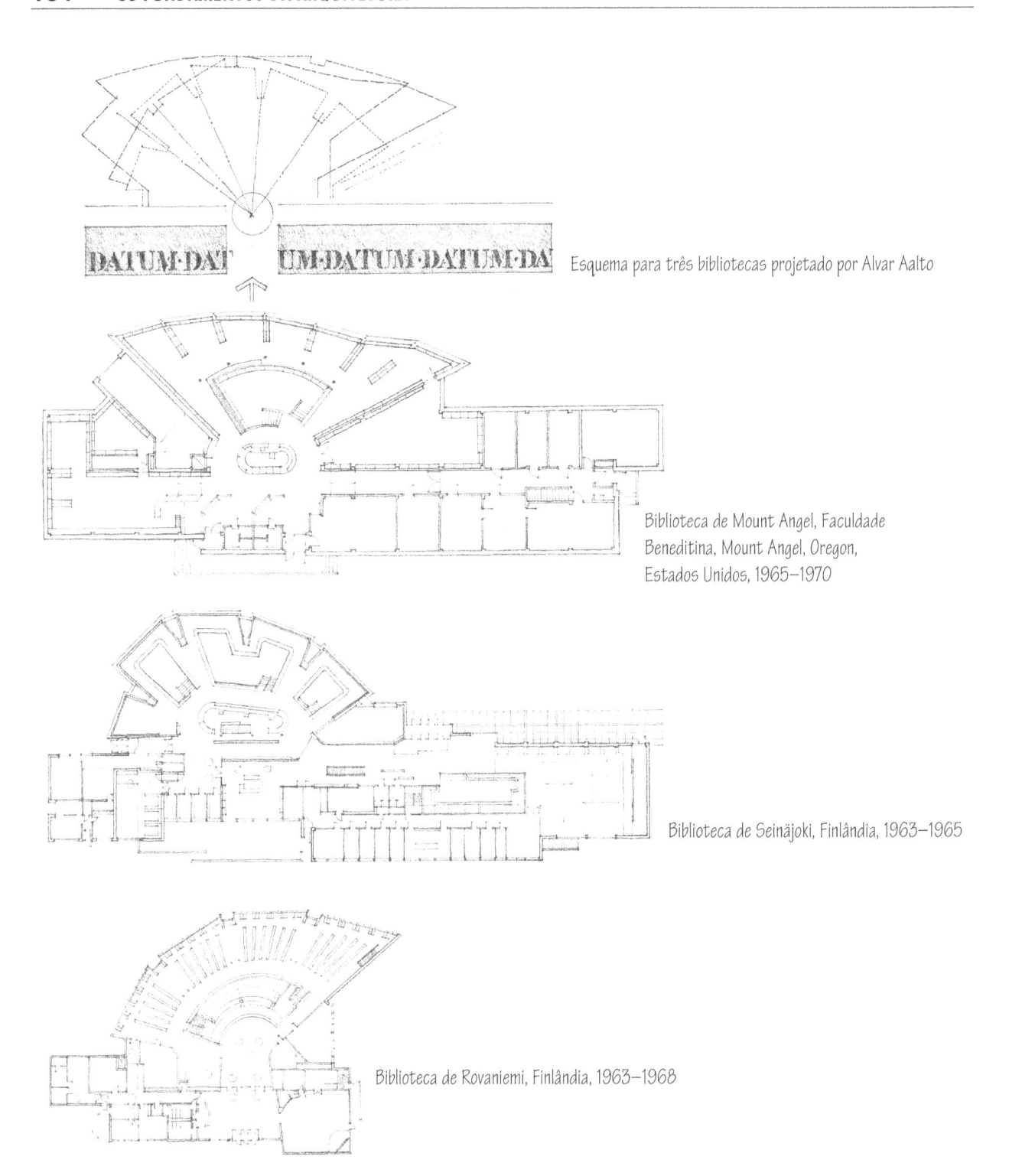

Esquema para três bibliotecas projetado por Alvar Aalto

Biblioteca de Mount Angel, Faculdade Beneditina, Mount Angel, Oregon, Estados Unidos, 1965–1970

Biblioteca de Seinäjoki, Finlândia, 1963–1965

Biblioteca de Rovaniemi, Finlândia, 1963–1968

7 Os Elementos da Arquitetura

Tipos, Sistemas e Componentes que Determinam o Projeto

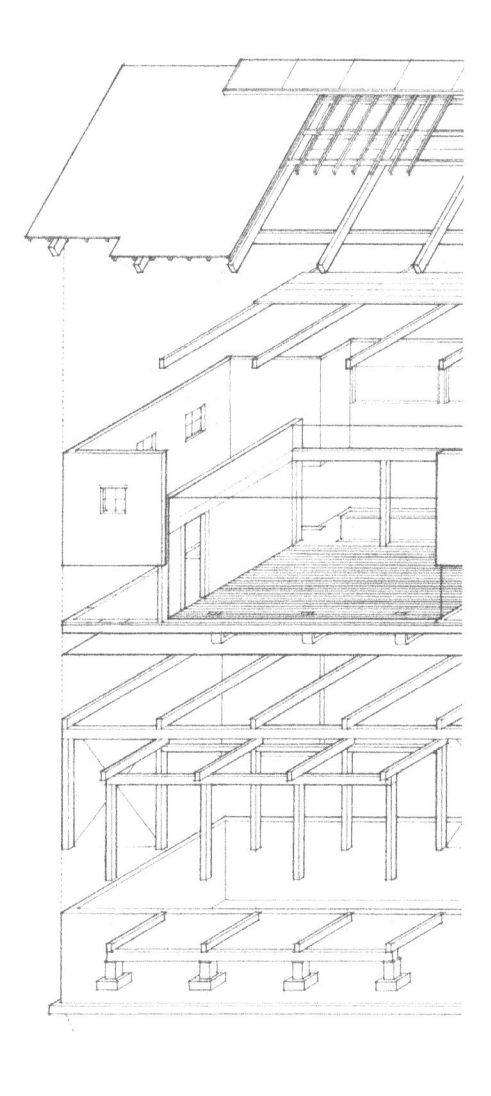

Quais são os componentes da arquitetura?

Criar uma edificação exige mais do que a sensibilidade de compor com formas, espaços e ordem. As relações entre uma composição básica são estabelecidas por meio do posicionamento e da reunião de muitos componentes de arquitetura diferentes. Esses componentes variam em tamanho, complexidade e função.

Os menores elementos são os detalhes, que determinam como um usuário interage em seu contexto – uma maçaneta de porta que seguramos ou um peitoril de janela sobre o qual colocamos um objeto.

Os maiores desses componentes permitem à edificação se comportar de um modo previsível e relacionado com a intenção do projeto – uma malha de colunas, além de estabelecer uma estrutura, divide um espaço em vãos; uma estrutura de cobertura protege do clima e define o limite vertical do espaço. Neste capítulo, a anatomia da arquitetura é entendida. As edificações serão divididas em seus elementos mais básicos. A seguir, os tipos e as opções disponíveis para cada um desses elementos serão definidos. As informações deste capítulo buscam oferecer uma introdução às possibilidades oferecidas pela arquitetura – de maneira alguma esta é uma lista completa. A arquitetura, por sua própria natureza, é uma disciplina que está constantemente evoluindo seu potencial por meio da invenção e da inovação. É importante lembrar que este capítulo oferece uma ideia geral apenas dos componentes básicos e que as possibilidades da forma arquitetônica são muito mais diversas.

Tipos de edificação

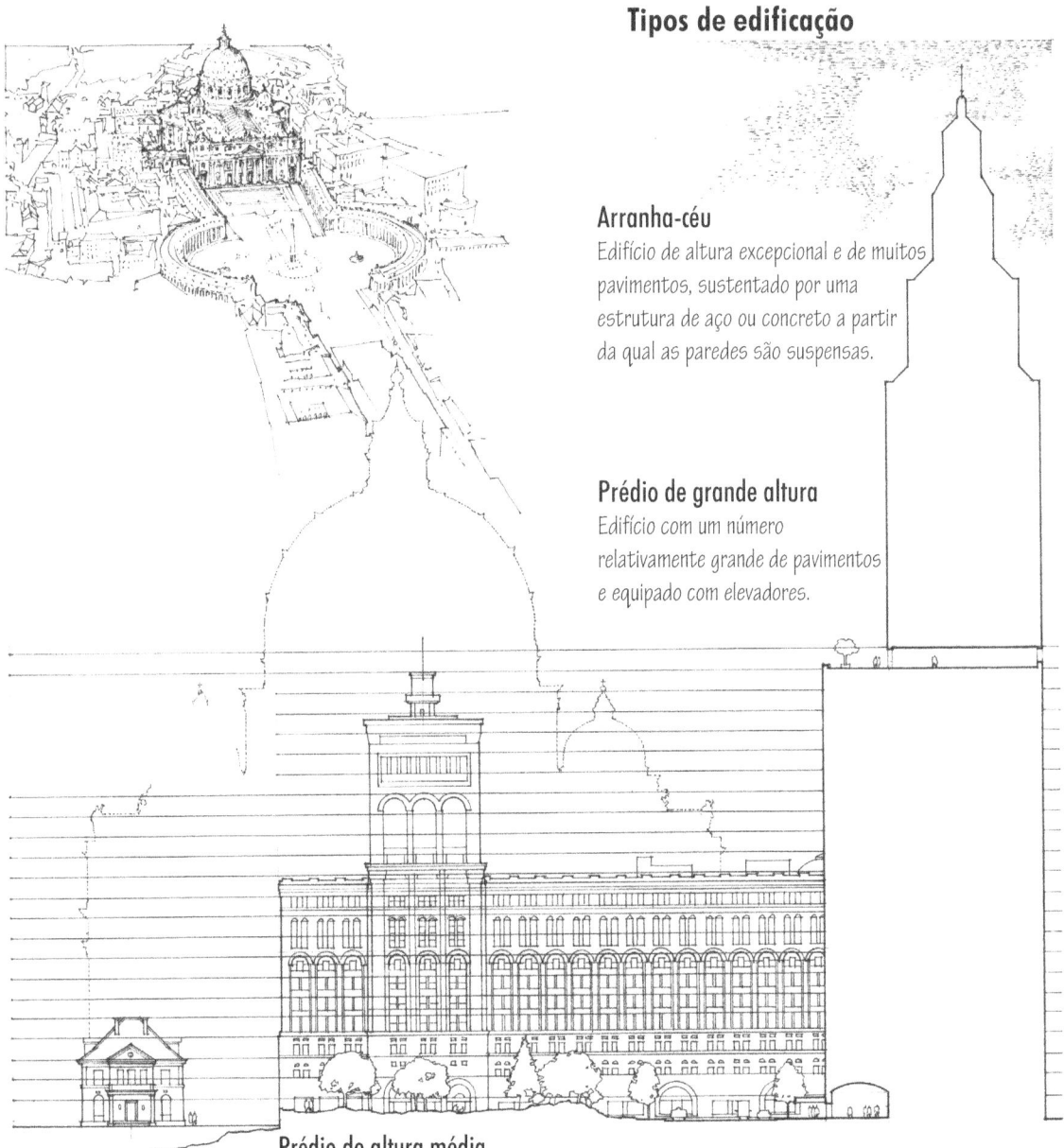

Arranha-céu
Edifício de altura excepcional e de muitos pavimentos, sustentado por uma estrutura de aço ou concreto a partir da qual as paredes são suspensas.

Prédio de grande altura
Edifício com um número relativamente grande de pavimentos e equipado com elevadores.

Prédio de baixa altura
Edifício com um, dois ou três pavimentos e normalmente sem elevador.

Prédio de altura média
Edifício com vários pavimentos (normalmente entre cinco e 10), e equipado com elevadores.

Loft
Um dos pavimentos superiores de um armazém ou de uma indústria, geralmente sem paredes internas e às vezes convertido ou adaptado para outros usos, como moradias, ateliês de artistas ou galerias de arte.

Prédio de lofts
Prédio de vários pavimentos e grandes áreas de espaço desobstruído, originalmente alugado para fins industriais leves e atualmente convertido com frequência em um edifício de apartamentos, um ateliê de artistas ou uma galeria de arte.

TIPOS, SISTEMAS E COMPONENTES QUE DETERMINAM O PROJETO 167

Elementos básicos de uma edificação

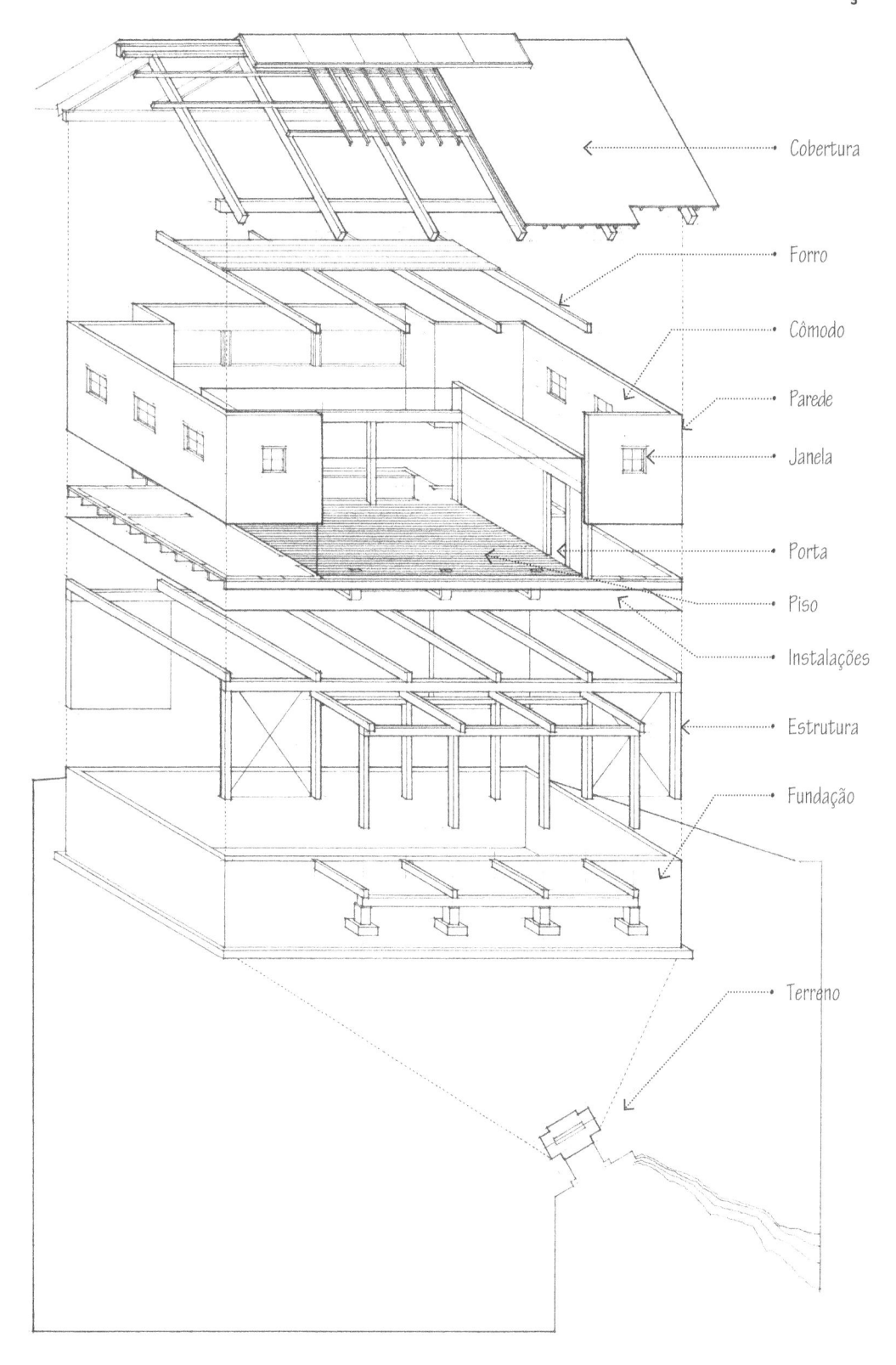

- Cobertura
- Forro
- Cômodo
- Parede
- Janela
- Porta
- Piso
- Instalações
- Estrutura
- Fundação
- Terreno

Telhado

Cobertura
Cobertura externa de uma edificação, incluindo a estrutura de sustentação das telhas ou da laje de cobertura.

Cobertura plana
Cobertura sem declividade alguma ou com apenas um leve caimento para o escoamento das águas pluviais.

Cobertura em vertente
Cobertura que apresenta uma ou mais declividades.

Cumeeira
Linha horizontal de interseção no topo, entre dois planos inclinados de uma cobertura no topo deste.

Empena
Parte triangular de uma parede sob uma cobertura em vertente, compreendida entre a cornija ou os beirais e a cumeeira. Também chamada de oitão.

Espigão
Aresta inclinada formada pela junção de dois lados adjacentes em declive de uma cobertura.

Rincão
Interseção entre duas superfícies inclinadas de uma cobertura, para onde correm as águas pluviais.

Lucarna
Estrutura que se projeta de uma cobertura em vertente e que normalmente apresenta uma janela ou uma veneziana de ventilação vertical.

Cúpula
Estrutura abobadada de planta circular e que normalmente apresenta a forma de uma porção esférica, construída de modo a transmitir empuxos iguais em todas as direções.

Treliça
Sistema estrutural baseado na rigidez geométrica do triângulo e composto por elementos lineares submetidos apenas a tensões e compressões axiais.

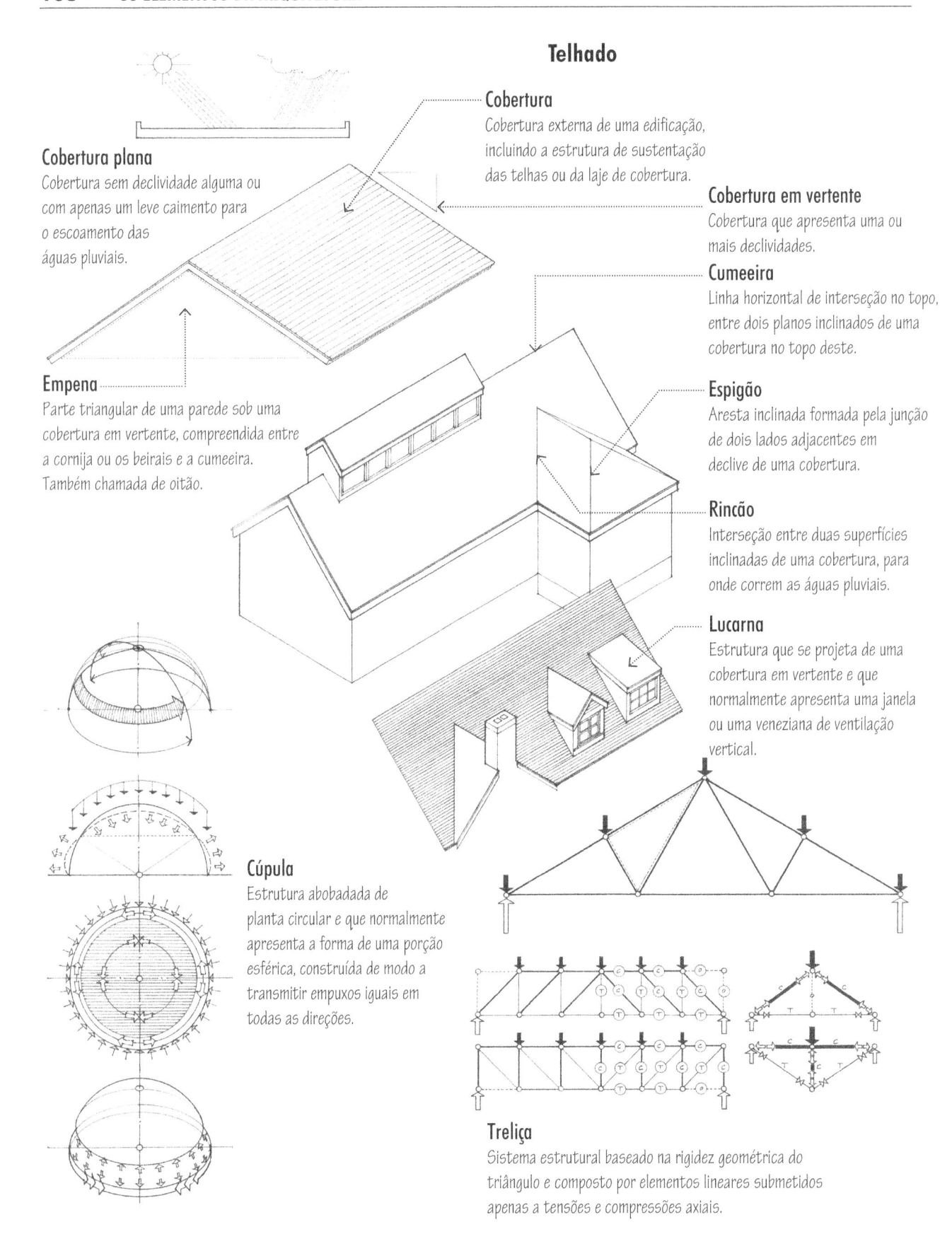

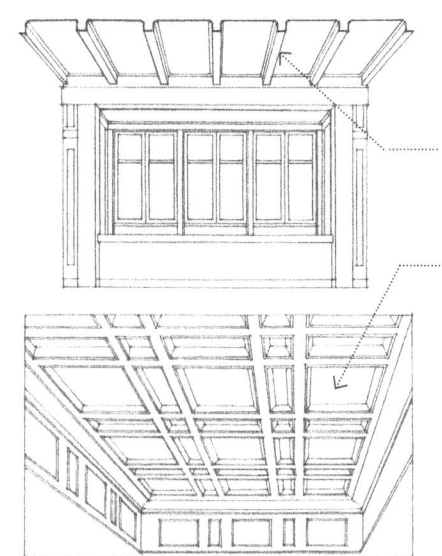

TIPOS, SISTEMAS E COMPONENTES QUE DETERMINAM O PROJETO 169

Teto

Teto
Superfície ou revestimento superior interno de um ambiente, normalmente ocultando a face inferior do piso ou do teto que está acima.

Teto de vigas
Face inferior de um piso, revelando as vigas de sustentação, acabado de modo a formar um teto.

Caixotão
Cada um dentre uma série de painéis recuados, normalmente quadrangulares ou octogonais, de um teto, sofito ou abóbada. Também chamado de artesão ou caixão.

Artesoado
Teto, sofito ou abóbada ornamentados com um padrão de painéis recuados.

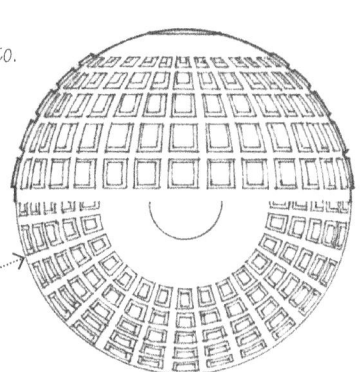

Teto acústico
Teto formado por placas acústicas ou outro material absorvente de som.

Pleno
Espaço entre o forro e a estrutura do piso acima deste, especialmente aquele que serve de câmara receptora do ar-condicionado a ser distribuído aos espaços habitados ou para que o ar do retorno seja reconduzido a uma instalação central para ser processado.

Forro suspenso
Rebaixo de teto a partir de um piso superior ou de uma estrutura de cobertura, destinado a criar espaço para tubulações, eletrodutos, luminárias ou outros equipamentos, ou a alterar as proporções de um cômodo.

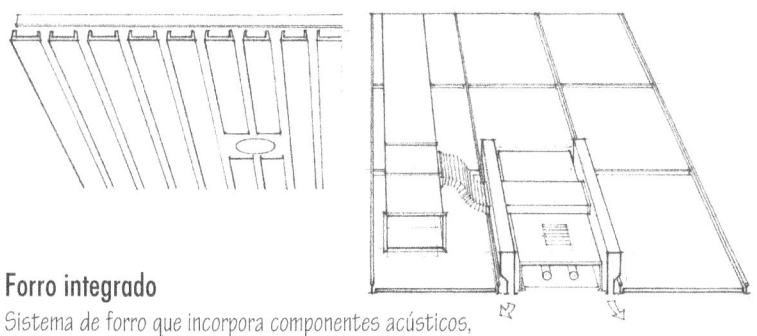

Forro integrado
Sistema de forro que incorpora componentes acústicos, de iluminação e de condicionamento de ar em um todo unificado.

Abóbada

Estrutura arqueada construída em pedra, tijolo ou concreto armado, formando o teto ou a cobertura de um salão, uma sala ou outro espaço total ou parcialmente fechado.

Por uma abóbada se comportar como um arco que se estende em uma terceira dimensão, as paredes longitudinais de apoio devem ser dotadas de contrafortes para anular os esforços da ação de arqueamento.

Abóbada de berço

Abóbada de secção transversal semicircular.

Aresta

Cada uma das linhas ou arestas curvas ao longo das quais duas abóbadas entrecruzadas se interceptam.

Contraforte

Suporte externo construído para estabilizar uma estrutura, mediante a oposição a empuxos para fora, especialmente um apoio projetado, construído integrado ou conectado a uma parede externa de alvenaria.

Nervura

Cada um dos diversos elementos em forma de arco que sustentam uma abóbada nas arestas e que definem suas superfícies distintas ou dividem essas superfícies em painéis.

Trama

Superfície formada pelas nervuras de uma abóbada nervurada.

Cômodo

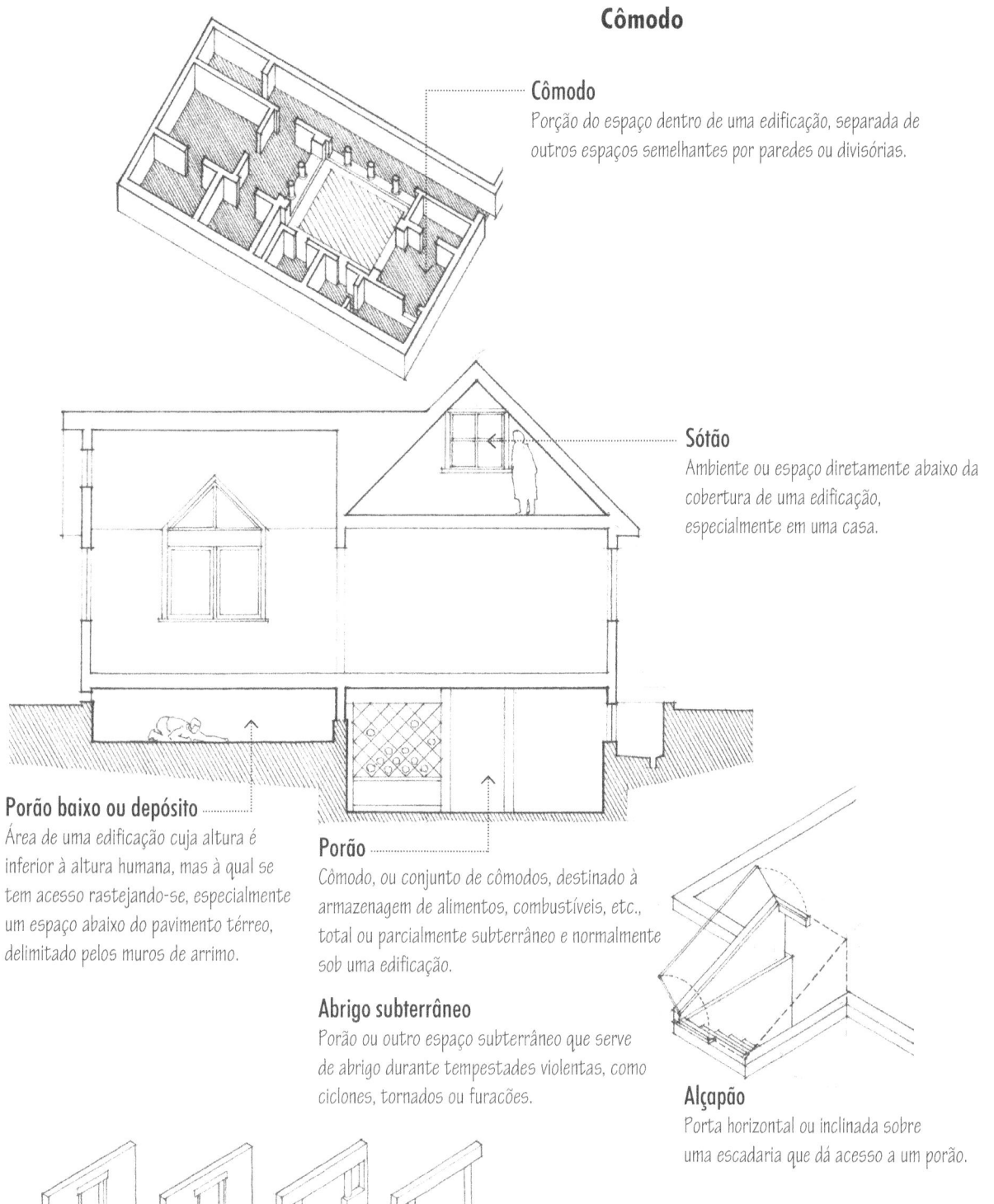

Cômodo
Porção do espaço dentro de uma edificação, separada de outros espaços semelhantes por paredes ou divisórias.

Sótão
Ambiente ou espaço diretamente abaixo da cobertura de uma edificação, especialmente em uma casa.

Porão baixo ou depósito
Área de uma edificação cuja altura é inferior à altura humana, mas à qual se tem acesso rastejando-se, especialmente um espaço abaixo do pavimento térreo, delimitado pelos muros de arrimo.

Porão
Cômodo, ou conjunto de cômodos, destinado à armazenagem de alimentos, combustíveis, etc., total ou parcialmente subterrâneo e normalmente sob uma edificação.

Abrigo subterrâneo
Porão ou outro espaço subterrâneo que serve de abrigo durante tempestades violentas, como ciclones, tornados ou furacões.

Alçapão
Porta horizontal ou inclinada sobre uma escadaria que dá acesso a um porão.

Transição
Movimento, passagem ou mudança de uma forma, um estado ou um local para outro.

172 OS ELEMENTOS DA ARQUITETURA

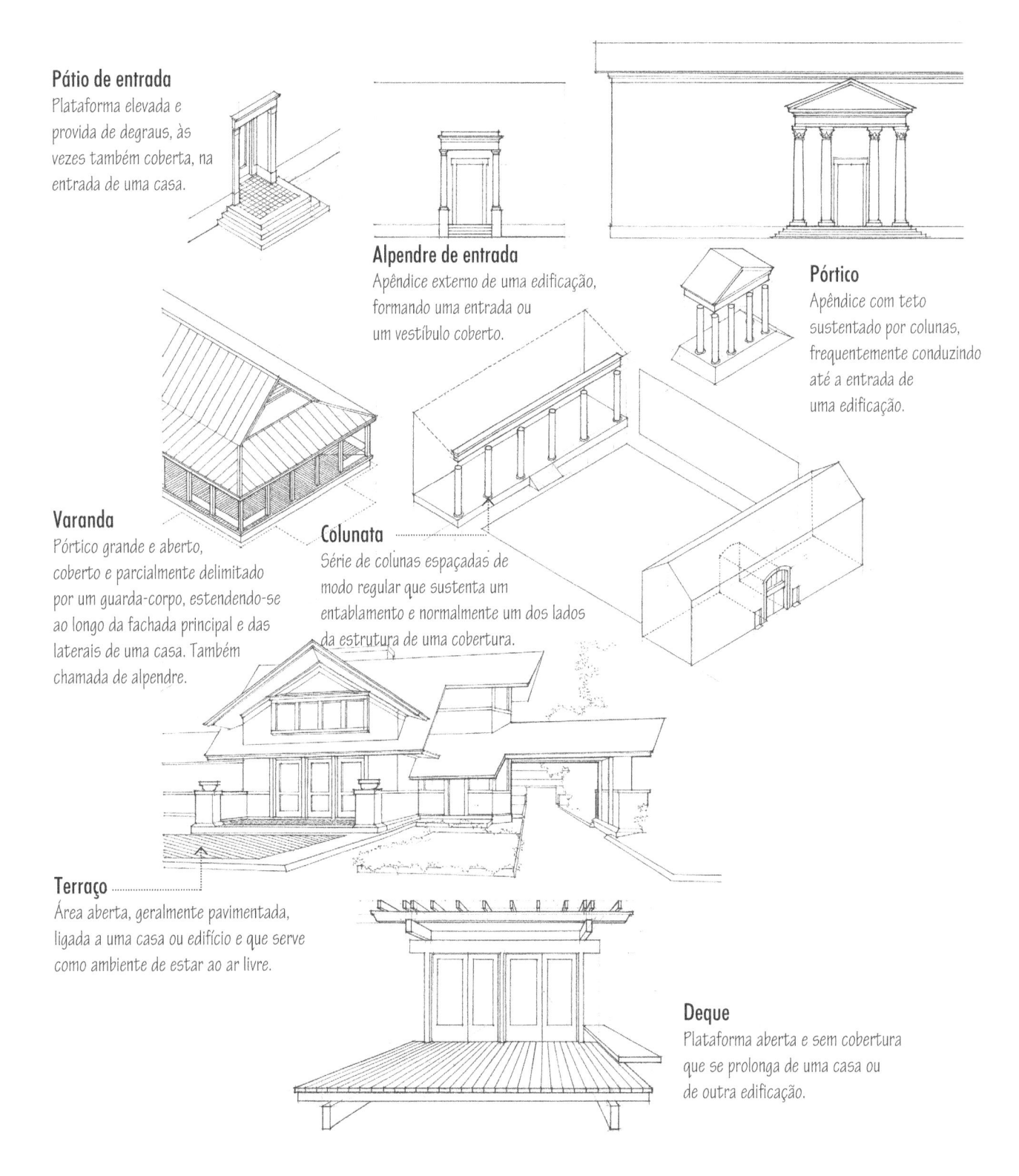

Pátio de entrada
Plataforma elevada e provida de degraus, às vezes também coberta, na entrada de uma casa.

Alpendre de entrada
Apêndice externo de uma edificação, formando uma entrada ou um vestíbulo coberto.

Pórtico
Apêndice com teto sustentado por colunas, frequentemente conduzindo até a entrada de uma edificação.

Varanda
Pórtico grande e aberto, coberto e parcialmente delimitado por um guarda-corpo, estendendo-se ao longo da fachada principal e das laterais de uma casa. Também chamada de alpendre.

Colunata
Série de colunas espaçadas de modo regular que sustenta um entablamento e normalmente um dos lados da estrutura de uma cobertura.

Terraço
Área aberta, geralmente pavimentada, ligada a uma casa ou edifício e que serve como ambiente de estar ao ar livre.

Deque
Plataforma aberta e sem cobertura que se prolonga de uma casa ou de outra edificação.

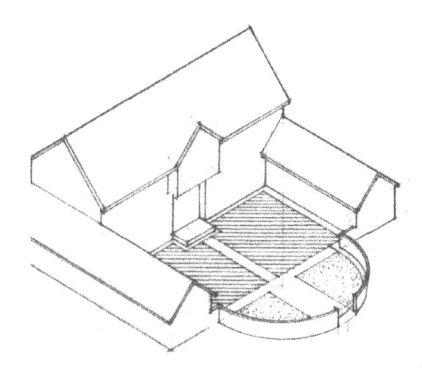

TIPOS, SISTEMAS E COMPONENTES QUE DETERMINAM O PROJETO 173

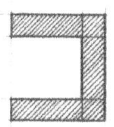

Óculo
Abertura circular, especialmente na coroa de uma cúpula.

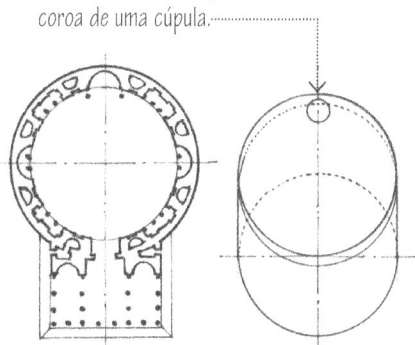

Pátio
Área ao ar livre, cercada em sua maior parte ou na sua totalidade por paredes ou edificações.

Rotunda
Edificação com planta redonda e cúpula, ou um espaço circular grande e alto em tal edificação, sobretudo se coberta por uma cúpula.

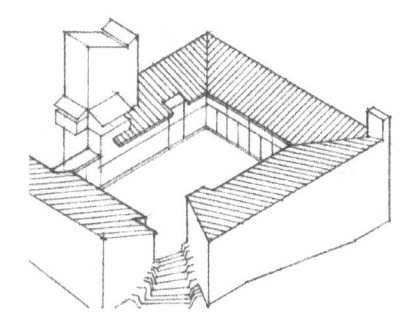

Pátio interno
Área, especialmente de uma casa, delimitada por blocos baixos, arcadas ou paredes.

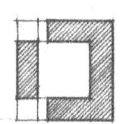

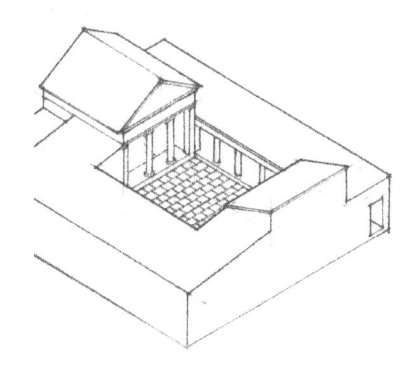

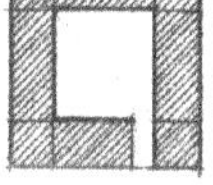

Solário
Varanda, cômodo ou galeria com paredes de vidro, utilizada para banhos de sol ou exposição terapêutica à luz solar.

Átrio
Pátio central iluminado por luz zenital, em uma edificação, especialmente um grande espaço interno com cobertura de vidro cercado por vários pavimentos de galerias.

Jardim de inverno
Varanda ou cômodo com paredes de vidro, com orientação para absorver grandes quantidades de luz solar.

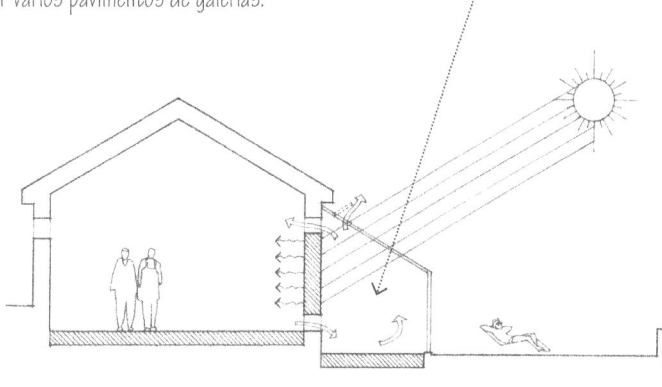

Parede

Parede
Qualquer uma das várias estruturas verticais que apresentam uma superfície contínua e que servem para delimitar, dividir ou proteger uma área.

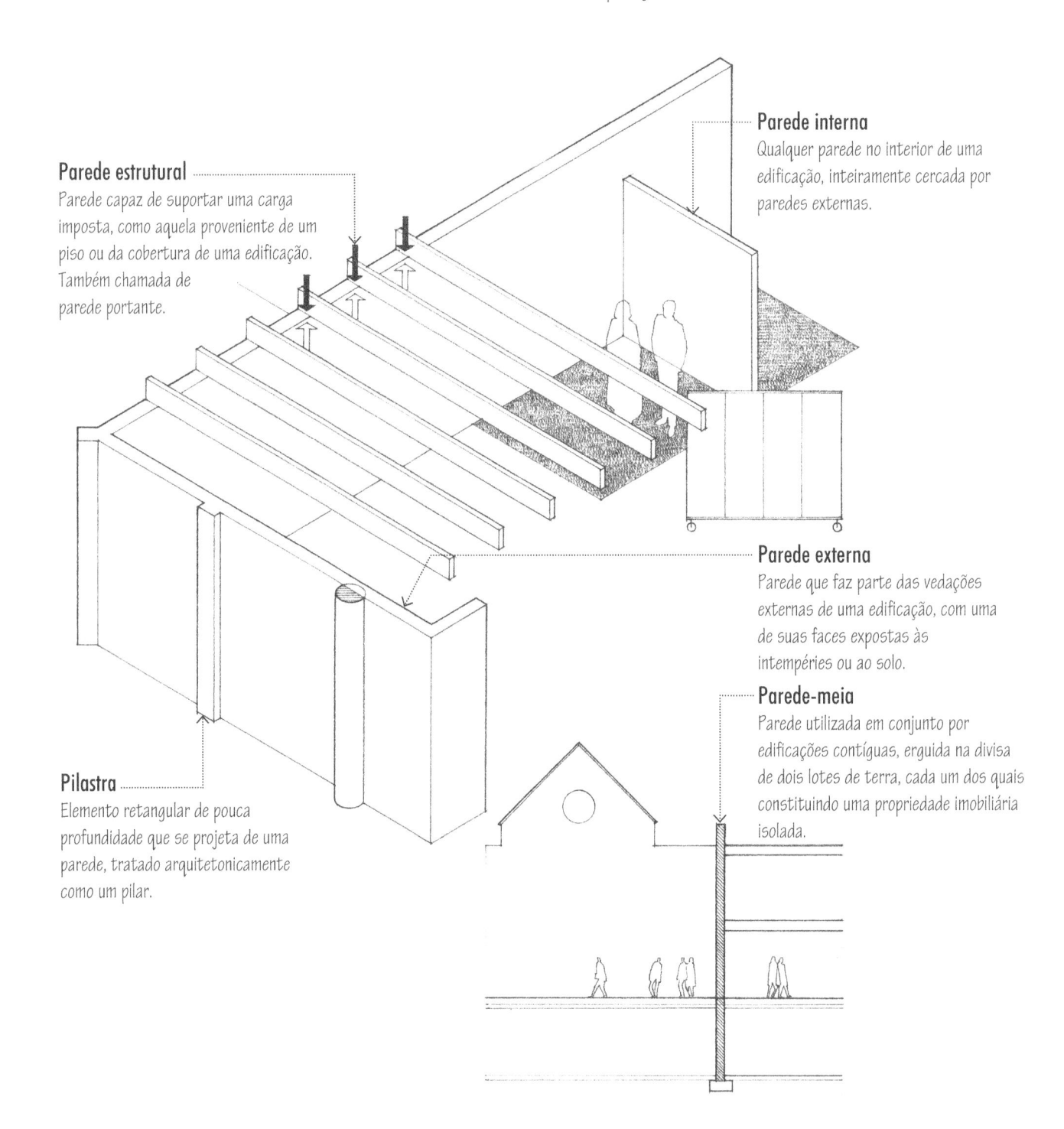

Parede estrutural
Parede capaz de suportar uma carga imposta, como aquela proveniente de um piso ou da cobertura de uma edificação. Também chamada de parede portante.

Parede interna
Qualquer parede no interior de uma edificação, inteiramente cercada por paredes externas.

Parede externa
Parede que faz parte das vedações externas de uma edificação, com uma de suas faces expostas às intempéries ou ao solo.

Parede-meia
Parede utilizada em conjunto por edificações contíguas, erguida na divisa de dois lotes de terra, cada um dos quais constituindo uma propriedade imobiliária isolada.

Pilastra
Elemento retangular de pouca profundidade que se projeta de uma parede, tratado arquitetonicamente como um pilar.

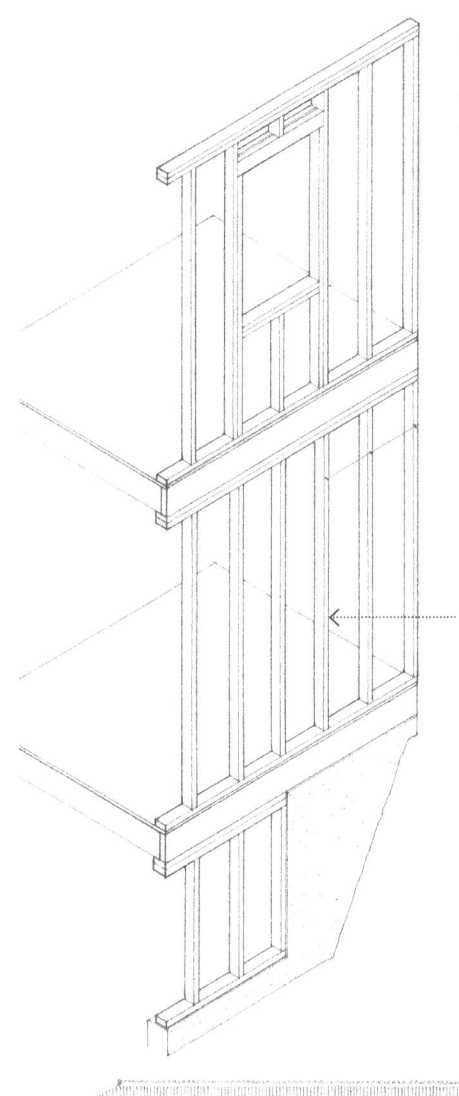

TIPOS, SISTEMAS E COMPONENTES QUE DETERMINAM O PROJETO 175

Vedações externas
As paredes e a cobertura de uma edificação, ou seja, sua pele.

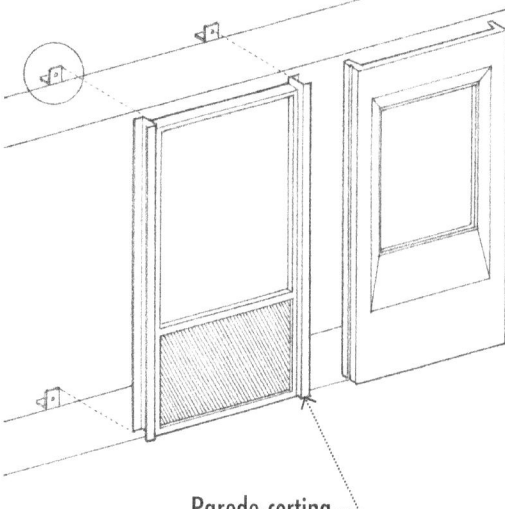

Montante
Qualquer uma dentre uma série de peças verticais esbeltas de madeira ou metal que formam a estrutura de uma parede externa ou interna.

Parede-cortina
Parede externa totalmente sustentada pela estrutura de um edifício e que não está sujeita a carga alguma além de seu peso próprio e dos ventos.

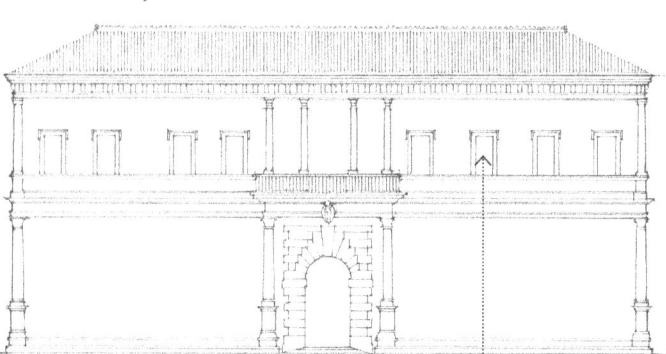

Fachada
Frente de uma edificação ou qualquer uma de suas laterais que dão para uma via ou um espaço público, especialmente aquelas que se distinguem por seu tratamento arquitetônico.

Fenestração
Desenho, proporção e disposição das janelas e demais aberturas externas de uma edificação.

Articulação
Método ou modo de junção no qual as partes unidas se mantêm nítida e claramente definidas uma em relação à outra.

Tijolo

Tijolo
Unidade de alvenaria feita de argila, moldada na forma de um prisma retangular no estado plástico e seca ao sol ou mediante o cozimento em uma fornalha.

Tijolo de comprido
Tijolo ou outro elemento de alvenaria assentado horizontalmente em uma parede e com a face maior exposta ou paralela à superfície. Também chamado de tijolo assentado de comprido.

Tijolo-ladrilho
Tijolo com largura e altura normais, porém profundidade nominal de 3,5 cm.

Meio-tijolo
Tijolo cortado transversalmente para preencher uma extremidade.

Perpianho
Tijolo ou outra unidade de alvenaria assentado horizontalmente em uma parede, com a face menor exposta ou paralela à superfície.

Forqueta
Tijolo assentado horizontalmente na face maior, com a face menor exposta.

Marinheiro
Tijolo assentado verticalmente, com a face mais larga exposta.

Tijolo de cutelo
Tijolo assentado horizontalmente sobre a extremidade mais longa, com a face mais larga exposta. Também chamado de tijolo de espelho.

Escória ou clínquer
Tijolo denso, bem-cozido, utilizado especialmente para pavimentação.

Soldado
Tijolo assentado verticalmente, com a face mais longa exposta.

Fiada de soldados
Fiada contínua de soldados em um aparelho.

Fechamento
Tijolo especialmente formado ou cortado para rematar uma fiada ou completar o aparelho na quina de uma parede.

Tijolo decorado
Tijolo com uma extremidade mais escura exposta como um perpianho em um aparelho decorado.

Tijolo comum
Tijolo feito para fins construtivos gerais e sem nenhum tratamento específico de cor e textura. Também chamado de tijolo de construção.

Tijolo refratário
Tijolo feito de argila refratária utilizado para revestir fornalhas e lareiras.

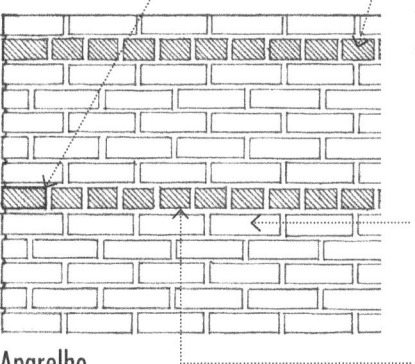

Tijolo aparente
Tijolo feito de argilas especiais para o revestimento de paredes, normalmente tratado de modo a produzir a cor e a textura superficial desejadas.

Fiada ao comprido
Fiada contínua de tijolos ao comprido em um aparelho.

Aparelho
Qualquer uma das diversas formas de se dispor tijolos ou pedras em uma construção, segundo um padrão regular, identificável e normalmente com as juntas desencontradas, a fim de aumentar a resistência da parede ou do muro, bem como contribuir para a estética da construção.

Fiada perpianha
Fiada contínua de tijolos perpianhos em um aparelho.

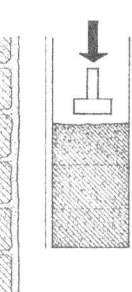

TIPOS, SISTEMAS E COMPONENTES QUE DETERMINAM O PROJETO 177

Taipa de pilão
Mistura rígida de argila, areia, ou outro agregado, e água, apiloada e seca dentro de formas e utilizada como material de construção.

Adobe
Tijolo seco ao sol feito de argila e palha, muito comum em países onde chove pouco.

Tijolo furado
Bloco de argila cozida que apresenta orifícios ou canais, utilizado na construção de paredes externas e internas.

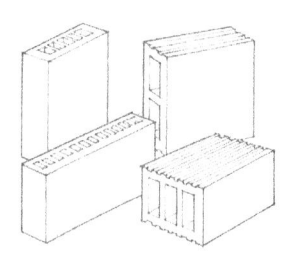

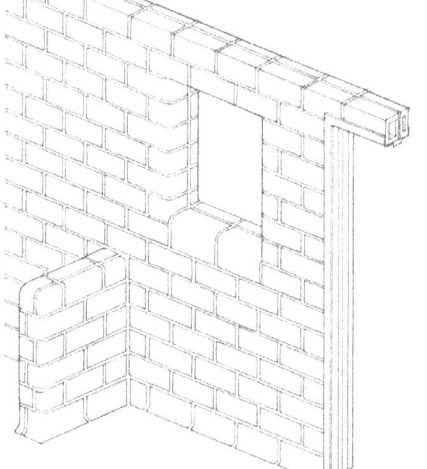

Terracota
Argila cozida, dura, de coloração marrom-avermelhada quando não vitrificada, empregada para revestimentos e ornamentos arquitetônicos, bem como na fabricação de telhas, placas e pisos de cerâmica e objetos como vasos e esculturas.

Cimento
Mistura calcinada de argila e calcário, finamente pulverizada, utilizada como ingrediente de concretos e argamassas. Muitas vezes, o termo é empregado erroneamente para designar o concreto-massa.

Concreto
Material de construção artificial, semelhante à rocha, obtido mediante a mistura de cimento com vários agregados minerais, com água suficiente para promover sua cura e aglutinar toda a massa.

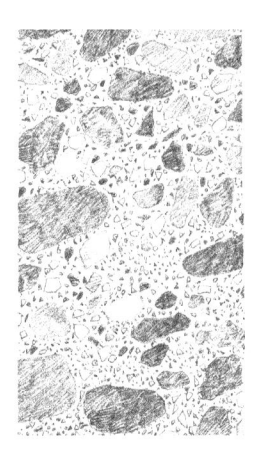

Agregado
Qualquer um dos vários materiais minerais duros e inertes, como areia e cascalho, misturados a uma pasta de cimento na fabricação do concreto ou da argamassa. Uma vez que o agregado representa de 60 a 80% do volume do concreto, suas propriedades são importantes para a resistência estrutural, o peso e a resistência ao fogo do concreto curado. O agregado deve ser duro, dimensionalmente estável e isento de argila, silte e materiais orgânicos que possam impedir a pasta de cimento de manter coesas suas partículas.

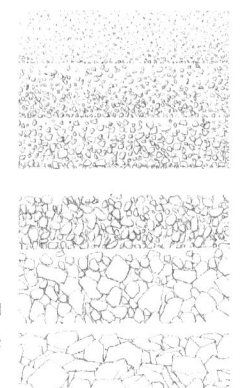

Janela

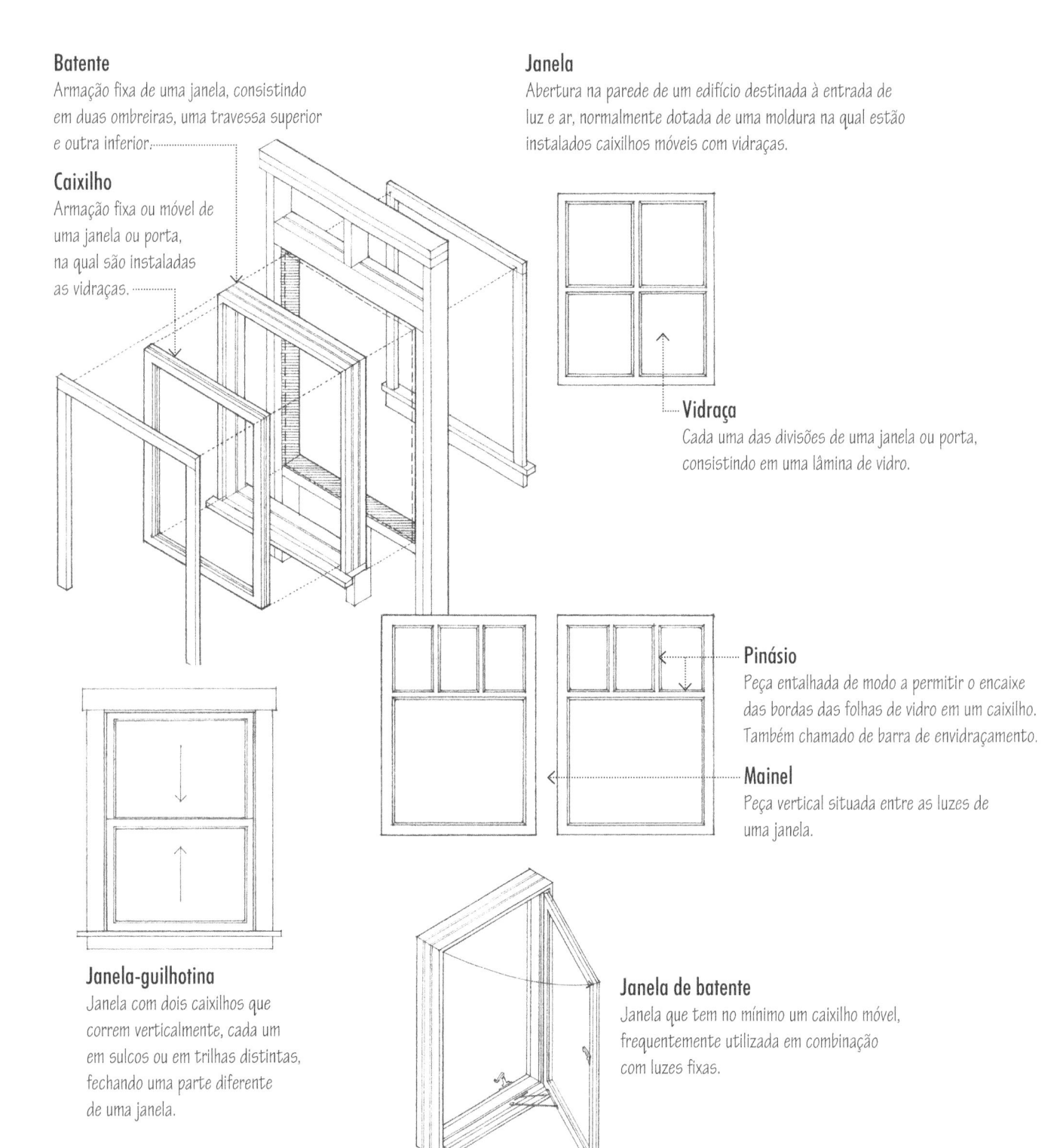

Batente
Armação fixa de uma janela, consistindo em duas ombreiras, uma travessa superior e outra inferior.

Caixilho
Armação fixa ou móvel de uma janela ou porta, na qual são instaladas as vidraças.

Janela
Abertura na parede de um edifício destinada à entrada de luz e ar, normalmente dotada de uma moldura na qual estão instalados caixilhos móveis com vidraças.

Vidraça
Cada uma das divisões de uma janela ou porta, consistindo em uma lâmina de vidro.

Pinásio
Peça entalhada de modo a permitir o encaixe das bordas das folhas de vidro em um caixilho. Também chamado de barra de envidraçamento.

Mainel
Peça vertical situada entre as luzes de uma janela.

Janela-guilhotina
Janela com dois caixilhos que correm verticalmente, cada um em sulcos ou em trilhas distintas, fechando uma parte diferente de uma janela.

Janela de batente
Janela que tem no mínimo um caixilho móvel, frequentemente utilizada em combinação com luzes fixas.

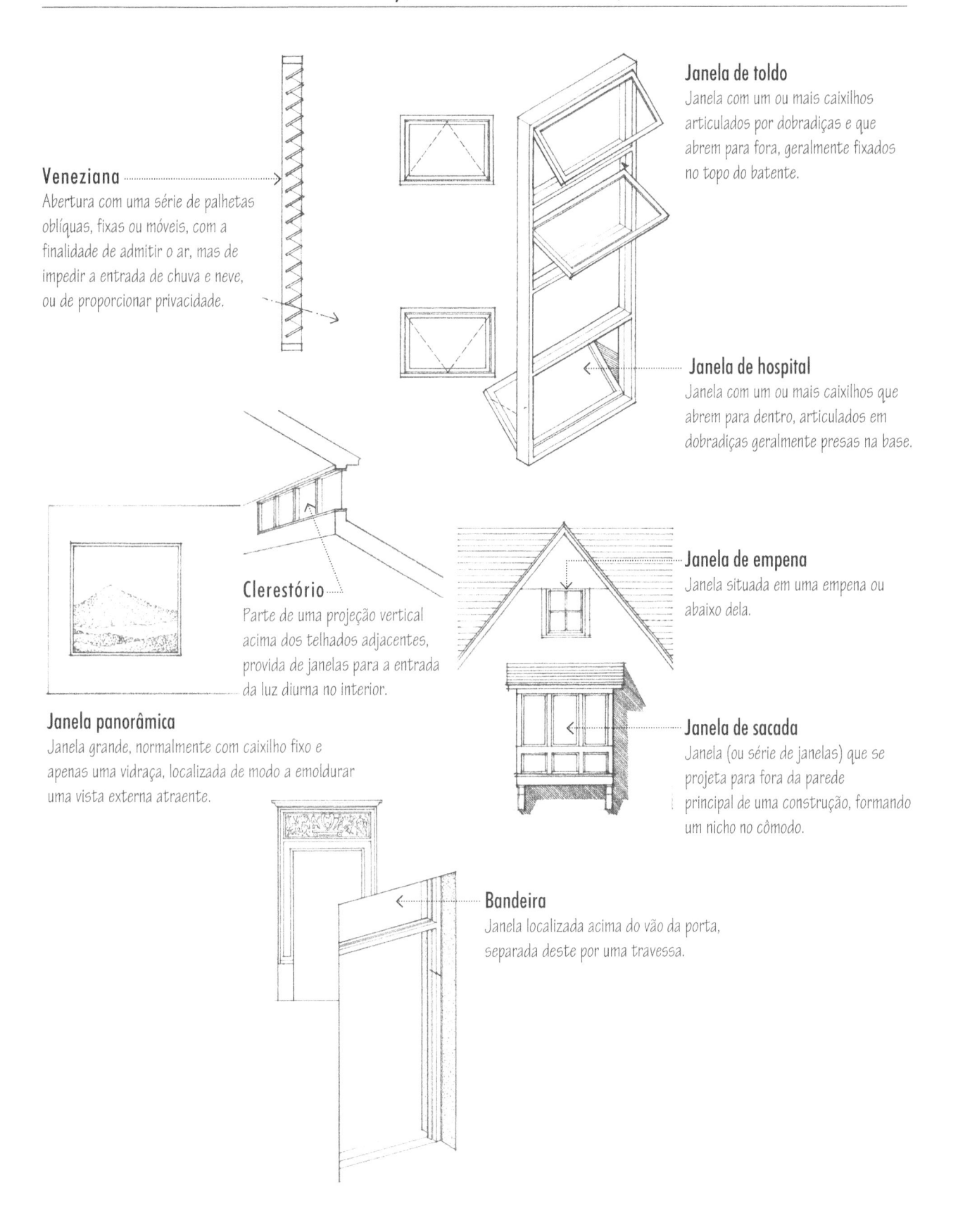

TIPOS, SISTEMAS E COMPONENTES QUE DETERMINAM O PROJETO   **179**

Veneziana
Abertura com uma série de palhetas oblíquas, fixas ou móveis, com a finalidade de admitir o ar, mas de impedir a entrada de chuva e neve, ou de proporcionar privacidade.

Janela de toldo
Janela com um ou mais caixilhos articulados por dobradiças e que abrem para fora, geralmente fixados no topo do batente.

Janela de hospital
Janela com um ou mais caixilhos que abrem para dentro, articulados em dobradiças geralmente presas na base.

Clerestório
Parte de uma projeção vertical acima dos telhados adjacentes, provida de janelas para a entrada da luz diurna no interior.

Janela de empena
Janela situada em uma empena ou abaixo dela.

Janela panorâmica
Janela grande, normalmente com caixilho fixo e apenas uma vidraça, localizada de modo a emoldurar uma vista externa atraente.

Janela de sacada
Janela (ou série de janelas) que se projeta para fora da parede principal de uma construção, formando um nicho no cômodo.

Bandeira
Janela localizada acima do vão da porta, separada deste por uma travessa.

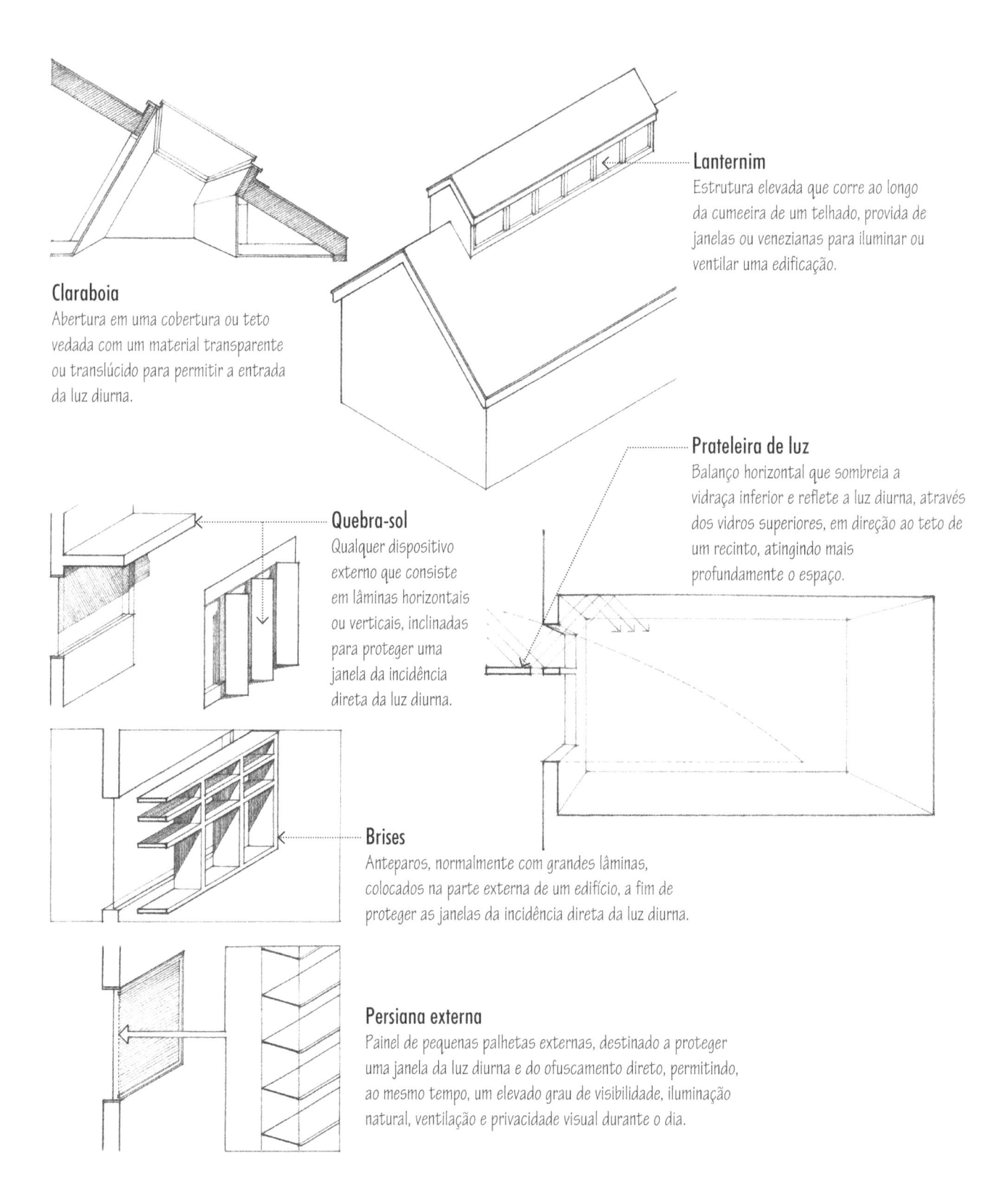

Claraboia
Abertura em uma cobertura ou teto vedada com um material transparente ou translúcido para permitir a entrada da luz diurna.

Lanternim
Estrutura elevada que corre ao longo da cumeeira de um telhado, provida de janelas ou venezianas para iluminar ou ventilar uma edificação.

Quebra-sol
Qualquer dispositivo externo que consiste em lâminas horizontais ou verticais, inclinadas para proteger uma janela da incidência direta da luz diurna.

Prateleira de luz
Balanço horizontal que sombreia a vidraça inferior e reflete a luz diurna, através dos vidros superiores, em direção ao teto de um recinto, atingindo mais profundamente o espaço.

Brises
Anteparos, normalmente com grandes lâminas, colocados na parte externa de um edifício, a fim de proteger as janelas da incidência direta da luz diurna.

Persiana externa
Painel de pequenas palhetas externas, destinado a proteger uma janela da luz diurna e do ofuscamento direto, permitindo, ao mesmo tempo, um elevado grau de visibilidade, iluminação natural, ventilação e privacidade visual durante o dia.

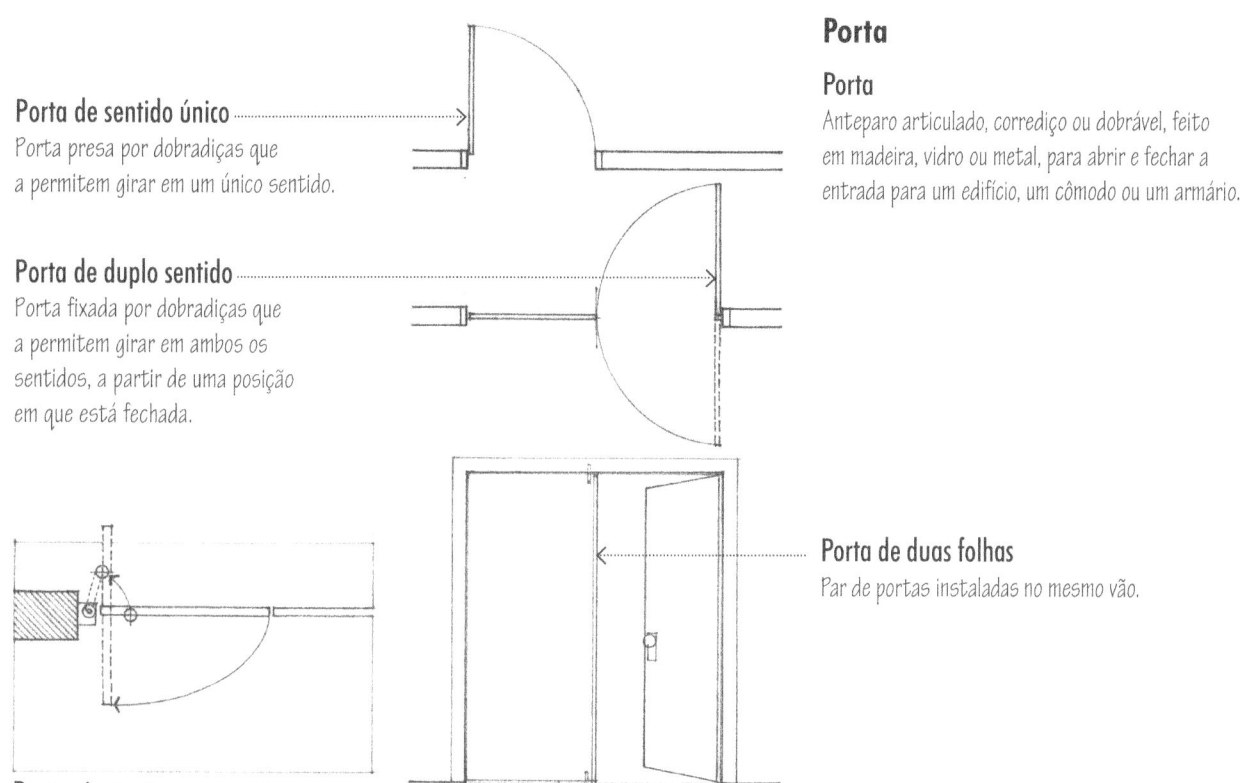

TIPOS, SISTEMAS E COMPONENTES QUE DETERMINAM O PROJETO

Porta

Porta
Anteparo articulado, corrediço ou dobrável, feito em madeira, vidro ou metal, para abrir e fechar a entrada para um edifício, um cômodo ou um armário.

Porta de sentido único
Porta presa por dobradiças que a permitem girar em um único sentido.

Porta de duplo sentido
Porta fixada por dobradiças que a permitem girar em ambos os sentidos, a partir de uma posição em que está fechada.

Porta de duas folhas
Par de portas instaladas no mesmo vão.

Porta pivotante
Porta apoiada em uma articulação (eixo) central ou lateral e que gira em torno desta, se distinguindo de uma porta suspensa por dobradiças.

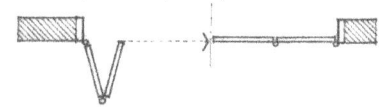

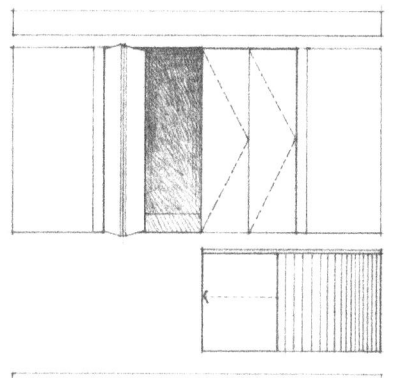

Porta articulada
Porta dividida em partes articuladas que podem ser dobradas umas contra as outras ao abri-la.

Porta biarticulada
Porta articulada dividida em duas partes, sendo a folha interna de cada uma suspensa por um trilho superior e a folha externa articulada no batente.

Porta sanfonada
Porta de folhas múltiplas suspensa por um trilho superior e que se abre dobrando-se como uma sanfona. Também chamada de porta de sanfona.

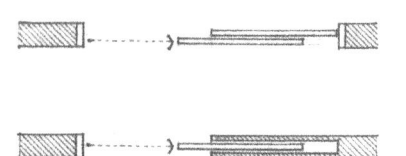

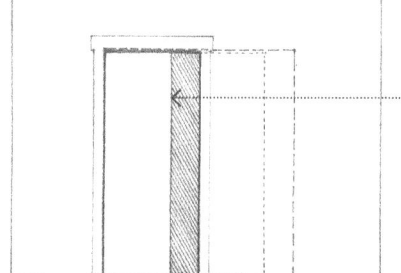

Porta corrediça embutida
Porta que desliza para dentro e para fora de uma abertura na parede.

Porta corrediça
Porta que se desloca, geralmente paralela à parede, deslizando sobre um trilho. Também chamada de porta de correr.

Portal
Porta, portão ou entrada, especialmente de caráter imponente, enfatizada pelo tamanho e tratamento arquitetônico.

Limiar
Local ou ponto de entrada ou início.

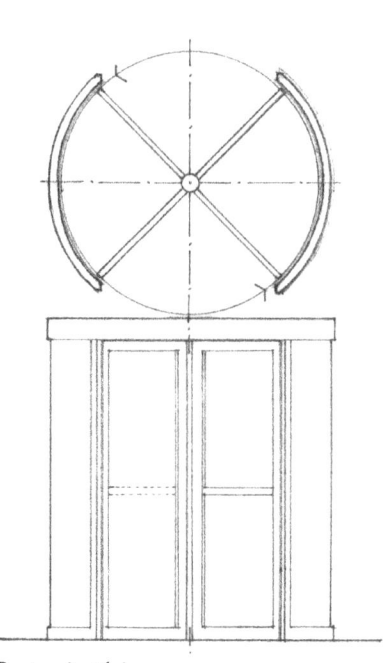

Porta giratória
Porta de entrada utilizada para eliminar correntes de ar do interior de uma edificação e que consiste em quatro folhas dispostas em forma de cruz instaladas em um compartimento cilíndrico que roda em torno de um eixo vertical central. Algumas portas giratórias giram de volta, automaticamente, na direção de saída, quando lhes é aplicada uma pressão, funcionando como uma passagem perfeita em ambos os lados da articulação.

Porta lisa
Porta cuja folha tem a superfície lisa.

Porta almofadada
Porta que apresenta um quadro composto por montantes, travessas e, por vezes, maineis, preenchido por almofadas de um material mais leve. Também chamada de porta com caixilho ou porta engradada.

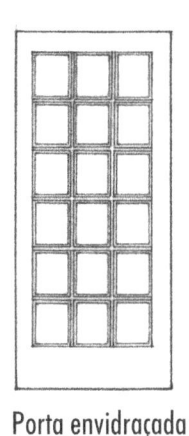

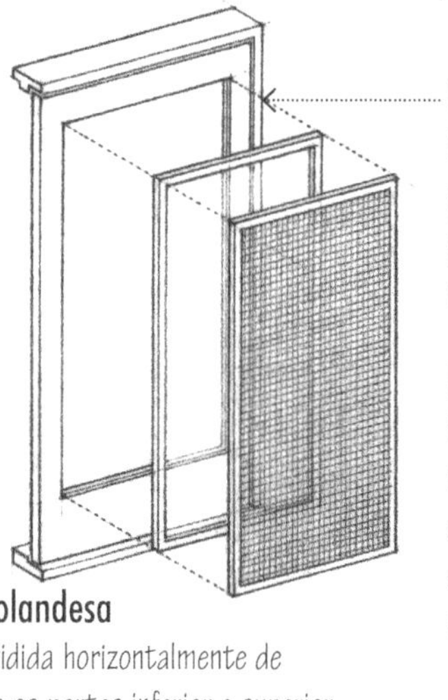

Porta adaptável
Porta externa dotada de um caixilho no qual podem ser instalados diferentes tipos de painéis, como uma tela para o verão ou um caixilho de proteção para o inverno.

Porta de tela
Porta externa dotada de montantes e travessas de madeira ou alumínio nos quais está fixada uma tela de arame ou de plástico, destinada a admitir o ar e impedir a entrada de insetos.

Porta envidraçada
Porta com almofadas retangulares de vidro distribuídas por toda a sua extensão, frequentemente utilizada na versão de duas folhas. Também chamada de porta-vidraça.

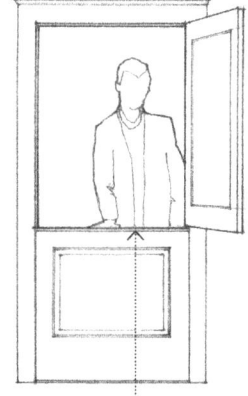

Porta holandesa
Porta dividida horizontalmente de modo que as partes inferior e superior possam ser abertas de modo independente. Também chamada de saia e blusa.

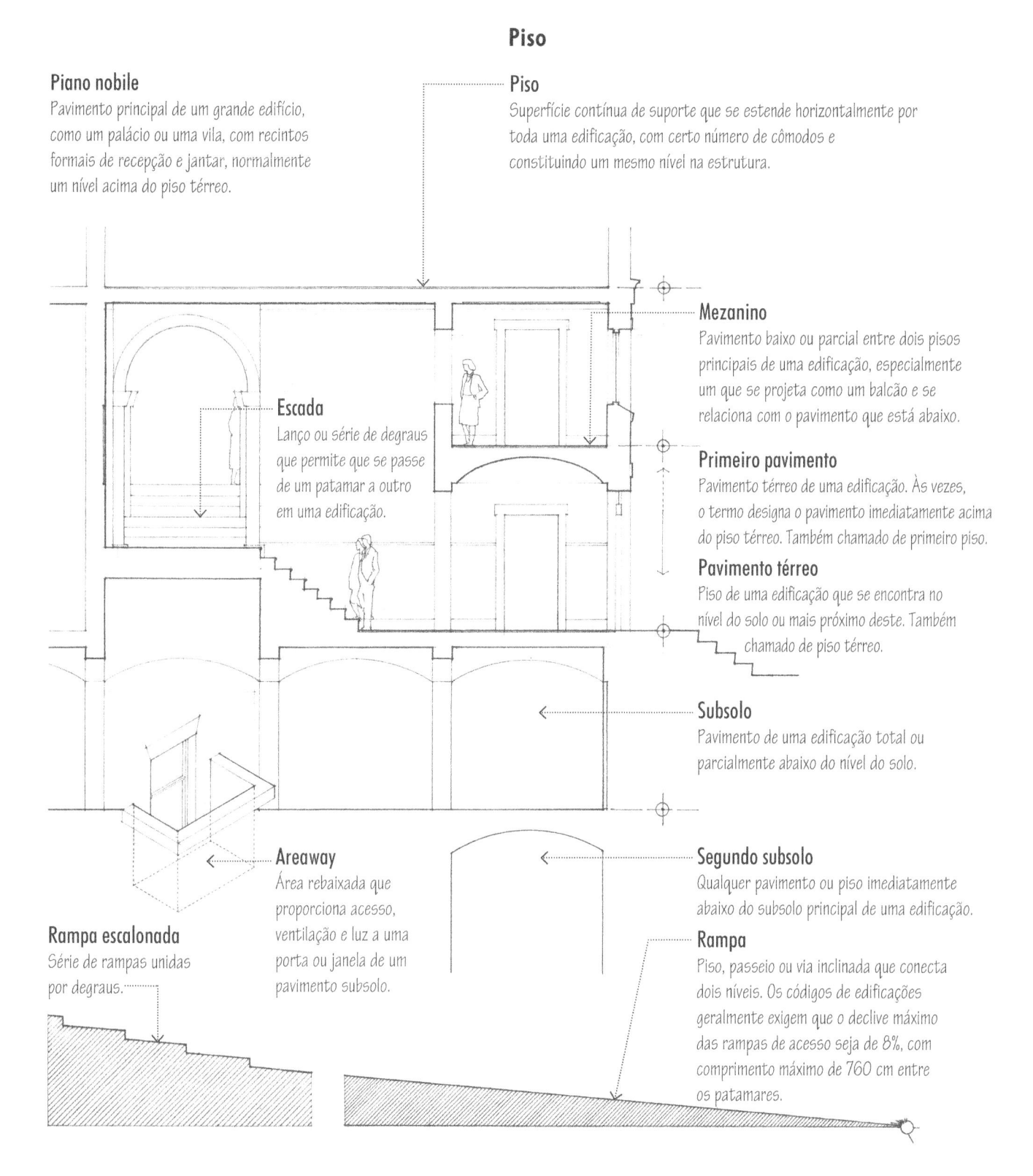

TIPOS, SISTEMAS E COMPONENTES QUE DETERMINAM O PROJETO 183

Piso

Piano nobile
Pavimento principal de um grande edifício, como um palácio ou uma vila, com recintos formais de recepção e jantar, normalmente um nível acima do piso térreo.

Piso
Superfície contínua de suporte que se estende horizontalmente por toda uma edificação, com certo número de cômodos e constituindo um mesmo nível na estrutura.

Escada
Lanço ou série de degraus que permite que se passe de um patamar a outro em uma edificação.

Mezanino
Pavimento baixo ou parcial entre dois pisos principais de uma edificação, especialmente um que se projeta como um balcão e se relaciona com o pavimento que está abaixo.

Primeiro pavimento
Pavimento térreo de uma edificação. Às vezes, o termo designa o pavimento imediatamente acima do piso térreo. Também chamado de primeiro piso.

Pavimento térreo
Piso de uma edificação que se encontra no nível do solo ou mais próximo deste. Também chamado de piso térreo.

Subsolo
Pavimento de uma edificação total ou parcialmente abaixo do nível do solo.

Areaway
Área rebaixada que proporciona acesso, ventilação e luz a uma porta ou janela de um pavimento subsolo.

Segundo subsolo
Qualquer pavimento ou piso imediatamente abaixo do subsolo principal de uma edificação.

Rampa escalonada
Série de rampas unidas por degraus.

Rampa
Piso, passeio ou via inclinada que conecta dois níveis. Os códigos de edificações geralmente exigem que o declive máximo das rampas de acesso seja de 8%, com comprimento máximo de 760 cm entre os patamares.

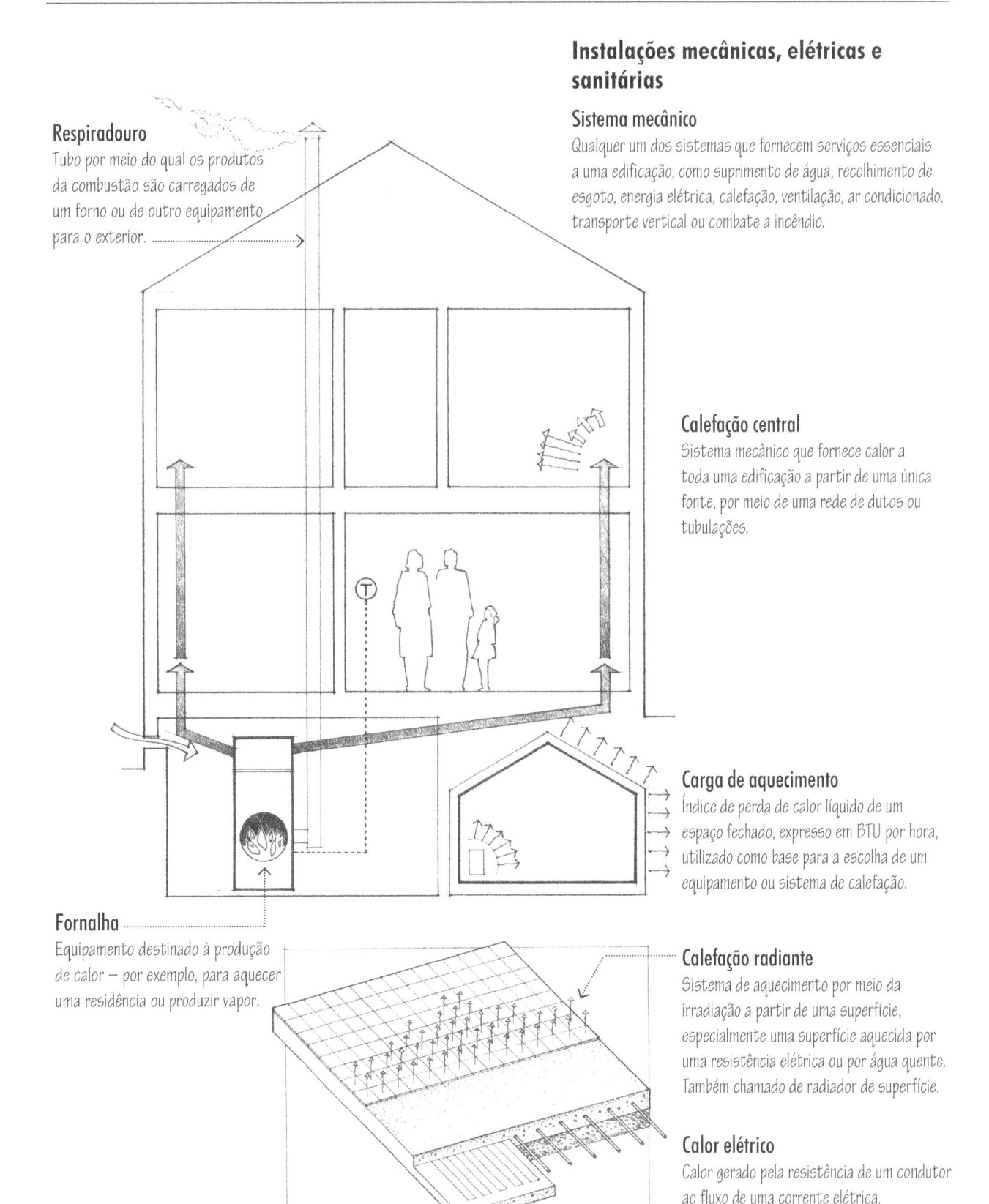

Instalações mecânicas, elétricas e sanitárias

Sistema mecânico

Qualquer um dos sistemas que fornecem serviços essenciais a uma edificação, como suprimento de água, recolhimento de esgoto, energia elétrica, calefação, ventilação, ar condicionado, transporte vertical ou combate a incêndio.

Respiradouro

Tubo por meio do qual os produtos da combustão são carregados de um forno ou de outro equipamento para o exterior.

Calefação central

Sistema mecânico que fornece calor a toda uma edificação a partir de uma única fonte, por meio de uma rede de dutos ou tubulações.

Carga de aquecimento

Índice de perda de calor líquido de um espaço fechado, expresso em BTU por hora, utilizado como base para a escolha de um equipamento ou sistema de calefação.

Fornalha

Equipamento destinado à produção de calor — por exemplo, para aquecer uma residência ou produzir vapor.

Calefação radiante

Sistema de aquecimento por meio da irradiação a partir de uma superfície, especialmente uma superfície aquecida por uma resistência elétrica ou por água quente. Também chamado de radiador de superfície.

Calor elétrico

Calor gerado pela resistência de um condutor ao fluxo de uma corrente elétrica.

TIPOS, SISTEMAS E COMPONENTES QUE DETERMINAM O PROJETO   185

Calefação por ar quente insuflado
Sistema para a calefação de uma edificação por meio do ar aquecido em uma fornalha e distribuído por um ventilador, através de uma rede de condutos, aos registros ou difusores.

Grade de retorno
Grade através da qual o ar de retorno é retirado de um espaço de ar condicionado.

Retorno de ar frio
Conduto destinado a transportar o ar frio de volta a uma fornalha, para ser reaquecido.

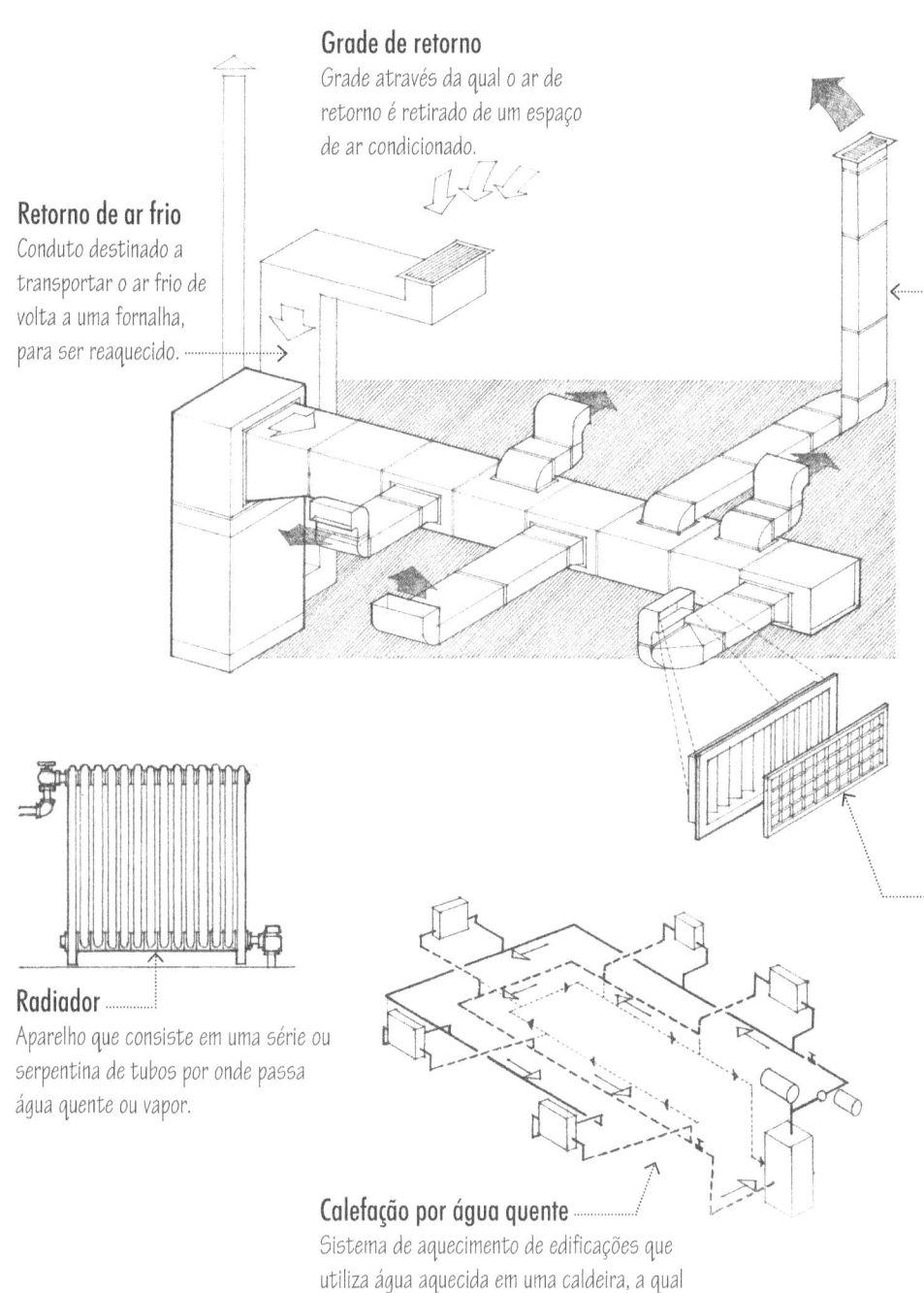

Duto
Tubo ou duto de chapa de metal ou de fibra de vidro destinado a conduzir o ar aquecido ou condicionado. Também chamado de conduto e aeroduto.

Rede de condução
Sistema de dutos, conectores e registros utilizado para transportar o ar em um sistema de calefação, ventilação ou condicionamento de ar.

Shaft
Espaço ou recesso contínuo, aberto em uma parede ou através de um piso, destinado a alojar dutos ou tubos.

Grade
Tela gradeada ou perfurada para cobrir, ocultar ou proteger uma abertura de parede, piso ou teto.

Radiador
Aparelho que consiste em uma série ou serpentina de tubos por onde passa água quente ou vapor.

Calefação por água quente
Sistema de aquecimento de edificações que utiliza água aquecida em uma caldeira, a qual circula, pela ação de uma bomba, por tubos, até seus radiadores ou convectores.

Calefação a vapor
Sistema de aquecimento de edificações que utiliza o vapor gerado em uma caldeira, o qual circula por tubos, até seus radiadores.

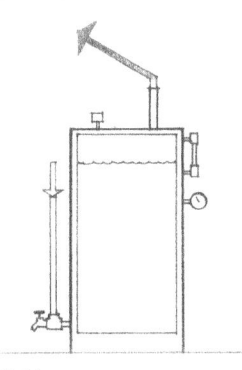

Caldeira
Recipiente ou conjunto de recipientes fechados, dotado de tubos, no qual é feito o aquecimento de água ou a geração de vapor para o suprimento de calor ou energia.

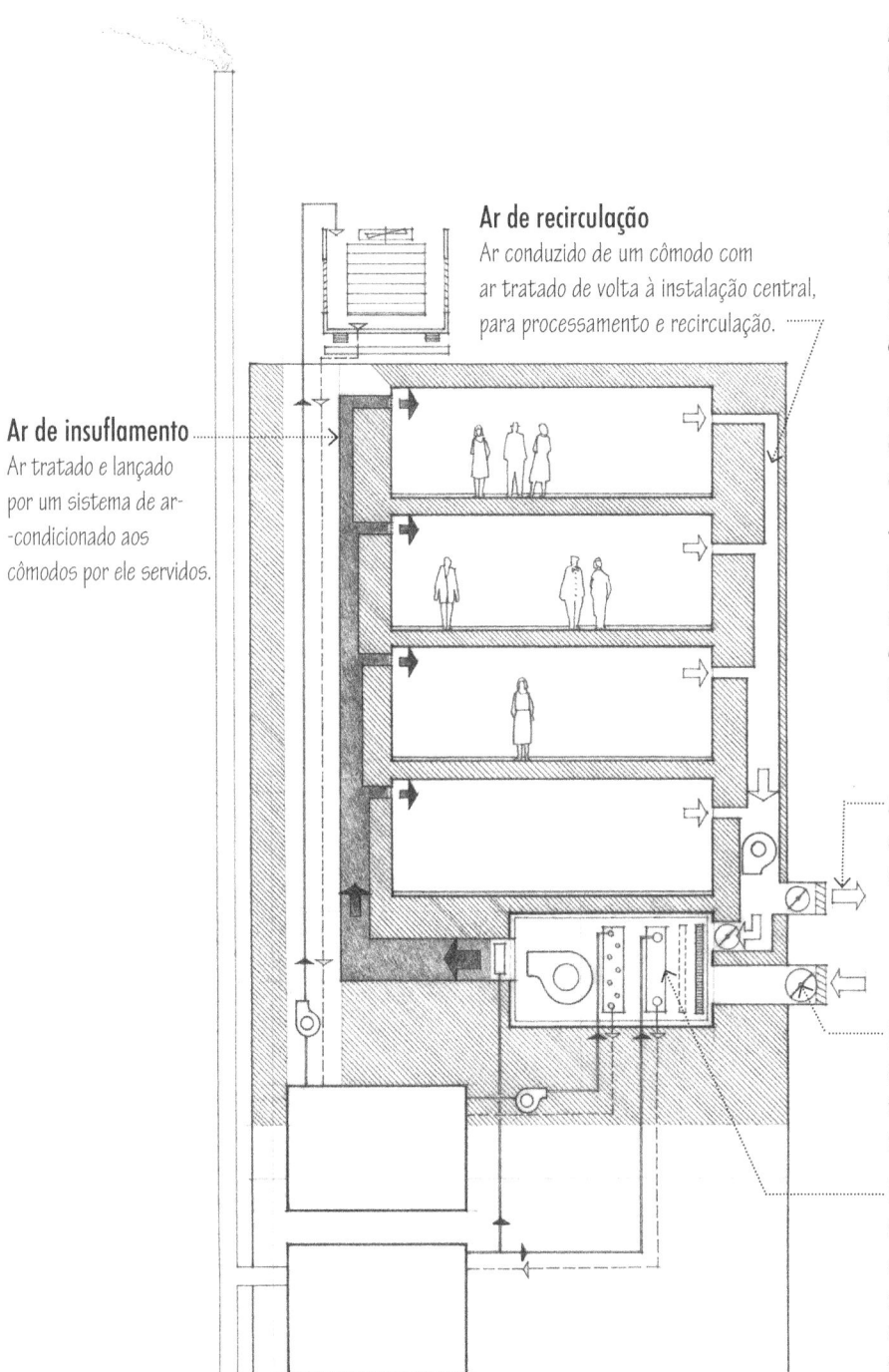

Ar-condicionado
Qualquer equipamento utilizado para reduzir ou aumentar a temperatura e a umidade de um ambiente.

Ar-condicionado central
Sistema de ar-condicionado que trata o ar em um local central e o distribui para toda uma edificação por meio de ventiladores e de uma rede de dutos.

Climatização
Calefação, refrigeração, ventilação e condicionamento do ar.

Trocador de calor
Dispositivo com a finalidade de transferir o calor de um fluido que corre por um lado de uma barreira para um fluido que corre pelo outro lado.

Ar de recirculação
Ar conduzido de um cômodo com ar tratado de volta à instalação central, para processamento e recirculação.

Ar de insuflamento
Ar tratado e lançado por um sistema de ar-condicionado aos cômodos por ele servidos.

Ar de exaustão
Ar expelido de um ambiente interno para o exterior.

Registro
Chapa móvel utilizada para regular a tiragem em uma saída de ar, um duto ou o fumeiro de uma lareira.

Unidade de manejo de ar
Sistema de condicionamento de ar que contém os ventiladores, filtros e demais componentes necessários ao tratamento e à distribuição do ar tratado para toda uma edificação ou para cômodos específicos de seu interior.

Bomba de calor
Dispositivo que utiliza um refrigerante compressível para transferir calor de um reservatório para outro, sendo o processo reversível, de modo que pode ser utilizado tanto para aquecer quanto para resfriar uma edificação.

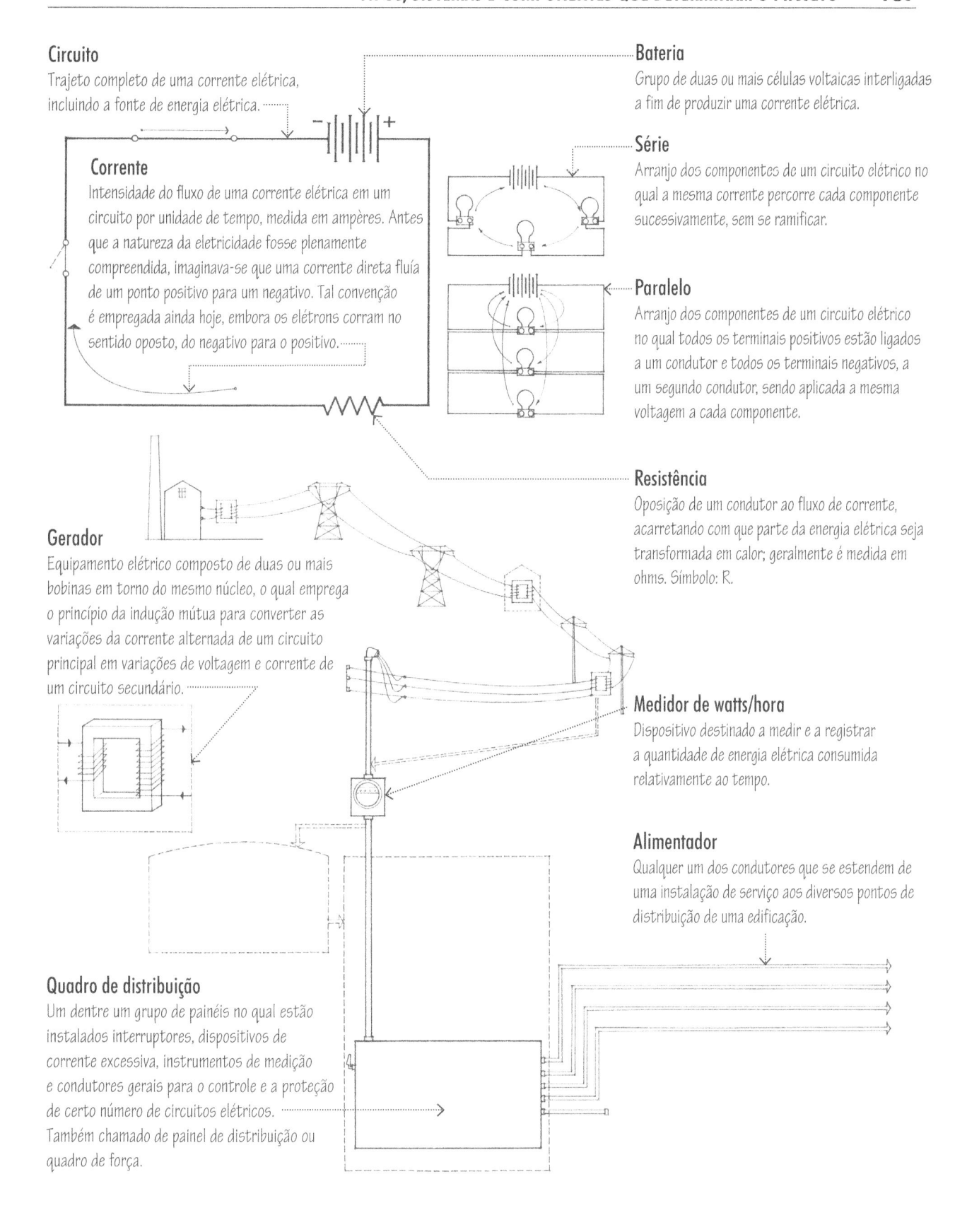

TIPOS, SISTEMAS E COMPONENTES QUE DETERMINAM O PROJETO

Circuito
Trajeto completo de uma corrente elétrica, incluindo a fonte de energia elétrica.

Bateria
Grupo de duas ou mais células voltaicas interligadas a fim de produzir uma corrente elétrica.

Corrente
Intensidade do fluxo de uma corrente elétrica em um circuito por unidade de tempo, medida em ampères. Antes que a natureza da eletricidade fosse plenamente compreendida, imaginava-se que uma corrente direta fluía de um ponto positivo para um negativo. Tal convenção é empregada ainda hoje, embora os elétrons corram no sentido oposto, do negativo para o positivo.

Série
Arranjo dos componentes de um circuito elétrico no qual a mesma corrente percorre cada componente sucessivamente, sem se ramificar.

Paralelo
Arranjo dos componentes de um circuito elétrico no qual todos os terminais positivos estão ligados a um condutor e todos os terminais negativos, a um segundo condutor, sendo aplicada a mesma voltagem a cada componente.

Resistência
Oposição de um condutor ao fluxo de corrente, acarretando com que parte da energia elétrica seja transformada em calor; geralmente é medida em ohms. Símbolo: R.

Gerador
Equipamento elétrico composto de duas ou mais bobinas em torno do mesmo núcleo, o qual emprega o princípio da indução mútua para converter as variações da corrente alternada de um circuito principal em variações de voltagem e corrente de um circuito secundário.

Medidor de watts/hora
Dispositivo destinado a medir e a registrar a quantidade de energia elétrica consumida relativamente ao tempo.

Alimentador
Qualquer um dos condutores que se estendem de uma instalação de serviço aos diversos pontos de distribuição de uma edificação.

Quadro de distribuição
Um dentre um grupo de painéis no qual estão instalados interruptores, dispositivos de corrente excessiva, instrumentos de medição e condutores gerais para o controle e a proteção de certo número de circuitos elétricos. Também chamado de painel de distribuição ou quadro de força.

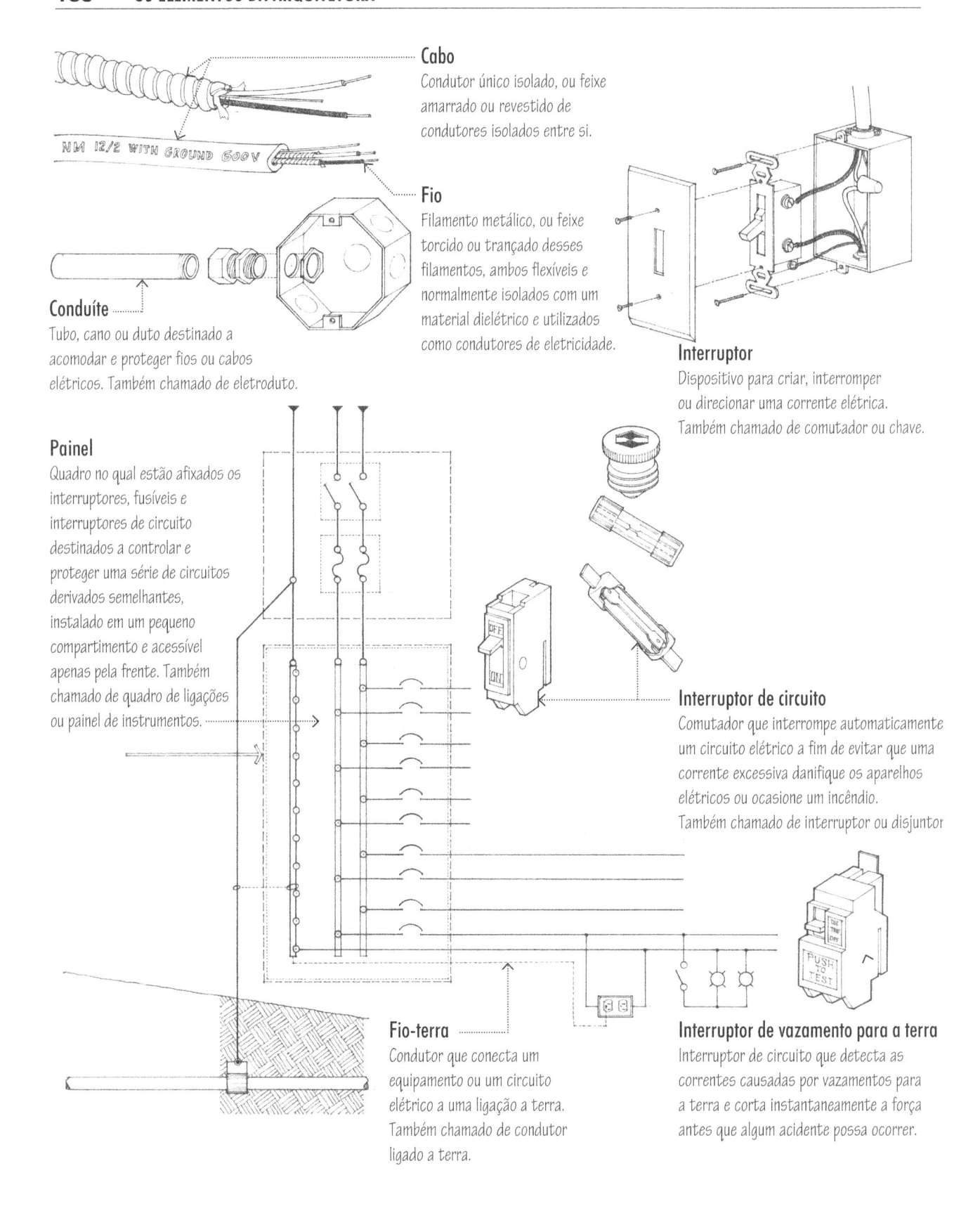

Cabo
Condutor único isolado, ou feixe amarrado ou revestido de condutores isolados entre si.

Fio
Filamento metálico, ou feixe torcido ou trançado desses filamentos, ambos flexíveis e normalmente isolados com um material dielétrico e utilizados como condutores de eletricidade.

Conduíte
Tubo, cano ou duto destinado a acomodar e proteger fios ou cabos elétricos. Também chamado de eletroduto.

Interruptor
Dispositivo para criar, interromper ou direcionar uma corrente elétrica. Também chamado de comutador ou chave.

Painel
Quadro no qual estão afixados os interruptores, fusíveis e interruptores de circuito destinados a controlar e proteger uma série de circuitos derivados semelhantes, instalado em um pequeno compartimento e acessível apenas pela frente. Também chamado de quadro de ligações ou painel de instrumentos.

Interruptor de circuito
Comutador que interrompe automaticamente um circuito elétrico a fim de evitar que uma corrente excessiva danifique os aparelhos elétricos ou ocasione um incêndio. Também chamado de interruptor ou disjuntor.

Fio-terra
Condutor que conecta um equipamento ou um circuito elétrico a uma ligação a terra. Também chamado de condutor ligado a terra.

Interruptor de vazamento para a terra
Interruptor de circuito que detecta as correntes causadas por vazamentos para a terra e corta instantaneamente a força antes que algum acidente possa ocorrer.

TIPOS, SISTEMAS E COMPONENTES QUE DETERMINAM O PROJETO

Sistema de abastecimento de água
Equipamento utilizado para suprir com água tratada uma comunidade, normalmente incluindo instalações para o armazenamento e a distribuição desta, como reservatórios e canalizações.

Rede hidráulica
Sistemas de tubos, válvulas, acessórios e demais aparatos de um sistema de fornecimento de água ou de esgotos.

Cisterna
Reservatório ou tanque destinado a armazenar ou reter água ou outro líquido, como as águas pluviais recolhidas de uma cobertura, para seu uso quando necessário.

Poço
Orifício escavado ou perfurado na terra para a obtenção de água, petróleo ou gás natural.

Água potável
Água adequada para o consumo humano.

Aquífero
Formação geológica que contém ou conduz água subterrânea, especialmente quando capaz de fornecer água em quantidades utilizáveis para fontes ou poços.

Reservatório
Local natural ou artificial em que a água é recolhida e armazenada para o uso, especialmente a água destinada ao abastecimento de uma comunidade, à irrigação de plantações ou ao fornecimento de energia.

Tubo ramal
Qualquer elemento de um sistema de encanamento que não seja um tubo-mestre, um tubo ascendente ou uma chaminé. Também chamado de ramal, tubo derivado, tubo auxiliar ou tubo secundário.

Tubo ascendente
Cano, conduto ou duto vertical de um sistema de encanamento.

Tubo
Cilindro oco, metálico ou plástico, utilizado para o transporte de água, vapor, gás ou outro material fluido. Também chamado de cano.

Aquecedor de água
Aparelho elétrico ou a gás cuja finalidade é aquecer a água a uma temperatura entre 50 e 60°C, além de armazená-la para o uso.

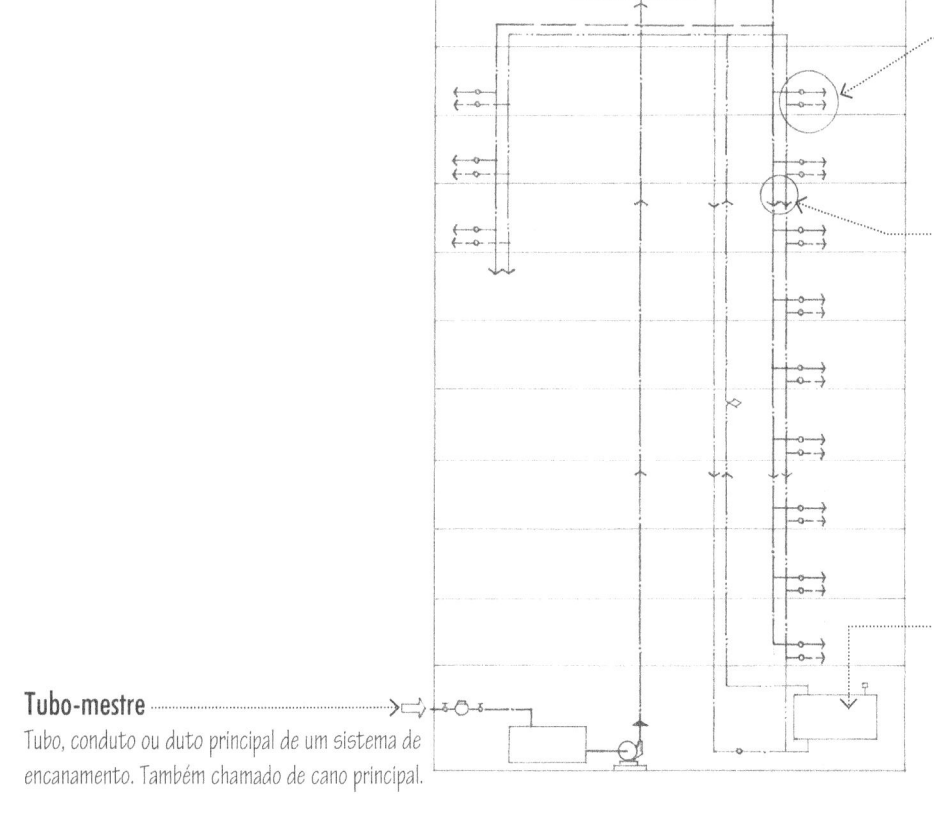

Tubo-mestre
Tubo, conduto ou duto principal de um sistema de encanamento. Também chamado de cano principal.

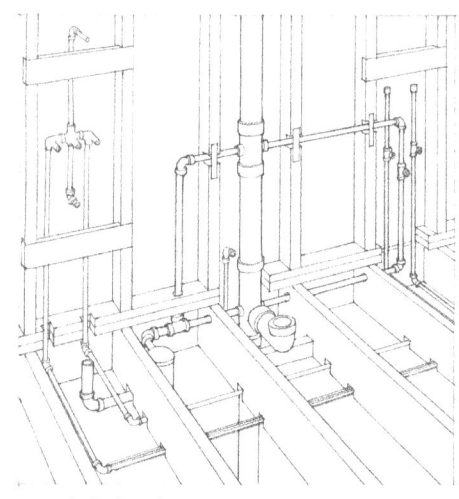

Aparelho sanitário
Um dos vários receptáculos para o recolhimento da água de um sistema hidráulico e a descarga de escória líquida para um sistema de esgotamento. Também chamada de peça sanitária.

Sifão
Cano de esgotamento em forma de U ou S no qual um líquido fica estacionado e forma um fecho hídrico contra a passagem de gases de esgoto, sem afetar o fluxo normal de água servida ou de esgoto através dele. Também chamado de sifão de ar.

Parede hidráulica
Parede ou divisória que contém espaços verticais para a instalação de encanamentos.

Sistema de drenagem
Sistema de tubos, sifões e outros aparatos destinado a conduzir esgoto, escória líquida ou águas pluviais a uma estação, pública ou particular, de tratamento de esgoto.

Canalização de esgoto
Qualquer tubo ou canal através do qual é esgotado um líquido. Também chamado de dreno ou escoadouro.

Sistema de ventilação
Sistema de tubos que fornece uma corrente de ar para ou de um sistema de esgotamento ou que propicia uma circulação de ar pelo sistema, a fim de proteger os fechos hídricos contra a sifonagem e a contrapressão

Ventilador
Tubo que conecta um ramal próximo de um ou mais sifões a uma coluna de ventilação ou a um tubo ventilador primário.

Coletor público
Tubulação ou outro duto artificial, normalmente subterrâneo, utilizado para a condução de águas servidas e outras escórias líquidas a uma estação de tratamento ou a outro local de despejo.

Fossa séptica
Tanque coberto e impermeável à água destinado a receber a descarga de um coletor e que separa a matéria orgânica sólida, decomposta e purificada por bactérias anaeróbicas, e permite que o líquido clarificado seja despejado para sua remoção final.

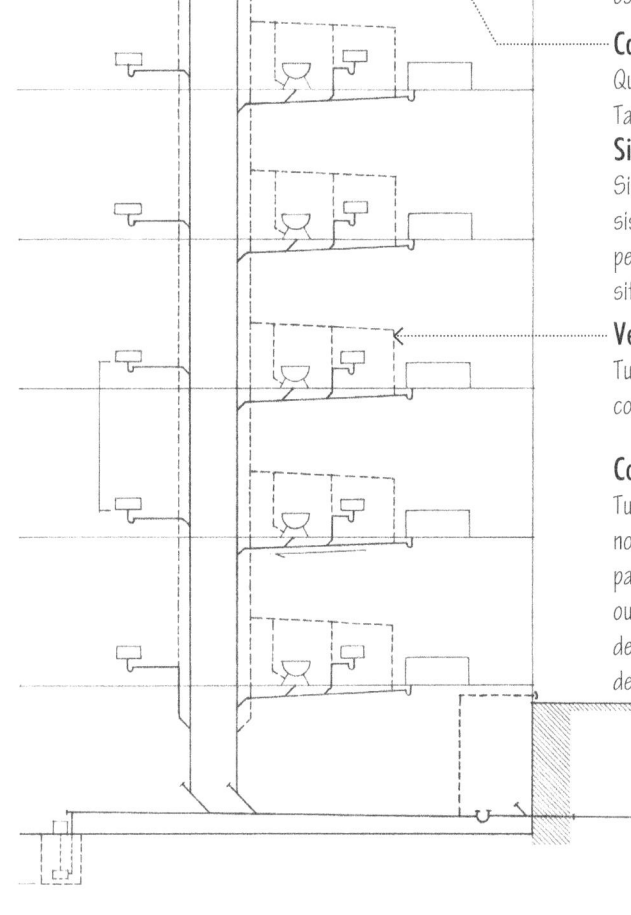

TIPOS, SISTEMAS E COMPONENTES QUE DETERMINAM O PROJETO 191

Arco de alvenaria
Arco construído com aduelas de tijolo ou pedra.

Aduela
Qualquer uma das unidades em forma de cunha de um arco ou de uma abóbada de alvenaria cujos cortes laterais convergem para um dos centros do arco.

Sofito
Face inferior de um elemento arquitetônico, como um arco, uma viga, uma cornija ou uma escada.

Aduela de nascença
Primeira aduela a repousar sobre a imposta de um arco.

Coroa
Parte ou ponto mais elevado de uma construção convexa, como um arco, uma abóbada ou uma pista de rolamento.

Saimel
Cada um dos lados de um arco, descendo em curva da coroa até a imposta.

Imposta
Parte mais elevada de uma parede, normalmente na forma de bloco, capitel ou moldura, de onde nasce um arco.

Estrutura

Arco
Estrutura curva para cobrir um vão, destinada a suportar uma carga vertical basicamente por meio da compressão axial.

Fecho
Aduela em forma de cunha, normalmente ornamentada, na coroa de um arco e que serve para manter as demais aduelas firmes no lugar.

Altura
Distância entre a linha de nascença e o ponto mais elevado do intradorso de um arco.

Extradorso
Curva, superfície ou limite exterior da face visível de um arco.

Intradorso
Curva ou superfície interna de um arco, formando a concavidade inferior.

Nascença
Ponto no qual um arco, uma abóbada ou uma cúpula se eleva de seu suporte.

Tímpano
Área de formato triangular, por vezes ornamentada, entre o extradorso de dois arcos contíguos ou entre o extradorso esquerdo ou direito de um arco e a estrutura retangular à sua volta.

Arco rígido
Estrutura em arco feita de madeira, aço ou concreto armado e construída como um corpo rígido capaz de suportar esforços de flexão.

Arco fixo
Estrutura não articulada e em forma de arco.

Arco biarticulado
Estrutura biarticulada em forma de arco.

Arco triarticulado
Estrutura triarticulada em forma de arco.

Apoio
Parte de uma estrutura que recebe e suporta o empuxo de um arco, uma abóbada ou um montante.

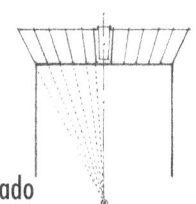

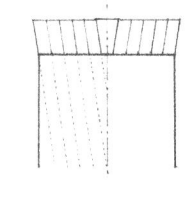

OS ELEMENTOS DA ARQUITETURA

Arco falso ou adintelado
Arco que apresenta um intradorso horizontal e cujas aduelas irradiam de um centro situado abaixo, frequentemente construído com um ligeiro abaulamento para garantir o efeito de arco.

Arco francês
Arco reto cujas aduelas apresentam a mesma inclinação em ambos os lados do centro.

Arco de volta inteira
Arco apoiado em impostas tratadas como prolongamentos da arquivolta.

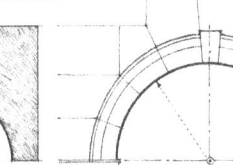

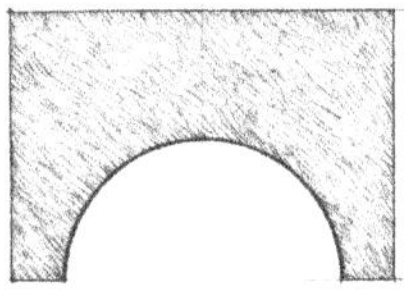

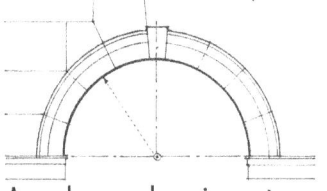

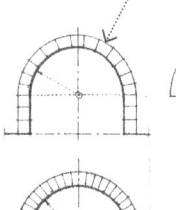

Arco redondo
Arco cujo intradorso é continuamente curvo, especialmente um arco semicircular.

Arco pleno ou de meio-ponto
Arco com um intradorso semicircular.

Arco ascendente
Arco com uma imposta mais elevada que a outra. Também chamado de arco rampante.

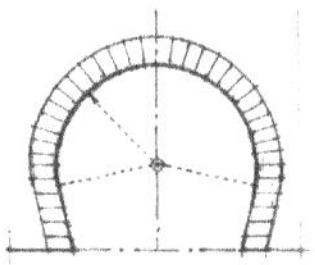

Arco em ferradura
Arco cujo intradorso se alarga acima da nascença, antes de se estreitar para formar uma coroa redonda. Também chamado de arco mourisco.

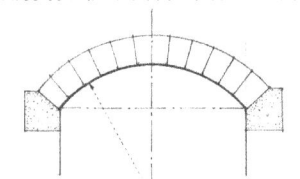

Arco abaulado
Arco traçado a partir de um ou mais centros abaixo da linha de nascença.

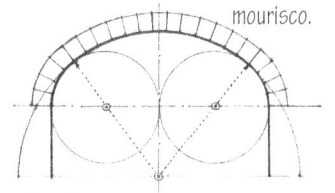

Alça de cesto
Arco de três centros dotado de uma coroa, cujo raio é bem maior que o das duas curvas externas. Também chamado de asa de cesto.

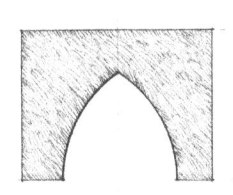

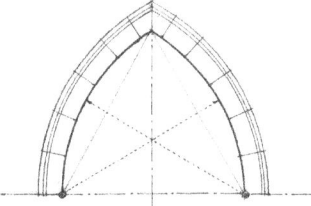

Arco apontado
Arco cuja coroa é pontiaguda.

Arco gótico
Arco apontado com dois centros e raios iguais.

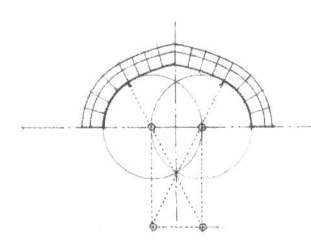

Arco Tudor
Arco com quatro centros, cujas duas curvas internas apresentam um raio muito maior do que o das duas externas.

Viga
Elemento estrutural rígido destinado a suportar e transmitir cargas transversais para os elementos de apoio.

Viga simples
Viga apoiada em suportes simples em ambas as extremidades, que são livres para girar e não apresentam qualquer resistência ao momento fletor. Assim como qualquer estrutura estaticamente determinada, os valores de todas as reações, cisalhamentos e momentos fletores de uma viga simples independem da forma e do material de sua secção transversal. Também chamada de viga de apoios simples.

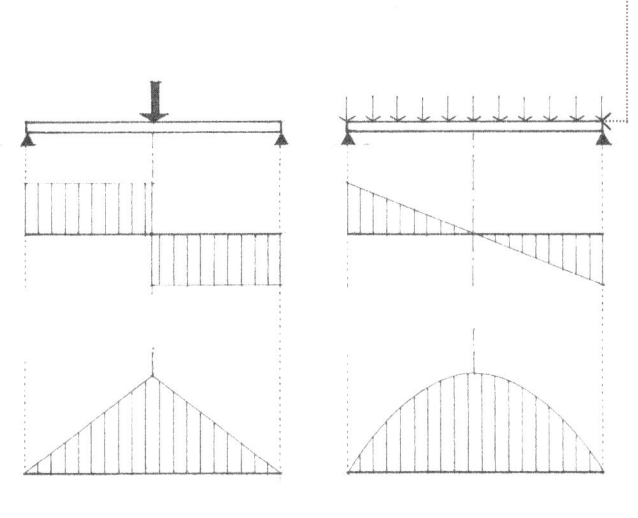

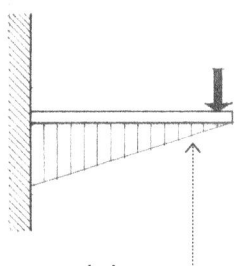

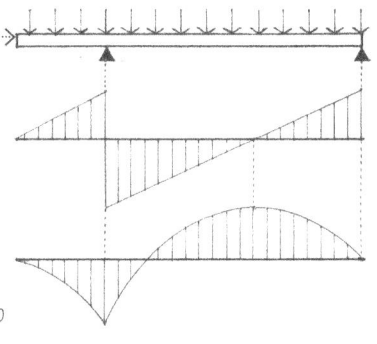

Viga em balanço
Viga projetada sustentada por uma única extremidade fixa. Também chamada de viga cantilever.

Balanço
Viga ou outro elemento estrutural rígido que se projeta para além de um apoio e é sustentada por um elemento de contrapeso ou por uma força voltada para baixo, atrás do apoio.

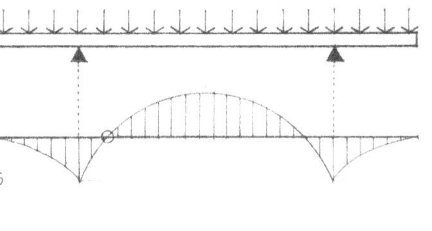

Viga com balanço
Viga simples que se projeta para além de seus suportes. O balanço reduz o momento positivo no centro do vão, ao mesmo tempo que cria um momento negativo na base do balanço acima do suporte. Considerando-se uma carga uniformemente distribuída, a projeção para a qual o momento acima do suporte é igual e oposto ao momento no centro do vão é de aproximadamente 3/8 do vão.

Viga com balanço duplo
Viga simples que se projeta para além de ambos os seus suportes. Considerando-se uma carga uniformemente distribuída, as projeções para as quais os momentos acima dos suportes são iguais e opostos ao momento no centro do vão são de aproximadamente 1/3 do vão.

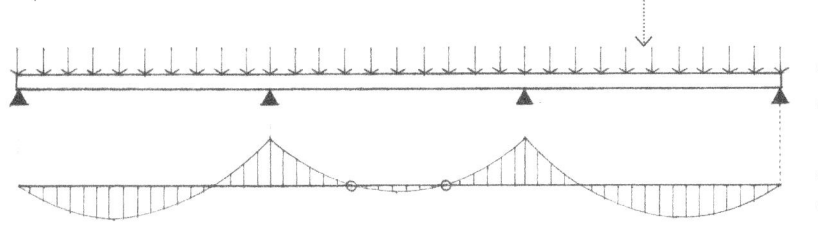

Viga contínua
Viga que se projeta sobre mais de dois apoios a fim de desenvolver maior rigidez e menores momentos do que uma série de vigas simples com carga e vãos similares. Tanto as vigas de extremidades fixas como as contínuas são estruturas indeterminadas, para as quais os valores de todas as reações, cisalhamentos e momentos dependem não apenas do vão e da carga, mas também da forma da secção e do material.

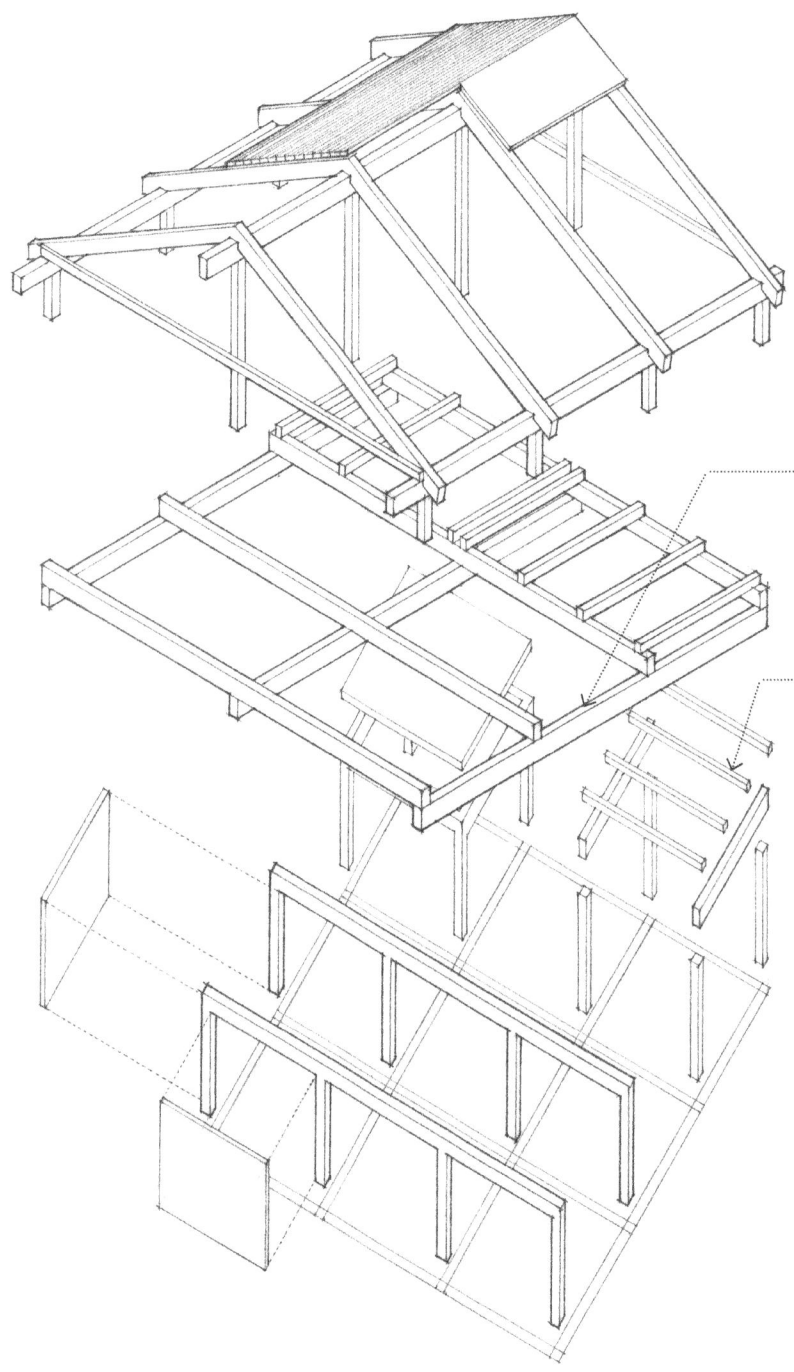

194 OS ELEMENTOS DA ARQUITETURA

Longarina
Viga-mestra longa, destinada a suportar cargas concentradas em pontos isolados ao longo de sua extensão. Também chamada de travessão ou longerão.

Barrote
Qualquer uma dentre uma série de pequenas vigas paralelas destinadas a sustentar pisos, tetos ou coberturas planas. Também chamado de vigota ou vigote.

Módulo
Unidade de medida utilizada para padronizar as dimensões dos materiais de construção ou regular as proporções de uma composição de arquitetura.

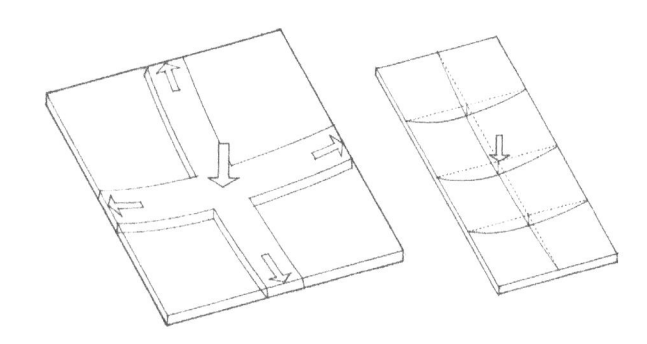

TIPOS, SISTEMAS E COMPONENTES QUE DETERMINAM O PROJETO 195

Placa
Estrutura rígida, em geral monolítica, que distribui as cargas aplicadas segundo um padrão multidirecional, no qual as cargas seguem normalmente os trajetos mais curtos e rígidos em direção aos apoios.

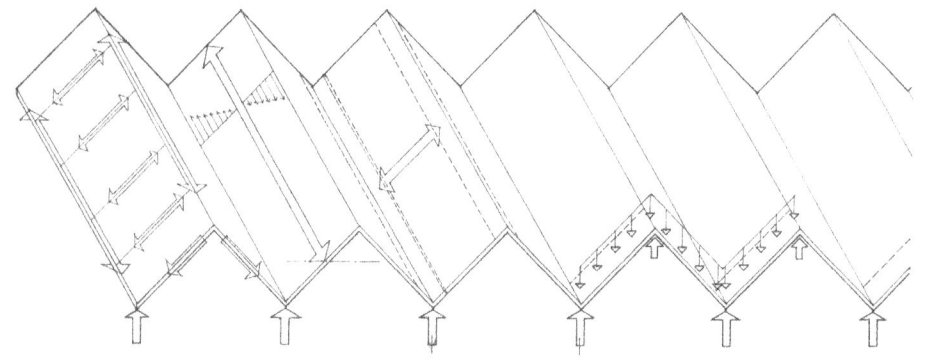

Laje plissada
Estrutura de placas composta por elementos delgados e profundos unidos rigidamente ao longo de suas bordas e que formam ângulos pronunciados, resultando em um contraventamento mútuo contra empenamentos laterais.
Também chamada de placa dobrada.

Treliça espacial
Armação estrutural tridimensional baseada na rigidez do triângulo e composta por elementos lineares submetidos apenas a tração ou compressão axial. A unidade mais simples de uma treliça espacial é o tetraedro, que possui quatro juntas e seis elementos estruturais. Tal como as estruturas em placa, a área de apoio de uma treliça espacial deve ser perfeita ou aproximadamente quadrada, de modo a assegurar seu funcionamento como uma estrutura armada em duas direções. Também chamada de tesoura espacial e pórtico espacial.

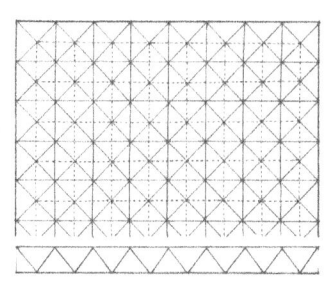

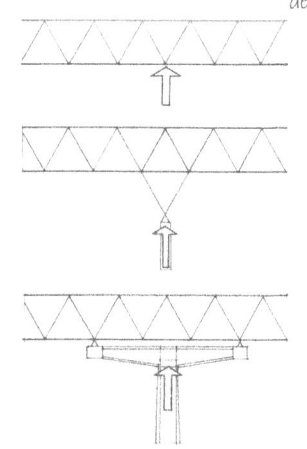

O aumento da área de sustentação dos apoios aumenta o número de elementos para os quais é transmitido o cisalhamento e reduz as forças atuantes neles.

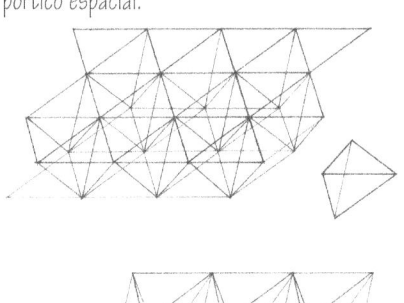

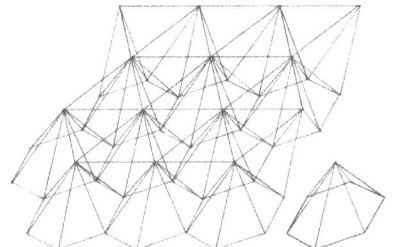

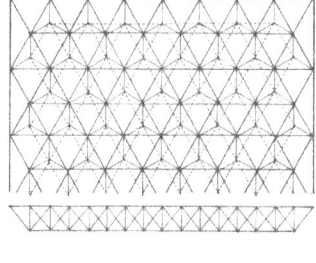

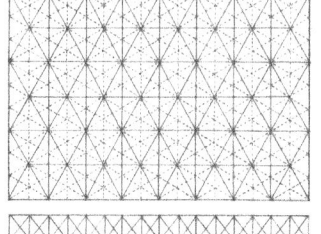

Fundação

Fundação profunda
Sistema de alicerces que atravessa um solo instável a fim de transferir as cargas da edificação a um estrato de apoio bem abaixo da superestrutura.

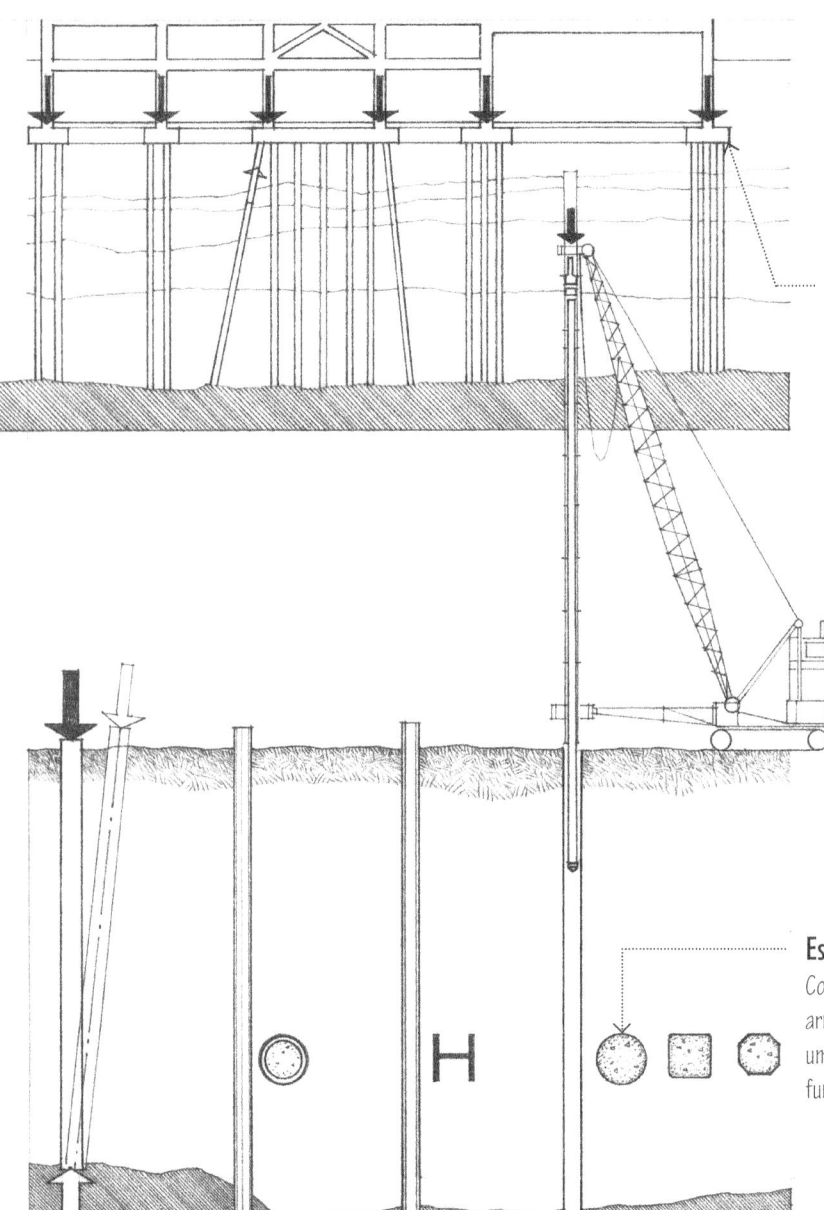

Fundação de estacas
Sistema de estacas, cabeçotes de cravação e tirantes horizontais destinado a transferir as cargas de uma edificação para uma camada de apoio adequada, utilizado especialmente quando a massa de solo imediatamente abaixo da construção é inadequada para suportar a carga direta das sapatas.

Bloco de coroamento, bloco de transição
Laje ou placa de concreto armado que une as cabeças de um conjunto de estacas para distribuir a carga de uma coluna ou de uma viga-mestra uniformemente entre as estacas.

Estaca
Coluna longa e delgada de madeira, aço ou concreto armado, cravada no solo, às vezes com uso de um bate-estacas, para formar um sistema de fundação.

TIPOS, SISTEMAS E COMPONENTES QUE DETERMINAM O PROJETO 197

Muro de fundação
Muro situado abaixo do pavimento térreo destinado a suportar e a ancorar a superestrutura. Também chamado de muro de arrimo ou cortina.

Laje de piso
Laje de concreto colocada sobre uma base densa ou compactada e apoiada diretamente no solo, via de regra armada com uma armadura de aço soldado ou uma grade de barras de aço para controlar qualquer rachadura causada por retrações de secagem ou tensões térmicas. Cargas pesadas ou concentradas exigem sapatas separadas ou integrais. Nos solos problemáticos, a laje deve ser um radier ou um radier flutuante. Também chamada de laje de fundo.

Sapata corrida
Sapata contínua de um muro de arrimo ou de uma parede.

Sapata escalonada
Sapata contínua que muda de nível em degraus para se adequar a uma estrutura inclinada.

Sapata em balanço
Sapata de concreto armado conectada por meio de um tirante horizontal a outra sapata a fim de equilibrar uma carga assimetricamente aplicada, como no perímetro de um canteiro de obras. Também chamada de sapata cantilever.

Fundação flutuante
Fundação usada em solos fofos composta de uma sapata do tipo radier colocada a uma profundidade tal que o peso do solo escavado é igual ou superior ao peso da construção sustentada.

Sapata de alicerce
Sapata de concreto que se estende lateralmente a fim de distribuir a carga por uma área suficientemente larga para que a pressão admissível do solo não seja excedida.

Sapata isolada
Sapata individual que sustenta uma coluna ou uma pilastra independente.

Plinto
Laje, normalmente quadrada, sob a base de uma coluna, um pilar ou um pedestal.

Sapata contínua
Sapata de concreto armado que se prolonga para sustentar uma série de pilares.

Sapata mista
Sapata de concreto armado para uma coluna perimetral ou um muro de arrimo, que se prolonga para sustentar a carga de um pilar interno.

Radier
Sapata de concreto armado espessa, semelhante a uma laje, que sustenta um grande número de pilares ou toda uma edificação.

198 OS ELEMENTOS DA ARQUITETURA

Terreno da edificação

Orientação
Posição de uma edificação em um terreno em relação ao norte verdadeiro, aos pontos cardeais, a um local ou elemento específico ou às condições locais de luz solar, vento e escoamento pluvial.

Dar para
Estar voltado ou abrir-se para determinada direção.

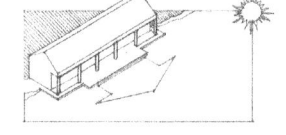

Piazza
Espaço público e aberto de uma cidade, especialmente na Itália. Também chamada de praça cívica.

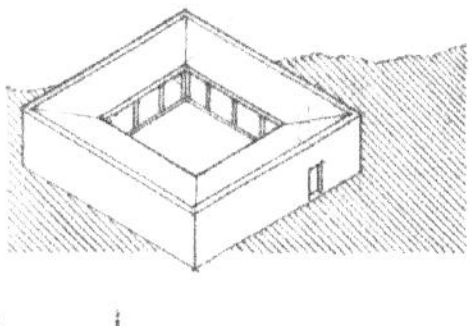

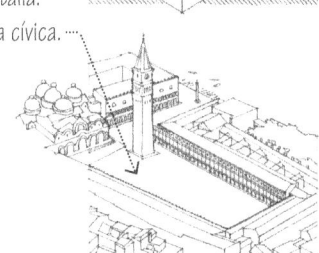

Folly
Termo inglês que designa uma estrutura extravagante, construída para chamar a atenção, tornar mais interessante uma paisagem ou celebrar uma pessoa ou um acontecimento, empregada especialmente na Inglaterra, no século XVIII.

Pavilhão
Construção pequena, normalmente decorativa, em um jardim.

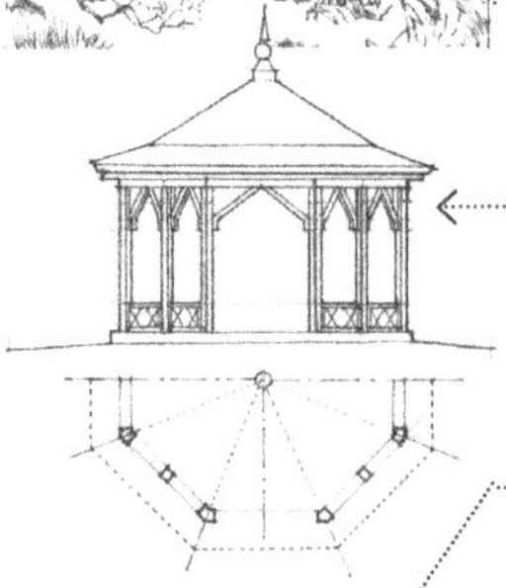

Quiosque
Edificação coberta independente, geralmente aberta em todos os lados, que constitui um local de descanso e de sombra em um parque ou jardim.

Esplanada
Área utilizada para se caminhar ou passear, especialmente em um espaço público, por lazer ou para desfiles.

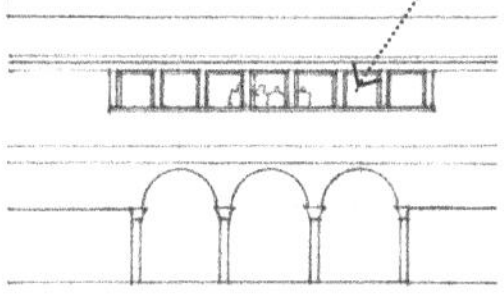

Alameda
Passeio amplo ladeado por árvores.

Mirante
Edificação, ou parte de uma edificação, projetada e implantada de modo a propiciar uma vista agradável. Também chamado de promontório ou belvedere.

Topiaria
Arte de podar plantas de modo a criar configurações ornamentais e extravagantes.

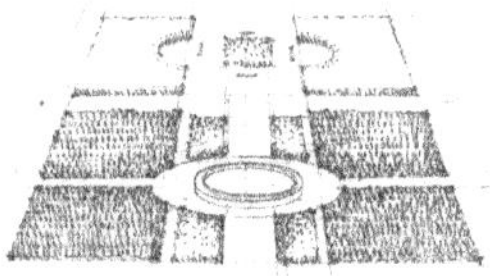

Treliça
Estrutura que sustenta uma grade vazada, utilizada como anteparo ou suporte para trepadeiras ou outras plantas.

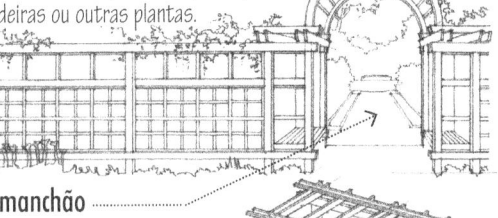

Parterre
Conjunto de canteiros de flores ornamentais de diferentes formatos e tamanhos.

Caramanchão
Abrigo composto de arbustos e galhos ou de um gradeado entrelaçado por trepadeiras e flores.

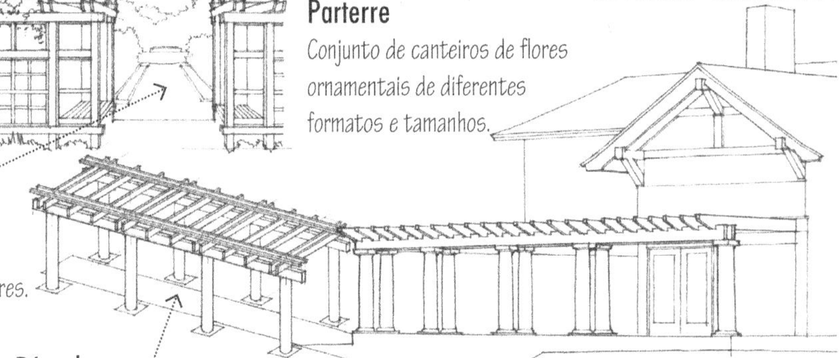

Pérgola
Estrutura de colunatas paralelas que sustentam uma cobertura vazada de vigas e caibros atravessados ou uma treliça, sobre a qual se direciona o crescimento de trepadeiras.

8 O Processo de Projeto

Ferramentas e Técnicas para a Geração de Ideias

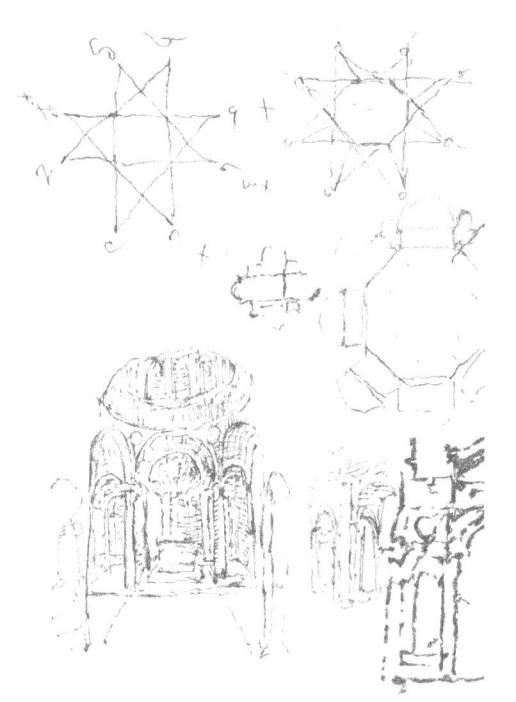

Fragmento de estudos de Leonardo da Vinci

O que é o processo de projeto?

O processo de projeto não é um método. Um método implica que os resultados podem ser previstos com certo nível de precisão. Em vez disso, o processo de projeto é uma exploração. Ele é uma série de ações por meio das quais o arquiteto consegue gerar ideias com base em suas execuções. Frequentemente as ideias geradas são completamente inesperadas, e novas possibilidades podem ser vistas ao se testar ideias antigas.

O processo de projeto é algo no qual ideias rudimentares podem ser gradualmente desenvolvidas até se transformarem em complexos elementos de arquitetura. Cada ideia pode ser testada diversas vezes, por meio de diferentes meios. Cada vez que uma nova versão é feita, ela é editada de acordo com os sucessos e fracassos das versões anteriores. Para que isso dê certo, o arquiteto deve se basear em uma grande variedade de habilidades e técnicas, junto com seu impulso de criação. O processo de cada arquiteto é único; muitas vezes, cada projeto também exige a adoção de uma abordagem diferente. No entanto, em geral, o processo de projeto é não linear, uma vez que ideias similares são revisitadas nas várias etapas do processo, e é sintético, por combinar diversas técnicas de trabalho, análise e pesquisa.

Os arquitetos frequentemente avançam e retrocedem ao trabalhar com desenhos técnicos, croquis e maquetes, buscando novas ideias e informações. Eles combinam os estudos e as pesquisas feitos sobre o terreno, o contexto e os precedentes com as observações das condições existentes. À medida que todas essas fontes são combinadas continuamente e de várias maneiras, a ideia de arquitetura pode emergir, ser explorada e, por fim, ser concretizada na construção de uma edificação.

Este capítulo oferece um panorama de apenas algumas das técnicas empregadas pelos arquitetos durante o processo de projeto. Essas técnicas apresentam um meio de produzir, examinar, criticar e desenvolver o conceito de arquitetura. É importante lembrar que, em vez de ser uma prescrição de metodologia, as ideias aqui discutidas são estratégias a se considerar durante o trabalho e a reflexão.

Fac-símile de estudos de projeto do Centro de Concertos e Convenções, Helsinque, Finlândia, 1967–1971, Alvar Aalto

Centro de Concertos e Convenções, Helsinque, Finlândia, 1967–1971, Alvar Aalto. Estudo da acústica do auditório

Desenho de estudo

Especular é se envolver com o pensamento ou a reflexão. Ao projetar, especulamos sobre o futuro de acordo com o que pensamos ser possível no futuro; ao desenhar, damos existência material às nossas concepções, de modo que possam ser vistas, avaliadas e trabalhadas. A representação dessas ideias, executadas rápida ou lentamente, de maneira despreocupada ou cuidadosa, é necessariamente de natureza especulativa. Jamais podemos determinar de antemão precisamente qual será o resultado final. A imagem desenvolvida gradualmente no papel ganha vida própria e guia a exploração de um conceito conforme viaja da mente ao papel, e vice-versa.

Nas etapas de geração e desenvolvimento de um processo de projeto, o desenho tem natureza claramente especulativa. Os pensamentos vêm à mente conforme observamos um desenho em progresso, o que pode alterar nossas percepções e sugerir possibilidades ainda não concebidas. A ideia emergente no papel nos permite explorar caminhos que podem não ter sido previstos antes do início do desenho, mas que foram fruto de ideias surgidas ao longo do processo. Uma vez executado, cada desenho representa uma realidade única, que pode ser vista, avaliada, refinada e transformada. Mesmo se eventualmente descartado, cada desenho terá estimulado a mente e posto em movimento a formação de outros conceitos.

Assim, os desenhos de estudo são diferentes em espírito e objetivo quando comparados aos desenhos de apresentação, que usamos para representar e comunicar com precisão um projeto totalmente finalizado a um público. Enquanto a técnica e o grau de acabamento dos desenhos de estudo podem variar de acordo com a natureza do problema e com a maneira individual de trabalho, o modo de desenhar é sempre livre, informal e pessoal. Ainda que não sejam feitos para serem expostos ao público, esses desenhos podem fornecer dados valiosos sobre o processo de criação do projetista.

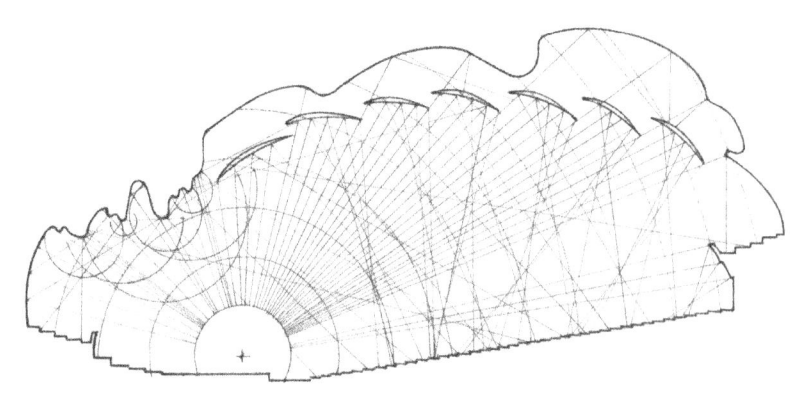

O processo de criação

O desenho de estudo é um processo de criação. A imaginação desencadeia, na mente, um conceito, que é visto como uma imagem fugaz e adimensional. No entanto, essa imagem não nasce totalmente formada e completa. Raramente existem na mente imagens totalmente acabadas, nos mínimos detalhes, esperando, apenas, a transferência para a folha de papel. Elas se desenvolvem ao longo do tempo e passam por um número de transformações, conforme testamos a ideia representada e buscamos a congruência entre a imagem mental e aquela que estamos desenhando.

Se desenhamos cegamente, como seguindo uma receita, nos limitamos apenas às imagens preconcebidas e perdemos oportunidades de fazer descobertas ao longo do caminho. Embora uma imagem prévia seja necessária para iniciar o desenho, ela pode se tornar um obstáculo, caso não percebamos que a imagem em desenvolvimento é algo com o que podemos interagir e que podemos modificar durante o processo. Se pudermos aceitar essa natureza exploratória do desenho, abrimos o processo de desenho à oportunidade, à inspiração e à invenção.

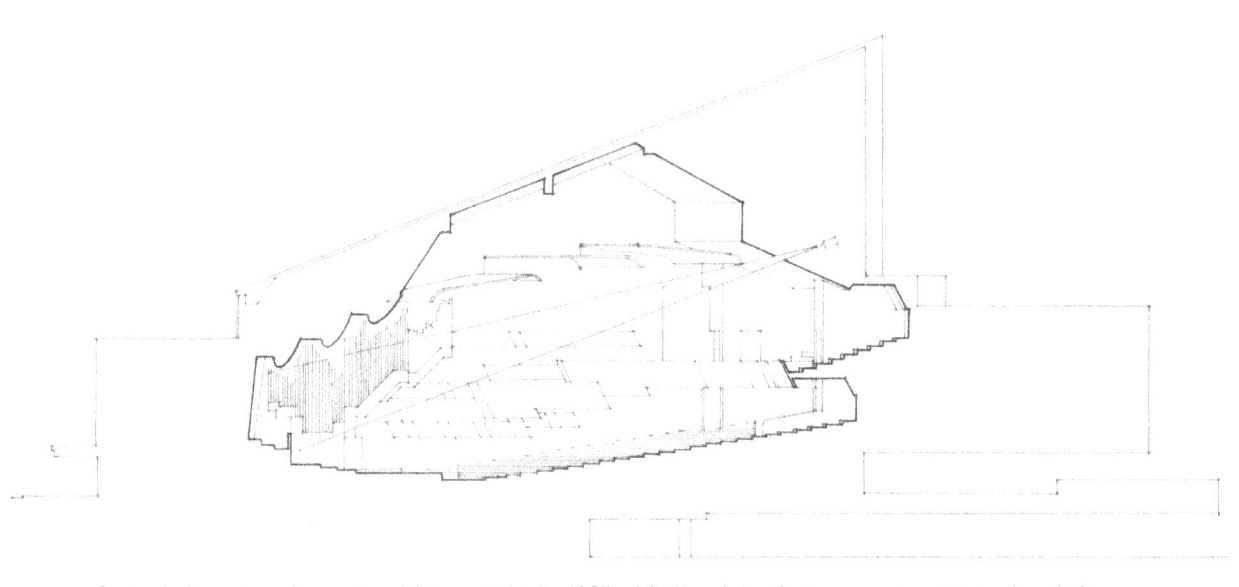

Fac-símile de um esquema do baldaquim não executado para a Catedral de Maiorca, Espanha, Antoni Gaudí

Centro de Concertos e Convenções, Helsinque, Finlândia, 1967–1971, Alvar Aalto. Corte que mostra o interior do auditório

Pensando no papel

O pensamento visual é o complemento essencial do pensamento verbal quando cultivamos visões, analisamos as possibilidades e fazemos descobertas. Também pensamos em termos visuais quando desenhamos. O desenho permite à mente trabalhar de modo gráfico sem que ela busque conscientemente produzir uma obra de arte. Da mesma maneira que o pensamento pode ser expresso em palavras, as ideias podem assumir uma forma visual que permite que sejam estudadas, analisadas e aprimoradas.

Quando estamos pensando em um problema de projeto, as ideias surgem naturalmente. Porém, essas ideias muitas vezes não são verbais. É inevitável que o processo criativo envolva a visualização de um resultado potencial na forma de imagens que não estão clara ou completamente cristalizadas. É difícil manter tais ideias na memória por um período de tempo suficiente para que possam ser esclarecidas, avaliadas e desenvolvidas. A fim de colocar uma ideia no papel de modo rápido o suficiente para que elas não sejam perdidas, usamos diagramas e pequenos croquis. Esses desenhos de criação são o principal meio para a formulação de possibilidades.

Quanto menor for um desenho, mais amplo será o conceito por ele formado. Começamos fazendo pequenos croquis, pois eles permitem que uma variedade de possibilidades seja explorada. Às vezes, uma solução surgirá rapidamente. Na maioria das vezes, contudo, são necessários muitos desenhos para que seja revelada a melhor escolha ou direção a ser seguida. Esses desenhos nos encorajam a analisar as estratégias alternativas de maneira fluente e flexível, sem que nos prendamos a uma solução rápido demais. Uma vez que são especulativos por natureza e, portanto, sujeitos a diferentes interpretações, eles nos auxiliam a evitar a natureza inibidora de um desenho mais cuidadoso, que muitas vezes leva a um encerramento prematuro do processo de projeto.

Fac-símile de composições em planta para o Centro de Belas Artes de Fort Wayne, Indiana, Estados Unidos, 1961–1964, Louis Kahn

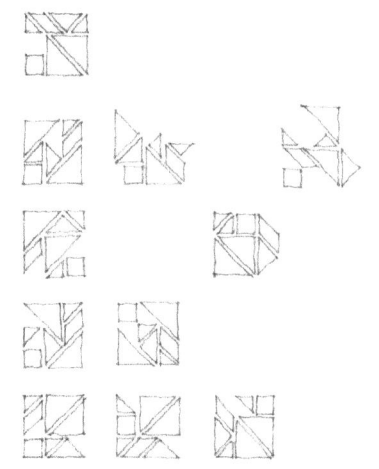

Composições de tangramas

FERRAMENTAS E TÉCNICAS PARA A GERAÇÃO DE IDEIAS

Tolerando ambiguidade

O processo de projeto leva-nos a territórios inexplorados. Para buscar o que ainda não conhecemos, é necessário ter senso de imaginação, paciência para suprimir julgamentos e tolerância à ambiguidade. Ao aceitar ambiguidades, perdemos, infelizmente, o conforto da familiaridade. No entanto, trabalhar apenas com aquilo que é claramente definido e familiar impede a plasticidade e a adaptabilidade de pensamento, necessárias em qualquer esforço de criação. Tolerar a ambiguidade nos permite aceitar a incerteza, a desordem e os paradoxos do processo de ordenação do pensamento.

O mistério e o desafio da ambiguidade também se aplicam ao desenho com base na imaginação. Diferentes dos desenhos de observação, por meio dos quais somos capazes de representar um objeto visível por meio da visualização prolongada, os desenhos de estudo são abertos e cheios de incertezas. Como podemos desenhar uma ideia para um projeto se não sabemos em que direção o processo nos conduzirá? A resposta reside na compreensão de que usamos o desenho no processo de projeto para estimular e ampliar nosso pensamento e não para meramente apresentar os resultados do processo.

Os primeiros traços que fazemos sempre são inseguros, representando apenas o começo da busca por ideias ou conceitos. Como os processos de desenho e de projeto se desenvolvem *pari passu*, o estado incompleto e ambíguo do desenho é sugestivo e está sujeito a múltiplas interpretações. Devemos estar abertos às possibilidades que os desenhos apresentam. Cada desenho que produzimos ao longo do processo de projeto, seja a ideia que ele representa aceita ou rejeitada, nos ajuda na compreensão de um problema. Além disso, o ato de desenhar ideias sobre o papel tem o potencial de desencadear novas concepções e aprimorar o cruzamento fértil de várias ideias anteriores.

Maneiras possíveis de interpretar e responder a uma linha traçada

Apoiando-se na intuição

Na busca de possibilidades e para esboçar escolhas, apoiamo-nos na intuição como um guia. Todavia, a intuição se baseia em experiências incompletas. Não podemos desenhar o que não está dentro de cada um de nós. Desenhar exige a compreensão do que estamos representando. Por exemplo, é difícil desenhar de maneira convincente uma forma cuja estrutura não compreendemos. O ato de exteriorizá-la pode, contudo, conduzir ao entendimento e guiar a busca intuitiva por ideias.

Os primeiros traços que desenhamos são os mais difíceis. Muitas vezes, temos medo de começar até que a ideia esteja totalmente formada na nossa cabeça. Quando encaramos uma folha de papel em branco, o que desenhamos primeiro? Podemos começar com os aspectos específicos de uma forma ou um contexto em particular, ou com a imagem mais generalizada de um conceito ou de uma construção. Em qualquer caso, o ponto onde começamos não é tão importante quanto aquele onde terminamos.

Desenhar de modo muito cuidadoso nas etapas iniciais do processo de projeto pode levar à hesitação e prejudicar nosso pensamento sobre o problema. O tempo e a energia gastos na criação do desenho podem inibir o desejo de explorar outras possibilidades. Devemos compreender que os desenhos de estudo são um processo de tentativa e erro, no qual a etapa mais importante é riscar os primeiros traços no papel, não importa o quão preliminares eles sejam. Devemos confiar na nossa intuição se desejamos avançar no processo de desenho.

"... 'Como posso desenhar se não sei qual será o resultado final?' é uma reclamação frequente. 'Por que precisaríamos desenhar, se já soubéssemos o resultado?' é minha resposta. A necessidade de ter uma imagem prévia é percebida de modo mais evidente quando não confiamos em nossa maneira de trabalhar. Não há nada de errado em ter uma imagem, mas isso não é um requisito e pode ser um empecilho. Quando conversamos com outras pessoas, também não precisamos saber qual será o resultado da conversa. Às vezes, terminamos o diálogo com um conhecimento maior do assunto; na verdade, podemos até mudar de opinião. Quando estamos preocupados em 'fazer as coisas do nosso jeito' e sentimos que devemos dominar a forma o tempo todo, não conseguimos relaxar e confiar no processo. Quando os estudantes descobrirem como o diálogo de alguém com a forma sempre traz a marca da personalidade desta pessoa (gostemos dela ou não), a reclamação não será mais ouvida."

— John Habraken
The Control of Complexity. Places, v. 4, n. 2

"Um dia Alice chegou a uma encruzilhada na estrada e viu um gato de Cheshire em uma árvore.
'Que estrada devo tomar?', ela perguntou.
A resposta dele foi uma pergunta: 'Aonde você quer ir?'
'Não sei', respondeu Alice. 'Então', ele disse, 'não importa que caminho tomará.'"

— Lewis Carroll
Alice no País das Maravilhas

Adquirindo fluência

A fluência no processo de criação equivale a ser capaz de gerar um amplo repertório de possibilidades e ideias. A fluência no processo de desenho significa usar a intuição ao colocar a caneta ou o lápis no papel, respondendo às nossas concepções próprias com desenvoltura e graça. É importante que consigamos acompanhar nossos pensamentos, ainda que eles sejam fugazes.

Escrever nossos pensamentos no papel é tarefa fácil e quase não requer esforço. Para desenvolver a mesma fluência no desenho, devemos praticar a atividade de modo regular, até que o ato de traçar linhas sobre o papel se torne um reflexo automático, uma resposta natural ao que vemos ou imaginamos. A velocidade pode decorrer do esforço de desenhar mais rápido, mas a velocidade sem disciplina é improdutiva. Antes de o desenho se tornar um componente intuitivo de nosso pensamento visual, devemos ser capazes de desenhar de modo lento, intencional e preciso.

É necessário desenhar de maneira ágil para capturar um momento breve no rápido fluxo de ideias, o qual nem sempre pode ser direto ou controlado. Assim, a fluência na representação exige a técnica de desenho à mão livre, com um número mínimo de instrumentos. Prestar atenção à mecânica de desenhar com instrumentos técnicos normalmente desperdiça tempo e energia do processo de imaginação visual. Devemos, portanto, desenhar à mão livre toda vez que fluência e flexibilidade forem mais importantes no processo de projeto do que precisão e acuidade.

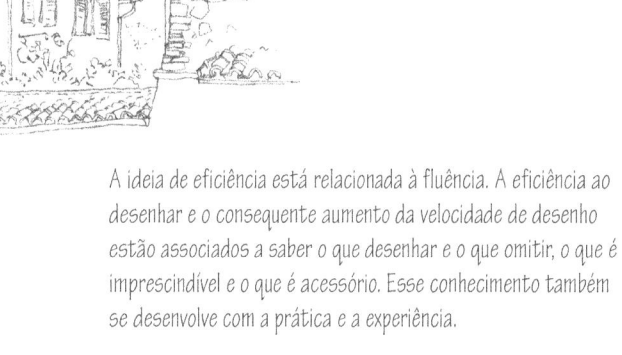

A ideia de eficiência está relacionada à fluência. A eficiência ao desenhar e o consequente aumento da velocidade de desenho estão associados a saber o que desenhar e o que omitir, o que é imprescindível e o que é acessório. Esse conhecimento também se desenvolve com a prática e a experiência.

Tirando partido do acaso

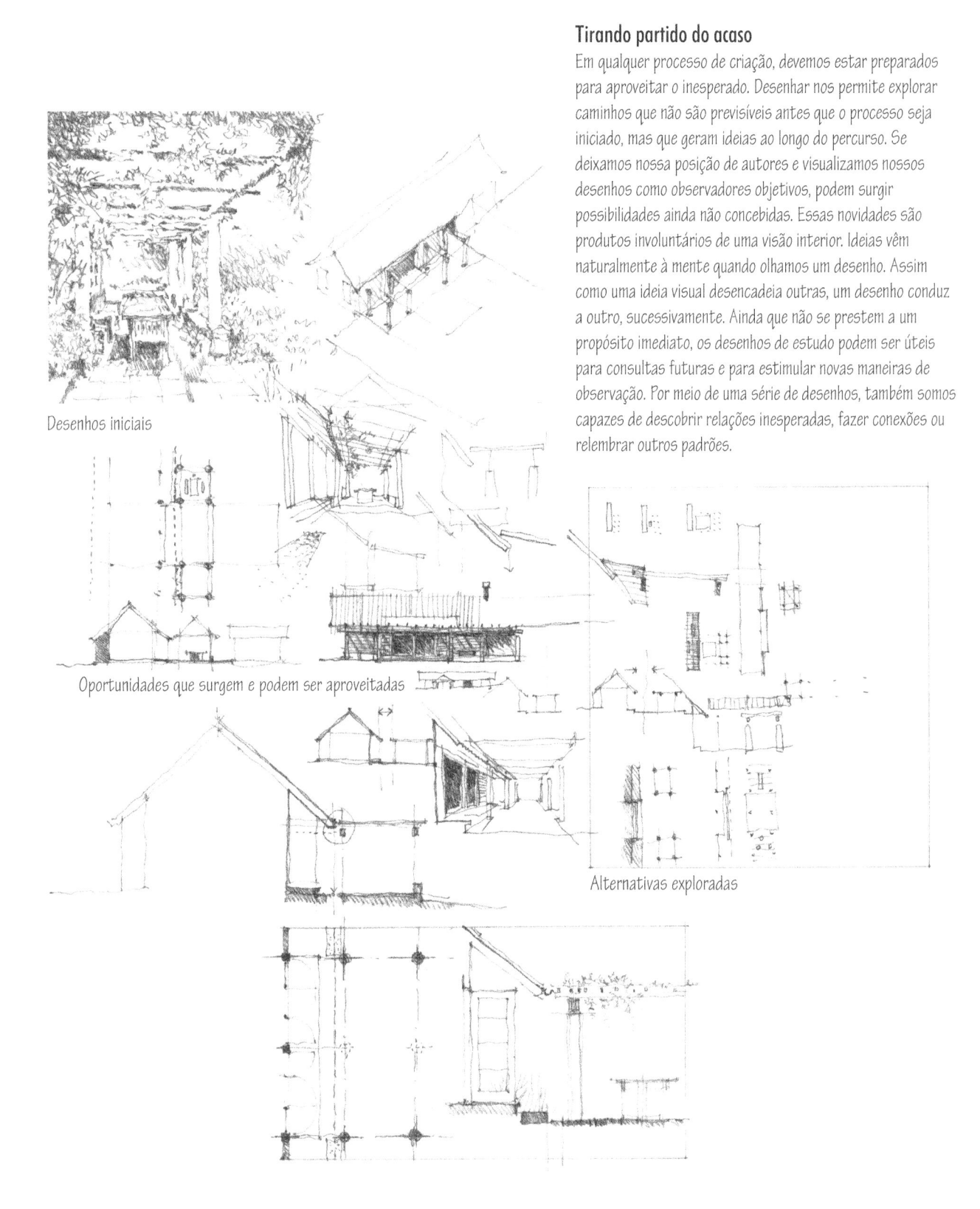

Em qualquer processo de criação, devemos estar preparados para aproveitar o inesperado. Desenhar nos permite explorar caminhos que não são previsíveis antes que o processo seja iniciado, mas que geram ideias ao longo do percurso. Se deixamos nossa posição de autores e visualizamos nossos desenhos como observadores objetivos, podem surgir possibilidades ainda não concebidas. Essas novidades são produtos involuntários de uma visão interior. Ideias vêm naturalmente à mente quando olhamos um desenho. Assim como uma ideia visual desencadeia outras, um desenho conduz a outro, sucessivamente. Ainda que não se prestem a um propósito imediato, os desenhos de estudo podem ser úteis para consultas futuras e para estimular novas maneiras de observação. Por meio de uma série de desenhos, também somos capazes de descobrir relações inesperadas, fazer conexões ou relembrar outros padrões.

Desenhos iniciais

Oportunidades que surgem e podem ser aproveitadas

Alternativas exploradas

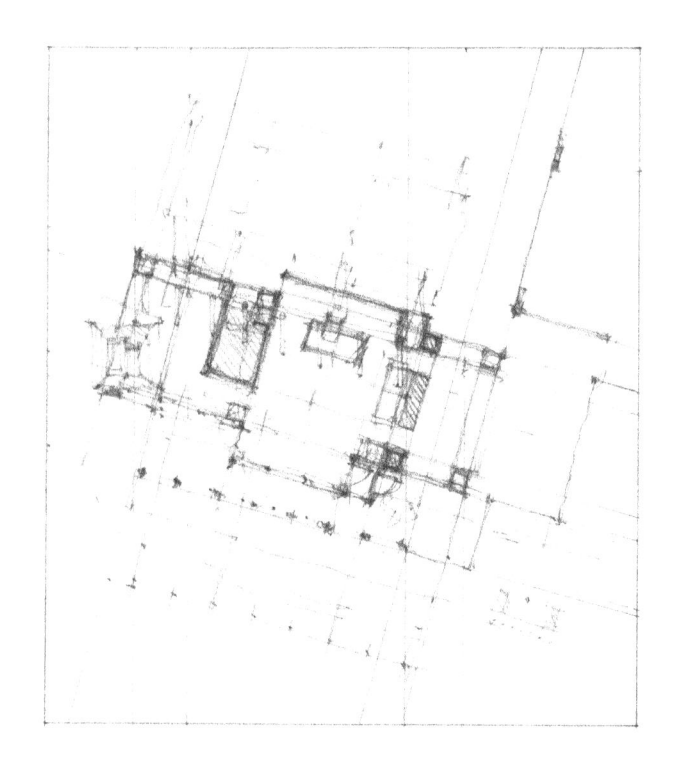

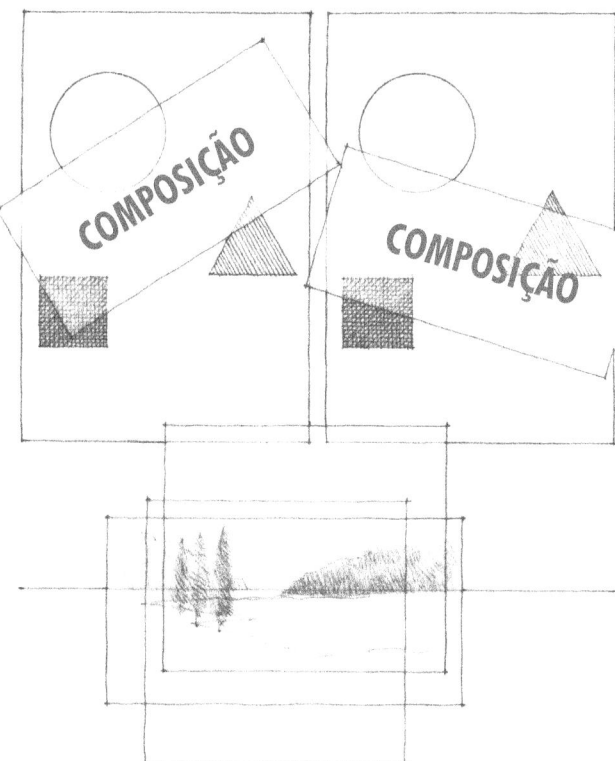

Trabalhando com níveis de informação

O uso de níveis de informação é um modo gráfico adotado tanto para analisar quanto para sintetizar. Ele nos permite visualizar modelos e estudar relações de maneira rápida e flexível. Assim como refinamos nossos pensamentos escritos reescrevendo os rascunhos, podemos compor um desenho em camadas em uma única folha de papel. Primeiro, desenhamos levemente as linhas estruturais ou básicas de uma imagem de maneira exploratória. Depois, conforme fazemos julgamentos visuais sobre formato, proporção e composição, acrescentamos vários níveis de informação sobre a imagem emergente. O processo pode incluir trabalhos esquemáticos ou detalhados, conforme a mente se concentra em algumas áreas para investigação precisa, ao mesmo tempo que mantém um olhar sobre o todo.

A revisão de um desenho também pode ocorrer por meio da sobreposição física de níveis de informação em folhas transparentes. O uso do papel-manteiga nos permite desenhar sobrepondo desenhos, retendo certos elementos e aprimorando outros. Quando sobrepomos páginas transparentes, podemos desenhar padrões de elementos, formas e agrupamentos de elementos associados e relações relevantes. Camadas diferentes podem constituir processos separados, mas relacionados. Podemos estudar certas áreas com mais detalhes e dar mais ênfase a certos aspectos ou características. Também podemos explorar alternativas sobre uma base comum.

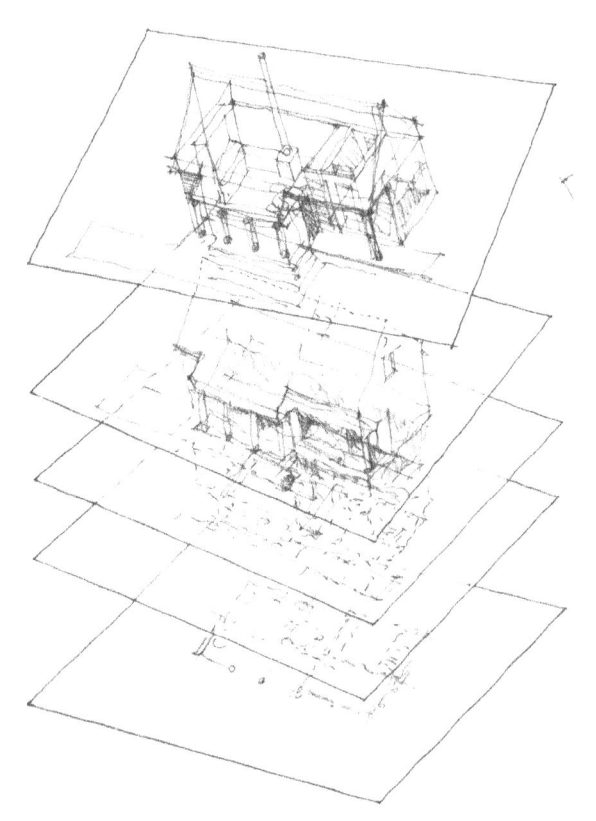

Recomposição

Desenhar fornece os meios pelos quais uma pessoa pode ver coisas que não são possíveis na realidade. Conforme desenhamos, podemos variar a distribuição das informações. Podemos libertar as informações de seus contextos usuais para se reunirem de uma nova maneira. Podemos fragmentar, ordenar e agrupar de acordo com semelhanças e diferenças. Podemos alterar relações existentes e estudar os efeitos de novos agrupamentos.

Ao explorar uma série de possibilidades de projeto, pode ser vantajoso remover, reposicionar ou recompor os elementos da forma, do espaço ou da composição. Esse processo pode ser tão simples quanto remover uma parte e recolocá-la em uma nova posição. Ele pode envolver a extensão de um elemento ou de uma forma para interceptar outra, a sobreposição de elementos completamente diferentes ou mesmo a ordenação de sistemas uns em relação aos outros.

Uma vez registradas no papel, podemos espalhar essas alternativas para comparação, rearranjo e manipulação, como fazemos em uma colagem. Podemos avaliar as ideias e desenvolvê-las; ou então podemos descartá-las, retomá-las posteriormente ou incorporar novas ideias nos estágios seguintes do processo.

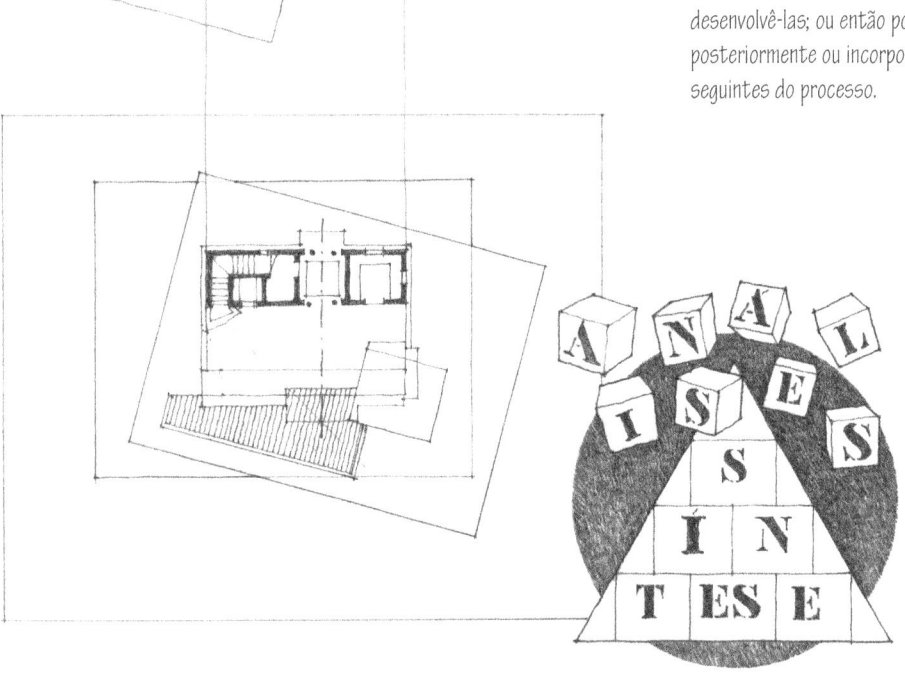

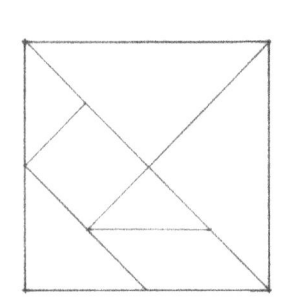

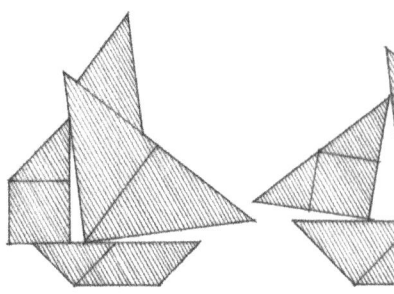

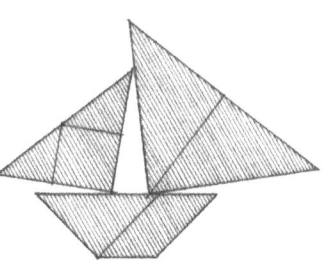

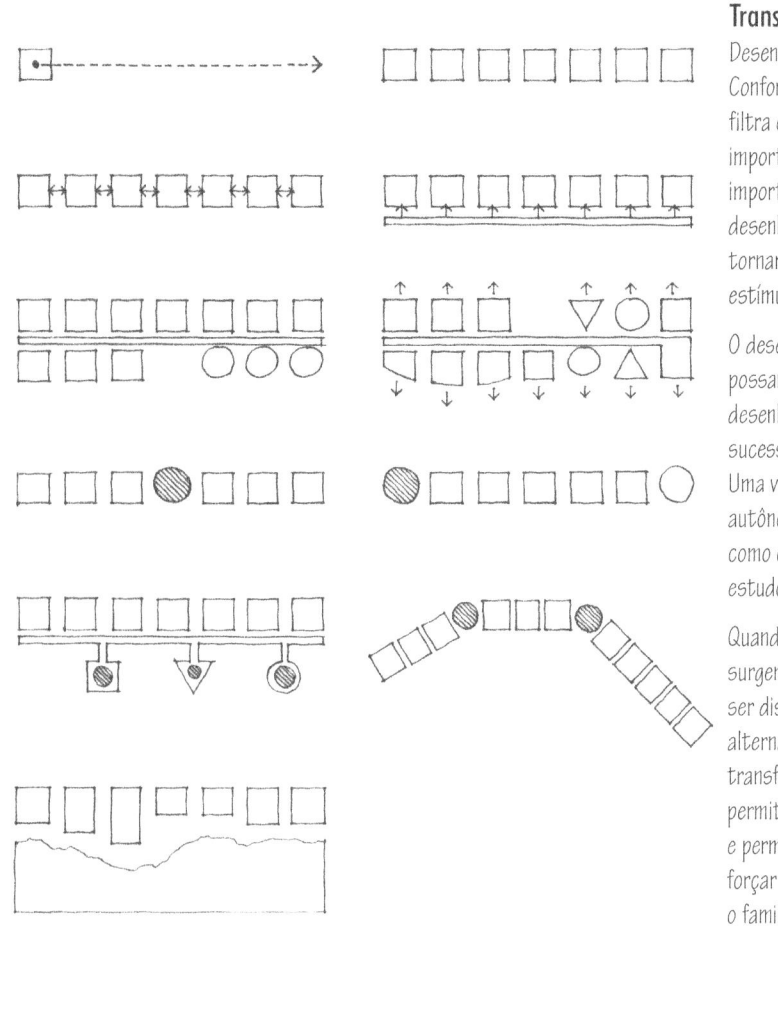

Transformação

Desenhar é simplesmente traduzir o que estamos visualizando. Conforme transpomos a imagem para o papel, a mente filtra o que é interessante ou importante. Os pontos mais importantes tendem a vir à tona, enquanto os menos importantes são descartados ao longo do processo. Como os desenhos registram nossos pensamentos, eles podem, então, tornar-se objetos independentes para estudo, elaboração e estímulo de novas ideias.

O desenho representa ideias de modo tangível, de modo que possam ser esclarecidas, avaliadas e trabalhadas. Cada desenho passa por várias transformações e se desenvolve sucessivamente conforme respondemos à imagem emergente. Uma vez desenhadas, as imagens gráficas têm presença física autônoma em relação ao processo de sua criação. Elas servem como catalisadores que retornam à mente e provocam outros estudos e o desenvolvimento de nossas ideias.

Quando exploramos ideias e buscamos as possibilidades que surgem, desenvolvemos uma série de desenhos que podem ser distribuídos lado a lado, para comparação e análise de alternativas. Podemos combiná-los de novas maneiras; podemos transformá-los em novas ideias. O princípio da transformação permite que um conceito passe por uma série de manipulações e permutações, em resposta a algumas diretrizes. A fim de forçar mudanças em nosso pensamento, podemos transformar o familiar em estranho e o estranho em familiar.

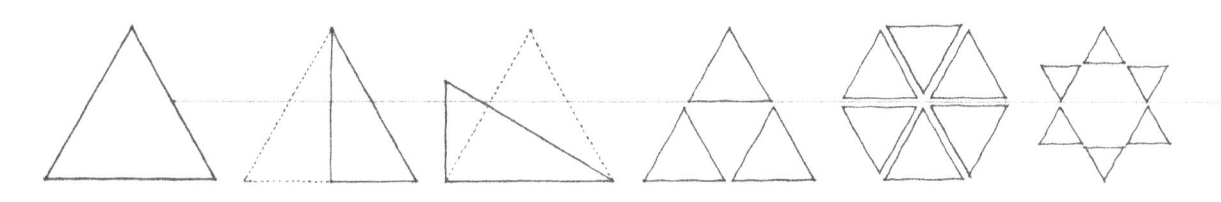

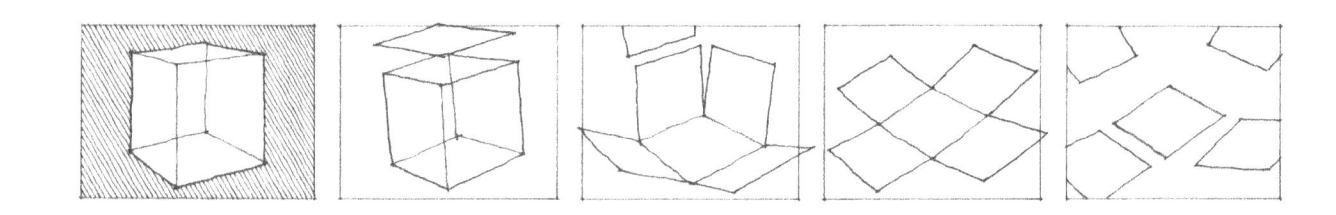

Sendo flexível

Ser flexível é ser capaz de explorar uma variedade de abordagens, conforme surgem novas possibilidades. A flexibilidade é importante porque o modo como desenhamos afeta a direção inconsciente de nosso pensamento e a formação e articulação de pensamentos visuais. Se nos sentimos satisfeitos em saber desenhar de apenas uma maneira, limitamos de modo desnecessário nosso pensamento. Ser capaz de olhar um problema de diferentes modos exige a habilidade de desenhar essas diversas vistas. Devemos nos tornar familiares e fluentes em diferentes meios, técnicas e convenções de desenho e visualizá-las como simples ferramentas a serem selecionadas conforme sua adequação à tarefa que está sendo realizada.

Uma introdução flexível ao desenho é o começo da busca que normalmente envolve tentativas e erros. O desejo de perguntar "e se...?" pode conduzir a alternativas valiosas de desenvolvimento de uma ideia. Assim, uma atitude flexível nos permite aproveitar as oportunidades que surgem no processo de desenho. Como fluência e flexibilidade são importantes no início de qualquer esforço de criação, elas devem ser associadas ao julgamento racional e à seletividade. Devemos ser capazes de criar alternativas sem perder o rumo de nosso objetivo.

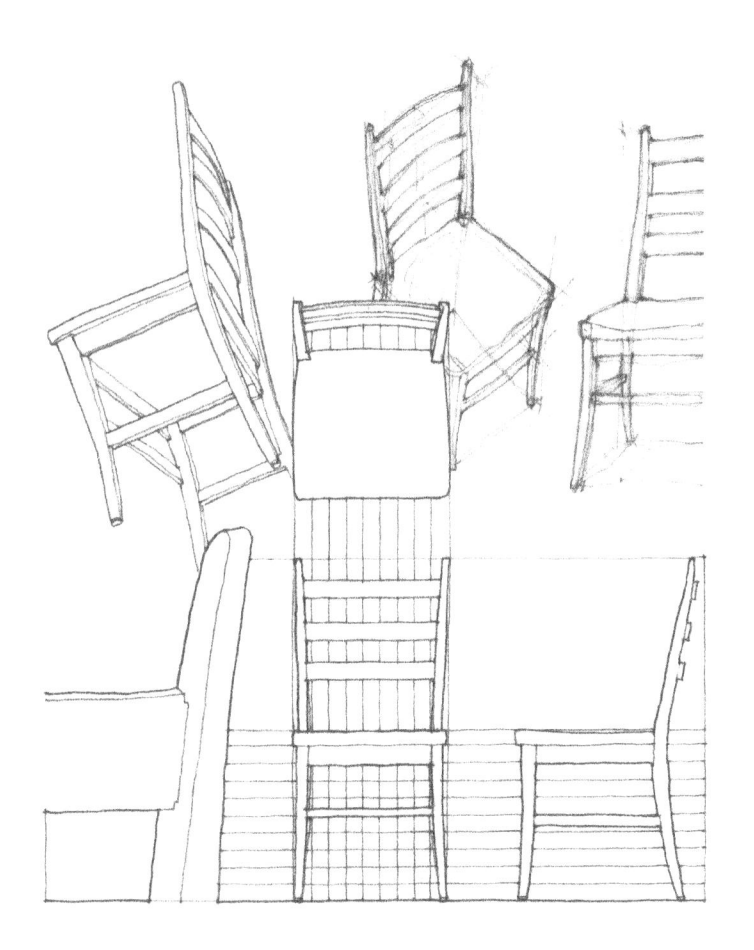

Mudando os pontos de vista

A imaginação criativa observa questões antigas sob novo ângulo. Apoiar-se em hábitos e convenções pode impedir o fluxo das ideias durante o processo de projeto. Se conseguimos ver de modos distintos, ficamos mais capacitados a ver oportunidades ocultas no incomum, no excepcional e no paradoxal. Ver de novas maneiras requer um aguçado poder de visualização e a compreensão da flexibilidade que o desenho oferece ao apresentar novas possibilidades. Podemos observar uma imagem espelhada do que estamos desenhando para ver com olhos desprovidos de preconceitos. Podemos virar o desenho de cabeça para baixo ou nos afastar dele para estudar a essência visual da imagem: seus elementos básicos, padrões e relações. Podemos até mesmo vê-lo por meio dos olhos de uma outra pessoa. Para encorajar a mudança de ponto de observação, às vezes é útil usar diferentes mídias, papéis, técnicas ou sistemas de desenho.

Desenhar pode estimular nosso pensamento ao oferecer diferentes pontos de vista. Sistemas de desenhos de vistas múltiplas, vistas de linhas paralelas ou perspectivas cônicas englobam uma linguagem visual de comunicação de projeto. Devemos ter a capacidade de não apenas "escrever" nessa linguagem, mas também de a "ler". Esse entendimento deve ser completo o bastante para que sejamos capazes de trabalhar confortavelmente e com distintos sistemas de desenho. Devemos ser capazes de transformar a bidimensionalidade de um desenho de vistas planas em uma vista tridimensional de linhas paralelas. Ao visualizar um conjunto de desenhos de vistas múltiplas, devemos ser capazes de imaginar e desenhar o que veríamos se estivéssemos parados em determinada posição dentro de uma planta.

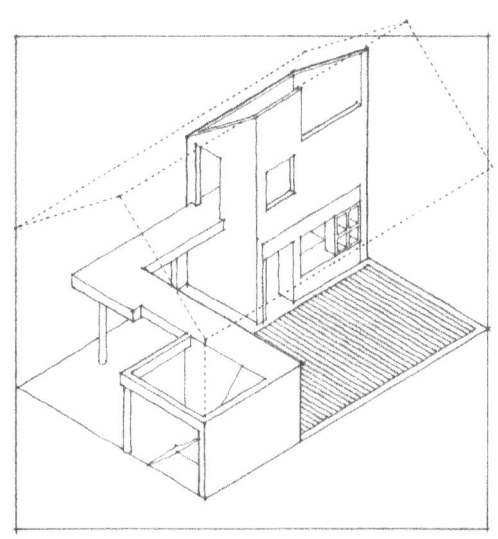

Varie o ponto de observação.

Veja dentro das coisas.

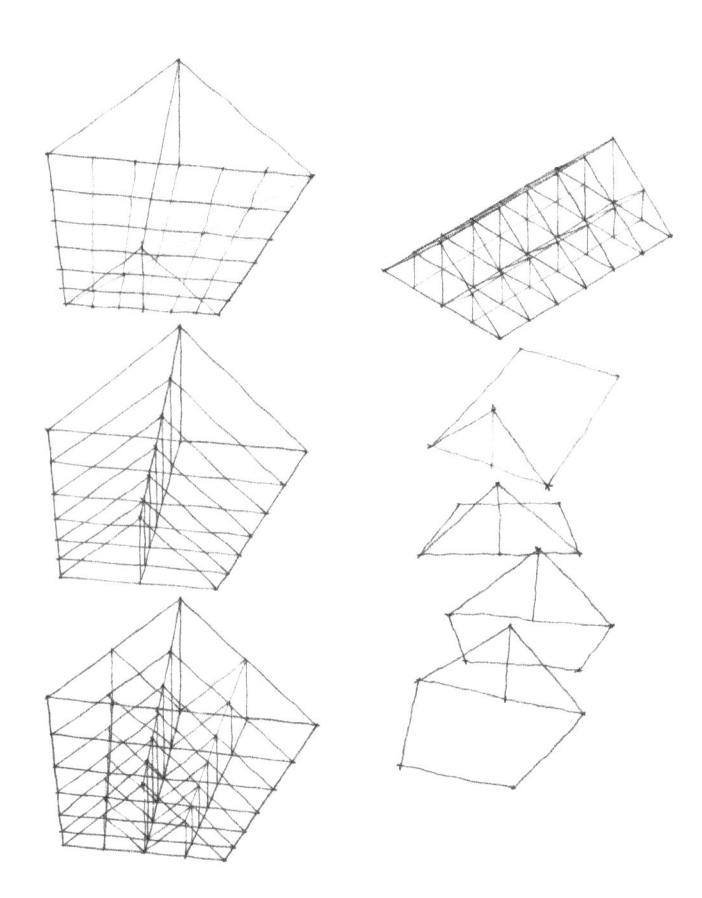

Girando

Ao girar um objeto imaginário em nossa mente, conseguimos vê-lo e estudá-lo sob diferentes pontos de vista. De modo similar, já que podemos imaginar como um objeto gira no espaço ou como seria sua aparência se nos deslocássemos em torno dele, também podemos explorar suas várias facetas de todos os lados. Se somos capazes de manipular uma ideia de projeto no papel conforme a giramos em nossa mente, podemos explorar de modo mais completo as múltiplas dimensões de uma ideia de projeto.

Quando desenhamos como um objeto gira no espaço, fica muito mais fácil imaginar a revolução de um simples elemento geométrico do que a de uma composição de várias partes. Assim, começamos por estabelecer um dispositivo de ordenamento que unifique a forma ou a composição – seja um eixo, um formato poligonal, um volume geométrico – e por analisar os princípios que relacionam as partes com o todo.

Em seguida, imaginamos e desenhamos como seria o aspecto desse recurso de ordenamento se ele girasse e assumisse uma nova posição no espaço. Quando obtemos essa nova posição, restabelecemos as partes em relação adequada e ordenadas dentro do todo. Ao construir uma imagem, utilizamos linhas reguladoras para formar a estrutura do objeto ou da composição. Depois de conferir a precisão de proporções e relações, adicionamos espessura, profundidade e detalhes à estrutura, para completar o desenho.

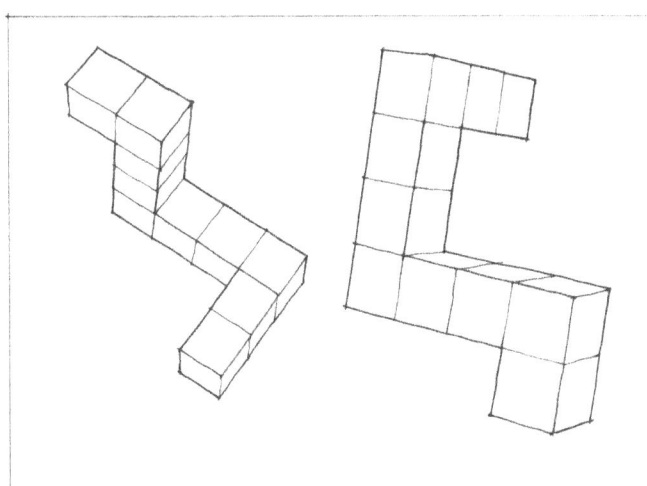

Gire uma ideia na mente.

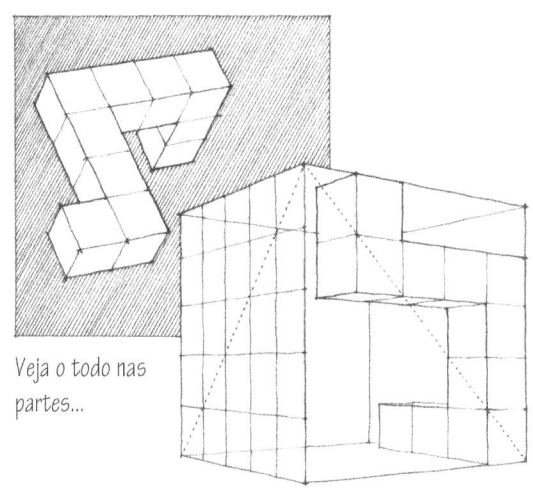

Veja o todo nas partes...

...e as partes no todo.

Mudando a escala

Quando trabalhamos do geral ao particular, dos problemas amplos e preponderantes para a resolução dos detalhes, replicamos a formulação, o refinamento e a cristalização graduais de um projeto. A representação gráfica evolui de maneira correspondente, iniciando com croquis diagramáticos executados com riscos básicos para desenhos mais definitivos de ideias concretas e soluções representadas com instrumentos mais precisos.

Estimulamos nosso pensamento de projeto trabalhando em várias escalas e níveis de abstração. A escala do desenho estabelece que aspectos ou características podemos desenvolver e também aqueles que devemos ignorar. Por exemplo, a questão da materialidade fica prejudicada quando trabalhamos com uma pequena escala, em parte porque não podemos representar o material naquela escala. Em escala maior, entretanto, temos de representar os materiais. A menos que os materiais sejam resolvidos, tal desenho pareceria grande demais para seu conteúdo. Mudar a escala dos desenhos que usamos durante o processo de projeto nos permite resumir uma ideia à sua essência, assim como desenvolver a ideia para incorporar questões relacionadas aos materiais e aos detalhes.

A interdependência de projeto e escala não é apenas uma questão de percepção, mas também de habilidade. Nossa escolha do instrumento de desenho depende da escala do desenho e determina o grau de representação ou abstração que somos capazes de ilustrar. Por exemplo, desenhar com uma caneta de ponta fina nos encoraja a representar coisas menores e nos permite trabalhar os detalhes. Desenhar com um marcador de ponta grossa, por outro lado, possibilita cobrir uma área maior, além de estudar questões mais amplas de padrão e organização.

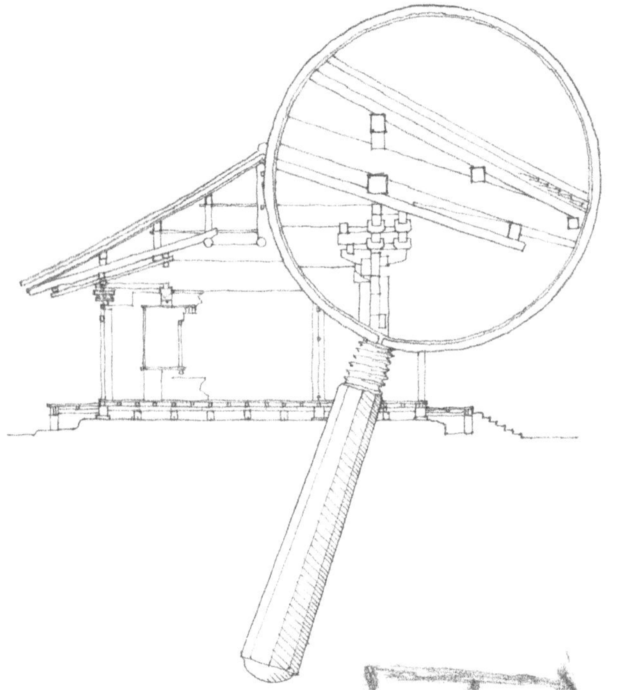

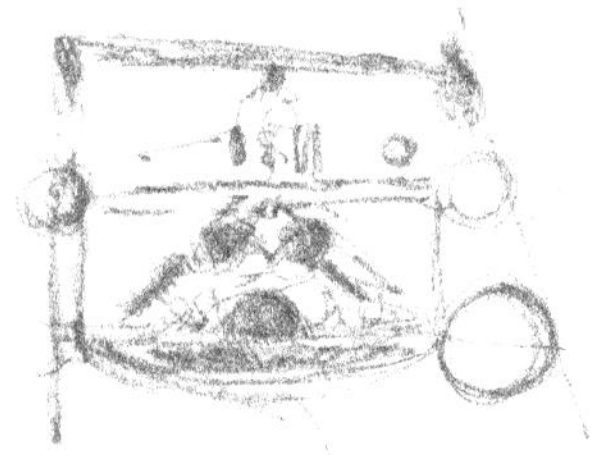

Complexo Administrativo da capital de Bangladesh, Daca, Bangladesh, 1962, Louis Kahn. Croqui inicial em planta, corte que passa pela galeria da escada e detalhe construtivo da parede composta

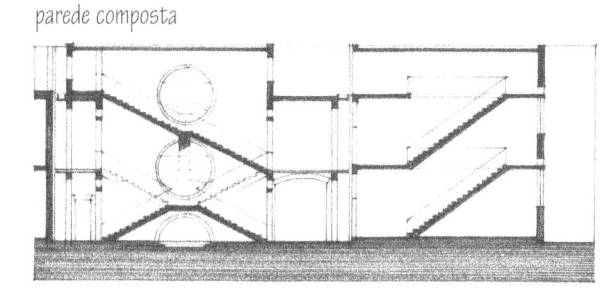

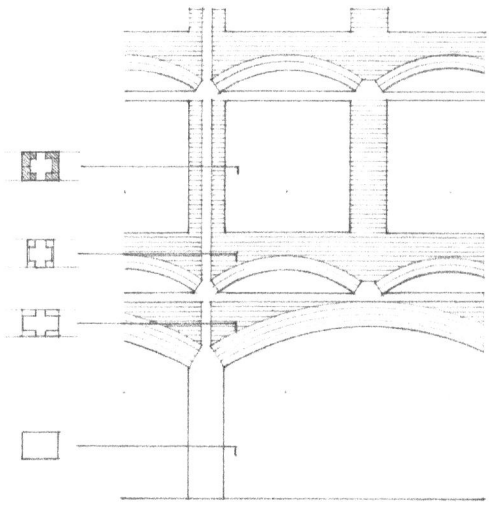

Diagramação

Nenhum desenho é exatamente aquilo que ele busca representar. Todos os desenhos são, até certo ponto, abstrações da realidade percebida ou de uma concepção imaginária. Na representação gráfica, operamos em vários níveis de abstração. Em um extremo, temos o desenho de apresentação, que tenta simular uma proposta de projeto do modo mais fiel possível. No outro extremo, está o diagrama, que encerra a capacidade de descrever algo sem o representar de modo pictórico.

Um diagrama é qualquer desenho que explica ou elucida as partes, a combinação ou a operação de alguma coisa. A característica-chave de um diagrama é poder simplificar um conceito complexo em elementos e relações essenciais por meio do processo de eliminação e redução. Profissionais de muitos campos diferentes usam diagramas para agilizar seu pensamento. Matemáticos, físicos e mesmo músicos e bailarinos usam suas próprias linguagens abstratas de símbolos e notações para lidar com as complexidades de suas atividades. Os projetistas também usam diagramas para estimular e esclarecer suas imagens mentais.

Embora todo processo de desenho deva convergir para a solução de um problema, as fases iniciais devem se caracterizar por pensamentos divergentes sobre as possibilidades. Projetar envolve fazer escolhas; sem alternativas, não há escolha a ser feita. Ao abordar o geral, em vez do particular, os diagramas desencorajam a tentativa de definir uma solução muito rapidamente e encorajam a exploração de alternativas possíveis. Diagramar, portanto, oferece-nos uma maneira conveniente de pensar como proceder na geração de uma série de alternativas viáveis a um determinado problema de projeto. Sua natureza abstrata nos permite analisar e entender a natureza essencial dos elementos do programa de necessidades, considerar suas possíveis relações e buscar modos pelos quais as partes de um projeto possam ser organizadas para compor um todo coeso.

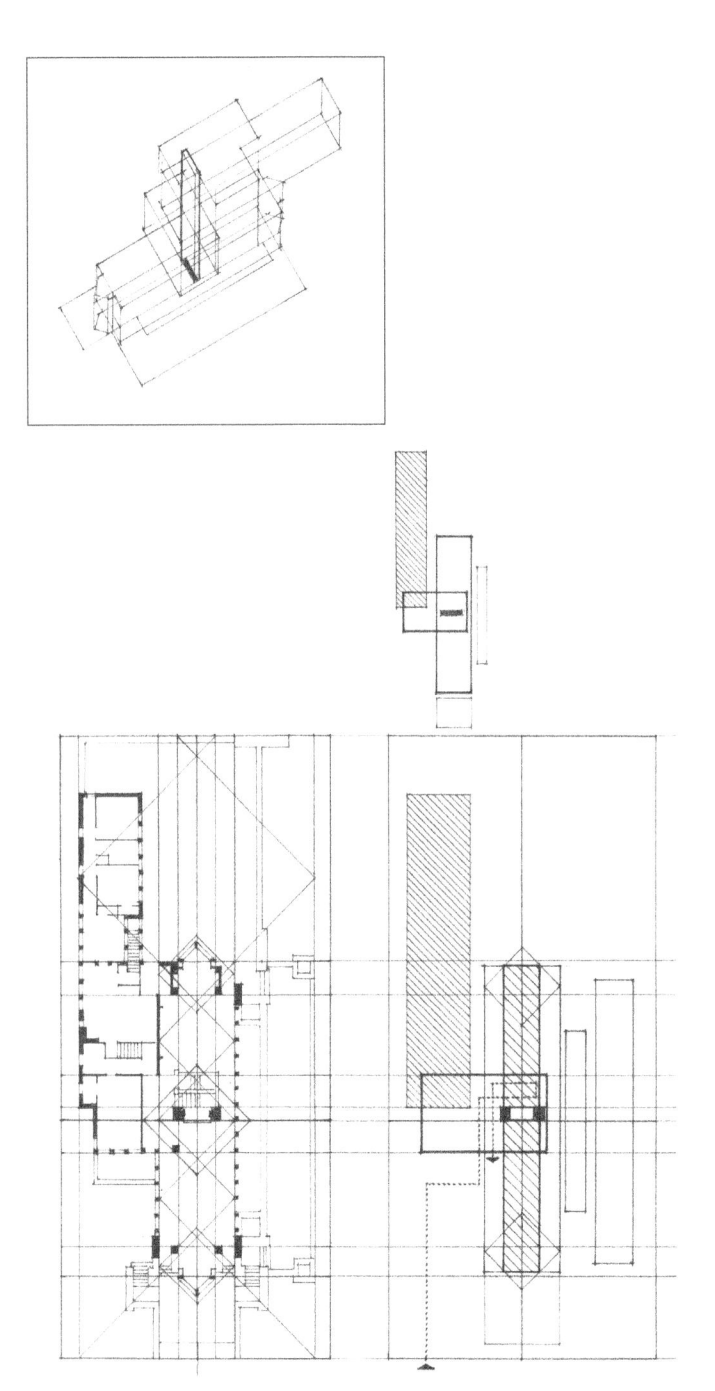

Análise da Casa Robie, Chicago, Estados Unidos, 1909, Frank Lloyd Wright

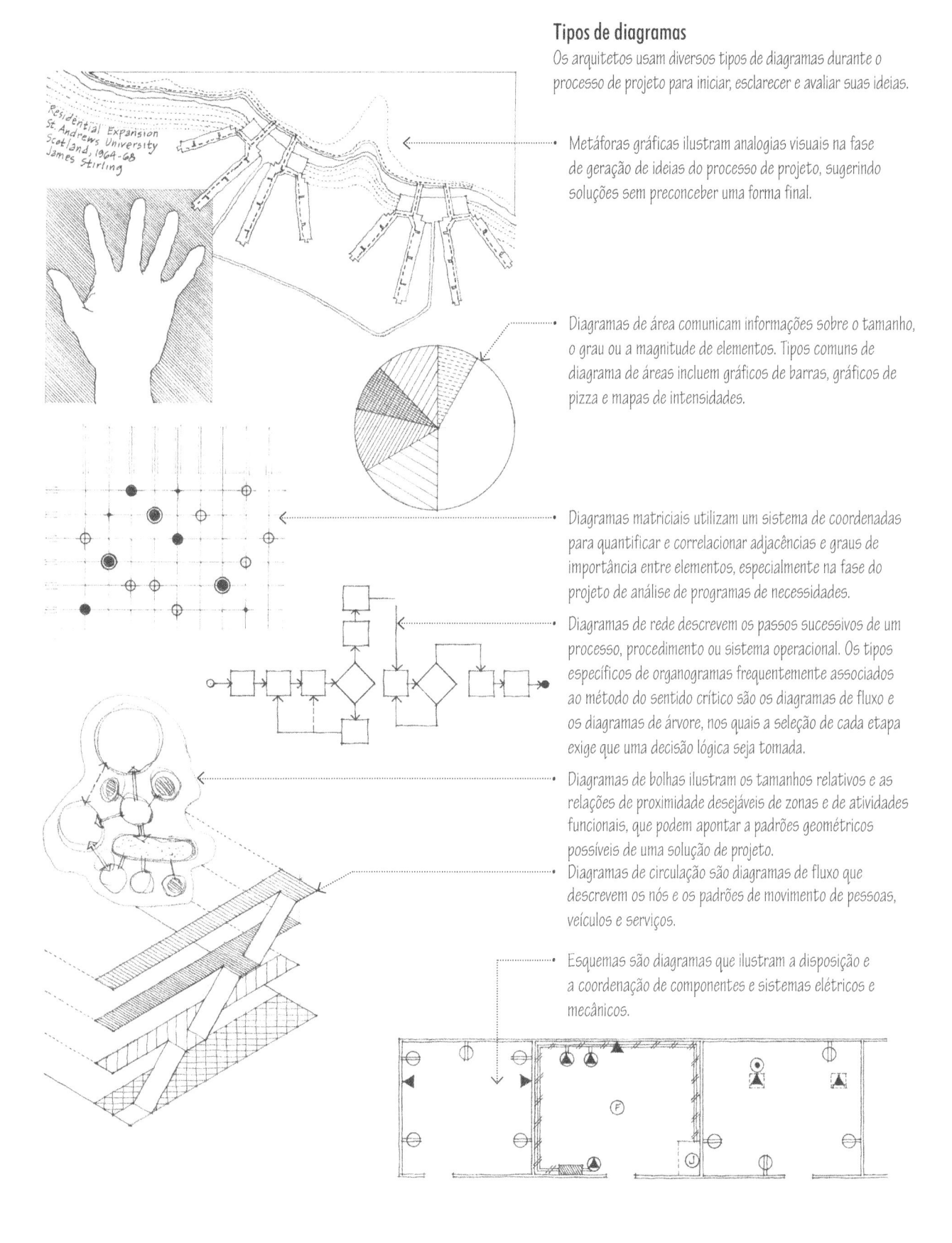

FERRAMENTAS E TÉCNICAS PARA A GERAÇÃO DE IDEIAS 215

Tipos de diagramas

Os arquitetos usam diversos tipos de diagramas durante o processo de projeto para iniciar, esclarecer e avaliar suas ideias.

Metáforas gráficas ilustram analogias visuais na fase de geração de ideias do processo de projeto, sugerindo soluções sem preconceber uma forma final.

Diagramas de área comunicam informações sobre o tamanho, o grau ou a magnitude de elementos. Tipos comuns de diagrama de áreas incluem gráficos de barras, gráficos de pizza e mapas de intensidades.

Diagramas matriciais utilizam um sistema de coordenadas para quantificar e correlacionar adjacências e graus de importância entre elementos, especialmente na fase do projeto de análise de programas de necessidades.

Diagramas de rede descrevem os passos sucessivos de um processo, procedimento ou sistema operacional. Os tipos específicos de organogramas frequentemente associados ao método do sentido crítico são os diagramas de fluxo e os diagramas de árvore, nos quais a seleção de cada etapa exige que uma decisão lógica seja tomada.

Diagramas de bolhas ilustram os tamanhos relativos e as relações de proximidade desejáveis de zonas e de atividades funcionais, que podem apontar a padrões geométricos possíveis de uma solução de projeto.

Diagramas de circulação são diagramas de fluxo que descrevem os nós e os padrões de movimento de pessoas, veículos e serviços.

Esquemas são diagramas que ilustram a disposição e a coordenação de componentes e sistemas elétricos e mecânicos.

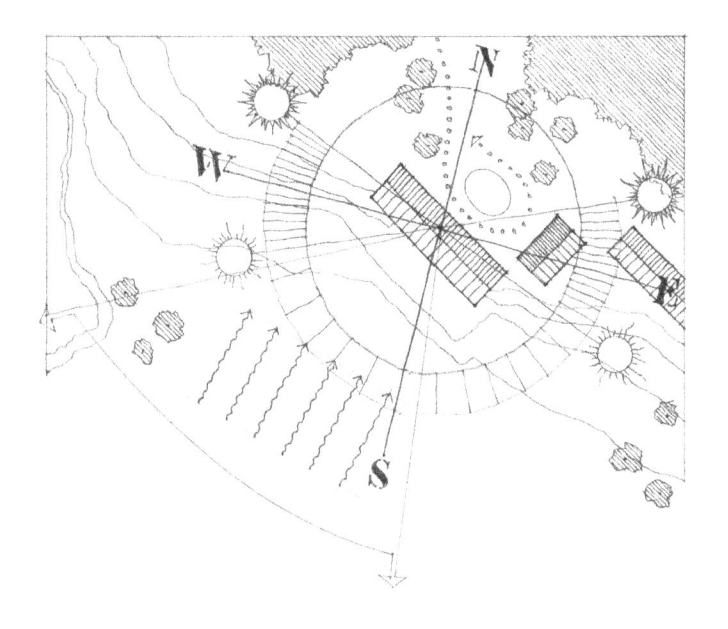

Diagramas analíticos

Diagramas analíticos examinam e explicam a distribuição e as relações das partes com o todo. Utilizamos uma grande variedade de diagramas analíticos em um projeto. As análises de um terreno exploram como a implantação e a orientação respondem a forças ambientais e contextuais. Análises de programa de necessidade investigam como a organização de um projeto lida com requisitos programáticos. Análises formais examinam a correspondência entre o padrão estrutural, a volumetria e os elementos de vedação externa.

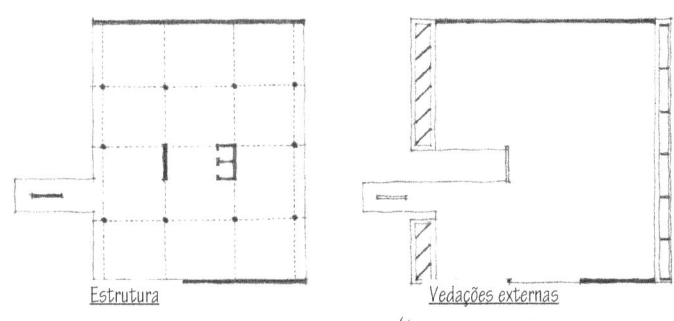

Estrutura   Vedações externas   Funções

Associação de Tecelões, Ahmedabad, Índia, 1954, Le Corbusier

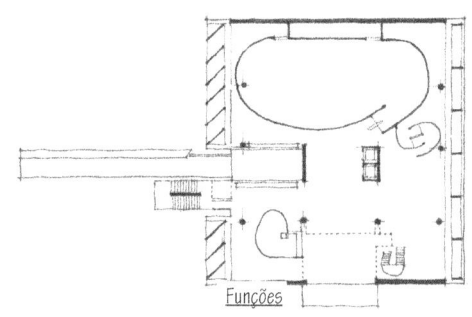

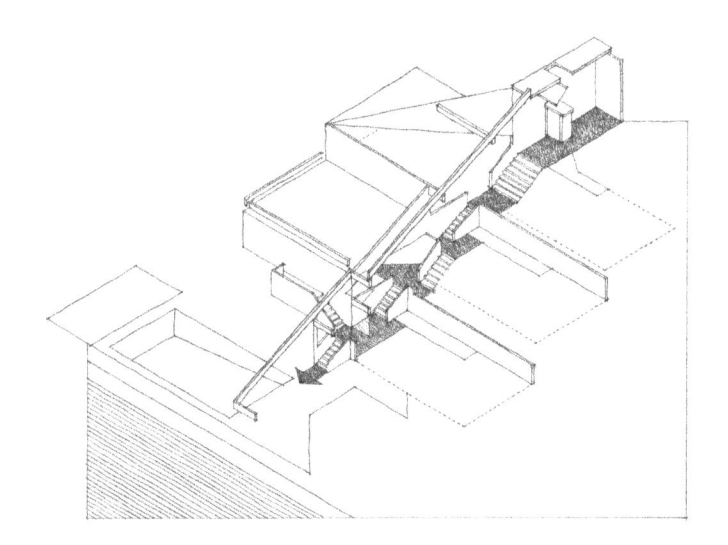

Podemos usar qualquer um dos sistemas de desenho para definir o ponto de observação de um diagrama. Quando um diagrama isola uma única questão ou apenas um conjunto de relações para estudo, o formato bidimensional em geral é suficiente. Entretanto, quando começamos a explorar os complexos atributos espaciais e das relações de um projeto, torna-se necessário o uso de um sistema tridimensional de desenho. Ferramentas particularmente efetivas para o estudo de massas e das dimensões espaciais de um projeto são os cortes perspectivados, as vistas-fantasmas e as vistas explodidas.

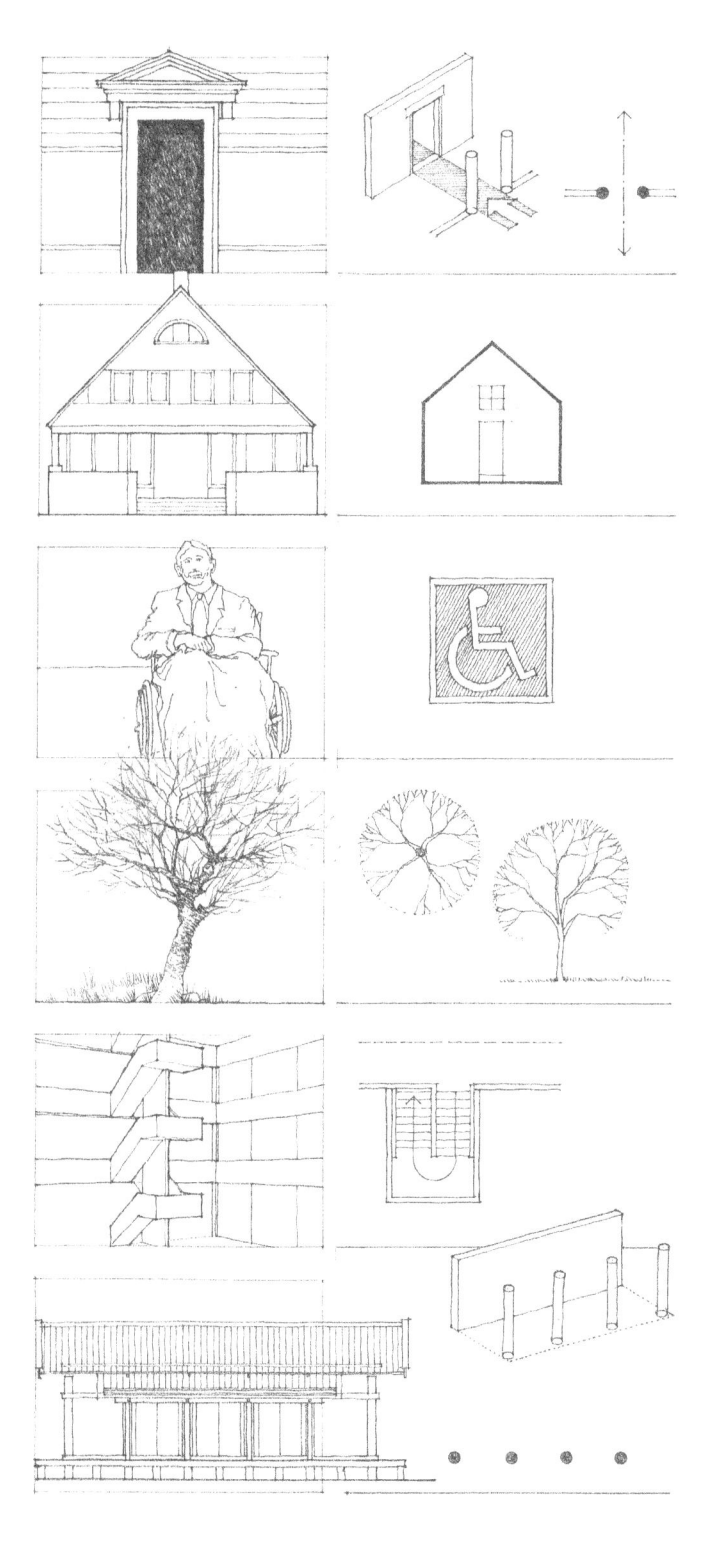

FERRAMENTAS E TÉCNICAS PARA A GERAÇÃO DE IDEIAS 217

Elementos de diagramação
A eficiência do uso de diagramas para estudar, analisar e tomar decisões de projeto resulta de seu uso de signos e símbolos. Essas figuras abstratas representam entidades, ações e ideias mais complexas em uma forma mais adequada para edição, manipulação e transformação do que imagens de representação. O emprego de diagramas nos permite responder à natureza especulativa e ágil do pensamento durante o projeto.

Símbolos
Um símbolo é uma figura gráfica que representa outra coisa por associação, semelhança ou convenção, derivando seu significado sobretudo da estrutura na qual ele se insere. Os símbolos de representação são imagens simplificadas daquilo que representam. Para serem úteis e significativos para um público amplo, eles devem generalizar e abranger as características estruturais daquilo a que se referem. Formatos altamente abstratos, por outro lado, podem ter aplicação bastante ampla, mas geralmente precisam de um contexto ou de legendas para explicar seu significado. Quando os símbolos se tornam mais abstratos e perdem qualquer conexão visual com aquilo a que se referem, eles se tornam signos.

Signos
Um signo é um símbolo, uma figura ou um marco gráfico que possui significado convencionado e é utilizado como abreviatura da palavra, oração ou operação que representa. Os signos não refletem qualquer outra característica visual além das de seu referencial: só podem ser entendidos por convenção ou senso comum.

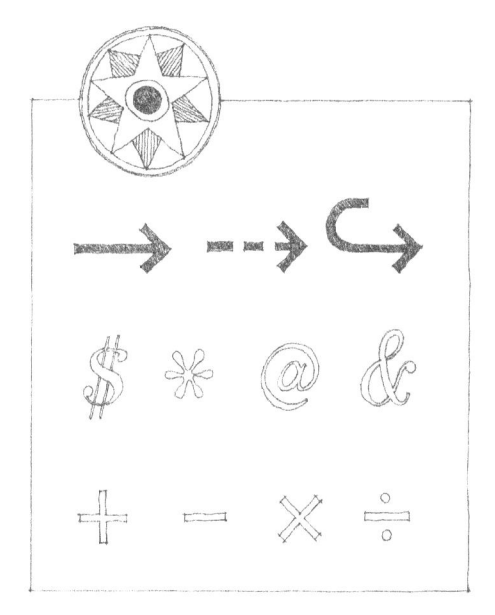

Hierarquia por tamanho

Ordenamento geométrico

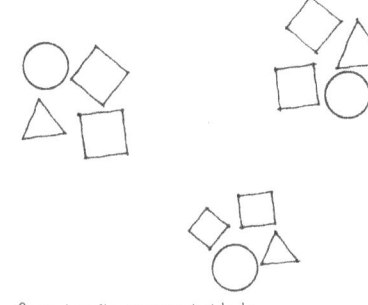

Organização por proximidade

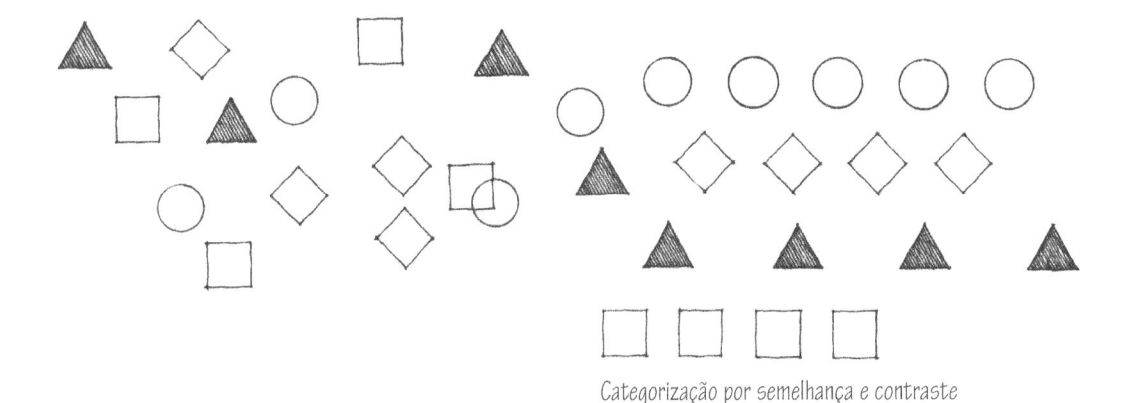

Categorização por semelhança e contraste

Símbolos e signos não são tão adequados quanto palavras para expressar diferenças sutis ou nuances suaves de significados, mas, por outro lado, são eficientes para comunicar a identidade de elementos e a natureza de ações e processos. Essas abstrações visuais frequentemente conseguem comunicar conceitos de modo mais ágil do que seria possível apenas por meio de palavras. Ainda assim, normalmente utilizamos textos explicativos para esclarecer os símbolos de um diagrama, mesmo que somente na forma abreviada de uma legenda.

Podemos modificar a aparência gráfica e o significado de símbolos e signos alterando as seguintes características:

- O tamanho relativo de cada símbolo ou signo pode descrever aspectos quantificáveis de cada elemento, bem como estabelecer uma classificação hierárquica entre os elementos.
- Uma malha ou outro recurso de ordenamento geométrico pode regular o posicionamento e a disposição de entidades ou objetos dentro do campo do diagrama.
- Proximidades relativas indicam a intensidade das relações entre as entidades. Elementos bem próximos entre si revelam uma relação mais forte do que aquela que ocorre naqueles mais distantes.
- Semelhanças e contrastes de formato, tamanho ou tonalidade estabelecem categorias entre objetos e ideias selecionados.
- Reduzir o número de elementos e variáveis ajuda a manter um nível apropriado e manejável de abstração.

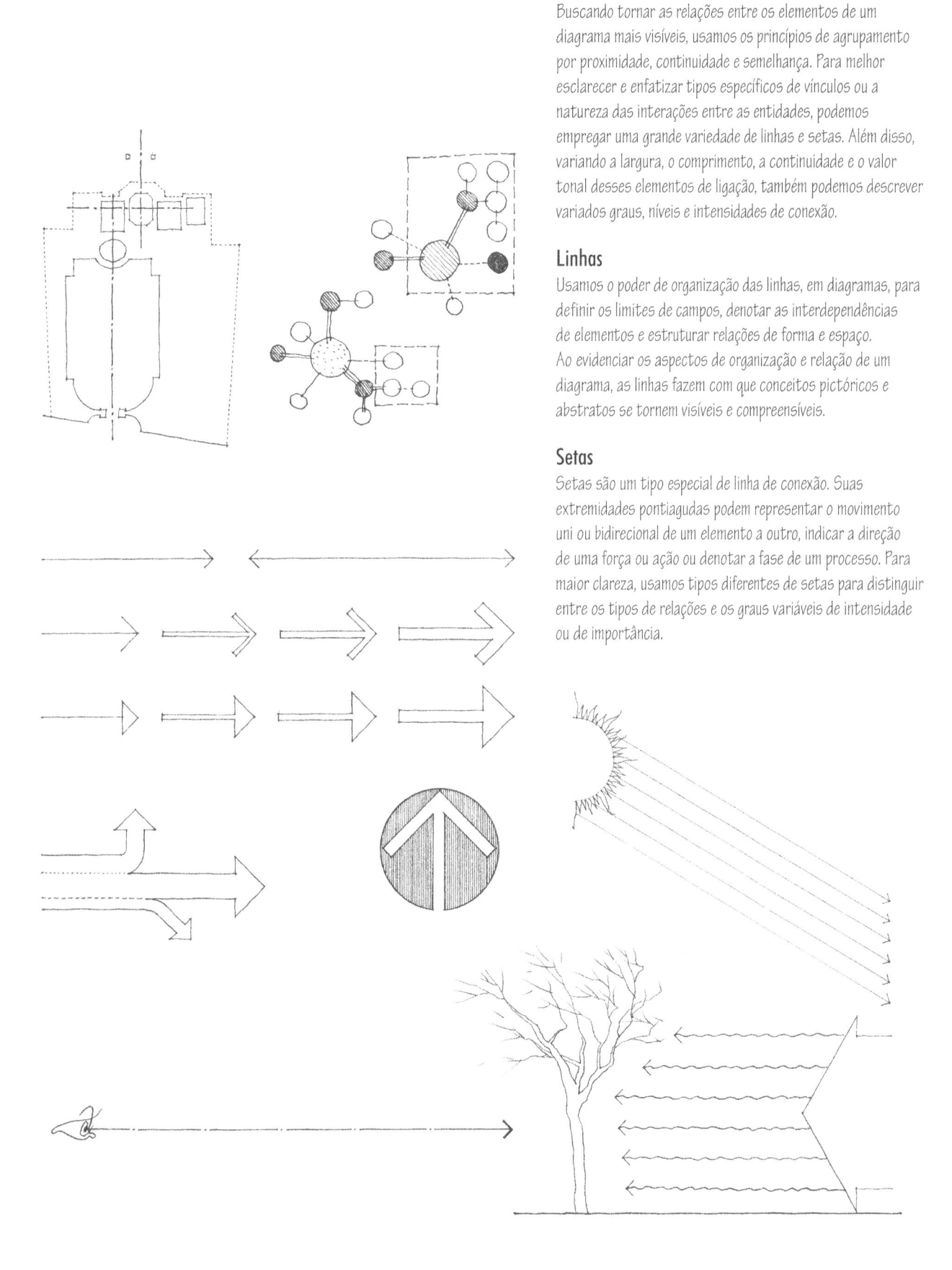

Diagramando relações

Buscando tornar as relações entre os elementos de um diagrama mais visíveis, usamos os princípios de agrupamento por proximidade, continuidade e semelhança. Para melhor esclarecer e enfatizar tipos específicos de vínculos ou a natureza das interações entre as entidades, podemos empregar uma grande variedade de linhas e setas. Além disso, variando a largura, o comprimento, a continuidade e o valor tonal desses elementos de ligação, também podemos descrever variados graus, níveis e intensidades de conexão.

Linhas

Usamos o poder de organização das linhas, em diagramas, para definir os limites de campos, denotar as interdependências de elementos e estruturar relações de forma e espaço. Ao evidenciar os aspectos de organização e relação de um diagrama, as linhas fazem com que conceitos pictóricos e abstratos se tornem visíveis e compreensíveis.

Setas

Setas são um tipo especial de linha de conexão. Suas extremidades pontiagudas podem representar o movimento uni ou bidirecional de um elemento a outro, indicar a direção de uma força ou ação ou denotar a fase de um processo. Para maior clareza, usamos tipos diferentes de setas para distinguir entre os tipos de relações e os graus variáveis de intensidade ou de importância.

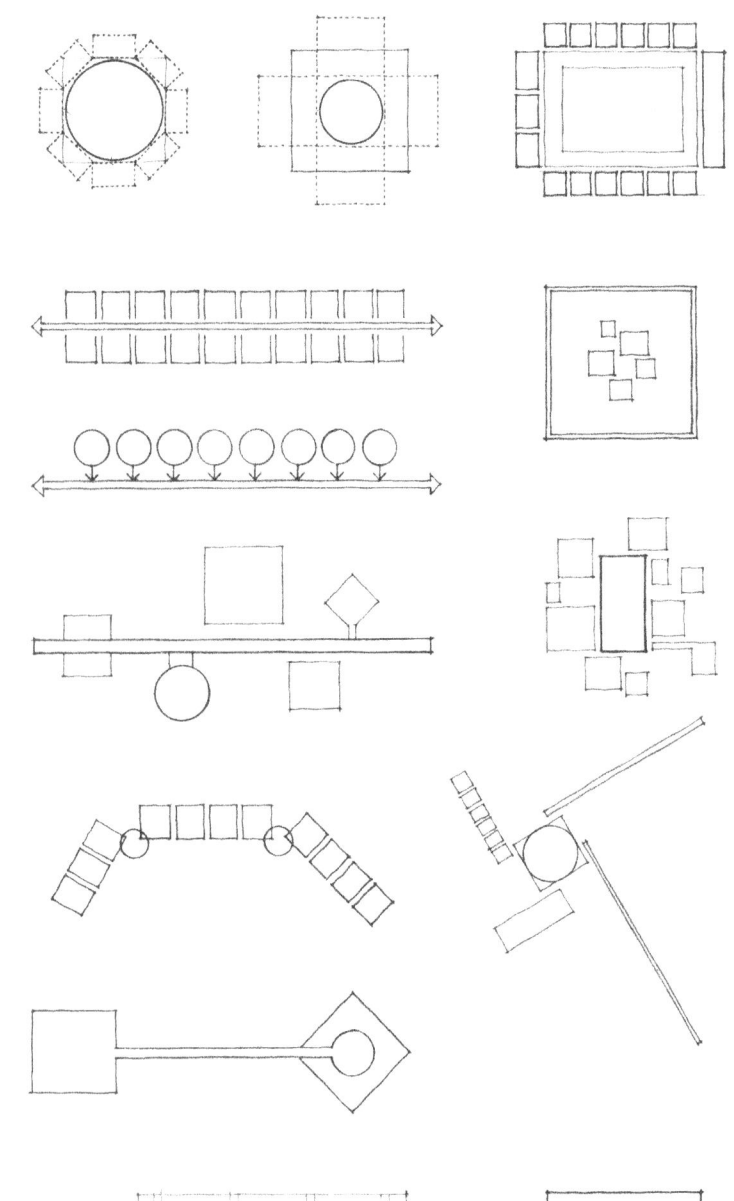

Diagramando conceitos

Usamos diagramas nas etapas iniciais do processo de projeto para estudar condições existentes e para gerar, explorar e esclarecer conceitos. Também usamos diagramas na fase de apresentação de um projeto para explicar as bases conceituais de uma proposta.

Partido

Um conceito é uma ideia ou uma imagem mental capaz de gerar e guiar o desenvolvimento de um projeto. Usamos o termo partido quando nos referimos ao conceito ou à ideia primária de organização de um projeto de arquitetura. Desenhar um conceito ou um partido de projeto em forma de diagrama permite ao projetista investigar de modo rápido e efetivo a natureza e a organização geral de um esquema. Em vez de se concentrar na aparência de um projeto, o diagrama de conceito foca os principais elementos estruturais e interligados de uma ideia.

É evidente que um conceito adequado deve ser não apenas apropriado como também relevante para a natureza de um problema de projeto. Além disso, o conceito de projeto e sua representação gráfica em um diagrama devem ter sempre as características a seguir.

Um diagrama de conceito deve ser:

- Inclusivo: capaz de abordar várias questões de um problema de projeto
- Visualmente descritivo: vigoroso o suficiente para guiar o desenvolvimento de um projeto
- Adaptável: flexível o bastante para aceitar mudanças
- Sustentável: capaz de suportar manipulações e transformações durante o processo de projeto, sem perda de sua identidade

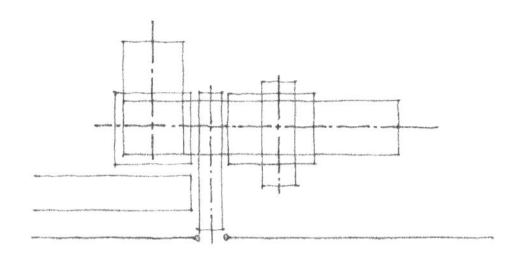

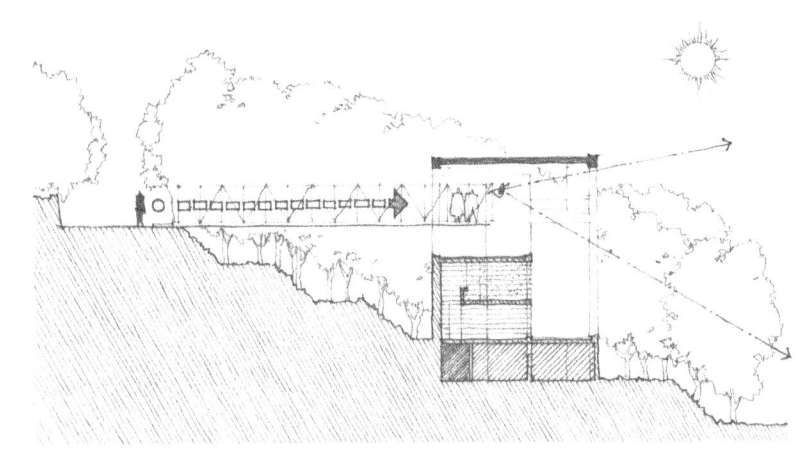

FERRAMENTAS E TÉCNICAS PARA A GERAÇÃO DE IDEIAS 221

Algumas das questões de projeto referentes aos diagramas conceituais são:

O terreno
- Condicionantes e oportunidades do contexto
- Influências históricas e culturais
- Condicionantes ambientais: sol, ventos e precipitações
- Características da topografia, da paisagem e dos recursos hídricos
- Modos de aproximação, acesso e caminhos dentro de um terreno

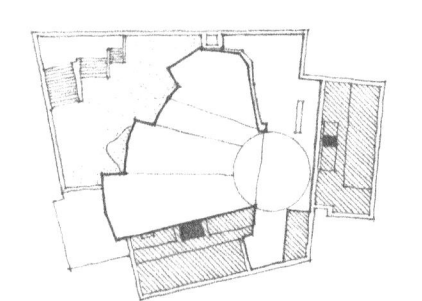

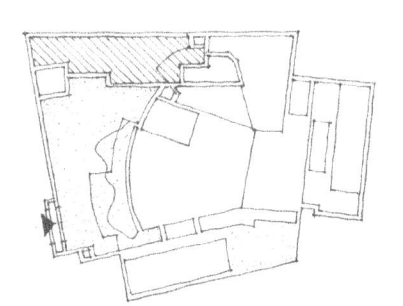

Casa em Riva San Vitale, às margens do Lago Lugano, Suíça, 1971–1973, Mario Botta

Teatro em Seinäjoki, Finlândia, 1968–1969, Alvar Aalto

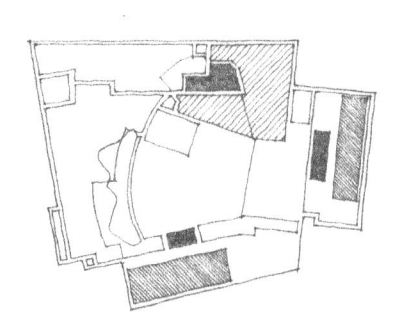

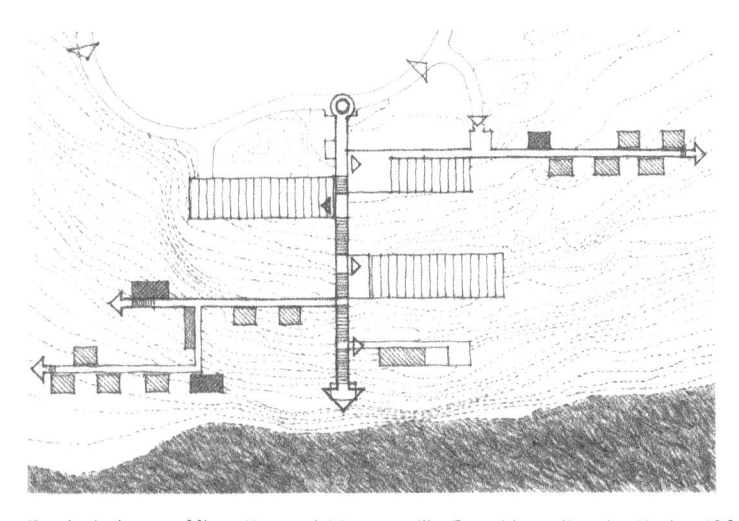

O programa de necessidades
- Dimensões espaciais exigidas pelas atividades
- Relações de proximidade e adjacência entre as funções
- Relações entre espaços servidos e de serviço
- Zoneamento de usos públicos e privados

As circulações
- Caminhos de pedestres, veículos e serviço
- Acessos, entradas, nós e rotas de circulação
- Circulação horizontal e vertical

Escola de Artes e Ofícios Haystack Mountain, Ilha Deer, Maine, Estados Unidos, 1960, Edward Larabee Barnes

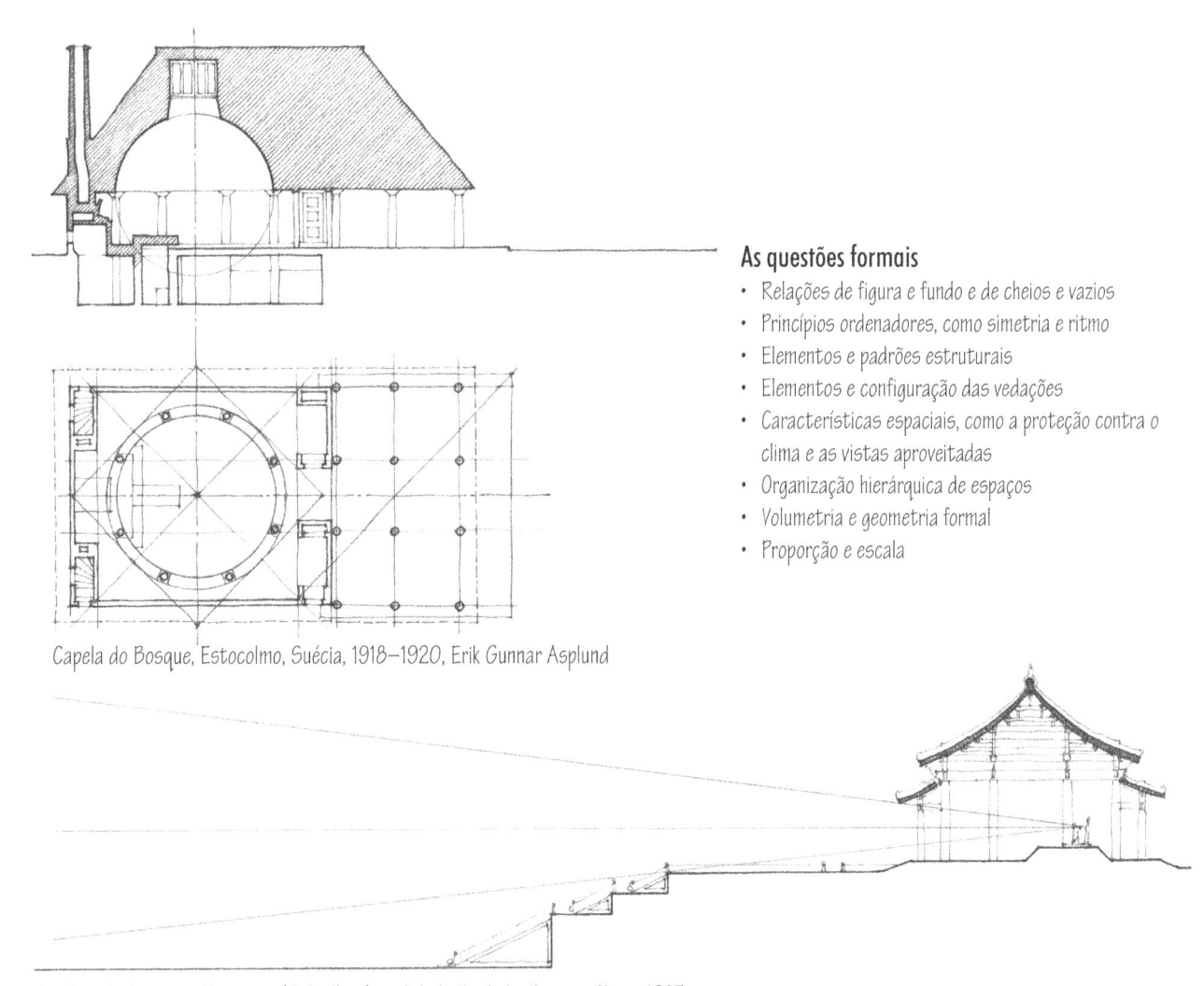

Capela do Bosque, Estocolmo, Suécia, 1918–1920, Erik Gunnar Asplund

As questões formais
- Relações de figura e fundo e de cheios e vazios
- Princípios ordenadores, como simetria e ritmo
- Elementos e padrões estruturais
- Elementos e configuração das vedações
- Características espaciais, como a proteção contra o clima e as vistas aproveitadas
- Organização hierárquica de espaços
- Volumetria e geometria formal
- Proporção e escala

Pavilhão da Suprema Harmonia (Taihe Dian) na Cidade Proibida, Pequim, China, 1627

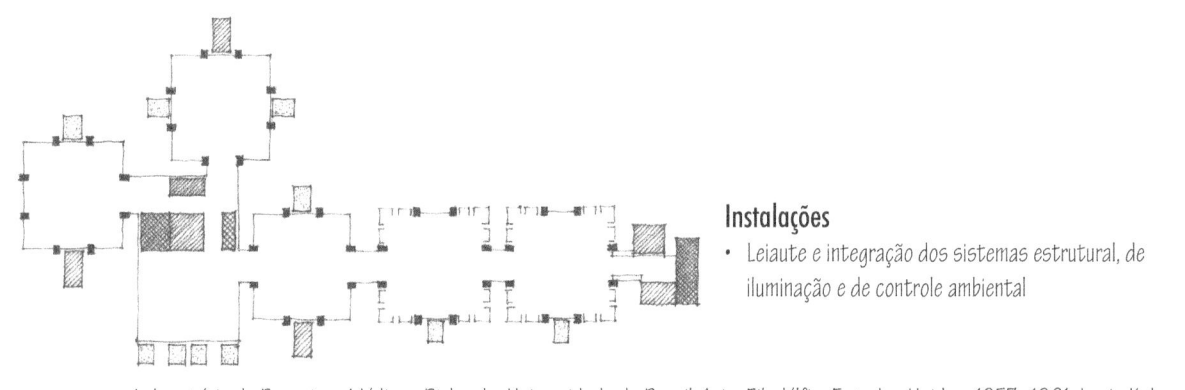

Instalações
- Leiaute e integração dos sistemas estrutural, de iluminação e de controle ambiental

Laboratório de Pesquisas Médicas Richards, Universidade da Pensilvânia, Filadélfia, Estados Unidos, 1957–1961, Louis Kahn

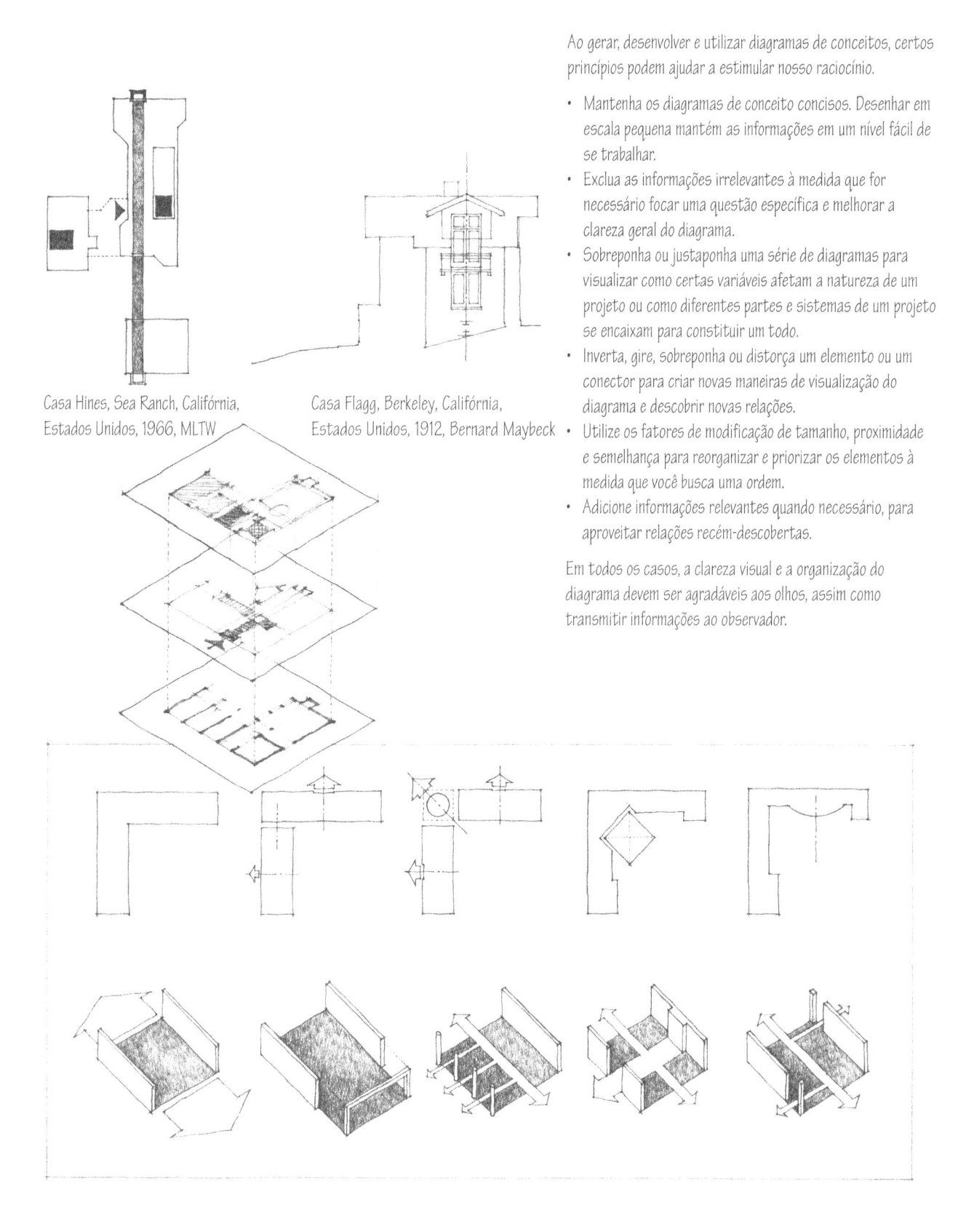

FERRAMENTAS E TÉCNICAS PARA A GERAÇÃO DE IDEIAS   223

Ao gerar, desenvolver e utilizar diagramas de conceitos, certos princípios podem ajudar a estimular nosso raciocínio.

- Mantenha os diagramas de conceito concisos. Desenhar em escala pequena mantém as informações em um nível fácil de se trabalhar.
- Exclua as informações irrelevantes à medida que for necessário focar uma questão específica e melhorar a clareza geral do diagrama.
- Sobreponha ou justaponha uma série de diagramas para visualizar como certas variáveis afetam a natureza de um projeto ou como diferentes partes e sistemas de um projeto se encaixam para constituir um todo.
- Inverta, gire, sobreponha ou distorça um elemento ou um conector para criar novas maneiras de visualização do diagrama e descobrir novas relações.
- Utilize os fatores de modificação de tamanho, proximidade e semelhança para reorganizar e priorizar os elementos à medida que você busca uma ordem.
- Adicione informações relevantes quando necessário, para aproveitar relações recém-descobertas.

Em todos os casos, a clareza visual e a organização do diagrama devem ser agradáveis aos olhos, assim como transmitir informações ao observador.

Casa Hines, Sea Ranch, Califórnia, Estados Unidos, 1966, MLTW

Casa Flagg, Berkeley, Califórnia, Estados Unidos, 1912, Bernard Maybeck

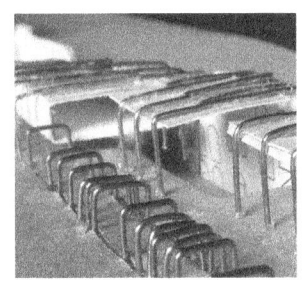

Modelando conceitos

Maquetes tradicionais

Como os desenhos de desenvolvimento de projeto, as maquetes de estudo tradicionais são importantes para visualizar com rapidez uma ideia de projeto. O trabalho manual, que envolve o corte e a montagem de materiais concretos, oferece-nos uma sensibilidade tátil que aumenta a sensibilidade puramente visual e lhe confere dimensão espacial. Embora sejam frequentemente empregadas como instrumentos de apresentação, as maquetes de estudo tradicionais devem ser vistas principalmente como um meio de exploração. Depois de prontas, podemos mexê-las com as mãos e a mente, desmontá-las e refazê-las. Podemos fotografá-las sob diferentes pontos de vista e digitalizar as imagens fotográficas para realizar estudos digitais, ou imprimi-las e desenhar por cima delas.

Maquetes eletrônicas

Os programas de modelagem tridimensional nos permitem criar maquetes eletrônicas de nossas propostas de projeto e estudá-las sob diferentes pontos de vista. Isso as torna apropriadas para o desenvolvimento de conceitos de projetos, desde que vejamos as imagens modeladas como transitórias, não como produtos acabados.

Para trabalhar com maquetes eletrônicas, é necessário controlar a exatidão dos dados fornecidos aos programas de geração de maquetes eletrônicas tridimensionais para criá-las. Ao mesmo tempo, devemos manter em mente que as maquetes eletrônicas são ferramentas para o raciocínio e estão sujeitas a mudanças e revisões. Não devemos, então, deixar o grau de especificidade da adição ou da subtração de elementos tolher a liberdade do processo de projeto.

Como a geração de maquetes eletrônicas se baseia em grande parte no uso de eixos, pontos de tangente e faces e arestas alinhadas como recursos de construção para o desenvolvimento da forma tridimensional, pensar nesses termos — como faríamos ao construir uma maquete tradicional — geralmente resulta em um processo de geração de maquete mais eficiente.

A principal diferença entre a maquete tradicional e a digital talvez esteja no modo como percebemos a materialidade, as características espaciais e a tatilidade da maquete tradicional, uma vez que a maquete eletrônica deve, pelo menos com a tecnologia que nos está disponível hoje, ser vista em um monitor ou tela — essencialmente, uma imagem bidimensional de um conjunto de dados tridimensional, o que exige as mesmas habilidades interpretativas necessárias para a leitura de um desenho feito à mão.

FERRAMENTAS E TÉCNICAS PARA A GERAÇÃO DE IDEIAS

Desenvolvendo conceitos

O processo de projeto

Embora costume ser apresentado como uma série linear de passos, o processo de projeto é, na verdade, uma sequência interativa e cíclica de análise cuidadosa de informações disponíveis, de síntese intuitiva de revelações e de avaliação crítica de soluções possíveis – um processo que se repete até que ocorra uma correspondência bem-sucedida entre aquilo que existe e o que se deseja. O processo de projeto pode ser resumido em um período de tempo breve e intenso ou se estender por vários meses ou mesmo anos, dependendo da urgência ou da complexidade do problema de projeto. O projeto também pode ser um processo desorganizado em que momentos de confusão são seguidos por momentos de extrema clareza, intercalados por períodos de reflexão silenciosa. Para atravessar esse processo, da diagramação ao desenvolvimento e refinamento de conceitos de projeto, usamos várias formas de representação.

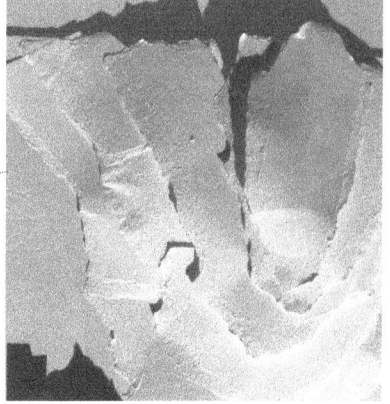

Maquetes tradicionais

Maquetes eletrônicas

Formas de pensar a respeito e desenvolver um **Conceito de Projeto**

Colagens convencionais

Desenhos feitos à mão livre

Formas de representação

É possível usar várias formas de representação para externalizar e moldar nossos conceitos de projeto para fins de estudo, análise e desenvolvimento. Além das convenções de desenho tradicionais, essas formas incluem fotografias, maquetes e colagens, e explorações e simulações digitais – meios capazes de facilitar efetivamente o desenvolvimento de um conceito de projeto. Não existe uma forma de representação mais adequada do que as demais para fases específicas do processo de projeto, tampouco há uma melhor prática para o modo como cada um de nós aborda tal processo.

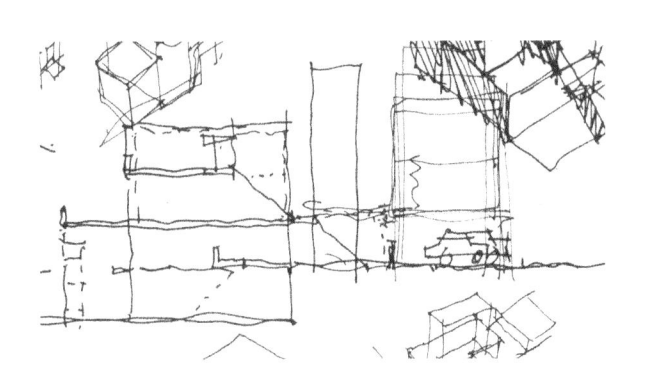

Desenhos de desenvolvimento de projeto

Depois de identificar e elucidar um conceito de projeto apropriado e fértil, utilizamos desenhos de desenvolvimento de projeto para elaborá-lo e transformá-lo de um conceito diagramático em uma proposta coerente. Ao fazermos isso, devemos lembrar que o desenho de desenvolvimento de projeto é uma linguagem e que os três principais sistemas de desenho – desenhos de vistas múltiplas, vistas de linhas paralelas e perspectivas – proporcionam formas alternativas de pensar e expressar aquilo que estamos imaginando. Cada sistema apresenta um ponto de observação único e envolve um conjunto incorporado de operações mentais que orienta a exploração de questões relevantes de projeto. Quando optamos por um sistema de desenho em detrimento de outro para estudar uma questão específica de projeto, fazemos escolhas conscientes e também inconscientes no que tange a quais aspectos do problema serão revelados e quais ficarão ocultos.

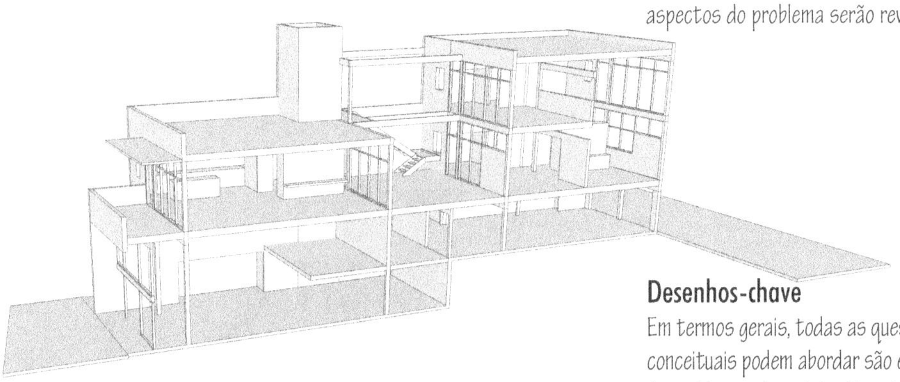

Desenhos-chave

Em termos gerais, todas as questões de projeto que os diagramas conceituais podem abordar são essenciais para a resolução bem-sucedida de problemas de projeto. No entanto, em qualquer situação, uma ou duas questões talvez se destaquem quanto à importância em relação às outras e formem a essência de um conceito ou de um esquema de projeto, em torno do qual as soluções de projeto podem ser desenvolvidas. Com base na natureza dessas questões-chave, é possível identificar diagramas e desenhos-chave correspondentes que oferecem as formas mais apropriadas e relevantes de olhar e explorar essas questões cruciais.

Os diagramas-chave utilizados no desenvolvimento de um conceito de projeto naturalmente levam à utilização dos mesmos desenhos-chave da apresentação da proposta de projeto. Nesse sentido, a fase de apresentação não deve ser vista como uma etapa separada e desconectada, mas, sim, como uma evolução natural do processo de desenvolvimento de projeto.

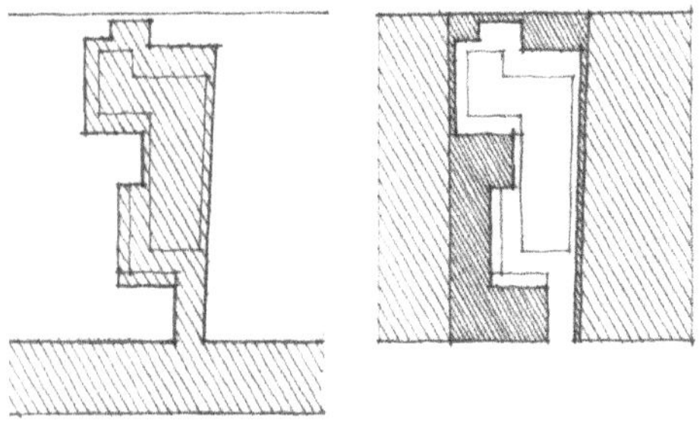

A importância do terreno e do contexto

Alguns problemas de projeto são dominados pelo terreno e pelo contexto, e, para explorá-los melhor, é possível usar representações, como fotografias aéreas, fotografias do terreno e cortes do terreno. Em situações urbanas, especialmente, a análise e a síntese de padrões de figura e fundo, de padrões de movimento, de localizações de nós, de eixos e arestas, bem como a presença de vestígios ou artefatos históricos e de linhas de visão e vistas perceptíveis, exigem, todos, a representação de condições existentes em relação às quais podemos esgotar a análise e a síntese de tais forças urbanas. Em terrenos com topografia complexa, mapas topográficos e cortes do terreno proporcionam as melhores plataformas para o estudo das implicações da topografia no acesso ao terreno e também na estrutura e na forma da edificação.

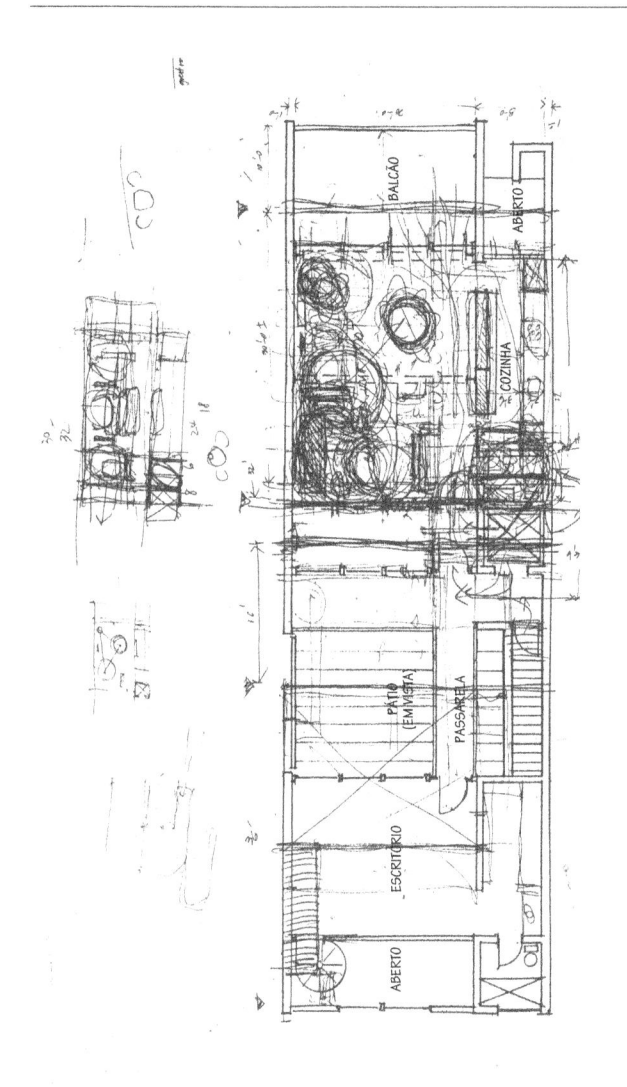

FERRAMENTAS E TÉCNICAS PARA A GERAÇÃO DE IDEIAS

A importância dos elementos do programa de necessidades

Ao descrever as exigências do usuário e da atividade, o programa de necessidades do projeto dá vida ao projeto da edificação. Para analisar as exigências do programa, é preciso ter cuidado para não confundir a forma gratuita de um esboço ou de um diagrama de relações com a forma resultante do projeto da edificação. Em vez disso, quando avançamos a partir da análise de qualquer programa, devemos tirar partido das sugestões, fusões ou sobreposições de tal análise para revelações formais e estruturais.

A importância do tamanho, da escala e da proporção

É especialmente importante ter em mente o tamanho, a escala e a proporção. O tamanho necessário para o espaço descrito no programa pode ser encontrado de diversas maneiras. Um espaço de 40 m² pode, por exemplo, ser quadrado, retangular ou mesmo linear, como se fosse um corredor. Também pode ter forma irregular ou limites curvilíneos. Entre tantas opções, como podemos tomar uma decisão sem considerar outros fatores, como a adequação a outros espaços, as oportunidades e os condicionamentos contextuais, os materiais e a forma da estrutura e a expressividade associada?

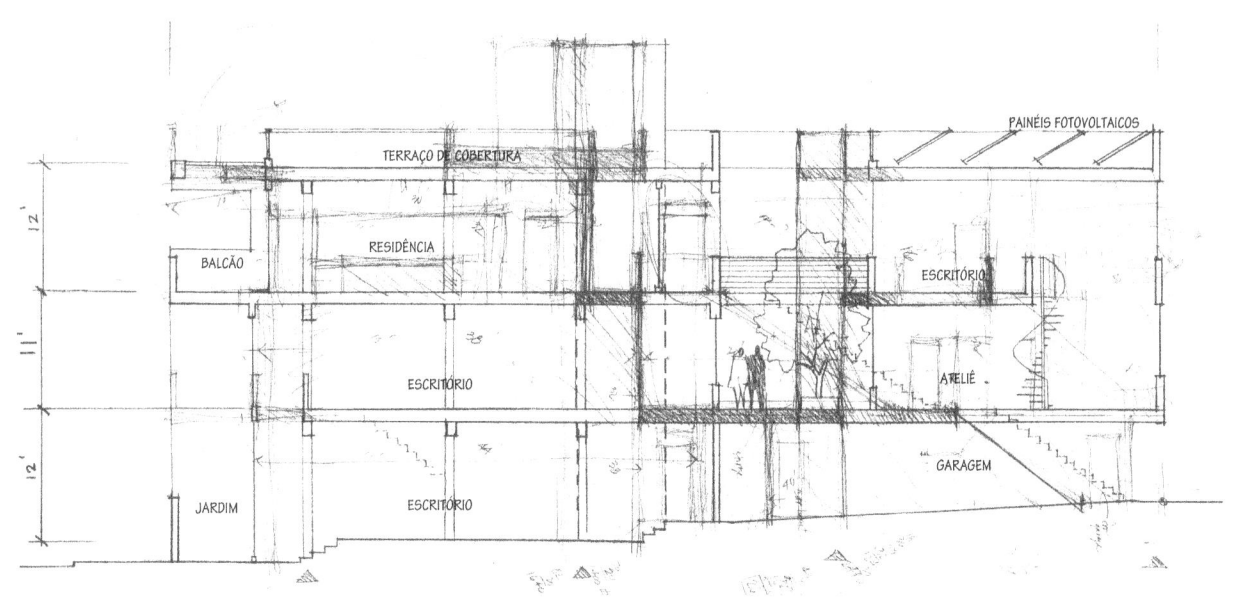

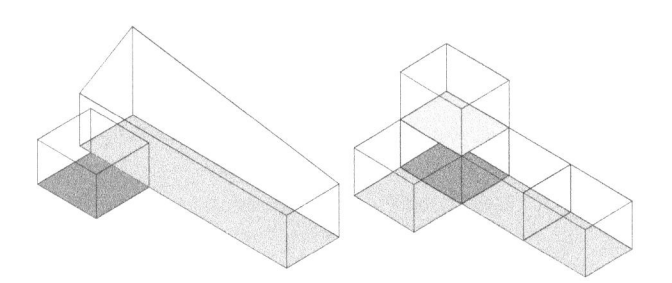

A importância dos sistemas e materiais estruturais

A compreensão de como os elementos e os sistemas estruturais permitem a resolução das forças que agem sobre eles, em conjunto com o conhecimento de como os materiais se conectam e as edificações são construídas, serve como guia para a definição da forma e da materialidade do projeto de determinada edificação. Considerando-se as capacidades de geração de forma dos materiais e dos sistemas estruturais – as estruturas independentes de madeira, aço e concreto, o vocabulário planar das paredes portantes de alvenaria e das lâminas de concreto e as possibilidades volumétricas dos sistemas de grelhas externas diagonais (*diagrids*) –, todas influem no potencial de uma solução de projeto para certos aspectos formais e expressivos.

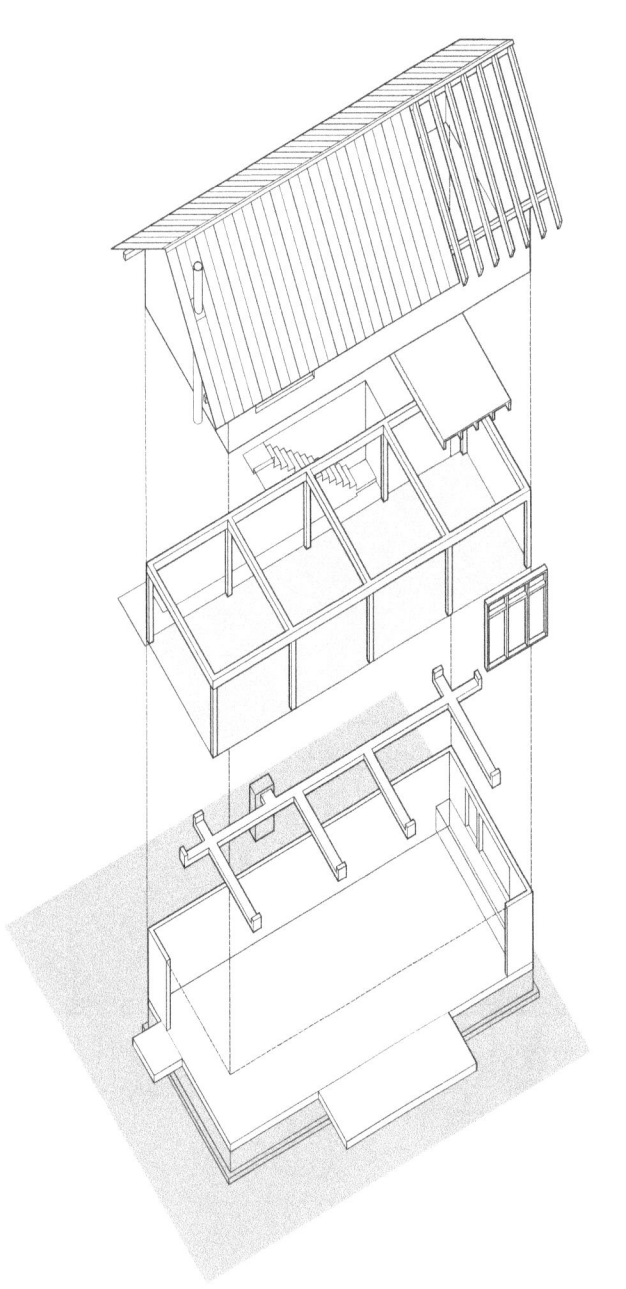

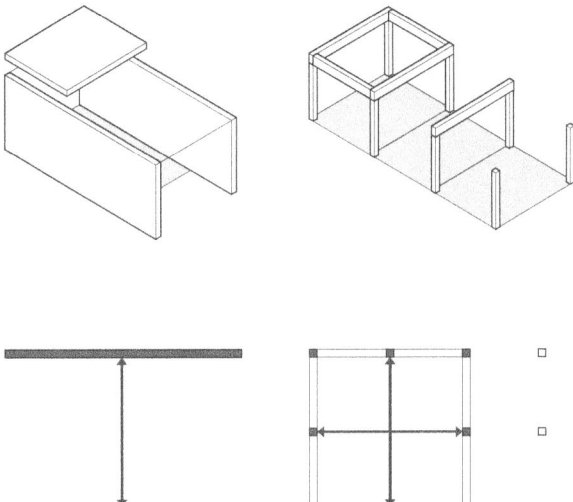

A importância da integração dos sistemas

O leiaute bem-sucedido de todos os sistemas de um projeto de edificação, dos técnicos – controles estruturais, de iluminação e ambientais – aos espaciais, exige que pensemos continuamente sobre como eles se relacionam e se integram em três dimensões. Podemos fazer isso por meio da sobreposição de plantas e cortes ou, de maneira mais holística, com vistas de linhas paralelas.

A importância das questões formais

À medida que fazemos a diagramação de questões contextuais, programáticas, estruturais e de construção relevantes a um problema de projeto, devemos estar cientes de que as características formais dos desenhos resultantes advêm naturalmente desse processo. Não podemos ignorar a aparência de um diagrama, nem o que ele talvez possa expressar em termos formais.

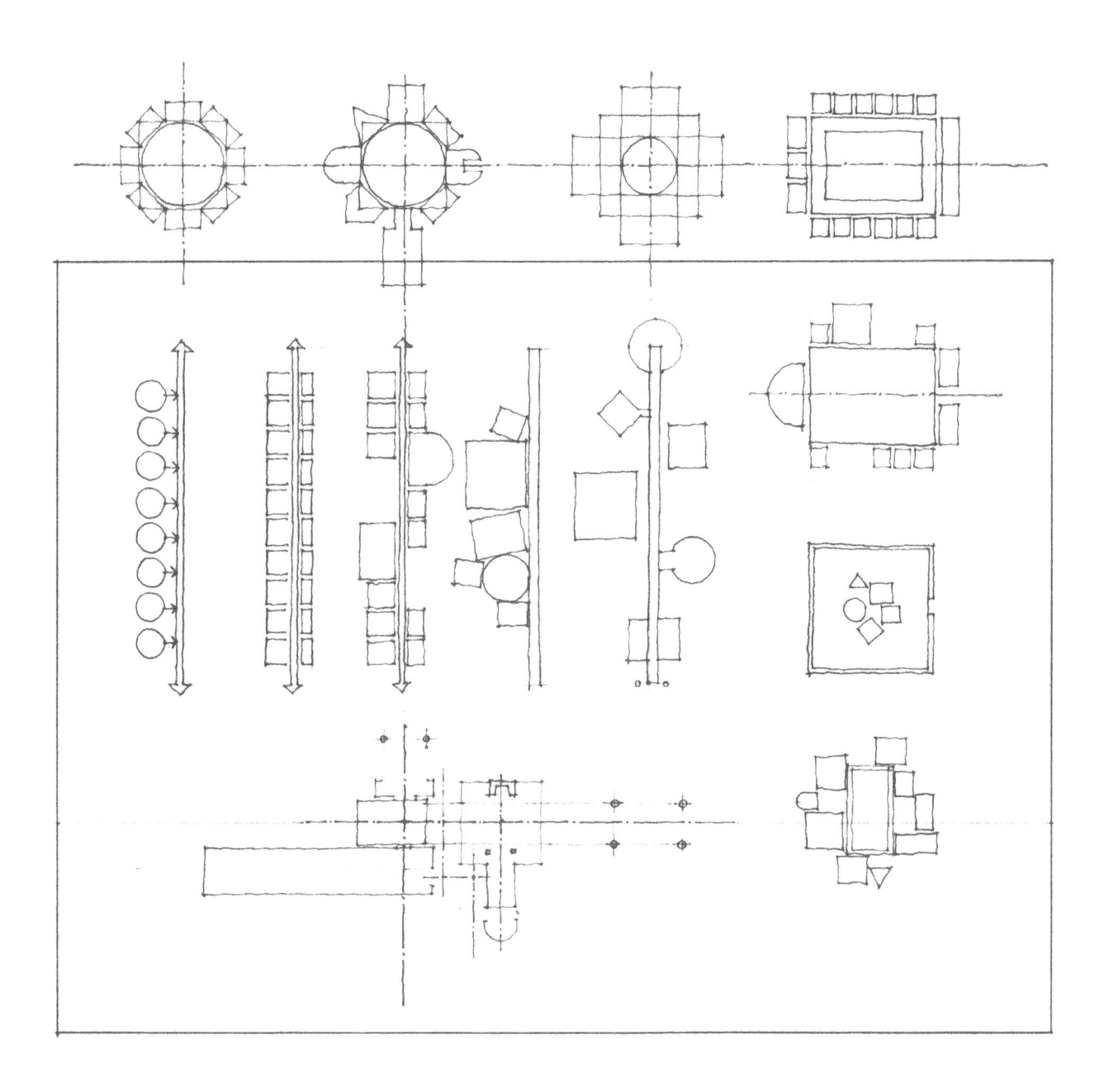

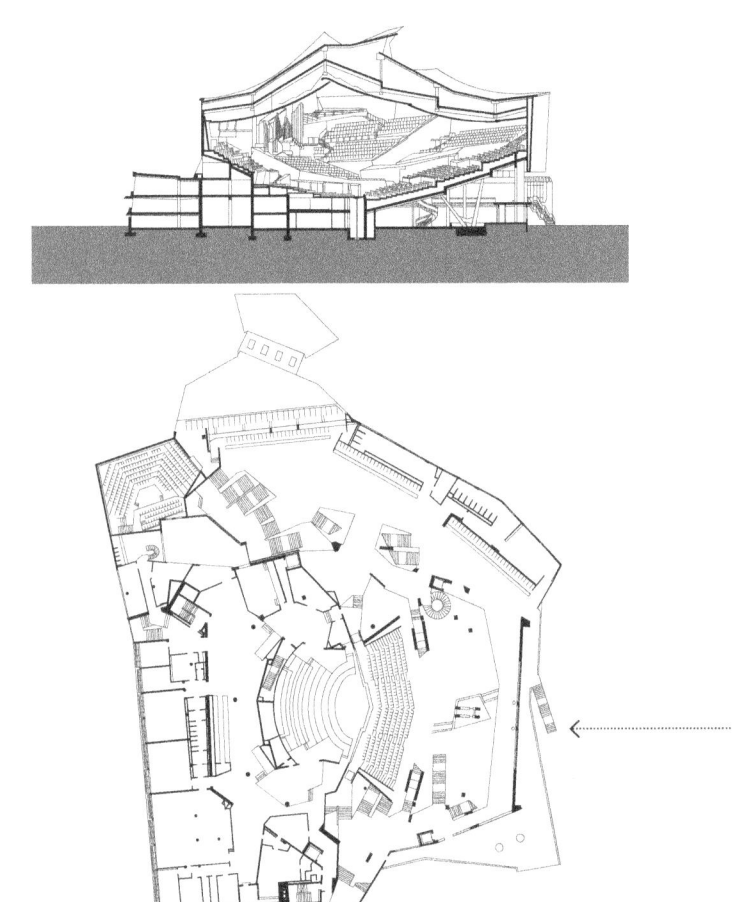

Assim como o diagrama de relações influencia a composição de um projeto, nossas intenções formais devem influenciar o processo de diagramação. Há, inclusive, situações em que características formais específicas podem ser os principais determinantes do processo de projeto, como é o caso da natureza linear dos equipamentos urbanos de transporte, a verticalidade das edificações altas ou a natureza expansiva de um *campus* suburbano. Portanto, somando as possibilidades contextuais, programáticas, estruturais e construtivas com certos princípios ordenadores, como repetição, ritmo ou simetria, podemos fazer os ajustes necessários para esclarecer a essência de um esquema de projeto.

Orquestra Filarmônica, Berlim, Alemanha, 1960–1963, Hans Scharoun. Exemplo do movimento expressionista, esta sala de concertos tem estrutura assimétrica, com cobertura de concreto em forma de tenda e um palco centralizado com auditório escalonado. Sua aparência externa está subordinada aos requisitos funcionais e acústicos da sala de concertos.

Casa de Ópera de Sydney, 1973, Jørn Utzon. Suas famosas cascas de cobertura consistem em nervuras de concreto moldadas *in loco*.

9 Os Materiais da Arquitetura

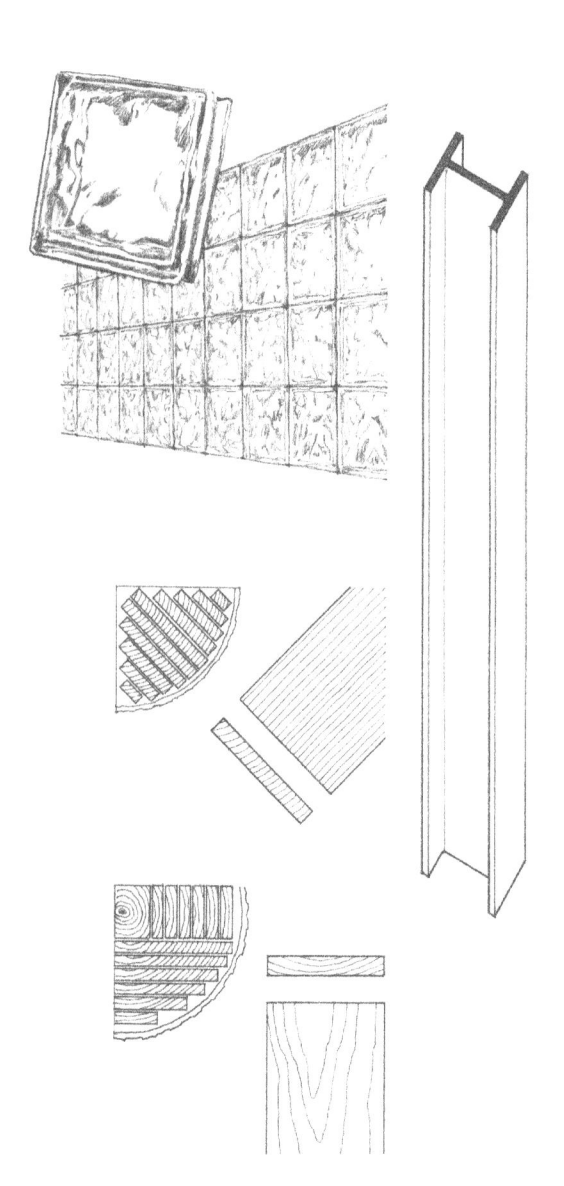

Propriedades, Características e Comportamentos

Como os materiais afetam o projeto?

Os materiais são uma consideração sempre presente na arquitetura. Eles são importantes até mesmo no início do processo de projeto. A arquitetura é uma disciplina que se baseia nas técnicas de construção, o que tem duas implicações para o projeto:

- A maneira como os materiais se comportam ao serem trabalhados pelos operários.
- A maneira como os materiais se comportam ao longo da vida da edificação.

Cada material tem diferentes propriedades, as quais requerem o emprego de diferentes técnicas durante seu uso. Alguns podem ser cortados, outros não. Alguns podem ser pulverizados, outros podem ser fundidos. Além disso, os meios pelos quais os materiais são divididos, partidos ou aquecidos variam de um tipo para o outro. Essas técnicas exigem um amplo conhecimento da construção, a fim de que se possa manipular de modo adequado um material para a criação da arquitetura. Embora o arquiteto possa ou não estar envolvido na execução de uma obra, ele deve ter conhecimentos suficientes sobre as técnicas de edificação para propor projetos viáveis.

O arquiteto também deve estar ciente do comportamento dos materiais quando a edificação estiver finalizada. Assim como diferentes materiais se comportam de modo diverso ao longo do processo de construção, eles também não têm o mesmo comportamento durante seu envelhecimento ou quando submetidos a forças externas. Uma boa edificação será resultado de uma colaboração entre arquitetos, engenheiros e construtores, para garantir que os materiais empregados suportem de modo adequado uma edificação ao longo de sua vida útil. Este capítulo discute os vários materiais da arquitetura, além de dar informações sobre os materiais mais comuns utilizados na construção e a maneira como eles se comportam em relação a outros materiais alternativos.

232 OS MATERIAIS DA ARQUITETURA

Tensão: resistência ou reação interna de um corpo elástico às forças externas a ele aplicadas, igual à razão entre a força e a área, expressa em unidades de força por unidade de área da secção transversal.

Deformação: alteração de um corpo sob a ação de uma força aplicada, equivalente à razão entre a mudança de formato ou tamanho e o formato ou tamanho originais de um corpo tensionado.

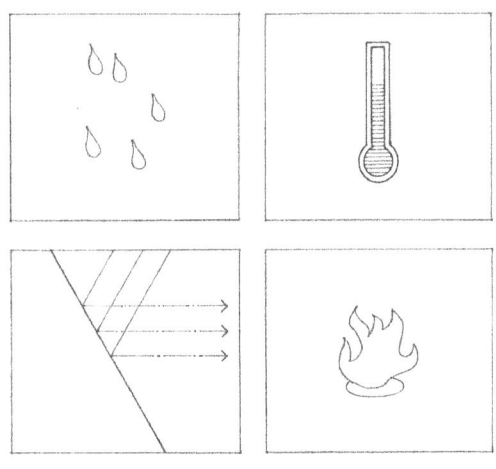

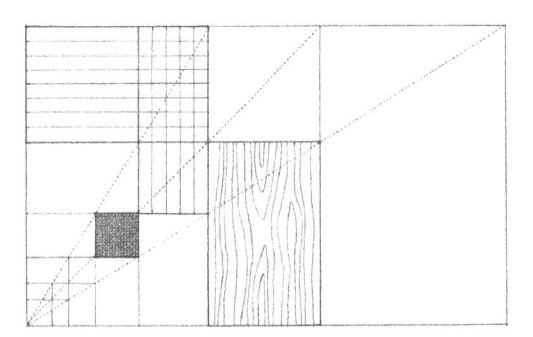

Os materiais de construção

Esta seção descreve os principais tipos de materiais de construção, suas propriedades físicas e seus usos na edificação. Os critérios para a seleção e o uso de um material de construção são listados a seguir.

- Cada material possui propriedades distintas de resistência, elasticidade e rigidez. Os materiais estruturais mais eficientes são aqueles que combinam elasticidade e rigidez.
- Elasticidade é a capacidade de um material se deformar sob tensão – flexão, tração ou compressão – e retornar à sua forma original quando a tensão aplicada é removida. Todo material tem seu limite elástico, além do qual ele se deformará permanentemente ou se romperá.
- Os materiais que sofrem deformação plástica antes da sua ruptura são chamados de dúcteis.
- Materiais frágeis, por outro lado, têm baixos limites de elasticidade e rompem quando carregados, com pequena deformação visível. Uma vez que os materiais frágeis têm menor resistência que os materiais dúcteis, eles não são tão adequados para finalidades estruturais.
- A rigidez é uma medida da força necessária para empurrar ou puxar um material até o seu limite elástico. A rigidez de um material e a rigidez da forma da sua secção transversal são fatores importantes quando consideramos a relação entre vão e deflexão sob um carregamento.
- A estabilidade dimensional de um material, à medida que ele responde a variações de temperatura e de conteúdo de umidade, afeta a maneira na qual ele é detalhado e se conecta com outros materiais.
- A resistência de um material à água e ao vapor de água é uma importante consideração, quando ele fica exposto ao intemperismo ou é utilizado em ambientes úmidos.
- A condutividade ou resistência térmica de um material deve ser avaliada quando ele é empregado na vedação externa de uma edificação.
- A transmissão, a reflexão e a absorção da luz visível e do calor radiante devem ser avaliadas quando o material for utilizado para dar acabamento às superfícies de um cômodo.
- A densidade ou dureza de um material determina sua resistência ao desgaste e à abrasão, sua durabilidade de uso e os custos necessários para mantê-lo.
- A capacidade de um material de resistir à combustão, suportar o calor do fogo e não produzir fumaça e gases tóxicos deve ser avaliada antes que ele seja empregado como elemento estrutural ou de acabamento interno.
- A cor, a textura e a escala de um material também são considerações óbvias na avaliação de sua adequação a um projeto específico.
- Muitos materiais de construção são fabricados em formas e tamanhos padronizados. Entretanto, essas dimensões podem variar ligeiramente entre fabricantes. Elas devem ser verificadas nas fases de planejamento e de projeto de uma edificação, de maneira a minimizar cortes ou perdas desnecessários de material durante a execução.

A avaliação dos materiais de construção deve ir além dos aspectos funcionais, econômicos e estéticos e incluir a análise das consequências ambientais associadas à sua seleção e ao seu uso. Essa avaliação, chamada de análise do ciclo de vida, engloba a extração e o processamento das matérias-primas, a fabricação, a embalagem e o transporte do produto acabado ao local de uso, a manutenção necessária durante o uso, a possibilidade de reciclagem e reúso do material e seu descarte final. Esse processo de análise consiste em três componentes: entradas, inventário do ciclo de vida e saídas.

A energia incorporada dos materiais de construção

Material	Conteúdo de energia MJ/kg*	Carbono incorporado kg CO_2/kg	Densidade kg/m³
Agregado	0,1	0,0048	2240
Bloco de concreto	0,7	0,073	1450
Concreto	1,1	0,16	2400
Argamassa de gesso	1,8	0,12	1750
Mármore	2,0	0,12	2500
Gesso cartonado	6,8	0,38	800
Madeira	10,0	0,72	480–720
Madeira laminada colada	12,0	0,87	—
Vidro	15,0	0,85	2500
Madeira compensada	15,0	1,07	540–700
Aço	20,1	1,37	7800
Placas rígidas de fibra mineral para isolamento térmico de cobertura	37,0	2,70	1850
Cobre	42,0	2,60	8600
Aço inoxidável	56,7	6,15	7850
Tinta látex	59,0	2,12	—
Piso vinílico	65,6	2,92	1200
Cloreto de polivinila (PVC)	77,2	28,10	1380
Isolamento térmico em poliuretano	88,6	3,48	30
Carpete de lã	106,0	5,53	—
Alumínio	155,0	8,24	2700

*1 kJ/kg = 430 Btu/lb

Adaptado de *Inventory of Carbon & Energy*, preparado pelo Professor Geoff Hammond e Craig Jones, da Equipe de Pesquisas sobre Energia Sustentável, Departamento de Engenharia Mecânica, Universidade de Bath, Reino Unido, 2008.

A energia incorporada inclui toda a energia utilizada durante o ciclo de vida de um material.

234 OS MATERIAIS DA ARQUITETURA

Entradas

- Matérias-primas
- Energia
- Água

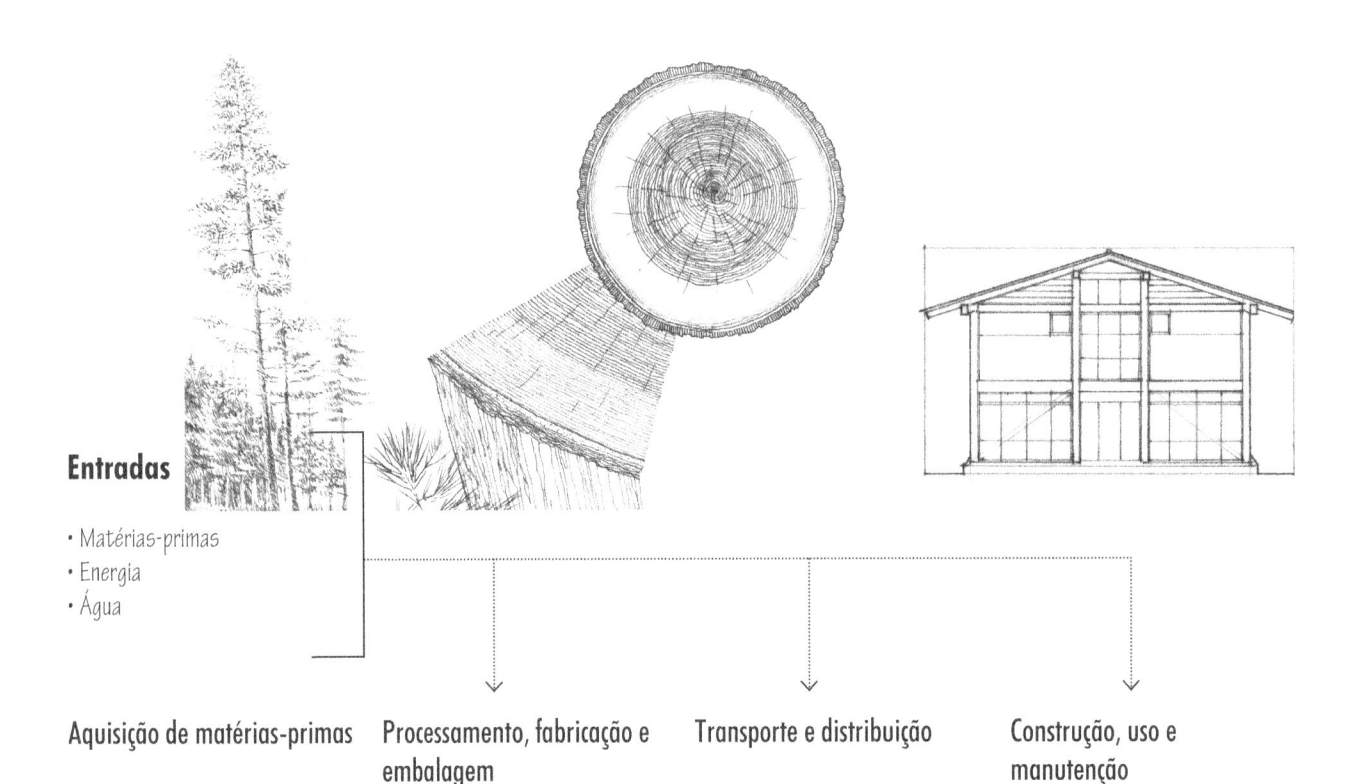

Aquisição de matérias-primas | Processamento, fabricação e embalagem | Transporte e distribuição | Construção, uso e manutenção

- Qual é o impacto da extração, da mineração ou da colheita sobre a saúde humana e o meio ambiente?
- O material é renovável ou não?
- Os recursos não renováveis incluem metais e outros minerais.
- Os recursos renováveis, como a madeira, variam em suas taxas de renovação; a taxa de uso não deve exceder a de crescimento.

- Quanta energia e água são necessárias para processar, fabricar e embalar o material ou produto?

- O material ou produto está disponível na região ou na localidade ou deve ser transportado por uma longa distância?

- O material cumpre sua função esperada de maneira eficiente e efetiva?
- Como o material afeta a qualidade do ar do interior e o consumo de energia de uma edificação?
- Qual é a durabilidade do material ou produto e qual é a quantidade de manutenção necessária para sua boa conservação?
- Qual é a vida útil do material?

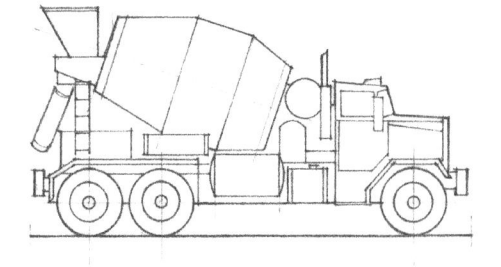

PROPRIEDADES, CARACTERÍSTICAS E COMPORTAMENTOS   235

Inventário do ciclo de vida

A avaliação dos impactos provocados pela escolha de um material é uma questão complexa que não pode ser reduzida a uma simples fórmula que forneça uma resposta precisa e válida com segurança. Por exemplo, utilizar menos um material com alto conteúdo de energia pode ser mais efetivo na conservação dos recursos materiais e energéticos do que utilizar mais de um material com baixa energia incorporada. O uso de um material com bastante energia incorporada, mas que apresenta maior durabilidade e exige menos manutenção, ou o uso de um material capaz de ser reciclado e reutilizado pode ser mais interessante do que o uso de um material com baixa energia incorporada, mas sem as demais características.

- Reduzir, reutilizar e reciclar são as palavras que melhor resumem os tipos de estratégia efetivos para alcançar a sustentabilidade ecológica.
- Reduza o tamanho da edificação por meio de leiautes e usos de espaços mais eficientes.
- Reduza o lixo da construção.
- Especifique produtos que utilizam matérias-primas de maneira mais eficiente.
- Substitua recursos naturais escassos por recursos abundantes.
- Reúse materiais de construção de edificações demolidas.
- Recicle edificações existentes, dando-lhes novos usos.
- Recicle, criando produtos novos com os velhos.

Descarte, reciclagem e reúso

- Produtos reutilizáveis

- Qual é a quantidade de lixo e de produtos derivados tóxicos resultantes da manufatura e do uso de um material ou produto?

- Efluentes aquáticos
- Emissões atmosféricas
- Lixo sólido
- Outros lançamentos no meio ambiente

Saídas

Concreto

O concreto é feito misturando-se cimento com vários agregados minerais, com água suficiente para que o cimento dê pega e aglutine toda a massa. Embora o concreto seja, por natureza, resistente à compressão, é necessária a utilização de uma armadura de aço para suportar os esforços de tração e cisalhamento. Ele pode ser moldado em, virtualmente, qualquer formato e ter diversos tipos de acabamentos e texturas. Além disso, as estruturas de concreto são relativamente baratas e naturalmente resistentes a incêndio. Uma das desvantagens do concreto, porém, é seu grande peso — 2.400 kg/m^3 para o concreto armado comum — e a montagem de formas necessária antes que ele possa ser vertido e que deve permanecer até sua pega e cura.

Cimento

O cimento Portland é um cimento hidráulico feito com a queima de uma mistura de argila e calcário em um forno rotatório, seguida de uma pulverização da escória resultante, a qual se transforma em um pó muito fino.

Água

A água utilizada em uma mistura de concreto não pode conter matéria orgânica, argila e sais; um critério genérico é que, se a água for potável, ela serve para o concreto.

Agregado

Agregado refere-se a qualquer um dos vários materiais minerais inertes, como areia e cascalho, misturados a uma pasta de cimento na fabricação do concreto. Uma vez que o agregado representa de 60 a 80% do volume do concreto, suas propriedades são importantes para a resistência estrutural, o peso e a resistência ao fogo do concreto após a cura. O agregado deve ser duro, dimensionalmente estável e isento de argila, silte e matéria orgânica, os quais podem impedir a pasta de cimento de manter coesas suas partículas.

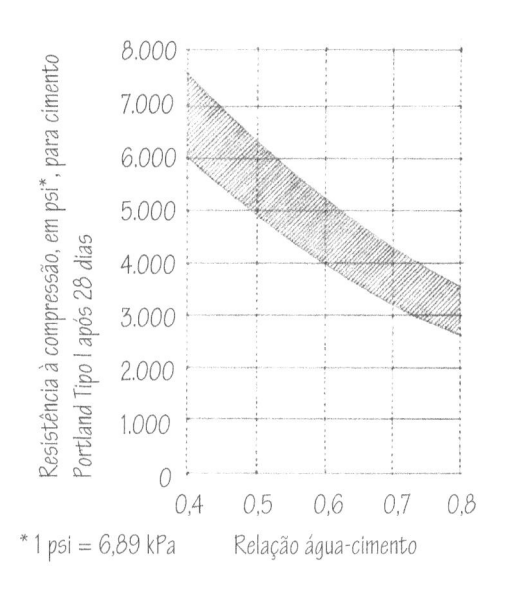

PROPRIEDADES, CARACTERÍSTICAS E COMPORTAMENTOS

Relação água-cimento

A relação água-cimento é a razão entre as quantidades de água de amassamento e de cimento em um volume de mistura de concreto, expressa preferencialmente em termos de peso, como uma fração decimal em litros de água por saco de cimento. A relação água-cimento afeta a resistência, a durabilidade e a impermeabilidade à água do concreto endurecido. A Lei de Abrams, desenvolvida por D. A. Abrams em 1919, a partir das experiências efetuadas no Instituto Lewis de Chicago, postula que, para determinados componentes, cura e condições de ensaios, a resistência do concreto à compressão é inversamente proporcional à relação entre as quantidades de água e cimento. Se for empregada água demais, a mistura de concreto ficará fraca e porosa após a cura. Se faltar água, a mistura ficará densa, mas difícil de assentar e trabalhar. Na maior parte dos casos, a relação água-cimento deve ficar entre 0,45 e 0,60. O concreto é normalmente especificado de acordo com a resistência à compressão que ele desenvolverá 28 dias após o lançamento.

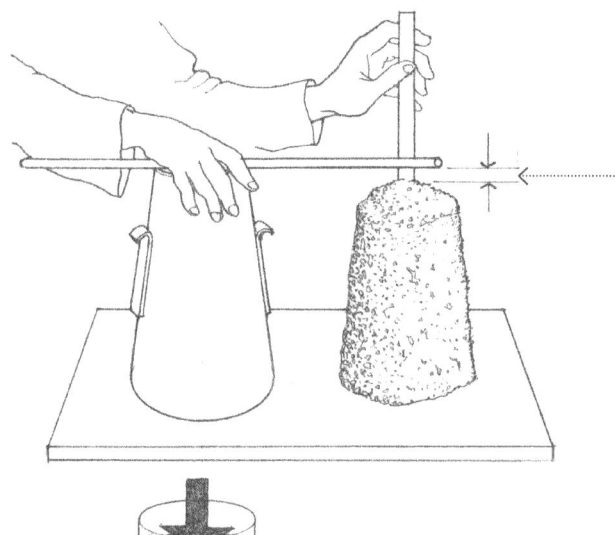

*1 psi = 6,89 kPa

Resistência à compressão, em psi*, para cimento Portland Tipo I após 28 dias

Relação água-cimento

Ensaio de abatimento é o método para se determinar a consistência e a trabalhabilidade do concreto recém-misturado, por meio da medição do abatimento sofrido por uma massa de concreto fresco, ou corpo de prova, em polegadas ou centímetros, colocada em um cone de Abrams, que é batido de uma maneira prescrita antes de seu levantamento.

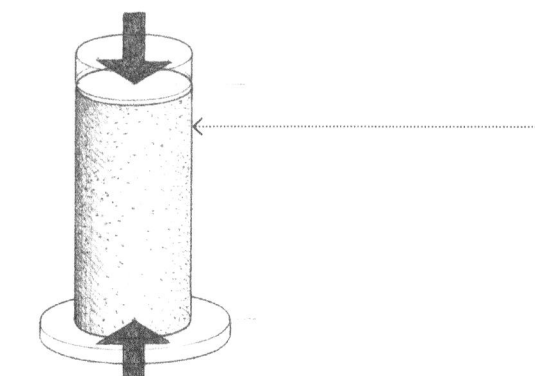

Ensaio de compressão é o teste que visa a determinar a resistência à compressão de um lote de concreto, mediante a utilização de uma prensa hidráulica para medir a carga máxima que um cilindro de ensaio de 15 cm de largura e 30,5 cm de altura é capaz de suportar, sob compressão axial, até se romper.

Armadura de aço

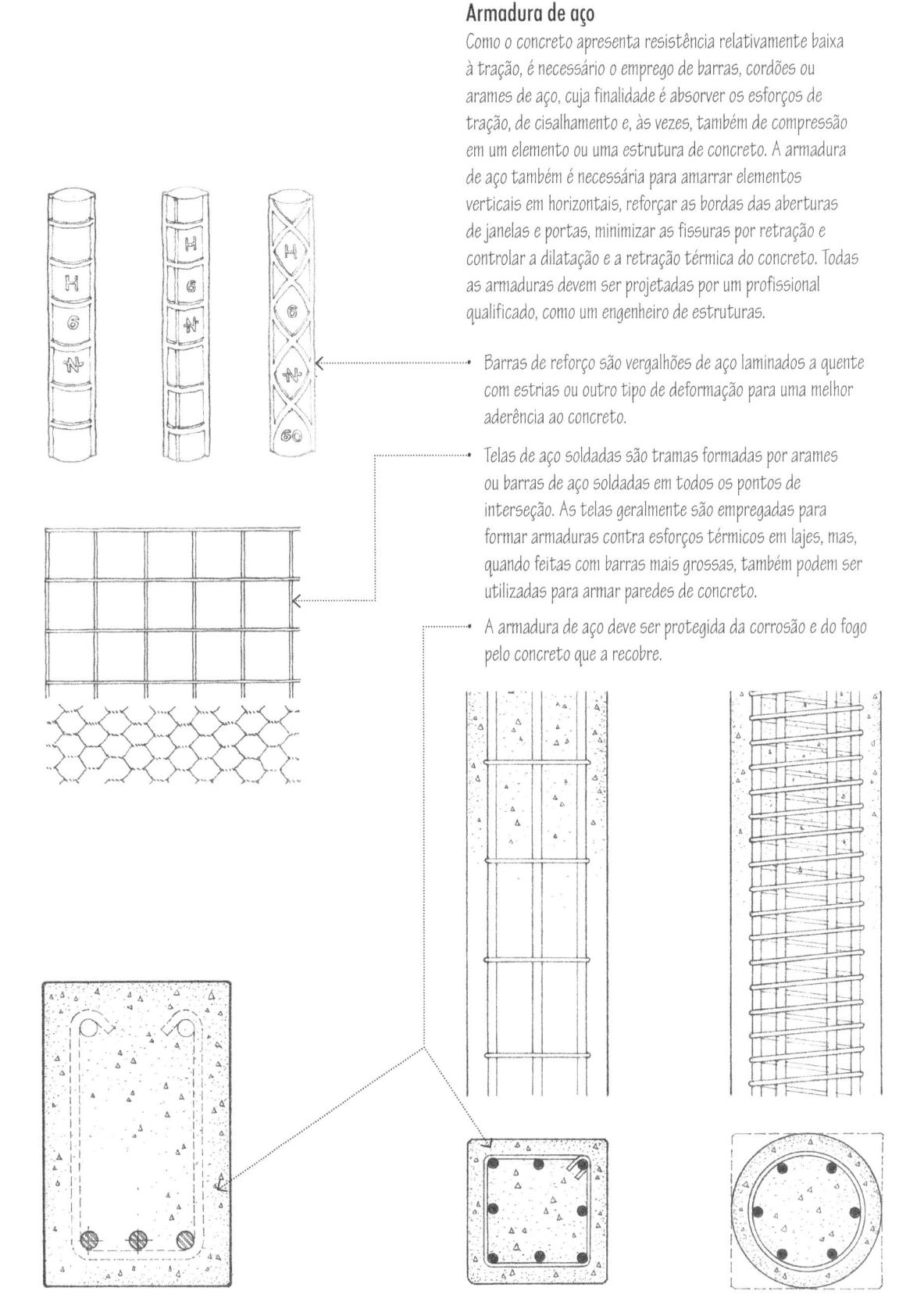

Como o concreto apresenta resistência relativamente baixa à tração, é necessário o emprego de barras, cordões ou arames de aço, cuja finalidade é absorver os esforços de tração, de cisalhamento e, às vezes, também de compressão em um elemento ou uma estrutura de concreto. A armadura de aço também é necessária para amarrar elementos verticais em horizontais, reforçar as bordas das aberturas de janelas e portas, minimizar as fissuras por retração e controlar a dilatação e a retração térmica do concreto. Todas as armaduras devem ser projetadas por um profissional qualificado, como um engenheiro de estruturas.

- Barras de reforço são vergalhões de aço laminados a quente com estrias ou outro tipo de deformação para uma melhor aderência ao concreto.

- Telas de aço soldadas são tramas formadas por arames ou barras de aço soldadas em todos os pontos de interseção. As telas geralmente são empregadas para formar armaduras contra esforços térmicos em lajes, mas, quando feitas com barras mais grossas, também podem ser utilizadas para armar paredes de concreto.

- A armadura de aço deve ser protegida da corrosão e do fogo pelo concreto que a recobre.

Alvenaria

Alvenaria é a construção feita com vários blocos naturais ou industrializados, como tijolo, pedra ou bloco de concreto, normalmente com o uso de argamassa como aglomerante. O aspecto modular, ou seja, os tamanhos uniformes e as proporções dos blocos empregados, distingue a alvenaria da maior parte dos materiais de construção discutidos neste capítulo. Como a alvenaria é mais eficiente em uma estrutura quando submetida à compressão, seus blocos devem ser assentados de tal maneira que todo o conjunto trabalhe de maneira unitária.

Tijolo

Tijolo é um bloco de alvenaria feito de barro (argila), moldado na forma de um prisma retangular durante o estado plástico e endurecido por cozimento em uma fornalha ou por secagem ao sol.

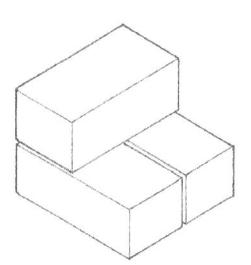

- Tijolo aparente é o tijolo feito com argilas especiais para ficar à vista em paredes, geralmente tratado de modo a produzir a cor e a textura superficial desejadas.

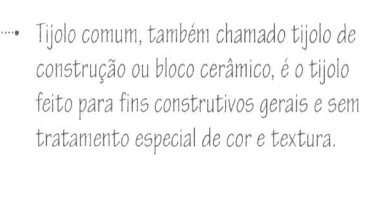

- Tijolo comum, também chamado tijolo de construção ou bloco cerâmico, é o tijolo feito para fins construtivos gerais e sem tratamento especial de cor e textura.

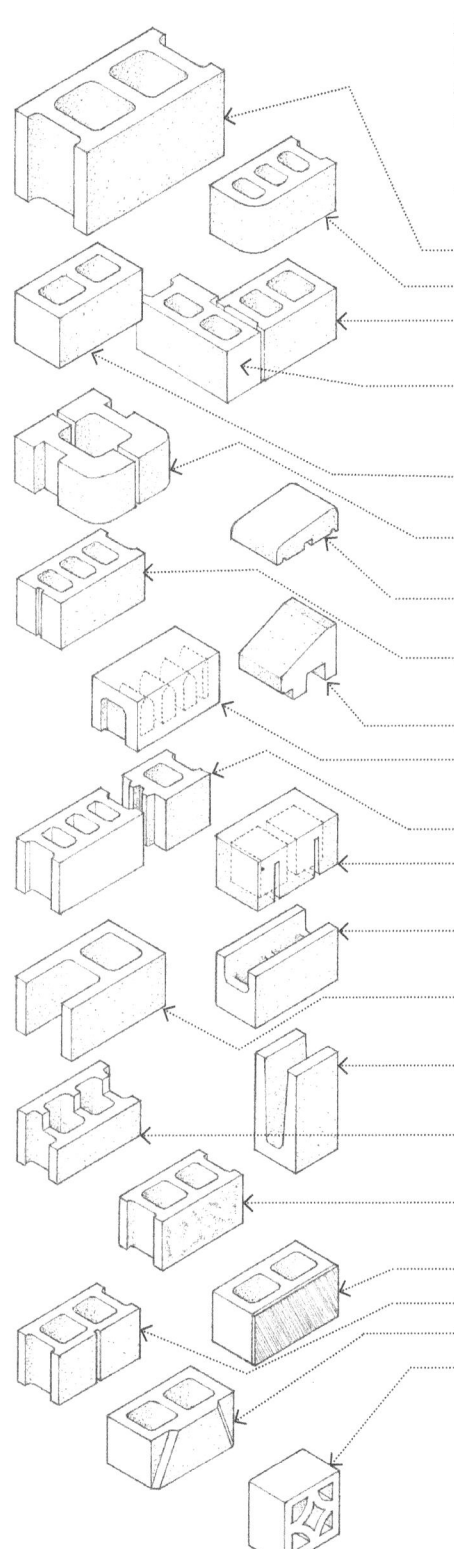

Alvenaria de concreto

Bloco de concreto é o bloco de alvenaria de cimento Portland, agregado fino e água, pré-moldado em diferentes formatos para atender a diferentes condições de construção. A disponibilidade dos blocos de concreto varia com a localidade e o fabricante.

- Bloco de concreto, muitas vezes chamado incorretamente de bloco de cimento, é o bloco de concreto furado ou oco.
- Blocos ao comprido têm dois ou três furos.
- Blocos de cantos arredondados apresentam uma ou mais quinas arredondadas.
- Blocos de canto têm uma face transversal plana, utilizada para construir a extremidade ou a quina de uma parede.
- Meios-blocos de canto são utilizados nas quinas das paredes de 15, 25 ou 30 cm em fiadas bem horizontais, com o aspecto de componentes do mesmo comprimento ou com metade do comprimento.
- Blocos de canto de dois furos têm ambas as faces transversais planas e são utilizados na construção de pilares de alvenaria.
- Blocos de pilastra são utilizados na construção de uma pilastra de alvenaria simples ou armada.
- Blocos de cimalha são utilizados na construção da fiada superior ou de remate de um muro de alvenaria.
- Blocos de caixilho ou blocos de ombreira têm um entalhe ou um orifício em uma das faces, onde se encaixa a ombreira de uma porta ou o caixilho de uma janela.
- Blocos de soleira ou peitoril apresentam uma face com caimento para o escoamento das águas pluviais.
- Blocos de remate têm o sobreleito (topo) maciço, para utilização como superfície de apoio na fiada de remate de um muro de arrimo.
- Blocos de junta de controle são empregados na construção de uma junta de controle vertical.
- Blocos absorventes de som têm o sobreleito maciço e uma face provida de fendas, que às vezes são preenchidas com fibras para melhor isolamento acústico.
- Blocos de cinta apresentam um perfil em U, no qual é possível colocar a armadura de aço que ficará dentro do graute.
- Blocos de extremidade vazada têm uma face transversal vazada, na qual é possível colocar uma armadura vertical de aço que ficará dentro do graute.
- Blocos canaleta têm secção em forma de U, na qual é possível colocar uma armadura de aço a ser coberta com argamassa.
- Blocos perpianhos têm parte de uma das faces removida, a fim de receber tijolos perpianhos em uma parede de alvenaria contígua.
- Blocos de face cortada são secionados no sentido longitudinal por uma máquina após a cura, de modo a produzir uma face de textura rústica quebrada.
- Blocos de paramento apresentam uma face especial de cerâmica, vitrificada ou polida.
- Blocos estriados têm um ou mais sulcos verticais que simulam juntas escavadas.
- Blocos sombreados têm uma face com desenho de rebaixos chanfrados.
- Blocos vazados são utilizados especialmente na arquitetura dos países tropicais e têm um desenho decorativo de aberturas transversais para ventilação e proteção solar.

PROPRIEDADES, CARACTERÍSTICAS E COMPORTAMENTOS

Aço

Aço é qualquer uma das várias ligas à base de ferro com conteúdo de carbono inferior àquele do ferro fundido, mas superior ao do ferro forjado, cuja rigidez, dureza e elasticidade variam conforme a composição e o tratamento térmico. O aço é empregado em estruturas independentes leves ou pesadas, bem como em uma grande variedade de produtos de edificação, como janelas, portas, ferragens e conectores. Como material estrutural, o aço combina grande resistência e rigidez com elasticidade. Em termos de peso por volume, o aço é provavelmente o material mais resistente de custo relativamente baixo disponível. Embora seja classificado como material incombustível, o aço se torna dúctil e perde sua resistência quando sujeito a temperaturas superiores a 520 °C. Quando utilizado em edificações que exigem proteção contra incêndio, o aço estrutural deve ser pintado, revestido ou fechado por outros materiais resistentes ao fogo. Uma vez que ele normalmente é sujeito à corrosão, o aço deve ser pintado, galvanizado ou quimicamente tratado para que não oxide.

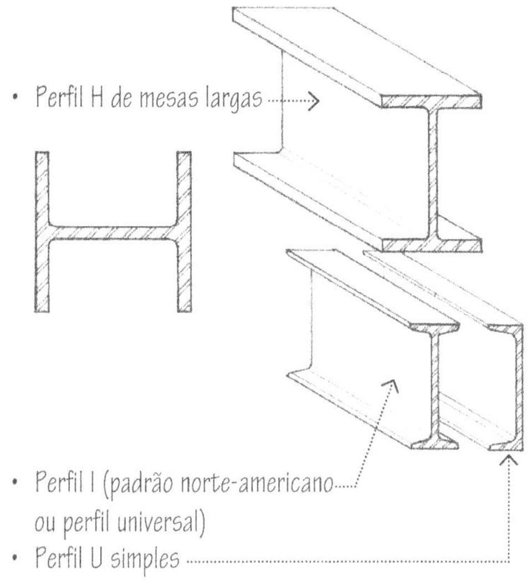

- Perfil H de mesas largas
- Perfil I (padrão norte-americano ou perfil universal)
- Perfil U simples

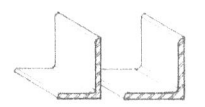

- Cantoneiras (de abas iguais ou de abas desiguais)

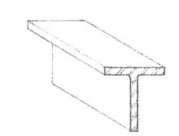

- Perfil T (perfil T estrutural cortado de um perfil H de mesas largas)

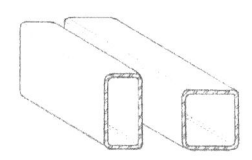

- Perfis tubulares estruturais (de secção quadrada ou retangular)

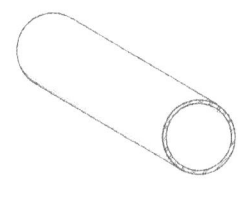

- Perfil tubular redondo (tubo redondo)

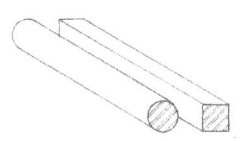

- Barras (quadradas, chatas e vergalhões)

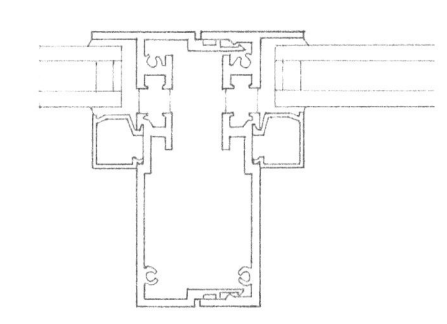

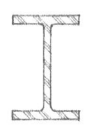

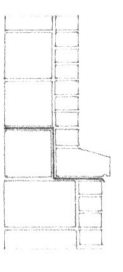

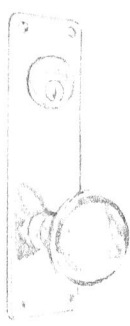

Metais não ferrosos

Metais não ferrosos não contêm ferro. Alumínio, cobre e chumbo são metais não ferrosos bastante utilizados na construção civil. O alumínio é um elemento metálico dúctil e maleável, de cor prata esbranquiçada, utilizado na fabricação de diversas ligas leves e duras. Sua resistência natural à corrosão deve-se à película de óxido transparente que se forma sobre sua superfície; esse revestimento de óxido pode ser engrossado para aumentar a resistência à corrosão mediante um processo eletroquímico conhecido como anodização. Durante o processo de anodização, a superfície do alumínio, que é naturalmente clara e refletiva, pode ser colorida com diversas cores quentes e brilhantes. Deve-se tomar cuidado para isolar o alumínio do contato com outros metais e evitar a ação galvânica. Ele também deve ser isolado de materiais alcalinos, como concreto, argamassa e reboco úmidos.

O alumínio é muito utilizado em perfis extrudados e chapas para elementos secundários de uma edificação, como janelas, portas, coberturas, rufos, calhas, remates e ferragens. Para uso em estruturas, há ligas de alumínio de alta resistência em perfis semelhantes aos do aço estrutural. Os perfis de alumínio podem ser soldados, unidos com adesivos ou mecanicamente fixados.

O cobre é um elemento metálico dúctil e maleável largamente utilizado em fios elétricos, em tubos de água e na fabricação de ligas, como bronze e latão. Sua cor e resistência à corrosão o tornam um excelente material para coberturas, rufos e calhas. No entanto, o cobre corrói o alumínio, o aço, o aço inoxidável e o zinco. Ele deve ser fixado, preso ou apoiado somente com cobre ou peças de latão cuidadosamente selecionadas. O contato com o cedro-vermelho, na presença de umidade, causa a deterioração prematura do cobre.

O latão é qualquer uma dentre uma série de ligas compostas essencialmente de cobre e zinco, utilizadas em janelas, balaustradas, remates e ferragens de acabamento. As ligas que são latão por definição podem trazer nomes que incluem a palavra bronze, como o bronze arquitetônico.

O chumbo é um material macio, maleável, de cor cinza azulada, resistente à corrosão e utilizado em rufos e calhas, isolamentos acústicos e proteções contra radiação. Embora o chumbo seja o mais pesado dos metais comuns, sua maleabilidade o torna interessante para a aplicação sobre superfícies irregulares. O pó e os vapores de chumbo são tóxicos.

A ação galvânica

A ação galvânica pode ocorrer entre dois metais diferentes quando existe umidade suficiente para o fluxo da corrente elétrica. Essa corrente elétrica tenderá a corroer um metal, ao mesmo tempo que recobre o outro. A gravidade da ação galvânica depende da distância entre os dois metais na tabela da série galvânica.

- Ouro, platina — **Mais nobre**
- Titânio — Catodo (+)
- Prata
- Aço inoxidável
- Bronze
- Cobre
- Latão
- Níquel
- Estanho
- Chumbo
- Ferro fundido
- Aço doce
- Alumínio, 2.024 T4
- Cádmio
- Alumínio, 1.100
- Zinco — Anodo (−)
- Magnésio — **Menos nobre**

A corrente flui do polo positivo para o negativo.

A série galvânica

- A série galvânica lista os metais, do menos nobre ao mais nobre.
- Metais nobres, como ouro, prata e mercúrio, resistem à oxidação quando aquecidos no ar em uma solução de ácidos inorgânicos.
- O metal menos nobre na lista é sacrificado e corrói quando há umidade suficiente para a passagem da corrente elétrica.
- Quanto mais distantes dois metais estão na lista, mais suscetível à corrosão fica o metal menos nobre.

PROPRIEDADES, CARACTERÍSTICAS E COMPORTAMENTOS 243

Pedra

A pedra é um agregado ou uma combinação de minerais, sendo cada um deles composto de substâncias químicas inorgânicas. Para se qualificar como material de construção, a pedra deve ter as seguintes características:

- Resistência: A maioria dos tipos de pedra tem resistência mais do que suficiente à compressão. No entanto, a resistência ao cisalhamento de uma pedra é geralmente cerca de $1/10$ da sua resistência à compressão.
- Dureza: A dureza é importante quando a pedra é utilizada para pisos, calçamentos ou pisos de escadas.
- Durabilidade: Para o uso da pedra em exteriores, é necessária resistência ao desgaste causado por chuva, vento, calor e congelamento.
- Trabalhabilidade: A dureza de uma pedra e a textura da sua estrutura devem permitir que ela seja extraída de pedreiras, cortada e talhada.
- Densidade: A porosidade de uma pedra afeta sua capacidade de resistir à ação do congelamento e a manchas.
- Aparência: Fatores ligados à aparência incluem cor, granulação e textura.

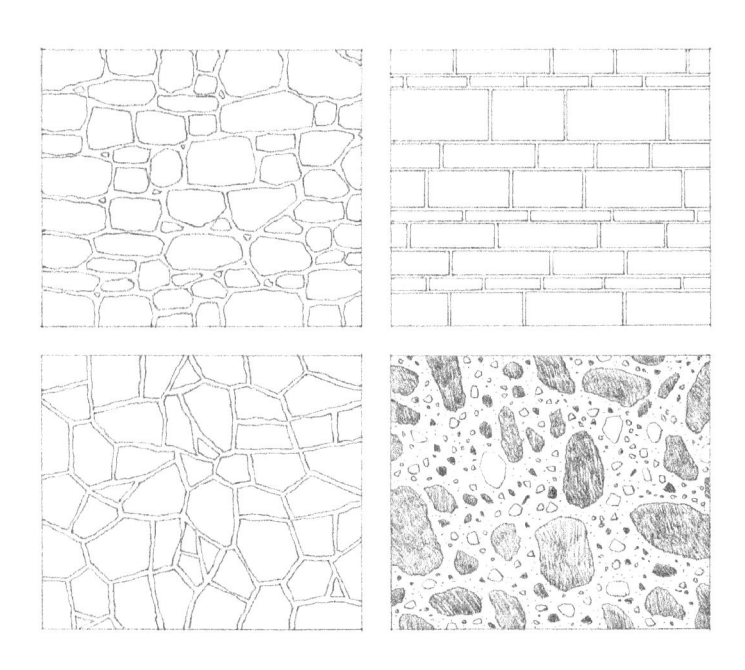

Como material para paredes portantes, a pedra é similar aos tijolos ou blocos utilizados para alvenarias. Embora a alvenaria de pedra não precise ser uniforme em termos de tamanho dos componentes, ela costuma ser assentada com argamassa e submetida apenas a compressão. Quase todas as pedras têm baixa resistência a mudanças bruscas de temperatura e não devem ser utilizadas em situações em que é necessária alta resistência ao calor do fogo.

A pedra é empregada na construção nas seguintes formas:

- O pedregulho consiste em fragmentos irregulares de pedra quebrada que têm ao menos uma face boa para exposição em uma parede.
- A pedra de cantaria é a pedra com 60 cm ou mais de comprimento, extraída e talhada de uma pedreira e com espessura especificada, geralmente utilizada para revestimento de paredes, cornijas, cimalhas, vergas e pisos.
- As lajotas são placas utilizadas em pisos e superfícies horizontais.
- A brita ou pedra britada é utilizada como agregado em elementos de concreto.

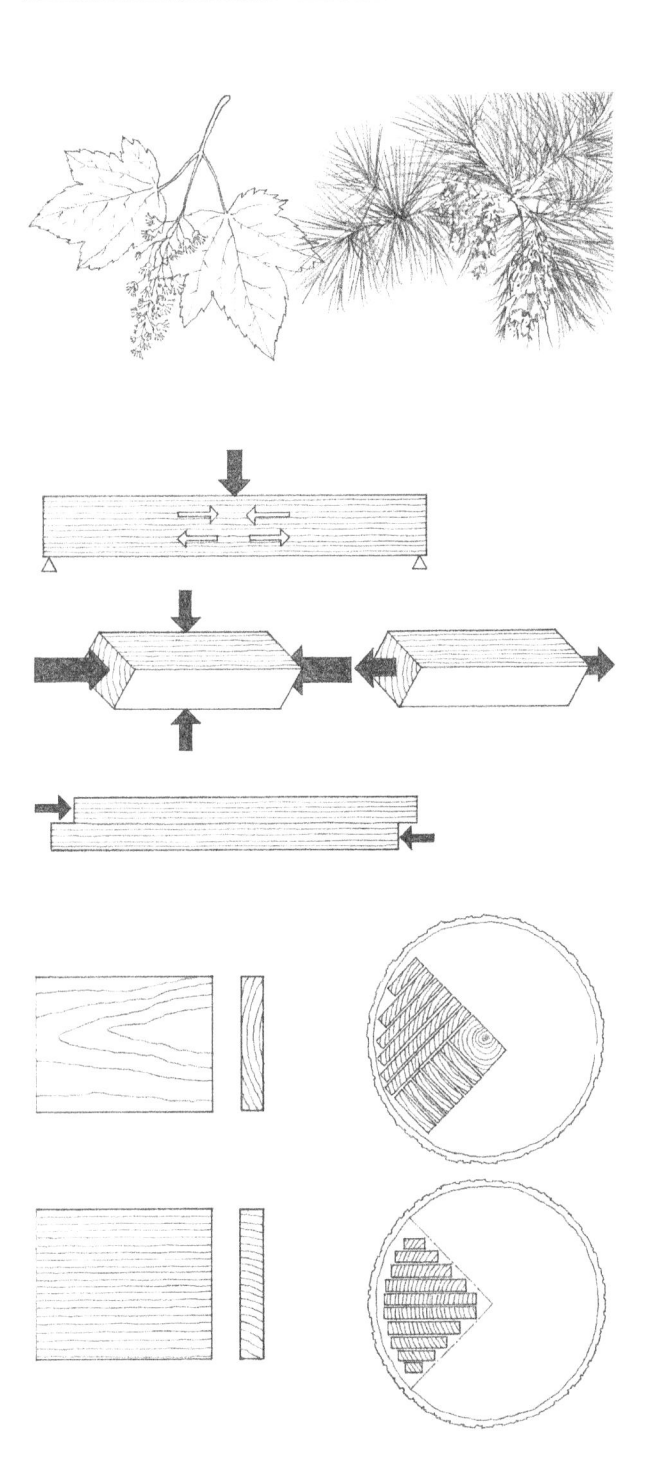

Madeira

Como material de construção, a madeira é resistente, durável, leve e fácil de se trabalhar. Além disso, ela oferece uma beleza natural e é quente à vista e ao toque. Embora tenha se tornado necessário o emprego de medidas de conservação para garantir uma oferta contínua, a madeira ainda é empregada na construção de muitas formas.

Existem duas classes principais de madeira: madeira macia e madeira dura, ou de lei. Esses termos não indicam a relativa dureza, maciez ou resistência de uma madeira. As madeiras macias são as de árvores perenes (que não perdem as folhas) que produzem pinhas, como pinheiro, abeto, cicuta e espruce, utilizadas para a construção geral. As madeiras duras provêm de árvores decíduas ou de folhas largas que produzem flores, como cerejeira, bordo ou carvalho, geralmente empregadas para pisos, painéis de paredes, móveis, esquadrias e arremates de interiores.

A maneira como uma árvore cresce afeta sua resistência, sua suscetibilidade à dilatação e à contração e sua efetividade como isolamento. A direção da fibra é o fator determinante no uso da madeira como material estrutural. Solicitações ou forças de tração e de compressão são mais bem absorvidas pela madeira na direção paralela à sua fibra. Geralmente, uma peça de madeira resistirá a uma força de compressão $1/3$ maior do que de tração, paralelamente à sua fibra. A força de compressão admissível perpendicular à sua fibra é somente cerca de $1/5$ a $1/2$ da força de compressão admissível paralela à fibra. Forças de tração perpendiculares à fibra farão com que a madeira rache. A resistência ao cisalhamento da madeira é maior transversalmente a suas fibras do que paralelamente a elas. Ela é, portanto, mais suscetível ao cisalhamento horizontal do que ao cisalhamento vertical.

O crescimento da árvore também afeta a forma como as peças de madeira serrada podem ser unidas para formar estruturas e vedações externas de edificações.

PROPRIEDADES, CARACTERÍSTICAS E COMPORTAMENTOS

Madeira serrada

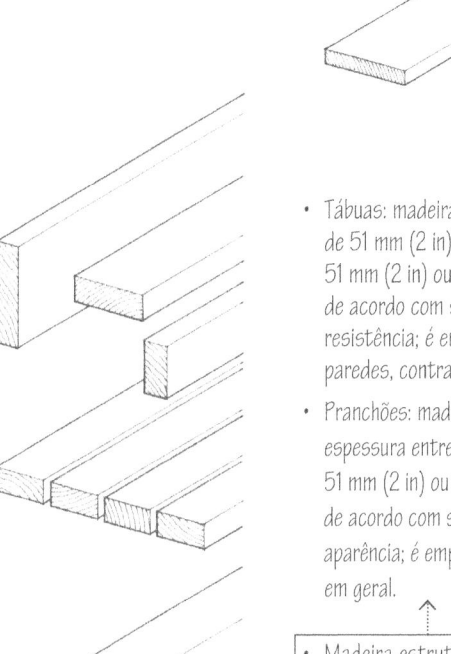

Devido à diversidade de suas aplicações e de seu uso na remanufatura, a madeira de lei ou madeira dura é classificada conforme a quantidade de cerne claro e aproveitável em uma tora que pode ser cortada em peças menores de grau e tamanho determinados. Já a madeira macia é classificada da maneira a seguir.

- Tábuas: madeira de construção com menos de 51 mm (2 in) de espessura e com 51 mm (2 in) ou mais de largura, classificada de acordo com sua aparência, e não pela resistência; é empregada em revestimento de paredes, contrapisos e acabamentos internos.

- Pranchões: madeira de construção com espessura entre 51 mm e 102 mm (2 e 4 in) e 51 mm (2 in) ou mais de largura, classificada de acordo com sua resistência, e não pela aparência; é empregada para construção em geral.

- Madeira estrutural: pranchões e barrotes classificados por inspeção visual, ou processo mecânico, com base na resistência e no uso pretendido.

- Barrotes: madeira de construção com 125 mm (5 in) ou mais em sua dimensão menor, classificada de acordo com sua resistência e utilidade, frequentemente estocada verde e não desbastada.

- Madeira de construção: madeira macia que se presta para vários fins construtivos, incluindo tábuas, pranchões e barrotes.

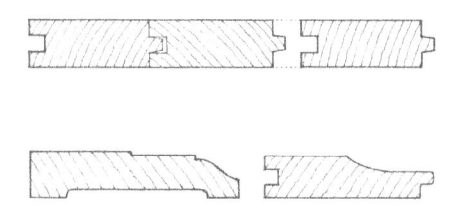

- Madeira para manufatura: madeira serrada ou selecionada especialmente para manufatura posterior de portas, janelas e peças de carpintaria, classificada segundo a quantidade de madeira aproveitável que irá produzir cortes de um determinado tamanho e qualidade.

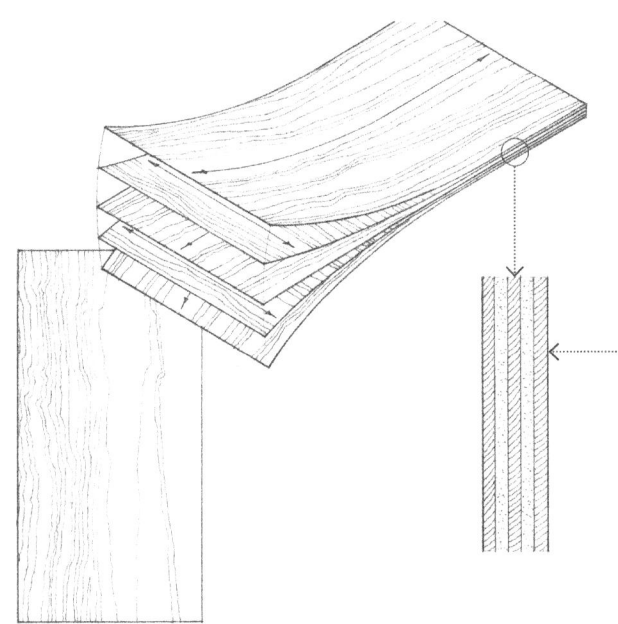

Painéis de madeira

Os painéis de madeira pré-fabricados são menos suscetíveis à retração e à dilatação, exigem menos mão de obra durante a instalação e fazem uso mais eficiente dos recursos vegetais do que os produtos de madeira maciça. Estes são os principais tipos de painéis de madeira:

- Compensado é o painel de madeira produzido por meio da solidarização de lâminas de madeira mediante calor e pressão, geralmente com as fibras de cada lâmina em ângulo reto com as fibras das lâminas adjacentes e simétricas em relação à lâmina central.

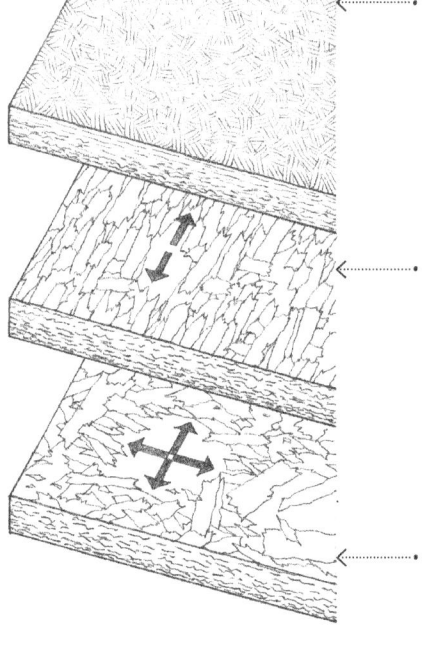

- Aglomerado é o painel de madeira não folhado produzido mediante a solidarização de pequenas partículas de madeira por meio de calor e pressão, normalmente utilizado como núcleo de painéis decorativos e de mobiliário de escritório ou como contrapiso.

- Painel de partículas orientadas, ou OSB, é o painel de madeira não folhado normalmente utilizado para bases de revestimento e contrapisos, produzido por meio da solidarização de três ou cinco camadas de lascas de madeira longas e delgadas, por meio de calor e pressão, com o emprego de um adesivo à prova d'água. As partículas da superfície são alinhadas paralelamente ao eixo maior do painel, reforçando-o no sentido da maior dimensão.

- Chapa de tiras é o painel não folhado composto por tiras de madeira grandes e delgadas, solidarizada sob calor e pressão com um adesivo à prova d'água. Os planos das tiras geralmente são orientados paralelamente ao plano do painel, mas as direções de suas fibras são aleatórias, resultando em um painel de rigidez e resistência aproximadamente igual em todas as direções no plano do painel.

Plásticos

Plásticos são alguns dos diversos materiais orgânicos sintéticos ou naturais que, em sua maioria, são polímeros termoplásticos ou termocurados de peso molecular elevado e que podem ser moldados, extrudados ou estirados para gerar objetos, películas ou filamentos. Genericamente, pode-se dizer que os plásticos são duros, flexíveis, leves e resistentes à corrosão e à umidade. Muitos plásticos também emitem gases nocivos ao sistema respiratório humano e lançam gases tóxicos quando queimados.

Embora haja muitos tipos de plásticos com ampla variedade de características, eles podem ser divididos em duas categorias básicas:

- Plásticos termocurados passam por uma fase em que são flexíveis, mas, uma vez curados ou estabilizados, se tornam permanentemente rígidos e não se consegue amolecê-los de novo com o calor.
- Termoplásticos são plásticos capazes de amolecer ou derreter quando aquecidos, sem alterar qualquer de suas propriedades intrínsecas, e de tornar a se solidificarem quando resfriados.

Na tabela abaixo, são listados os plásticos comumente utilizados na construção e seus principais usos.

Plásticos Termocurados	Usos
Epóxis (EP)	Adesivos e tintas
Melaminas (MF)	Laminados de alta pressão, moldados, adesivos, tintas
Fenólicos (PF)	Peças elétricas, laminados, isolamento em espuma rígida, adesivos, tintas
Poliésteres	Plásticos reforçados com fibra de vidro, claraboias, tubulações hidrossanitárias, películas
Poliuretanos (UP)	Isolamento em espuma rígida, vedações, adesivos, tintas
Silicones (SI)	Impermeabilizantes, lubrificantes, adesivos, borrachas sintéticas

Termoplásticos	Usos
Acrilonitrilo-butadieno-estireno (ABS)	Tubulações e conexões, peças para portas e janelas
Acrílicos (polimetilmetacrilato – PMMA)	Envidraçamento, adesivos, calafetos, tintas látex
Celulóticos (acetato-butirato de celulose – CAB)	Tubulações e conexões, adesivos
Náilons (poliamidas – PA)	Fibras e filamentos sintéticos, peças para portas e janelas
Policarbonatos (PC)	Envidraçamento de segurança, luminárias, peças para portas e janelas
Polietileno (PE)	Impermeabilização, barreiras de vapor, isolamento elétrico
Polipropileno (PP)	Conexões para tubulações, isolamento elétrico, fibras de carpete
Poliestireno (PS)	Luminárias, isolamento em espuma rígida
Vinis (cloreto de polivinila – PVC)	Pisos, réguas de revestimento de paredes, calhas, esquadrias de portas e janelas, isolamento térmico, tubulações

Vidro

O vidro é uma substância quebradiça e quimicamente inerte produzida pela fusão da sílica com um dissolvente e um estabilizante, o que resulta em uma massa que, resfriada, se torna rígida sem cristalizar. Ele é empregado na construção de edificações de várias formas. A espuma de vidro ou vidro celular é utilizada como um isolamento térmico à prova de vapor. As fibras de vidro são empregadas em têxteis e para o reforço de outros materiais. Na forma estirada, as fibras de vidro resultam em lã de vidro, a qual é empregada para isolamento acústico e térmico. Blocos de vidro são empregados para controlar a transmissão da luz, o ofuscamento e a radiação solar. O vidro, no entanto, é mais empregado para envidraçar janelas de abrir ou com caixilhos fixos, bem como claraboias.

Os três principais tipos de vidro em chapa são os seguintes:

- O vidro em lâminas é fabricado pela retirada do vidro derretido de um forno (vidro estirado), ou pela formação de um cilindro, dividindo-o no sentido longitudinal e achatando-o (vidro cilindrado). As superfícies polidas a fogo não são paralelas, resultando em um pouco de distorção visual. Para minimizar esta distorção, o vidro deve ser utilizado com as distorções de ondas na posição horizontal.
- A chapa de vidraça plana é formada pela laminação do vidro derretido até convertê-lo em uma chapa (vidro laminado), a qual é desbastada e polida após seu resfriamento. As chapas de vidraça plana oferecem visibilidade bastante homogênea e praticamente sem distorções.
- O vidro flutuante é produzido despejando-se pasta de vidro sobre uma superfície de estanho derretido, que se resfria lentamente. O resultado é uma chapa de faces lisas e paralelas, com distorções mínimas e que não precisa ser desbastada e polida. O vidro flutuante é o sucessor da chapa de vidraça plana e hoje responde pela maior parte da produção de vidros planos.
- O vidro isolante é uma vidraça composta por duas ou mais chapas de vidro laminado separadas por uma câmara de ar hermeticamente fechada, para dar isolamento térmico e reduzir a condensação. As vidraças isolantes com bordas de vidro têm câmara de ar de ³⁄₁₆ in (5 mm); as vidraças com bordas de metal têm bordas com câmaras de ar de ¼ ou ½ in (6 ou 13 mm).
- O vidro corado é aquele que possui um aditivo para absorver uma parte do calor irradiante e da luz visível que incidem em sua superfície. O óxido de ferro confere ao vidro uma leve coloração verde-azulada; o óxido de cobalto e o níquel lhe conferem uma tonalidade acinzentada; o selênio lhe confere uma coloração bronze.
- O vidro refletivo apresenta uma película metálica translúcida que reflete parte da luz e do calor irradiante que incidem nele. A película pode ser aplicada a uma das faces de um vidro simples, entre as chapas de um vidro laminado ou na face externa ou interna de um vidro isolante.
- O vidro de baixa emissividade, ou baixo valor E, é aquele que transmite a luz visível ao mesmo tempo que reflete seletivamente os comprimentos de onda maiores do calor irradiante, em função de um revestimento de baixa emissividade incorporado ao próprio vidro ou de uma película plástica transparente suspensa na câmara hermética de um vidro isolante.

10 As Técnicas de Construção

Implicações no Projeto de Arquitetura

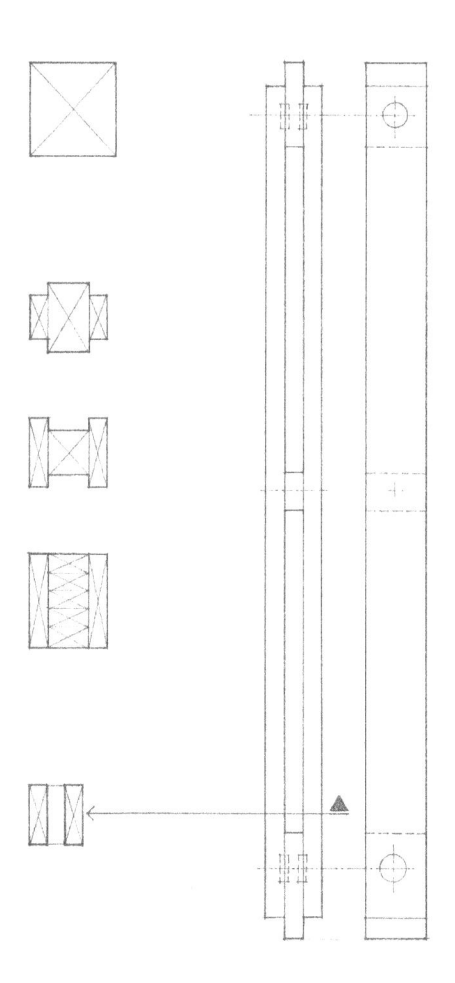

O ato de criar é intrínseco ao projeto. O processo de projeto depende da criação para a geração de ideias e a descoberta de novas possibilidades para um projeto. Esse ato de criar pode estar na elaboração de um desenho ou de uma maquete. Essa sensibilidade conecta a construção de edificações ao projeto de arquitetura de diversas maneiras:

- O arquiteto deve ter conhecimentos suficientes de construção para entender os materiais e as técnicas que serão melhores para o seu projeto.
- O arquiteto também é responsável por projetar os detalhes e as conexões entre os elementos.

Ao detalhar um projeto, há muitas oportunidades de se reforçar ideias em uma escala diminuta. É por meio do desenho dos detalhes e do conhecimento de técnicas de construção que o arquiteto pode optar por revelar – ou não – a complexidade dos conjuntos na maneira como as partes da edificação estão ligadas. Esses detalhes têm o potencial de influenciar a experiência de um usuário, na medida em que oportunizam a criação de uma abertura para a luz, um corrimão para se segurar ou expõem uma conexão complexa.

Este capítulo discute vários métodos de construção, suas vantagens e desvantagens e sua aplicação ao projeto. Os métodos abordados aqui apresentam um breve resumo das possibilidades disponíveis aos arquitetos para que possam executar ideias de projeto. Esses métodos começam no solo, com os métodos para a construção da fundação, e vão subindo até a construção da cobertura.

Fundações

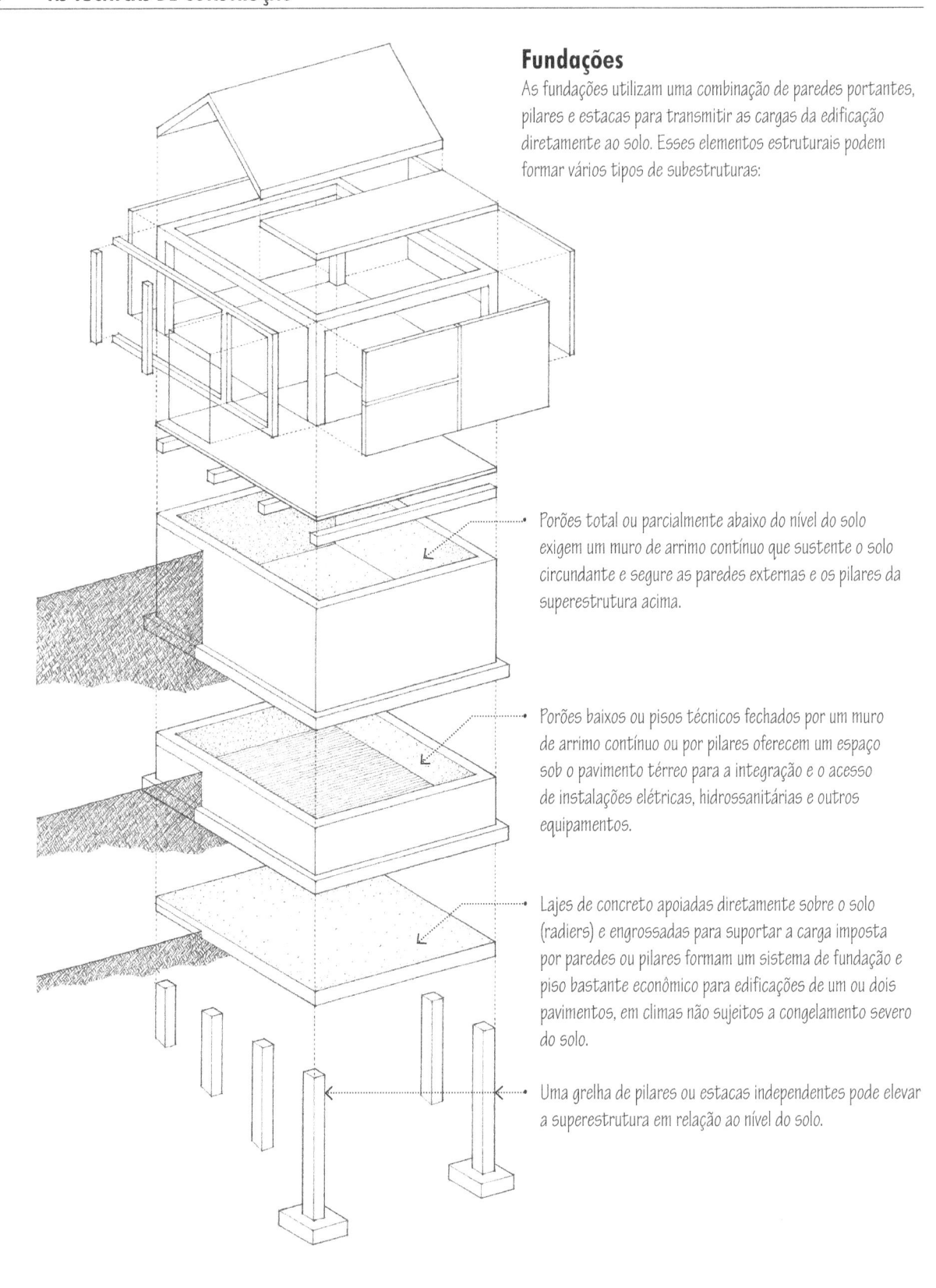

As fundações utilizam uma combinação de paredes portantes, pilares e estacas para transmitir as cargas da edificação diretamente ao solo. Esses elementos estruturais podem formar vários tipos de subestruturas:

- Porões total ou parcialmente abaixo do nível do solo exigem um muro de arrimo contínuo que sustente o solo circundante e segure as paredes externas e os pilares da superestrutura acima.

- Porões baixos ou pisos técnicos fechados por um muro de arrimo contínuo ou por pilares oferecem um espaço sob o pavimento térreo para a integração e o acesso de instalações elétricas, hidrossanitárias e outros equipamentos.

- Lajes de concreto apoiadas diretamente sobre o solo (radiers) e engrossadas para suportar a carga imposta por paredes ou pilares formam um sistema de fundação e piso bastante econômico para edificações de um ou dois pavimentos, em climas não sujeitos a congelamento severo do solo.

- Uma grelha de pilares ou estacas independentes pode elevar a superestrutura em relação ao nível do solo.

IMPLICAÇÕES NO PROJETO DE ARQUITETURA

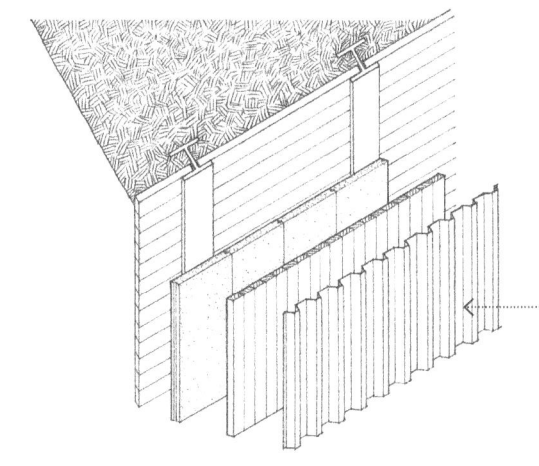

Sistemas de contenção de taludes

Quando o canteiro de obras é suficientemente grande para que as laterais de uma escavação possam ser feitas em terraços ou cortadas em ângulos inferiores ao ângulo de repouso do solo, não é necessário o emprego de uma estrutura de contenção. Quando os lados de uma escavação profunda excedem o ângulo de repouso do solo, contudo, a terra deve ser temporariamente travada ou escorada até que a construção permanente seja executada.

- Estacas-prancha consistem em painéis de madeira, aço ou concreto pré-moldado cravados verticalmente e lado a lado, contendo o solo e evitando que a água se infiltre em uma escavação. Estacas-prancha de aço ou de concreto pré-moldado podem ser deixadas permanentemente, compondo parte da subestrutura de uma edificação.

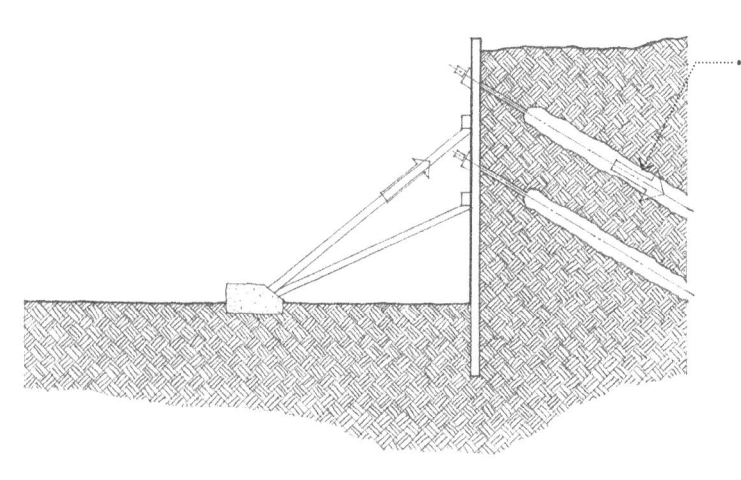

- Muros ancorados amarrados a ancoragens na rocha ou no solo podem ser utilizados quando o emprego de tirantes transversais ou de escoras inclinadas interfeririam com as escavações ou a construção. Os muros ancorados consistem em cabos de aço que são inseridos em furos preexistentes nos pranchões até rochas ou estratos adequados de solo, grauteados sob pressão para ancoragem e pós-tracionados com um macaco hidráulico. Os tirantes são então fixados a travessões de aço contínuos e horizontais, mantendo a tração.

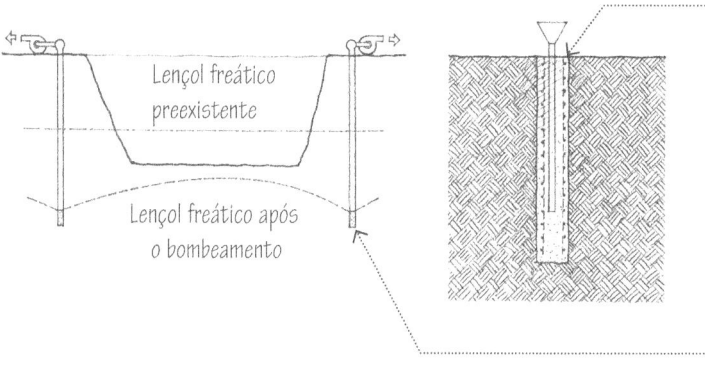

- Uma estaca-barrete é um muro de concreto moldado em uma valeta para servir de forma e, muitas vezes, como muro de arrimo permanente. Ela é construída escavando-se uma valeta em porções verticais graduais, enchendo-a com lama betonítica e água para evitar que as laterais desmoronem, instalando-se a armadura e vertendo-se o concreto na vala com uma tremonha, para remover a lama betonítica.

Lençol freático preexistente

Lençol freático após o bombeamento

- O rebaixamento de lençol freático é o processo de bombeamento da água de um aquífero ou de evitar que uma escavação seja inundada por ele. É obtido cravando-se no solo tubos perfurados, chamados de ponteiras filtrantes, para coletar a água do entorno e bombeá-la para fora.

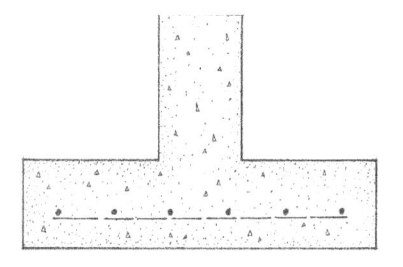

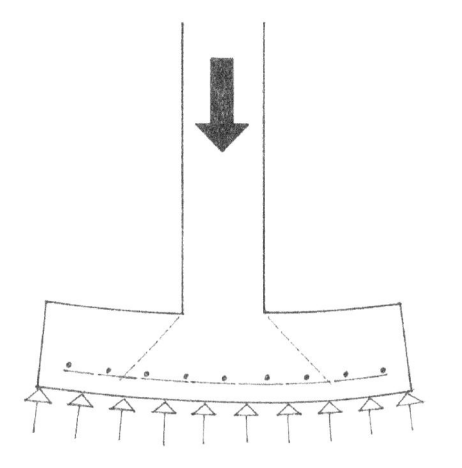

Fundações rasas

A parte mais baixa de uma fundação rasa são as sapatas de alicerce. Elas se estendem lateralmente para distribuir suas cargas em uma área de solo ampla o suficiente para que a capacidade de carregamento admissível do solo não seja superada.

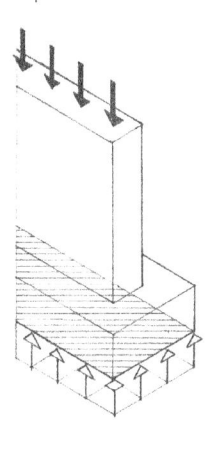

A área de contato é equivalente ao quociente entre a magnitude das forças transmitidas e a capacidade de carregamento admissível da massa de solo que as sustentam.

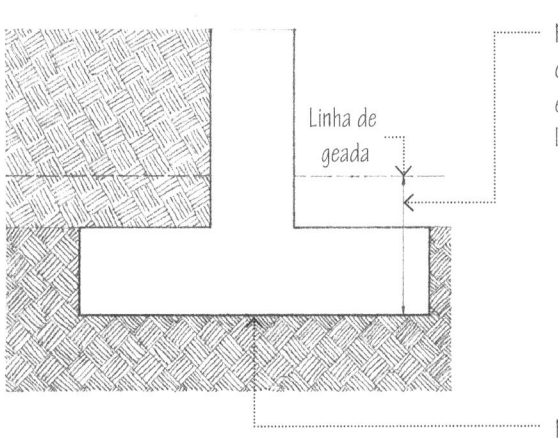

Para minimizar os efeitos do soerguimento do solo com seu congelamento e dilatação em climas muito frios, os códigos de edificações exigem que as sapatas sejam construídas abaixo da linha de geada prevista para o terreno em questão.

Linha de geada

Para minimizar o recalque, as sapatas devem sempre se apoiar em solo estável, não alterado e livre de matérias orgânicas. Quando isso não é possível, um enchimento especialmente calculado e compactado em camadas de 20,0 a 30,0 cm pode ser empregado para criar o recobrimento necessário.

IMPLICAÇÕES NO PROJETO DE ARQUITETURA 253

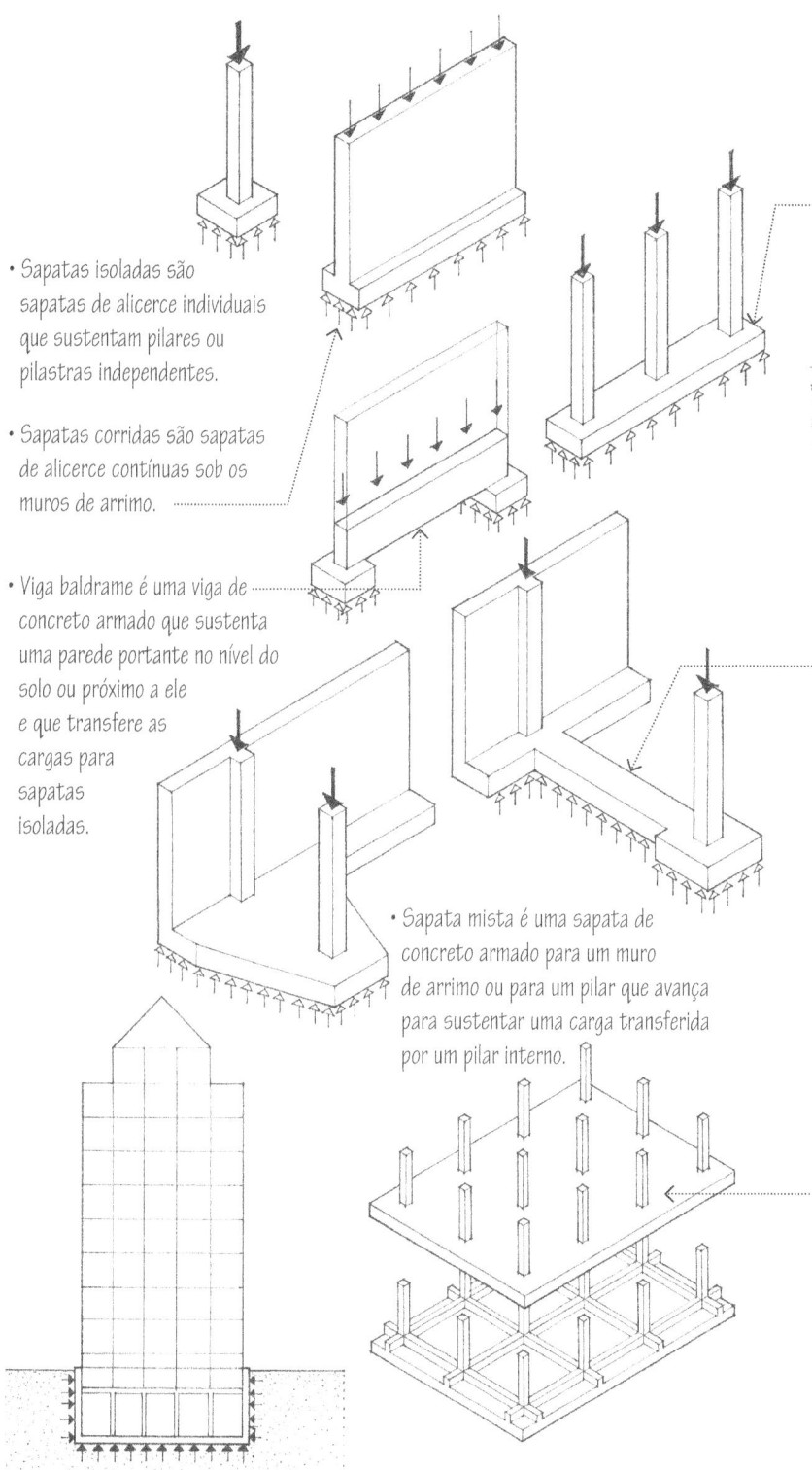

Sapatas de alicerce

Os tipos mais usuais de sapatas de alicerce são as sapatas corridas e as sapatas isoladas. Outros tipos de sapatas corridas incluem as seguintes:

- Sapata contínua é uma sapata de concreto armado que se estende para sustentar uma fileira de pilares.

- Sapatas isoladas são sapatas de alicerce individuais que sustentam pilares ou pilastras independentes.

- Sapatas corridas são sapatas de alicerce contínuas sob os muros de arrimo.

- Viga baldrame é uma viga de concreto armado que sustenta uma parede portante no nível do solo ou próximo a ele e que transfere as cargas para sapatas isoladas.

- Sapata mista é uma sapata de concreto armado para um muro de arrimo ou para um pilar que avança para sustentar uma carga transferida por um pilar interno.

- Sapatas escalonadas são sapatas corridas que mudam de nível para se acomodar a um terreno em declive e manter a profundidade necessária para a fundação em todos os pontos em volta de uma edificação.

- Sapata em balanço ou sapata cantilever consiste em uma sapata de pilar conectada por uma viga alavanca a outra sapata, para equilibrar uma carga imposta assimétrica.

- Sapatas em balanço e sapatas mistas são frequentemente utilizadas quando uma fundação toca uma divisa do terreno e não é possível construir sapatas com carregamento simétrico. Para evitar a rotação ou o recalque diferencial que um carregamento assimétrico pode causar, sapatas contínuas e sapatas em balanço são proporcionadas para gerar pressões de solo uniformes.

- Radier ou fundação flutuante é uma laje de concreto armado grossa e com uma grande armadura, que funciona como se fosse uma grande sapata monolítica para vários pilares ou mesmo para toda a edificação. Os radiers são empregados quando a capacidade de carregamento do solo é baixa em relação às cargas impostas pela edificação e as sapatas dos pilares internos da estrutura se tornam tão grandes que é mais econômico fundi-las em uma única laje. Os radiers podem ser enrijecidos por uma grelha de nervuras, vigas ou paredes.

- Fundação flutuante, utilizada em solos macios, é um radier profundo o suficiente para que o peso do solo retirado seja igual ou superior ao peso da edificação sustentada.

Muros de arrimo

Os muros de arrimo oferecem apoio à superestrutura que fica acima e fecham um porão ou um piso técnico parcial ou totalmente subterrâneo. Além das cargas verticais recebidas da superestrutura, os muros de arrimo devem ser projetados e construídos de maneira a resistir à pressão ativa do solo e a ancorar a superestrutura contra a ação do vento e das forças sísmicas.

- Ancoragem necessária para resistir aos esforços laterais, de soerguimento e de tombamento

Ao fechar um espaço habitável, um muro de arrimo deve ser construído de maneira a resistir à infiltração de água e de gases do solo, como radônio, controlar os fluxos térmicos, aceitar uma variedade de acabamentos adequados e acomodar janelas, portas e outras aberturas.

- Vedação contra umidade ou impermeabilização, conforme o necessário

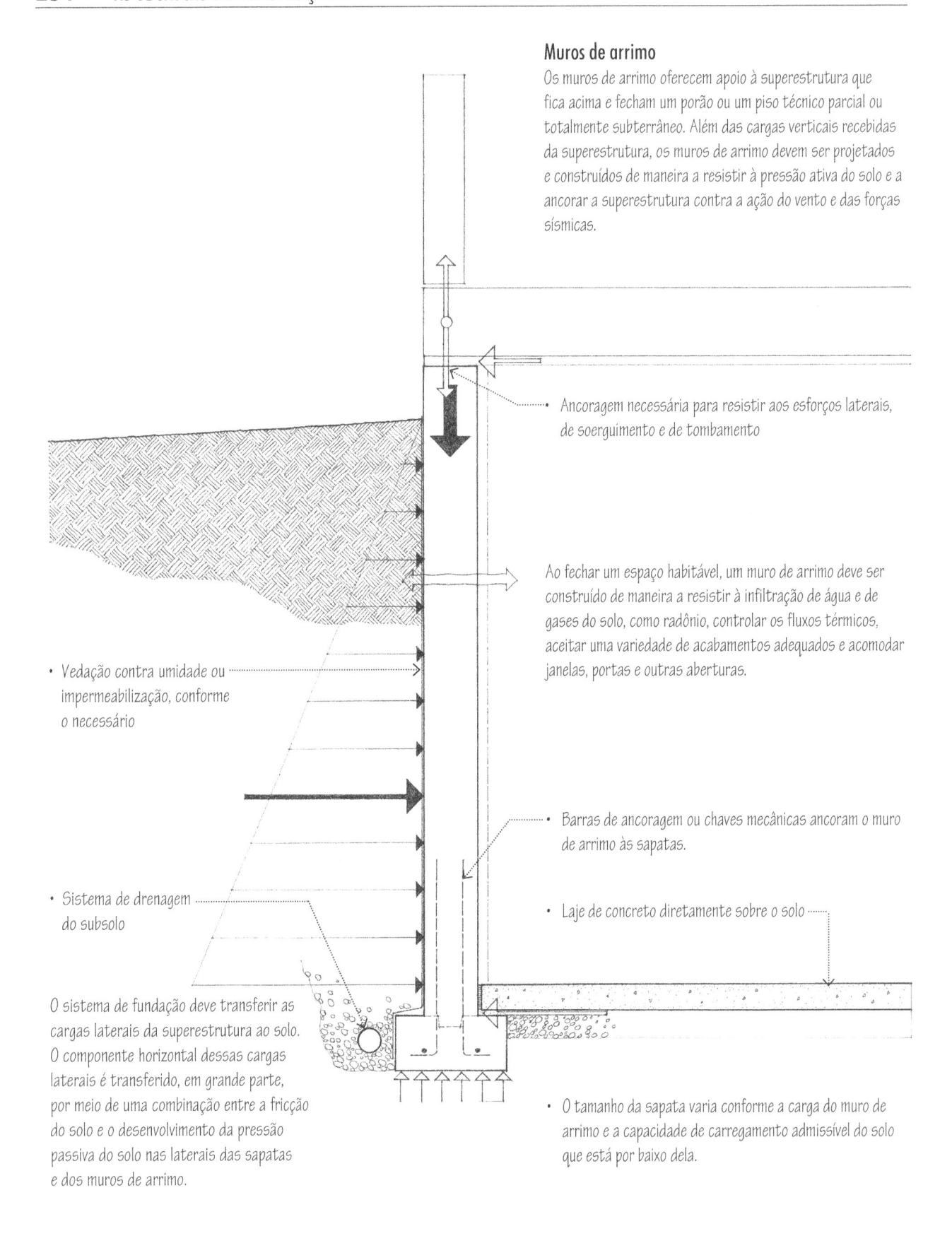

- Barras de ancoragem ou chaves mecânicas ancoram o muro de arrimo às sapatas.

- Sistema de drenagem do subsolo

- Laje de concreto diretamente sobre o solo

O sistema de fundação deve transferir as cargas laterais da superestrutura ao solo. O componente horizontal dessas cargas laterais é transferido, em grande parte, por meio de uma combinação entre a fricção do solo e o desenvolvimento da pressão passiva do solo nas laterais das sapatas e dos muros de arrimo.

- O tamanho da sapata varia conforme a carga do muro de arrimo e a capacidade de carregamento admissível do solo que está por baixo dela.

IMPLICAÇÕES NO PROJETO DE ARQUITETURA

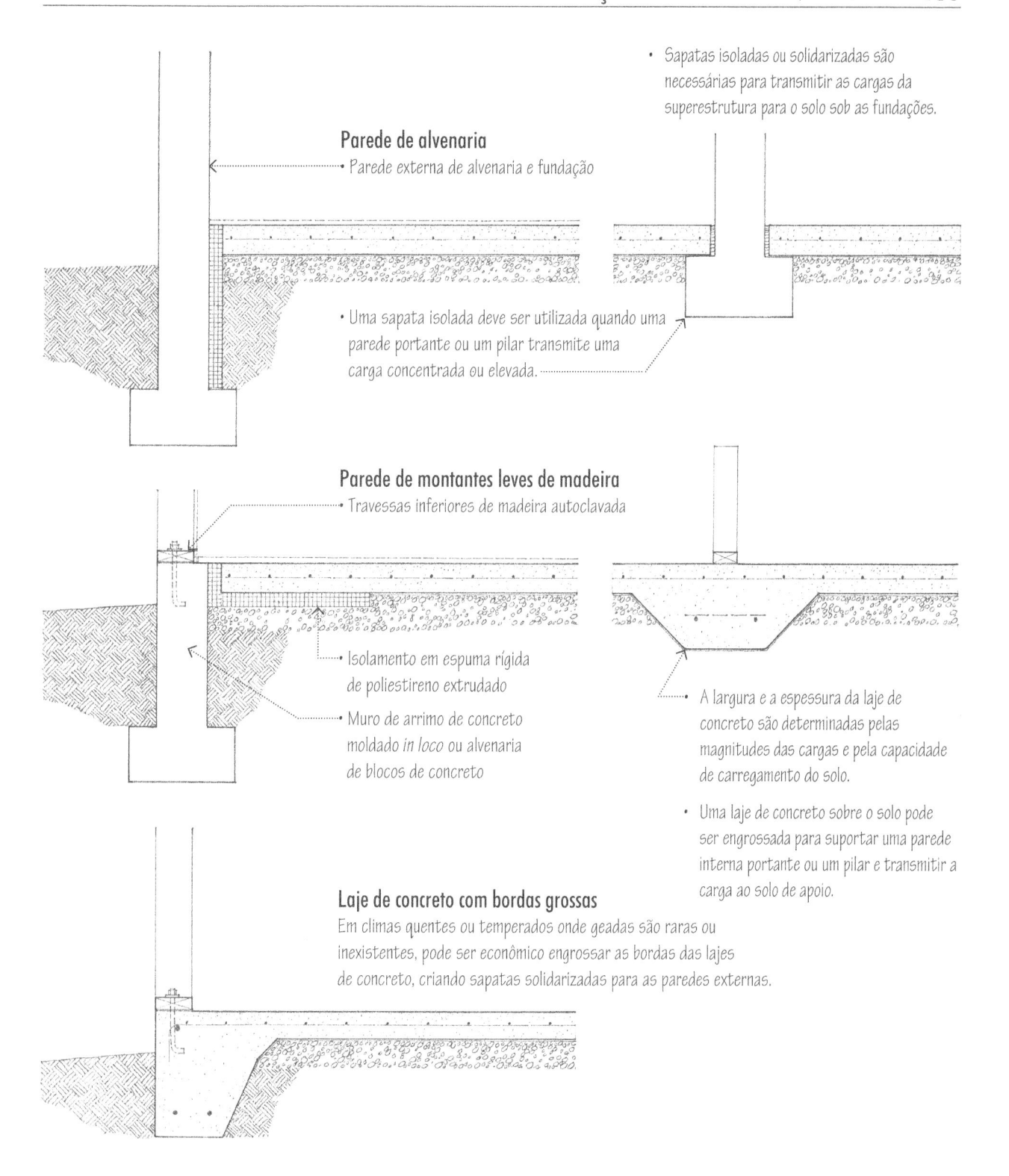

- Sapatas isoladas ou solidarizadas são necessárias para transmitir as cargas da superestrutura para o solo sob as fundações.

Parede de alvenaria
- Parede externa de alvenaria e fundação

- Uma sapata isolada deve ser utilizada quando uma parede portante ou um pilar transmite uma carga concentrada ou elevada.

Parede de montantes leves de madeira
- Travessas inferiores de madeira autoclavada

- Isolamento em espuma rígida de poliestireno extrudado
- Muro de arrimo de concreto moldado *in loco* ou alvenaria de blocos de concreto

- A largura e a espessura da laje de concreto são determinadas pelas magnitudes das cargas e pela capacidade de carregamento do solo.

- Uma laje de concreto sobre o solo pode ser engrossada para suportar uma parede interna portante ou um pilar e transmitir a carga ao solo de apoio.

Laje de concreto com bordas grossas
Em climas quentes ou temperados onde geadas são raras ou inexistentes, pode ser econômico engrossar as bordas das lajes de concreto, criando sapatas solidarizadas para as paredes externas.

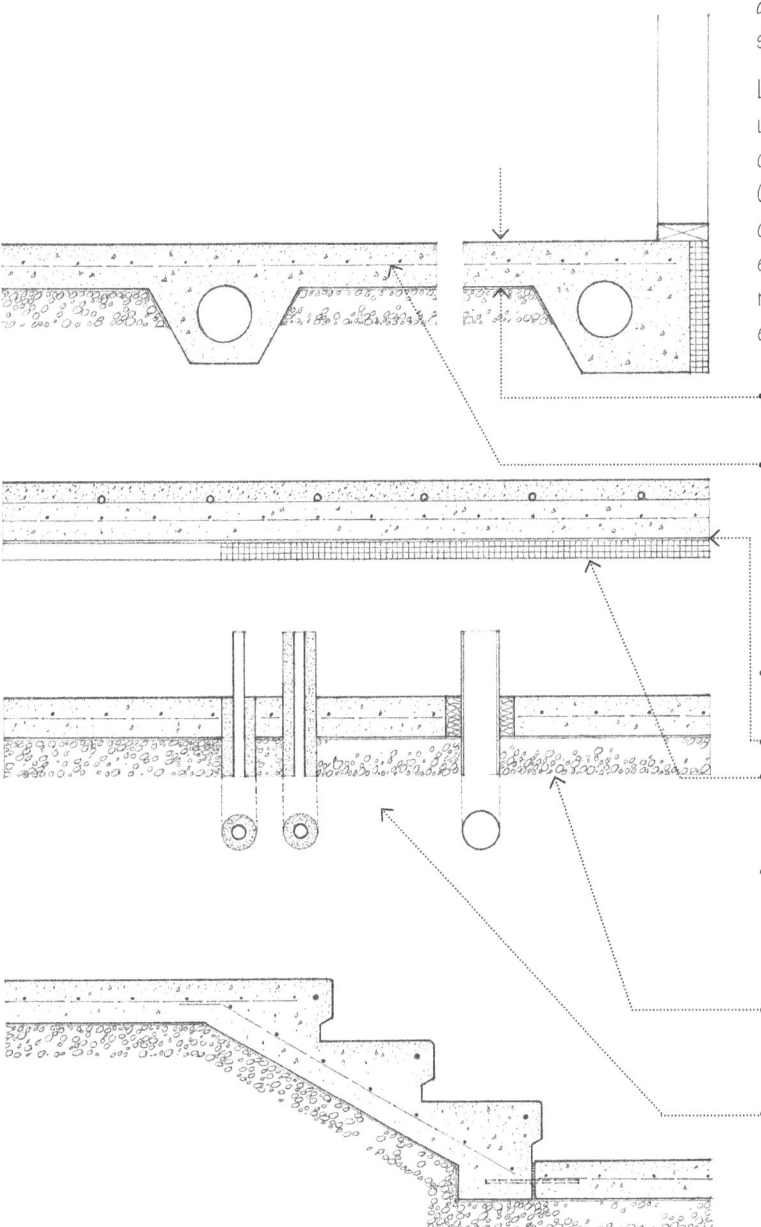

Lajes de concreto sobre o solo

Uma laje de concreto pode ser assentada diretamente sobre o solo, seja no nível natural do terreno ou em uma área escavada, servindo, ao mesmo tempo, como laje de piso e sistema de fundação. A adequação da laje de concreto para tal uso depende da localização geográfica, da topografia e das características do terreno, assim como do projeto da superestrutura.

Lajes de concreto diretamente sobre o solo exigem o apoio de uma base de terra nivelada, estável, de uniformidade densa ou compactada adequadamente e sem matéria orgânica. Quando assentada sobre um solo com pouca capacidade de carregamento ou que seja extremamente compressível ou expansível, a laje de concreto deve ser projetada como um radier, o que exige as análises profissionais e o projeto de um engenheiro de estruturas qualificado.

- Espessura da laje de, no mínimo, 10,0 cm; a espessura depende do uso previsto e das condições de carregamento.
- A armadura de tela de arame soldado colocada na linha central da profundidade da laje ou levemente acima dela controla os esforços térmicos, a fissuração devido a retrações e os leves recalques diferenciais do terreno abaixo da laje; uma grelha de barras de reforço pode ser necessária para carregar cargas de piso maiores do que as usuais.
- Aditivos do concreto podem aumentar a dureza superficial da laje e sua resistência ao atrito.
- Barreira de vapor de polietileno de 0,15 mm
- O uso de isolamento sob a laje é recomendado.

- O American Concrete Institute recomenda o uso de um leito de areia de 5 cm sobre a barreira de vapor para absorver a água em excesso liberada pelo concreto durante a cura.
- Leito de pedra britada ou de cascalho para evitar a elevação da água do lençol freático devido à capilaridade; no mínimo, de 10,0 cm
- Solo de base estável e uniforme; a compactação pode ser necessária para aumentar a estabilidade do solo, sua capacidade de carregamento e a resistência à penetração da água.

IMPLICAÇÕES NO PROJETO DE ARQUITETURA 257

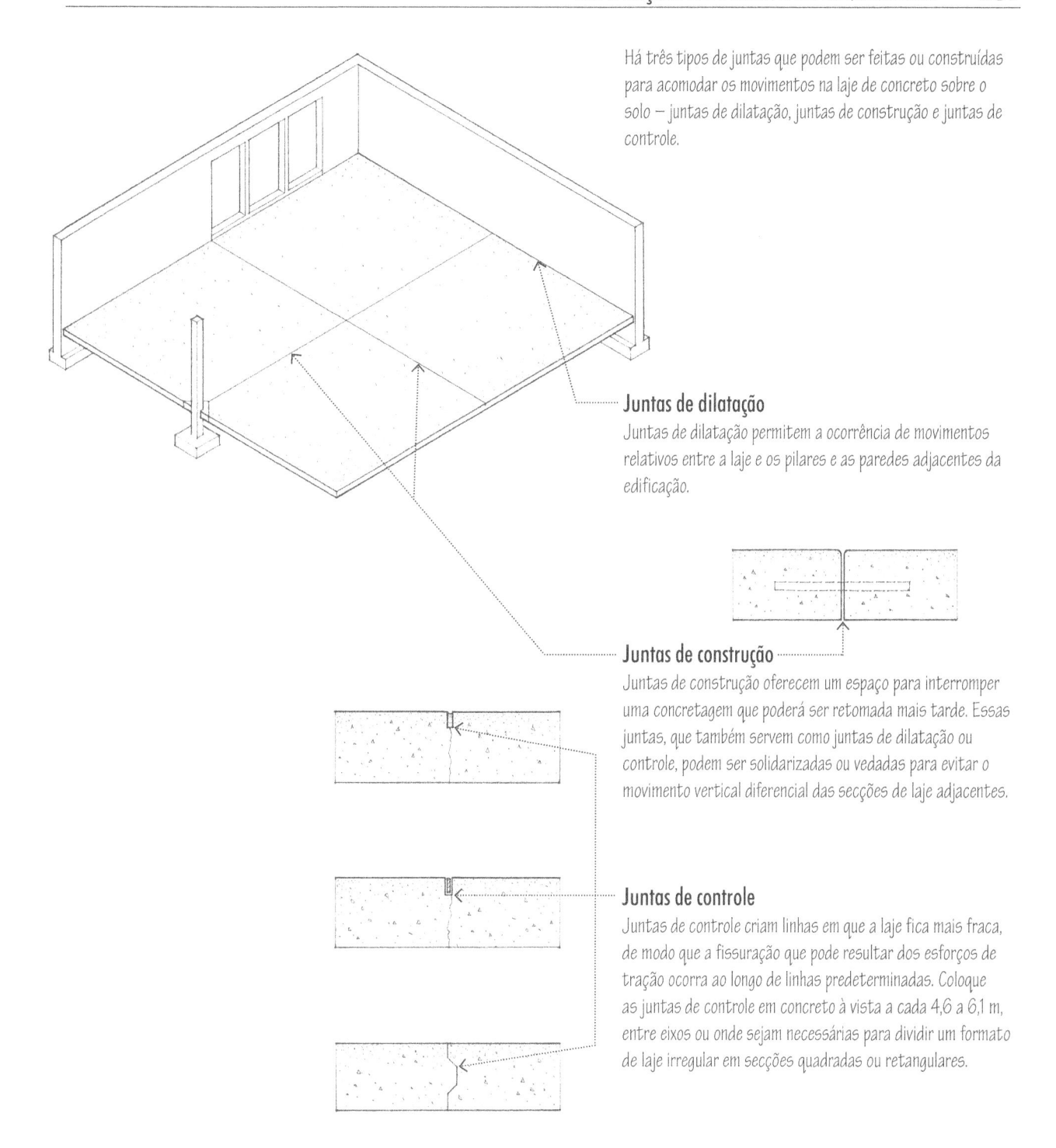

Há três tipos de juntas que podem ser feitas ou construídas para acomodar os movimentos na laje de concreto sobre o solo – juntas de dilatação, juntas de construção e juntas de controle.

Juntas de dilatação
Juntas de dilatação permitem a ocorrência de movimentos relativos entre a laje e os pilares e as paredes adjacentes da edificação.

Juntas de construção
Juntas de construção oferecem um espaço para interromper uma concretagem que poderá ser retomada mais tarde. Essas juntas, que também servem como juntas de dilatação ou controle, podem ser solidarizadas ou vedadas para evitar o movimento vertical diferencial das secções de laje adjacentes.

Juntas de controle
Juntas de controle criam linhas em que a laje fica mais fraca, de modo que a fissuração que pode resultar dos esforços de tração ocorra ao longo de linhas predeterminadas. Coloque as juntas de controle em concreto à vista a cada 4,6 a 6,1 m, entre eixos ou onde sejam necessárias para dividir um formato de laje irregular em secções quadradas ou retangulares.

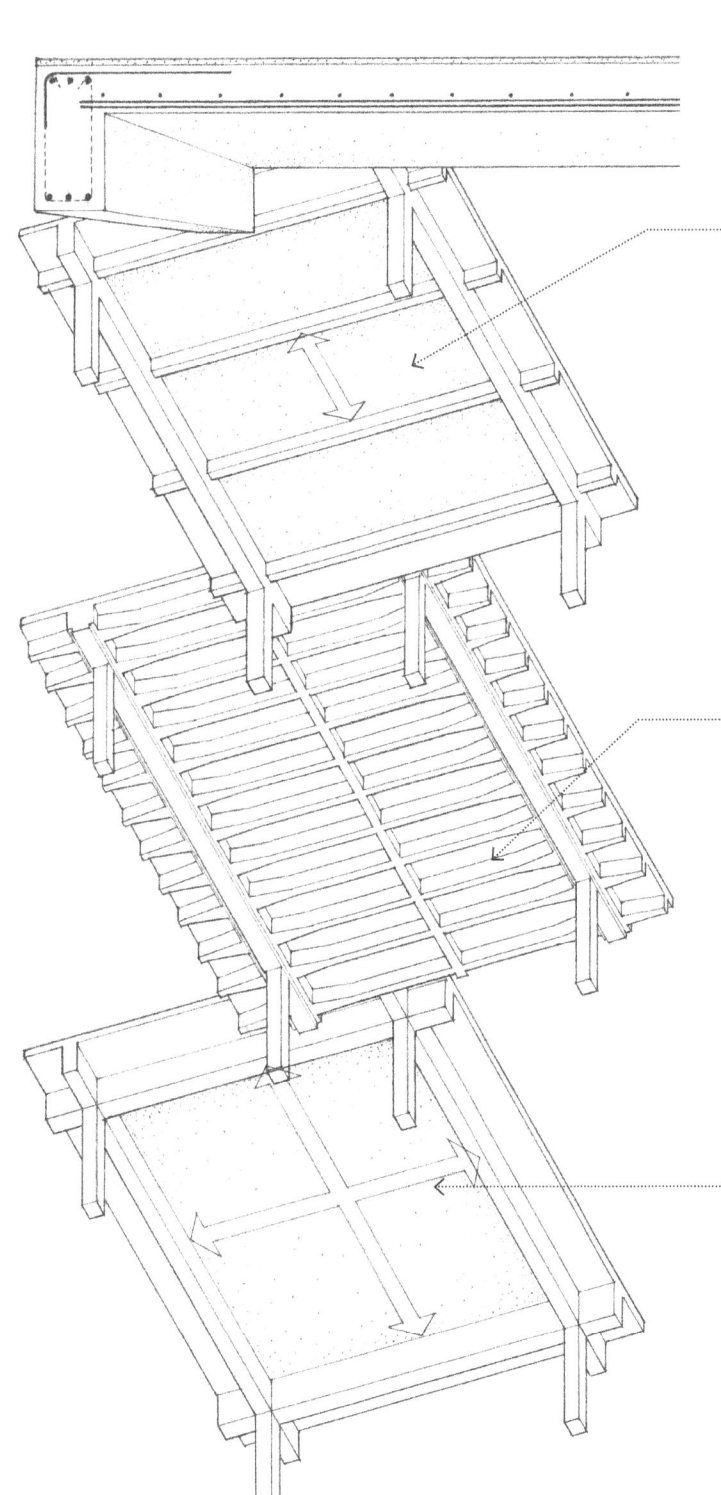

Pisos

Lajes de concreto

Lajes de concreto são placas com armadura de aço para vencer uma ou ambas as direções de um vão estrutural. Consulte um engenheiro de estruturas e o código de edificações quanto a tamanho, espaçamento e distribuição exigidos para toda a armadura.

Lajes unidirecionais

Uma laje unidirecional tem espessura uniforme, é armada em uma direção e é solidarizada às vigas de apoio paralelas.

Laje unidirecional nervurada

Uma laje nervurada é moldada solidariamente com uma série de vigotas pouco espaçadas, que, por sua vez, são sustentadas por um conjunto de vigas paralelas. Projetadas como uma série de vigas em T, as lajes nervuradas são mais adequadas para vãos maiores e carregamentos superiores do que as lajes unidirecionais.

Lajes bidirecionais e vigas

Uma laje bidirecional de espessura uniforme pode ser armada em duas direções e solidarizada com vigas e pilares de apoio nos quatro lados de vãos quadrados ou praticamente quadrados. O uso de lajes bidirecionais e vigas é eficiente para vãos médios e grandes carregamentos, ou quando é necessária uma alta resistência às forças laterais. Porém, por questões econômicas, as lajes bidirecionais são geralmente construídas como lajes-cogumelo ou lajes planas (sem vigas).

IMPLICAÇÕES NO PROJETO DE ARQUITETURA   259

Lajes planas ou lisas
Uma laje plana é uma laje de concreto de espessura uniforme armada em duas direções e sustentada diretamente por pilares sem vigas. A simplicidade de formas, os entrepisos menores e certa flexibilidade na distribuição dos pilares tornam as lajes planas práticas para a construção de apartamentos e hotéis.

Lajes-cogumelo
Uma laje-cogumelo é uma laje plana engrossada nos apoios de pilar para aumentar sua resistência ao cisalhamento e sua capacidade de resistência a momentos.

Lajes waffle
Uma laje *waffle* é uma laje de concreto bidirecional armada por nervuras em duas direções. As lajes *waffle* são capazes de transmitir cargas mais pesadas e vencer distâncias maiores que as lajes planas.

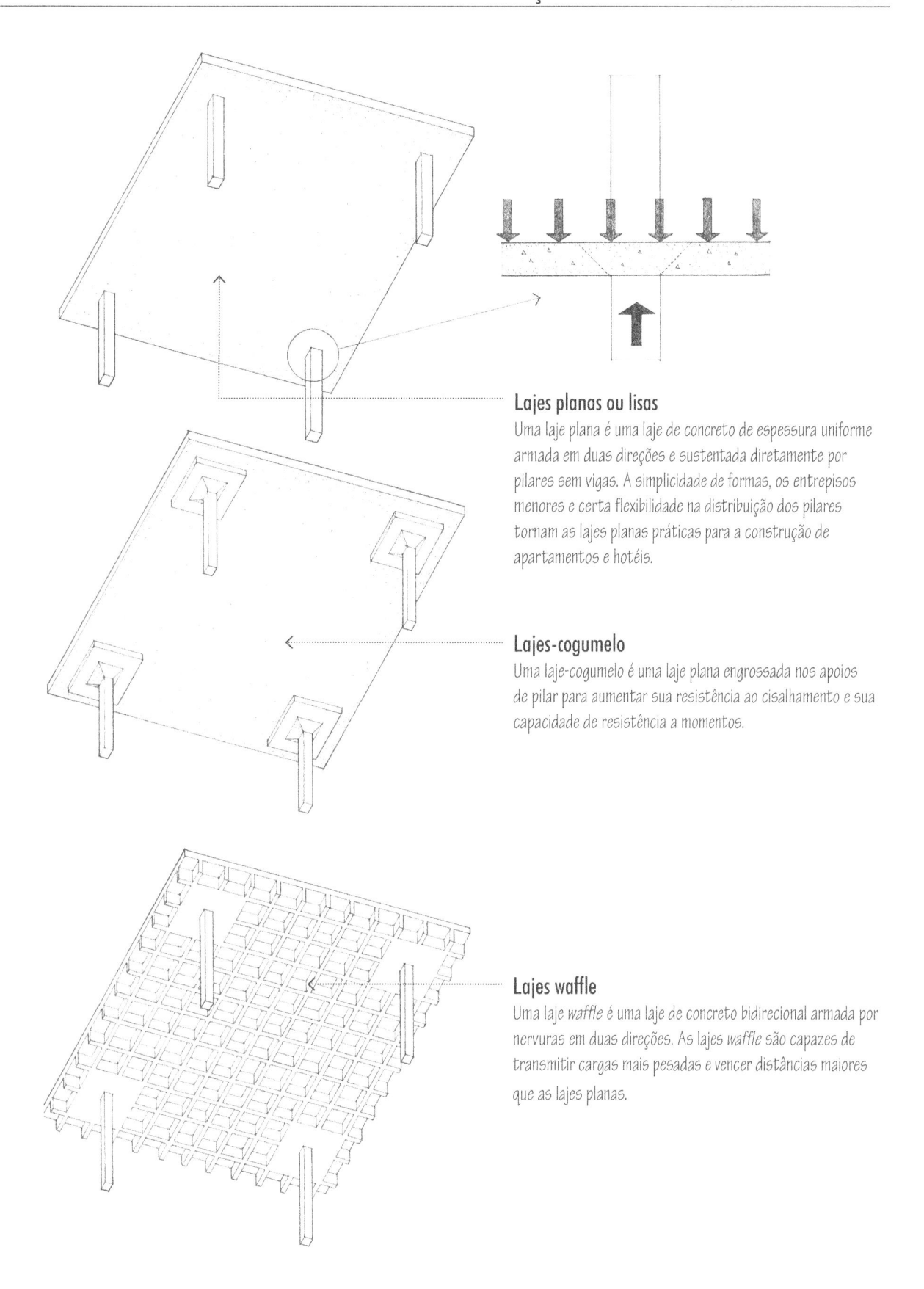

Concreto protendido

O concreto protendido é armado pela pré-tração ou pós-tensão de cabos de aço de alta resistência, dentro de seu limite elástico, para resistir ativamente a uma carga de serviço. Os esforços de tração nos cabos são transferidos ao concreto, colocando toda a secção transversal da peça flexionada sob compressão. Os esforços de compressão resultantes neutralizam as tensões de tração e flexão da carga aplicada, dando ao elemento protendido menor deflexão, capacidade de carregamento maior ou possibilidade de vencer um vão maior do que o que um componente convencionalmente armado de mesmo tamanho, proporção e peso venceria.

Há dois tipos de técnicas de protensão. A pré-tração é realizada em uma fábrica de pré-moldados, enquanto a pós-tensão é geralmente feita no canteiro de obras, especialmente quando as peças estruturais são muito grandes para se transportar da fábrica para o terreno.

- Cabos de aço são primeiramente esticados dentro das formas entre dois blocos de ancoragem até que uma força de tração predeterminada seja aplicada.

- O concreto é então lançado nas formas em volta dos cabos esticados e se aguarda a cura total. Os cabos são colocados excentricamente para reduzir o esforço de compressão máximo ao esforço produzido apenas pela flexão.

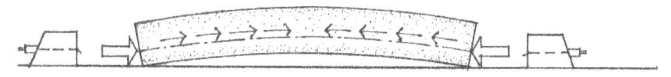

- Quando os cabos são cortados ou soltos, os esforços de tração nos cabos são transferidos para o concreto por meio de tensões de aderência. A ação excêntrica da protensão produz uma leve curvatura para cima ou um arqueamento no elemento.

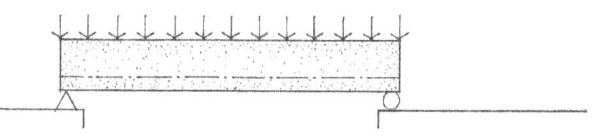

- A deflexão do elemento sob carregamento tende a anular sua curvatura para cima.

Pré-tração
A pré-tração protende um elemento de concreto estirando os cabos da armadura antes que o concreto seja lançado.

IMPLICAÇÕES NO PROJETO DE ARQUITETURA   261

- Cabos de aço ainda não tracionados, colgados dentro da viga ou na forma da viga, são inseridos em bainhas ou recobertos para evitar a aderência durante a cura do concreto.

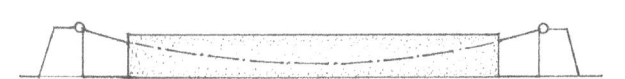

- Após a cura do concreto, os cabos são presos a uma extremidade e tensionados com um macaco hidráulico contra o concreto na outra extremidade, até que a resistência necessária seja alcançada.

- Os cabos são então firmemente ancorados na extremidade onde foram estirados pelo macaco, e o macaco é removido. Após o processo de pós-tensão, os cabos de aço podem ficar sem aderência ou podem ser unidos ao concreto adjacente pela injeção de graute nos espaços vazios dentro das bainhas.

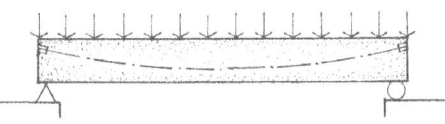

- A deflexão do elemento sob carregamento tende a neutralizar sua curvatura para cima.

Pós-tensão

A pós-tensão é o pré-tensionamento de um elemento de concreto pelo tracionamento dos cabos da armadura principal após o endurecimento do concreto.

Com o passar do tempo, os elementos pós-tensionados tendem a se tornar mais curtos devido à compressão elástica, à retração e à deformação. Os elementos contíguos que seriam afetados por esse movimento devem ser construídos depois que o processo de pós-tensão for completado e devem ser isolados dos elementos pós-tensionados com juntas de dilatação.

Formas de concreto e escoramento

O concreto líquido deve ser moldado e sustentado por formas até sua cura e até que possa se sustentar. Essas formas são muitas vezes projetadas por um engenheiro como um sistema estrutural separado, devido ao peso e à pressão de fluido considerável que uma massa de concreto pode exercer sobre elas.

- Para segurar a viga e as formas de lajes até que o concreto recém-lançado cure e possa se sustentar, são utilizados apoios temporários chamados de escoras.

- As escoras reguláveis são de metal ou de metal e madeira, disponíveis com macacos ou com sistemas de rosqueamento para ajustar as alturas das escoras uma vez colocadas; várias ponteiras podem ser utilizadas no topo para o aumento do comprimento, como aquelas em U e T.

- As escoras de madeira simples são cortadas um pouco menores do que a altura desejada e ajustadas cravando-se cunhas de madeira sob a escora ou em seu topo.

- Pares de escoras podem ser agrupados com contravento em X para cargas relativamente pesadas.

- O escoramento horizontal consiste em elementos de metal ajustáveis empregados para sustentar as formas de laje sobre vãos relativamente longos, sem a intervenção de escoras verticais. O escoramento horizontal exige menos escoras verticais, cada uma carregando uma carga comparativamente maior, e deixa espaços abertos livres para se trabalhar, mas cada apoio vertical sustenta uma concentração de carga maior.

- Depois que uma laje ou uma viga de concreto curou o suficiente para suportar seu próprio peso, as formas originais são removidas e a laje ou a viga é reescorada até que o concreto atinja sua resistência completa.

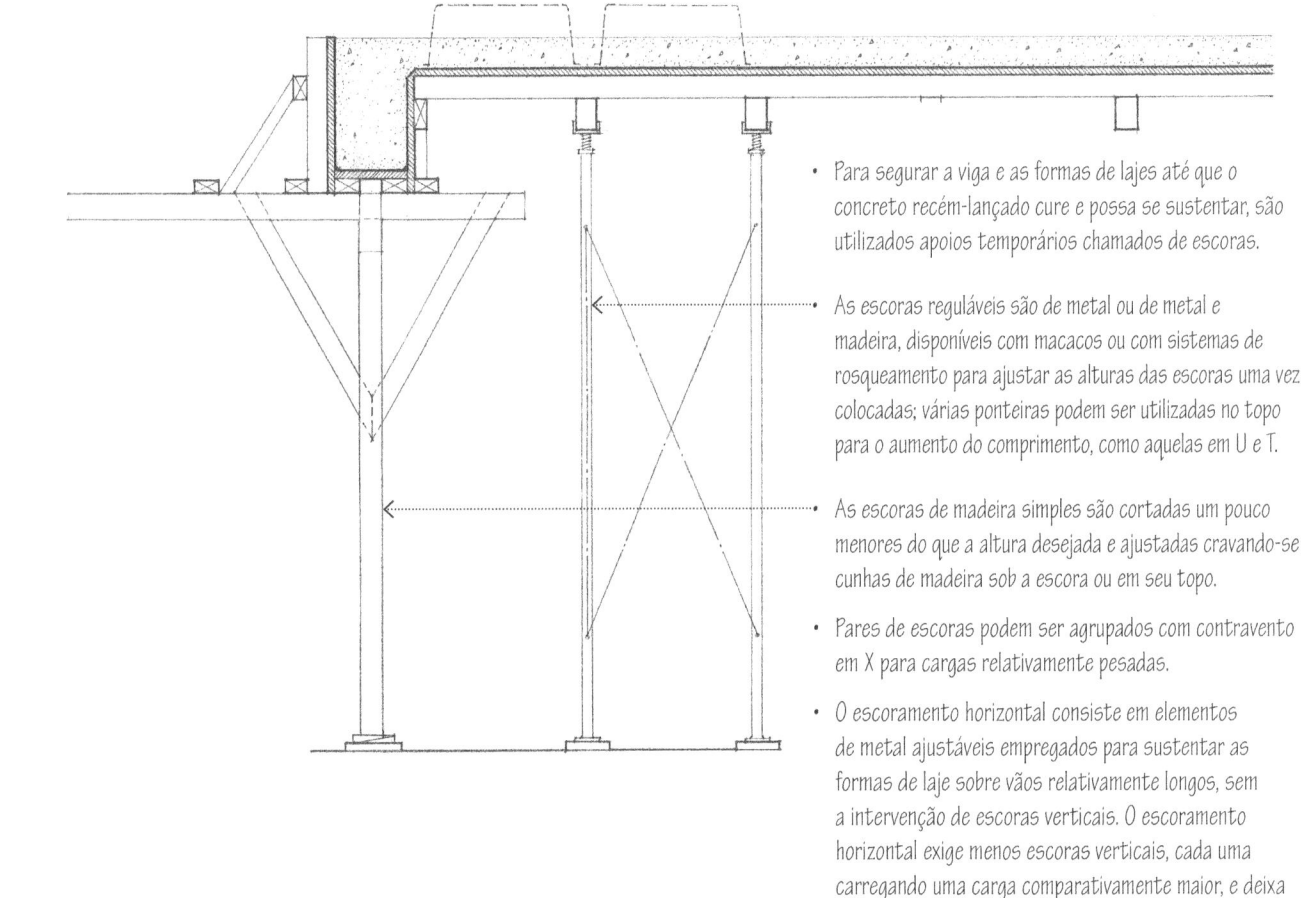

Pisos de concreto pré-fabricados

Lajes de concreto pré-fabricadas, vigas e painéis tipo T são elementos horizontais unidirecionais que podem ser apoiados por concreto moldado *in loco*, concreto pré-fabricado ou paredes portantes de alvenaria, ou por estruturas independentes de aço, concreto moldado *in loco* ou concreto pré-fabricado. Os painéis pré-moldados são fabricados com concreto armado de densidade normal ou com concreto leve e são protendidos em fábrica para uma eficiência estrutural maior, que resulta em altura menor, peso reduzido e vãos maiores.

Os painéis são moldados e curados a vapor em uma indústria, transportados para o canteiro de obra e, como são componentes rígidos, são posicionados por guindastes. O tamanho e a proporção dos painéis podem ser limitados pelos meios de transporte. A fabricação em um ambiente industrial permite que os painéis tenham características consistentes de resistência, durabilidade e acabamento e elimina a necessidade de formas *in loco*. A natureza modular dos painéis de tamanho padrão, porém, pode não ser adequada para edificações com formatos irregulares.

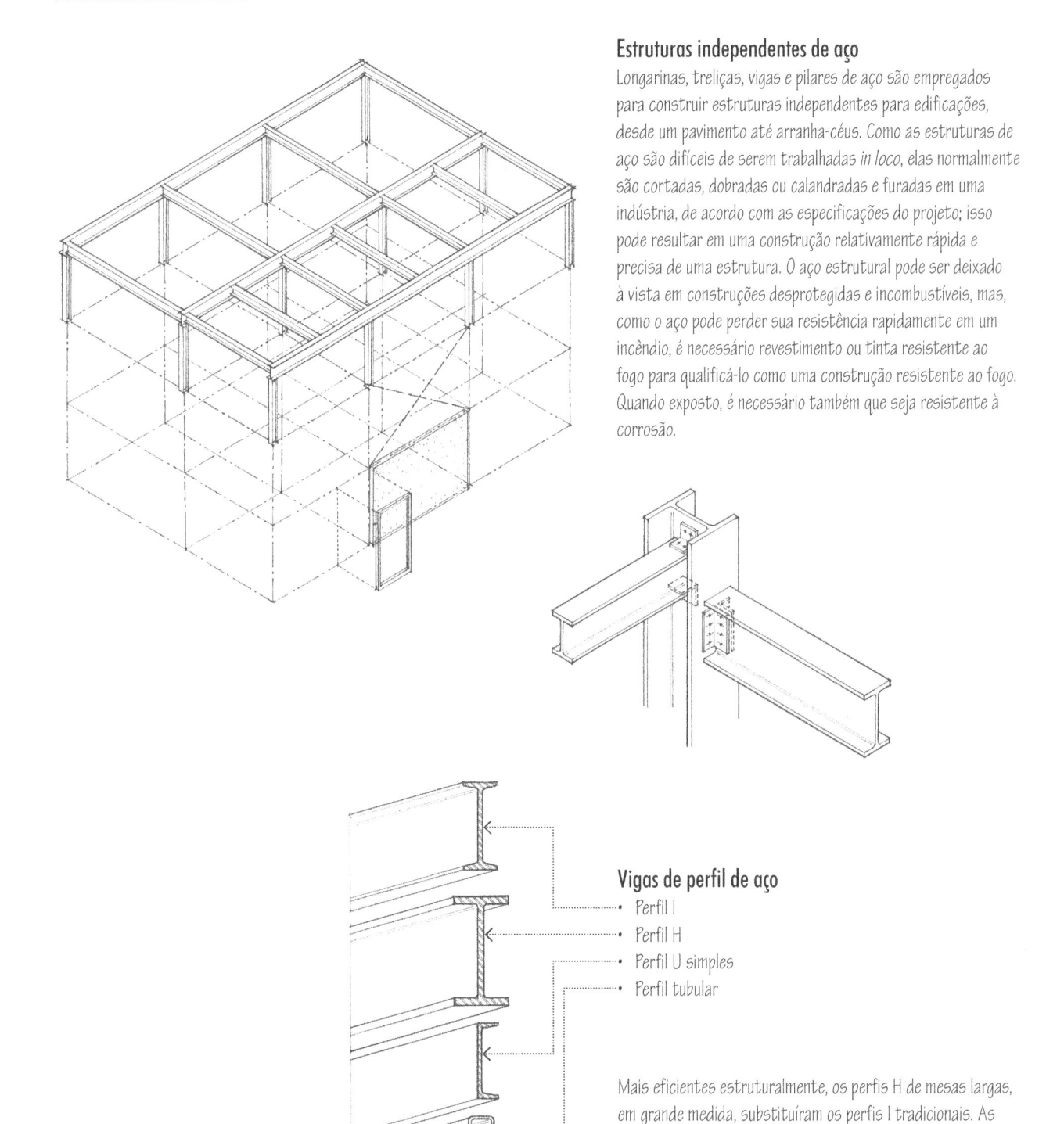

Estruturas independentes de aço

Longarinas, treliças, vigas e pilares de aço são empregados para construir estruturas independentes para edificações, desde um pavimento até arranha-céus. Como as estruturas de aço são difíceis de serem trabalhadas *in loco*, elas normalmente são cortadas, dobradas ou calandradas e furadas em uma indústria, de acordo com as especificações do projeto; isso pode resultar em uma construção relativamente rápida e precisa de uma estrutura. O aço estrutural pode ser deixado à vista em construções desprotegidas e incombustíveis, mas, como o aço pode perder sua resistência rapidamente em um incêndio, é necessário revestimento ou tinta resistente ao fogo para qualificá-lo como uma construção resistente ao fogo. Quando exposto, é necessário também que seja resistente à corrosão.

Vigas de perfil de aço
- Perfil I
- Perfil H
- Perfil U simples
- Perfil tubular

Mais eficientes estruturalmente, os perfis H de mesas largas, em grande medida, substituíram os perfis I tradicionais. As vigas também podem ser na forma de perfis U, perfis tubulares ou perfis compostos.

Estruturas de barrotes de madeira

Os barrotes de madeira podem se apoiar em vigas de madeira ou de aço. Em ambos os casos, o nivelamento da viga deve ser coordenado com as vigas de borda e com a forma como a viga apoia os barrotes do piso. A madeira é mais suscetível à retração na direção perpendicular à sua fibra. Por isso, a altura total do sistema tanto nas vigas de borda como nas conexões de barrotes deve ser igual, para evitar o recalque do plano do piso.

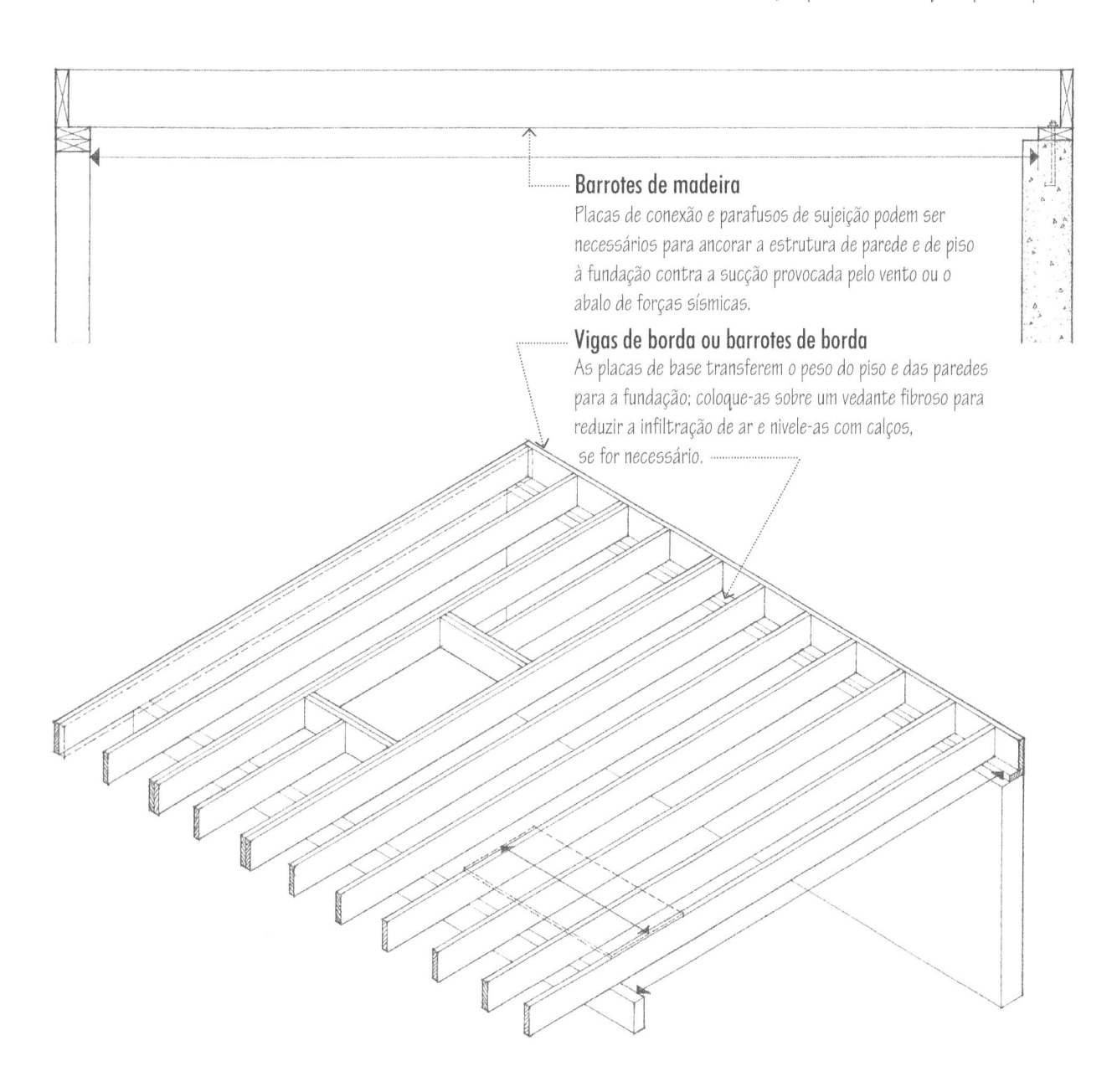

Barrotes de madeira
Placas de conexão e parafusos de sujeição podem ser necessários para ancorar a estrutura de parede e de piso à fundação contra a sucção provocada pelo vento ou o abalo de forças sísmicas.

Vigas de borda ou barrotes de borda
As placas de base transferem o peso do piso e das paredes para a fundação; coloque-as sobre um vedante fibroso para reduzir a infiltração de ar e nivele-as com calços, se for necessário.

Paredes

Paredes de concreto armado

Ancore as paredes de concreto armado às lajes de piso, pilares e outras paredes que as intersectem, usando barras a cada 30,0 cm entre eixos para cada camada de armadura da parede.

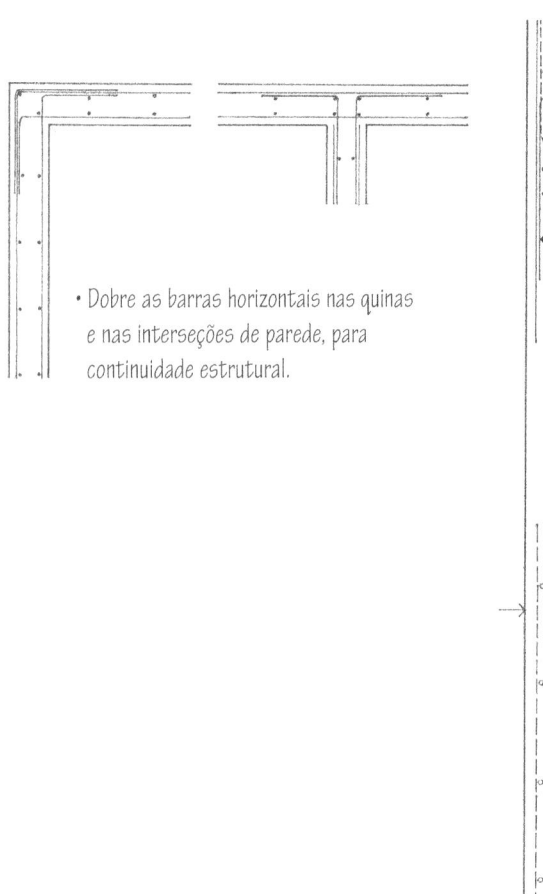

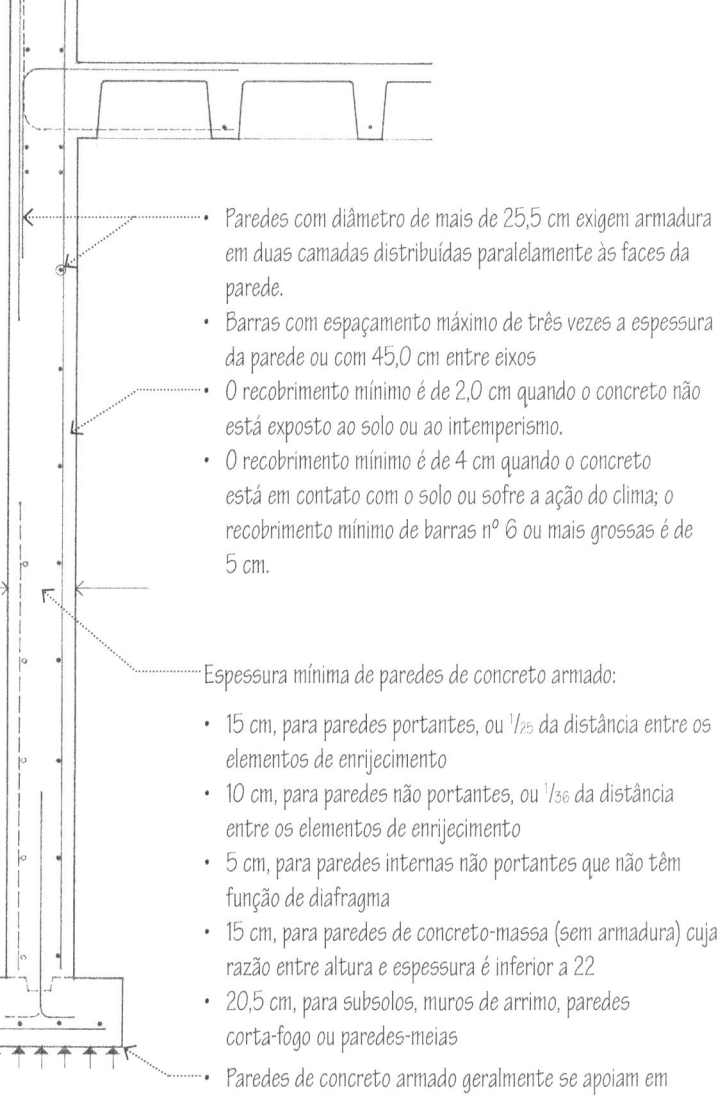

- Dobre as barras horizontais nas quinas e nas interseções de parede, para continuidade estrutural.

- Paredes com diâmetro de mais de 25,5 cm exigem armadura em duas camadas distribuídas paralelamente às faces da parede.
- Barras com espaçamento máximo de três vezes a espessura da parede ou com 45,0 cm entre eixos
- O recobrimento mínimo é de 2,0 cm quando o concreto não está exposto ao solo ou ao intemperismo.
- O recobrimento mínimo é de 4 cm quando o concreto está em contato com o solo ou sofre a ação do clima; o recobrimento mínimo de barras nº 6 ou mais grossas é de 5 cm.

Espessura mínima de paredes de concreto armado:

- 15 cm, para paredes portantes, ou $1/25$ da distância entre os elementos de enrijecimento
- 10 cm, para paredes não portantes, ou $1/36$ da distância entre os elementos de enrijecimento
- 5 cm, para paredes internas não portantes que não têm função de diafragma
- 15 cm, para paredes de concreto-massa (sem armadura) cuja razão entre altura e espessura é inferior a 22
- 20,5 cm, para subsolos, muros de arrimo, paredes corta-fogo ou paredes-meias

- Paredes de concreto armado geralmente se apoiam em sapatas corridas.
- A parede é amarrada à sua sapata por meio de barras de ancoragem dobradas em posições alternadas.
- O recobrimento mínimo da armadura da sapata é de 15 cm.
- O recobrimento mínimo é de 7,5 cm quando o concreto é moldado no solo e fica em contato direto com ele.

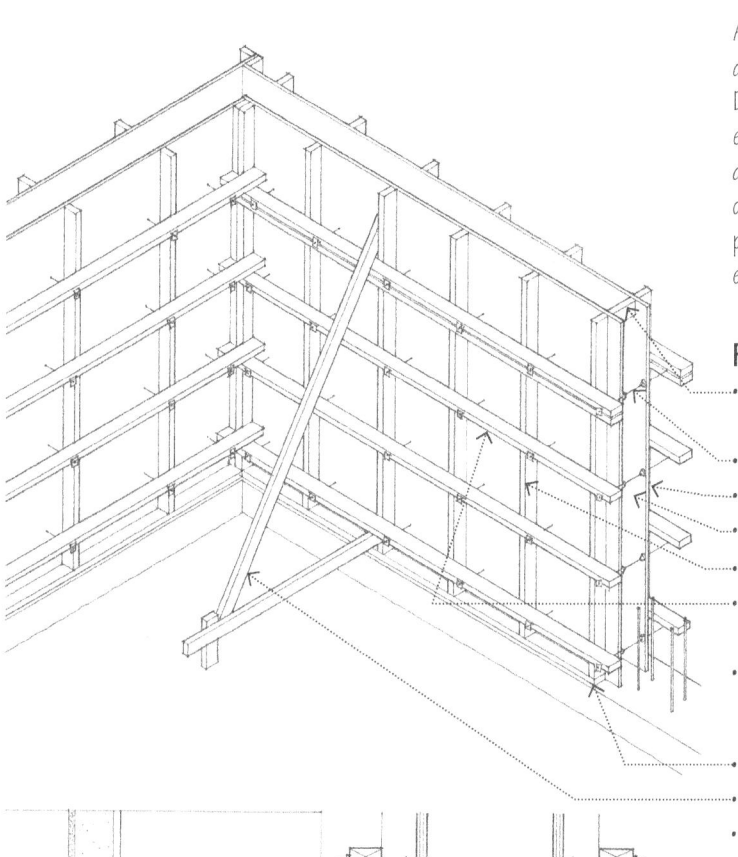

Formas para concreto

As formas para pilares e paredes de concreto podem ser feitas no próprio canteiro de obras, para um uso específico, mas formas pré-fabricadas e reutilizáveis devem ser empregadas sempre que possível. As formas e seus elementos de estabilização devem ser capazes de manter o concreto na posição e na forma desejada até a cura do concreto.

As superfícies de contato das formas são tratadas com um desmoldante – óleo, cera ou plástico – para facilitar a remoção. Do ponto de vista do desenho das formas, o formato de um elemento de concreto também deve permitir a remoção fácil da forma. Elementos trapezoidais são utilizados nos casos em que a forma poderia ficar presa pelo concreto. Quinas externas pontiagudas costumam ser chanfradas ou arredondadas para evitar bordas lascadas ou irregulares.

Formas de parede

- Separadores, geralmente de madeira, afastam e estabilizam os painéis das formas.
- Tirantes de formas
- Painéis de compensado
- A superfície interna dos painéis marcará as faces do concreto.
- Montantes de madeira
- Travessões horizontais reforçam as faces verticais das formas.
- Se necessário, são utilizadas guias para dar apoio vertical e alinhamento aos travessões.
- Placa de base
- Contraventamento
- Tirantes são necessários para evitar que as formas de parede se afastem ou deformem devido à pressão exercida pelo concreto recém-vertido. Embora haja vários sistemas de formas reutilizáveis patenteados disponíveis no mercado, os tipos mais comuns são dois: tirantes de estalo e tirantes-fêmea.
- Tirantes de estalo apresentam recortes ou pontos frágeis que permitem que suas extremidades sejam quebradas e removidas durante a retirada das formas. São utilizados cones ou arruelas para manter constante a espessura desejável da parede.
- Pequenos cones de madeira, aço ou plástico fixados aos tirantes das formas para afastar os painéis de maneira homogênea deixam depressões com bom acabamento na superfície do concreto. Esses furos podem ser preenchidos ou deixados aparentes.
- Tirantes-fêmea consistem em barras externas que são inseridas através da forma e rosqueadas nas extremidades de uma barra interna. Após a retirada da formas, as secções externas saem, mas as internas permanecem embutidas no concreto.
- Uma diversidade de cunhas e encaixes firmam as formas e transferem os esforços aos tirantes e travessões.

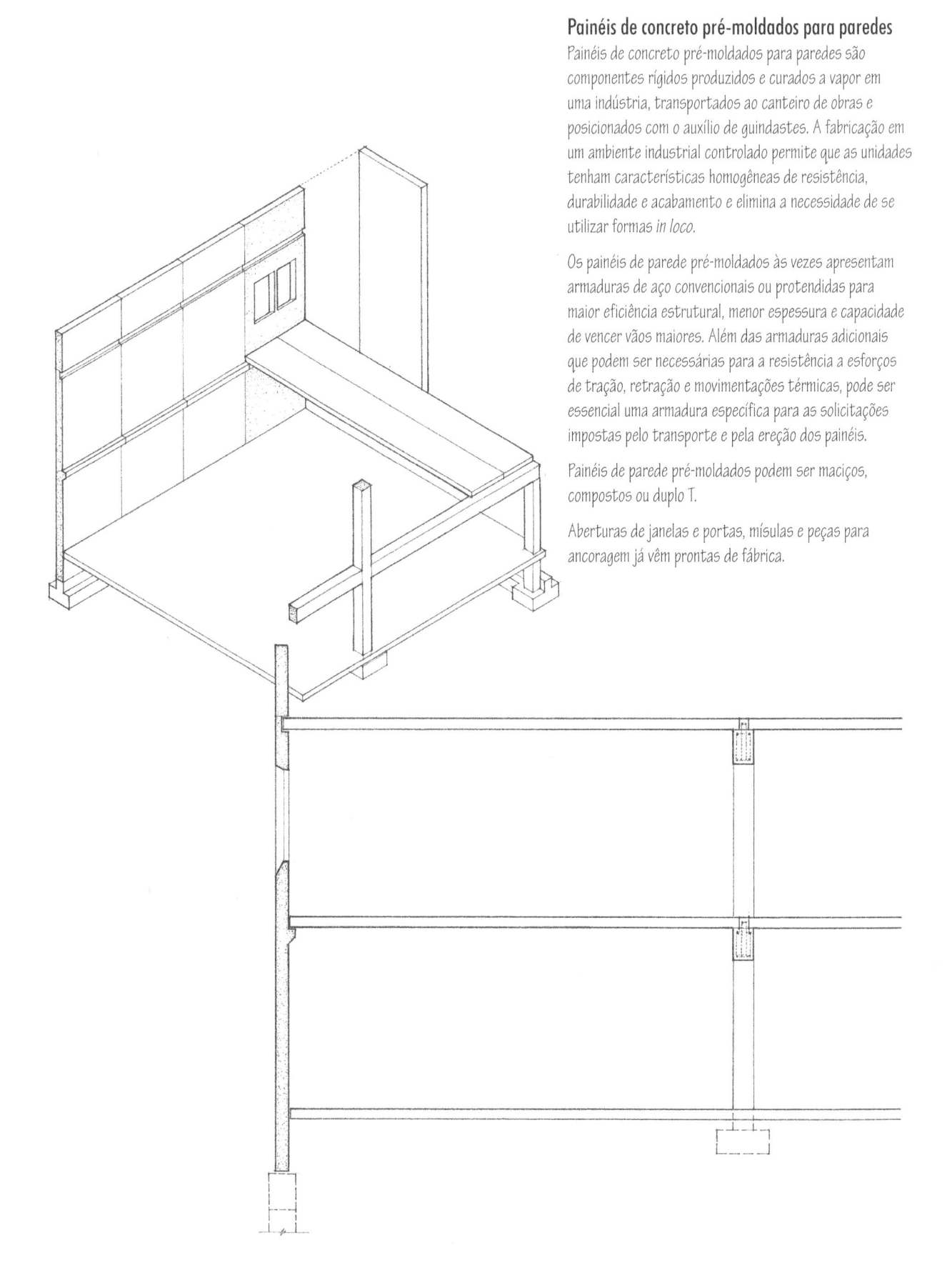

Painéis de concreto pré-moldados para paredes

Painéis de concreto pré-moldados para paredes são componentes rígidos produzidos e curados a vapor em uma indústria, transportados ao canteiro de obras e posicionados com o auxílio de guindastes. A fabricação em um ambiente industrial controlado permite que as unidades tenham características homogêneas de resistência, durabilidade e acabamento e elimina a necessidade de se utilizar formas *in loco*.

Os painéis de parede pré-moldados às vezes apresentam armaduras de aço convencionais ou protendidas para maior eficiência estrutural, menor espessura e capacidade de vencer vãos maiores. Além das armaduras adicionais que podem ser necessárias para a resistência a esforços de tração, retração e movimentações térmicas, pode ser essencial uma armadura específica para as solicitações impostas pelo transporte e pela ereção dos painéis.

Painéis de parede pré-moldados podem ser maciços, compostos ou duplo T.

Aberturas de janelas e portas, mísulas e peças para ancoragem já vêm prontas de fábrica.

IMPLICAÇÕES NO PROJETO DE ARQUITETURA

Paredes de alvenaria

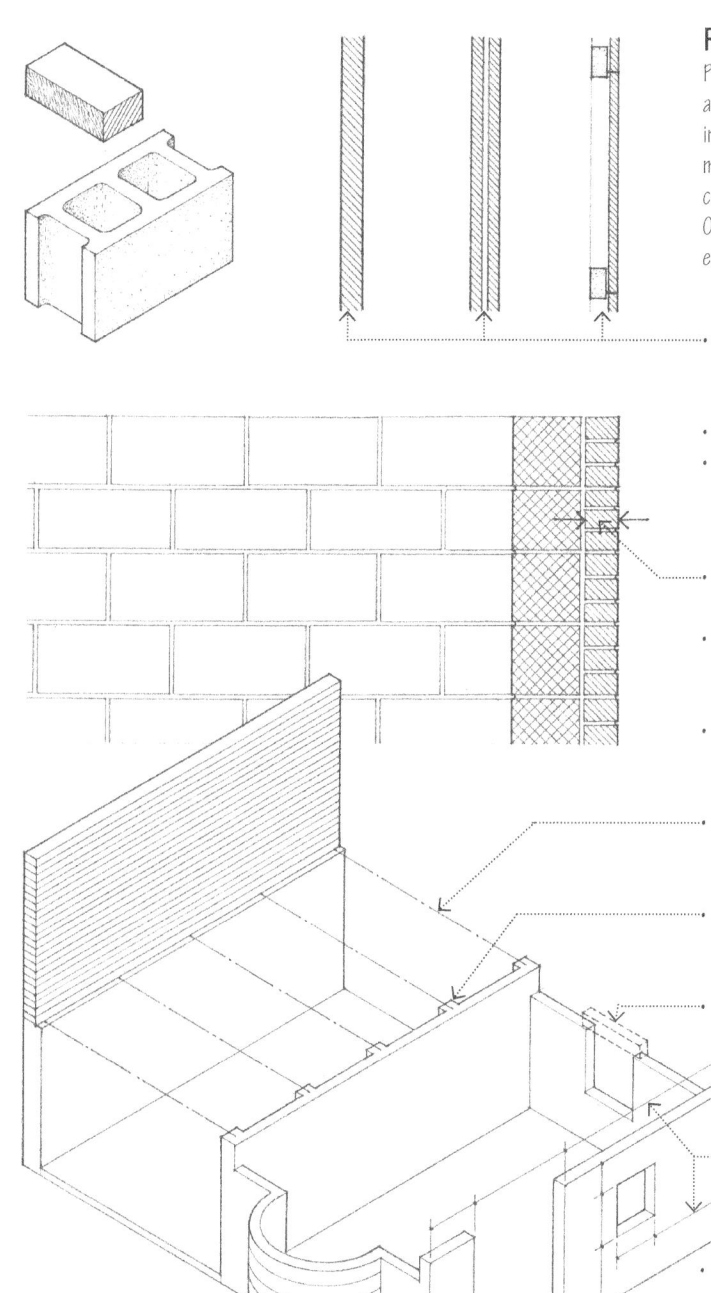

Paredes de alvenaria consistem em blocos modulares ligados a argamassa para formar paredes que são duradouras, resistentes a incêndios e estruturalmente eficientes quando em compressão. Os tipos mais comuns de componentes de alvenaria são tijolos, feitos de argila cozida, e blocos de concreto, peças endurecidas por reações químicas. Outros tipos de componentes de alvenaria incluem blocos cerâmicos estruturais, tijolos de vidro estruturais e pedras naturais ou artificiais.

- Paredes de alvenaria podem ser paredes de tijolo maciço, paredes duplas com cavidade ou paredes de montantes leves revestidas com um pano de alvenaria.
- As paredes de alvenaria podem ser armadas ou não.
- Paredes de alvenaria não armadas também incluem "ferros" nas juntas e grapas para amarrar os panos de paredes duplas com cavidade ou de uma parede de blocos maciços à outra.
- Pano é uma secção vertical contínua de uma parede com a espessura de um tijolo, bloco ou pedra.
- Paredes de alvenaria armada utilizam armaduras inseridas em juntas grauteadas e em cavidades verticais, para auxiliar a alvenaria a suportar esforços de tração.
- Paredes de alvenaria portante geralmente são dispostas em arranjos ortogonais, para sustentar componentes horizontais de aço, madeira ou concreto.
- Os componentes horizontais mais comuns são vigas-treliça de aço, vigas de perfil de aço, barrotes de madeira e lajes moldadas *in loco* ou pré-moldadas.
- Pilastras enrijecem paredes de alvenaria contra esforços laterais e tombamento, além de aumentar a área de apoio para grandes cargas concentradas.
- As aberturas de porta ou de janela podem ser cobertas com arcos de alvenaria armada ou vergas.

Dimensões modulares

- Paredes externas de alvenaria devem ser resistentes às intempéries e ajudar a controlar ganhos e perdas térmicos.
- A penetração da água da chuva deve ser controlada com o uso de juntas talhadas, recuos, rufos e calafetagem.
- Paredes duplas com cavidade são preferíveis devido à sua maior resistência à infiltração de água e melhor desempenho térmico.
- Os movimentos diferenciais em paredes de alvenaria devido a mudanças de temperatura ou de conteúdo de umidade ou à concentração de esforços exigem o uso de juntas de dilatação e controle.

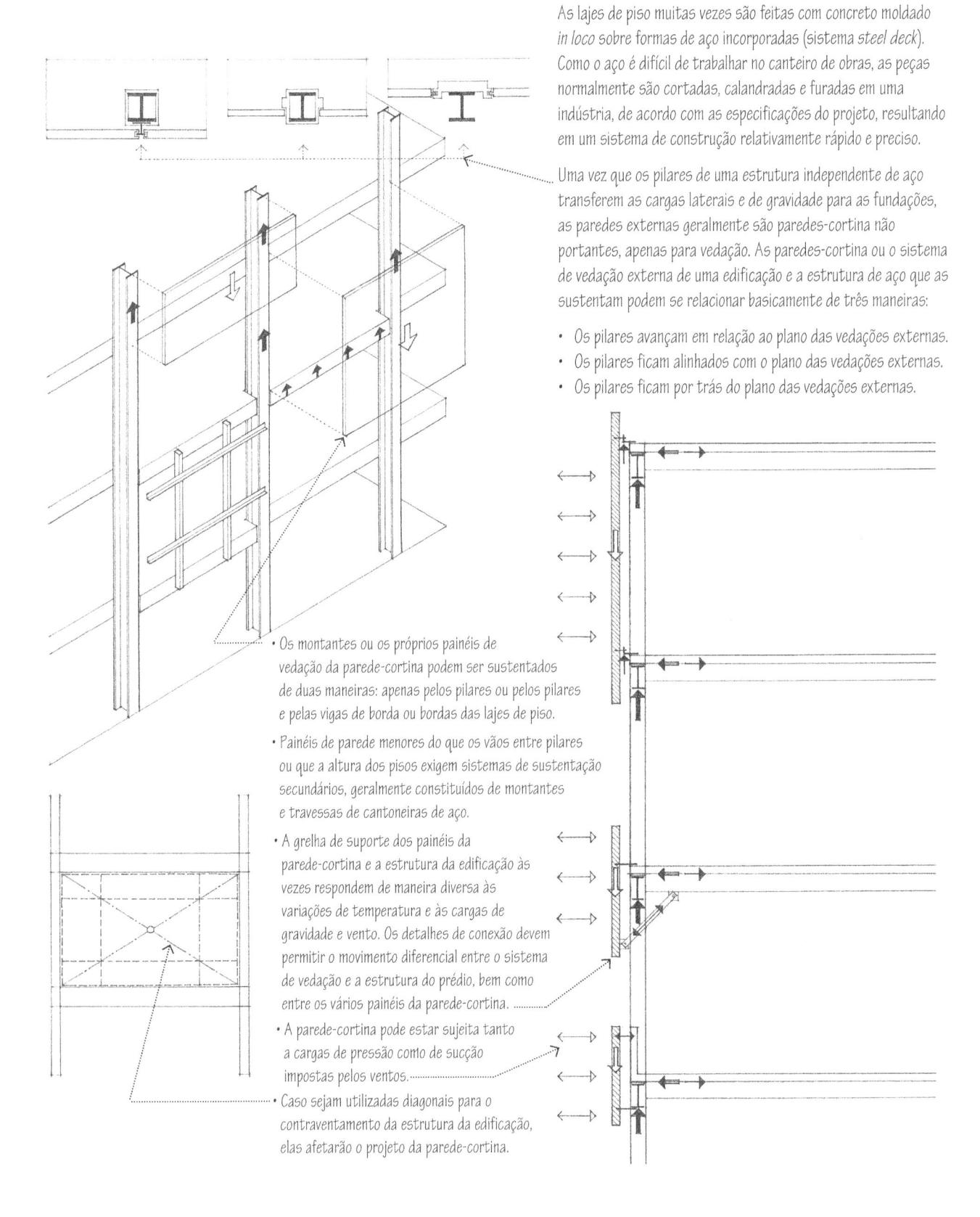

Estruturas independentes de aço

Edificações com estrutura independente de aço geralmente são construídas com perfis laminados a quente que formam pilares, vigas, vigas-treliça, vigas de perfil maciço ou de perfil de alma entalhada e lajes de concreto de painéis pré-fabricados. As lajes de piso muitas vezes são feitas com concreto moldado *in loco* sobre formas de aço incorporadas (sistema *steel deck*). Como o aço é difícil de trabalhar no canteiro de obras, as peças normalmente são cortadas, calandradas e furadas em uma indústria, de acordo com as especificações do projeto, resultando em um sistema de construção relativamente rápido e preciso.

Uma vez que os pilares de uma estrutura independente de aço transferem as cargas laterais e de gravidade para as fundações, as paredes externas geralmente são paredes-cortina não portantes, apenas para vedação. As paredes-cortina ou o sistema de vedação externa de uma edificação e a estrutura de aço que as sustentam podem se relacionar basicamente de três maneiras:

- Os pilares avançam em relação ao plano das vedações externas.
- Os pilares ficam alinhados com o plano das vedações externas.
- Os pilares ficam por trás do plano das vedações externas.

- Os montantes ou os próprios painéis de vedação da parede-cortina podem ser sustentados de duas maneiras: apenas pelos pilares ou pelos pilares e pelas vigas de borda ou bordas das lajes de piso.

- Painéis de parede menores do que os vãos entre pilares ou que a altura dos pisos exigem sistemas de sustentação secundários, geralmente constituídos de montantes e travessas de cantoneiras de aço.

- A grelha de suporte dos painéis da parede-cortina e a estrutura da edificação às vezes respondem de maneira diversa às variações de temperatura e às cargas de gravidade e vento. Os detalhes de conexão devem permitir o movimento diferencial entre o sistema de vedação e a estrutura do prédio, bem como entre os vários painéis da parede-cortina.

- A parede-cortina pode estar sujeita tanto a cargas de pressão como de sucção impostas pelos ventos.

- Caso sejam utilizadas diagonais para o contraventamento da estrutura da edificação, elas afetarão o projeto da parede-cortina.

IMPLICAÇÕES NO PROJETO DE ARQUITETURA

Estrutura de montantes leves

Fatores a considerar na seleção do revestimento das paredes externas para estruturas de montantes em balão:

- Espaçamento necessário para os montantes
- Exigências impostas pela vedação ou por sua base
- Cor, textura, padrão e escala desejados
- Larguras e alturas padrão dos painéis de revestimento
- Detalhamento de quinas e juntas verticais e horizontais
- Integração das aberturas de porta e janela ao padrão das paredes
- Durabilidade, necessidade de manutenção e características de desgaste devido ao intemperismo
- Condutividade térmica, refletância e porosidade dos materiais
- Juntas de dilatação, caso necessárias

Estruturas em balão

Estruturas em balão são sistemas de madeira que utilizam montantes que se elevam à altura total da estrutura, da travessa da soleira à travessa da cobertura, com barrotes pregados aos montantes e sustentados por travessas ou faixas (pequenas travessas) também presas aos montantes. As estruturas em balão são muito pouco utilizadas nos Estados Unidos atualmente, mas a retração mínima de seus elementos faz deste sistema uma alternativa interessante para paredes revestidas de tijolo à vista ou rebocadas.

Estrutura em plataforma

Estrutura em plataforma é uma estrutura leve de madeira com montantes de apenas um pavimento de altura, independentemente do número de pavimentos, na qual cada andar se apoia nas travessas superiores do andar de baixo ou nas travessas de base do muro de arrimo.

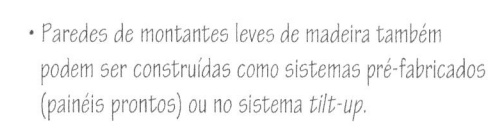

- Paredes de montantes leves de madeira também podem ser construídas como sistemas pré-fabricados (painéis prontos) ou no sistema *tilt-up*.
- Embora a retração vertical neste sistema estrutural seja maior do que nas estruturas em balão, ela é equalizada entre os pavimentos.

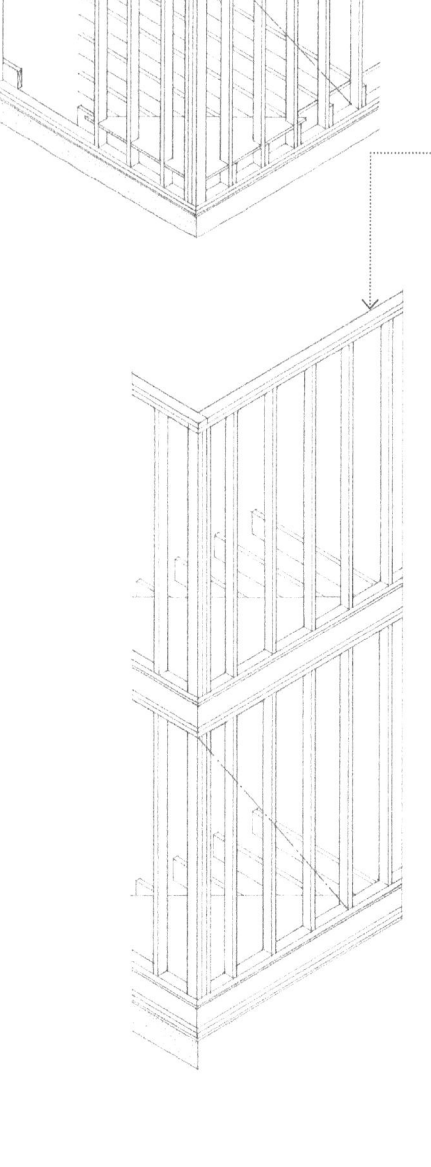

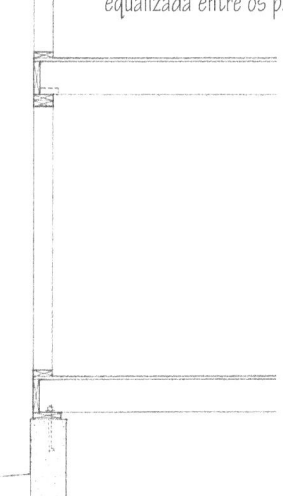

Coberturas

Lajes de cobertura de concreto armado

Lajes de cobertura de concreto armado são feitas com formas e mistura de concreto da mesma maneira que as lajes de concreto armado de piso. As lajes de cobertura são normalmente revestidas com membranas, como mostrado no corte a seguir.

Para coberturas planas:

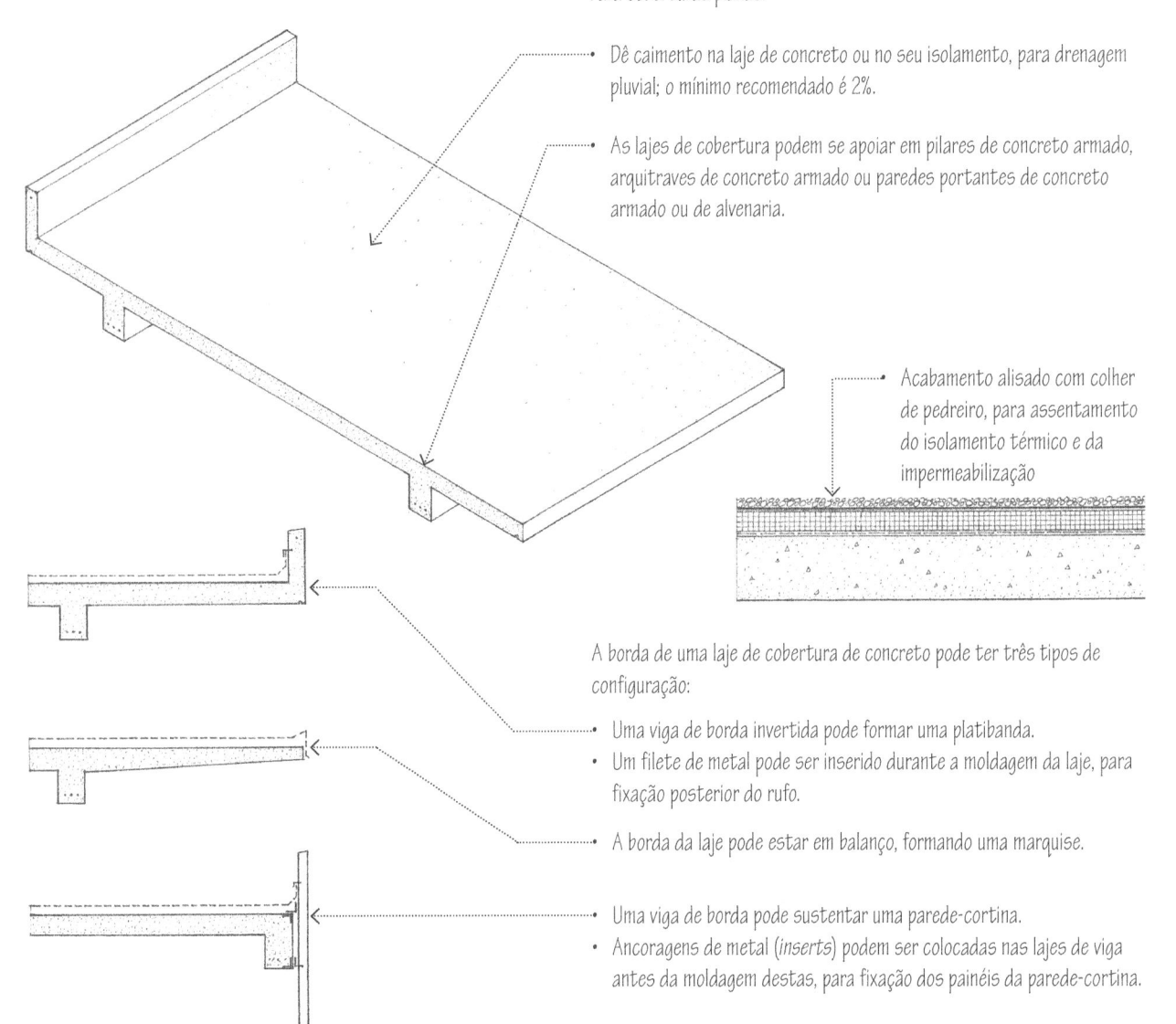

- Dê caimento na laje de concreto ou no seu isolamento, para drenagem pluvial; o mínimo recomendado é 2%.
- As lajes de cobertura podem se apoiar em pilares de concreto armado, arquitraves de concreto armado ou paredes portantes de concreto armado ou de alvenaria.

Acabamento alisado com colher de pedreiro, para assentamento do isolamento térmico e da impermeabilização

A borda de uma laje de cobertura de concreto pode ter três tipos de configuração:

- Uma viga de borda invertida pode formar uma platibanda.
- Um filete de metal pode ser inserido durante a moldagem da laje, para fixação posterior do rufo.
- A borda da laje pode estar em balanço, formando uma marquise.
- Uma viga de borda pode sustentar uma parede-cortina.
- Ancoragens de metal (*inserts*) podem ser colocadas nas lajes de viga antes da moldagem destas, para fixação dos painéis da parede-cortina.

Estruturas de cobertura com perfis de aço estrutural

Uma cobertura plana pode ser estruturada com componentes de aço estrutural de maneira similar às lajes de piso com estrutura de aço.

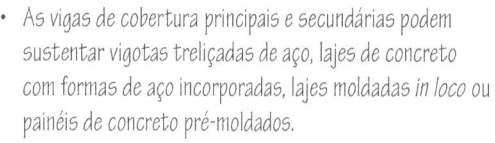

- As vigas de cobertura principais e secundárias podem sustentar vigotas treliçadas de aço, lajes de concreto com formas de aço incorporadas, lajes moldadas *in loco* ou painéis de concreto pré-moldados.
- Pode-se configurar beirais ou marquises com o balanço das vigas secundárias em relação a seus apoios, ou simplesmente com o recuo relativo das paredes de vedação externa.

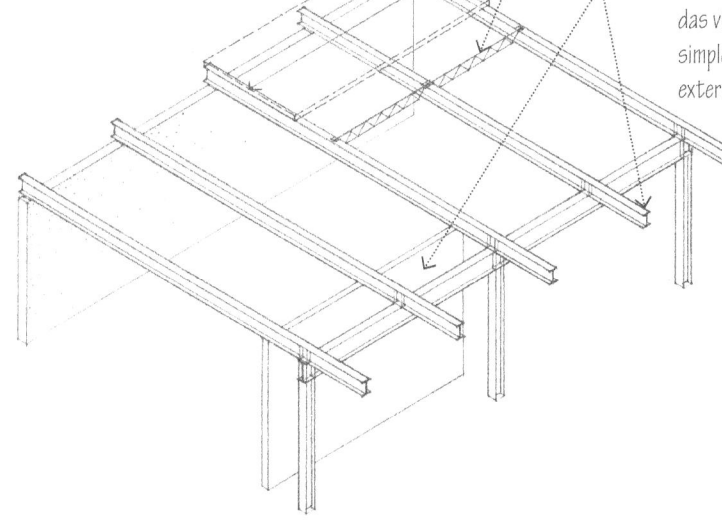

O aço estrutural também pode ser utilizado na estruturação de coberturas em vertente.

- Painéis cimentícios ou telhas de metal corrugadas
- Espaçamento dos caibros = tamanho dos painéis ou das telhas

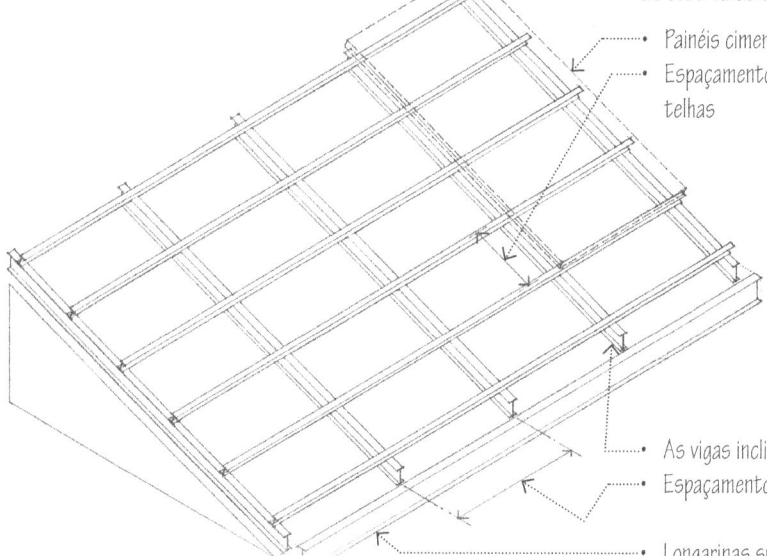

- As vigas inclinadas do telhado sustentam os caibros
- Espaçamento das vigas = vão vencido pelos caibros

- Longarinas sustentam as vigas da cobertura na cumeeira e nos beirais

Treliças de aço

Treliças de aço geralmente são fabricadas por soldagem ou parafusamento de cantoneiras e perfis T, formando estruturas trianguladas. Devido à esbelteza das barras da treliça, as conexões normalmente exigem o emprego de placas de união. Treliças de aço mais pesadas podem ser feitas com perfis estruturais de mesas largas ou tubulares.

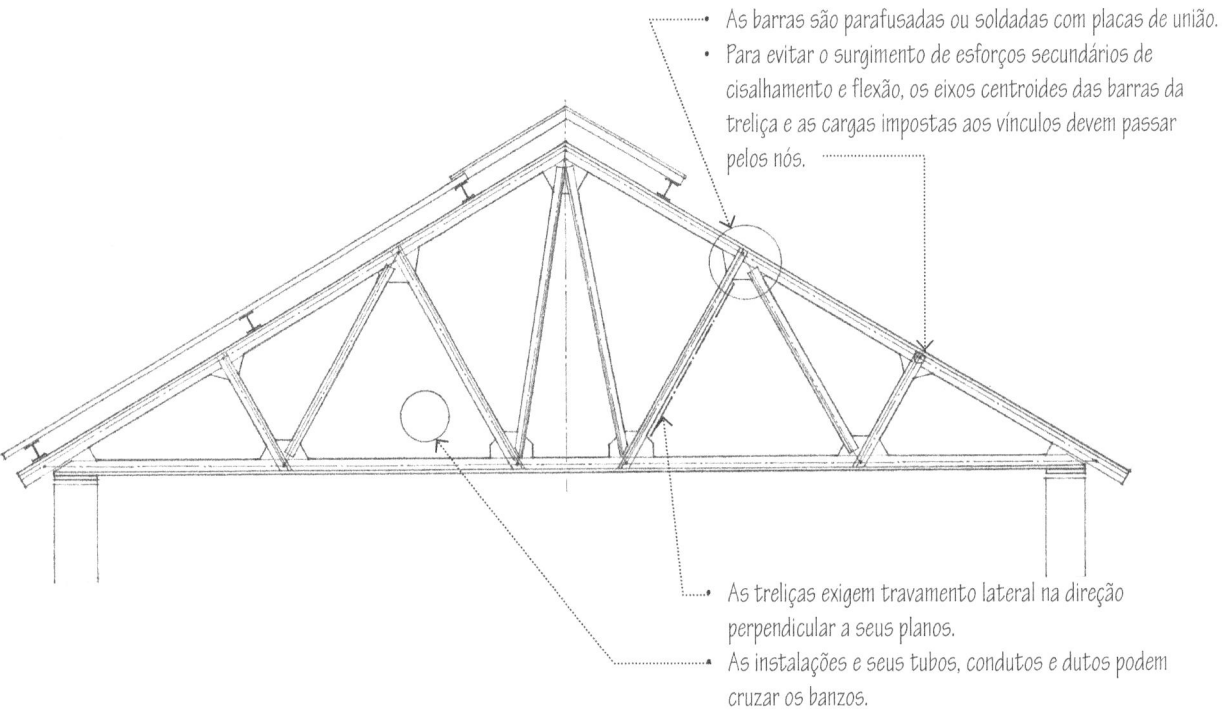

- As barras são parafusadas ou soldadas com placas de união.
- Para evitar o surgimento de esforços secundários de cisalhamento e flexão, os eixos centroides das barras da treliça e as cargas impostas aos vínculos devem passar pelos nós.

- As treliças exigem travamento lateral na direção perpendicular a seus planos.
- As instalações e seus tubos, condutos e dutos podem cruzar os banzos.
- Componentes construtivos incombustíveis podem ser deixados aparentes se estiverem ao menos 6,10 m acima do nível do piso acabado.

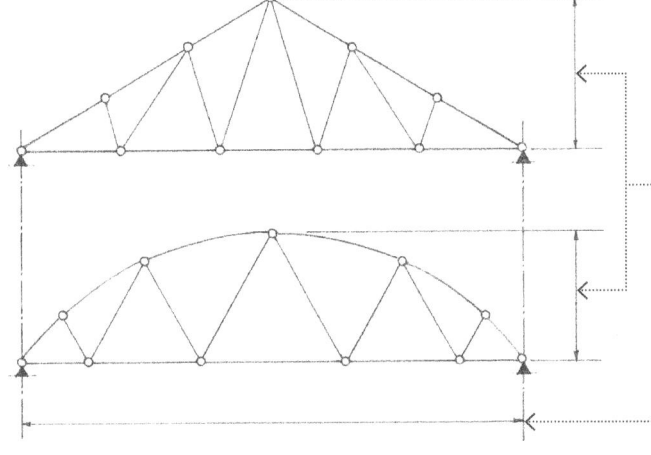

- A grande altura das tesouras permite que elas vençam vãos maiores do que longarinas e vigas de perfil de aço.

- Vãos possíveis: entre 7,0 e 36,0 m

IMPLICAÇÕES NO PROJETO DE ARQUITETURA 275

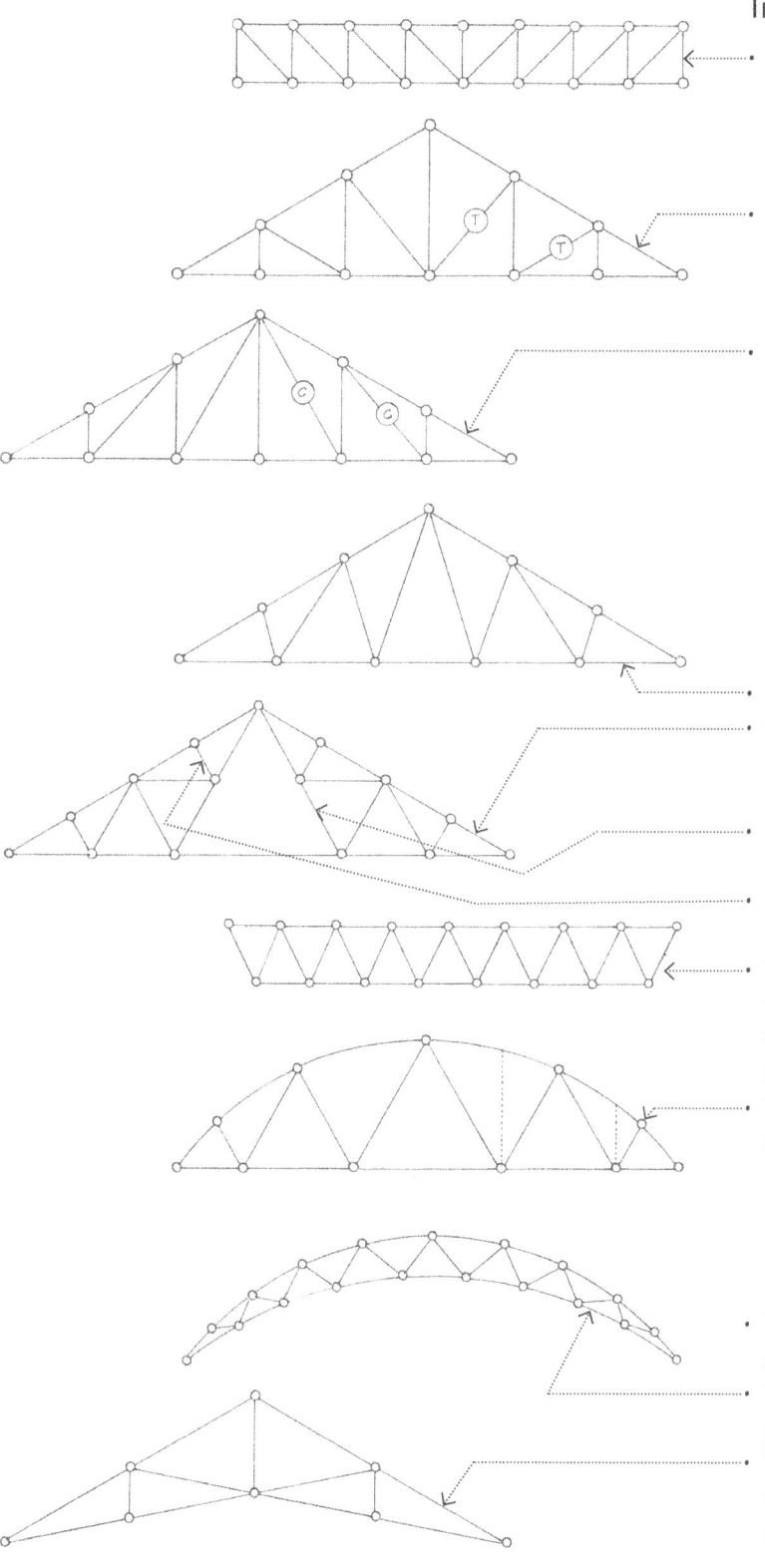

Tipos de treliças planas

- Treliças horizontais têm seus banzos inferior e superior paralelos. Geralmente, as treliças horizontais são menos eficientes do que as tesouras ou as treliças de berço.

- Treliças Pratt têm as barras verticais de sua trama submetidas à compressão e as diagonais, à tração. Em geral, é mais eficiente utilizar um tipo de treliça na qual as barras mais longas estão submetidas à tração.

- Treliças Howe têm suas barras verticais submetidas à tração e as diagonais, à compressão.

- Tesouras belgas têm todas as suas barras inclinadas.
- Tesouras Fink são tesouras belgas providas de barras horizontais entre as barras diagonais, para reduzir o comprimento das peças submetidas à compressão em direção à linha central do vão.
- Diagonais são as barras inclinadas de uma treliça que ligam os banzos superiores e inferiores.
- Subdiagonais são peças inclinadas de uma treliça que ligam um banzo a uma diagonal principal.
- Treliças Warren apresentam barras inclinadas que formam triângulos equiláteros. Por vezes, são introduzidas barras verticais na trama, a fim de reduzir os vãos das barras no banzo superior, submetido à compressão.
- Treliças de berço têm um banzo superior curvo que encontra o banzo inferior reto em cada extremidade.

- Treliças de banzo suspenso têm um banzo inferior substancialmente elevado em relação ao nível dos apoios.
- Treliças em crescente têm banzos superior e inferior curvados para cima a partir de um ponto comum em cada extremidade.
- Tesouras com banzo inferior inclinado têm barras tracionadas que se estendem do nó mais baixo de cada banzo superior a um nó intermediário no banzo superior oposto.

Telhas de metal

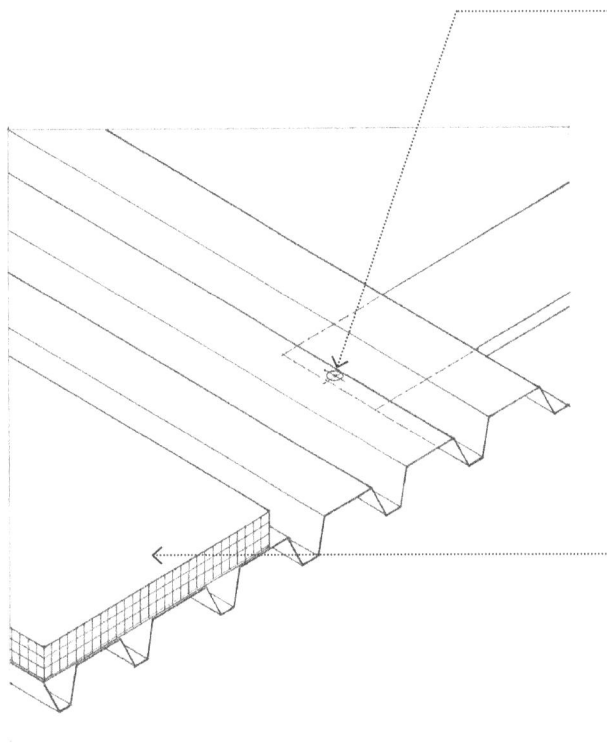

Telhas de metal são corrugadas, para maior rigidez e capacidade de vencimento de vãos entre vigas-treliça de aço ou outras vigas de perfil de aço mais espaçadas, e servem como base para o isolamento térmico e a impermeabilização.

- As telhas são soldadas por pudlagem ou fixadas por meios mecânicos às vigas ou vigas-treliça do telhado.
- As telhas são conectadas entre si nas laterais, por meio de parafusos, soldas ou prensagem das juntas verticais.
- Se as telhas do telhado tiverem a função de diafragma estrutural e transferirem cargas laterais a paredes de cisalhamento, todo o seu perímetro deverá ser soldado a suportes de aço. Além disso, talvez as exigências para o apoio e a fixação por sobreposição lateral sejam mais rigorosas.

- Coberturas de metal muitas vezes são utilizadas com um capeamento de concreto, exigindo painéis de madeira estrutural, painéis cimentícios ou painéis de isolamento térmico rígido para cobrir as corrugações das telhas e criar uma superfície firme e lisa para a membrana de impermeabilização e a camada de isolamento térmico, se for o caso.
- Para que haja uma superfície máxima de adesão efetiva para o isolamento térmico rígido, as corrugações superiores devem ser largas e planas. Se as telhas tiverem ranhuras para enrijecimento, a camada de isolamento talvez precise ser fixada com conectores mecânicos.

- Os telhados de metal têm baixa permeabilidade a vapores, mas, em função do grande número de juntas, não são estanques ao ar. Se for necessária uma barreira de ar para evitar a penetração de umidade na cobertura composta, pode-se empregar uma capa de concreto. Caso uma camada de concreto leve para isolamento seja utilizada, a cobertura talvez tenha aberturas para ventilação e liberação da umidade e da pressão de vapor.

IMPLICAÇÕES NO PROJETO DE ARQUITETURA

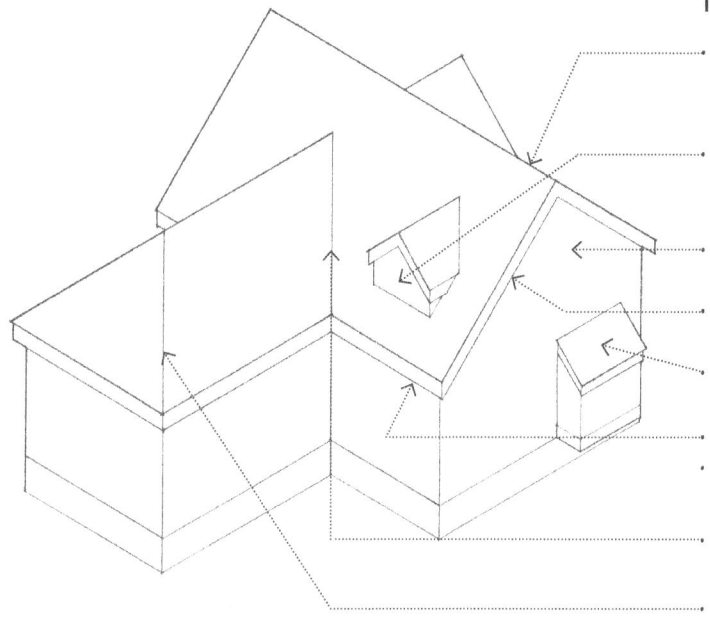

Estruturas de telhados de madeira
Terminologia de telhados

- Cumeeira é a linha de tipo horizontal de interseção entre duas águas de um telhado.

- Lucarnas ou trapeiras são estruturas que se projetam de um telhado em vertente e que normalmente apresentam uma janela ou uma veneziana de ventilação.
- Empena ou oitão é a porção triangular da parede que fecha a extremidade de um telhado em vertente e que fica entre a cumeeira e os beirais.
- Beira é a extremidade inclinada, normalmente projetada de um telhado inclinado.
- Telhado de meia-água é um telhado com apenas um caimento.

- Beiral ou beirado é a parte da cobertura que avança em relação à parede.
- Forro do beiral é a parte inferior de um beiral.

- Rincão é a interseção entre duas superfícies inclinadas (duas águas) de uma cobertura, em direção à qual a água da chuva corre.
- Espigão é a aresta inclinada formada pela interseção de duas águas adjacentes e inclinadas de uma cobertura.

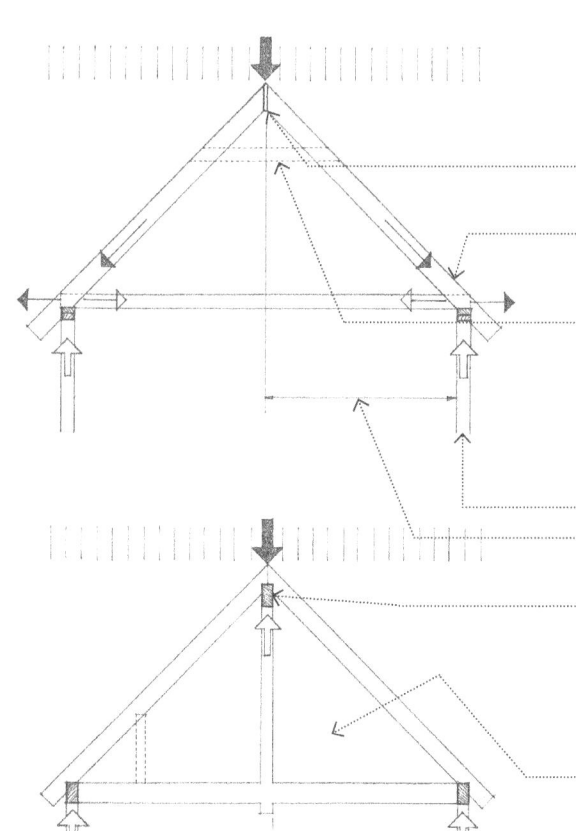

Telhados de duas águas

Telhados de duas águas têm dois caimentos em relação a uma cumeeira, geralmente centralizada, formando uma empena em cada extremidade.

- Chapa de cumeeira é a tábua horizontal colocada na cumeeira de um telhado, à qual são presas as extremidades superiores dos caibros.
- Os caibros principais vão da contraplaca, na cumeeira, a uma chapa de viga ou uma travessa superior e sustentam os painéis de cobertura de um telhado.

- Travessas unem dois caibros comuns colocados um na frente do outro em um ponto abaixo da cumeeira, normalmente na terça parte superior da extensão de cada caibro.
- As travessas que resistem aos empuxos dos caibros podem ser projetadas como barrotes de piso de um sótão ou como barrotes de sustentação de todo um pavimento de cobertura habitável.
- Parede portante ou viga de borda
- Vão dos caibros

- Viga de cumeeira é uma peça estrutural horizontal cuja finalidade é apoiar as extremidades superiores dos caibros na cumeeira de um telhado.
- Não são necessárias amarrações entre os caibros e as paredes externas ou as vigas de cobertura.

- O sótão pode ser um espaço de permanência prolongada se tiver pé-direito, luz natural e ventilação suficientes.

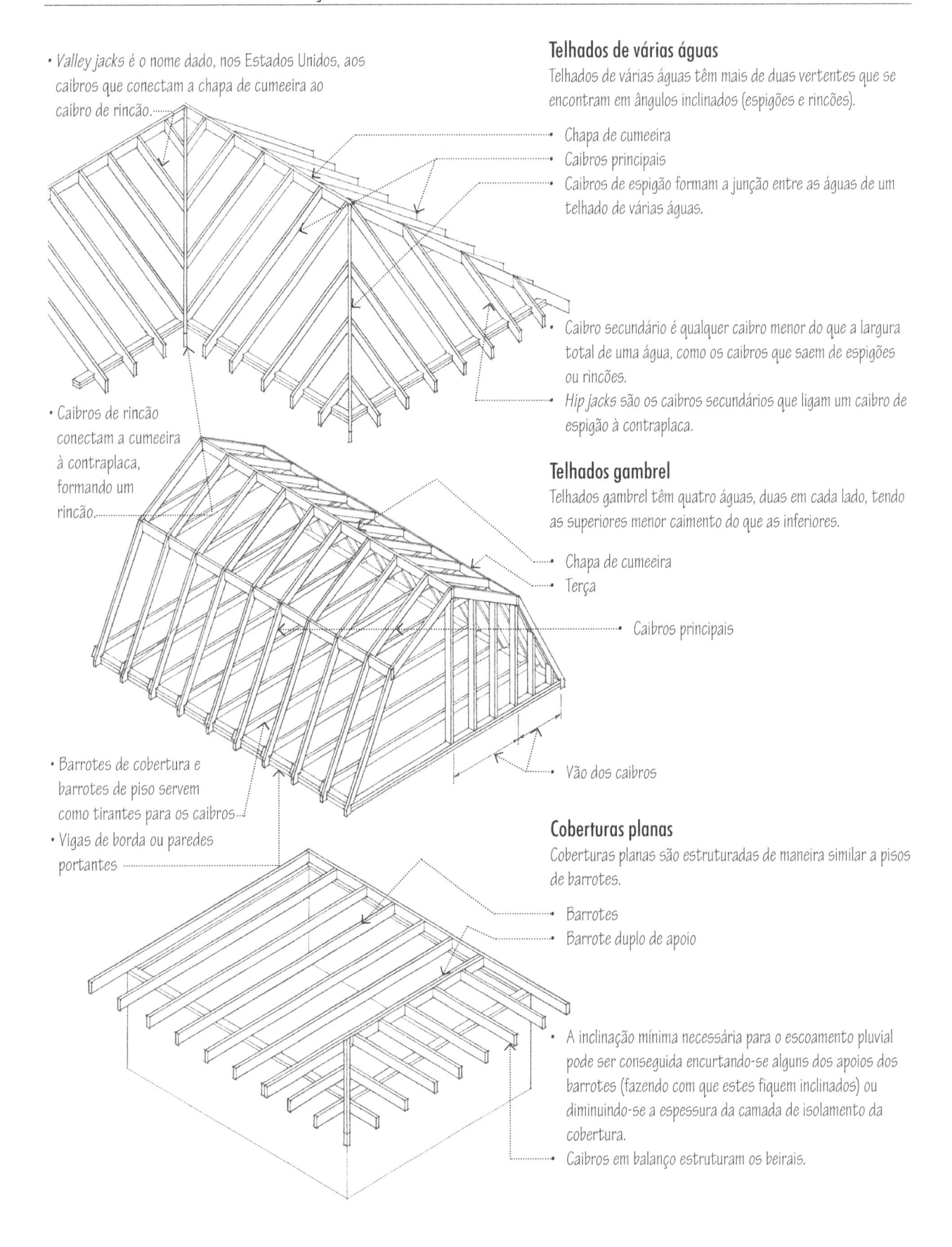

- *Valley jacks* é o nome dado, nos Estados Unidos, aos caibros que conectam a chapa de cumeeira ao caibro de rincão.

- Caibros de rincão conectam a cumeeira à contraplaca, formando um rincão.

- Barrotes de cobertura e barrotes de piso servem como tirantes para os caibros
- Vigas de borda ou paredes portantes

Telhados de várias águas
Telhados de várias águas têm mais de duas vertentes que se encontram em ângulos inclinados (espigões e rincões).

- Chapa de cumeeira
- Caibros principais
- Caibros de espigão formam a junção entre as águas de um telhado de várias águas.
- Caibro secundário é qualquer caibro menor do que a largura total de uma água, como os caibros que saem de espigões ou rincões.
- *Hip jacks* são os caibros secundários que ligam um caibro de espigão à contraplaca.

Telhados gambrel
Telhados gambrel têm quatro águas, duas em cada lado, tendo as superiores menor caimento do que as inferiores.

- Chapa de cumeeira
- Terça
- Caibros principais
- Vão dos caibros

Coberturas planas
Coberturas planas são estruturadas de maneira similar a pisos de barrotes.

- Barrotes
- Barrote duplo de apoio
- A inclinação mínima necessária para o escoamento pluvial pode ser conseguida encurtando-se alguns dos apoios dos barrotes (fazendo com que estes fiquem inclinados) ou diminuindo-se a espessura da camada de isolamento da cobertura.
- Caibros em balanço estruturam os beirais.

IMPLICAÇÕES NO PROJETO DE ARQUITETURA   279

Coberturas com estrutura de barrotes de madeira e painéis ou tábuas

Há várias alternativas para a estruturação de um sistema de cobertura com barrotes de madeira e painéis ou tábuas, dependendo da direção e do espaçamento dos barrotes, dos elementos empregados para vencer os vãos entre os barrotes e da espessura total da cobertura.

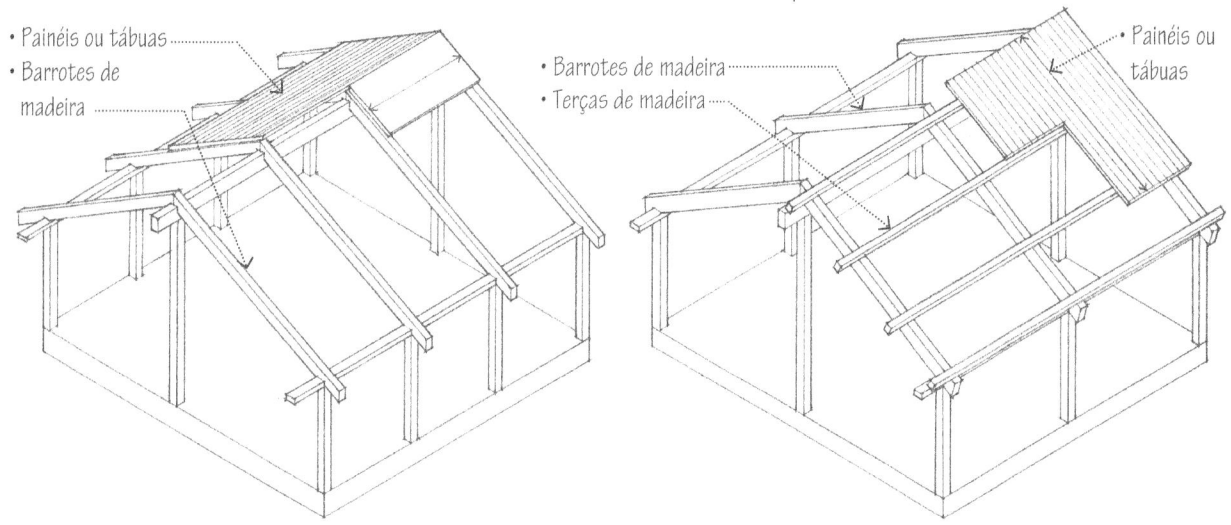

- Painéis ou tábuas
- Barrotes de madeira

- Barrotes de madeira
- Terças de madeira

- Painéis ou tábuas

Os barrotes podem ser espaçados entre 1,20 e 2,40 m entre os eixos e cobertos por painéis ou tábuas de madeira maciça ou laminada. Os barrotes podem ser sustentados por longarinas, pilares ou uma parede portante de concreto armado ou de alvenaria.

Neste sistema de duas camadas, os barrotes de cobertura ficam mais espaçados e sustentam uma série de terças de madeira. As terças, por sua vez, são cobertas com painéis ou tábuas de madeira ou diretamente com telhas rígidas.

Barrotes paralelos ao caimento do telhado

- Caibros de madeira
- Barrotes de madeira

- Barrotes de madeira (vigas principais)
- Tabuado (painéis ou tábuas) ou vigas secundárias

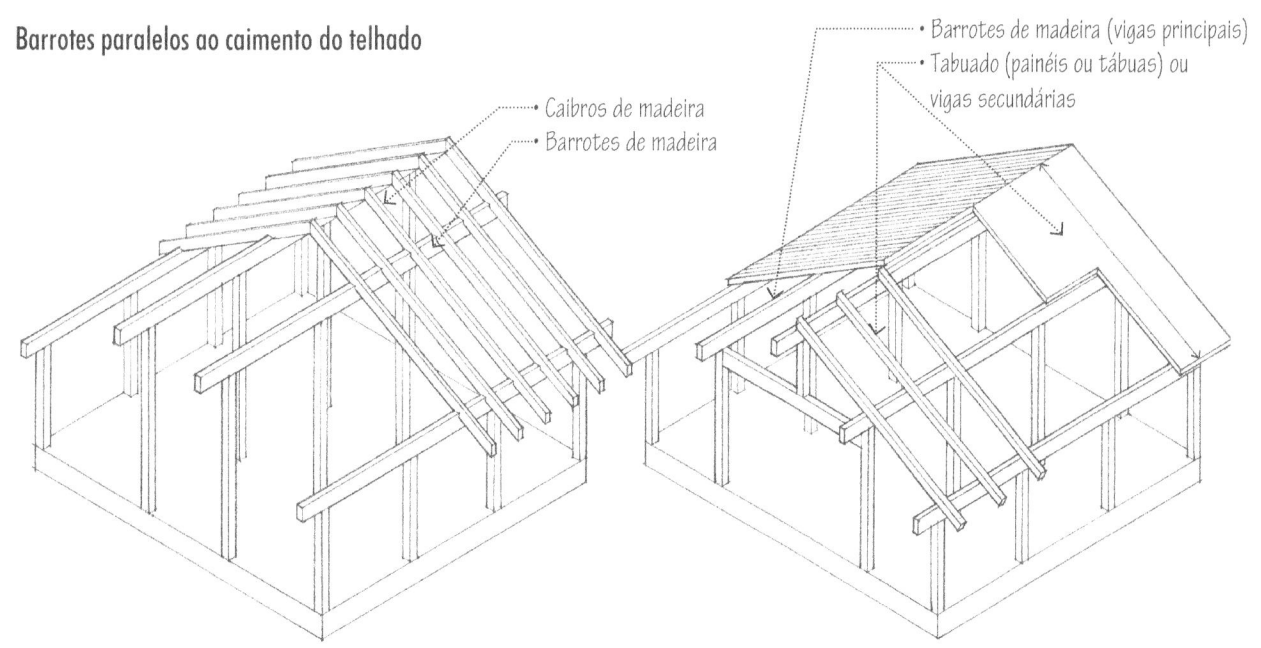

Neste exemplo de estrutura de cobertura em duas camadas, os barrotes sustentam um sistema convencional de caibros de madeira.

Os barrotes podem estar próximos o suficiente para que possam ser cobertos diretamente pelo tabuado. Se estiverem mais espaçados, os barrotes sustentarão uma série de vigas secundárias paralelas ao caimento do telhado.

Barrotes perpendiculares ao caimento do telhado

Tesouras de madeira

Ao contrário das treliças planas, as tesouras de madeira mais pesadas podem ser montadas sobrepondo barras múltiplas e conectando-as pelos nós com conectores de aro fendido. Essas tesouras de madeira conseguem transferir carregamentos maiores do que as treliças planas e podem ser mais espaçadas. Consulte um engenheiro de estruturas para informações adicionais sobre projeto, contraventamento e ancoragem.

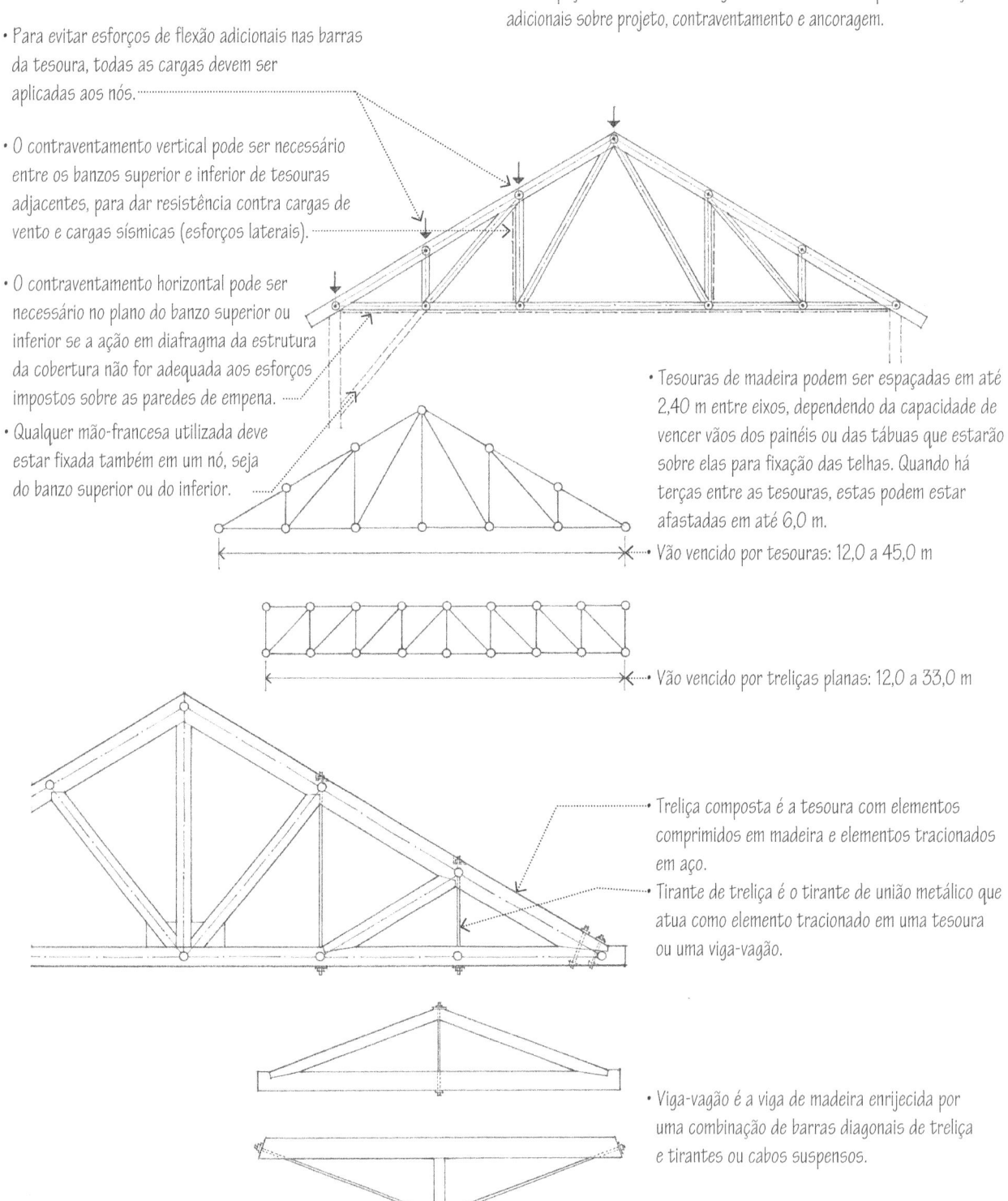

• Para evitar esforços de flexão adicionais nas barras da tesoura, todas as cargas devem ser aplicadas aos nós.

• O contraventamento vertical pode ser necessário entre os banzos superior e inferior de tesouras adjacentes, para dar resistência contra cargas de vento e cargas sísmicas (esforços laterais).

• O contraventamento horizontal pode ser necessário no plano do banzo superior ou inferior se a ação em diafragma da estrutura da cobertura não for adequada aos esforços impostos sobre as paredes de empena.

• Qualquer mão-francesa utilizada deve estar fixada também em um nó, seja do banzo superior ou do inferior.

• Tesouras de madeira podem ser espaçadas em até 2,40 m entre eixos, dependendo da capacidade de vencer vãos dos painéis ou das tábuas que estarão sobre elas para fixação das telhas. Quando há terças entre as tesouras, estas podem estar afastadas em até 6,0 m.

• Vão vencido por tesouras: 12,0 a 45,0 m

• Vão vencido por treliças planas: 12,0 a 33,0 m

• Treliça composta é a tesoura com elementos comprimidos em madeira e elementos tracionados em aço.

• Tirante de treliça é o tirante de união metálico que atua como elemento tracionado em uma tesoura ou uma viga-vagão.

• Viga-vagão é a viga de madeira enrijecida por uma combinação de barras diagonais de treliça e tirantes ou cabos suspensos.

11 A Estrutura de uma Edificação

Resistindo às Forças que Agem sobre uma Edificação

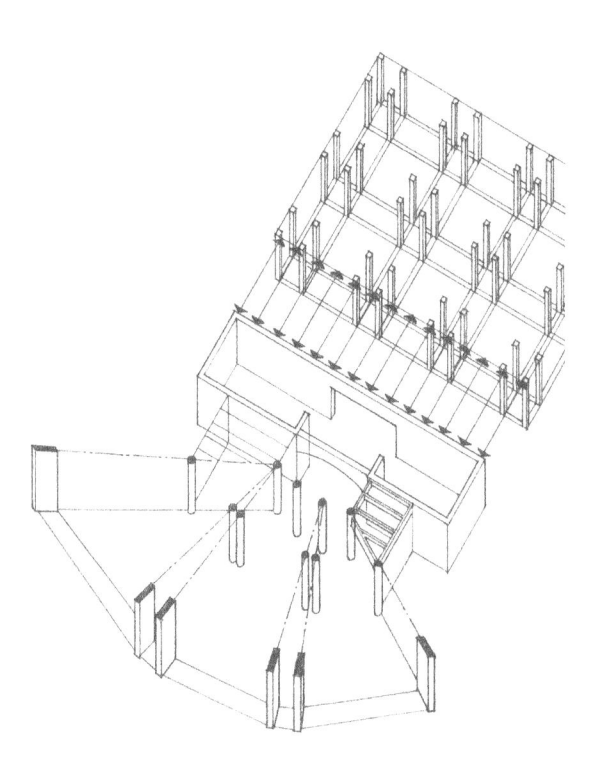

Como o conhecimento sobre estruturas afeta o projeto?

Às vezes, a arquitetura é mal-entendida e é considerada uma disciplina da engenharia. Embora não seja o caso, certo conhecimento sobre estruturas é imperativo na criação de um bom projeto. A compreensão das ideias estruturais básicas proporciona ao arquiteto condicionantes valiosos, dentro dos quais o processo de projeto pode acontecer. O arquiteto poderá entender o que é possível e impossível e, mais especificamente, o que é viável. Um conhecimento mínimo sobre estruturas também permite que o arquiteto se comunique e colabore melhor com os engenheiros e construtores, cuja responsabilidade é assegurar que a edificação se comportará como deve sob a influência das forças previstas. O arquiteto é responsável pela coordenação entre os vários elementos da equipe de projeto e, sem um conhecimento mínimo sobre estruturas, isso seria impossível.

O conhecimento sobre estruturas também orienta, em boa parte, as decisões de projeto. Quanto mais um arquiteto entende o comportamento dos materiais, a localização e o dimensionamento de elementos estruturais e as regras gerais para a determinação dos vãos, mais ele poderá usar a estrutura como uma força motivadora na geração de ideias para o projeto. Por exemplo, o arquiteto pode usar uma malha modular de pilares para definir espaços, desde que tenha previsto que isso será necessário. Caso contrário, ele configuraria espaços para descobrir somente depois que deverá colocar pilares, criando divisões estranhas e malproporcionadas.

Este capítulo discute vários elementos estruturais da arquitetura e os esforços que atuam sobre eles. Ele oferece um resumo sobre como a arquitetura resiste às diversas forças que atuam contra ela e de onde essas forças vêm.

A ESTRUTURA DE UMA EDIFICAÇÃO

O projeto estrutural

Esta seção tem como foco os princípios de engenharia que estão por trás das exigências e do projeto de sistemas estruturais, para que possam receber as cargas previstas, como o peso da edificação, o peso dos usuários e dos materiais e as cargas impostas pela natureza, como vento, neve, enchentes e terremotos.

Ao fechar um espaço para a habitação, o sistema estrutural de uma edificação deve poder suportar dois tipos de carga – as estáticas e as dinâmicas.

Cargas estáticas

Considera-se que as cargas estáticas sejam lentamente aplicadas a uma estrutura, até que ela atinja seu valor de pico, sem flutuar rapidamente em magnitude ou posição. Sob uma carga estática, uma estrutura responde lentamente e sua deformação alcança o pico quando a força estática é máxima.

- As cargas mortas são cargas estáticas verticais descendentes em uma estrutura, compreendendo o peso próprio da estrutura e o peso dos elementos construtivos, dos acessórios e dos equipamentos permanentemente conectados a ela.
- As cargas acidentais (ou vivas) compreendem qualquer carga móvel em uma estrutura, resultante de ocupação, de neve e água acumulada ou de equipamento móvel. Uma carga acidental em geral age verticalmente e para baixo, mas também pode agir horizontalmente, refletindo a dinâmica natural de uma carga móvel.
- As cargas de ocupação resultam do peso de pessoas, móveis, material armazenado e outros itens semelhantes em uma edificação. Os códigos de edificações especificam cargas mínimas uniformemente distribuídas para vários usos e ocupações.
- As cargas de impacto são cargas cinéticas de curta duração devidas a veículos, equipamentos e máquinas móveis. Os códigos de edificações tratam essas cargas como estáticas, compensando sua natureza dinâmica por meio da amplificação da carga estática.
- As cargas de recalque são impostas a uma estrutura pelo desmoronamento de uma porção do solo de sustentação e do recalque diferencial resultante de sua fundação.
- A pressão da água é a força hidráulica que as águas freáticas exercem em um sistema de fundação.

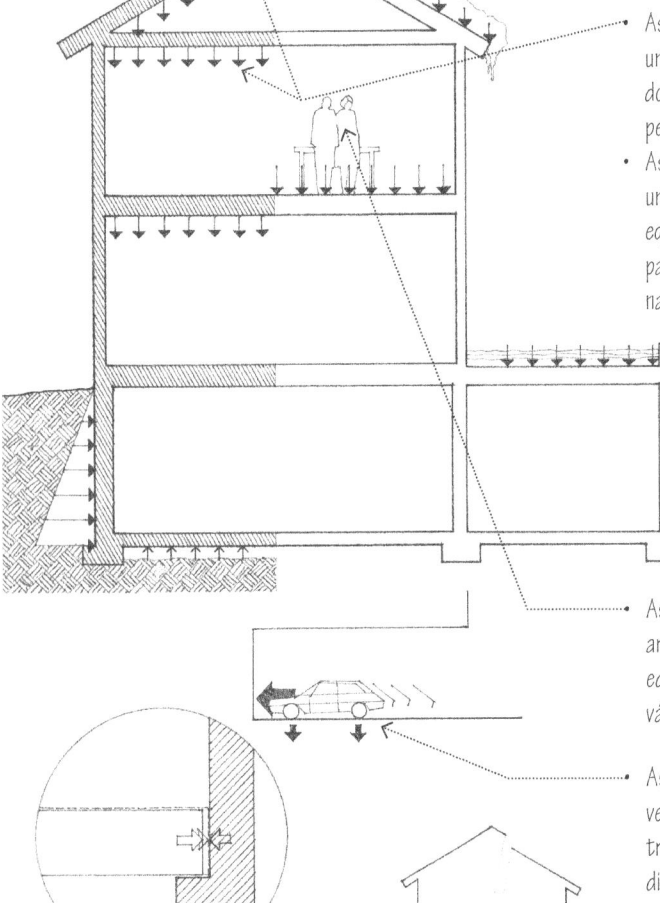

- Os esforços térmicos são as solicitações de compressão ou tração desenvolvidas em um material submetido à dilatação ou retração térmica.

Cargas de cobertura

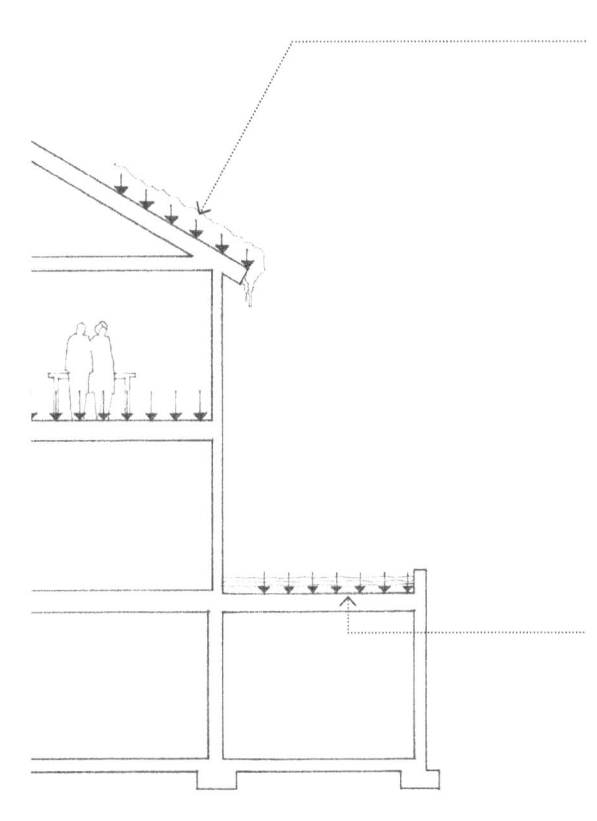

As cargas de cobertura que agem sobre uma superfície inclinada são consideradas como atuando na projeção horizontal daquela superfície.

Cargas de neve

As cargas de neve são criadas pelo peso da neve que se acumula sobre uma cobertura. Elas são determinadas com base em registros históricos e estão relacionadas com a localização geográfica e as elevações.

- Por exemplo, nos Estados Unidos, a carga de neve da região centro-norte do Estado de Kansas é 1,19 kN/m².
- No nordeste do Arizona, as cargas podem ser zero (a uma altitude de 914 m em relação ao nível do mar), 0,24 kN/m² (a 1.372 m), 0,48 kN/m² (a 1.645 m) ou mesmo 0,72 kN/m² (a 1.920 m).
- Em áreas muito sujeitas a neve, como a Sierra Nevada e as Montanhas Rochosas, a carga de neve deve ser determinada por meio de estudos de caso que se baseiam em dados com recorrência de 50 anos e deve ser aprovada pela autoridade em construção no município.

Cargas de chuva

As coberturas devem ser projetadas para receber a carga da chuva acumulada quando as calhas e os condutores verticais ficam entupidos. As coberturas com declividade inferior a 2% devem ser analisadas para que se determine se o acúmulo de água resultará na deformação progressiva dos elementos da cobertura, o que levaria a risco de instabilidade ou mesmo de colapso. A altura de água prevista se baseia na diferença de elevação entre o sistema de cobertura normal e o ponto de descarga do sistema de extravasão.

Cargas de enchente

Em áreas sujeitas a enchentes, todas as novas edificações, bem como as grandes reformas ou obras de reconstrução, devem ser projetadas para resistir aos efeitos das enchentes e das cargas acarretadas por elas. Se uma edificação está sujeita ou não a tal exigência dependerá dos mapas de risco de enchentes que são adotados na localidade, os quais identificam as áreas sujeitas a alagamento e as elevações da água em períodos de frequência previstos, como 50 ou 100 anos. A elevação e a localização do terreno de uma edificação devem ser comparadas com as dos mapas, para determinar se esta seção é aplicável ou não.

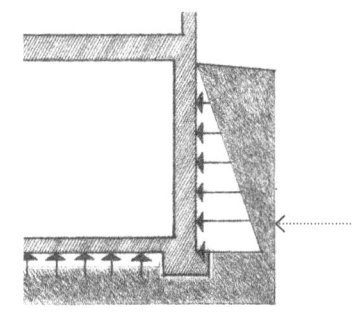

Carga de solo lateral

Muros de arrimo e paredes de pavimentos de subsolo devem ter a capacidade de resistir a cargas laterais impostas pela pressão do solo que está por trás deles. Esses muros ou paredes são projetados para serem estáveis, ou seja, resistirem a tombamento, escorregamento, pressão excessiva das fundações e soerguimento do solo. As cargas de solo variam entre 4,7 kPa/m de profundidade, para pedra britada, a 9,4 kPa/m de profundidade, para solos argilosos inorgânicos relativamente densos.

Combinações de cargas

Várias combinações de cargas mortas, cargas acidentais, cargas de terremoto e cargas de vento devem ser aplicadas no projeto dos sistemas estruturais quando é razoável imaginar que seu efeito combinado seja inferior à soma de suas ações isoladas. Os fatores de carga para cada combinação dependem do tipo de análise utilizado. Várias combinações de cargas devem ser examinadas, e o projeto deve resistir aos efeitos mais graves das combinações especificadas.

Essas cargas podem agir sobre uma estrutura de diversas maneiras:

- Uma carga concentrada é uma carga que atua sobre uma área muito pequena ou um ponto específico de um elemento estrutural de sustentação.
- Uma carga distribuída é uma carga dispersa pela extensão ou pela área de um elemento estrutural de sustentação.
- Uma carga uniformemente distribuída é uma carga distribuída de intensidade uniforme.

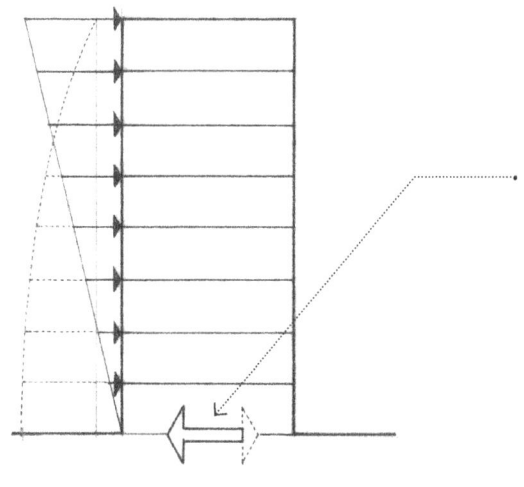

- Uma carga lateral é uma carga que atua horizontalmente sobre uma estrutura — por exemplo, uma carga de vento ou de terremoto.

Cargas dinâmicas

As cargas dinâmicas são aplicadas repentinamente a uma estrutura, muitas vezes com mudanças bruscas na magnitude e no ponto de aplicação. Sob uma carga dinâmica, uma estrutura desenvolve forças de inércia em relação a sua massa, e sua deformação máxima não corresponde necessariamente à magnitude máxima da força aplicada.

Os dois principais tipos de cargas dinâmicas são as cargas de vento e as cargas de terremoto.

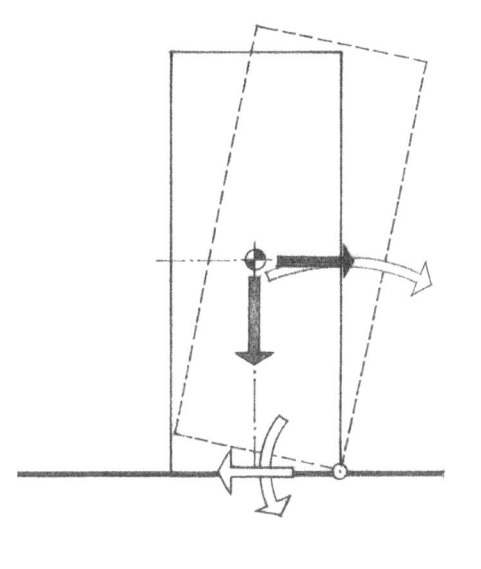

Cargas de vento

As edificações e suas partes devem ser projetadas a fim de resistir, no mínimo, às cargas de vento usuais para a localidade. Considera-se que o vento possa vir de uma direção horizontal qualquer e que nenhuma redução dos valores deva ser feita devido ao efeito de proteção que outras edificações ou construções possam ter. Isso se deve ao princípio de que as exigências dos códigos de edificações são aplicadas ao prédio em questão e não são afetadas positiva ou negativamente pelas edificações adjacentes. Há, contudo, partes de um código de edificações nas quais um lote contíguo àquele em questão e as condições topográficas podem afetar as cargas de vento.

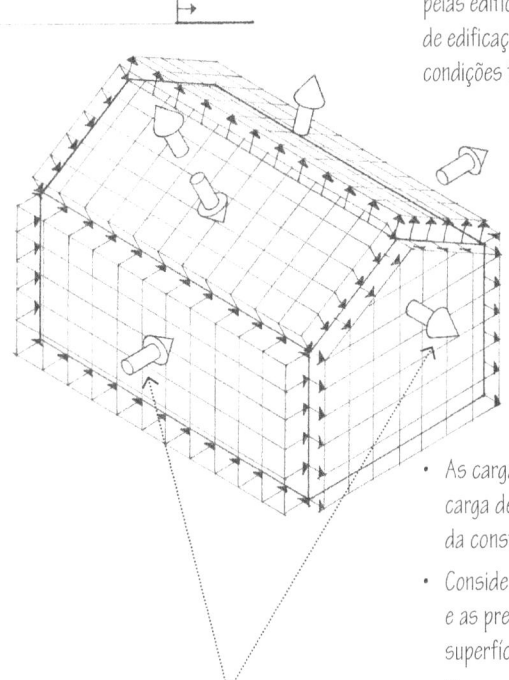

- As cargas de vento totais são determinadas multiplicando-se a carga de vento total por metro quadrado pela área da edificação ou da construção em um plano vertical normal à direção do vento.
- Considera-se que o vento venha de uma direção horizontal qualquer, e as pressões do vento são tidas como normais (perpendiculares) à superfície sendo considerada.
- Uma vez que o vento pode gerar tanto esforços de sucção como de pressão sobre um prédio, deve haver resistência em ambas as direções normais a tais esforços.

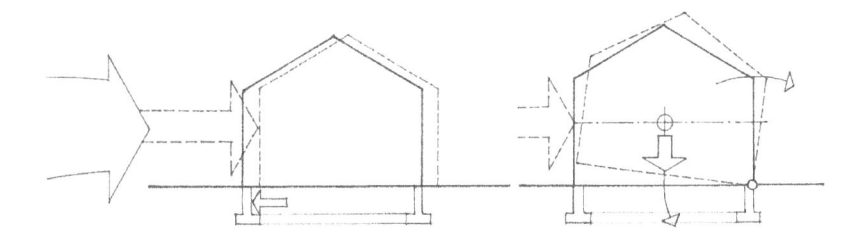

- Os elementos e os sistemas estruturais, bem como as vedações externas da edificação, devem estar ancorados para resistir a tombamento, soerguimento ou escorregamento provocado pelas forças do vento. Também devem ser previstos caminhos contínuos para a transmissão dessas forças até as fundações.

Cargas de terremoto

Em áreas sujeitas a eventos sísmicos, o projeto de edificações resistentes a terremotos deve ser considerado em todas as edificações e ter nível de detalhamento variável, conforme a localização da edificação e as atividades sísmicas previstas para a localidade. O projeto contra terremotos pode ser bastante complexo e envolver cálculos detalhados. Considera-se que certos tipos básicos de edificação, especialmente casas com estrutura de madeira e prédios comerciais leves que usam estruturas convencionais leves, atendam às exigências sísmicas. Outros tipos mais complexos de edificação devem passar por uma análise sísmica. Essa análise leva em consideração vários fatores básicos. Apesar de não tratarmos em detalhes desses cálculos de projeto, é interessante que você entenda os critérios básicos que devem ser levados em consideração em análises e projetos sísmicos.

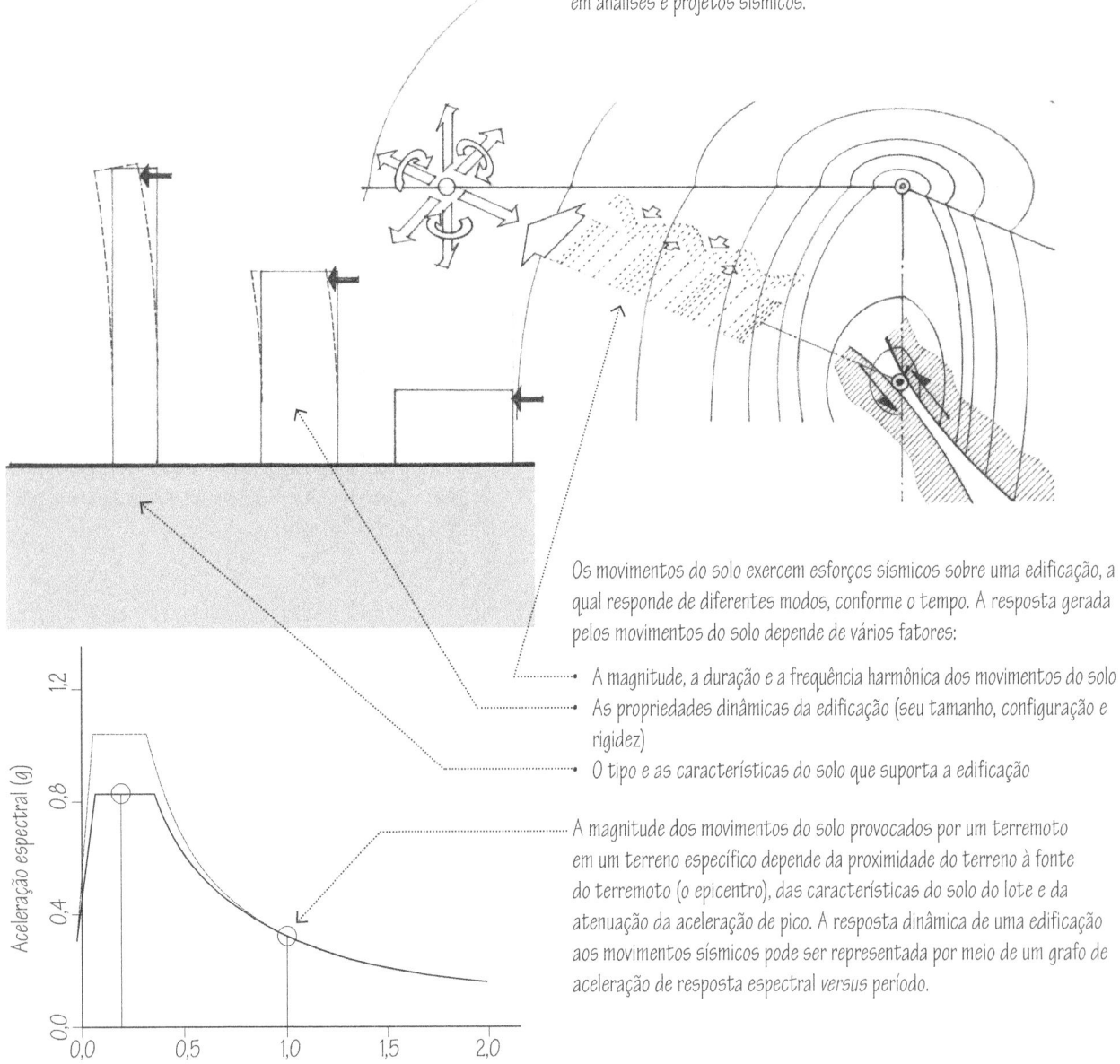

Os movimentos do solo exercem esforços sísmicos sobre uma edificação, a qual responde de diferentes modos, conforme o tempo. A resposta gerada pelos movimentos do solo depende de vários fatores:

- A magnitude, a duração e a frequência harmônica dos movimentos do solo
- As propriedades dinâmicas da edificação (seu tamanho, configuração e rigidez)
- O tipo e as características do solo que suporta a edificação

A magnitude dos movimentos do solo provocados por um terremoto em um terreno específico depende da proximidade do terreno à fonte do terremoto (o epicentro), das características do solo do lote e da atenuação da aceleração de pico. A resposta dinâmica de uma edificação aos movimentos sísmicos pode ser representada por meio de um grafo de aceleração de resposta espectral *versus* período.

RESISTINDO ÀS FORÇAS QUE AGEM SOBRE UMA EDIFICAÇÃO

Todas as edificações exigem sistemas de resistência a forças laterais e verticais com força, rigidez e capacidade de dissipação de energia adequadas para suportar os movimentos do solo provocados por um evento sísmico previsto ou considerado em projeto.

- Leiautes simétricos

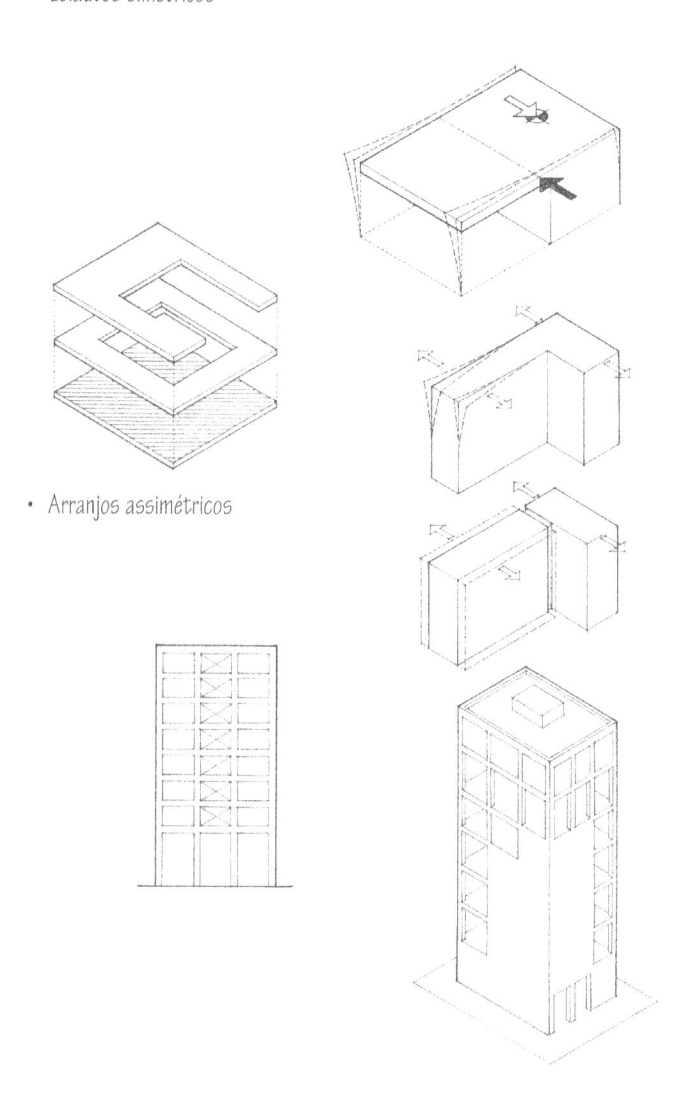

- Os movimentos sísmicos do solo são considerados como ocorrendo ao longo de uma direção horizontal qualquer da edificação.
- Caminhos contíguos de cargas são necessários para que se possam transferir os esforços induzidos pelos movimentos sísmicos do solo dos pontos de aplicação aos pontos de resistência.

- Arranjos assimétricos

- A fim de evitar esforços de torção destrutivos, as edificações sujeitas a cargas laterais devem ser distribuídas e travadas simetricamente, com centros de massa e resistência tão coincidentes quanto possíveis. O leiaute assimétrico das edificações irregulares geralmente exige uma análise dinâmica, para determinar os efeitos da torção provocada pelas cargas laterais.

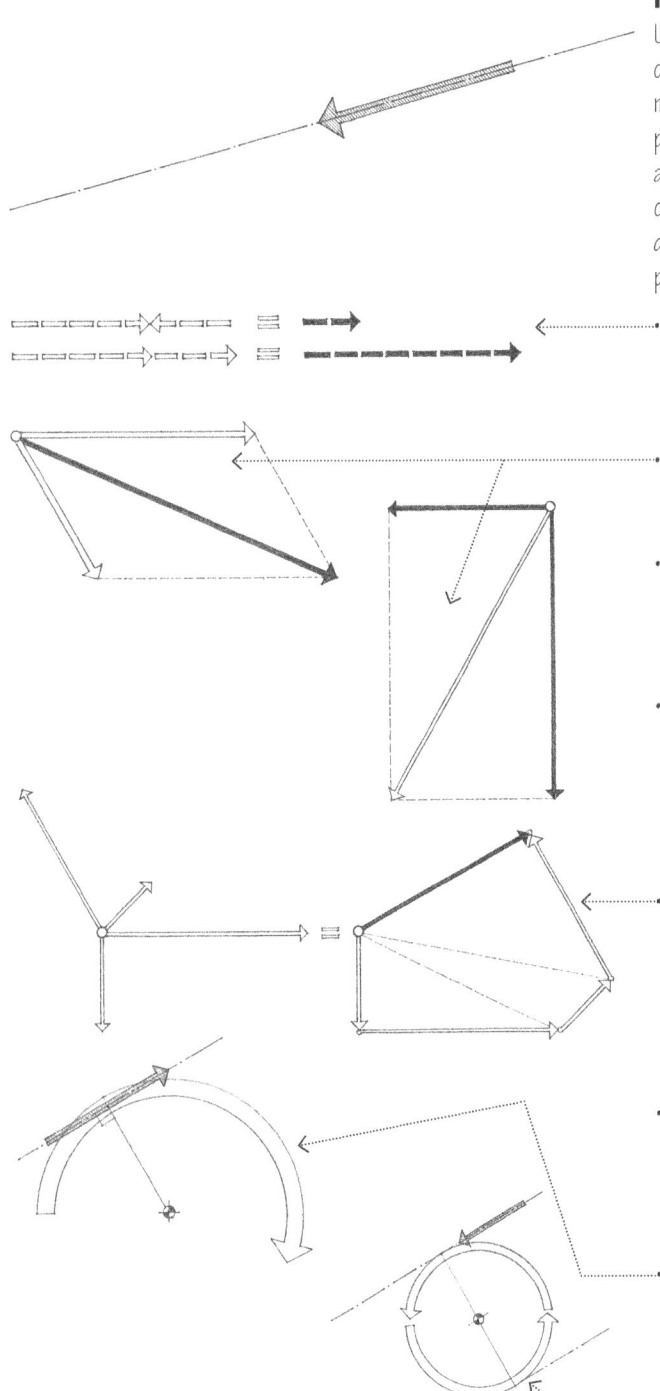

Forças estruturais

Uma força é qualquer influência que produz uma mudança na forma ou no movimento de um corpo. Ela é considerada um vetor que possui magnitude e direção, representada por uma seta cuja distância é proporcional à magnitude e cuja orientação no espaço representa a direção. Uma única força que age sobre um corpo rígido pode ser considerada como atuante em qualquer lugar ao longo de sua linha de ação, sem alterar o esforço externo da força. Duas ou mais forças podem estar relacionadas das seguintes formas:

- Forças colineares ocorrem ao longo de uma linha reta, a soma vetorial das quais é a soma algébrica das magnitudes das forças, agindo na mesma linha de ação.
- Forças concorrentes possuem linhas de ação que se cruzam em um ponto comum; sua soma vetorial é equivalente e produz o mesmo efeito em um corpo rígido que a aplicação dos vetores de diversas forças.
- A lei do paralelogramo estabelece que a soma vetorial ou resultante de duas forças concorrentes pode ser descrita pela diagonal de um paralelogramo com lados adjacentes que representam as duas forças vetoriais adicionadas.
- De modo semelhante, qualquer força pode ser transformada em duas ou mais forças concorrentes, com um efeito de rede em um corpo rígido equivalente ao da força inicial. Por questões de conveniência na análise estrutural, essas forças geralmente são os componentes cartesianos ou retangulares da força inicial.
- O método do polígono é uma técnica gráfica para encontrar a soma vetorial de um sistema coplanar de várias forças concorrentes, por meio do desenho em escala de cada força vetorial em sucessão, com cada seta iniciando na ponta da seta precedente e completando o polígono com um vetor que representa a força resultante, estendendo-se do início do primeiro vetor ao final do último.
- Forças não concorrentes possuem linhas de ação que não encontram um ponto comum; sua soma vetorial é uma única força, que causaria a mesma translação e rotação de um corpo que o conjunto de forças originais.
- Um momento é a tendência de uma força a produzir a rotação de um corpo sobre um ponto ou uma linha, igual em magnitude ao produto da força e do braço de alavanca e agindo em direção horária e anti-horária.
- Um binário de forças é um sistema de duas forças equivalentes e paralelas que agem em direções opostas e tendem a produzir rotação, mas não translação. O momento de um binário de forças é igual em magnitude ao produto de uma das forças e a distância perpendicular entre as duas forças.

Forças ou cargas

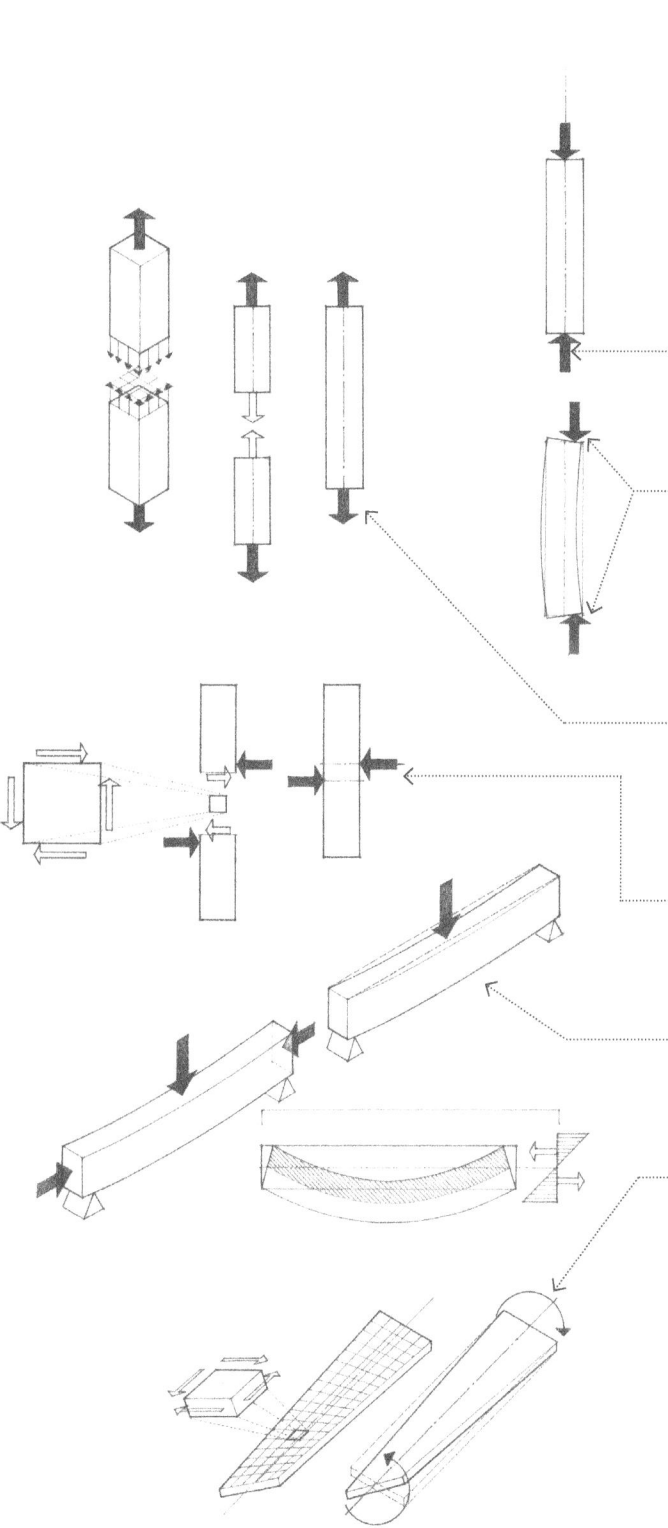

As forças, ou cargas, são classificadas com base no modo como agem em um elemento estrutural. Diferentes materiais resistem a uma força em graus distintos, dependendo da maneira como essa força é aplicada ao elemento, bem como de suas características proporcionais. A tensão se refere à resistência de um elemento às forças a ele aplicadas e é medida em unidades de força por unidade de área da secção transversal. A deformação se refere à alteração da forma de um corpo sob a ação de uma força aplicada e é medida pela razão entre a mudança de forma ou tamanho e a forma ou tamanho original do corpo. As forças atuam sobre elementos estruturais das seguintes maneiras:

- Uma força axial é uma força de tração ou compressão que atua ao longo do eixo longitudinal de um elemento estrutural e no centroide da secção transversal, produzindo esforço axial sem flexão, torção ou cisalhamento. Também é chamada de carga axial.
- Uma força excêntrica é uma força aplicada paralelamente ao eixo longitudinal de uma peça estrutural, mas não ao centroide da secção transversal, produzindo flexão e distribuição desigual das tensões na secção. Também é chamada de carga excêntrica.

As forças afetam os elementos estruturais das seguintes maneiras:

- Tração é o ato de ser esticado ou o estado de distender-se, o que resulta no alongamento de um corpo elástico.
- Compressão é o ato de ser apertado, o que resulta em uma redução no tamanho ou no volume de um corpo elástico.
- Cisalhamento é a deformação lateral provocada em um corpo por uma força externa, o que leva uma parte do corpo a deslizar, relativamente a uma parte adjacente, em uma direção paralela ao plano de contato entre as duas partes.
- Flexão é o arqueamento de um corpo elástico quando submetido à ação de uma força externa aplicada transversalmente a seu comprimento. A flexão é o mecanismo estrutural que permite a transmissão de uma carga em uma direção perpendicular àquela de sua aplicação.
- Torque é o momento de um sistema de forças que produz ou tende a produzir rotação ou torção.

290 A ESTRUTURA DE UMA EDIFICAÇÃO

Juntas e conexões

A maneira como as forças são transferidas de um elemento estrutural a outro e a forma como um sistema estrutural trabalha como um todo dependem, em grande parte, dos tipos de juntas e conexões utilizados. Os elementos estruturais podem ser conectados uns aos outros de três maneiras. As juntas de topo permitem que um dos elementos seja contínuo e geralmente exigem um terceiro elemento intermediário para fazer a conexão. As juntas de encaixe permitem que todos os elementos conectados se ultrapassem e sejam contínuos através da junta. Os elementos de conexão também podem ser moldados ou conformados para formar uma conexão estrutural.

Os conectores empregados para unir os elementos estruturais podem ter a forma de um ponto, uma linha ou uma superfície. Enquanto os tipos de conectores lineares e superficiais resistem à rotação, os conectores em ponto não o fazem, a menos que uma série deles seja distribuída através de uma grande área de superfície.

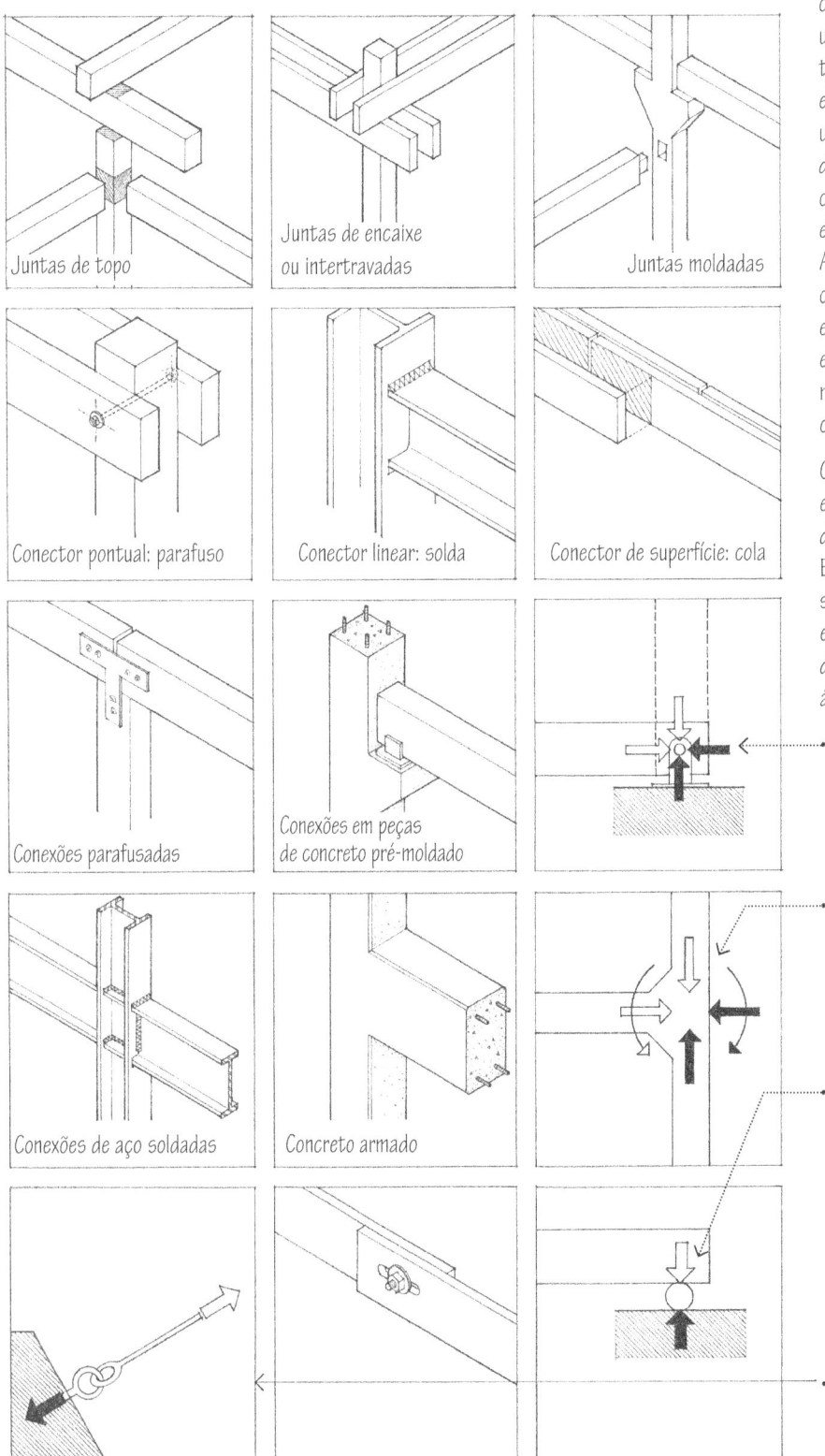

- Juntas de pino teoricamente permitem a rotação, mas impedem a translação em qualquer direção.

- Juntas rígidas ou indeformáveis mantêm a relação angular entre os elementos conectados, impedem a rotação e a translação em qualquer direção e oferecem força e resistência a momentos.

- Juntas articuladas com roletes permitem a rotação, mas resistem à translação, em uma direção perpendicular para dentro ou para fora de suas faces. Elas não são utilizadas nas técnicas de construção tanto quanto as juntas de pino ou as conexões fixas, mas são úteis quando uma junta deve permitir a dilatação e a retração de um elemento estrutural.

- Uma ancoragem com cabos permite a rotação, mas impede a translação, apenas na direção do cabo.

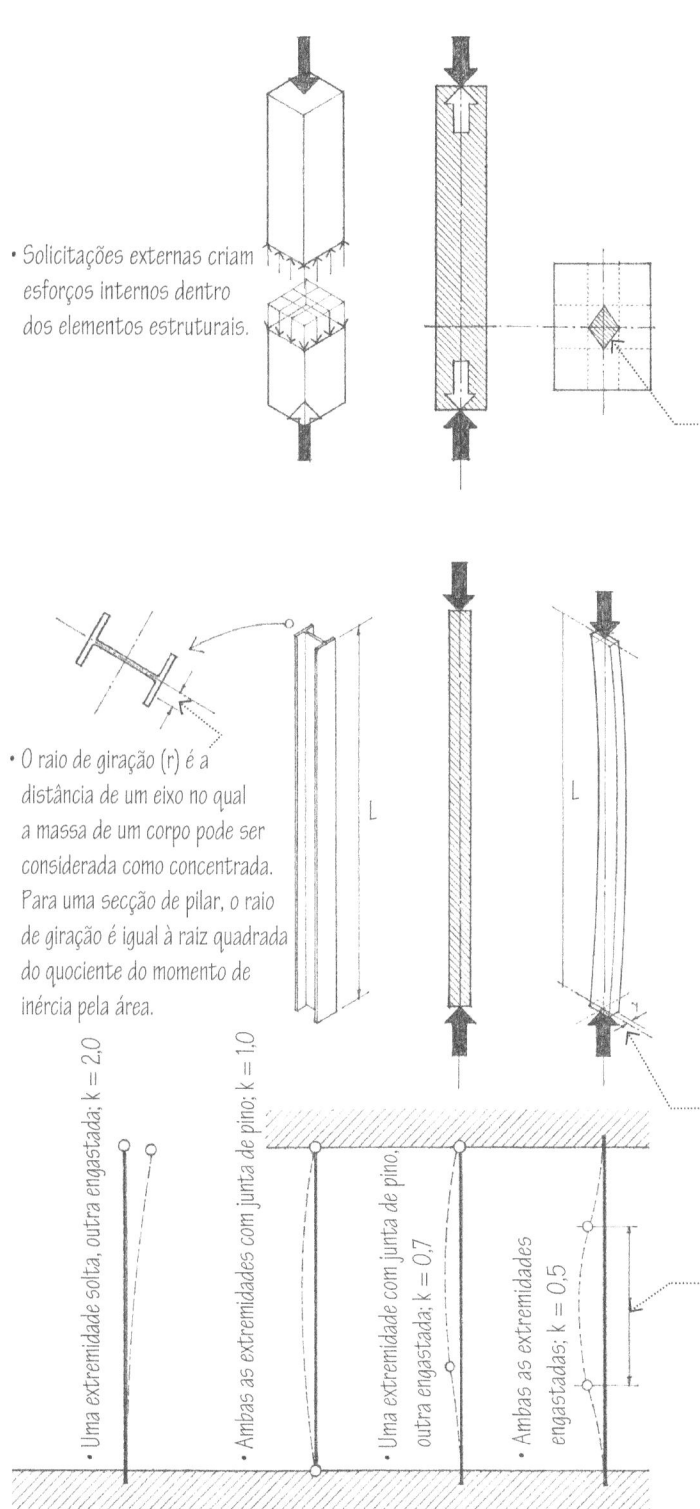

Elementos estruturais

Pilares

Os pilares são elementos estruturais rígidos, relativamente esbeltos, projetados principalmente para sustentar cargas de compressão axial aplicadas às suas extremidades. Pilares espessos relativamente curtos estão sujeitos a colapso por esmagamento, não por flambagem. O colapso ocorre quando o esforço direto de uma carga axial excede a resistência à compressão do material disponível na secção transversal. Uma carga excêntrica, contudo, pode produzir flexão e resultar em uma distribuição de solicitações desequilibradas na secção.

- Solicitações externas criam esforços internos dentro dos elementos estruturais.

- A área do núcleo é a área central de qualquer secção horizontal de um pilar ou de uma parede dentro da qual o resultado de todas as cargas de compressão deve passar apenas se esforços de compressão estiverem presentes na secção. Uma carga de compressão aplicada fora dessa área causaria esforços de tração na secção.

Pilares longos e esbeltos estão sujeitos a colapso por flambagem, em vez de esmagamento. Flambagem é a instabilidade lateral ou a torção repentina de um elemento estrutural esbelto induzida pela ação de uma carga axial antes que a tensão de escoamento do material seja atingida. Sob uma carga de flambagem, um pilar começa a defletir lateralmente e não consegue gerar as forças internas necessárias para restaurar sua condição linear original. Qualquer carga adicional faria o pilar defletir mais até que ocorresse o colapso devido à flexão. Quanto maior o índice de esbeltez de um pilar, menor é o esforço crítico que o fará flambar. Um dos objetivos principais no projeto de um pilar é reduzir seu índice de esbeltez, ao diminuir seu comprimento efetivo ou ao maximizar o raio de giração de sua secção transversal.

- O raio de giração (r) é a distância de um eixo no qual a massa de um corpo pode ser considerada como concentrada. Para uma secção de pilar, o raio de giração é igual à raiz quadrada do quociente do momento de inércia pela área.

- O índice de esbeltez de um pilar é a razão entre seu comprimento efetivo (L) e seu menor raio de giração (r). Para secções de pilares assimétricos, portanto, a flambagem tenderá a ocorrer em relação ao eixo mais fraco ou em direção à dimensão menor.
- O comprimento efetivo é a distância entre os pontos de inflexão de um pilar sujeitos à flambagem. Quando essa porção de um pilar flamba, todo o pilar entra em colapso.
- O fator de comprimento efetivo (k) é um coeficiente para modificar o comprimento real de um pilar, de acordo com suas condições de apoio, empregado para determinar seu comprimento efetivo. Por exemplo, fixar ambas as extremidades de um pilar longo reduz seu comprimento efetivo pela metade e aumenta sua capacidade de carga por quatro.

- Uma extremidade solta, outra engastada; k = 2,0
- Ambas as extremidades com junta de pino; k = 1,0
- Uma extremidade com junta de pino, outra engastada; k = 0,7
- Ambas as extremidades engastadas; k = 0,5

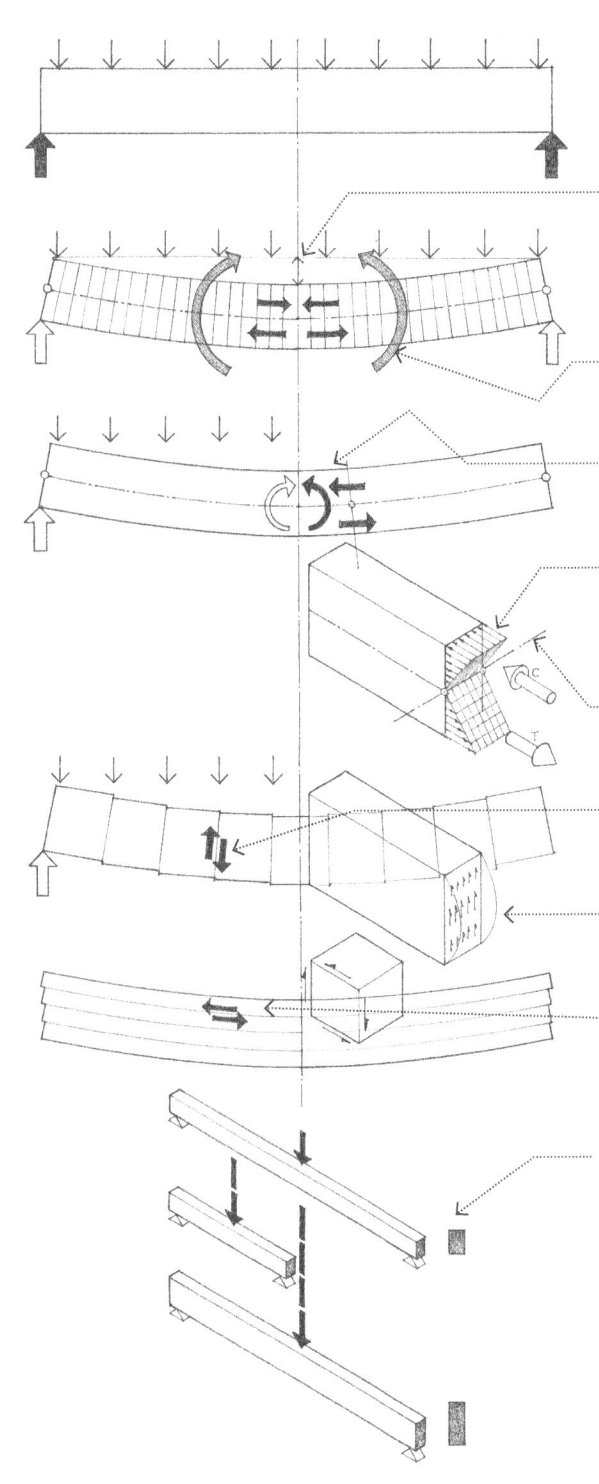

Vigas

As vigas são componentes estruturais rígidos projetados para suportar e transferir cargas transversais através do espaço para os elementos de apoio. O padrão não concorrente de forças expõe uma viga à flexão e à deflexão, que devem ser compensadas pela força interna do material.

- Deflexão é a distância perpendicular que um elemento horizontal desvia de um curso verdadeiro sob carregamento transversal, aumentando com a carga e o vão e diminuindo com um aumento no momento de inércia da secção ou do módulo de elasticidade do material.
- Momento fletor é um momento externo que tende a causar a rotação ou a flexão de parte de uma estrutura e é igual à soma algébrica dos momentos em relação ao eixo neutro da secção em questão.
- Momento de resistência é um momento interno igual e oposto ao momento fletor, gerado por um binário de forças para manter o equilíbrio da secção em questão.
- O esforço de flexão é uma combinação de esforços de compressão e de tração desenvolvidos em uma secção transversal de um componente estrutural, para resistir a uma força transversal, tendo valor máximo na superfície mais distante do eixo neutro.
- O eixo neutro, ou linha neutra, é uma linha imaginária que passa através do centroide da secção transversal de uma viga ou de outro componente sujeito à flexão, ao longo do qual não ocorre esforço de flexão.
- O esforço de cisalhamento transversal ocorre em uma secção transversal de uma viga ou de outro componente sujeito à flexão e é igual à soma algébrica das forças transversais de um lado da secção.
- O esforço de cisalhamento vertical se desenvolve para resistir ao cisalhamento transversal, tendo valor máximo no eixo neutro e diminuindo não linearmente em direção às faces externas.
- O esforço de cisalhamento horizontal ou longitudinal se desenvolve para evitar o escorregamento ao longo dos planos horizontais de uma viga sob carregamento transversal e é igual em qualquer ponto ao esforço de cisalhamento vertical naquele ponto.
- A eficiência de uma viga é aumentada ao se configurar a secção transversal para fornecer o momento de inércia exigido ou o módulo de secção com a menor área possível, geralmente tornando a secção mais alta com a maior parte do material nas extremidades, onde o esforço de flexão máximo ocorre. Por exemplo, embora reduzir à metade o vão vencido por uma viga ou dobrar sua largura reduza os esforços de flexão por dois, dobrar sua altura reduz os esforços de flexão por quatro.

- O momento de inércia é a soma dos produtos de cada elemento de uma área e o quadrado de sua distância a um eixo coplanar de rotação. É uma propriedade geométrica que indica como a área de secção transversal de um componente estrutural é distribuída e não reflete as propriedades físicas intrínsecas de um material.
- O módulo de secção é uma propriedade geométrica de uma secção transversal, definido como o momento de inércia da secção dividido pela distância do eixo neutro à superfície mais afastada.

RESISTINDO ÀS FORÇAS QUE AGEM SOBRE UMA EDIFICAÇÃO

Treliças

Uma treliça é uma estrutura baseada na rigidez geométrica do triângulo e composta de elementos lineares – barras – sujeitos apenas a esforços axiais de tração ou compressão.

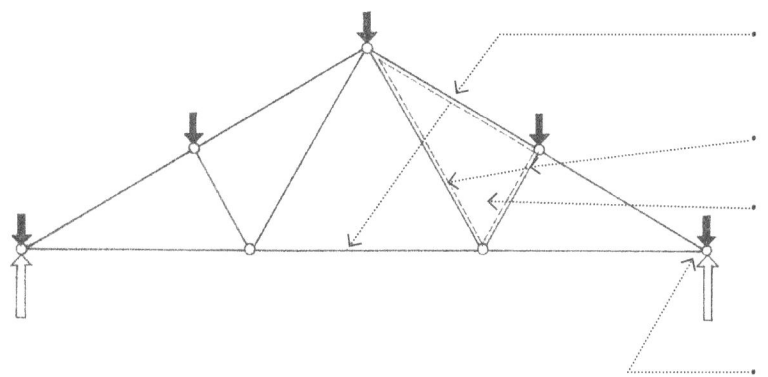

- Os banzos superior e inferior são as principais linhas de uma treliça que se estende de um apoio a outro e que é conectada por barras.
- As barras são partes integrais do sistema de elementos que conectam os banzos inferior e superior de uma treliça.
- Painel é qualquer um dos espaços entre os banzos de uma treliça, definido pelo triângulo configurado por dois nós em um banzo e outro nó correspondente no banzo oposto.
- Consolo é a extremidade inferior e apoiada de uma treliça.

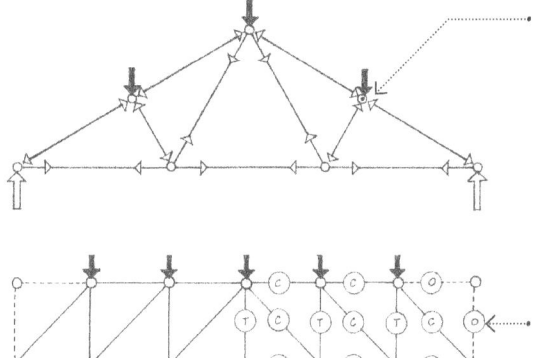

- Nó é qualquer uma das conexões entre uma barra principal e um banzo. Uma treliça só pode receber carregamento em seus nós, para que suas barras estejam sujeitas apenas a esforços axiais de tração ou compressão. Para evitar o surgimento de esforços secundários, os centroides das barras e os carregamentos nos nós devem ser coincidentes.

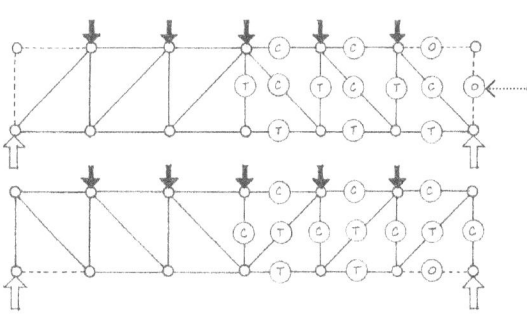

- Elementos de força zero, em teoria, não transferem esforços; sua retirada não alteraria a estabilidade da configuração da treliça.

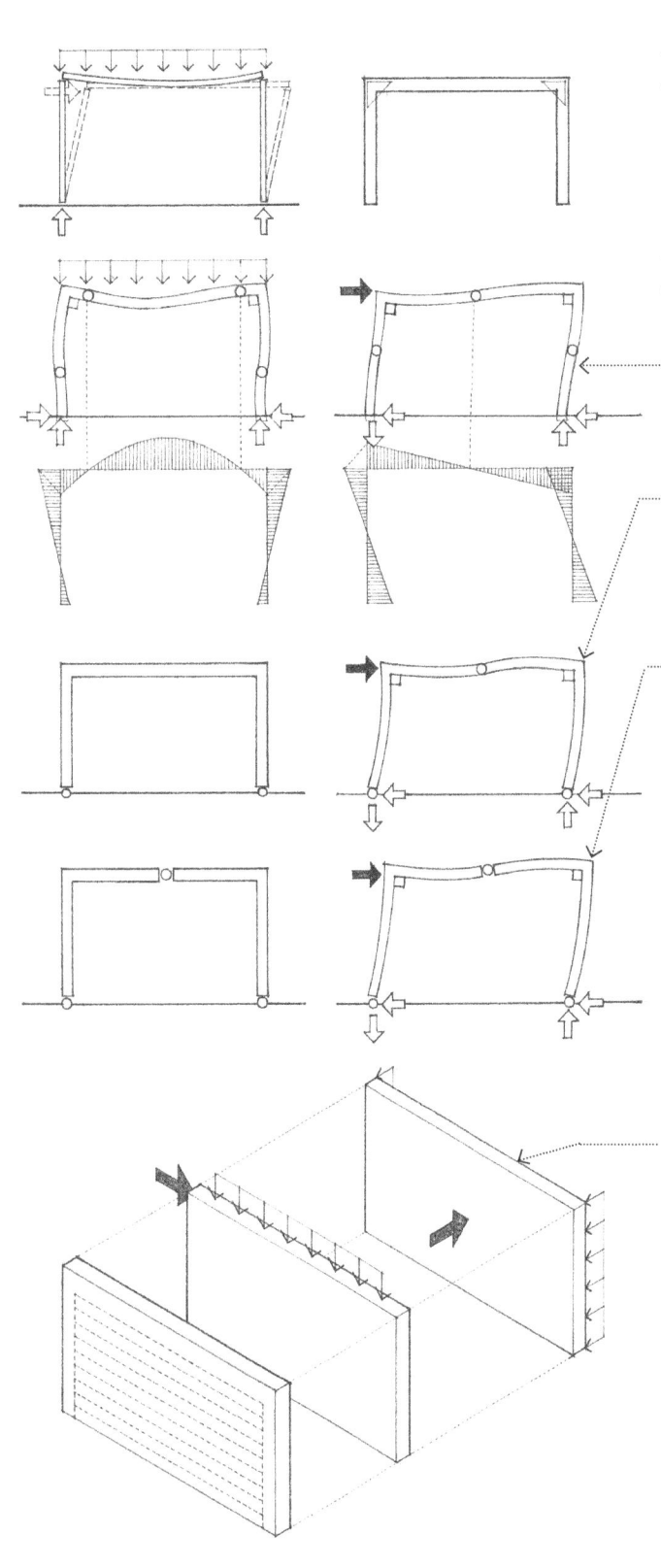

Pórticos e paredes

Uma viga simplesmente apoiada por dois pilares não é capaz de resistir às forças laterais, a menos que seja contraventada. Se os vínculos que unem os pilares e a viga forem capazes de resistir às forças e aos momentos, então o conjunto se torna um pórtico indeformável. As cargas aplicadas produzem esforços axiais, de flexão e de cisalhamento em todos os componentes do pórtico, porque os vínculos rígidos impedem que as extremidades dos componentes girem livremente. Além disso, as cargas verticais fazem com que um pórtico indeformável desenvolva empuxos horizontais em sua base. Um pórtico indeformável é estatisticamente indeterminado e rígido apenas em seu plano.

- Um pórtico indeformável é uma estrutura rígida conectada a seus apoios com vínculos rígidos. Um pórtico indeformável é mais resistente à deflexão do que um pórtico articulado, mas também mais sensível a recalques e a dilatação e retração térmicas.
- Um pórtico articulado é uma estrutura rígida conectada a sua base com juntas de pino. As juntas de pino impedem que grandes esforços de flexão ocorram, ao permitir que o pórtico gire como uma unidade quando sujeito ao recalque dos apoios e a fletir levemente quando solicitado por mudanças na temperatura.
- Um pórtico triarticulado é um conjunto estrutural de duas secções rígidas conectadas entre si e em sua base por juntas de pino. Embora mais sensível à deflexão que o pórtico articulado ou indeformável, o pórtico triarticulado é menos afetado pelos elementos de apoio e pelas solicitações térmicas. As três juntas de pino também permitem que o pórtico seja analisado como uma estrutura estaticamente determinada.

Se preenchemos o espaço no plano definido por dois pilares e uma viga, ele se torna uma parede portante que age como um pilar longo e fino na transferência de esforços de compressão ao solo. As paredes portantes são mais eficazes quando carregam cargas coplanares e uniformemente distribuídas e mais vulneráveis às forças perpendiculares a seus planos. Para a estabilidade lateral, as paredes portantes requerem travamento com pilastras, paredes transversais, pórticos indeformáveis transversais ou lajes indeformáveis (diafragmas).

Qualquer abertura em uma parede portante afeta sua integridade estrutural. Uma verga ou um arco deve suportar a carga acima de uma porta ou de uma abertura de janela e permitir que o esforço de compressão se desloque da abertura às seções adjacentes da parede.

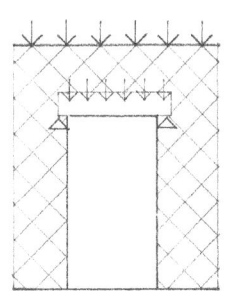

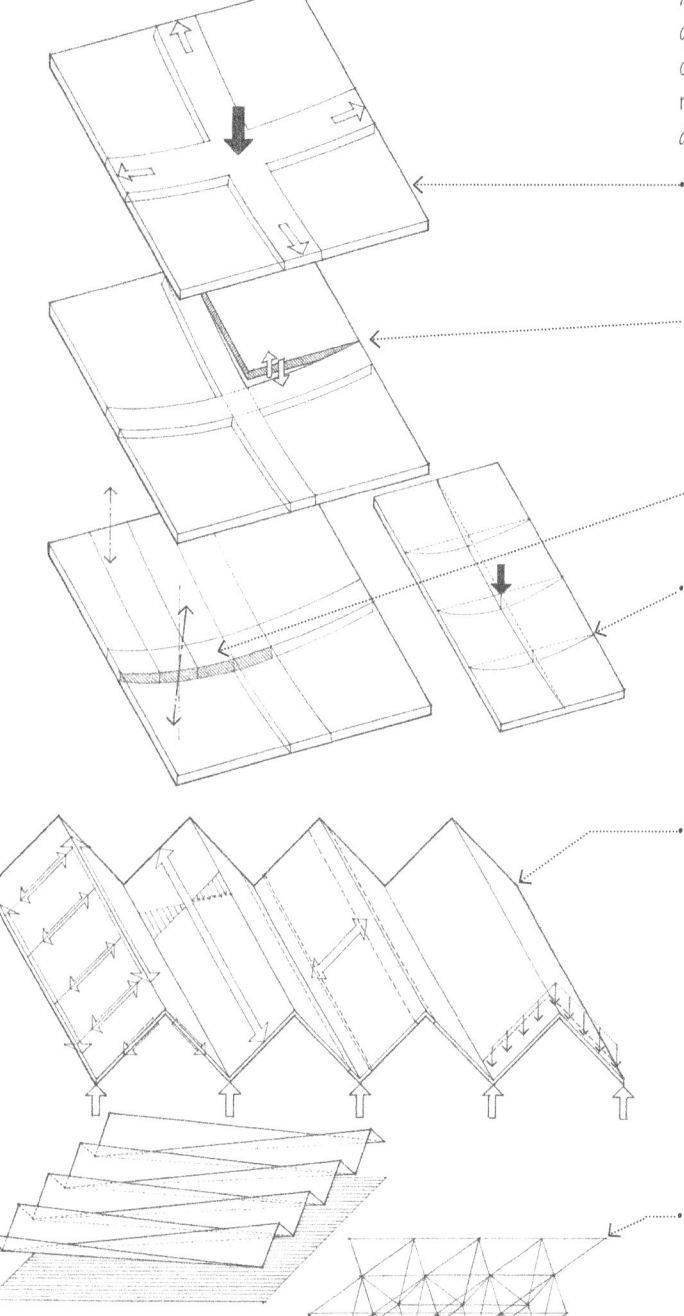

Placas

As placas são estruturas rígidas, planas, em geral monolíticas, que dispersam as cargas aplicadas em um padrão multidirecional, com as cargas geralmente seguindo os caminhos mais curtos e rígidos até os apoios. Um exemplo comum de uma placa é uma laje de concreto armado.

- Uma placa pode ser considerada como uma série de vigotas adjacentes interconectadas continuamente ao longo de suas extensões. Quando uma carga aplicada é transmitida aos apoios por meio da flexão de uma vigota, a carga é distribuída sobre toda a placa por cisalhamento vertical e transmitida da viga fletida às vigotas adjacentes. A flexão de uma vigota também causa a torção de vigotas transversais, cuja resistência à torção aumenta a rigidez total da placa. Portanto, enquanto a flexão e o cisalhamento transmitem uma carga aplicada na direção da vigota carregada, o cisalhamento e a torção transferem os esforços em ângulos exatos à faixa carregada.

- Uma placa deve ser quadrada ou quase quadrada para garantir que se comporte como uma estrutura bidirecional. À medida que uma placa se torna mais retangular que quadrada, a ação bidirecional diminui e é desenvolvido um sistema unidirecional que vence os vãos mais curtos, porque as faixas mais curtas da laje são mais rígidas e transferem uma porção maior da carga.

- Placas dobradas ou lajes plissadas são compostas por elementos finos e profundos unidos rigidamente ao longo de suas bordas e formando ângulos agudos para se travar contra a flambagem lateral. Cada plano atua como uma viga na direção longitudinal. Na direção menor, o vão é reduzido por cada dobra, agindo como um apoio rígido. Faixas transversais atuam como uma viga contínua apoiada pelas dobras. Os diafragmas verticais ou os pórticos indeformáveis enrijecem uma placa dobrada contra a deformação do perfil dobrado. A rigidez resultante da secção transversal possibilita que uma placa dobrada vença distâncias relativamente longas.

- Uma treliça espacial é composta de elementos curtos, rígidos e lineares, triangulados em três dimensões e sujeitos apenas à tração ou à compressão axial. A unidade espacial mais simples de uma treliça espacial é um tetraedro com quatro nós e seis barras. Como o comportamento estrutural de uma treliça espacial é semelhante ao de uma placa, seu vão de apoio deve ser quadrado ou quase quadrado, para garantir que aja como uma estrutura bidirecional. Ampliar a área de contato do apoio aumenta o número de barras às quais o cisalhamento é transferido e reduz as solicitações nos elementos.

296 A ESTRUTURA DE UMA EDIFICAÇÃO

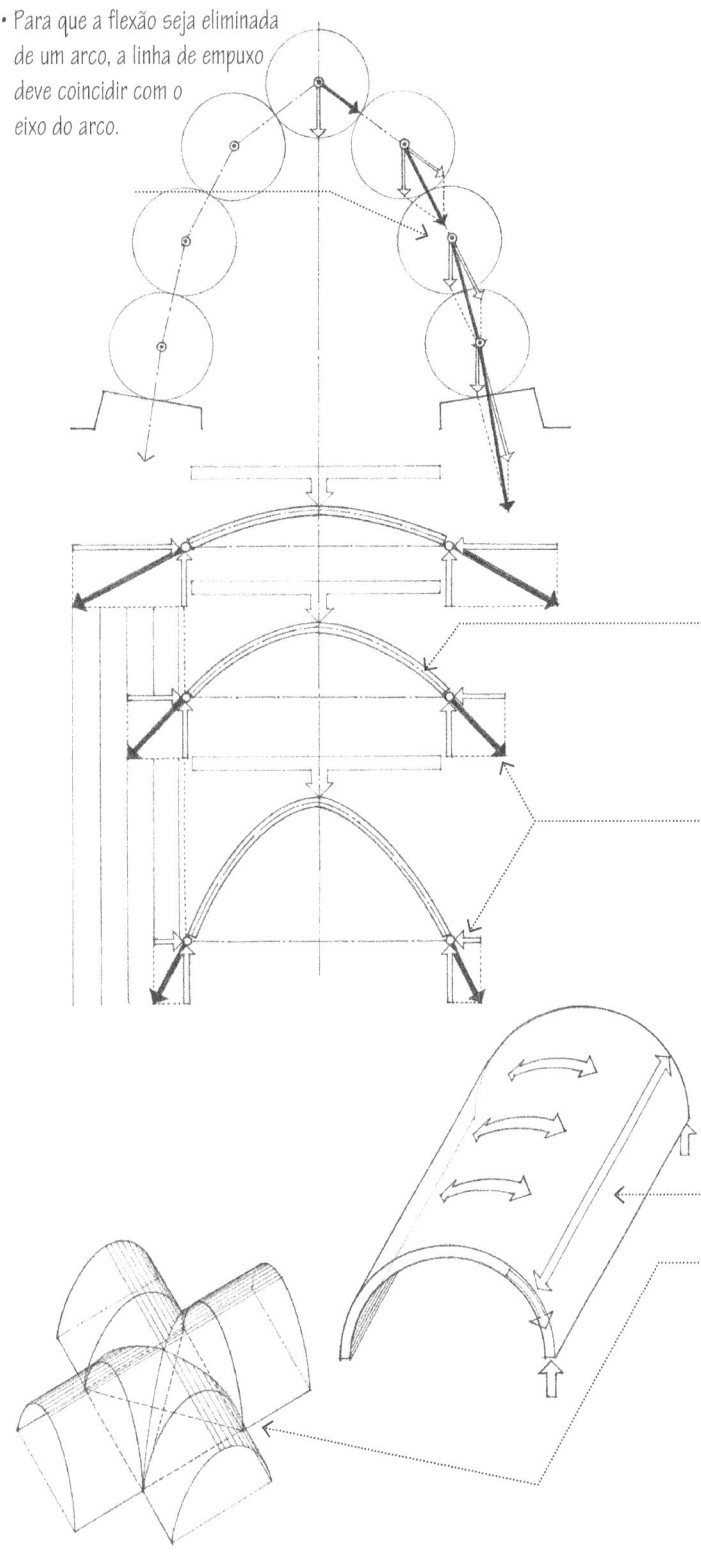

- Para que a flexão seja eliminada de um arco, a linha de empuxo deve coincidir com o eixo do arco.

Arcos e abóbodas

Pilares, vigas, lajes e paredes portantes são os elementos estruturais mais comuns, devido à geometria retilínea das edificações que eles são capazes de gerar. Porém, há outros meios de se cobrir vãos e fechar espaços. Eles são geralmente elementos de forma ativa que, por meio de sua forma e de sua geometria, fazem uso eficiente de seus materiais para os vãos vencidos. Embora estejam além do escopo deste livro, são brevemente descritos na seção seguinte.

Os arcos são elementos curvos para estruturar uma abertura, projetados para sustentar uma carga vertical principalmente por meio da compressão axial. Eles transformam as forças verticais de um carregamento em componentes inclinados e os transmitem às impostas nos dois lados do arco.

- Arcos de alvenaria são construídos de blocos de pedra em forma de cunha ou de aduelas de tijolo; para mais informações, veja a seção sobre arcos de alvenaria.
- Arcos indeformáveis consistem em estruturas curvas e rígidas de madeira, aço ou concreto armado capazes de suportar alguns esforços de flexão.
- O empuxo de um arco em seus apoios é proporcional à carga total e ao vão e inversamente proporcional à flecha (sua altura).

As abóbodas são estruturas arqueadas de pedra, tijolo ou concreto armado que formam um teto ou uma cobertura sobre um salão, um cômodo ou outro espaço fechado total ou parcialmente. Como uma abóboda se comporta como um arco levado a uma terceira dimensão, as paredes de apoio longitudinais devem ter contrafortes ou tirantes, para compensar o empuxo para fora resultante da ação em arco.

- Abóbodas de berço possuem secções transversais semicirculares.
- Abóbodas de arestas são abóbodas compostas, formadas pela interseção perpendicular de duas abóbodas de berço, formando quinas arqueadas diagonais chamadas de arestas.

Cúpulas

Uma cúpula é uma estrutura de superfície esférica com planta baixa circular construída de blocos sobrepostos, de um material rígido contínuo como concreto armado ou de elementos curtos e retos, como no caso de uma cúpula geodésica. Uma cúpula é semelhante a um arco girado, a não ser pelo fato de que as forças circunferenciais geradas são de compressão, perto da coroa, e de tração, na parte mais baixa.

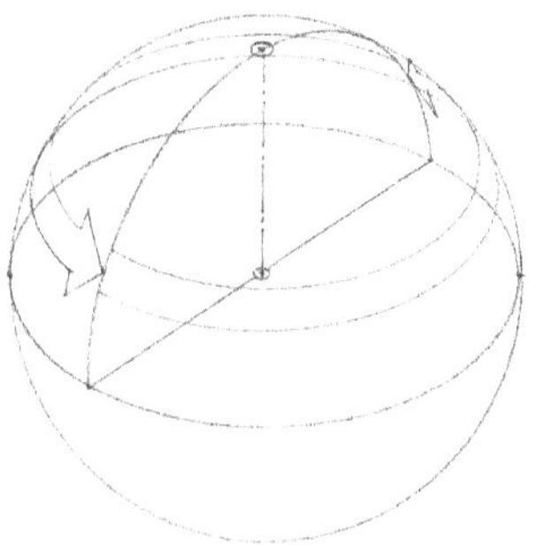

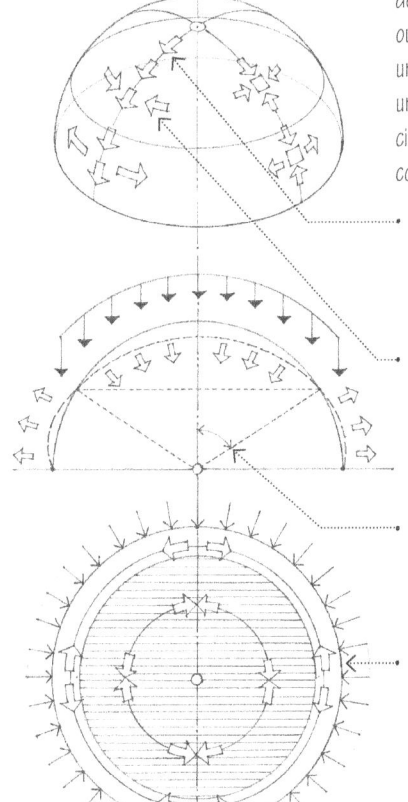

• As forças nos meridianos que atuam ao longo de uma secção vertical cortada através da superfície da cúpula são sempre de compressão, sob cargas completamente verticais.

• As tensões paralelas, restringindo o movimento para fora do plano das faixas meridionais na casca de uma cúpula, são de compressão nas zonas mais altas e de tração nas zonas mais baixas.

• A transição das tensões paralelas de compressão para as tensões paralelas de tração ocorre em um ângulo de 45° a 60° do eixo vertical.

• Um anel tracionado cerca a base de uma cúpula para compensar o empuxo para fora das forças nos meridianos. Em uma cúpula de concreto, esse anel é engrossado e armado com aço para suportar os esforços de flexão causados pelas diferentes deformações elásticas entre o anel e a casca.

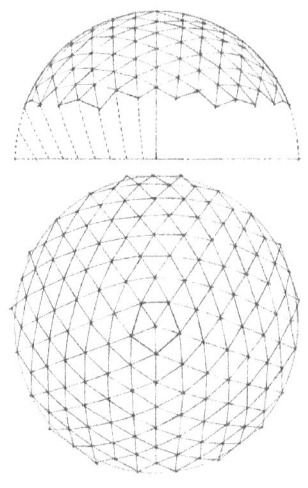

Cúpula Schwedler

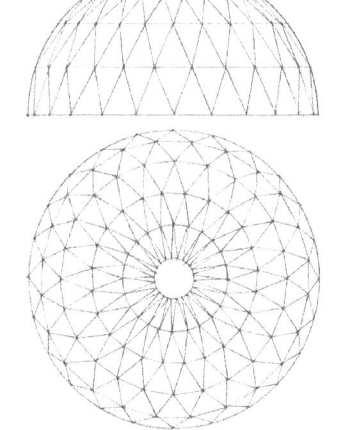

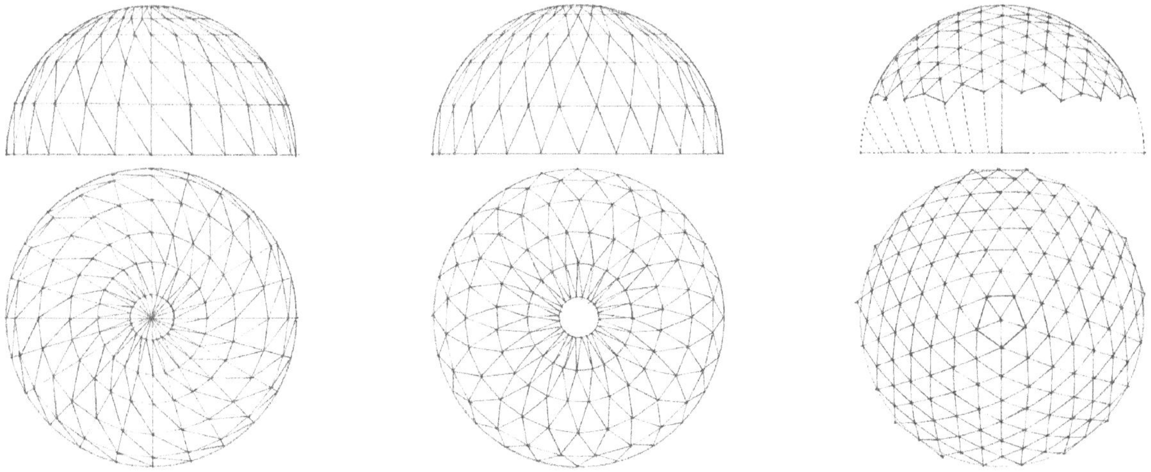

Cúpula treliçada

Cúpula geodésica

Cascas

As cascas são estruturas finas, curvas e em placas geralmente construídas em concreto armado. Elas têm uma forma que as permite transmitir as forças aplicadas por ação de membrana – os esforços de compressão, tração e cisalhamento que agem no plano de suas superfícies. Uma casca pode sustentar forças relativamente grandes se aplicadas uniformemente. Porém, devido à sua pequena espessura, uma casca tem pouca resistência à flexão e não é adequada para cargas concentradas.

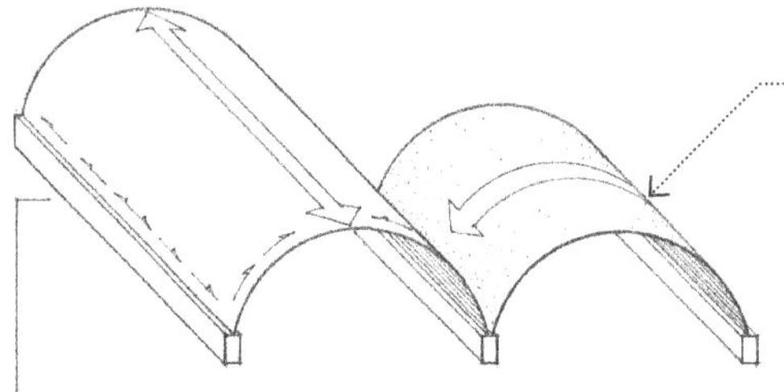

- Abóbodas de berço são estruturas cilíndricas em casca. Se o comprimento de uma casca cilíndrica é três vezes ou mais seu vão transversal, ela se comporta como uma viga alta com perfil curvo apoiada na direção longitudinal. Se ela é relativamente curta, apresenta ação de arco. Tirantes ou pórticos indeformáveis transversais são necessários para contrapor os empuxos para fora da ação de arco.

- Superfícies de translação são geradas deslocando-se uma curva plana ao longo de uma linha reta ou sobre outro plano curvo.

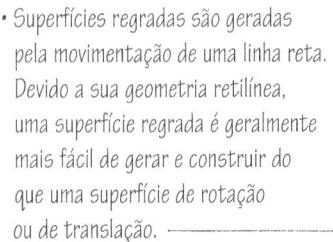

- Um paraboloide hiperbólico é uma superfície gerada pelo deslocamento de uma parábola com curvatura para baixo ao longo de uma parábola com curvatura para cima ou pelo deslocamento de um segmento de reta com suas extremidades em duas linhas oblíquas. Pode ser considerado tanto uma superfície de translação quanto uma superfície regrada.

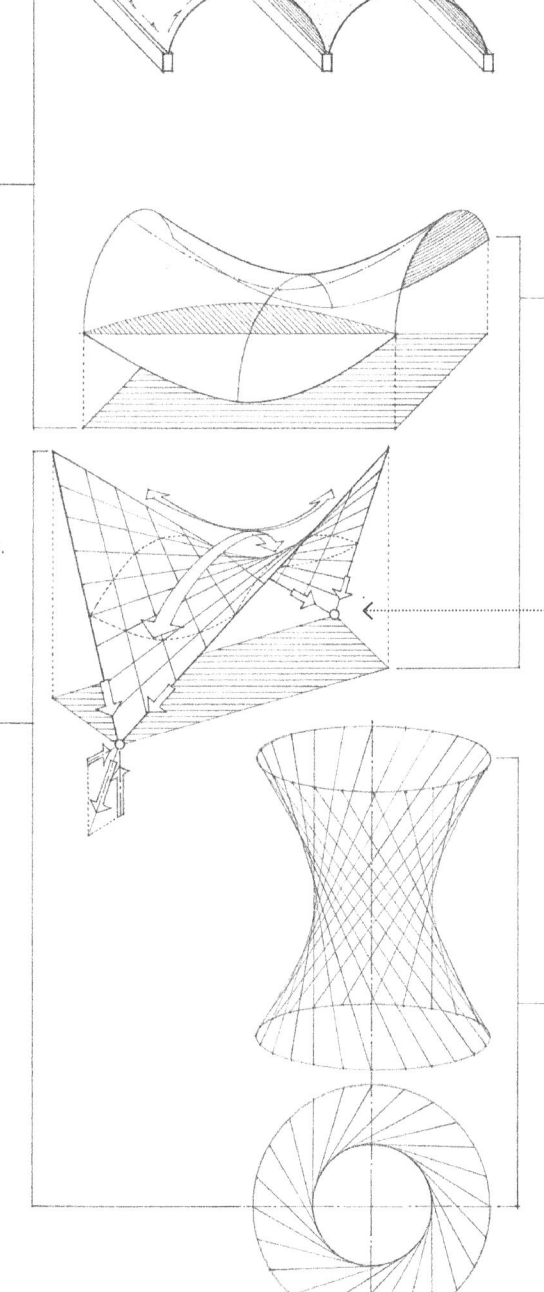

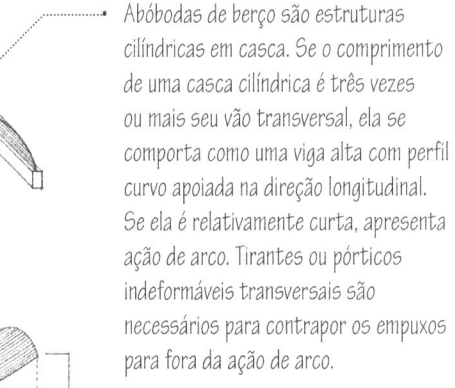

- Superfícies regradas são geradas pela movimentação de uma linha reta. Devido a sua geometria retilínea, uma superfície regrada é geralmente mais fácil de gerar e construir do que uma superfície de rotação ou de translação.

- Superfícies em forma de sela possuem uma curvatura para cima em uma direção e uma curvatura para baixo na direção perpendicular. Em uma casca em forma de sela, as regiões com curvatura para baixo apresentam ação de arco, enquanto as regiões com curvatura para cima agem como cabos. Se as bordas da superfície não forem apoiadas, o comportamento de viga também pode estar presente.

- Superfícies de rotação são geradas pela rotação de um plano curvo em relação a um eixo. Cúpulas esféricas, elípticas e parabólicas são exemplos de superfícies de rotação.

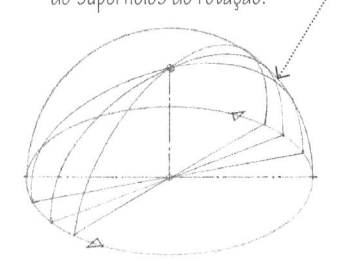

- Um hiperboloide de folha única é uma superfície regrada gerada pelo deslocamento de um segmento inclinado em dois círculos horizontais. Suas secções verticais são hipérboles.

12 As Instalações Prediais

Como Funciona uma Edificação?

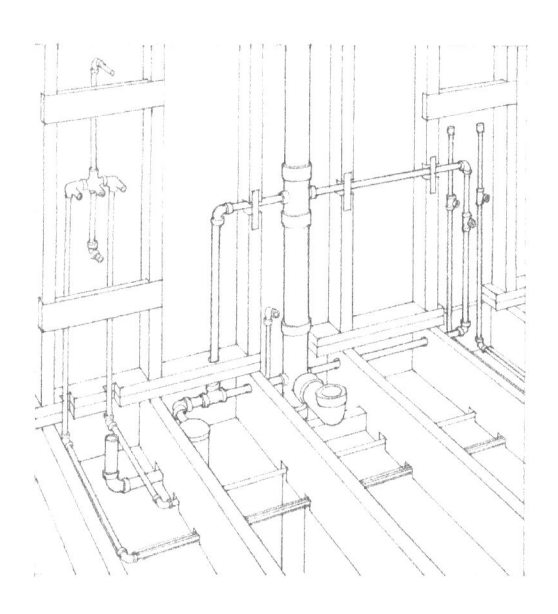

A arquitetura é uma síntese complexa de instalações que se relacionam entre si. Esses sistemas variam da configuração do espaço e da forma às vedações externas que mantêm o interior seco e aos sistemas mecânicos que regulam a temperatura e a umidade do ambiente interno. Todos esses sistemas colaboram para criar uma única obra de arquitetura.

O arquiteto não é responsável por todos os sistemas distintos envolvidos no funcionamento de uma edificação, mas esses sistemas devem, todos, ser levados em conta no processo de projeto. O projeto de arquitetura exige um pensamento sintético que considere as maneiras como esses sistemas se relacionam. Isso ajuda o arquiteto a criar estratégias de projeto que aumentem a eficácia da operação desses vários sistemas para atingir os principais objetivos do projeto.

Neste capítulo, os muitos sistemas que contribuem para a operação de uma edificação serão discutidos. Eles serão tratados conforme sua influência no processo de projeto e suas relações com as outras instalações da edificação.

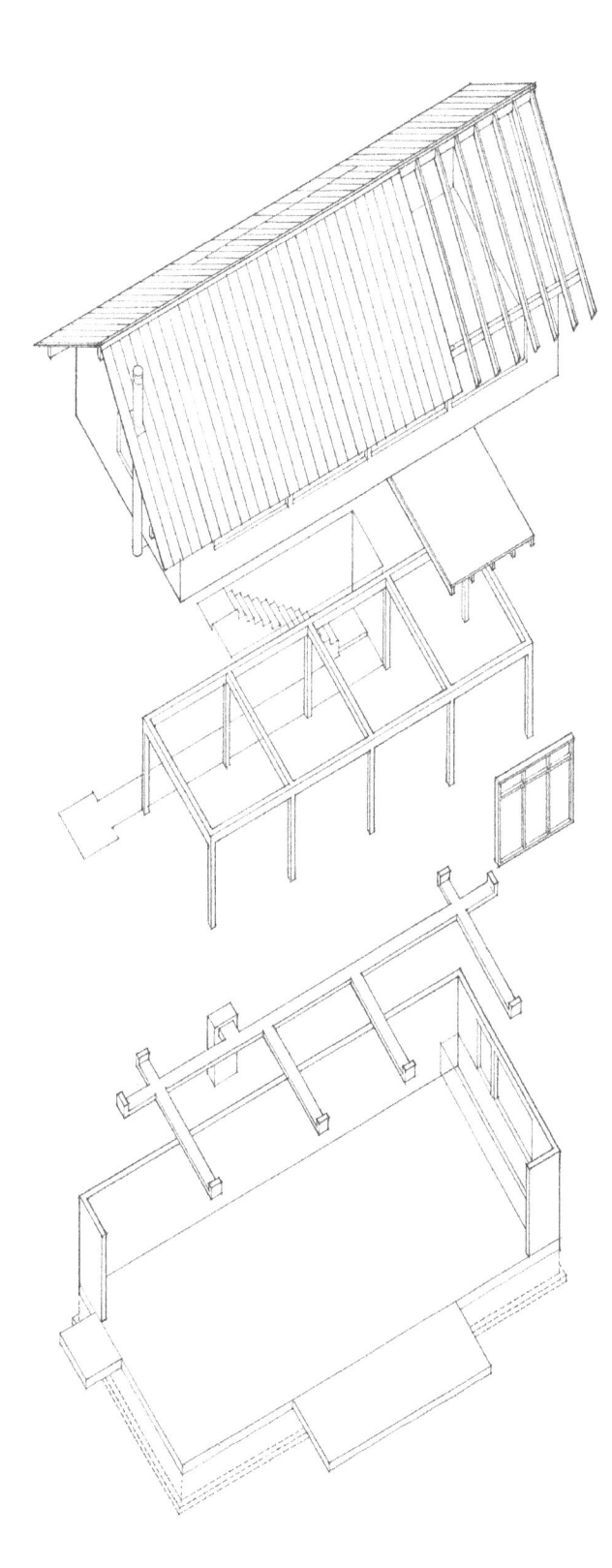

Panorama dos sistemas de edificação

Sistema estrutural
O sistema estrutural de uma edificação é projetado e construído para suportar e transmitir, com segurança, a gravidade e as cargas laterais para o solo, sem exceder os esforços máximos permitidos em seus elementos.

- A superestrutura é a extensão vertical de uma edificação sobre sua fundação.
- Pilares, vigas e paredes portantes sustentam as estruturas de piso e de cobertura.
- A subestrutura é a estrutura subjacente que forma a fundação de uma edificação.

Sistema de vedações externas
O sistema de vedações externas é a casca ou os fechamentos de uma edificação e consiste em cobertura, paredes externas, janelas e portas.

- A cobertura e as paredes externas protegem os espaços internos do intemperismo e controlam a umidade, o calor e o fluxo de ar por meio da sobreposição de sistemas de construção.
- As paredes externas e as coberturas também amortecem o ruído e proporcionam segurança e privacidade aos usuários de uma edificação.
- As portas permitem o acesso físico.
- As janelas permitem o acesso a luz, ar e vistas.
- As paredes internas e as divisórias subdividem o interior de uma edificação em unidades espaciais.

Sistemas mecânicos
Os sistemas mecânicos de uma edificação fornecem serviços essenciais para uma edificação.

- O sistema de abastecimento de água fornece água potável para a higiene e o consumo humanos.
- O sistema de esgoto cloacal remove os fluidos residuais e a matéria orgânica de uma edificação.
- Os sistemas de calefação, ventilação e ar-condicionado regulam os espaços internos de uma edificação para o conforto de seus usuários.
- O sistema elétrico controla, mede e protege o fornecimento de energia elétrica de uma edificação e o distribui de maneira segura para os sistemas de energia, iluminação, segurança e comunicação.
- Os sistemas de transporte vertical levam as pessoas e os objetos de um pavimento a outro em edifícios médios e altos.
- Os sistemas de combate a incêndio detectam e apagam incêndios.
- As estruturas também podem exigir sistemas de descarte de resíduos e reciclagem.

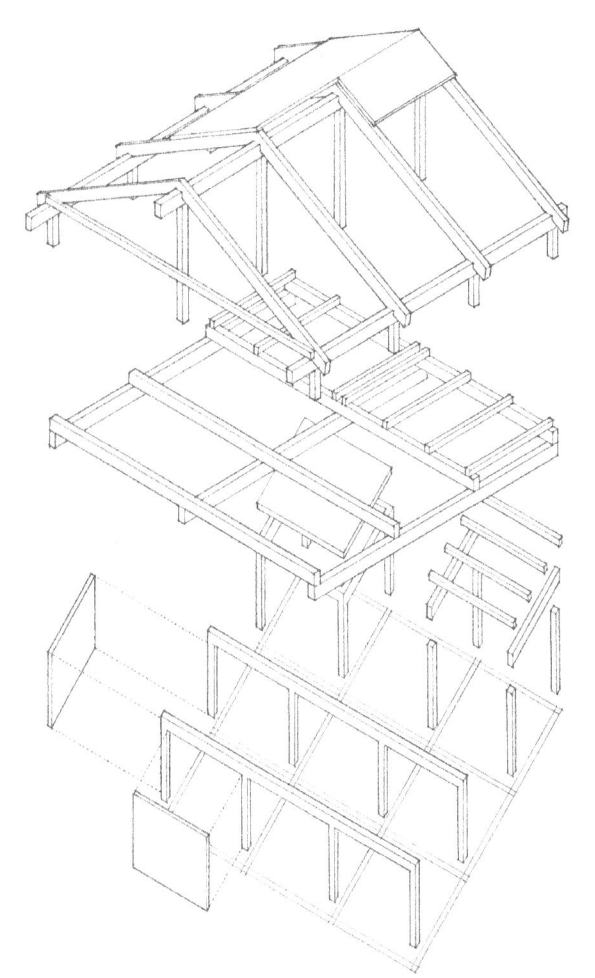

A maneira pela qual selecionamos, reunimos e integramos os vários sistemas prediais na construção deve levar em consideração os seguintes fatores:

Exigências de desempenho
- Compatibilidade, integração e segurança estruturais
- Resistência, prevenção, combate e segurança ao fogo
- Espessura admissível dos elementos de construção compostos
- Controle do calor e do fluxo de ar por meio dos elementos de construção compostos
- Controle da migração e da condensação do vapor de água
- Acomodação dos movimentos da edificação devidos ao recalque do solo, à deflexão estrutural e à expansão ou contração acarretadas por mudanças de temperatura e umidade
- Redução de ruídos, isolamento do som e desempenho acústico
- Resistência ao desgaste, à corrosão e ao intemperismo
- Acabamentos, limpeza e necessidade de manutenção
- Segurança durante o uso

Propriedades estéticas
- Relação desejada entre a edificação e seu terreno, os imóveis adjacentes e a vizinhança
- Propriedades ideais em termos de forma, volume, cor, padrão, textura e detalhes

Condicionantes legais
- Respeito ao plano diretor municipal, às normas de zoneamento e aos códigos de edificações

Considerações econômicas
- Custo inicial total, composto pelos custos de materiais, transporte, equipamentos e mão de obra
- Custos do ciclo de vida, os quais incluem não apenas o custo inicial, mas também os custos de manutenção e operação, o consumo de energia, a vida útil, os custos de demolição e substituição e os juros sobre o capital investido

Impacto ambiental
- Conservação de energia e recursos por meio de implantação e projeto adequados da edificação
- Eficiência energética dos sistemas mecânicos
- Uso de materiais não tóxicos e eficientes no consumo de recursos

Práticas de construção
- Exigências de segurança
- Margens de segurança e conexões apropriadas
- Adequação aos padrões industriais e às normas de segurança
- Divisão do trabalho entre a pré-fabricação e a construção *in loco*
- Condicionantes orçamentários
- Necessidade de equipamentos de construção
- Tempo de execução necessário
- Sistemas de prevenção contra o intemperismo

Sistemas de fundações

As fundações são a divisão mais baixa de uma edificação – sua subestrutura – construída em parte ou totalmente abaixo do nível do solo. Sua função primordial é sustentar e ancorar a superestrutura acima e transmitir as cargas da edificação de maneira segura a terra. Uma vez que elas servem como vínculo fundamental na distribuição e na resolução das cargas da edificação, as fundações devem ser projetadas de modo a se adaptarem à forma e ao leiaute da superestrutura que se encontra acima e a responderem às condições variáveis do solo, da rocha e da água abaixo.

As principais cargas de uma fundação são uma combinação das cargas mortas e acidentais que atuam de forma vertical sobre a superestrutura. Além delas, uma fundação deve ancorar a superestrutura contra o escorregamento provocado pelos ventos, o tombamento e o soerguimento, resistir aos movimentos repentinos do solo no caso de um terremoto e suportar a pressão imposta pela massa de solo circundante e pela água do lençol freático sobre os muros de arrimo. Em alguns casos, uma fundação também tem de resistir ao empuxo provocado por estruturas arqueadas ou tracionadas.

- Superestrutura
- Ancoragem necessária para que a edificação resista a deslizamento, soerguimento ou tombamento
- Subestrutura
- Fundações
- Solo ou rocha de sustentação

- Pressão ativa da terra exercida por uma massa de solo sobre um muro de arrimo

- Empuxo de estruturas tracionadas ou em arco

- A pressão passiva da terra é desenvolvida por uma massa de solo em resposta ao movimento horizontal de uma fundação.
- As forças laterais podem fazer com que a fundação imponha pressões heterogêneas sobre o solo que a sustenta.
- Parte da resistência ao cisalhamento é oferecida pela fricção entre a fundação e o solo que a sustenta.

COMO FUNCIONA UMA EDIFICAÇÃO?

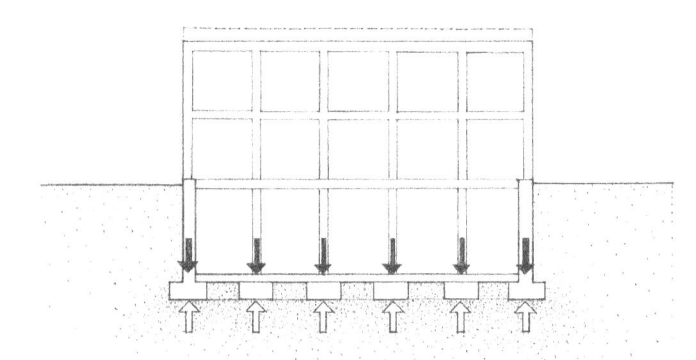

Recalque é o afundamento gradual de uma estrutura à medida que o solo sob suas fundações se comprime devido ao carregamento. Quando se constrói uma edificação, deve-se esperar certo nível de recalque à medida que a carga sobre as fundações aumenta e causa uma redução do volume de vazios no solo que contém ar ou água. Essa consolidação geralmente é muito pequena e ocorre bastante rápido quando as cargas são aplicadas em solos densos e granulares, como areia grossa ou cascalho. Quando o solo das fundações é principalmente de argila úmida e coesiva, que apresenta uma estrutura estratificada e uma incidência relativamente alta de vazios, a consolidação pode ser bastante grande e ocorrer gradualmente, durante um período de tempo mais longo.

Um sistema de fundação projetado e construído de modo adequado deve distribuir suas cargas de tal modo que qualquer recalque que venha a ocorrer seja mínimo ou uniformemente distribuído em todas as partes da edificação. Isso é conseguido distribuindo-se e proporcionando-se os apoios para as fundações de maneira que eles transmitam cargas equivalentes por unidade de área do solo ou rocha de apoio, sem ultrapassar sua capacidade de carregamento.

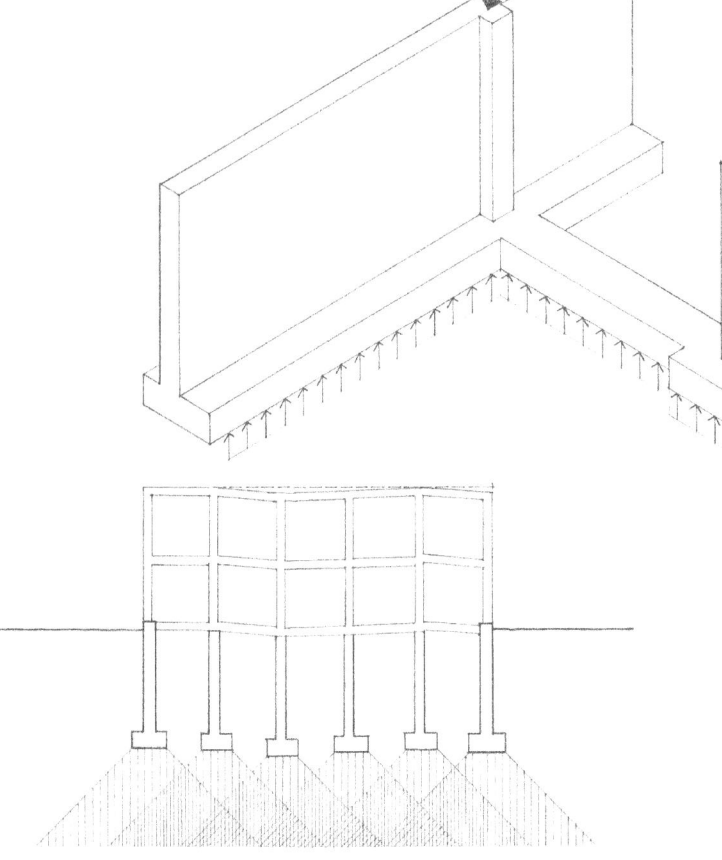

O recalque diferencial — o movimento relativo de diferentes partes de uma estrutura causado pela consolidação do solo da fundação — pode fazer com que uma edificação fique desnivelada e que surjam fissuras em suas fundações, sua superestrutura ou seus acabamentos. Em situações extremas, o recalque diferencial pode resultar na perda da integridade estrutural de uma edificação.

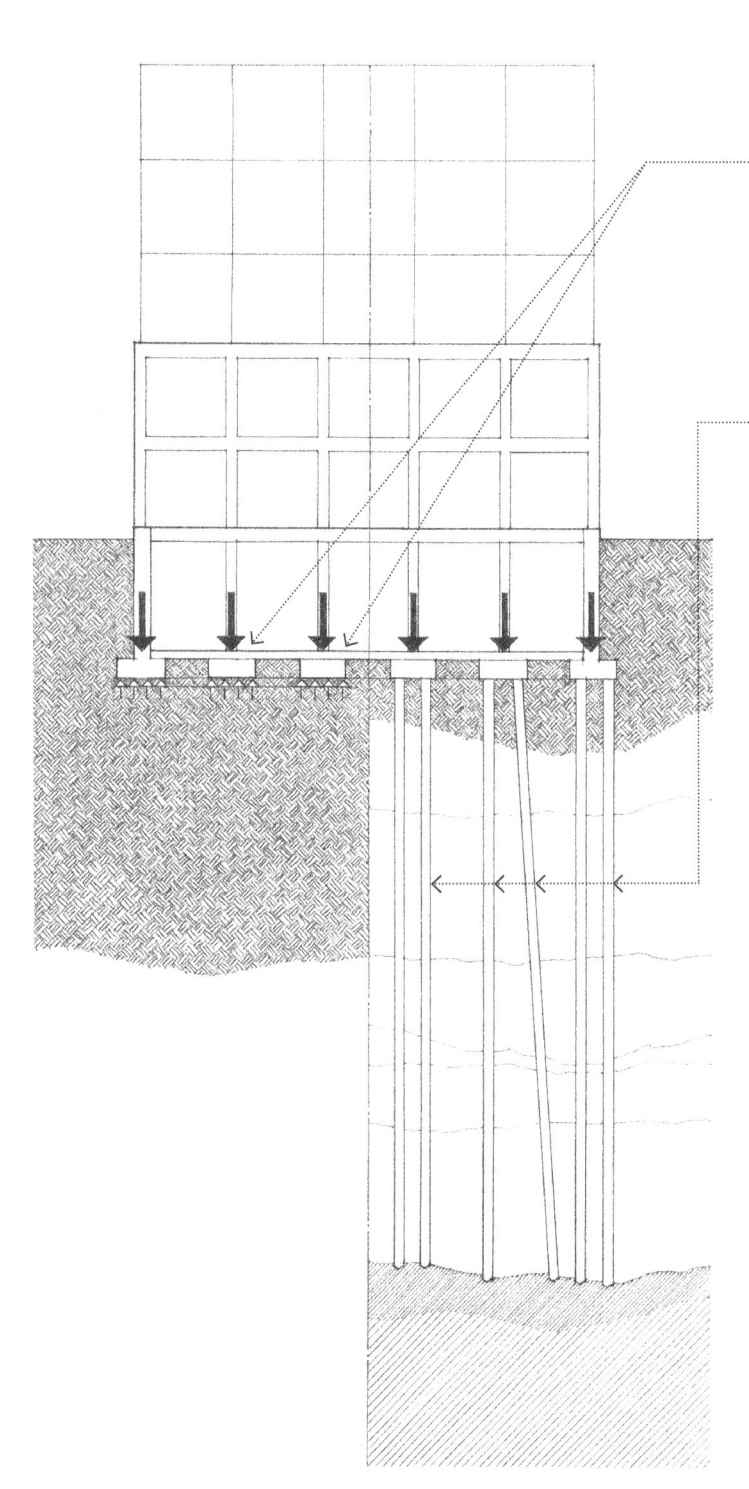

Podemos classificar as fundações em duas categorias bastante amplas: fundações rasas e fundações profundas.

Fundações rasas

Fundações rasas são empregadas quando encontramos um solo estável e com capacidade de carregamento adequada relativamente perto da superfície. Elas são assentadas logo abaixo da parte mais baixa de uma subestrutura e transferem as cargas da edificação diretamente ao solo de sustentação, por meio da pressão vertical.

Fundações profundas

Fundações profundas são empregadas quando o solo sob elas é instável ou apresenta capacidade de carregamento inadequada. Elas atravessam as camadas de solo impróprias para a sustentação do prédio, transferindo as cargas a um estrato adequado e mais denso de rocha ou de areia e cascalho bem abaixo da superestrutura.

Alguns fatores a considerar na seleção e no projeto de um tipo de fundação para uma edificação:

- Padrão e magnitude das cargas
- Condições do solo subsuperficial e do lençol freático
- Topografia do terreno
- Impacto sobre imóveis adjacentes
- Exigências do código de edificações
- Método de construção e riscos

O projeto de um sistema de fundações exige a análise e o planejamento profissionais feitos por um engenheiro de estruturas qualificado. Ao se avaliar qualquer construção mais complexa ou maior do que uma moradia unifamiliar sobre um solo estável, recomenda-se uma investigação subsuperficial do solo realizada por um engenheiro geotécnico, para determinar o tipo e o tamanho do sistema de fundação adequados para o projeto em questão.

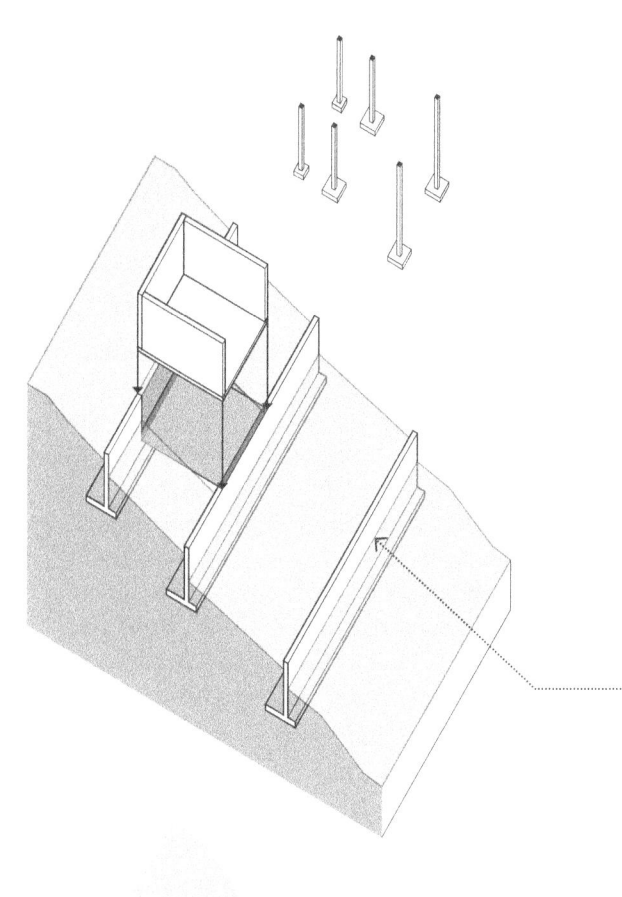

Edificando em aclives ou declives

As fundações profundas (com o uso de estacas) podem ser empregadas em terrenos acidentados ou íngremes, sobretudo quando o solo superficial do terreno é instável e as estacas podem ser estendidas até se apoiarem em um estrato de solo mais estável ou na rocha. Em tais casos, talvez não seja necessário fazer a retenção do solo, e a locação das estacas pode corresponder à dos pilares do prédio.

Quando é necessário ou recomendável escavar em um terreno com caimento, frequentemente são empregados muros de arrimo para conter a massa de solo acima da mudança de nível. O solo retido é considerado como se estivesse agindo como um fluido que exerce pressão lateral sobre o muro de arrimo, forçando seu escorregamento ou tombamento. O momento de tombamento criado pela pressão lateral do solo e a resistência oposta pelas fundações do muro de arrimo dependem principalmente da altura desse muro. O momento aumenta de acordo com o quadrado da altura do solo que é retido. À medida que um muro de arrimo se torna mais alto, pode ser necessária a instalação de tirantes, que ancoram o muro às estacas, ou de contrafortes — muros transversais que enrijecem a lâmina do muro de arrimo e agregam peso às suas sapatas.

Uma série de muros de arrimo paralelos ao caimento do terreno pode oferecer suporte contínuo às paredes portantes da superestrutura da edificação. Não é recomendável aumentar o peso da edificação apoiado no solo que está por trás do muro de arrimo. Assim, a distribuição dos muros de arrimo deve coincidir com as linhas de apoio da edificação acima.

Em projetos pequenos, particularmente quando a edificação não exige a escavação de um terreno com caimento, podem ser utilizadas vigas baldrame para compor, junto com as fundações, um sistema rígido, o qual é ancorado às estacas, geralmente na parte mais alta do terreno. Isso tem bons resultados quando se deseja o mínimo de terraplenagem e em terrenos cujo acesso principal está na parte alta.

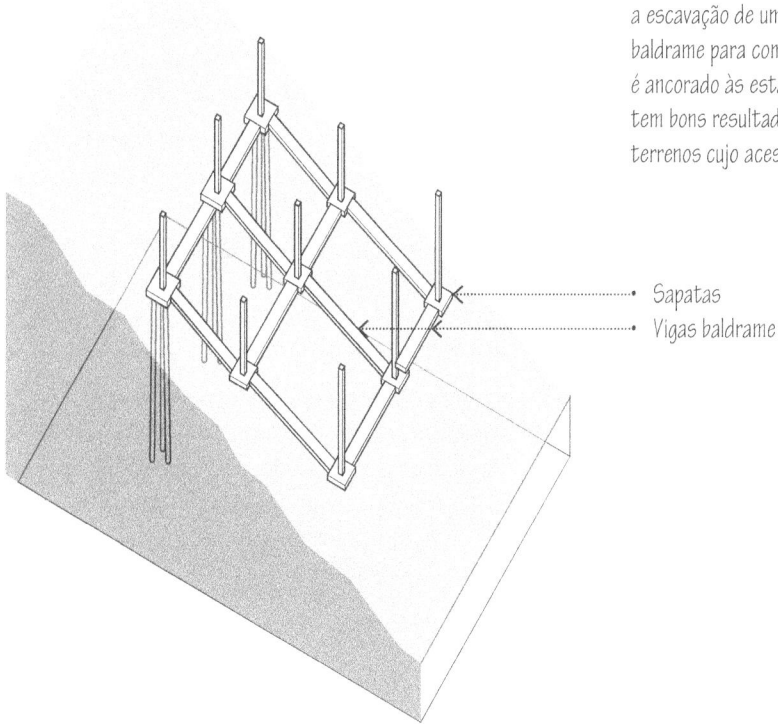

- Sapatas
- Vigas baldrame

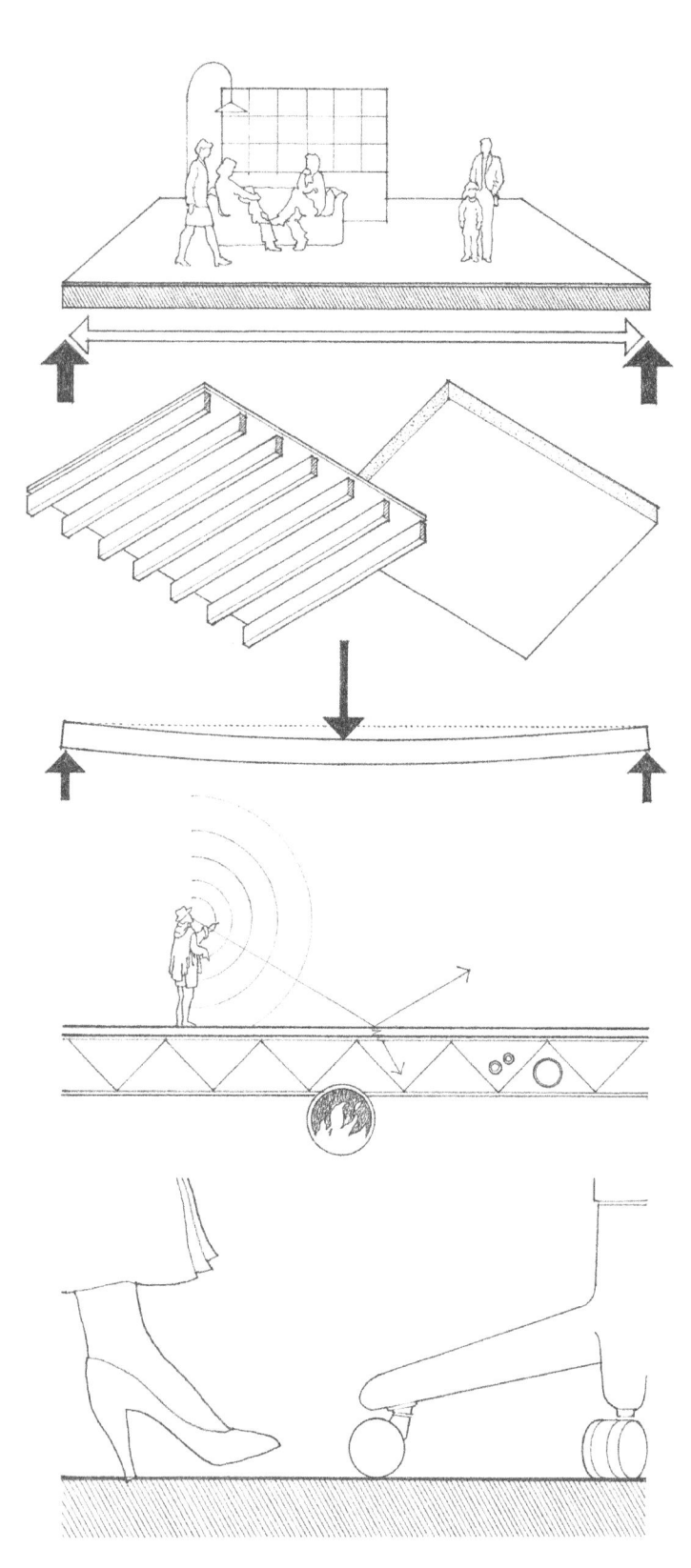

Sistemas de piso

Os sistemas de piso são os planos horizontais que devem suportar cargas acidentais (pessoas, mobiliário e equipamentos móveis) e cargas mortas (o peso próprio do piso e sua estrutura). Os sistemas de piso devem transferir suas cargas horizontalmente através do espaço, tanto para vigas e pilares como para paredes portantes. Planos de piso rígidos também podem ser projetados como diafragmas horizontais, que funcionam como vigas largas e de pouca espessura, transferindo os esforços laterais às paredes de cisalhamento.

Um sistema de piso pode ser composto de uma série de vigas, barrotes ou vigas-treliça cobertas por um plano de painéis ou tábuas, ou pode consistir em uma laje de concreto armado quase homogênea. A espessura de um sistema de piso está diretamente relacionada com as dimensões e a proporção dos vãos estruturais que deve vencer e com a resistência dos materiais utilizados. As dimensões e as distribuições de balanços e aberturas no plano do piso também devem ser levadas em conta no leiaute dos apoios estruturais de uma estrutura de piso. As condições-limite de um sistema de piso e as conexões de ligação com sistemas de fundação e de parede afetam tanto a integridade estrutural de uma edificação como sua aparência.

Uma vez que deve suportar cargas móveis de maneira segura, um sistema de piso deve ser relativamente rígido, mas ter alguma elasticidade. Devido aos efeitos negativos que deflexões e vibrações excessivas têm sobre o acabamento do piso e os materiais de forro, bem como sobre o conforto das pessoas, o fator de controle crítico é a deflexão, e não a flexão.

A espessura do entrepiso e as cavidades nele existentes devem ser consideradas, caso seja necessário embutir instalações elétricas ou mecânicas. Para sistemas de piso entre dois cômodos habitáveis de uma edificação, um fator adicional a considerar é a transmissão de ruídos tanto pelo ar como pela estrutura, além da classificação de resistência ao fogo do conjunto.

Exceto em tabuados externos, os sistemas de piso de uma edificação não são normalmente expostos ao intemperismo. Uma vez que todos os pisos devem suportar tráfego, outros fatores a considerar na seleção do acabamento de um piso e de sua estrutura são durabilidade, resistência ao desgaste e necessidade de manutenção.

Concreto

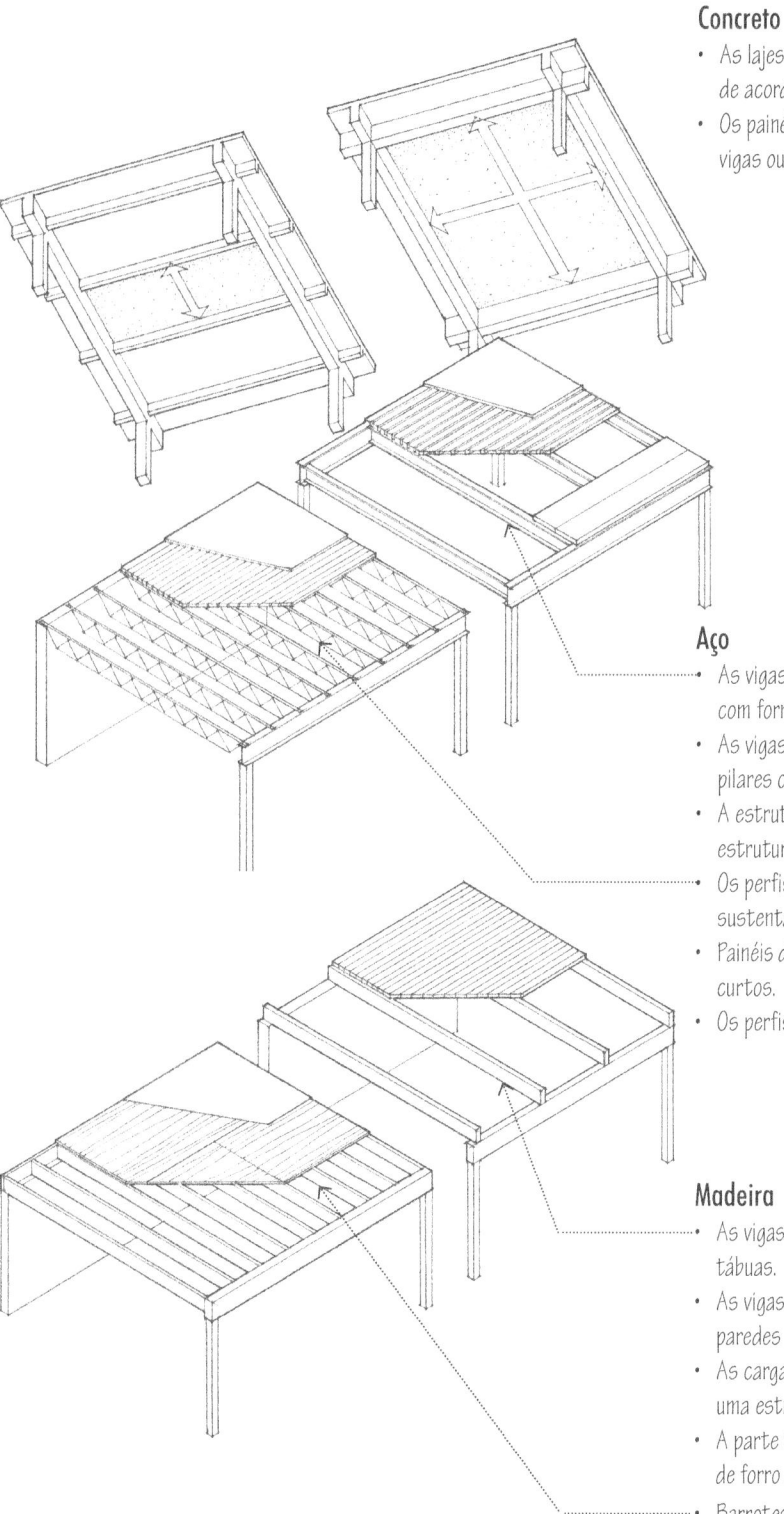

- As lajes de piso de concreto moldadas *in loco* são classificadas de acordo com seu vão vencido e seu formato.
- Os painéis de concreto pré-moldado podem ser sustentados por vigas ou por paredes portantes.

Aço

- As vigas de aço sustentam lajes de concreto de aço laminado com formas incorporadas ou painéis de concreto pré-moldado.
- As vigas podem ser sustentadas por outras vigas maiores, pilares ou paredes portantes.
- A estrutura das vigas é, em geral, parte integral de uma estrutura de aço independente.
- Os perfis I ou as vigotas treliçadas pouco espaçadas podem ser sustentados por vigas ou por paredes portantes.
- Painéis de aço ou tábuas de madeira possuem vãos relativamente curtos.
- Os perfis I vencem vãos relativamente pequenos.

Madeira

- As vigas de madeira sustentam um tabuado de painéis ou tábuas.
- As vigas podem ser sustentadas por vigas maiores, pilares ou paredes portantes.
- As cargas concentradas e as aberturas nos pisos podem exigir uma estrutura adicional.
- A parte inferior de um entrepiso pode ser deixada à vista; o uso de forro é opcional.
- Barrotes relativamente pequenos e pouco espaçados podem ser sustentados por vigas ou paredes portantes.
- Contrapisos, contracamadas e sistemas de forro suspenso vencem vãos relativamente curtos.
- As estruturas de barrotes de madeira são flexíveis na forma e nas proporções.

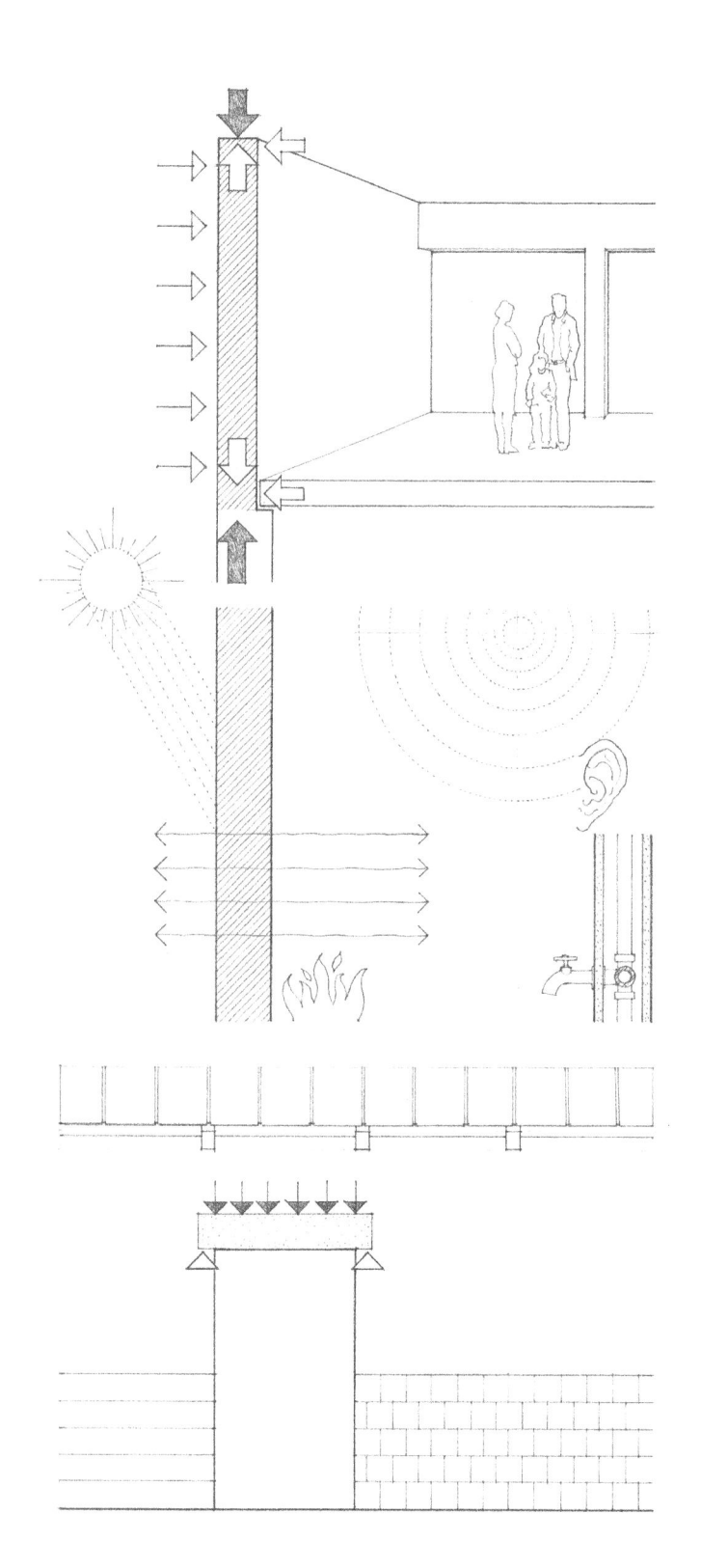

Sistemas de paredes

As paredes são os planos verticais de uma edificação que fecham, separam e protegem seus espaços internos.

As paredes podem ser estruturas portantes homogêneas ou compostas, projetadas para transmitir as cargas impostas de pisos e coberturas, ou consistir em um arcabouço independente de pilares e vigas com painéis de vedação não estruturais instalados dentro desse arcabouço ou sobrepostos a ele. O padrão dessas paredes portantes ou da estrutura independente deve estar sempre coordenado com o leiaute dos espaços internos de uma edificação.

Além de transferir as cargas verticais, as paredes externas devem ter a capacidade de suportar cargas horizontais impostas pelo vento. Se forem rígidas o suficiente, elas também podem servir como diafragmas ou paredes de cisalhamento e transferir as cargas de vento e as cargas sísmicas às fundações.

Uma vez que as paredes externas servem como um escudo protetor dos espaços internos de uma edificação contra as intempéries, seus componentes construtivos devem controlar a passagem de calor e de sons e a infiltração de ar, umidade e vapor d'água. A pele externa da edificação, que pode ser independente ou parte integral da estrutura da parede, deve ser durável e resistente aos efeitos desgastantes do sol, do vento e da chuva. Os códigos de edificações especificam a classificação de resistência ao fogo de paredes externas, paredes portantes e paredes internas.

As paredes internas, que subdividem o espaço dentro de uma edificação, podem ser portantes ou não. Elas devem ser capazes de suportar os materiais de acabamento desejados, fornecer o grau exigido de isolamento acústico e acomodar, quando necessário, a distribuição de dutos e instalações.

As aberturas de portas e janelas devem ser construídas de modo que qualquer carga vertical recebida seja distribuída às suas laterais, e não transferida às esquadrias. O tamanho e a localização das aberturas são determinados pelas necessidades de iluminação natural, ventilação, vistas desejáveis e acesso das pessoas, bem como pelos condicionantes impostos pelo sistema estrutural e pelos materiais de parede modulados.

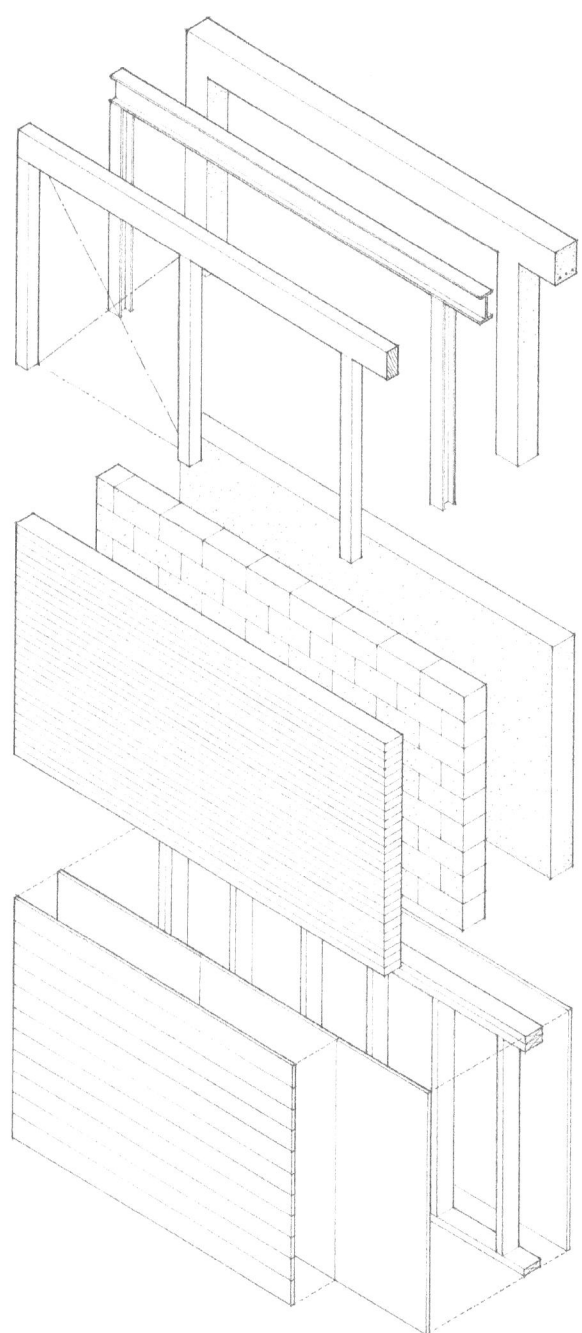

Estruturas independentes
- As estruturas independentes de concreto geralmente são estruturas indeformáveis classificadas como incombustíveis e resistentes ao fogo.
- Estruturas independentes de aço podem utilizar vínculos rígidos e exigir tratamento de proteção contra incêndio para que possam ser classificadas como resistentes ao fogo.
- Estruturas de madeira exigem contraventamento diagonal ou planos de cisalhamento para que tenham estabilidade lateral e podem ser classificadas como estruturas resistentes ao fogo se utilizadas com paredes externas resistentes ao fogo e incombustíveis e se seus elementos respeitarem as dimensões mínimas determinadas pelo código de edificações.
- Estruturas de aço ou de concreto têm a capacidade de vencer vãos maiores e de suportar carregamentos mais elevados do que as estruturas de madeira.
- Todos os tipos de estrutura independente podem suportar e aceitar diversos sistemas de vedação externa, como os sistemas de parede-cortina.
- O detalhamento das conexões ou dos vínculos é crítico, tanto por razões estruturais como por motivos estéticos, caso a estrutura seja deixada aparente.

Paredes portantes de alvenaria ou de concreto
- Paredes portantes de alvenaria ou de concreto são classificadas como incombustíveis e usam sua massa para a transferência de esforços estruturais.
- Embora sejam resistentes à compressão, tanto o concreto quanto a alvenaria exigem armadura de reforço quando forem impostos esforços de tração.
- A relação entre a altura e a largura, as medidas de estabilização lateral e a distribuição apropriada das juntas de dilatação são fatores essenciais no projeto e na construção de paredes.
- As superfícies das paredes não precisam ser revestidas, elas podem ficar à vista.

Paredes de montantes leves de metal ou de madeira
- Os montantes de metal laminado a frio ou de madeira geralmente são espaçados a cada 40 ou 60 cm entre eixos; esse espaçamento se relaciona com a largura e o comprimento dos materiais de vedação mais comuns.
- Os montantes transferem as cargas verticais, enquanto seus painéis de vedação ou um contraventamento diagonal enrijecem o plano da parede.
- As cavidades em paredes duplas podem acomodar isolamento térmico, barreiras de vapor e instalações hidrossanitárias e elétricas, entre outras.
- As paredes de montantes aceitam uma grande variedade de acabamentos tanto na face interna quanto na externa; alguns acabamentos exigem uma base na qual possam ser pregados.
- Os materiais de acabamento determinam a classificação de resistência ao fogo da parede como um todo.
- As paredes de montantes podem ser montadas in loco ou pré-fabricadas.
- As paredes de montantes têm forma flexível, devido à boa trabalhabilidade de seus componentes relativamente pequenos e aos vários sistemas de fixação disponíveis no mercado.

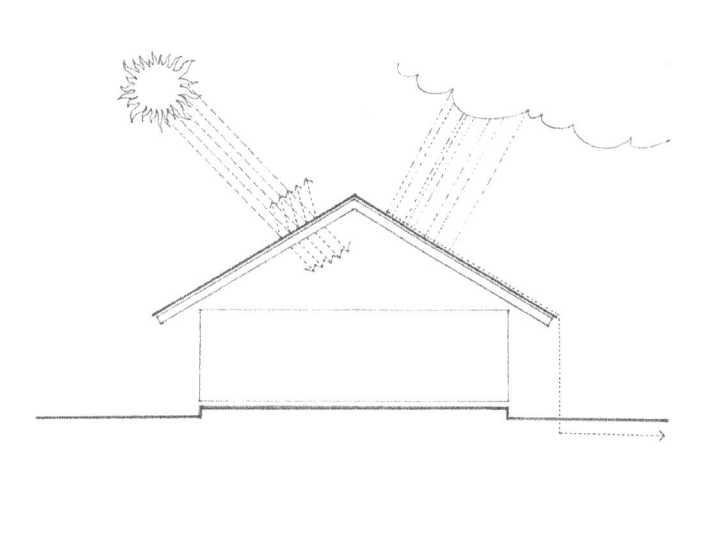

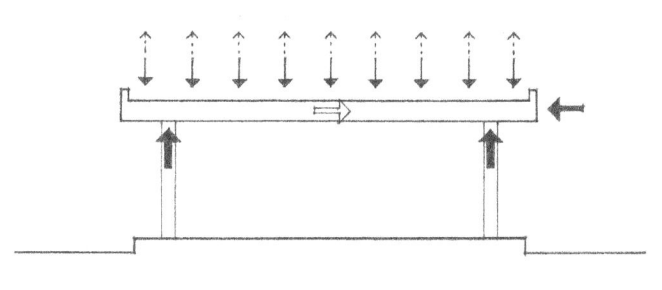

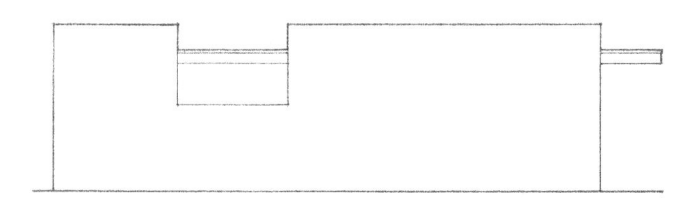

Sistemas de coberturas

A cobertura funciona como o principal elemento de abrigo para os espaços internos de uma edificação. A configuração e o caimento de uma cobertura devem ser compatíveis com o material — telhas chatas, telhas convencionais ou laje monolítica — empregado para escoar a água da chuva e da neve derretida a um sistema de drenos, calhas e condutores. A cobertura também deve controlar a passagem de vapor de água, a infiltração do ar, os ganhos e as perdas térmicas e o ingresso da radiação solar. Além disso, conforme o tipo de construção exigido pelo código de edificações aplicável, a estrutura e os diversos componentes do telhado podem ter de resistir à dispersão das chamas em caso de incêndio.

Assim como os pisos, as coberturas devem ser estruturadas para vencer vãos e suportar seu peso próprio, além do peso de qualquer equipamento anexo e da chuva e da neve acumuladas. Coberturas planas utilizadas como terraço também estão sujeitas a cargas acidentais. Além dessas cargas de gravidade, os planos de cobertura às vezes precisam resistir a solicitações laterais impostas por ventos e abalos sísmicos, bem como à força de sucção do vento, e transferir tais forças para sua estrutura de apoio.

Já que as cargas de gravidade impostas a uma edificação originam-se com a cobertura, o leiaute de sua estrutura deve corresponder ao dos pilares ou das paredes portantes por meio dos quais as cargas serão transmitidas até as fundações e o solo. Esse padrão de apoios e a extensão dos vãos cobertos, por sua vez, influenciam a distribuição dos espaços internos e o tipo de forro que a cobertura talvez deva sustentar. Coberturas com grandes vãos entre apoios tendem a permitir espaços internos mais flexíveis em termos de uso, enquanto vãos menores podem sugerir compartimentos mais bem definidos.

O tipo de estrutura de cobertura — seja uma cobertura plana ou em vertente, com oitão, telhado esconso ou com grandes beirais, ou mesmo uma série de planos ritmicamente articulados — tem grande impacto na imagem externa da edificação. A cobertura pode ficar aparente e ter beirais ou não ou pode estar escondida por uma platibanda. Se sua face inferior ficar à vista, a forma da cobertura e de sua estrutura também afetará o teto ou o limite superior dos espaços internos por ela vedados.

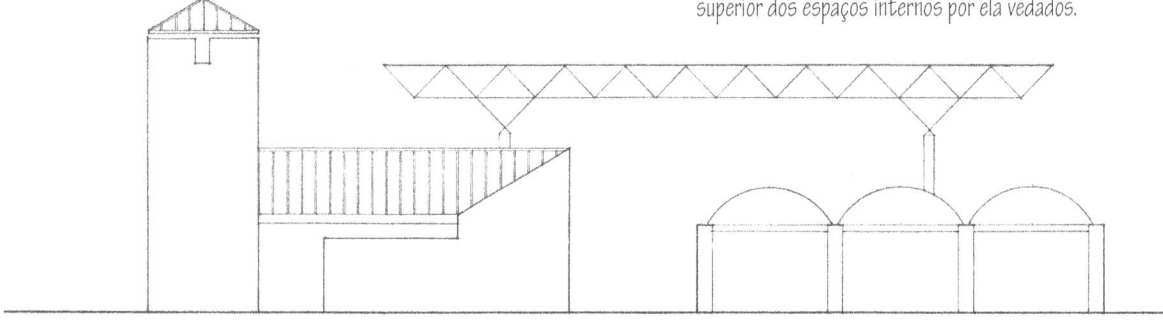

COMO FUNCIONA UMA EDIFICAÇÃO? 311

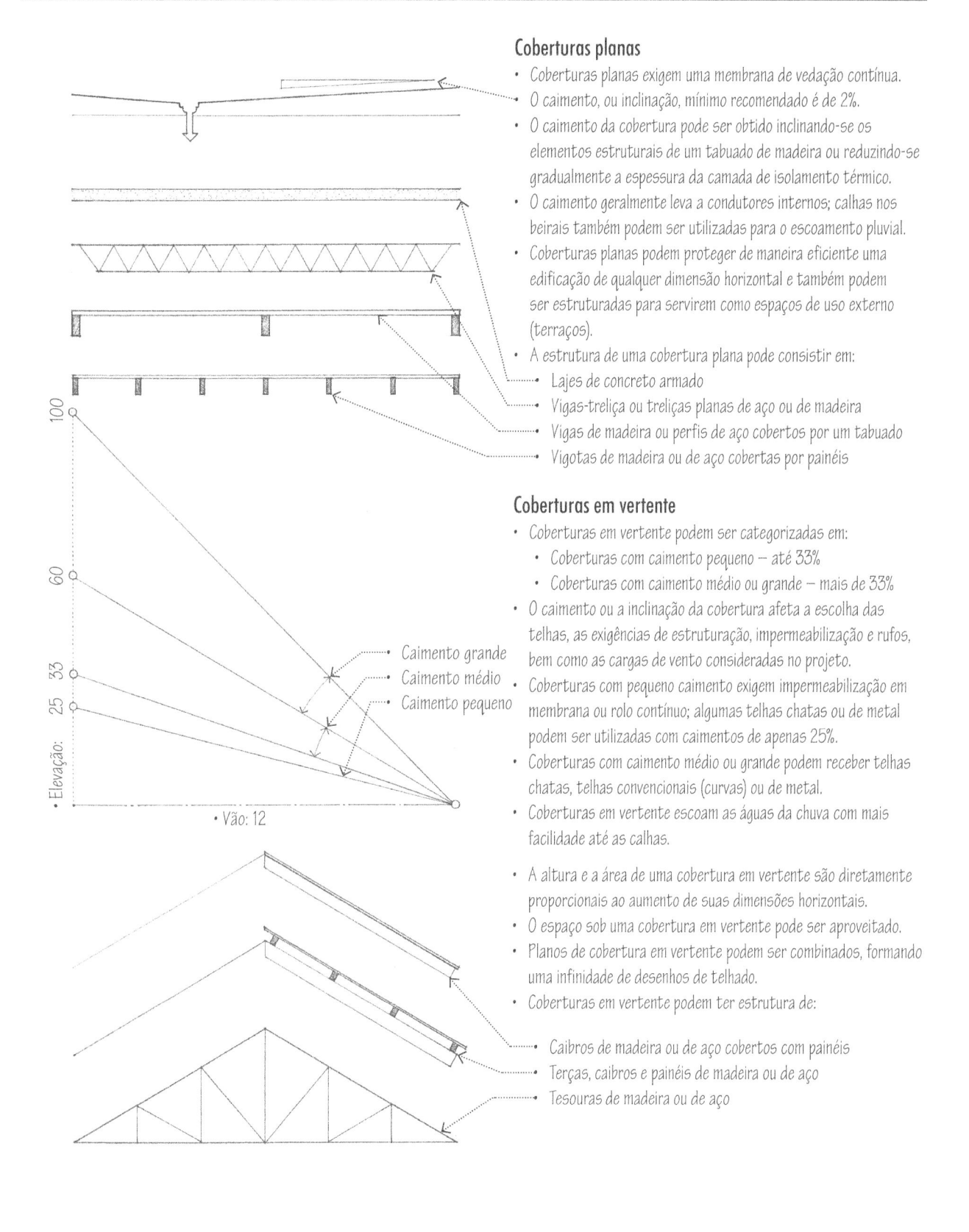

Coberturas planas
- Coberturas planas exigem uma membrana de vedação contínua.
- O caimento, ou inclinação, mínimo recomendado é de 2%.
- O caimento da cobertura pode ser obtido inclinando-se os elementos estruturais de um tabuado de madeira ou reduzindo-se gradualmente a espessura da camada de isolamento térmico.
- O caimento geralmente leva a condutores internos; calhas nos beirais também podem ser utilizadas para o escoamento pluvial.
- Coberturas planas podem proteger de maneira eficiente uma edificação de qualquer dimensão horizontal e também podem ser estruturadas para servirem como espaços de uso externo (terraços).
- A estrutura de uma cobertura plana pode consistir em:
  - Lajes de concreto armado
  - Vigas-treliça ou treliças planas de aço ou de madeira
  - Vigas de madeira ou perfis de aço cobertos por um tabuado
  - Vigotas de madeira ou de aço cobertas por painéis

Coberturas em vertente
- Coberturas em vertente podem ser categorizadas em:
  - Coberturas com caimento pequeno – até 33%
  - Coberturas com caimento médio ou grande – mais de 33%
- O caimento ou a inclinação da cobertura afeta a escolha das telhas, as exigências de estruturação, impermeabilização e rufos, bem como as cargas de vento consideradas no projeto.
- Coberturas com pequeno caimento exigem impermeabilização em membrana ou rolo contínuo; algumas telhas chatas ou de metal podem ser utilizadas com caimentos de apenas 25%.
- Coberturas com caimento médio ou grande podem receber telhas chatas, telhas convencionais (curvas) ou de metal.
- Coberturas em vertente escoam as águas da chuva com mais facilidade até as calhas.
- A altura e a área de uma cobertura em vertente são diretamente proporcionais ao aumento de suas dimensões horizontais.
- O espaço sob uma cobertura em vertente pode ser aproveitado.
- Planos de cobertura em vertente podem ser combinados, formando uma infinidade de desenhos de telhado.
- Coberturas em vertente podem ter estrutura de:
  - Caibros de madeira ou de aço cobertos com painéis
  - Terças, caibros e painéis de madeira ou de aço
  - Tesouras de madeira ou de aço

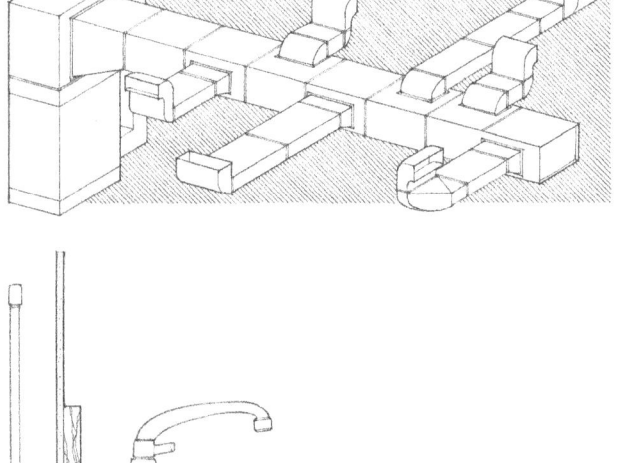

Instalações elétricas e mecânicas

Esta seção discute as instalações elétricas e mecânicas necessárias para manter as condições de conforto ambiental, saúde e segurança dos usuários de uma edificação. O objetivo não é oferecer um manual completo de projeto, mas descrever em linhas gerais os fatores que devem ser considerados para uma operação bem-sucedida desses sistemas e para sua integração com as outras instalações de uma edificação.

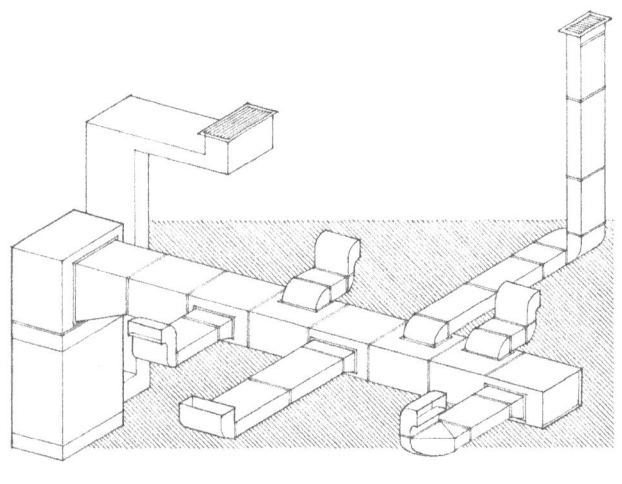

Os sistemas de calefação, ventilação e condicionamento de ar adequam os espaços internos de uma edificação ao conforto ambiental de seus usuários. O suprimento de água potável é essencial para o consumo humano e para fins de saneamento. A disposição eficiente dos efluentes líquidos e da matéria orgânica é necessária para manter as condições de saúde dentro de uma edificação e na área circundante. As instalações elétricas fornecem luz e calor para os ocupantes de um prédio e força para alimentar suas máquinas.

Essas instalações exigem uma quantidade significativa de espaço. Como a maior parte dos equipamentos fica normalmente oculta aos nossos olhos – dentro de espaços fechados da construção ou em compartimentos especiais –, o leiaute de cada um desses sistemas deve ser cuidadosamente integrado com o dos outros, bem como com os sistemas estruturais e de vedação externa da edificação.

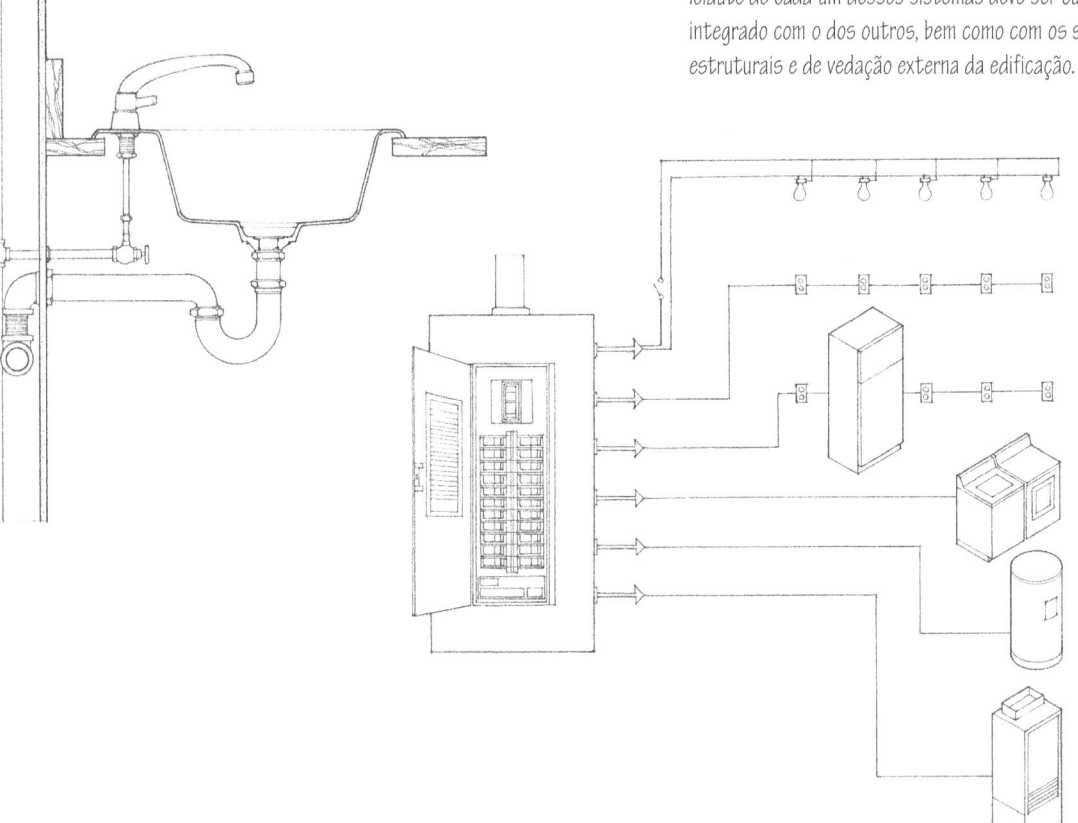

COMO FUNCIONA UMA EDIFICAÇÃO? 313

Sistemas de calefação e refrigeração

A implantação, a orientação e os sistemas da edificação devem minimizar as perdas térmicas para o exterior quando está frio e minimizar os ganhos térmicos quando faz calor. Todas as perdas ou ganhos térmicos excessivos precisam ser compensados por sistemas passivos de energia ou sistemas ativos (mecânicos) de calefação e refrigeração, o que proporciona condições de conforto térmico para os usuários da edificação. Ainda que aquecer e resfriar para controlar a temperatura do ar de um espaço seja, possivelmente, a função mais básica e necessária dos sistemas mecânicos, é preciso prestar atenção a outros três fatores que afetam o conforto humano — a umidade relativa do ar, a temperatura radiante média e o movimento do ar.

- É possível controlar a umidade relativa introduzindo vapor d'água por meio de umidificadores de ar ou removendo-o com a ventilação.
- O movimento do ar pode ser controlado por ventilação natural ou mecânica.
- Para elevar a temperatura radiante média das superfícies dos cômodos, use painéis de aquecimento por radiação; para reduzi-la, utilize resfriamento por radiação.

Calefação e refrigeração

- A temperatura do ar é controlada pelo insuflamento de um fluido frigorífico — como ar quente ou frio, água quente ou resfriada — em um espaço.
- As fornalhas aquecem o ar; as caldeiras aquecem a água ou produzem vapor; os aquecedores elétricos empregam uma resistência para converter a energia elétrica em térmica.
- O tamanho dos equipamentos de calefação e refrigeração necessários para uma edificação é determinado pelas cargas previstas de calefação e refrigeração.

Os combustíveis fósseis tradicionais — gás, petróleo e carvão — continuam sendo os mais utilizados na produção de energia para a calefação e a refrigeração de edificações. O gás natural queima sem produzir resíduos e não requer armazenagem nem fornecimento, com exceção do uso de tubulações especiais. O gás propano também queima sem produzir resíduos, mas é um pouco mais caro que o gás natural. O petróleo também é uma escolha eficiente em termos de combustível, mas precisa ser levado por caminhões para reservatórios localizados no ponto de utilização ou perto dele. O carvão, por sua vez, raramente é empregado para aquecer novas habitações; em edificações comerciais e industriais, seu uso é variável.

A eletricidade é uma fonte de energia limpa que não envolve combustão nem armazenagem de combustível no terreno. O sistema é compacto, sendo distribuído por fios de bitola pequena e utilizando equipamentos relativamente pequenos e silenciosos. Contudo, os custos associados à calefação ou à refrigeração elétrica da edificação podem ser proibitivos; ademais, em vários países, a maior parte da energia elétrica é gerada pela utilização de outras fontes de energia — fissão nuclear ou queima de combustíveis fósseis — que acionam as turbinas. Apesar das muitas preocupações referentes à segurança das instalações e ao descarte dos resíduos nucleares, a energia nuclear ainda pode se tornar uma importante fonte de energia. Em termos mundiais, uma pequena porcentagem de turbinas é movida por água corrente (energia hidrelétrica), vento e gases produzidos pela queima de gás natural, petróleo e carvão.

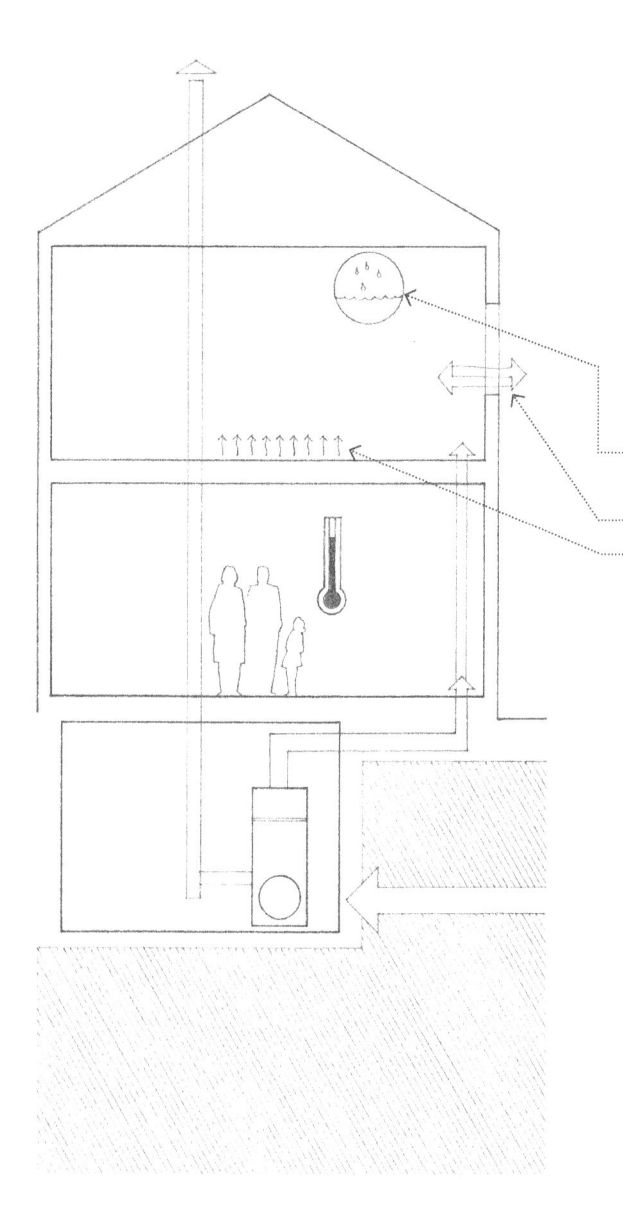

A incerteza acerca do preço e da disponibilidade das fontes convencionais de energia é cada vez mais preocupante, assim como o impacto da extração e da produção dessa energia sobre os recursos naturais e a queima de combustíveis fósseis que emitem gases com efeito estufa. Nos Estados Unidos, onde mais de 40% de toda a energia e mais de 65% de toda a eletricidade são consumidas em edificações, os arquitetos e engenheiros, a indústria da construção e as agências do governo estão estudando estratégias para reduzir o consumo de energia nas edificações e analisando fontes de energia alternativas e renováveis: energia solar, energia eólica, biomassa, hidrogênio, energia hidrelétrica, energia das marés e ondas marítimas e energia geotérmica.

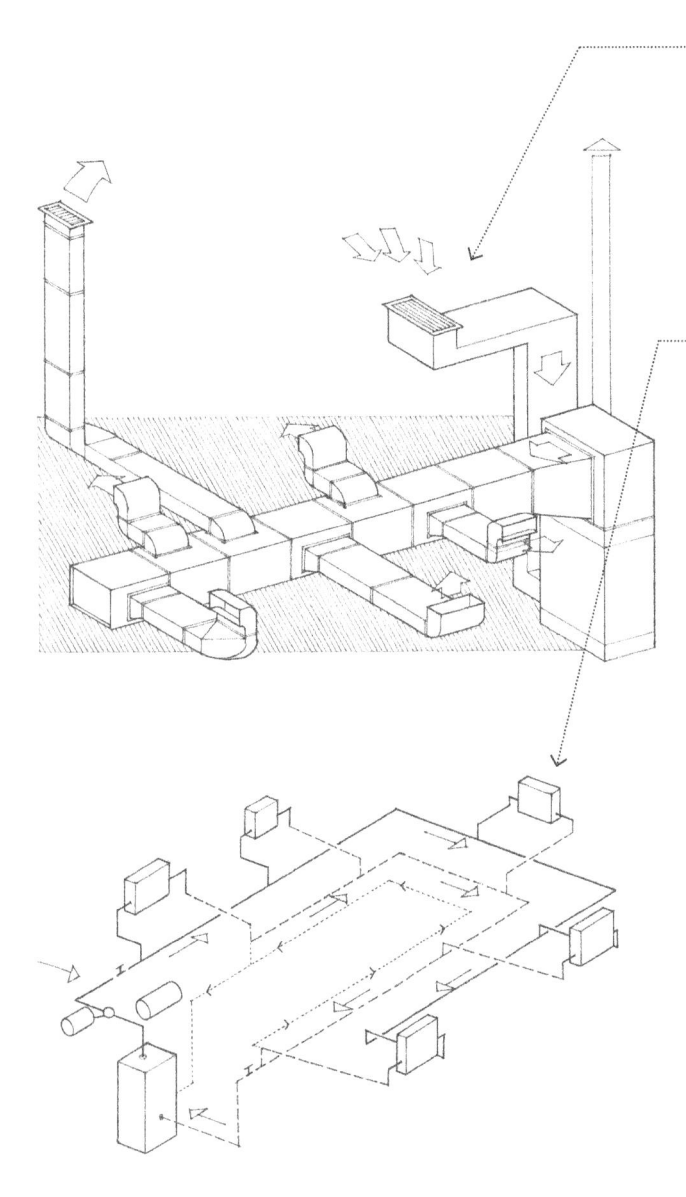

Calefação por ar quente insuflado

Calefação por ar quente insuflado é o sistema de calefação de uma edificação que utiliza o ar aquecido em uma fornalha a gás, a óleo ou elétrica e distribuído por um ventilador, por meio de uma rede de condutos, aos registros ou difusores distribuídos nos diversos cômodos. É o sistema mais versátil e o mais empregado para o aquecimento de casas e pequenas edificações.

Calefação por água quente

Calefação por água quente é o sistema de aquecimento de uma edificação que se serve da água aquecida em uma caldeira, a qual circula, pela ação de uma bomba, por tubos até seus radiadores ou convectores. Calefação a vapor é um sistema de aquecimento com princípio similar que utiliza o vapor gerado em uma caldeira, o qual circula por tubos até seus radiadores. Em cidades grandes e em condomínios de edifícios, a água quente ou o vapor de água gerado por uma central de caldeiras podem ser distribuídos por meio de uma rede de tubos subterrâneos, sistema que elimina a necessidade de caldeiras ou de aquecedores *in loco*.

Calefação elétrica

Na verdade, o processo de calefação elétrica é um processo de calefação por resistência elétrica. Resistência é a propriedade de um condutor que se opõe à passagem de corrente, fazendo com que a energia elétrica seja convertida em calor. Os elementos de calefação por resistência elétrica podem ser expostos a uma corrente de ar em uma fornalha ou nos dutos de um sistema de calefação; além disso, fornecem calor para caldeiras em sistemas de calefação hidrônica. Os meios mais diretos de calefação com energia elétrica envolvem a inserção de fios ou bobinas de resistência nos dispositivos de aquecimento. Embora sejam compactos e versáteis, os aquecedores por resistência elétrica não ajudam a controlar a umidade e a qualidade do ar.

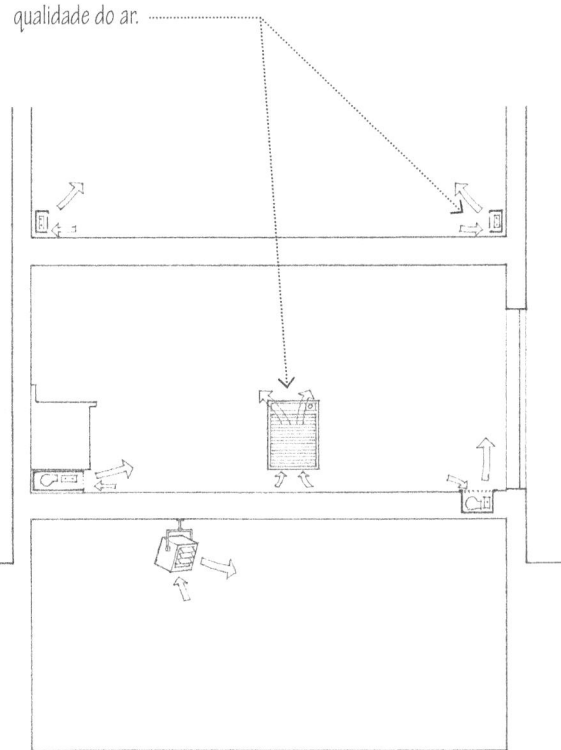

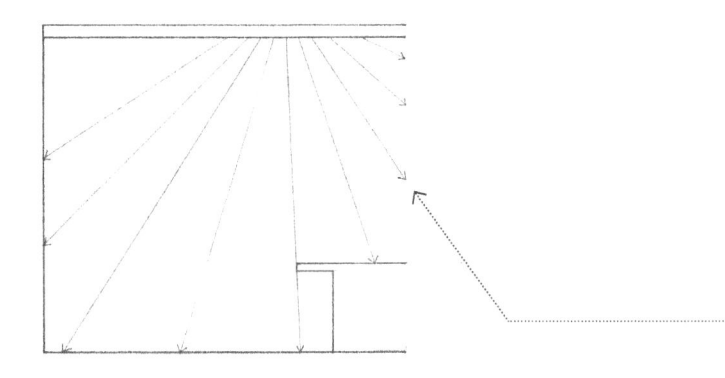

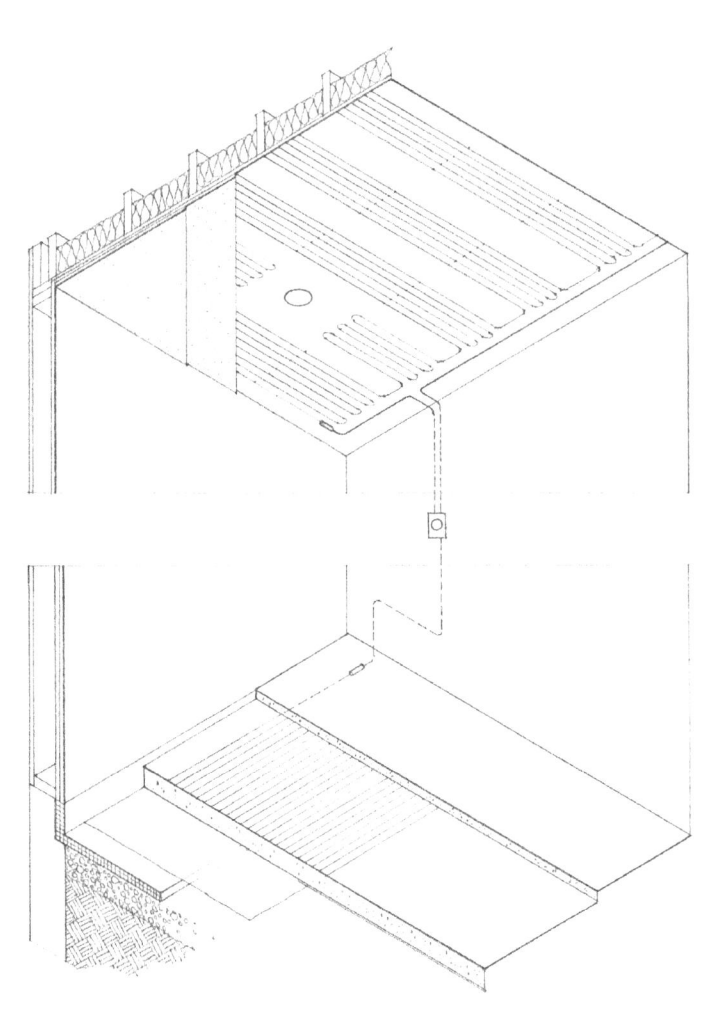

Calefação por radiação

Sistemas de calefação por radiação utilizam forros, pisos e, algumas vezes, paredes, para serem aquecidos como superfícies radiantes. A fonte de calor pode ser tubos de água quente ou cabos de aquecimento de resistência elétrica embutidos nos tetos, nos pisos ou nas paredes. O calor radiante é absorvido pelas superfícies e objetos do cômodo, reirradia as superfícies aquecidas e eleva a temperatura radiante média (TRM) do espaço, bem como a temperatura do ar.

O calor radiante:
- se propaga por um caminho direto;
- não pode contornar curvas e, portanto, às vezes é obstruído por elementos físicos dentro dos cômodos, como o mobiliário;
- não pode compensar correntes descendentes de ar frio ao longo das áreas de vidros exteriores;
- não é afetado pelo movimento do ar.

Os sistemas de piso radiante funcionam bem no aquecimento de lajes de concreto. Contudo, em geral, as instalações de forro são preferidas, porque os forros possuem menor inércia térmica do que as lajes de piso e assim, respondem mais rapidamente ao aquecimento. Os painéis de tetos também podem ser aquecidos a uma temperatura de superfície mais alta que as lajes de piso. Tanto em sistemas de pisos radiantes elétricos quanto com água quente, a instalação é totalmente embutida, exceto pelos termostatos ou válvulas de controle.

Considerando que os sistemas de aquecimento por painéis radiantes não respondem rapidamente a mudanças na demanda de temperatura, eles podem ser suplementados com unidades de convecção perimetrais. Para o completo condicionamento do ar, são necessários sistemas separados de ventilação, controle da umidade e resfriamento.

Os sistemas de calefação por radiação de líquidos fazem a água quente circular por tubos de metal ou de plástico embutidos em uma laje de concreto, que age como massa térmica, ou fixados na face inferior de um contrapiso com placas condutoras. Essa água pode ser aquecida em caldeiras, bombas de calor, coletores solares ou sistemas geotérmicos. De acordo com a regulagem do termostato, uma válvula de controle ajusta a temperatura da água utilizada, misturando-a com a água que circula pelas serpentinas.

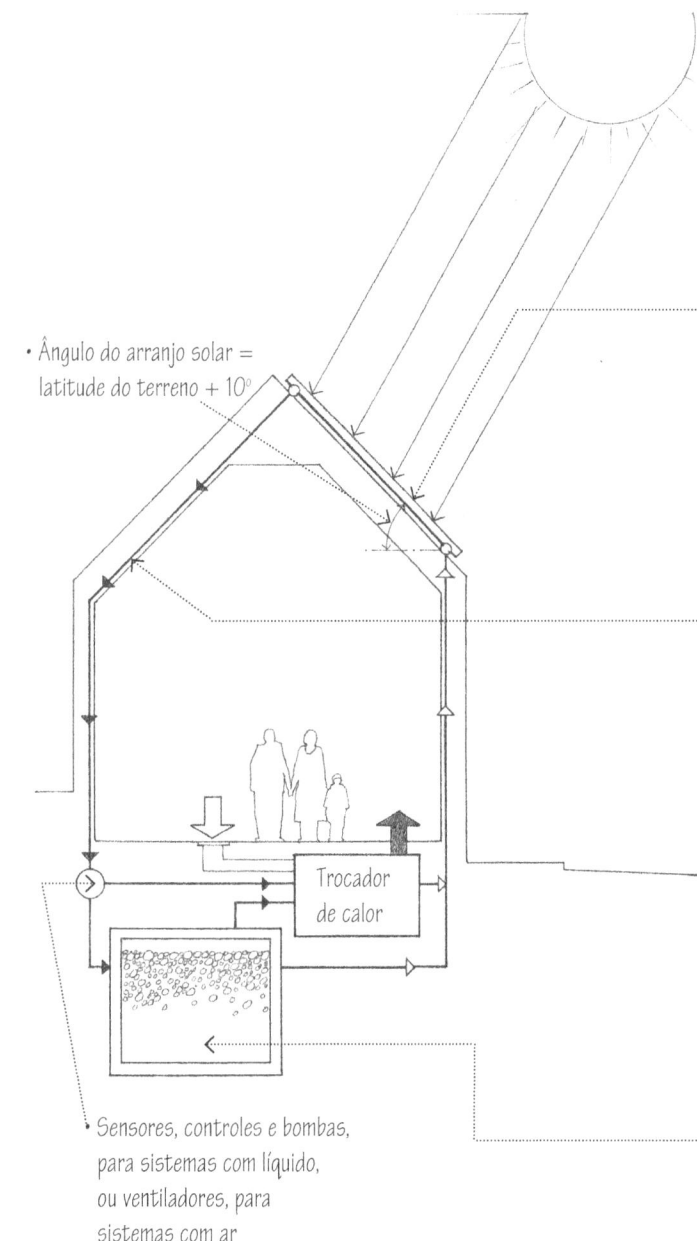

Sistemas ativos de calefação solar

Os sistemas ativos de calefação solar absorvem, transferem e armazenam energia da radiação solar para o aquecimento de uma edificação. Eles normalmente consistem nos seguintes componentes:

- Painéis coletores solares
- Sistema de distribuição e circulação para o meio de transferência do calor
- Trocador de calor e unidade de armazenamento

Painéis coletores solares

- Os painéis coletores solares devem ser orientados dentro de 20° em relação ao norte verdadeiro (no hemisfério sul) e não serem sombreados por estruturas adjacentes, acidentes topográficos ou árvores. A área de superfície do coletor necessária depende da eficiência da troca de calor do coletor e do meio de transferência térmica e da carga de aquecimento e de resfriamento da edificação. As recomendações atuais variam de $1/3$ a $1/2$ da área líquida do piso da edificação.

Meio de transferência de calor

- O meio de transferência de calor pode ser o ar, a água ou outro líquido. Ele transporta a energia térmica coletada dos painéis solares para o equipamento de troca de calor ou para uma unidade de armazenamento, para uso posterior.
- Os sistemas com líquidos usam tubulações para a circulação e a distribuição do calor. Uma solução anticongelante fornece proteção contra o congelamento e, para tubos de alumínio, é necessário um aditivo que retarde a corrosão.
- Já nos sistemas com ar, a malha de dutos para coletores de ar exige maior espaço de instalação. Também são necessárias maiores superfícies coletoras, pois o coeficiente de transferência de calor do ar é menor que o de líquidos. A construção dos painéis é mais simples e não está sujeita a problemas de congelamento, vazamento e corrosão.

Sistema termoacumulador

- Um sistema de termoacumulação com isolamento retém o calor para uso noturno ou em dias nublados. Ele pode ter a forma de um reservatório cheio de água ou de outro fluido frigorígeno ou a forma de de uma caixa com pedras ou sais de mudança de fase (em sistemas com o uso de ar).
- Os componentes de distribuição de calor do sistema de energia solar são similares àqueles dos sistemas de calefação convencionais.
- O calor pode ser liberado por um sistema ar-ar ou ar-água.
- Para a refrigeração, é necessário o uso de uma bomba de calor ou de uma unidade de refrigeração por absorção.
- Recomenda-se o uso de um sistema de calefação de apoio.
- Para que um sistema ativo de energia solar seja eficiente, a edificação deve ser termicamente eficiente e bem isolada. Sua implantação, orientação e abertura de janelas devem aproveitar a radiação solar sazonal.

- Ângulo do arranjo solar = latitude do terreno + 10°

- Sensores, controles e bombas, para sistemas com líquido, ou ventiladores, para sistemas com ar

Trocador de calor

COMO FUNCIONA UMA EDIFICAÇÃO? 317

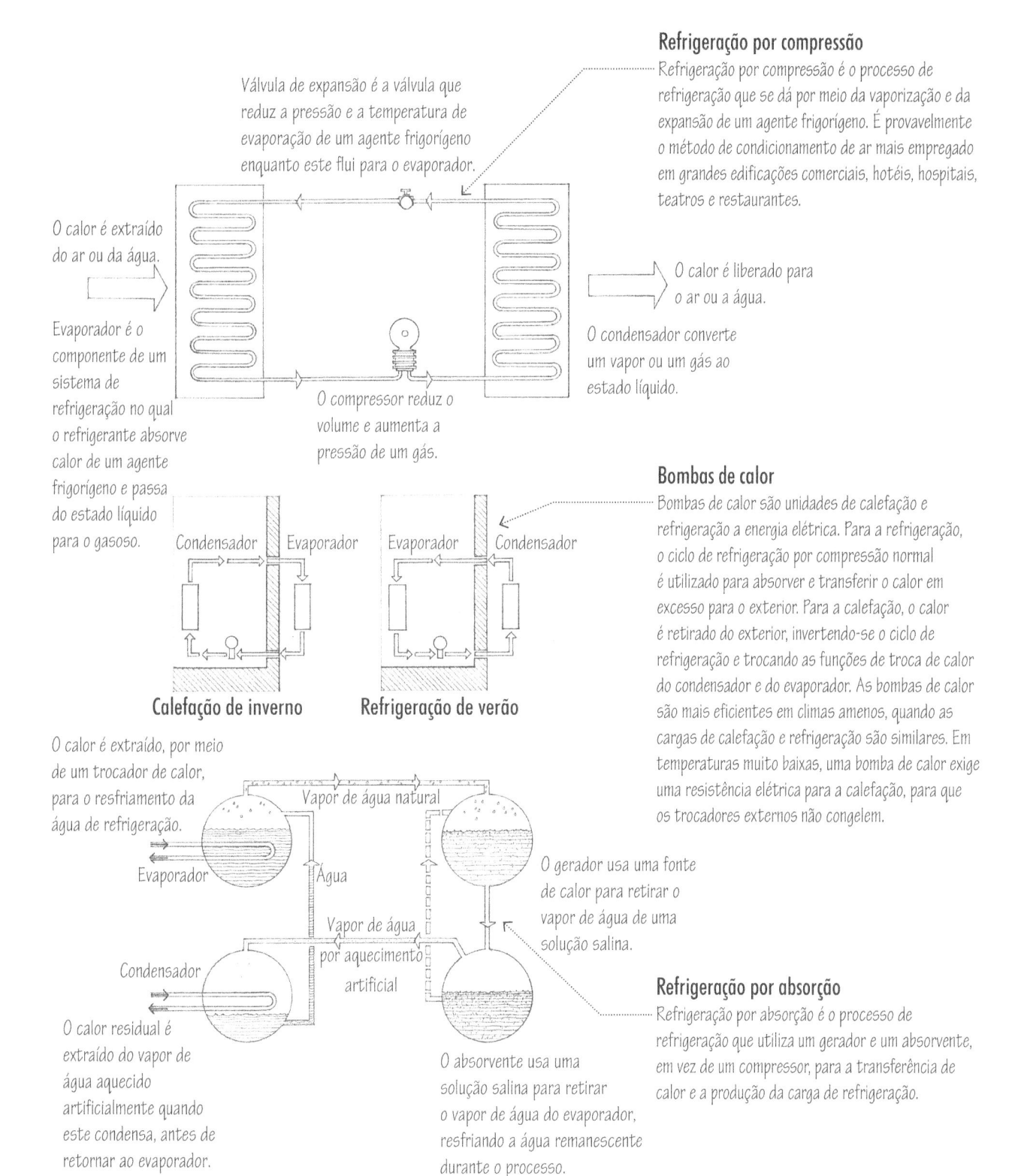

Refrigeração por compressão

Refrigeração por compressão é o processo de refrigeração que se dá por meio da vaporização e da expansão de um agente frigorígeno. É provavelmente o método de condicionamento de ar mais empregado em grandes edificações comerciais, hotéis, hospitais, teatros e restaurantes.

Válvula de expansão é a válvula que reduz a pressão e a temperatura de evaporação de um agente frigorígeno enquanto este flui para o evaporador.

O calor é extraído do ar ou da água.

Evaporador é o componente de um sistema de refrigeração no qual o refrigerante absorve calor de um agente frigorígeno e passa do estado líquido para o gasoso.

O compressor reduz o volume e aumenta a pressão de um gás.

O calor é liberado para o ar ou a água.

O condensador converte um vapor ou um gás ao estado líquido.

Calefação de inverno — Condensador | Evaporador

Refrigeração de verão — Evaporador | Condensador

Bombas de calor

Bombas de calor são unidades de calefação e refrigeração a energia elétrica. Para a refrigeração, o ciclo de refrigeração por compressão normal é utilizado para absorver e transferir o calor em excesso para o exterior. Para a calefação, o calor é retirado do exterior, invertendo-se o ciclo de refrigeração e trocando as funções de troca de calor do condensador e do evaporador. As bombas de calor são mais eficientes em climas amenos, quando as cargas de calefação e refrigeração são similares. Em temperaturas muito baixas, uma bomba de calor exige uma resistência elétrica para a calefação, para que os trocadores externos não congelem.

O calor é extraído, por meio de um trocador de calor, para o resfriamento da água de refrigeração.

Evaporador

Vapor de água natural

Água

Vapor de água por aquecimento artificial

Condensador

O calor residual é extraído do vapor de água aquecido artificialmente quando este condensa, antes de retornar ao evaporador.

O absorvente usa uma solução salina para retirar o vapor de água do evaporador, resfriando a água remanescente durante o processo.

O gerador usa uma fonte de calor para retirar o vapor de água de uma solução salina.

Refrigeração por absorção

Refrigeração por absorção é o processo de refrigeração que utiliza um gerador e um absorvente, em vez de um compressor, para a transferência de calor e a produção da carga de refrigeração.

318 AS INSTALAÇÕES PREDIAIS

Sistemas de climatização

Os sistemas de climatização controlam simultaneamente a temperatura, a umidade, a pureza, a distribuição e a circulação do ar nos espaços internos de uma edificação.

- O tubo de fumaça ou chaminé leva para o exterior os gases produzidos pela queima de combustível.

- Torre de resfriamento é a estrutura, normalmente localizada na cobertura de uma edificação, na qual é extraído o calor da água que foi utilizada para a refrigeração. O tamanho e o número das torres de refrigeração dependem das necessidades de refrigeração específicas de cada edificação. Deve haver isolamento acústico entre elas e a estrutura da edificação.

- A energia para calefação ou refrigeração pode ser distribuída com o uso de ar, água ou uma combinação de ambos.

- Ar de recirculação é o ar conduzido de um ambiente de ar tratado de volta à instalação central, para processamento e recirculação.

- Preaquecedores aquecem o ar abaixo de 0 °C a uma temperatura ligeiramente acima da de congelamento, antes de qualquer outro processamento.

- Os registros regulam a passagem de ar em dutos, entradas e saídas.

- Insufladores fornecem ar a uma pressão moderada, na forma de ventilação forçada, em um sistema de calefação ou de climatização.

- Ar da exaustão (saída de ar)

- Ar fresco (entrada de ar)

- Umidificadores mantêm ou elevam o nível de vapor d'água no ar insuflado.

- Os filtros removem as impurezas suspensas no ar que é insuflado da rua.

- A central de água fria, alimentada por eletricidade, vapor de água ou gás, leva a água resfriada para o equipamento de distribuição de ar, para refrigeração, e bombeia a água do condensador até a torre de resfriamento, para a liberação do calor para o exterior.

- Mais da metade dos problemas com a qualidade do ar de interiores advém da ventilação e filtragem inadequadas. Os códigos de edificações especificam os níveis de ventilação exigidos para cada uso e ocupação em termos de trocas de ar por hora ou metros cúbicos de ar por pessoa.

- A caldeira produz água quente ou vapor d'água para a calefação. As caldeiras exigem um combustível (gás ou óleo) e uma fonte de ar para que se dê a combustão. Caldeiras a óleo também precisam de um reservatório in loco.

- A sala de equipamentos de climatização contém os equipamentos de circulação de ar em edifícios grandes.

- Unidade de manejo de ar é o sistema de condicionamento de ar que contém os ventiladores, filtros e demais componentes necessários ao tratamento e à distribuição do ar tratado para toda uma edificação ou para áreas específicas do seu interior.

COMO FUNCIONA UMA EDIFICAÇÃO? 319

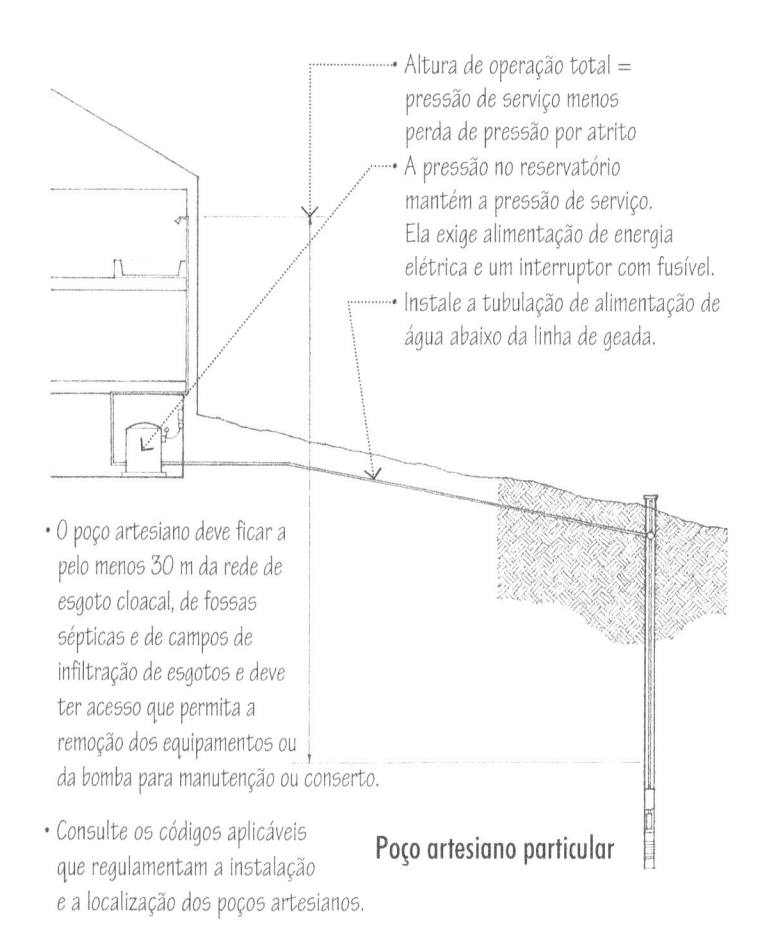

Sistemas de abastecimento de água

A água é utilizada em uma edificação das seguintes maneiras:

- A água é empregada para consumo humano, cozimento e lavagem.
- Os sistemas de climatização circulam água para calefação e refrigeração e mantêm o nível desejado de umidade relativa do ar.
- Os sistemas de combate a incêndio armazenam água em reservatórios.

A água deve ser fornecida na quantidade correta e na vazão, pressão e temperatura adequadas para satisfazer as exigências citadas acima. Para o consumo humano, a água deve ser potável (isenta de bactérias patogênicas), insípida e inodora. Para evitar o entupimento e a corrosão dos canos e dos equipamentos, a água deve ser tratada para não ter dureza ou acidez excessiva.

Se a água for fornecida por um sistema público ou municipal, pode não haver controle direto sobre a quantidade ou qualidade da água fornecida até ela chegar ao ponto de consumo. Se um sistema público de água não estiver disponível, são necessários reservatórios para água da chuva ou poços artesianos. A água de um poço artesiano, quando a fonte é profunda o suficiente, é geralmente pura, fresca, inodora, insípida e incolor. O departamento municipal de águas deve testar uma amostra da água, para a detecção de bactérias ou de produtos químicos, antes que o poço artesiano seja posto em operação.

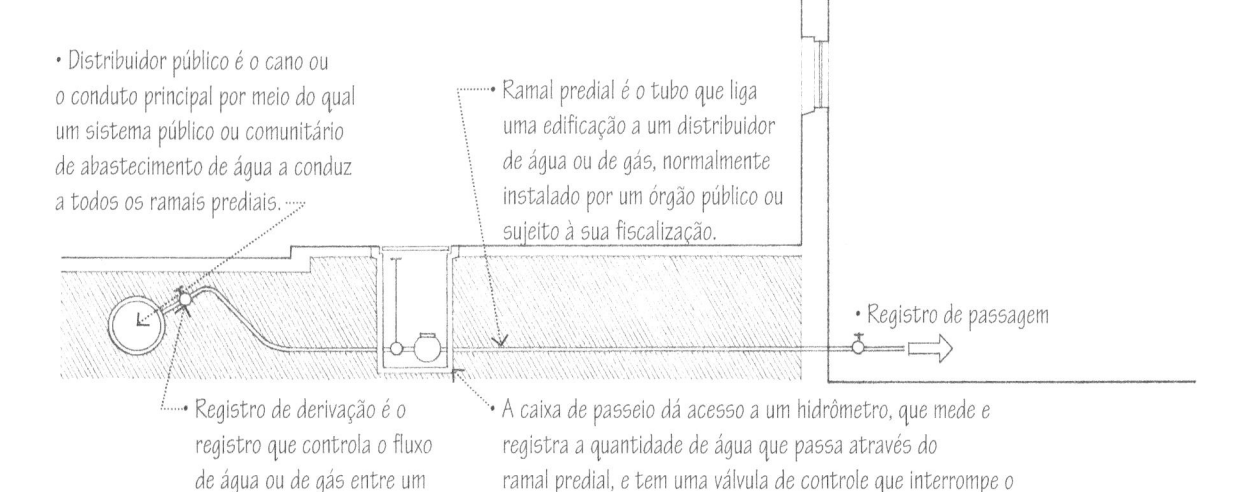

- Altura de operação total = pressão de serviço menos perda de pressão por atrito
- A pressão no reservatório mantém a pressão de serviço. Ela exige alimentação de energia elétrica e um interruptor com fusível.
- Instale a tubulação de alimentação de água abaixo da linha de geada.
- O poço artesiano deve ficar a pelo menos 30 m da rede de esgoto cloacal, de fossas sépticas e de campos de infiltração de esgotos e deve ter acesso que permita a remoção dos equipamentos ou da bomba para manutenção ou conserto.
- Consulte os códigos aplicáveis que regulamentam a instalação e a localização dos poços artesianos.

Poço artesiano particular

- Distribuidor público é o cano ou o conduto principal por meio do qual um sistema público ou comunitário de abastecimento de água a conduz a todos os ramais prediais.
- Ramal predial é o tubo que liga uma edificação a um distribuidor de água ou de gás, normalmente instalado por um órgão público ou sujeito à sua fiscalização.
- Registro de passagem
- Registro de derivação é o registro que controla o fluxo de água ou de gás entre um distribuidor e um ramal predial.
- A caixa de passeio dá acesso a um hidrômetro, que mede e registra a quantidade de água que passa através do ramal predial, e tem uma válvula de controle que interrompe o abastecimento de água de uma edificação em caso de emergência.

Sistema público de abastecimento de água

Analogia entre um circuito elétrico e um circuito hidráulico

A energia elétrica corre através de um condutor, por conta de uma diferença de carga elétrica entre dois pontos em um circuito.

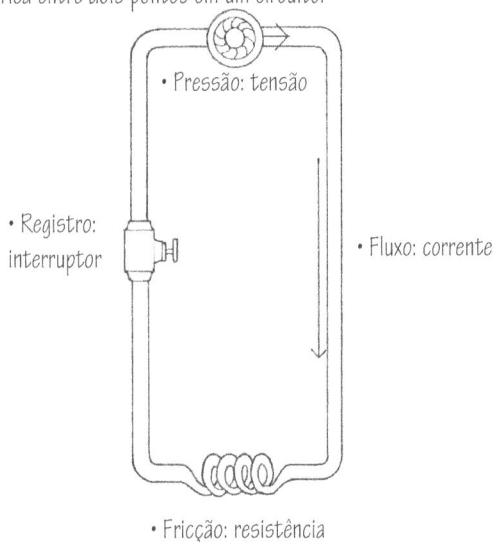

- Pressão: tensão
- Registro: interruptor
- Fluxo: corrente
- Fricção: resistência

A energia elétrica

O sistema elétrico de uma edificação fornece energia para iluminação, calefação, refrigeração e operação de equipamentos elétricos e eletrodomésticos. Esse sistema deve ser instalado de acordo com as normas dos códigos de edificações e de instalações elétricas, para operar de modo seguro, confiável e efetivo.

- Volt (V) é a unidade do Sistema Internacional para a força eletromotiva, definida como a diferença de potencial elétrico entre dois pontos de um condutor carregado com corrente constante de 1 ampère, quando a potência dissipada entre os dois pontos equivale a 1 watt.
- Ampère (A) é a unidade básica de corrente elétrica do Sistema Internacional, equivalente ao fluxo de 1 coulomb por segundo ou à corrente constante produzida por 1 volt aplicada em uma resistência de 1 ohm.
- Watt (W) é a unidade do Sistema Internacional para a potência, igual a 1 joule por segundo ou à potência representada pela corrente de 1 ampère que flui por uma diferença de potencial de 1 volt.
- Ohm é a unidade de resistência elétrica do Sistema Internacional, igual à resistência de um condutor no qual a diferença de potencial de 1 volt produz uma corrente de 1 ampère. Seu símbolo é Ω.

A energia elétrica geralmente é fornecida a uma edificação por uma companhia distribuidora. O diagrama esquemático abaixo ilustra vários sistemas de voltagem que podem ser fornecidos pela companhia de energia elétrica, de acordo com as necessidades de carga de uma edificação. Uma instalação grande pode usar seu próprio transformador para baixar uma voltagem de fornecimento mais alta e mais econômica para a voltagem de serviço. Pode ser necessário o uso de conjuntos de geradores para fornecer energia elétrica de emergência a luzes de emergência, sistemas de alarme, elevadores, telefones, bombas de combate a incêndio e equipamentos médicos, no caso de hospitais.

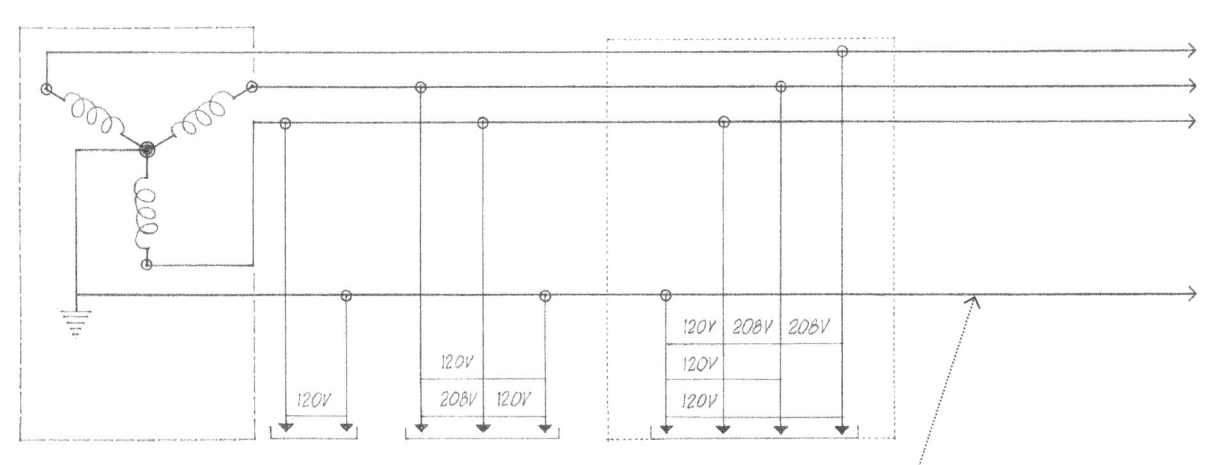

- Transformador da empresa de distribuição de energia elétrica
- 120 V, instalação monofásica, dois condutores
- 120/208 V, instalação monofásica, três condutores
- 120/240 V, instalação monofásica, três condutores de serviço, mais usual em residências.
- 120/208 V, instalação trifásica, quatro condutores
- Este sistema pode ser utilizado em todas as instalações, exceto nas com demanda muito grande, que exigem voltagens mais elevadas.
- Fio neutro aterrado
- Todos os sistemas elétricos devem ser aterrados, para oferecer proteção contra incêndio e choques elétricos.

13 A Prática e a Comunicação da Arquitetura

Quais São as Responsabilidades de um Arquiteto?

Além do projeto da edificação, o arquiteto é responsável por certificar que o projeto respeita as disposições dos códigos de edificações. O arquiteto também coordena os profissionais envolvidos no projeto, no cálculo e na construção da edificação, trabalhando junto com os fiscais municipais. Ao longo desse processo, o arquiteto representa o cliente, certificando-se de que as decisões tomadas pelos vários envolvidos no projeto e na execução não comprometam os aspectos de um projeto que são importantes ao cliente.

A fim de realizar tais tarefas, o arquiteto deve se comunicar de modo claro com todas as partes envolvidas. O principal meio para isso é o uso de tipos específicos de desenhos. Nos capítulos anteriores, o desenho foi discutido em termos de seu potencial para gerar e comunicar ideias de projeto. Este capítulo discutirá o desenho técnico como meio de transmissão de informações de arquitetura precisas para a execução de um projeto. Esses documentos permitem àqueles envolvidos com o projeto e a construção de uma edificação a comunicação por meio de uma linguagem gráfica comum que ilustra com clareza as características da edificação e a maneira pela qual ela deve ser construída.

Esses documentos geralmente são chamados de projeto executivo ou projeto de construção. Eles são utilizados das seguintes maneiras:

- Os arquitetos os utilizam a fim de comunicar as características formais e espaciais de uma edificação.
- Os engenheiros de estruturas ("calculistas") usarão o projeto executivo para calcular o tamanho e o uso dos elementos estruturais.
- Os engenheiros mecânicos, elétricos e hidrossanitários o usarão para projetar as instalações prediais.
- Os empreiteiros o usarão como guia para a construção efetiva do projeto.
- Os fiscais de construção o usarão para avaliar se a edificação cumpre as normas dos códigos de edificações municipais, estaduais, nacionais e internacionais.

Este capítulo oferece um panorama dos códigos de edificações como as normas legais da arquitetura. Ele também aborda os vários tipos de desenho incluídos em um projeto executivo como meio de comunicar as características de uma edificação às pessoas responsáveis por sua execução.

"Se um construtor construir uma casa para alguém, e não o fizer de modo adequado e a casa que ele construiu cair e matar seu dono, o construtor será condenado à morte.

Se ela matar o filho de seu dono, o filho do construtor será condenado à morte.

Se ela matar um escravo do dono, então o construtor pagará ao dono da casa um outro escravo.

Se ela arruinar bens do dono da casa, o construtor deverá compensar por tudo que for arruinado e, uma vez que ele não construiu adequadamente essa casa e ela caiu, deverá reconstruí-la com seus próprios recursos.

Se um construtor construir uma casa para outrem, ainda que não esteja terminada, e ela parecer instável, o construtor deverá reforçar tal parede com seus próprios recursos."

Leis 229–233
Código de Hamurabi
(cerca de 1780 a.C.)

Códigos de edificações

Os códigos de edificações oferecem um conjunto cada vez mais extenso de condicionantes ao projeto de arquitetura. Eles existem para estabelecer normas ou padrões para a arquitetura em uma ampla variedade de tópicos.

Os códigos de edificações existem para garantir que as edificações:

- Sejam seguras de se ocupar
- Sejam acessíveis e utilizáveis por parte de pessoas com deficiências físicas
- Respeitem as normas de valor, aparência e uso estabelecidas pelas edificações do entorno imediato

Nos Estados Unidos, três instituições costumavam publicar diferentes códigos-modelo de edificações, de uso generalizado no país. Esses códigos foram desenvolvidos por organizações regionais de fiscais da construção civil, especialistas em materiais de construção, projetistas profissionais e especialistas em segurança predial para fornecer às comunidades e aos governos critérios de construção padronizados, para aplicação e exigibilidade geral. O ICBO Uniform Building Code era utilizado principalmente na área a oeste do rio Mississippi e era o código-modelo de uso mais generalizado. O BOCA National Building Code era mais comum nos Estados do centro-norte e do nordeste do país. O SBCCI Standard Building Code era mais utilizado no sudeste. Os grupos de código-modelo foram fundidos, formando o International Code Council, e o BOCA, o ICBO e o SBCCI deixaram de manter e publicar seus códigos legais.

CÓDIGO DE EDIFICAÇÕES

O Webster's Third New International Dictionary define um código de edificações como "um conjunto de regras de procedimento e normas de materiais elaboradas para garantir a uniformidade e proteger o interesse público em questões como a construção de edificações e a saúde pública, geralmente estabelecido por uma agência pública e dotado de força de lei em uma jurisdição particular".

International Building Code

Nos Estados Unidos, ao longo dos últimos anos, uma verdadeira revolução tem ocorrido no desenvolvimento de códigos-modelo. No início da década de 1990, reconheceu-se que o país estaria mais bem-atendido por um código-modelo de edificações completo, coordenado e de aplicação nacional, desenvolvido com o esforço conjunto de várias entidades normalizadoras. Também se reconheceu que a eliminação das diferenças levaria algum tempo. Para iniciar esse processo, os três códigos-modelo dos Estados Unidos foram reformatados, adotando um formato único. O International Code Council, composto de representantes dos três grupos de códigos-modelo, foi instituído em 1994 para desenvolver um único código-modelo, empregando as informações contidas nos três códigos-modelo de então. Ainda que as exigências detalhadas em cada código variassem entre si, a organização de todos eles se tornou praticamente a mesma em meados da década de 1990. Isso permitiu uma comparação direta entre as exigências estabelecidas por cada um dos códigos-modelo para situações de projeto similares.

Inúmeras versões do novo International Building Code foram revistas pelas agências normalizadoras, com a participação dos usuários. Com base nessa revisão feita em vários anos, surgiu a edição original do International Building Code (IBC), publicado pela primeira vez em 2000. Atualmente, há um único código-modelo nacional para os Estados Unidos, mantido por um comitê formado por representantes das três agências normalizadoras anteriores, o International Code Council, sediado em Washington, D.C. As três organizações anteriores já conseguiram se fundir totalmente, criando uma agência única para atualizar e manter o IBC.

Observe que, além do International Building Code (IBC), os projetistas norte-americanos devem estar familiarizados com o International Residential Code (IRC). Esse código busca regular a construção de casas unifamiliares, geminadas ou em fita e edifícios residenciais com no máximo três pavimentos. Esse código substitui as exigências residenciais impostas pelo IBC nas jurisdições onde é adotado.

Também observe que a maioria dos municípios dos Estados Unidos faz modificações aos códigos em uso em suas comunidades. Por exemplo, muitas jurisdições fazem emendas, exigindo o uso de sistemas de *sprinklers* (chuveiros automáticos) em situações em que eles não são obrigatórios nos códigos-modelo. Em tais casos, a exigência obrigatória de uso de tais sistemas pode eliminar as compensações oferecidas pelo código-modelo para a inclusão dos *sprinklers* quando "não exigidos" pelo código. É fundamental que o projetista identifique quais exigências extras ou emendas municipais foram feitas, a fim de ter certeza de quais códigos se aplicam a um projeto específico.

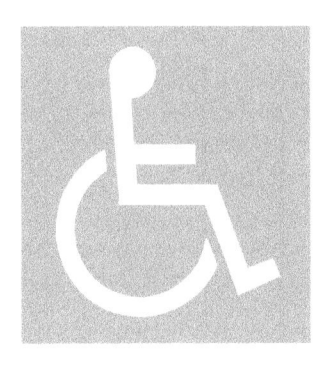

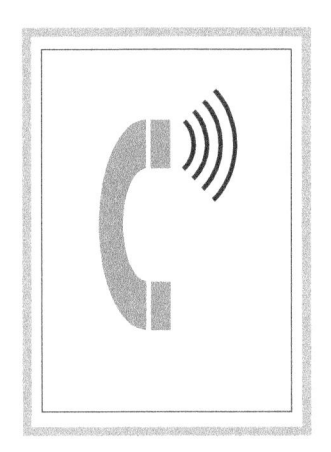

Códigos de edificações federais e nacionais dos Estados Unidos

Também há exigências federais específicas que devem ser levadas em consideração no projeto e na construção, além das versões dos códigos-modelo de edificações adotadas pelos municípios. Entre essas, se encontram a Lei para os Norte-Americanos com Deficiências, de 1990, e a Lei Federal da Habitação dos Estados Unidos, de 1988.

Lei para os Norte-Americanos com Deficiências (ADA)

A ADA é uma lei federal de direitos civis dos Estados Unidos que exige que as edificações sejam acessíveis a pessoas com deficiências físicas e certas deficiências mentais, que são arroladas. As Diretrizes de Acessibilidade da Lei para os Norte-Americanos com Deficiências (ADAAG) são administradas pelo Comitê de Cumprimento às Barreiras de Arquitetura e Transporte (ATBCB), e os regulamentos são administrados pelo Departamento de Justiça dos Estados Unidos. A fiscalização é feita por meio de ações legais de indivíduos ou grupos que denunciam violações a seus direitos de acesso, como um direito civil. Uma nova versão das diretrizes de acessibilidade da ADA, conhecida como Diretrizes de Acessibilidade da ADA/ABA, entrou em vigência em 15 de março de 2012.

É fundamental para os projetistas entender que a ADA não está sujeita a interpretações dos servidores públicos das secretarias municipais de construção; ela é exigida por lei e garantida pelo Poder Judiciário. O acesso universal deve ser garantido a todas as pessoas com algum tipo de deficiência, não apenas àquelas com dificuldades de locomoção. Isso inclui indivíduos com problemas de audição, visão, fala e cognição, bem como aqueles de baixa estatura e com mobilidade limitada, ainda que não sejam cadeirantes. A ADA é aplicável a todos os tipos de construções novas e também exige que as barreiras ao acesso universal sejam imediatamente removidas de edificações existentes, sempre que tal ação seja imediatamente viável. A definição de "imediatamente viável" tem cunho econômico e depende do proprietário do imóvel, não do arquiteto.

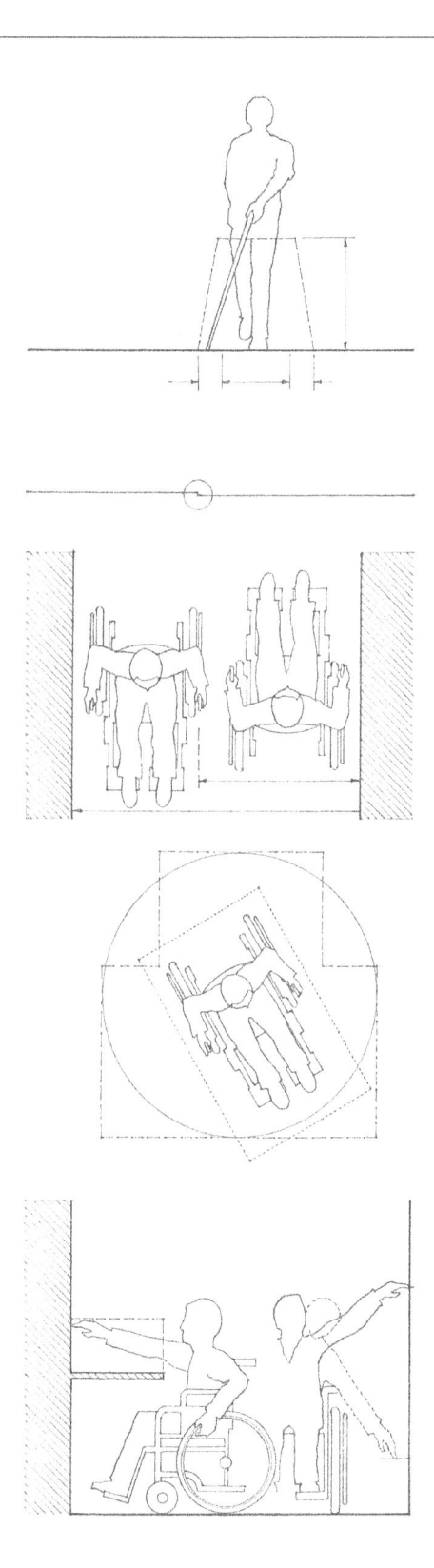

A ADA é uma das poucas normas de construção – nesse caso uma lei, não um código – que exige a reformulação de projetos, além da melhoria das instalações durante reformas ou reciclagens de uso. A maioria dos códigos se aplica a edificações existentes apenas quando são realizadas reformas. Segundo essa lei, as melhorias de acessibilidade que são possíveis de executar imediatamente devem ser realizadas pelo proprietário, mesmo que haja previsão de outras reformas. O proprietário, não o arquiteto, deve determinar isso.

Visto que a ADA não é fiscalizada pelas secretarias de construção municipais, os arquitetos devem se concentrar nos códigos e nas normas de acessibilidade exigidos localmente e que estão sujeitos à revisão e a interpretações durante o processo de licenciamento. Também é prudente revisar o projeto de acordo com as ADAAG no momento em que for feita a revisão do código-modelo. Geralmente, é uma questão de bom senso a avaliação de qual é a exigência mais rígida quando há diferenças entre as exigências dos códigos e da legislação. Nessas situações, é essencial e prudente conscientizar os clientes sobre essas discrepâncias e permitir que participem ativamente na tomada de decisão sobre que partes de que exigências irão orientar a criação dos componentes do projeto.

As exigências de espaço para a acessibilidade estão relacionadas à ergonomia. Maior não é automaticamente melhor. A dimensão de 45,5 cm entre o vaso sanitário e as barras de apoio adjacentes é baseada no alcance dos braços e na alavanca empregada para o movimento que se faz com os braços. Uma dimensão maior reduz a alavanca e, então, pode ser pior que um espaço muito pequeno.

Lei Federal da Habitação dos Estados Unidos

A Lei Federal da Habitação dos Estados Unidos (FFHA), de 1988, inclui as normas do Departamento de Habitação e Desenvolvimento Urbano (HUD), que exigem que todos os complexos residenciais com quatro ou mais unidades de habitação construídos depois de 13 de março de 1991 sejam adaptáveis para o uso de pessoas com limitações. Por exemplo, os complexos residenciais devem permitir o acesso a todas as unidades do pavimento térreo, e todas as unidades devem ser acessíveis do nível da rua por uma rampa ou um elevador. Muitos códigos estatais de habitação também incluem essas exigências.

Códigos de edificações estaduais

Cada Estado possui um processo separado e distinto de adoção dos códigos. No passado, muitos Estados adotaram um dos três códigos-modelo anteriores, e alguns Estados tinham seus próprios códigos de edificações. As áreas geográficas de adoção dos códigos-modelo correspondem, aproximadamente, às áreas de influência dos três códigos-modelo anteriores. O BOCA National Building Code predominava no nordeste dos Estados Unidos. O Southern Building Code era adotado em toda a região sudeste do país. O Uniform Building Code era adotado na maioria dos Estados que estavam a oeste do rio Mississippi. Muitos Estados permitiam a adoção de códigos municipais, de modo que em alguns, como o Texas, jurisdições adjacentes do mesmo Estado tinham códigos de edificações diferentes, baseados em códigos-modelo diferentes. Agora, com o advento do International Code, esse contexto mudou drasticamente. Os "I Codes" são atualmente o código-modelo básico em praticamente todos os Estados. Porém, lembre-se de que a maioria dos Estados ainda permite emendas ao IBC, o que significa que provavelmente haverá emendas adotadas por cada Estado. Certifique-se de que você sabe com qual código deve trabalhar em cada Estado.

Códigos de edificações municipais

Muitos municípios adotam os documentos do código-modelo com poucas modificações, exceto os capítulos administrativos que estão relacionados a operações locais da secretaria de construção municipal. Cidades maiores, como Los Angeles, Nova York, Chicago e San Francisco, geralmente adotam versões muito mais abrangentes dos códigos-modelo. Os códigos para essas cidades frequentemente se parecem pouco com os códigos-modelo originais e, em alguns casos, não têm base alguma neles. As interpretações, mesmo que do código-modelo sem alterações feito pelas secretarias de construção municipal das grandes cidades, frequentemente tendem a ser muito idiossincráticas e não uniformes se comparadas àquelas das jurisdições menores que utilizam versões menos modificadas dos códigos-modelo. A adoção do IBC no nível do Estado gerou uma revisão dos códigos de edificações das grandes cidades, de modo que os códigos dessas cidades estão se tornando mais conformes aos códigos-modelo. Por exemplo, San Francisco e Los Angeles utilizavam um código estatal baseado no UBC, que agora se tornou um código estatal modificado, baseado no IBC. Isso exigirá uma análise cuidadosa das emendas dos códigos municipais para se adaptarem ao novo código-modelo. Essa remodelação dos códigos também tem ocorrido em outras grandes cidades, como Dallas e Nova York, à medida que seus Estados adotam o IBC. Informe-se sobre as modificações locais e esteja preparado para diferentes interpretações das mesmas seções dos códigos entre várias jurisdições. Não vá muito longe no processo de projeto com base na observação de projetos semelhantes de outra jurisdição sem verificar a interpretação do código da jurisdição onde seu projeto será realizado.

Outros códigos

Há também muitos outros códigos com os quais um arquiteto deve se familiarizar. Eles são mencionados aqui de modo resumido, para lembrar os usuários do International Building Code que há outros documentos que devem ser consultados durante a criação do projeto.

Entre esses códigos especializados está o Life Safety Code (NFPA-101), publicado pela National Fire Protection Association. Esse código serve como base para as provisões de saída de emergência em outros códigos-modelo. Os arquitetos costumam usar o NFPA-101 ao trabalhar com instituições federais ou hospitais. O NFPA também publica vários outros documentos que são adotados para acompanhar os outros códigos-modelo. Os principais exemplos são o NFPA-13, que orienta a instalação de *sprinklers* (chuveiros automáticos), e a NFPA-70, que é o National Electric Code.

Recentemente, a National Fire Protection Association completou a criação de um novo código de construção, o NFPA 5000, para competir com o International Building Code. O desenvolvimento desse código tem como objetivo oferecer uma alternativa aos "I Codes". O NFPA 5000, até agora, foi adotado em muito poucas jurisdições. Algumas podem adotar o grupo dos International Codes ou o grupo de códigos da NFPA, ou até mesmo partes dos dois. Essa é mais uma razão para que os arquitetos verifiquem detalhadamente quais são os documentos de códigos-modelo adotados pelas autoridades — as quais incluem todos os profissionais de construção, planejamento, zoneamento e proteção contra incêndio que possam ter algo a dizer sobre a edificação — da jurisdição onde o projeto será realizado.

Os códigos de prevenção contra incêndio geralmente são considerados códigos de manutenção. Seu objetivo é manter a saúde e a segurança pública na operação cotidiana de uma edificação. Eles também devem assegurar que os sistemas de segurança de uma edificação estejam funcionando em caso de emergência. As muitas agências de códigos-modelo desenvolveram códigos-modelo de prevenção contra incêndio para esses propósitos. Eles são criados com mais contribuições dos serviços de bombeiros que dos projetistas. Lembre-se, porém, de que os códigos de prevenção contra incêndio podem ter um impacto sobre o projeto de uma edificação. Eles contêm exigências de acesso para caminhões de bombeiros, locais e espaços para extintores de incêndio, além de exigências de *sprinklers* e colunas de incêndio secas ou úmidas. Esses códigos podem conter exigências de proteção contra incêndio adicionais, conforme a facilidade ou a dificuldade de acesso às edificações.

Os códigos de instalações hidrossanitárias frequentemente determinam o número de aparelhos sanitários exigidos em várias edificações. Em certos casos, essas informações se encontram no código de edificações, em outros, no código de instalações hidrossanitárias e, em alguns, em apêndices que permitem a identificação de onde essas exigências devem estar nos códigos. O arquiteto deve determinar qual é a conduta de adoção legal escolhida pela autoridade local. A determinação do número de aparelhos sanitários exigido é uma consideração importante no projeto. É essencial que se usem as tabelas adotadas, e não se pressuponha automaticamente que devam ser utilizadas as prescrições do código de edificações geral.

Padrões mínimos

O projetista deve sempre lembrar que os códigos são considerados, legal e eticamente, critérios mínimos a serem cumpridos pela comunidade de projeto e construção. A proteção da saúde, da segurança e do bem-estar é o objetivo desses padrões. Projetistas registrados estarão sujeitos a normas legais e éticas de um padrão muito mais elevado que o mínimo.

O chamado "padrão mínimo" é um termo legal que define o nível de qualidade do serviço que um profissional deve respeitar. Ele é mais elevado que o padrão mínimo definido pelo código. O código estabelece o nível que nunca deve ser desrespeitado por um profissional. Visto que o trabalho profissional envolve o bom senso, nunca se espera a perfeição de um projetista. O padrão de cuidado é definido por um projetista como aquelas ações que qualquer outro profissional bem-informado teria realizado com o mesmo nível de conhecimento na mesma situação. É uma medida relativa, não absoluta.

Proteção da vida *versus* proteção da propriedade

A base para o desenvolvimento de um código de edificação é a proteção da saúde, da segurança e do bem-estar do público. O principal objetivo dos códigos de construção é proteger a vida humana, caso haja falha das provisões de proteção da vida em uma edificação ou ocorra colapso estrutural. Há também um forte componente de proteção da propriedade nas exigências dos códigos. A provisão de *sprinklers* (chuveiros automáticos) pode servir aos dois propósitos. Quando as edificações estão ocupadas, os *sprinklers* podem conter ou apagar um incêndio, permitindo que as pessoas escapem. O mesmo sistema de *sprinklers* pode proteger uma edificação desocupada da perda material, caso haja incêndio. Embora muitos sistemas possam exercer as funções de proteção tanto da vida quanto da propriedade, é importante que os criadores dos códigos se lembrem dessa questão da proteção da vida *versus* proteção da propriedade. Por exemplo, as medidas de segurança para prevenir a invasão de uma edificação podem se tornar ameaças à vida. Um bom exemplo disso são as grades de proteção no exterior das janelas do pavimento térreo, que podem impedir a saída dos usuários em uma emergência se não houver pontos que permitam sua saída sem comprometer a segurança desejada. A proteção da propriedade jamais deve prevalecer sobre a segurança de vida.

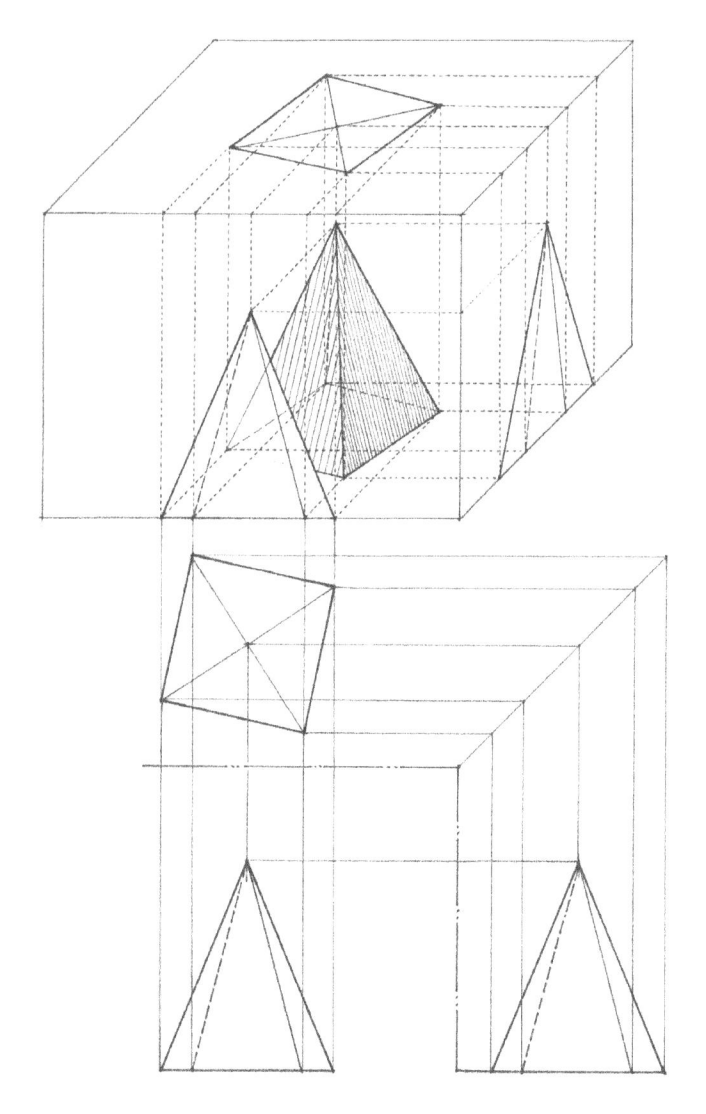

Desenhos de vistas múltiplas

Os desenhos de vistas múltiplas compreendem tipos de desenho conhecidos como plantas, elevações e cortes. Cada um deles é a projeção ortogonal de um aspecto particular de objetos ou construções. Essas vistas ortogonais são abstratas, pois não correspondem à realidade ótica. Elas são um modo conceitual de representação, baseado mais no que sabemos a respeito de alguma coisa e menos no que é visto a partir de determinado ponto no espaço. Não há referência ao observador, mas, se houver, os olhos do espectador estarão a uma distância infinitamente grande.

Na projeção ortográfica ou ortogonal, as linhas de projeção encontram o plano do desenho em ângulos retos. Portanto, uma projeção ortogonal de qualquer característica ou elemento que sejam paralelos ao plano do desenho se mantém verdadeira em tamanho, formato e configuração. Isso traz a principal vantagem dos desenhos de vistas múltiplas: a possibilidade de posicionar os pontos de modo preciso, estimar o comprimento e a inclinação de retas e descrever o formato e a extensão de planos.

Durante o processo de projeto, os desenhos de vistas múltiplas estabelecem planos bidimensionais, sobre os quais podemos estudar modelos formais e relações de escala de uma composição, bem como impor uma ordem intelectual ao projeto. A habilidade de regular tamanho, posição e configuração também torna os desenhos de vistas múltiplas úteis na comunicação das informações gráficas necessárias à descrição, à pré-fabricação e à execução de um projeto.

Por outro lado, um único desenho de vistas múltiplas pode apenas revelar informações parciais sobre o objeto ou a edificação, apresentando uma ambiguidade de profundidade inerente, já que a terceira dimensão fica achatada no desenho. Portanto, a profundidade que lemos em plantas, cortes ou elevações isolados deve ser sugerida pelos indicadores de profundidade, como a hierarquia de pesos de linha e o contraste de tonalidades. Mesmo quando a sensação de profundidade é sugerida, somente a observação das vistas adicionais permitirá um entendimento perfeito. Assim, precisamos de uma série de vistas distintas, mas relacionadas, para descrever completamente a natureza tridimensional de uma forma ou de uma composição — daí o termo vistas múltiplas.

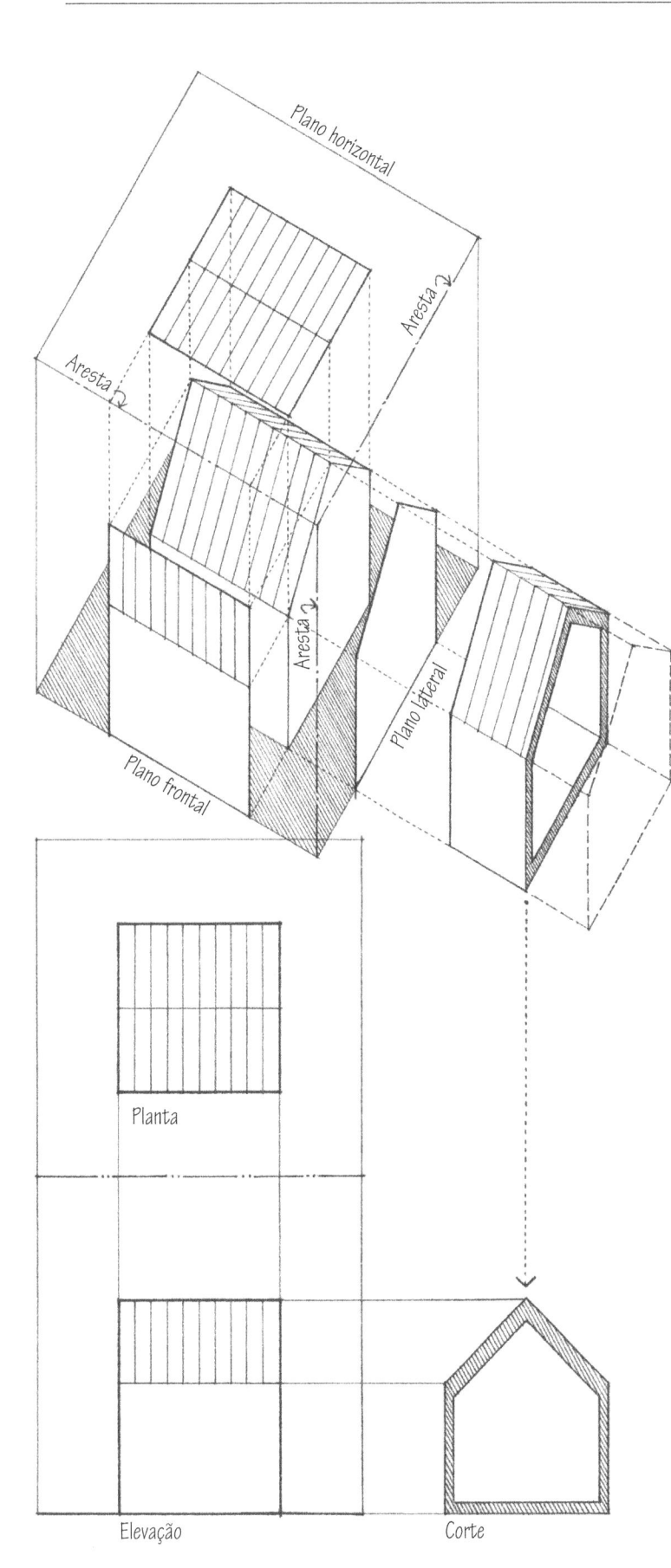

Vistas ortogonais
Podemos denominar os planos de um desenho se inserirmos o objeto em uma caixa de lados transparentes e projetarmos suas imagens ortogonalmente. Cada vista ortogonal representará uma orientação diferente e uma vantagem específica de cada ponto de observação de onde se visualiza o objeto. Cada vista também desempenhará um papel específico no desenvolvimento e na comunicação do projeto.

Planos principais
É qualquer um dos planos perpendiculares entre si, nos quais a imagem do objeto é projetada ortogonalmente.

Plano horizontal
É o plano do desenho do principal pavimento, no qual a planta baixa, ou a vista superior, é projetada ortogonalmente.

Plano frontal
É o plano vertical do desenho no qual uma elevação, ou a vista frontal, é projetada ortogonalmente.

Plano lateral
É o plano vertical do desenho no qual uma vista lateral, ou posterior, é projetada ortogonalmente.

Aresta
É o traço correspondente à interseção de dois planos perpendiculares do desenho.

Vistas principais
As principais vistas ortogonais são a planta, a elevação e o corte.

Planta
É a vista principal de um objeto projetada ortogonalmente em um plano horizontal do desenho. Também pode ser uma vista superior do objeto, chamada de planta de cobertura, no caso das edificações. No desenho de arquitetura, existem diferentes tipos de plantas para a representação das várias projeções horizontais de uma edificação, construção ou terreno.

Elevação
É uma vista principal do objeto projetada ortogonalmente em um plano horizontal do desenho. A elevação pode ser uma vista frontal, lateral ou posterior, dependendo de como nos orientamos com relação ao objeto ou como julgamos a importância relativa de suas faces. Na representação gráfica em arquitetura, denominamos cada elevação com base nas direções dos pontos cardeais ou por associação a uma característica específica do terreno.

Corte
É uma projeção ortogonal do objeto, ou seja, como seria sua aparência se fosse cortado por um plano de interseção.

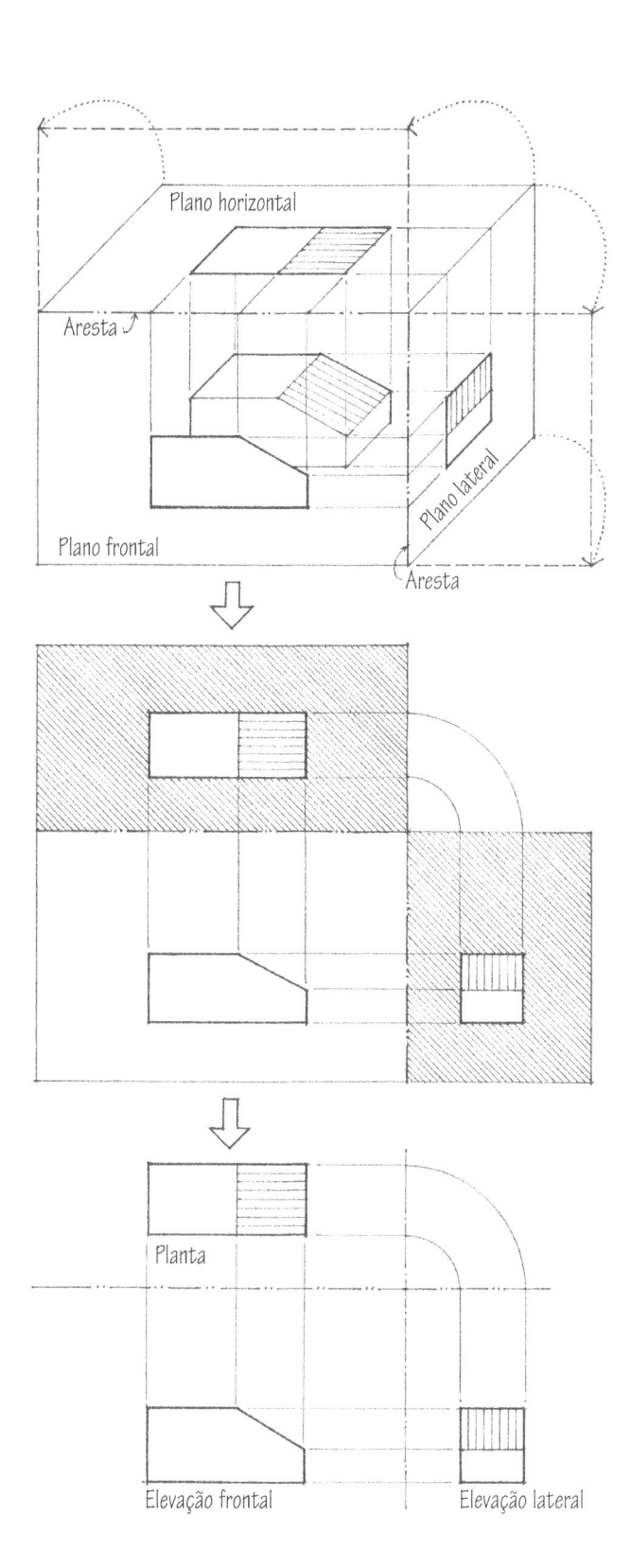

Organização das vistas

Para tornar fácil de ler e interpretar o modo como uma série de vistas ortogonais descreve o todo tridimensional, distribuímos as vistas de maneira ordenada e lógica. A distribuição mais comum de uma planta e de suas elevações constitui na transposição do plano do desenho projetado sobre a caixa transparente em uma projeção de terceiro ângulo.

Depois de cada vista ser projetada, giramos as vistas, a partir das arestas, sobre um único plano, representado pela superfície do desenho. A planta, ou vista superior, passa para cima, no alto do desenho, e fica verticalmente alinhada com a vista, ou elevação frontal, enquanto a vista, ou elevação lateral, se alinha ao lado da frontal. O resultado é o conjunto coerente de vistas ortogonais relacionadas e separadas pelas arestas da caixa de projeção imaginária.

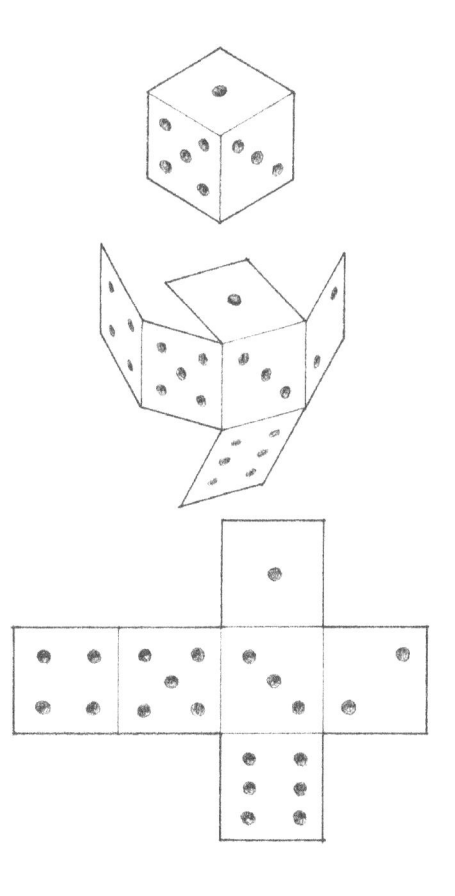

332 A PRÁTICA E A COMUNICAÇÃO DA ARQUITETURA

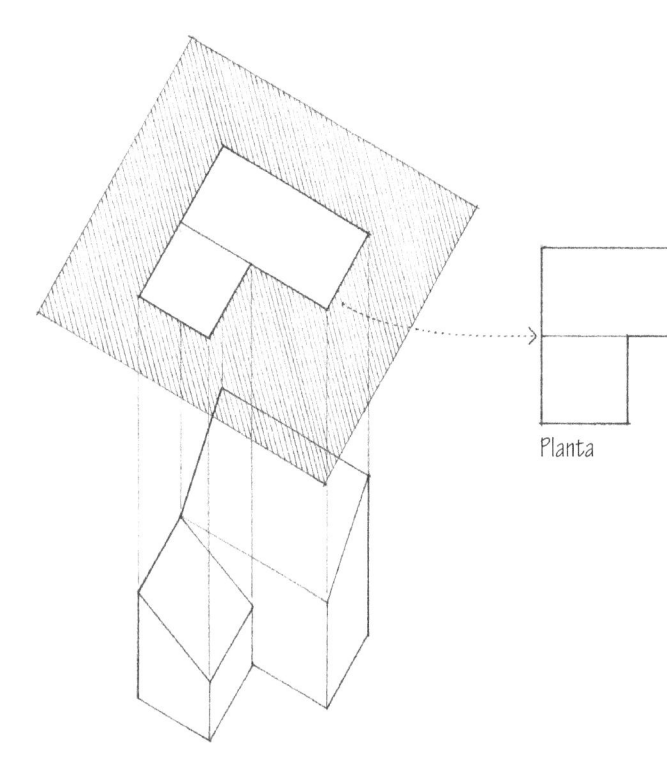

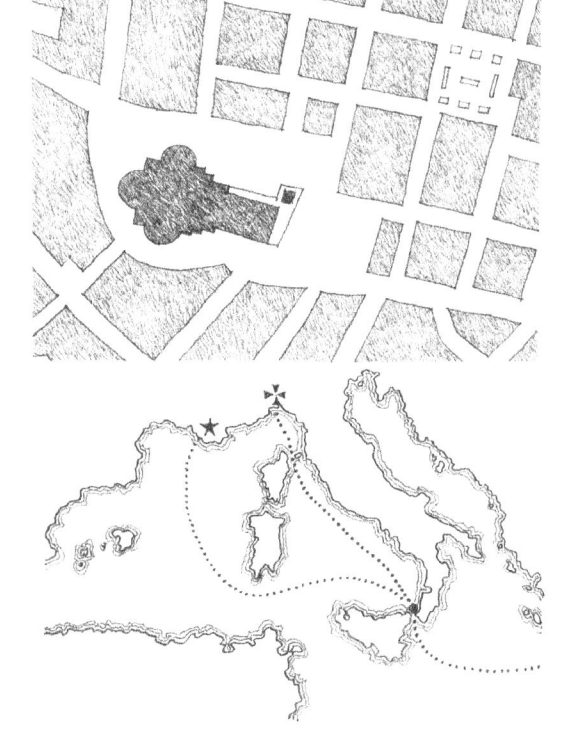

Um jogo de desenhos do projeto executivo geralmente contém cada um dos tipos de desenho listados anteriormente. Ele terá plantas de cada pavimento da edificação, planta de cobertura, planta de localização, quantidade de cortes necessária para representar mudanças na configuração espacial e elevações de cada superfície externa, juntamente com detalhes que expliquem as técnicas de montagem e de construção e programações que listem as partes e os componentes a serem instalados.

Planta

O projeto executivo também inclui desenhos feitos pelos engenheiros dos projetos complementares que detalhem a instalação dos sistemas mecânicos, desenhos dos engenheiros de estruturas que detalhem o tamanho e a distribuição dos elementos estruturais e, às vezes, informações sobre o terreno fornecidas por um arquiteto paisagista ou engenheiro civil. Um número maior de desenhos é necessário para representar as características de projetos maiores ou mais complexos, com detalhes suficientes para construí-los.

Plantas

As plantas são projeções ortogonais em um plano do desenho horizontal, geralmente desenhadas em escala. Elas representam uma vista de um objeto, uma edificação ou uma cena, observada de cima. Todos os planos paralelos ao plano do desenho mantêm sua escala real de tamanho, formato e proporções.

As plantas reduzem a complexidade tridimensional do objeto aos seus aspectos horizontais bidimensionais. Elas mostram a largura e o comprimento, mas não reproduzem a altura. Essa ênfase na horizontal é, ao mesmo tempo, uma limitação das plantas e seu ponto forte. É irônico que, embora sejam relativamente fáceis de serem construídas, quando comparadas às complexas perspectivas cônicas, as plantas sejam essencialmente construções abstratas que podem ser difíceis de serem lidas e compreendidas. Elas representam um ponto de observação aéreo que raramente conseguimos ter, exceto mentalmente.

Ao simplificar alguns elementos, no entanto, as plantas enfatizam as combinações horizontais e os padrões do que vemos ou imaginamos. Essas combinações podem ser relações de função, forma, espaço interno ou externo, ou das partes internas de um todo maior. Nesse sentido, as plantas correspondem aos nossos mapas mentais do mundo e se mostram como um verdadeiro campo de ação para nossos pensamentos e ideias.

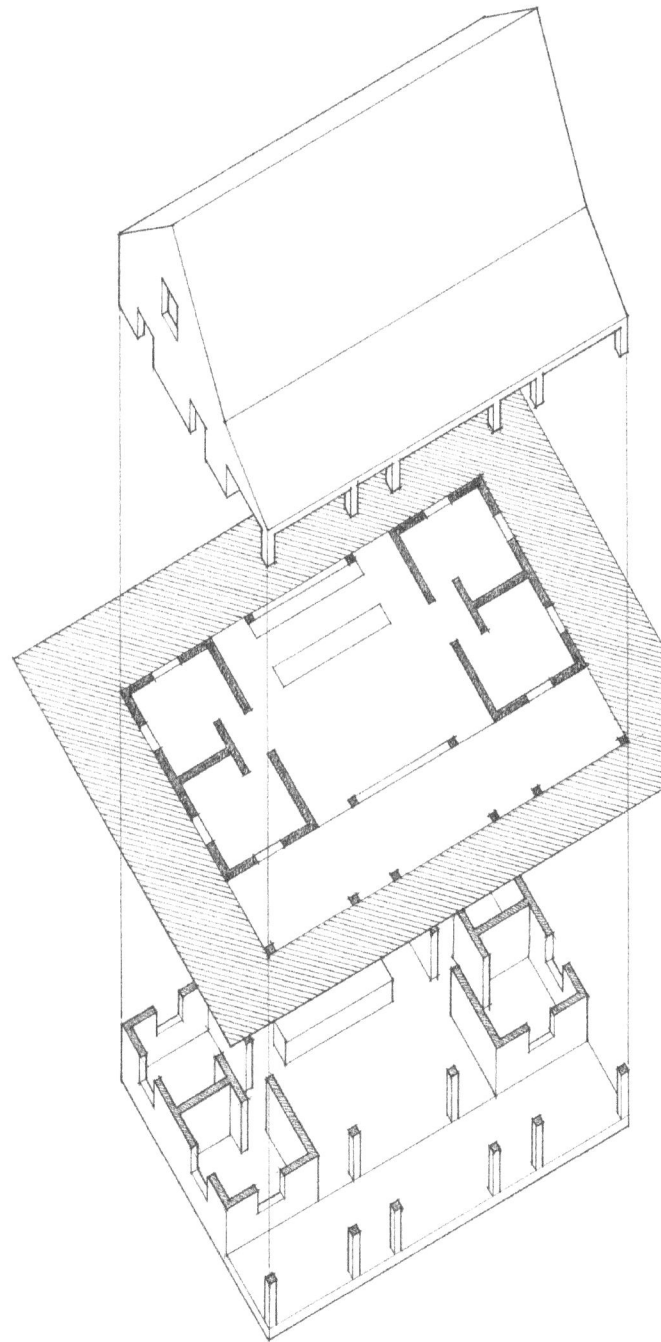

Plantas baixas

A planta baixa representa um corte horizontal do edifício, ou seja, como ele seria visualizado se fosse cortado por um plano horizontal que o interceptasse. Depois de fazer esse corte horizontal na construção, removemos a parte superior. A planta baixa é a projeção ortogonal da porção remanescente.

As plantas baixas nos mostram o interior de uma edificação, revelando uma vista que, de outro modo, não seria possível. Elas revelam relações horizontais e padrões que não detectamos facilmente quando estamos no interior de uma edificação. Em um plano horizontal de desenho, as plantas baixas são capazes de evidenciar a configuração de paredes e pilares, o formato e as dimensões do espaço, o padrão das aberturas (portas e janelas) e as conexões entre os cômodos internos e entre esses espaços e os externos.

O plano horizontal de uma planta é um corte através de paredes, pilares e outros elementos verticais de uma edificação, como as aberturas. O plano de corte geralmente é feito a 1,20 m do piso, mas sua altura pode variar de acordo com a natureza do projeto da edificação. Abaixo do plano de corte, vemos o piso, bancadas, tampos de mesa e outras superfícies horizontais similares.

É necessário, para a leitura de plantas baixas, que se possa distinguir elementos sólidos de vazios e discernir com precisão onde a massa encontra o espaço. Assim, é importante enfatizar de maneira gráfica o que está sendo cortado na planta baixa e diferenciar o material cortado daquilo que vemos no espaço abaixo do plano de corte (em vista). A fim de expressar a sensação de dimensão vertical e a existência de volume espacial, devemos utilizar uma hierarquia de pesos de linhas ou várias tonalidades. A técnica que empregaremos dependerá da escala da planta baixa, dos instrumentos de desenho e do grau de contraste necessário para distinguir sólidos de vazios.

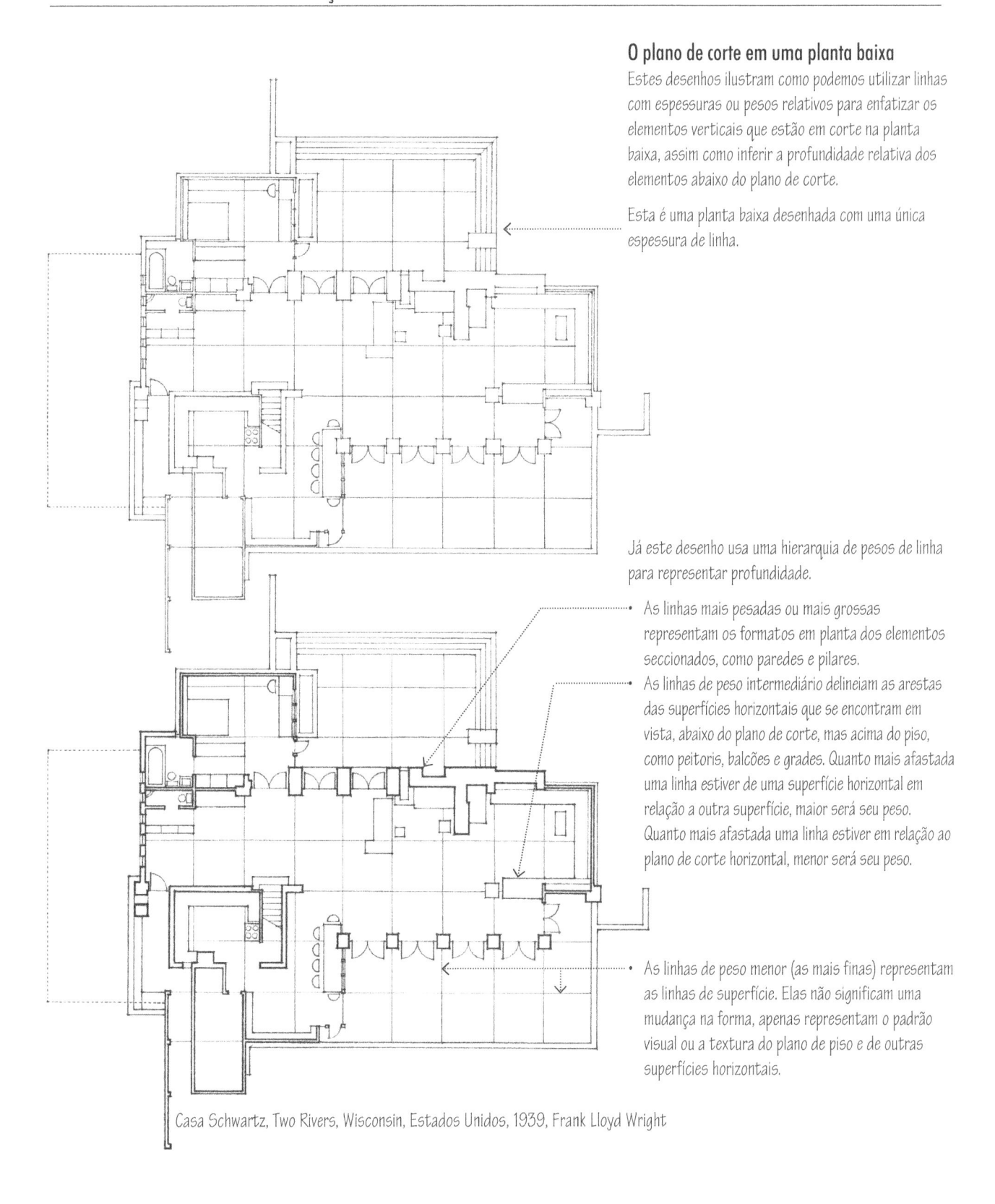

O plano de corte em uma planta baixa

Estes desenhos ilustram como podemos utilizar linhas com espessuras ou pesos relativos para enfatizar os elementos verticais que estão em corte na planta baixa, assim como inferir a profundidade relativa dos elementos abaixo do plano de corte.

Esta é uma planta baixa desenhada com uma única espessura de linha.

Já este desenho usa uma hierarquia de pesos de linha para representar profundidade.

- As linhas mais pesadas ou mais grossas representam os formatos em planta dos elementos seccionados, como paredes e pilares.
- As linhas de peso intermediário delineiam as arestas das superfícies horizontais que se encontram em vista, abaixo do plano de corte, mas acima do piso, como peitoris, balcões e grades. Quanto mais afastada uma linha estiver de uma superfície horizontal em relação a outra superfície, maior será seu peso. Quanto mais afastada uma linha estiver em relação ao plano de corte horizontal, menor será seu peso.
- As linhas de peso menor (as mais finas) representam as linhas de superfície. Elas não significam uma mudança na forma, apenas representam o padrão visual ou a textura do plano de piso e de outras superfícies horizontais.

Casa Schwartz, Two Rivers, Wisconsin, Estados Unidos, 1939, Frank Lloyd Wright

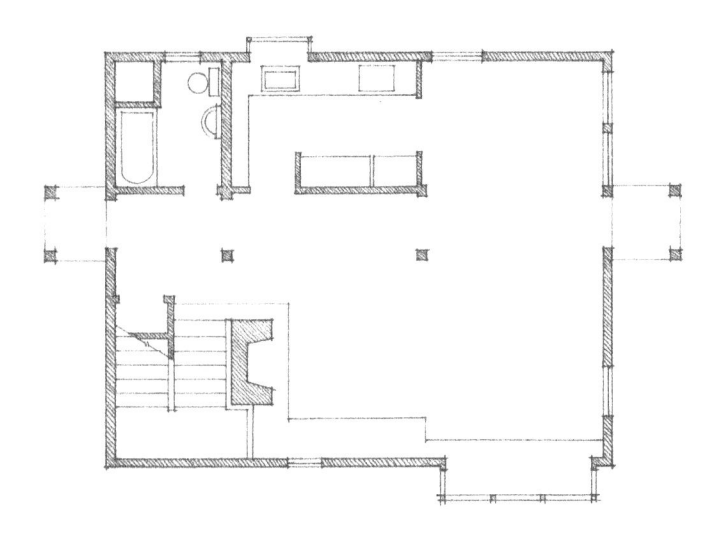

Hachuras

Podemos enfatizar o formato dos elementos cortados com uma tonalidade que contraste com o campo espacial da planta baixa. Chamamos de hachura esse escurecimento de paredes, pilares e outros corpos maciços cortados.

Nas plantas baixas em pequena escala, em vez de usar uma hachura, é mais comum pintar de preto os elementos cortados, para ressaltá-los. Caso deseje apenas um pequeno contraste entre os elementos cortados (as figuras) e o campo de desenho (o fundo), use um cinza de tom médio ou hachuras para enfatizar os elementos cortados. Isso é especialmente importante em plantas baixas em grande escala, quando áreas extensas de preto podem acarretar um peso visual muito grande ou criar um contraste exagerado. No entanto, se os elementos planos, como os padrões de piso e os móveis, conferirem valor tonal ao campo do desenho, um tom de cinza ou o preto talvez seja necessário para conseguir o grau de contraste desejado entre elementos sólidos e vazios.

A hachura estabelece uma relação de figura e fundo entre sólidos e vazios, entre contêiner e conteúdo. Tendemos a ler os elementos cortados na planta baixa como figuras e o espaço delimitado como fundo. Entretanto, se for conveniente ver o formato do espaço como figura, podemos inverter o padrão normal de escuros sobre uma superfície clara e, ao contrário, desenhar em branco sobre uma superfície escura.

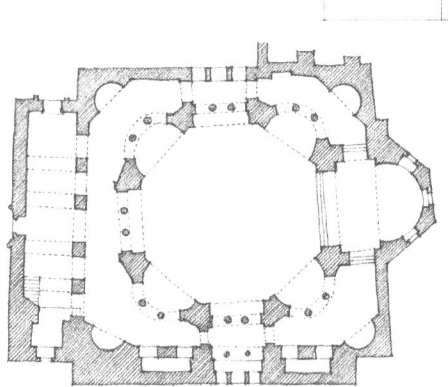

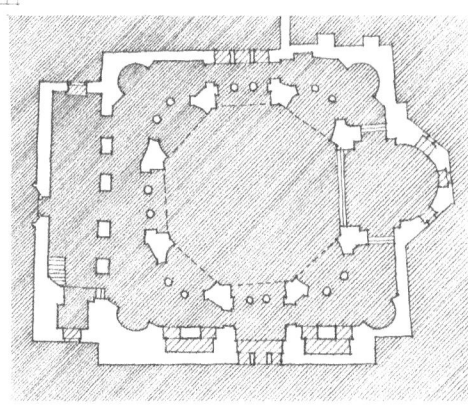

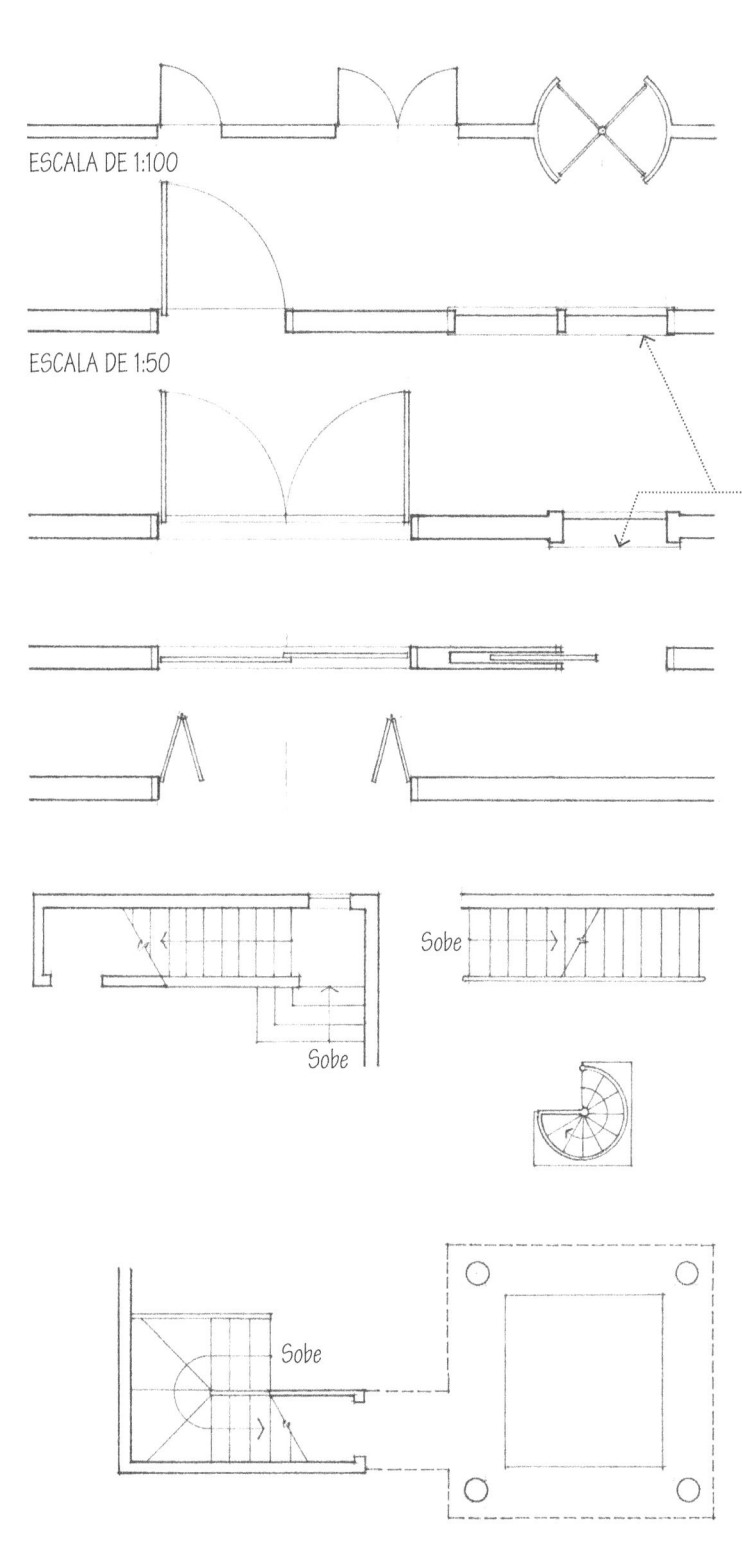

Portas e Janelas

Uma planta não revela completamente a aparência das aberturas. Para esse tipo de informação, precisamos das elevações. O que uma planta baixa mostra, na verdade, é a posição e a largura das aberturas e, até certo ponto, as esquadrias, ombreiras e o tipo de operação – se uma porta, por exemplo, é de abrir, correr ou mesmo se ela é sanfonada. Normalmente desenhamos, por exemplo, uma porta de abrir com a folha perpendicular ao plano da parede, indicando o sentido da abertura por meio de uma linha fina em quarto de circunferência.

Também não podemos mostrar a aparência das janelas em uma planta. Uma planta baixa revela a posição e a largura das aberturas de janela e, até certo ponto, mostra as ombreiras e os caixilhos. No entanto, a planta deve incluir o parapeito abaixo do plano de corte, indicando em corte a vidraça e a esquadria da janela.

Escadas

As plantas são capazes de mostrar os elementos horizontais do vão de uma escada – pisos e patamares –, mas não os espelhos dos degraus, ou seja, suas alturas. A escada em vista é interrompida quando se chega à altura do plano de corte. Usamos uma linha diagonal para indicar essa interrupção e distinguir claramente essa linha das retas paralelas dos pisos da escada. No início da escada, uma flecha especifica a direção, em sentido ascendente, da escada em relação ao piso. Acima do plano de corte, usamos linhas tracejadas para completar os elementos da escada, isto é, representar a projeção dos elementos ocultos.

Elementos acima ou abaixo do plano de corte

Linhas tracejadas indicam os principais elementos de arquitetura que estão acima do plano de corte, como mezaninos, rebaixos de teto, vigas aparentes, claraboias e beirais. As linhas tracejadas também podem revelar linhas ocultas por outros elementos opacos. A convenção comum é usar tracejados maiores para indicar os elementos importantes que foram removidos ou que estão acima do plano de corte, e pontilhados ou tracejados mais curtos para elementos ocultos abaixo do plano de corte.

QUAIS SÃO AS RESPONSABILIDADES DE UM ARQUITETO? 337

Orientação das plantas baixas

Para orientar o observador em relação ao contexto de uma edificação, desenhamos, na planta baixa, a indicação do norte por meio de uma seta. A convenção normal é orientar as plantas baixas com o norte voltado para cima, isto é, a parte superior da folha de desenho.

Se um dos eixos principais da edificação estiver orientado a menos de 45° a leste ou a oeste do norte, podemos considerar um norte fictício, para evitar títulos muito extensos nas elevações, como "elevação norte-nordeste" ou "elevação sul-sudeste".

Sempre que possível, oriente a planta baixa de um cômodo posicionando sua entrada na parte de baixo do desenho, para que possamos imaginar que estamos entrando no ambiente pela parte de baixo do desenho. Contudo, quando relacionamos a planta de um cômodo à planta baixa de uma edificação, é mais importante orientar ambas as plantas da mesma maneira.

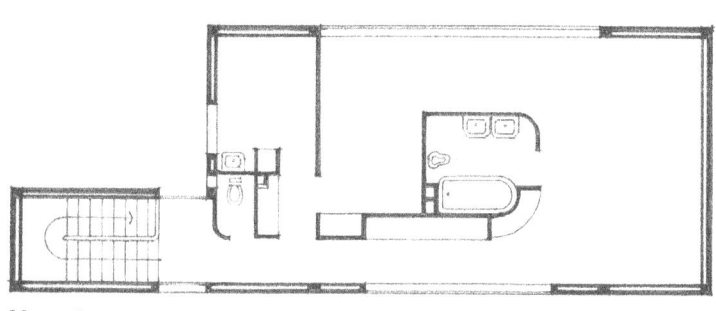

Distribuição das plantas baixas

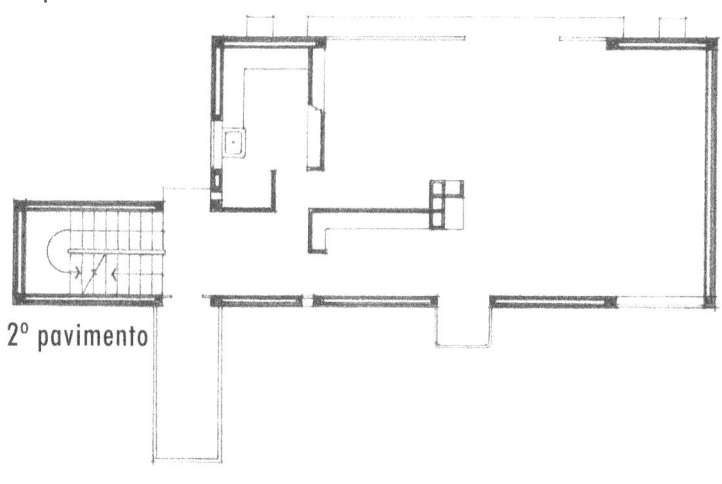

Ao representar as plantas baixas de uma edificação de múltiplos pavimentos, alinhe as plantas verticalmente, uma abaixo da outra, ou horizontalmente, lado a lado. Arranjos verticais devem começar com o pavimento mais baixo na parte inferior da folha de desenho e estar ordenados de maneira lógica, para que a planta do pavimento mais alto coincida com a parte superior da folha. Arranjos horizontais normalmente devem apresentar o pavimento mais baixo à esquerda e o mais alto à direita.

Alinhar uma série de plantas baixas desses dois modos facilita a leitura e o entendimento das relações verticais entre os elementos de dois pavimentos, ou mais, em uma edificação. Para reforçar essa leitura, sempre que possível, relacione as plantas de edificações lineares aproximando seus lados maiores.

A representação da planta baixa do pavimento térreo geralmente se estende ao terreno, para incluir elementos e espaços externos adjacentes, como pátios, jardins e estruturas ou prédios também existentes no terreno.

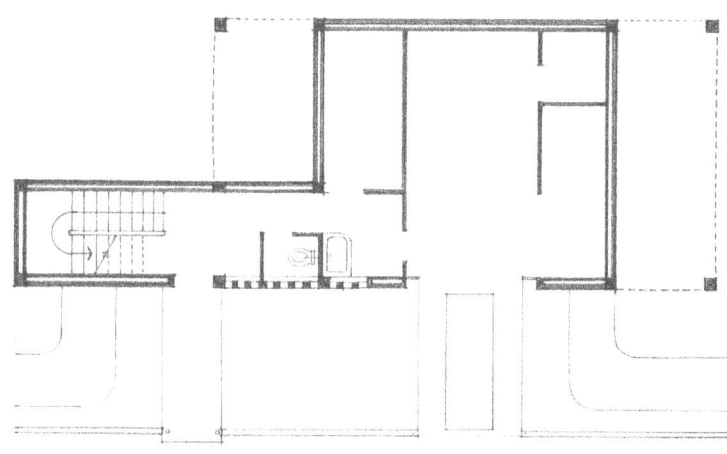

3º pavimento

2º pavimento

Pavimento térreo

Vila em Vaucresson, França, 1922, Le Corbusier

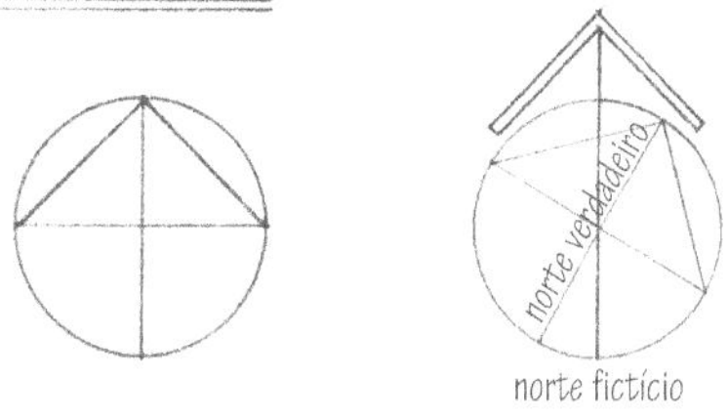

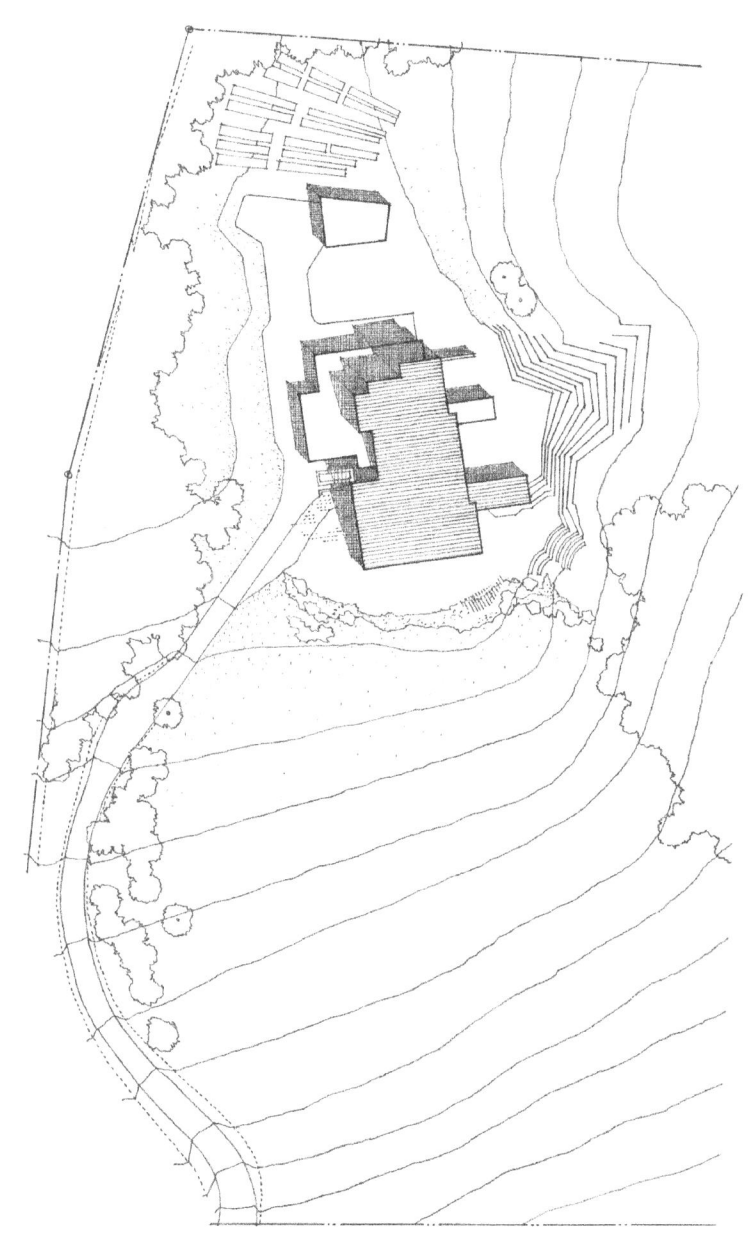

Plantas de localização e situação

A planta de localização (ou locação) descreve a implantação e a orientação de uma edificação ou de um conjunto de edificações em um terreno. Já a planta de situação mostra o terreno inserido no entorno. Sejam de contextos urbanos ou rurais, as plantas de localização e situação descrevem o seguinte:

- As divisas legais do lote, indicadas por linhas tracejadas feitas com segmentos relativamente longos separados por dois traços ou pontos
- A topografia do terreno, com suas curvas de nível
- Os elementos naturais do terreno, como árvores, o paisagismo e corpos de água
- As construções existentes ou propostas para o terreno, como passeios, pátios com piso seco e vias
- As edificações do contexto imediato que têm impacto sobre a edificação proposta

Além disso, uma planta de localização também pode incluir:

- Condicionantes legais, como recuos obrigatórios e servidões de passagem
- Redes públicas existentes ou propostas
- Pontos de entrada e caminhos para pedestres e veículos
- Elementos climáticos e características ambientais importantes

Planta de localização, Casa Carré, Bazoches-sur-Guyonne, França, 1952–1956, Alvar Aalto

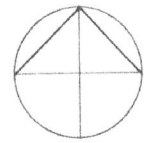

Curvas de nível

A resposta de um projeto de edificação a seu contexto inclui a consideração das características físicas do terreno, especialmente a configuração da superfície do solo. Uma série de cortes no terreno pode representar bem essas informações. No entanto, em uma planta de localização ou de situação, fica difícil descrever a aparência vertical de uma superfície de solo ondulada. As curvas de nível são a convenção gráfica que empregamos para registrar essa informação.

Uma boa maneira de visualizar curvas de nível é imaginar que fatiamos horizontalmente o terreno, em intervalos regulares – cada uma dessas fatias corresponde a uma curva de nível. A trajetória de cada curva de nível indica a configuração do solo naquela elevação. As curvas de nível sempre são contínuas e jamais se cruzam. Elas coincidem em planta apenas quando cortam uma superfície vertical.

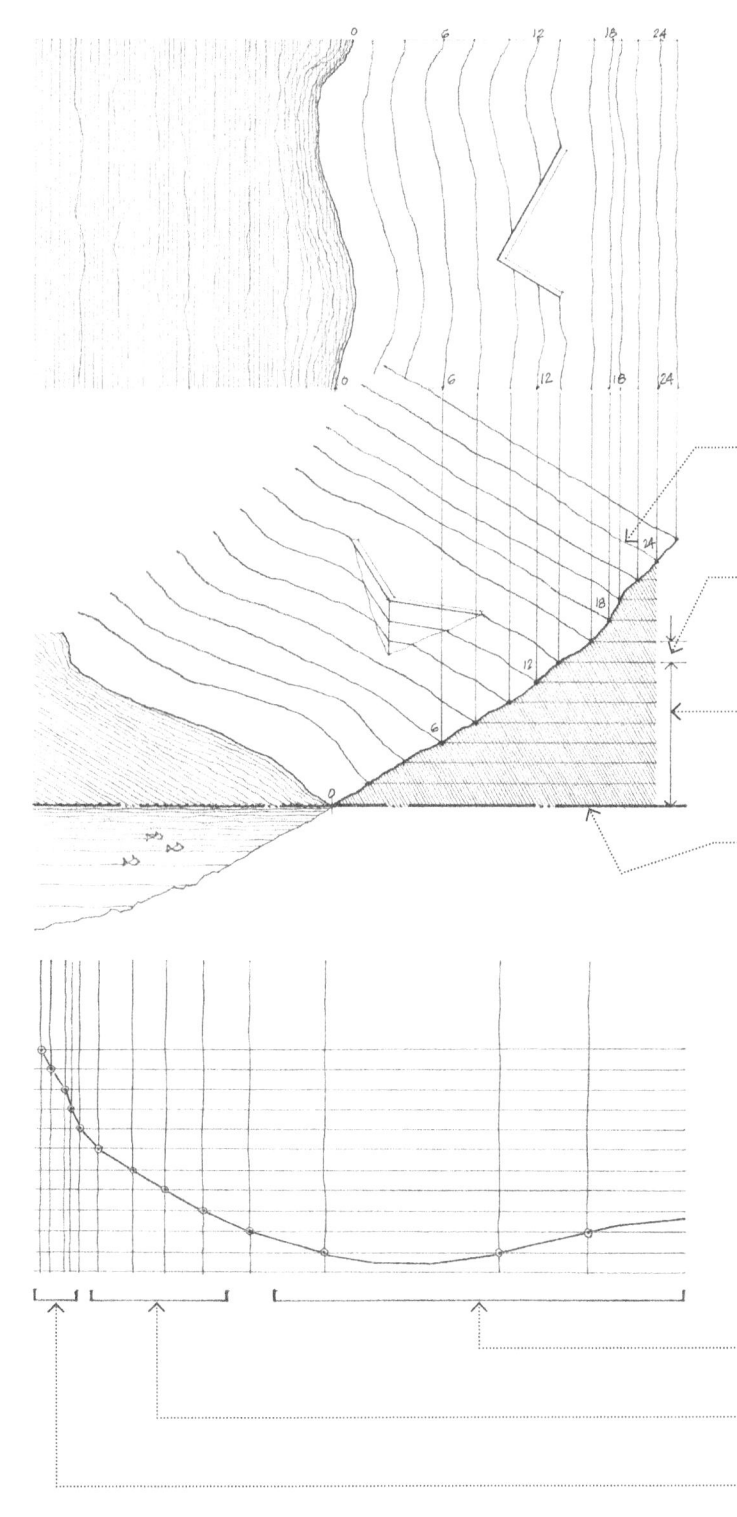

Curva de nível
Linha imaginária que une os pontos de mesma altitude em uma planta ou um mapa topográfico.

Intervalo de contorno vertical
Diferença de altitude representada por cada curva de nível em uma planta ou um mapa topográfico.

Elevação
Distância vertical de um ponto acima ou abaixo de um nível de referência.

Nível de referência
Qualquer superfície plana, linha ou ponto referencial, a partir do qual são medidas elevações.

O intervalo de contorno é determinado pela escala do desenho, pelo tamanho do terreno e pela natureza da topografia. Quanto maior for a área representada e mais íngreme o terreno, maior será o intervalo de contorno. Para terrenos muito grandes ou muito acidentados, podem ser utilizados intervalos de contorno de 1,0, 2,0 ou 5,0 m. Para terrenos pequenos e com perfis mais suaves, intervalos de contorno de 0,5 ou 1,0 m também podem ser empregados.

As distâncias horizontais entre as curvas de nível são uma função da inclinação da superfície do solo. Podemos discernir a natureza topográfica de um terreno lendo esse espaçamento horizontal.

- Curvas de nível distantes entre si indicam uma superfície relativamente plana ou com inclinação suave.
- Curvas de nível com espaçamento homogêneo indicam uma inclinação constante.
- Curvas de nível próximas entre si indicam uma inclinação relativamente acentuada no perfil do terreno.

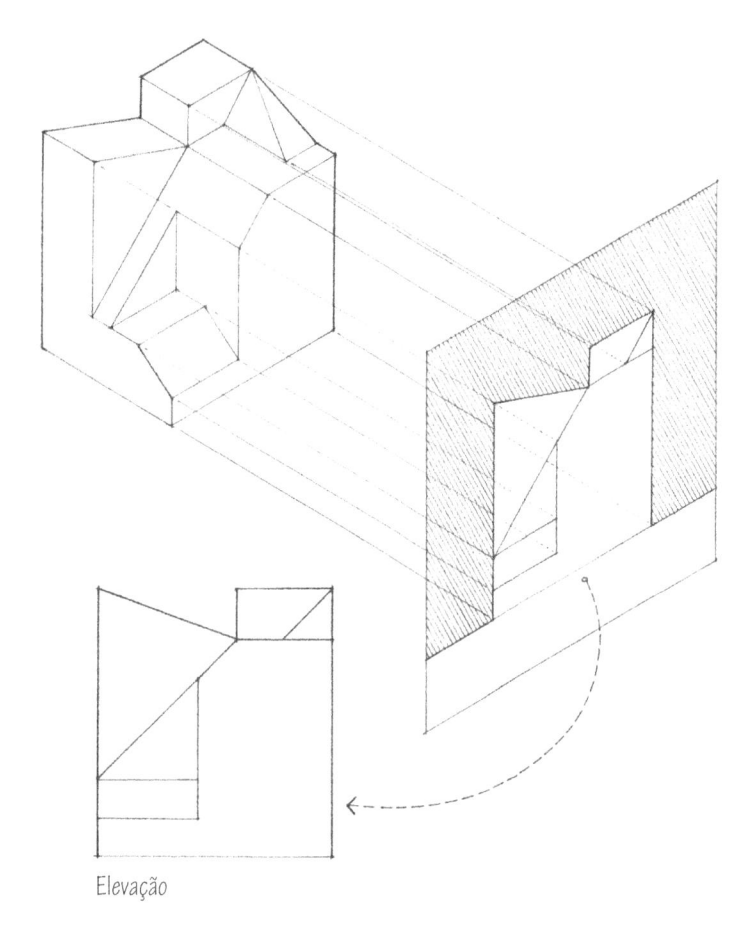

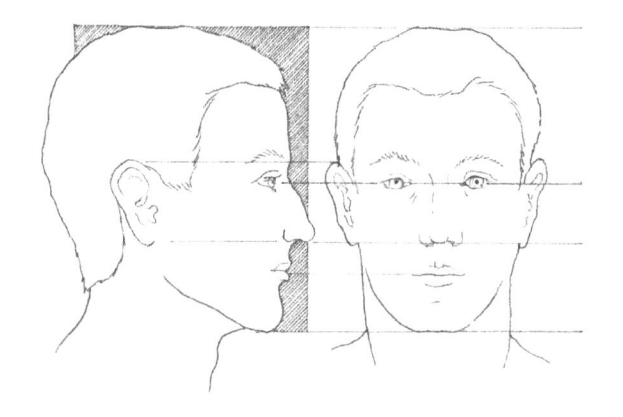

Elevações

A elevação é uma projeção ortogonal de um objeto ou de uma construção em um plano do desenho vertical paralelo a uma de suas faces. Assim como outras projeções ortogonais, todos os planos paralelos ao plano do desenho mantêm sua grandeza real, seu formato e suas proporções. Todavia, os planos curvos ou oblíquos ao plano do desenho sofrem escorço, ou seja, são reduzidos em tamanho na vista ortogonal.

As elevações diminuem a complexidade tridimensional de um objeto a uma representação bidimensional, constituída de altura e largura ou comprimento. Ao contrário de uma planta, uma elevação imita nossa observação em posição ereta e oferece um ponto de observação horizontal. Ainda que as vistas em elevação das superfícies verticais de uma edificação estejam mais próximas da realidade sensorial do que as plantas ou os cortes, elas não conseguem representar a profundidade espacial de um desenho em perspectiva. Portanto, ao desenhar objetos e superfícies em elevação, devemos utilizar alguns recursos gráficos para representar profundidade, curvatura ou obliquidade.

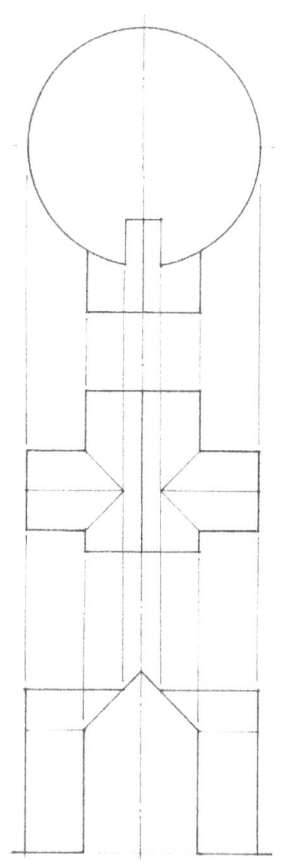

Elevação

As duas plantas diferentes podem gerar a mesma elevação

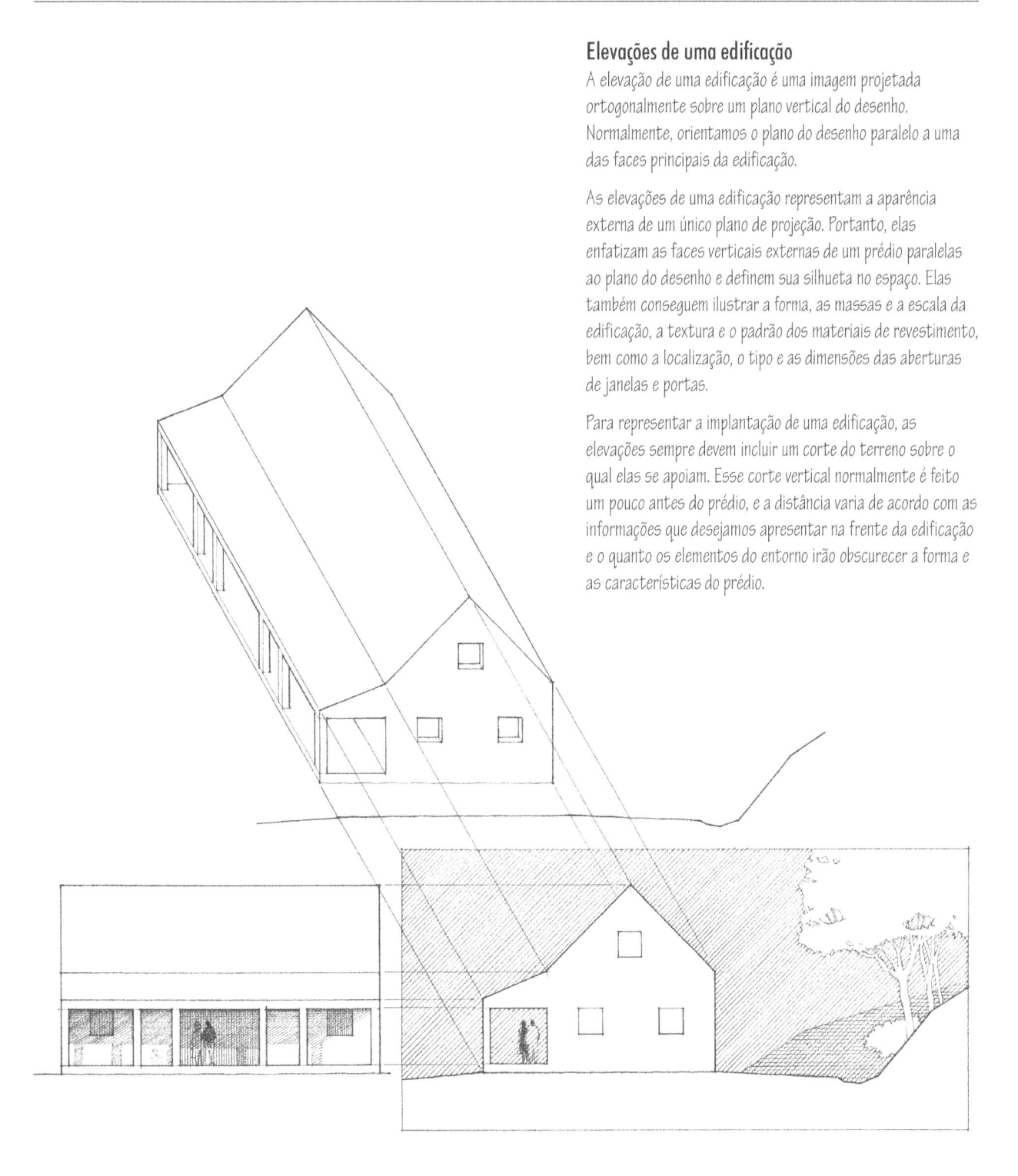

Elevações de uma edificação

A elevação de uma edificação é uma imagem projetada ortogonalmente sobre um plano vertical do desenho. Normalmente, orientamos o plano do desenho paralelo a uma das faces principais da edificação.

As elevações de uma edificação representam a aparência externa de um único plano de projeção. Portanto, elas enfatizam as faces verticais externas de um prédio paralelas ao plano do desenho e definem sua silhueta no espaço. Elas também conseguem ilustrar a forma, as massas e a escala da edificação, a textura e o padrão dos materiais de revestimento, bem como a localização, o tipo e as dimensões das aberturas de janelas e portas.

Para representar a implantação de uma edificação, as elevações sempre devem incluir um corte do terreno sobre o qual elas se apoiam. Esse corte vertical normalmente é feito um pouco antes do prédio, e a distância varia de acordo com as informações que desejamos apresentar na frente da edificação e o quanto os elementos do entorno irão obscurecer a forma e as características do prédio.

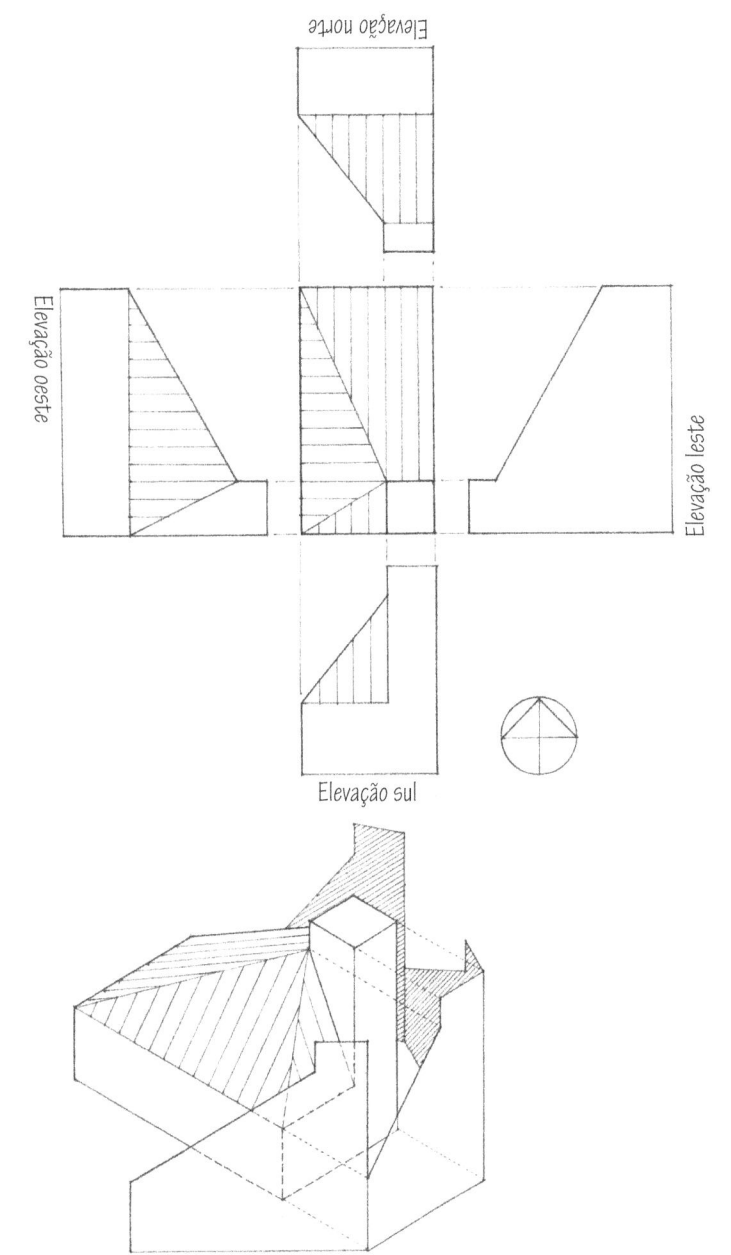

Distribuição das elevações

À medida que nos movemos em volta de uma edificação, vemos uma série de elevações relacionadas que mudam conforme nossa posição no espaço. Podemos interligar essas vistas de maneira lógica, desdobrando o plano vertical de desenho sobre o qual elas estão projetadas. É possível formar uma sequência horizontal de desenhos ou incluí-las em apenas um desenho composto, em torno de uma planta comum.

Embora as elevações mostrem o contexto dos objetos e as relações entre um grande número de formas no espaço, elas não revelam qualquer informação sobre os interiores. No entanto, podemos combinar elevações e cortes ao desenhar formas e construções simétricas.

Orientação das elevações

Para orientar o observador, designamos cada elevação conforme sua relação com a fachada considerada principal, conforme o ponto cardeal para o qual ela está voltada ou o contexto a partir do qual é vista. A elevação pode ser uma vista frontal, quando projetada no plano frontal de projeção, ou uma vista lateral, se projetada no plano lateral, dependendo de como nos orientamos em relação ao objeto ou de como julgamos a importância relativa de suas faces.

Na representação gráfica em arquitetura, a orientação cardeal de uma edificação é uma consideração importante para a análise e a comunicação do efeito da insolação e de outros fatores climáticos do projeto. Assim, na maioria das vezes, damos à elevação o nome da orientação solar para a qual ela está voltada: por exemplo, uma elevação norte é a elevação da fachada que está voltada para o norte. Se a face da edificação está orientada com um desvio de menos de 45° em relação aos quatro pontos cardeais principais, adotamos um norte fictício, para simplificar e evitar títulos muito longos.

Quando uma edificação está voltada para um elemento específico ou importante do terreno, podemos denominar tal fachada de acordo com esse elemento. Por exemplo, a elevação da rua é a fachada que está voltada para a rua.

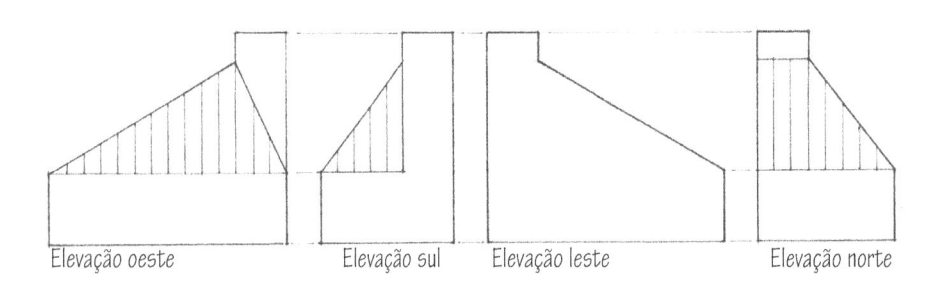

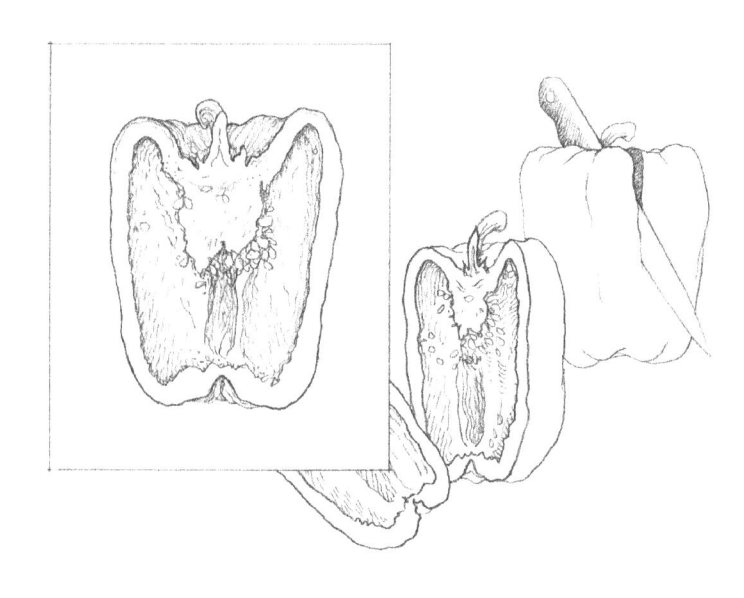

Cortes

Um corte é uma projeção ortogonal de como veríamos um objeto cortado por um plano de interseção. Ele abre o objeto para revelar os materiais, a composição e seus sistemas internos. Em teoria, o plano de corte de uma secção pode ter qualquer orientação, mas, para podermos distinguir um corte de uma planta baixa – outro tipo de desenho que envolve uma secção – geralmente consideramos que o corte de uma edificação é vertical e que sua planta baixa é seccionada na horizontal. Assim como outras projeções ortogonais, todos os planos paralelos ao plano do desenho mantêm tamanho, formato e proporções reais.

Os cortes reduzem a complexidade tridimensional de um objeto a duas dimensões – altura e largura ou comprimento. Normalmente, usamos desenhos em corte para projetar e revelar os detalhes da construção, assim como a disposição do mobiliário. Em desenhos de arquitetura, entretanto, o corte do prédio é o principal desenho para estudar e revelar a relação vital entre cheios e vazios em pisos, paredes e tetos de uma edificação, suas dimensões verticais e as relações entre os espaços internos.

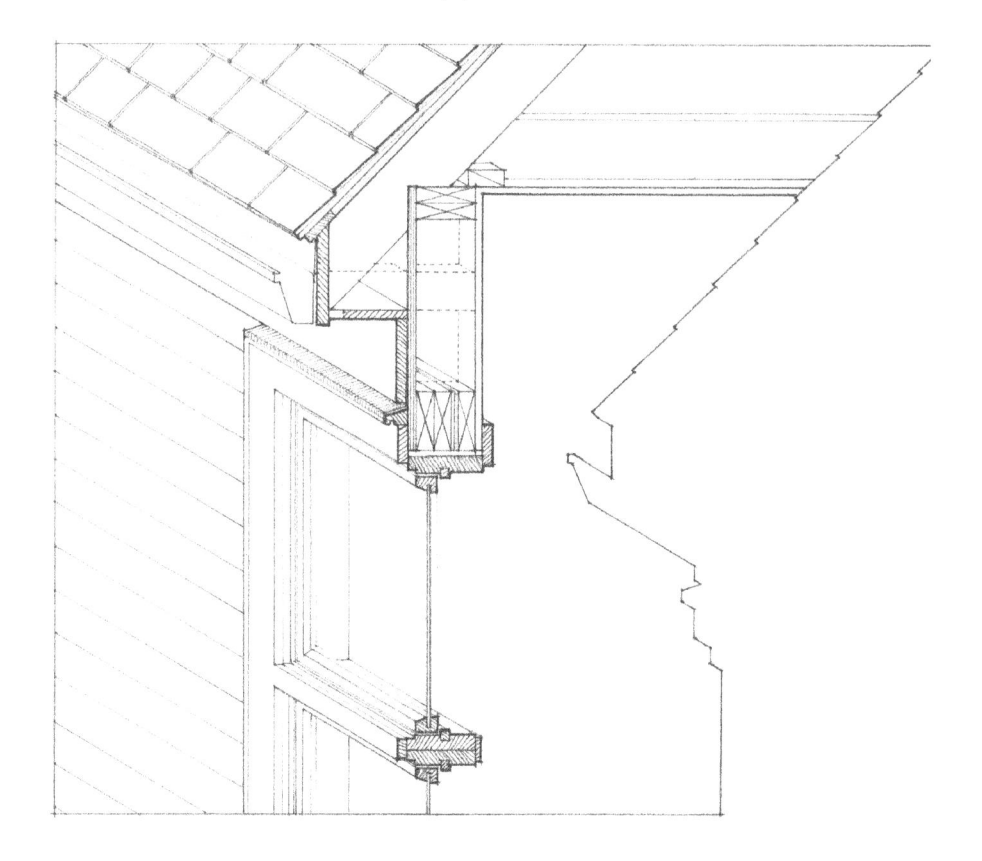

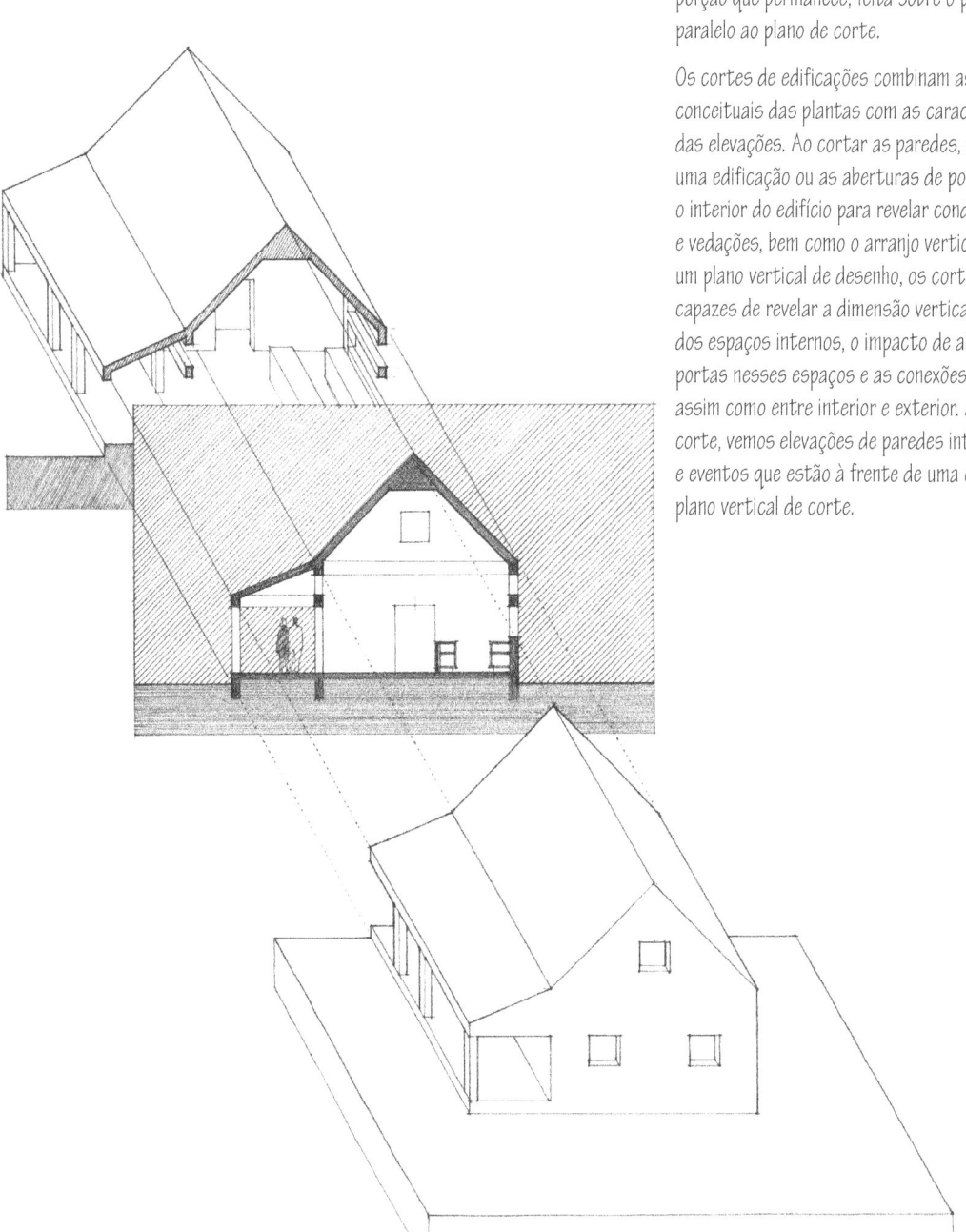

Cortes de edificações

O corte de uma edificação representa sua secção vertical. Após o plano vertical cortar a construção, removemos uma das partes. O corte de uma edificação é uma projeção ortogonal da porção que permanece, feita sobre o plano vertical do desenho paralelo ao plano de corte.

Os cortes de edificações combinam as características conceituais das plantas com as características perceptivas das elevações. Ao cortar as paredes, os pisos, a cobertura de uma edificação ou as aberturas de portas e janelas, expomos o interior do edifício para revelar condições de apoio, vãos e vedações, bem como o arranjo vertical dos espaços. Em um plano vertical de desenho, os cortes de edificações são capazes de revelar a dimensão vertical, o formato e a escala dos espaços internos, o impacto de aberturas de janelas e portas nesses espaços e as conexões verticais entre cômodos, assim como entre interior e exterior. Além desse plano de corte, vemos elevações de paredes internas e também objetos e eventos que estão à frente de uma elevação, mas por trás do plano vertical de corte.

QUAIS SÃO AS RESPONSABILIDADES DE UM ARQUITETO? 345

Marcação de cortes

Em edificações que têm planta baixa simétrica, o ponto lógico para se fazer um corte é ao longo dos eixos de simetria. Em todas as demais situações, os cortes devem passar pelos espaços mais importantes, com as vistas que revelam as principais características dos espaços. Para evitar confusão, frequentemente fazemos uma incisão ao longo de um plano vertical contínuo, paralelo ao conjunto de paredes mais importante. Use deslocamentos no plano de corte apenas quando forem absolutamente necessários.

Para ser mais revelador, o corte de uma edificação deve atravessar os principais elementos da arquitetura, como aberturas importantes de janelas e portas, claraboias, mudanças de nível expressivas e condições especiais de circulação vertical. Nunca segmente verticalmente pilares ou muros, para evitar que os cortes sejam lidos como planos de vedação contínuos.

Os cortes transversais se referem a secções realizadas paralelamente aos eixos secundários de objetos ou edificações, enquanto cortes longitudinais seccionam ao longo de eixos principais. Em ambos os casos, é necessário indicar exatamente onde a secção foi feita e qual é a direção de visualização.

Fazemos isso por meio de anotações na planta baixa que acompanha os cortes na prancha. O símbolo habitual de convenção é uma linha tracejada, com segmentos longos separados por pequenos traços ou pontos. Não é necessário desenhar essa linha de corte através de toda a planta baixa, exceto quando o corte incluir alguns deslocamentos. É mais comum indicar a posição do corte com duas linhas curtas, feitas ao lado da planta baixa, a partir das quais o plano de corte inicia e termina. Uma seta ao final de cada extremidade aponta a direção da vista.

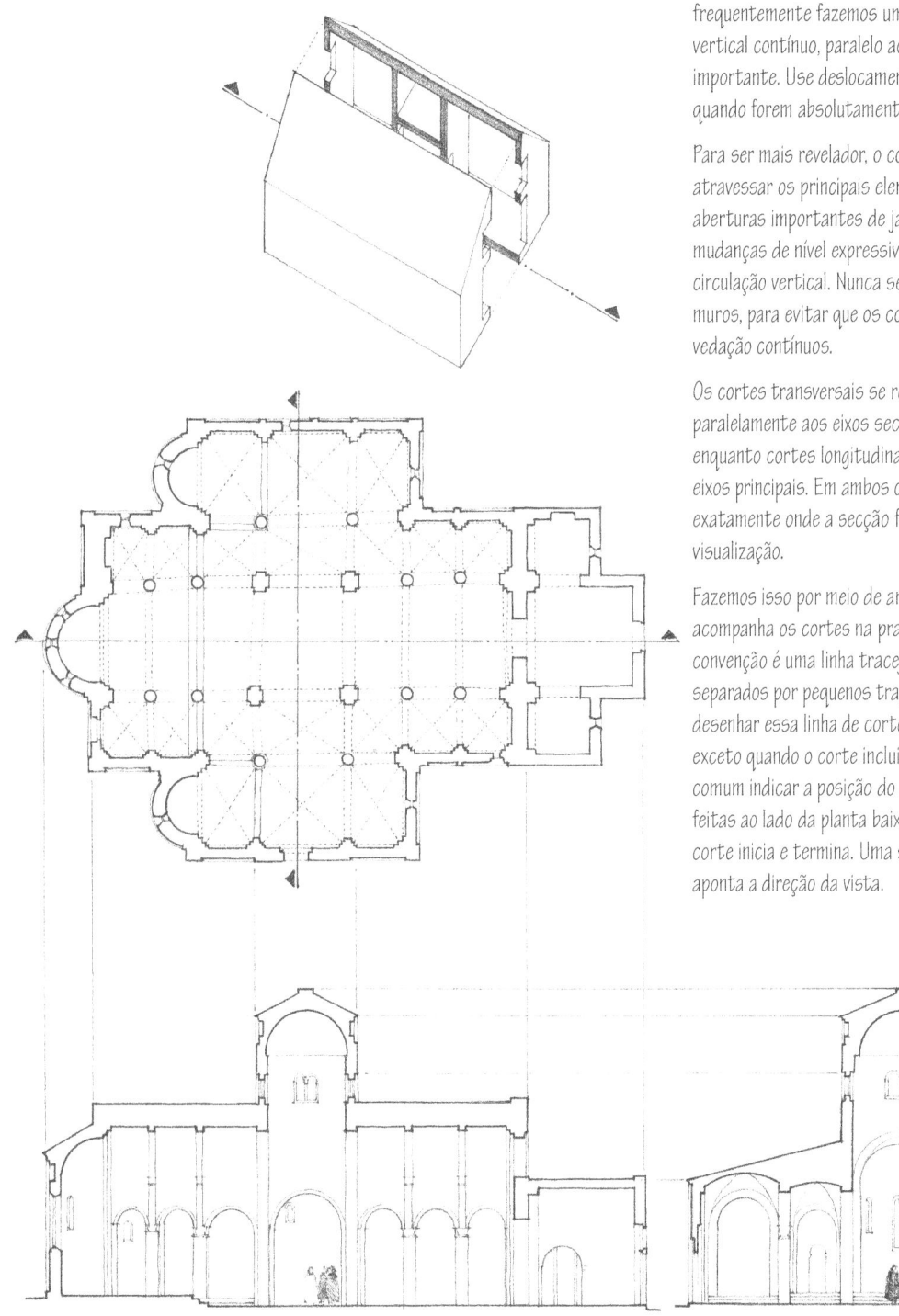

Corte longitudinal   Corte transversal

Igreja da Abadia de Santa Maria, Portonovo, Itália, século XII

Elevações internas

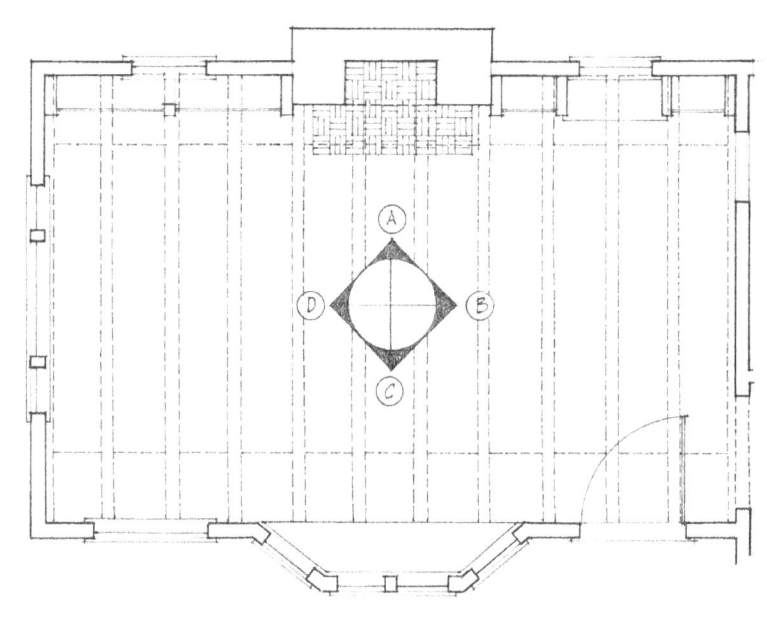

As elevações internas são projeções ortogonais das paredes internas mais importantes de uma edificação. Embora, em geral, apareçam nos cortes, as elevações podem ser desenhadas à parte para ilustrar as características internas de um cômodo, como portas, móveis e detalhes. Nesse caso, em vez de acentuar a área em corte, enfatizamos os limites das superfícies das parede do interior.

Orientação

Para orientar o observador, denominamos cada elevação interna de acordo com a direção dos pontos cardeais, dependendo de onde olhamos para observar a parede. Um método alternativo é associar cada elevação interna a uma pequena bússola indicativa, que é desenhada na planta baixa do recinto.

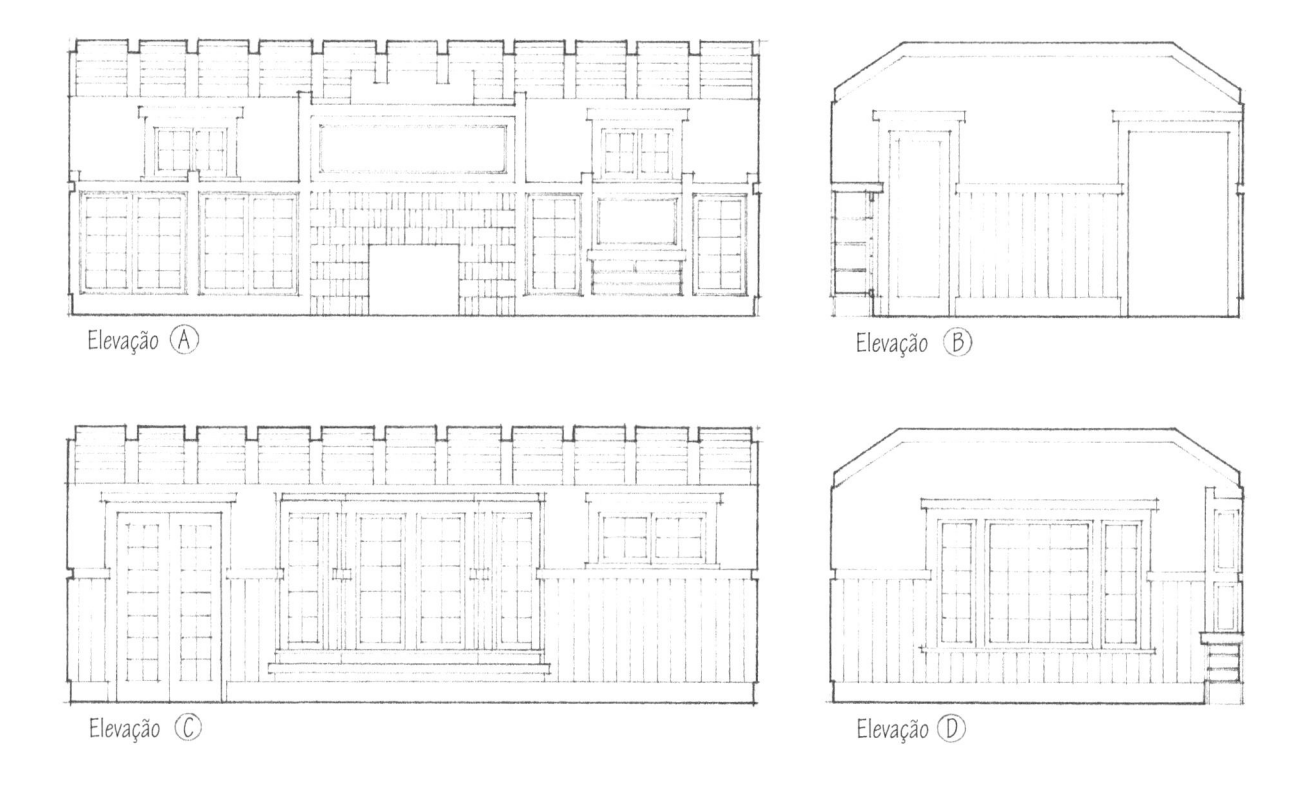

Elevação Ⓐ

Elevação Ⓑ

Elevação Ⓒ

Elevação Ⓓ

O plano de corte

Assim como nas plantas baixas, nos cortes é crucial distinguir entre cheios e vazios e indicar com precisão onde as massas encontram os espaços. Para que possamos representar a profundidade e a existência de volumes no espaço, devemos empregar uma hierarquia de pesos de linha e uma variedade de valores tonais. A técnica que utilizamos depende da escala do corte da edificação, do meio de desenho e do grau de contraste necessário entre cheios e vazios.

Esta série de desenhos ilustra maneiras de enfatizar a matéria sólida cortada e representada com linhas no corte da edificação.

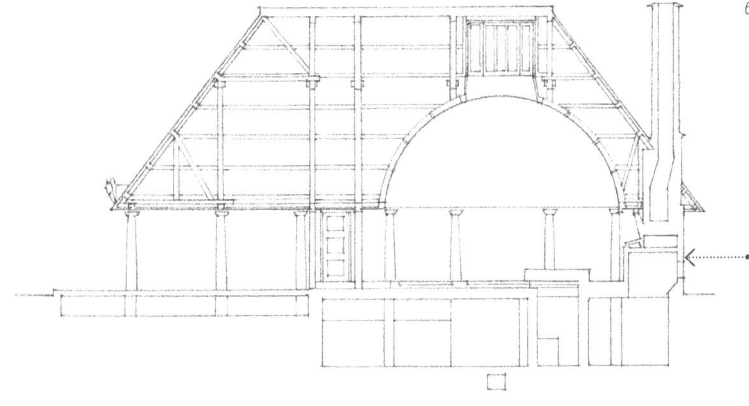

Este é um corte de edificação feito com apenas um peso de linha.

Já este desenho usa uma hierarquia de pesos de linha para representar profundidade.

As linhas mais pesadas mostram o formato dos elementos cortados que estão mais próximos do observador.

Linhas de peso intermediário delineiam as arestas das superfícies verticais que se situam além do plano de corte. As linhas cada vez mais leves delineiam as arestas dos objetos progressivamente mais afastados do plano de corte.

As linhas mais leves representam as linhas de superfície. Elas não significam alguma mudança na forma, simplesmente representam o padrão visual ou a textura dos planos das paredes e de outras superfícies verticais paralelas ao plano do desenho.

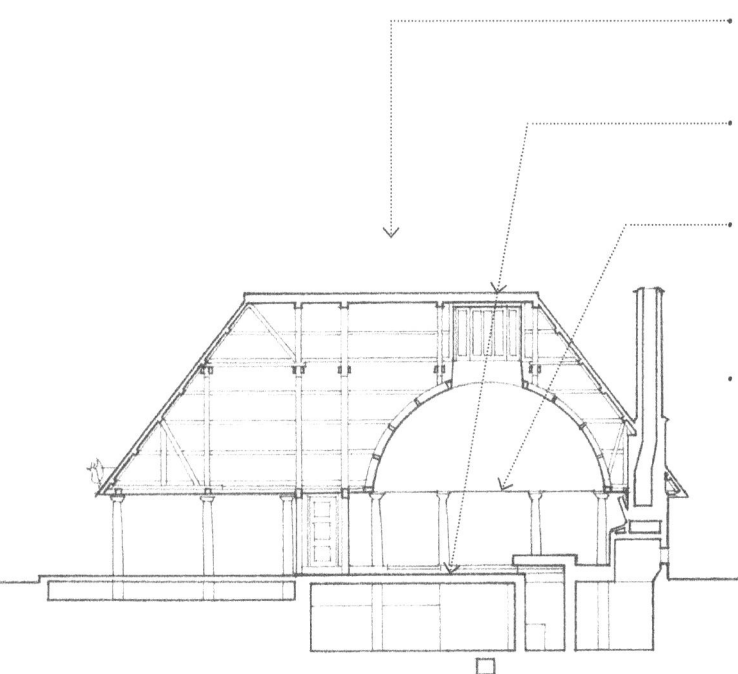

Capela do Bosque, Estocolmo, Suécia, 1918–1920, Erik Gunnar Asplund

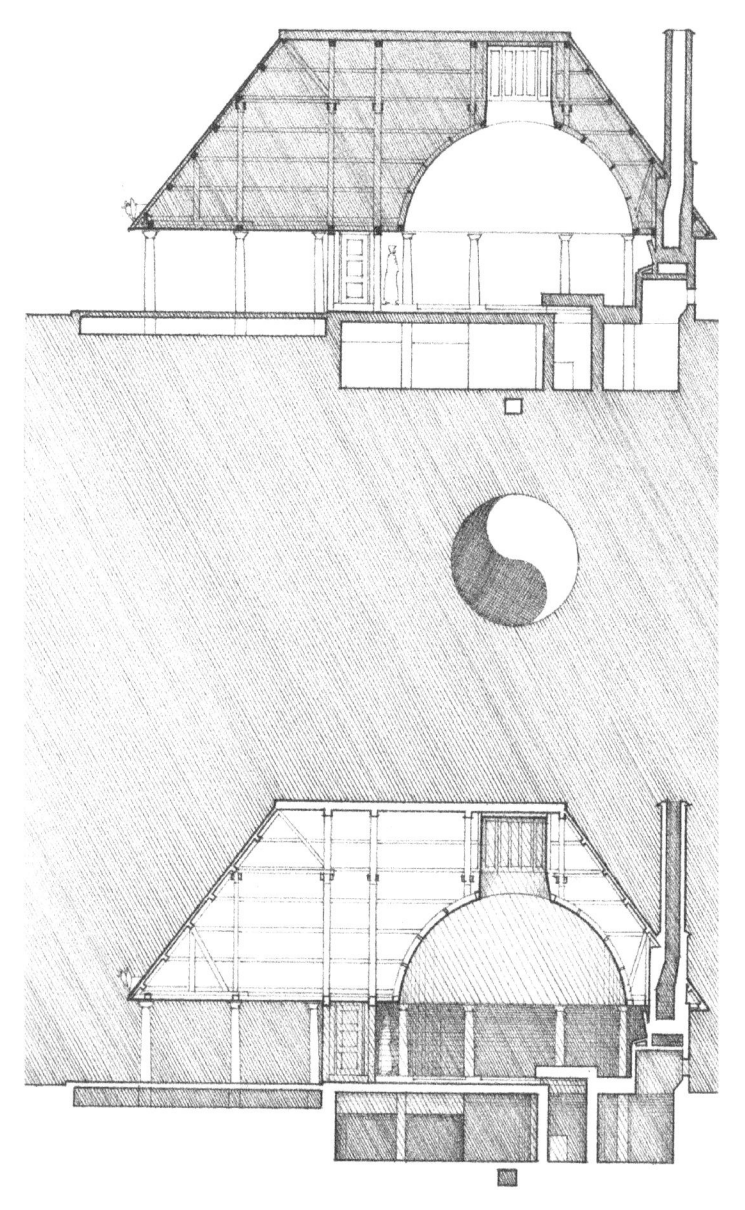

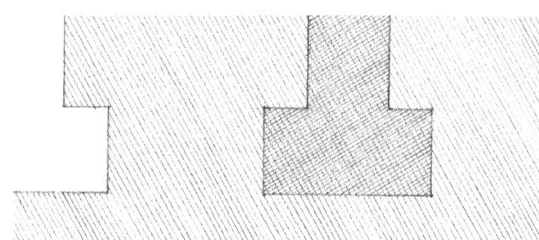

Hachuras

Em um desenho de linha e tons, ou simplesmente de tons, enfatizamos o formato dos elementos em corte com variações tonais que contrastem com o âmbito espacial da edificação. O propósito é estabelecer uma relação clara de figura e fundo entre a matéria sólida e os espaços vazios – entre conteúdo e recinto.

Geralmente pintamos de preto ou usamos hachura nos elementos de piso, parede e cobertura que estão seccionados em cortes de edificações em pequena escala. Caso deseje apenas um pequeno contraste entre os elementos cortados (as figuras) e o campo de desenho (o fundo), use um cinza de tom médio ou hachura para enfatizar tais elementos. Isso é especialmente importante em cortes em grande escala, quando áreas extensas de preto podem acarretar um peso visual muito grande ou criar um contraste exagerado. Se elementos verticais, como padrões e texturas de paredes, conferirem valor tonal ao campo do desenho, talvez seja necessário o uso de um forte contraste entre cheios e vazios. Nesse esquema de valores, use tons cada vez mais claros para os elementos à medida que se afastam do plano de corte.

Outra maneira de representação é inverter o esquema de tonalidades e destacar os elementos em corte, como figuras brancas contra um limite espacial de tonalidades mais escuras. Revertendo desse modo o padrão normal de claros e escuros, enfatizamos o espaço contido como figura. Certifique-se, contudo, de que haja contraste tonal suficiente para distinguir os elementos em corte. Se necessário, destaque a silhueta dos elementos cortados com uma linha de grande peso e use, progressivamente, tons escuros para elementos ou planos que retrocedem no espaço.

Lembre-se de que a massa do piso também é seccionada nos cortes de edificações e de terreno. Assim, as tonalidades dos elementos em corte devem se estender à massa do piso em que estão assentados. Se mostramos a fundação de uma edificação em corte, devemos ser cuidadosos para delinear suas sapatas e muros de arrimo como parte integrante da massa de terra circundante. Devemos representar a subestrutura de modo a manter a leitura de que o plano vertical da secção corta tanto a fundação quanto o solo circundante.

14 As Disciplinas Relacionadas

A Arquitetura de Interiores

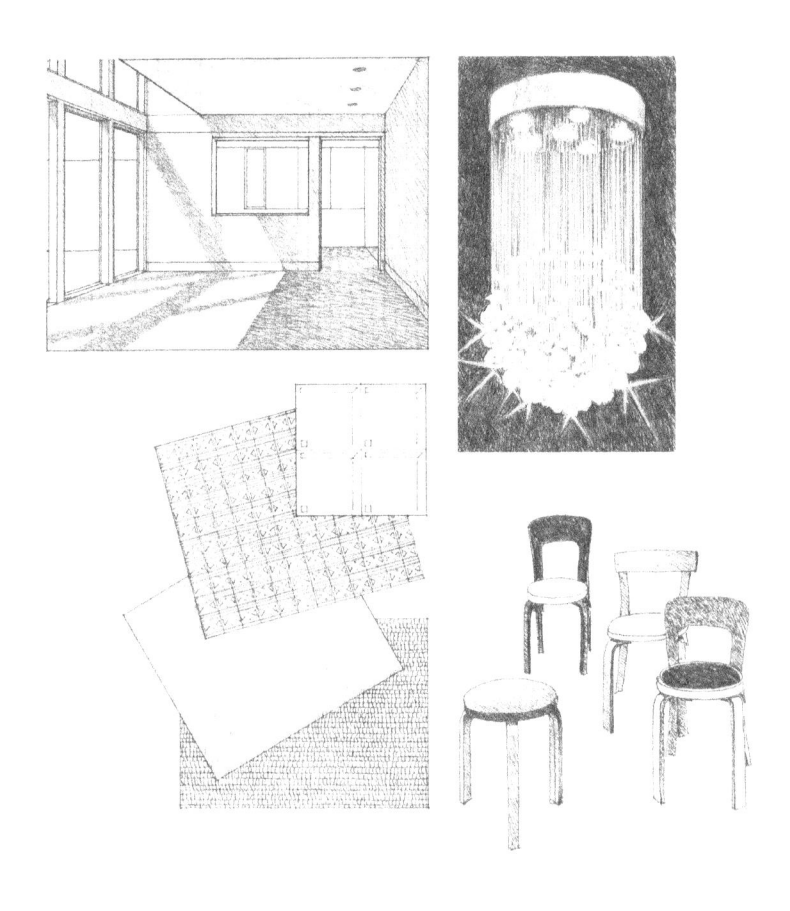

Como a arquitetura de interiores se relaciona com a arquitetura?

A arquitetura de interiores e a arquitetura são disciplinas de projeto relacionadas. Elas possuem muitas prioridades em comum.

As duas disciplinas se relacionam das seguintes maneiras:

- Elas tratam do espaço como um ambiente habitável e construído.
- Elas produzem resultados que são fruto de um processo de projeto que combina conhecimento e técnica.
- Ambas são limitadas por condicionantes de projeto semelhantes, como tamanho, orçamento, prazo e demandas dos clientes.

Na prática de arquitetura atual, é muito comum que as equipes de projeto sejam compostas tanto por arquitetos quanto por arquitetos de interiores. A distinção entre as duas disciplinas geralmente não é clara, visto que elas colaboram entre si para criar edificações eficazes.

A ideia de que o interior de uma edificação é trabalho do arquiteto de interiores e que o exterior é responsabilidade do arquiteto é um equívoco. As decisões de projeto tomadas em relação aos espaços internos geralmente têm consequências para o exterior da edificação. Por exemplo, a decisão de iluminar um ambiente de certa maneira depende de uma janela — o que afeta a fachada.

Uma distinção melhor entre as duas disciplinas pode ser que os arquitetos começam o projeto na escala de um cômodo e passam a escalas maiores (considerando a edificação inteira ou até mesmo o bairro), e os arquitetos de interiores começam na escala de um cômodo e passam a escalas menores (considerando detalhes complexos como padrões têxteis e o mobiliário).

Embora isso represente melhor a relação entre a arquitetura e a arquitetura de interiores, ainda é uma grande simplificação. Os membros de ambas as disciplinas compartilham um interesse por projeto que se traduz das menores às maiores considerações. Isso frequentemente leva a uma inversão de papéis.

Este capítulo apresentará uma breve discussão sobre a arquitetura de interiores como uma profissão estreitamente relacionada à arquitetura. Ela não deve ser confundida com a decoração de interiores, pois suas responsabilidades vão muito além do escopo da decoração.

O espaço

O espaço é um ingrediente primordial na palheta do projetista e o elemento puro da arquitetura de interiores. Através do volume espacial, não somente nos movemos, mas também vemos formas, ouvimos sons, sentimos brisas agradáveis, o calor do sol e as fragrâncias das flores que desabrocham. O espaço herda as características sensuais e estéticas dos elementos no seu entorno.

O espaço não é uma matéria concreta como a pedra ou a madeira. Ele é inerentemente difuso e sem forma. O espaço universal não tem definição. Quando um elemento é colocado em seu campo, contudo, se estabelece uma relação visual. À medida que outros elementos são introduzidos no campo, múltiplas relações são estabelecidas entre o espaço e os elementos, bem como entre os próprios elementos. Assim, o espaço é formado pela nossa percepção de tais relacionamentos.

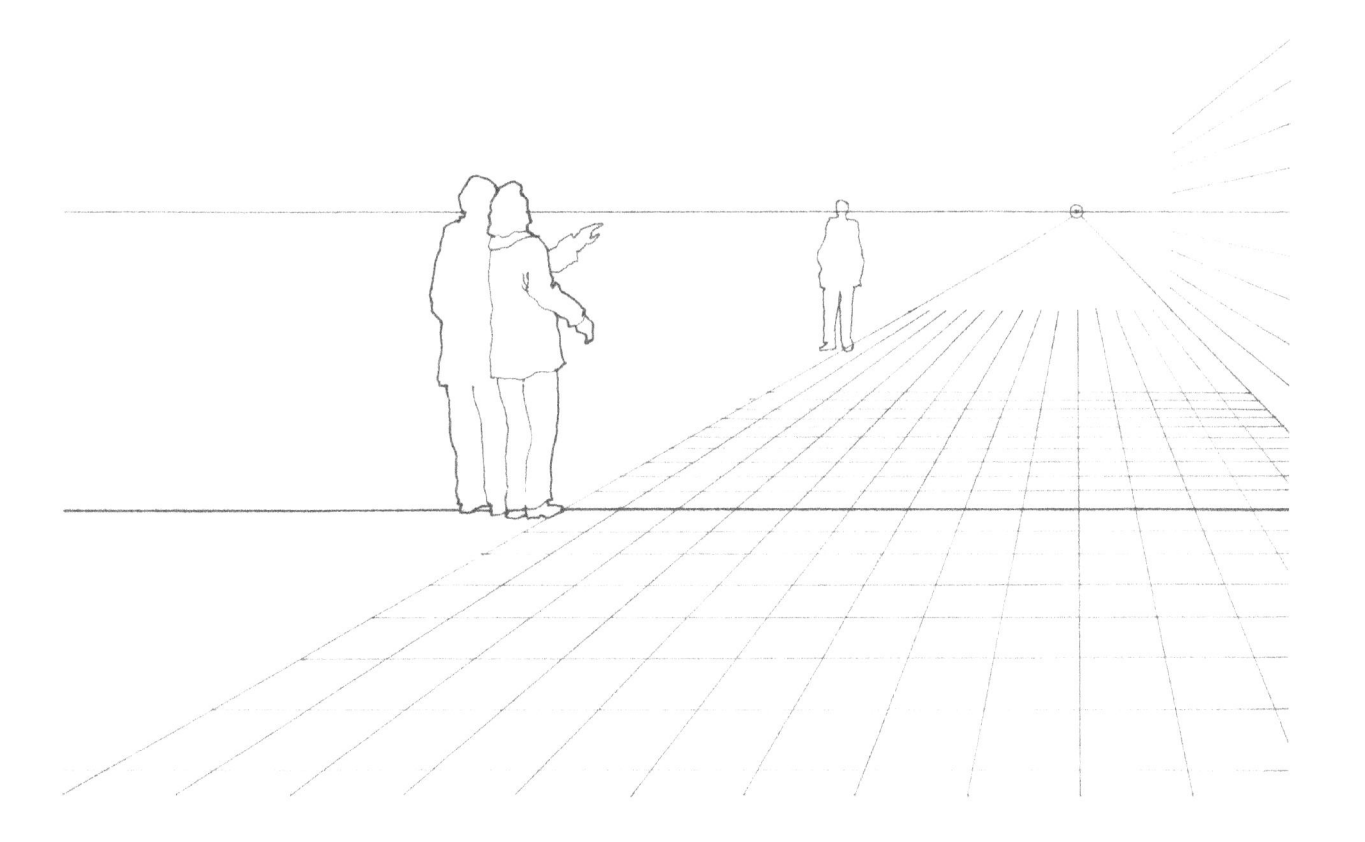

O espaço na arquitetura

Os elementos geométricos – o ponto, a linha, o plano e o volume – podem ser dispostos de modo a diferenciar e definir o espaço. Na arquitetura, tais elementos fundamentais se tornam elementos lineares (pilares e vigas) e planos (paredes, pisos e coberturas).

- Um pilar marca um ponto no espaço e o torna visível em três dimensões.
- Dois pilares definem uma membrana espacial através da qual podemos passar.
- Apoiando uma viga, os pilares delineiam as bordas de um plano transparente.
- Uma parede, um plano opaco, marca uma porção de espaço amorfo e separa "aqui" e "ali".
- Um piso define um campo espacial com limites territoriais.
- Uma cobertura abriga o volume espacial sob ele.

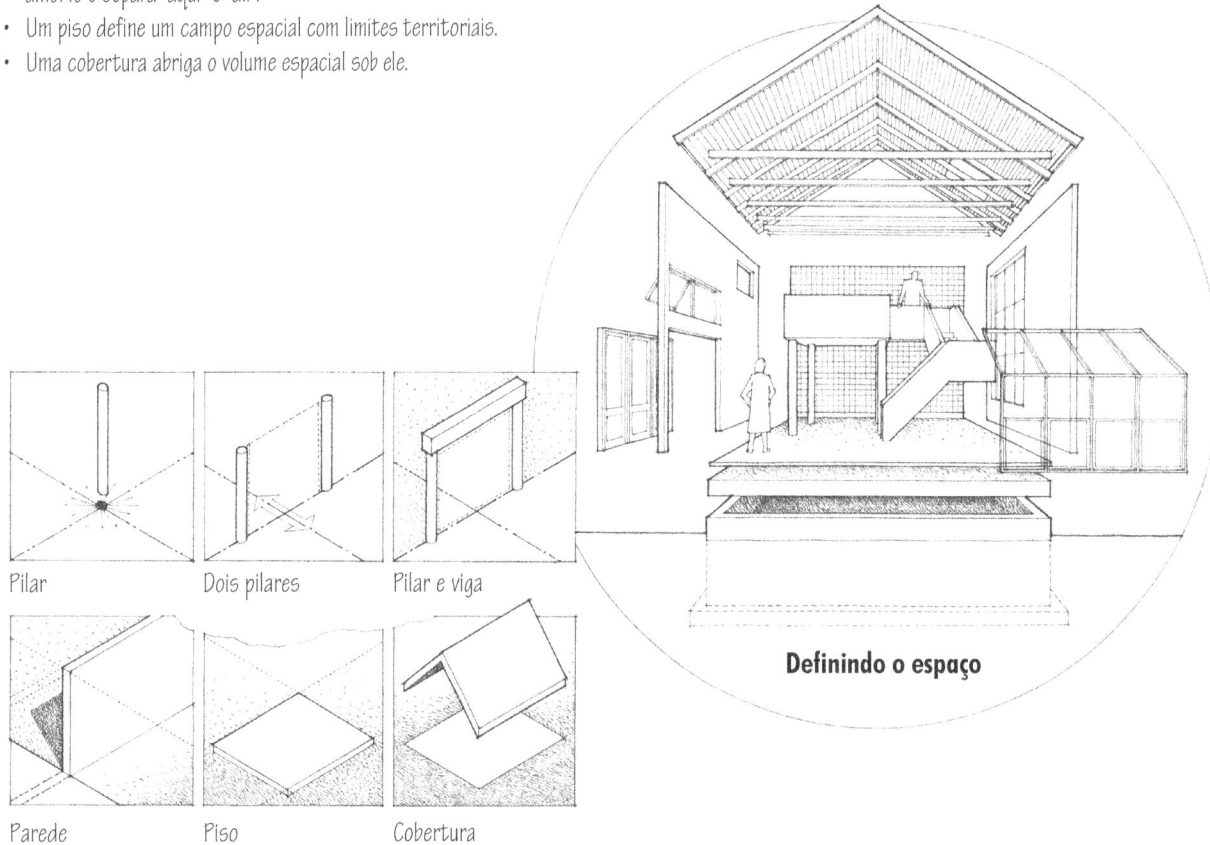

Pilar Dois pilares Pilar e viga

Parede Piso Cobertura

Definindo o espaço

No projeto de arquitetura, esses elementos são organizados de modo a dar forma a uma edificação, diferenciar o interior do exterior e definir os limites do espaço interno.

A ARQUITETURA DE INTERIORES

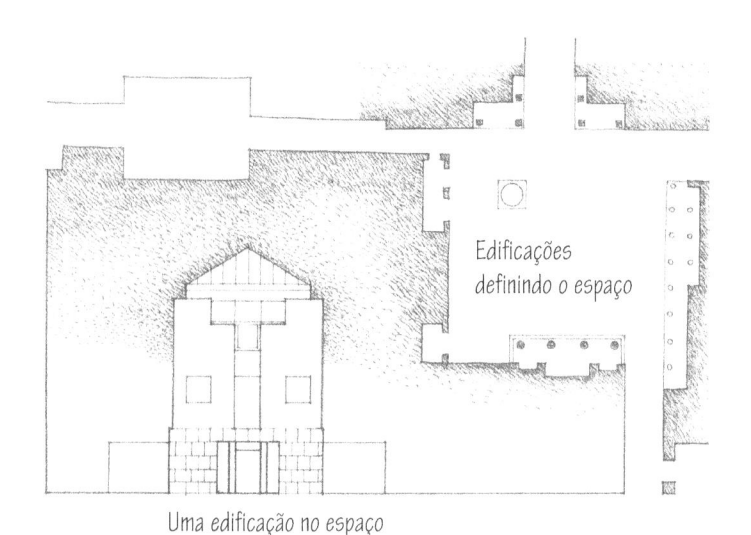

A forma, a escala e a organização espacial de uma edificação são a resposta do projetista a uma gama de condições – exigências funcionais, aspectos técnicos da estrutura e da execução, realidades econômicas, características expressivas da imagem e do estilo. Além disso, a arquitetura de uma edificação deve respeitar o contexto físico de seu terreno e do espaço externo.

Uma edificação pode se relacionar com o terreno de diversas formas. Ela pode mimetizar o entorno ou dominá-lo. Ela pode fechar e capturar uma porção do espaço externo. Uma de suas faces pode ser configurada de forma a responder a uma característica do lote ou definir um limite no espaço externo. Em cada caso, deve-se dar a consideração adequada ao relacionamento potencial entre o espaço interno e o externo, definido pela natureza das paredes externas de uma edificação.

As edificações afetam e são afetadas pelas condições de seus terrenos e do ambiente que as cerca. A seleção e a ocupação de terrenos para reduzir os danos sobre estes, o escoamento superficial de águas pluviais, os efeitos de ilha térmica e a poluição luminosa contribuem para o projeto sustentável.

Edificações definindo o espaço

Uma edificação no espaço

Edificações

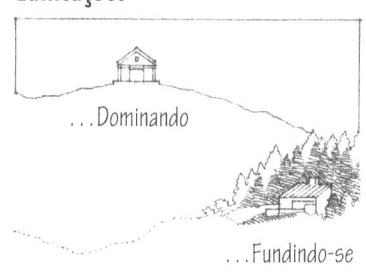

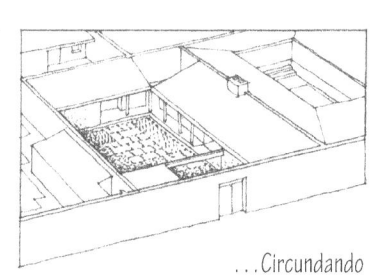

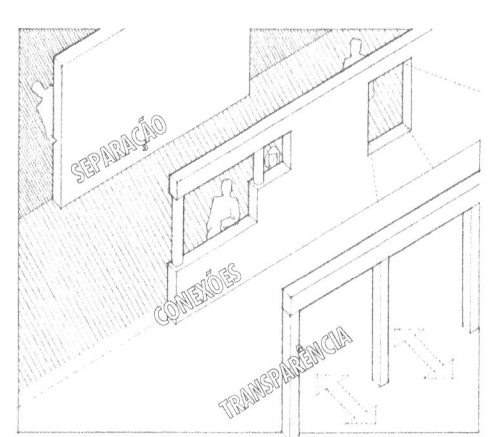

...Dominando

...Fundindo-se

...Circundando

...Fazendo frente

...Definindo limites espaciais

Paredes externas

SEPARAÇÃO

CONEXÕES

TRANSPARÊNCIA

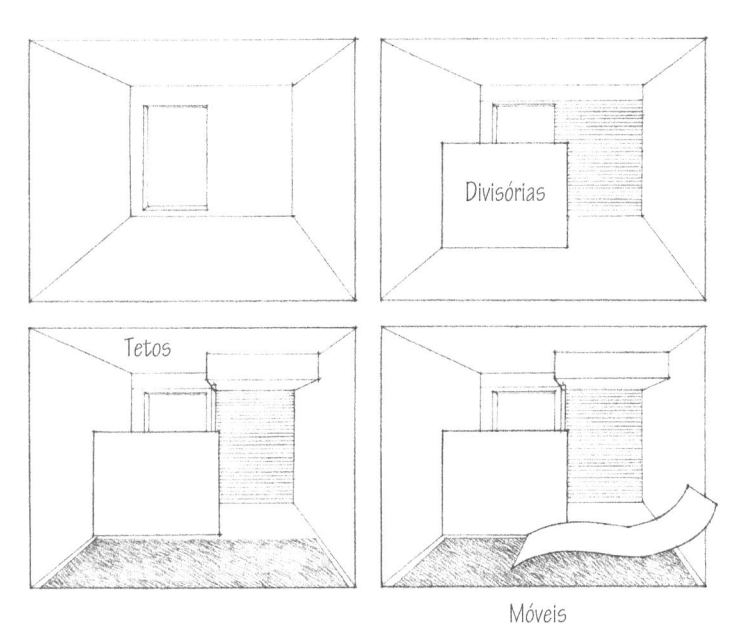

Configurando o espaço interno

Embora o sistema estrutural de uma edificação determine a forma básica e o padrão de seus espaços internos, esses espaços são, em última análise, estruturados pelos elementos da arquitetura de interiores. O termo *estrutura* aqui não se refere a suporte físico, mas sim à seleção e ao arranjo de elementos internos de modo que suas relações visuais definam e organizem o espaço interno de um recinto.

Divisórias não estruturais e tetos suspensos são frequentemente empregados para definir ou modificar o espaço interno de uma estrutura ou da pele de uma edificação.

A cor, a textura e o padrão das superfícies de paredes, pisos e tetos afetam nossa percepção de suas posições relativas no espaço e nossa consciência das dimensões, escalas e proporções de um recinto.

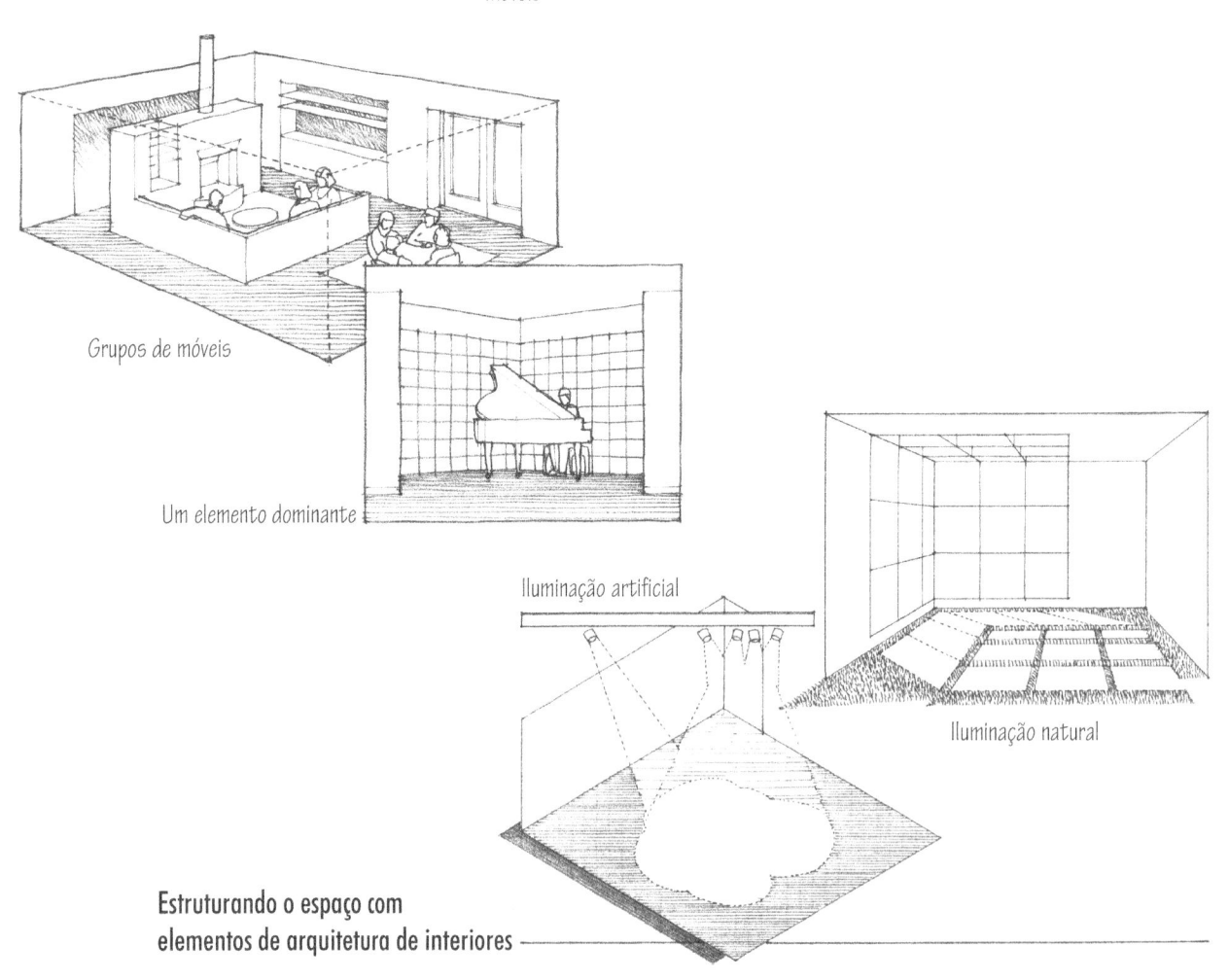

Divisórias

Tetos

Móveis

Grupos de móveis

Um elemento dominante

Iluminação artificial

Iluminação natural

Estruturando o espaço com elementos de arquitetura de interiores

Estruturando o espaço com elementos da arquitetura de interiores

Dentro de um espaço maior, a forma e o arranjo dos acessórios podem dividir áreas, criar uma sensação de fechamento e definir padrões espaciais.

A iluminação e os padrões de claro/escuro criados por ela podem direcionar nossa atenção a determinada área de uma sala, tirar a ênfase de outras áreas e, portanto, criar divisões espaciais.

Até mesmo a natureza acústica das superfícies de um ambiente pode afetar os limites aparentes de um espaço. Superfícies macias e absorventes abafam sons e podem diminuir nossa percepção das dimensões físicas de um recinto. Superfícies duras que refletem sons em um recinto ajudam a definir seus limites físicos. Ecos podem sugerir um grande volume.

Por fim, o espaço também é estruturado pela forma como o usamos. A natureza de nossas atividades e os rituais que desenvolvemos na realização delas influenciam como planejamos, dispomos e organizamos o espaço interno.

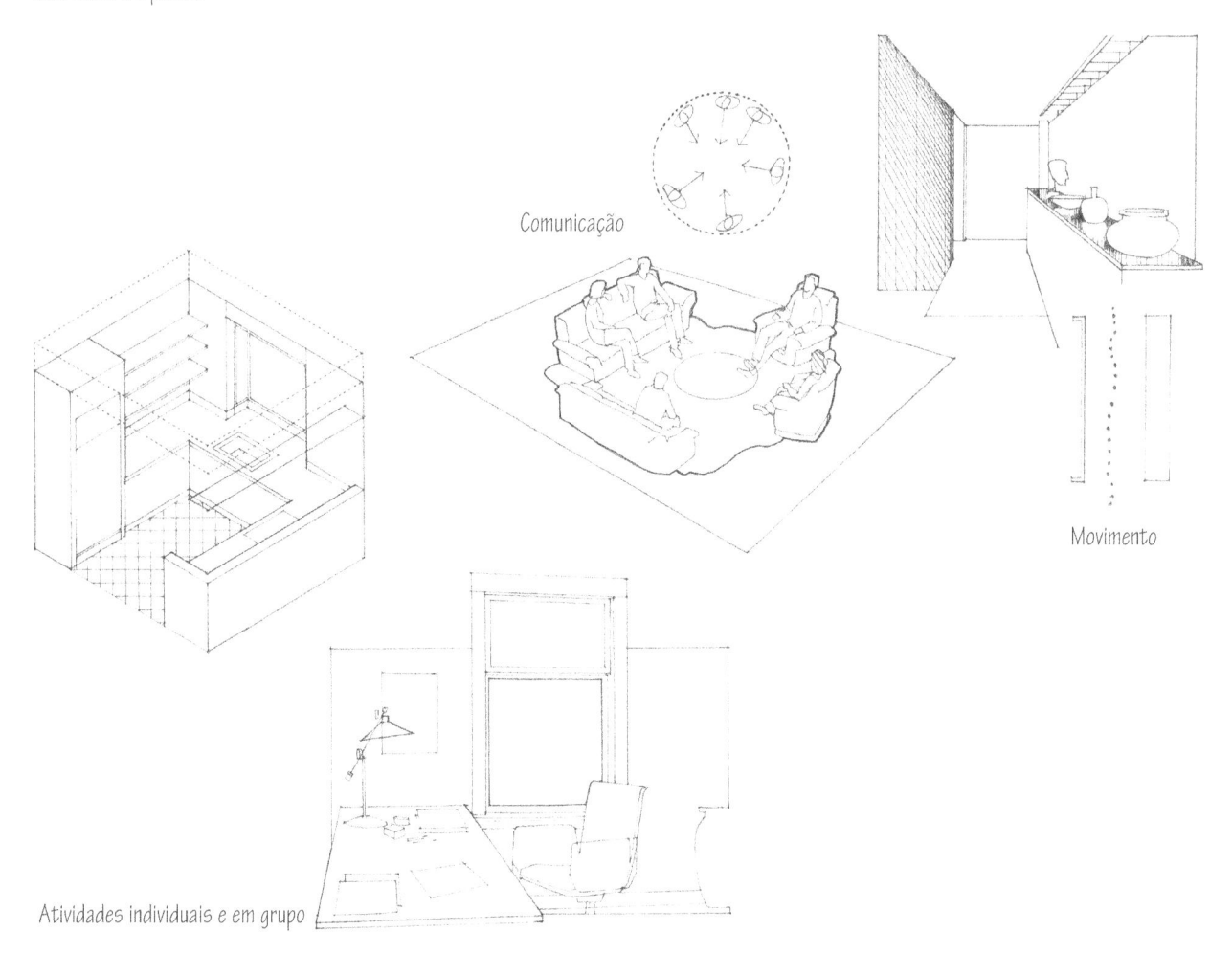

Cor, textura e padrão

Comunicação

Movimento

Atividades individuais e em grupo

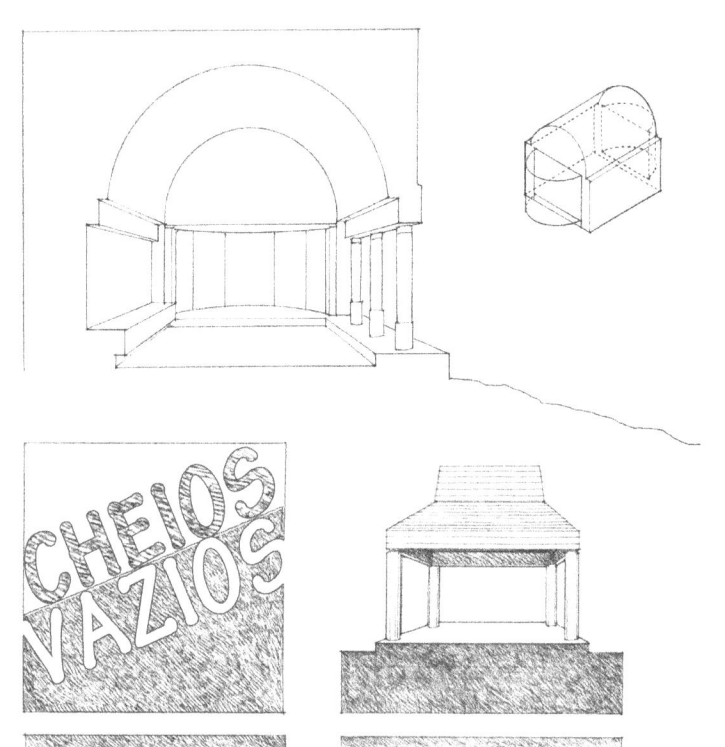

Relações entre figura e fundo

Os espaços internos são formados primeiramente pelo sistema estrutural de uma edificação, depois definidos pelos planos de paredes e tetos e então relacionados a outros espaços por meio de janelas e portas. Cada edificação tem um padrão reconhecível desses elementos e sistemas. Cada padrão tem uma geometria inerente que molda ou configura um volume de espaço, determinando sua aparência.

É útil a capacidade de ler esse relacionamento entre figura e fundo determinado pela forma dos elementos que definem o espaço e por aquela dos espaços definidos. Tanto a estrutura como o espaço podem dominar tal relacionamento. Independente de qual pareça dominar, devemos ter a capacidade de perceber o outro como parceiro de igual valor no relacionamento.

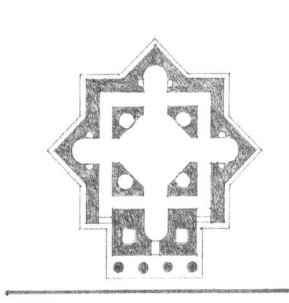

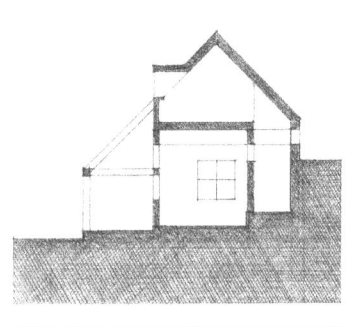

A ARQUITETURA DE INTERIORES 357

Forma espacial

É igualmente útil ver o relacionamento alternante entre figura e fundo que ocorre quando elementos de arquitetura de interiores, como mesas e cadeiras, são introduzidos e distribuídos em um espaço interno.

Quando colocamos uma cadeira em um recinto, ela não somente ocupa espaço, mas também cria um relacionamento espacial com o entorno. Devemos ver mais do que a forma da cadeira. Devemos também reconhecer a forma do espaço em torno da cadeira depois que ela ocupou parte daquele vazio.

À medida que são introduzidos outros elementos no padrão, as relações espaciais se multiplicam. Os elementos começam a se organizar em conjuntos ou grupos, cada qual não somente ocupando espaço, mas também definindo e trabalhando a forma espacial.

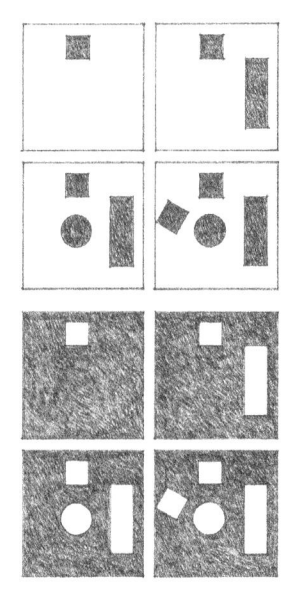

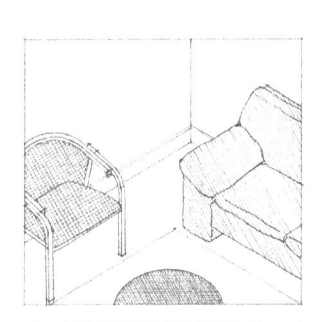

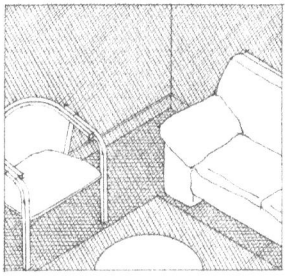

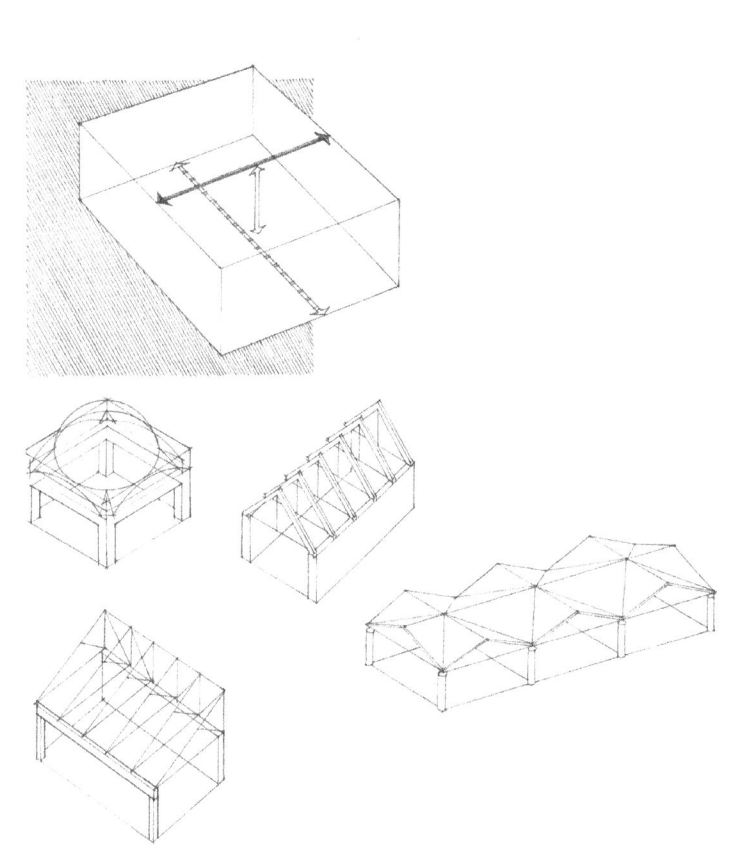

Dimensões espaciais

As dimensões do espaço interno, como a forma do espaço, estão diretamente relacionadas à natureza do sistema estrutural de uma edificação — à resistência de seus materiais e ao tamanho e ao espaçamento de seus elementos. As dimensões do espaço, por sua vez, determinam as proporções e a escala de um recinto e influenciam o modo como ele é empregado.

Uma dimensão horizontal do espaço, sua largura, tem sido tradicionalmente limitada pelas técnicas e pelos materiais empregados na sua cobertura. Atualmente, havendo os recursos econômicos necessários, quase todo tipo de estrutura é possível na arquitetura. Vigas de madeira ou de aço e lajes de concreto podem vencer até 9 m. Treliças de madeira ou de aço podem vencer vãos ainda maiores, de 30 m ou mais. Vãos de cobertura maiores são possíveis com o uso de treliças espaciais e de uma variedade de estruturas curvas, como domos, sistemas suspensos e membranas sustentadas pela pressão do ar.

Ainda que a largura de um espaço interior possa estar limitada pelas características da estrutura, ela deve ser determinada pelas exigências de seus usuários e por suas necessidades em definir limites físicos para si próprios e suas atividades.

Os projetistas tradicionalmente desenvolviam as relações espaciais fazendo esboços e maquetes. Os sistemas dos programas de CAD (Projeto Assistido por Computador) e BIM (Gestão das Informações da Edificação) estão mudando a maneira como os projetistas trabalham. Essas tecnologias de informação e comunicação (TIC) permitem que eles criem maquetes interativas de edificações no computador e coordenem os sistemas das edificações à medida que projetam.

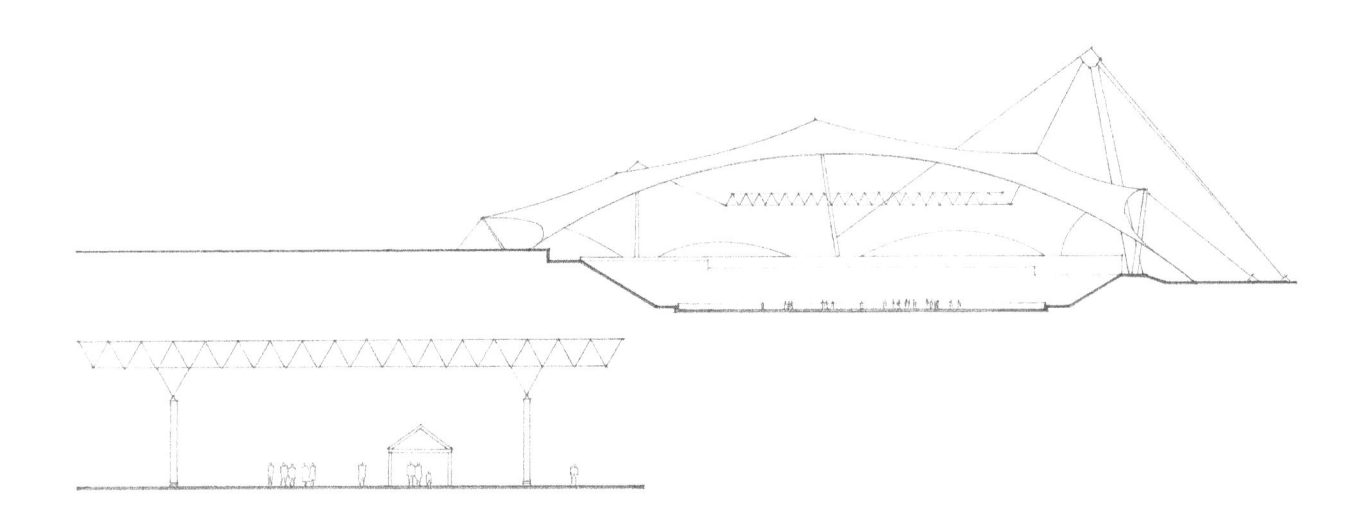

A ARQUITETURA DE INTERIORES   359

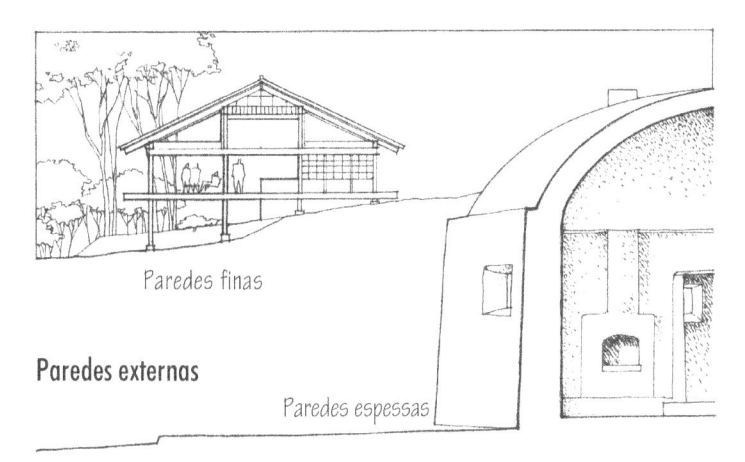

Do exterior para o interior

As paredes externas de uma edificação constituem a interface entre nossos ambientes internos e externos. Ao definir tanto o espaço interno quanto o externo, elas determinam o caráter de cada um deles. Podem ser grossas e pesadas e expressar uma distinção clara entre um ambiente interno controlado e o espaço externo do qual ele é isolado, mas também podem ser finas ou mesmo transparentes e tentar fundir o interior com o exterior.

Paredes finas

Paredes externas

Paredes espessas

Os vãos de portas e janelas, aberturas que penetram as paredes externas de uma edificação, são transições espaciais entre o exterior e o interior. Sua escala, caráter e composição frequentemente nos dizem algo sobre a natureza dos espaços internos que estão entre eles.

Transições espaciais

Espaços especiais de transição, ao pertencer tanto ao mundo externo quanto ao interno, podem ser empregados para mediar os dois ambientes. Entre os exemplos familiares estão varandas, terraços e galerias arcadas.

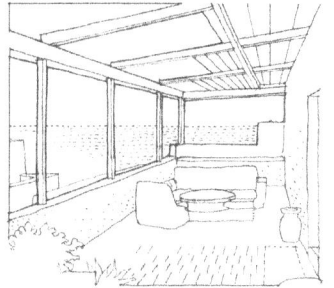

Muitas casas unifamiliares têm degraus em todas as entradas, o que se torna uma barreira para pessoas com limitações físicas. A visitabilidade é um movimento pela construção de novas casas que possam ser imediatamente ocupadas e visitadas por pessoas com problemas de mobilidade.

360 AS DISCIPLINAS RELACIONADAS

Espaço interno

Ao ingressar em uma edificação, temos a sensação de proteção e fechamento. Essa percepção depende da delimitação que resulta dos planos de pisos, paredes e tetos do espaço interno. Esses são elementos de arquitetura que definem os limites físicos dos recintos. Eles fecham os espaços, ressaltam seus limites e os separam dos espaços internos adjacentes e do exterior.

Os acessos marcam a transição entre aqui e lá.

Pisos, paredes e tetos fazem mais do que delimitar uma simples quantidade de espaço. Suas formas, configurações e padrões de aberturas de janelas e portas também imprimem no recinto certas características arquitetônicas e espaciais. Usamos termos como saguão, sótão, solário e alcova não somente para descrever o quão grande ou pequeno é um cômodo, mas também para caracterizar sua escala e sua proporção, seu tipo de iluminação e a natureza das superfícies que o fecham, além de como ele se relaciona com os espaços adjacentes.

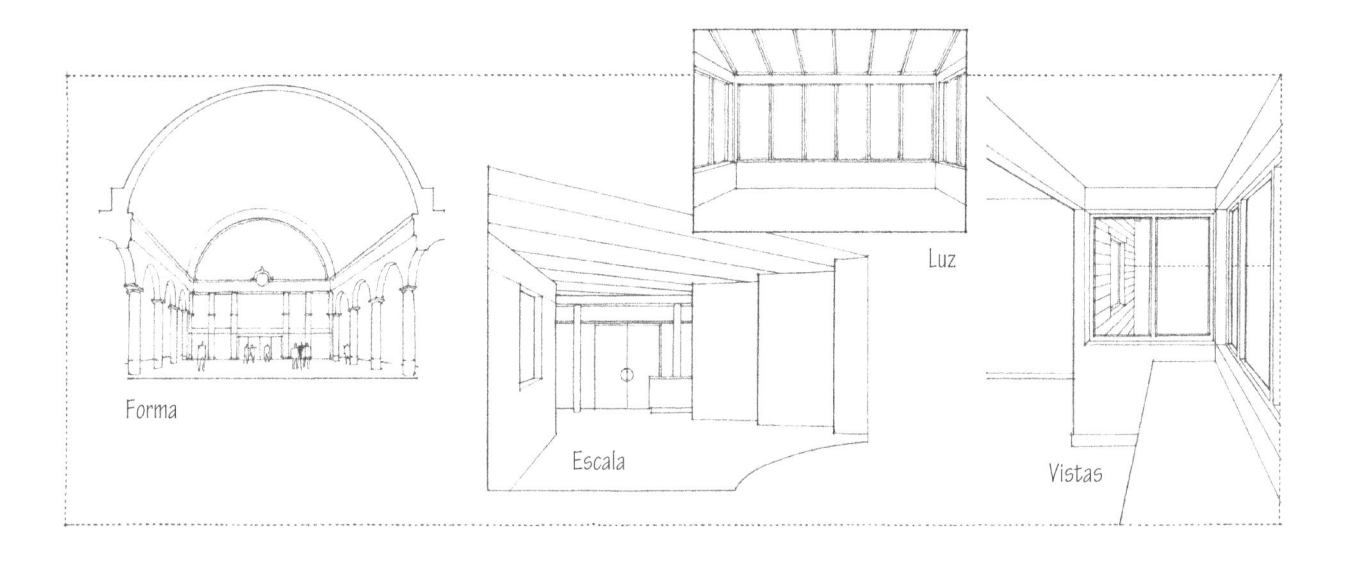

Forma

Escala

Luz

Vistas

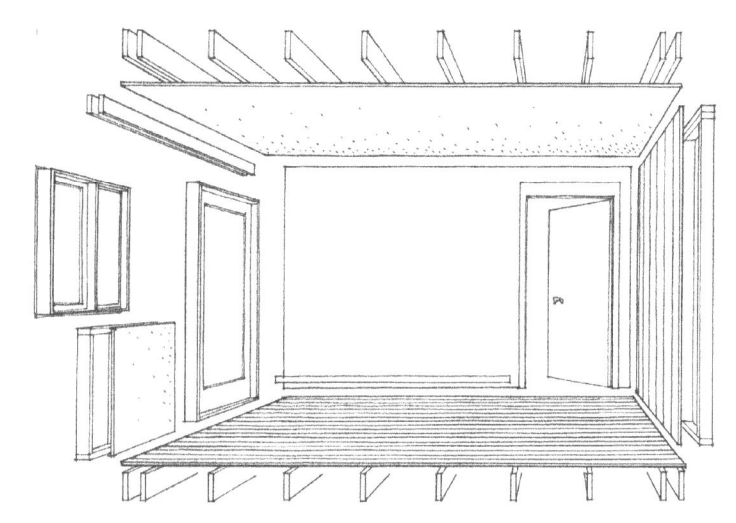

Características espaciais

A arquitetura de interiores necessariamente ultrapassa a definição de espaço na arquitetura. Ao planejar o leiaute, o mobiliário e o enriquecimento do espaço, o arquiteto de interiores deve estar muito consciente de seu caráter na arquitetura, assim como de seu potencial de modificação e melhoria. O projeto de espaços internos requer, portanto, uma compreensão de como eles são formados por meio dos sistemas construtivos da estrutura e das vedações. Com tal entendimento, o arquiteto de interiores pode efetivamente escolher entre desenvolver, continuar ou mesmo apresentar um contraponto às características essenciais de um espaço na arquitetura.

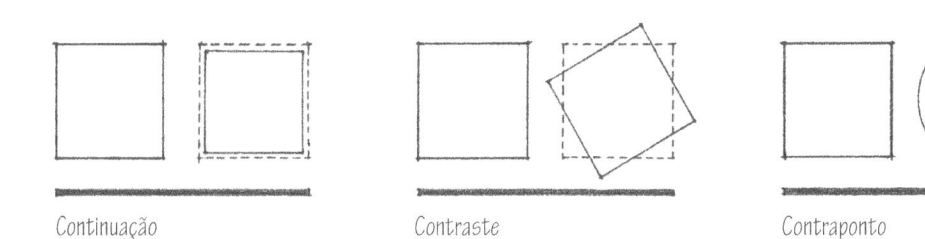

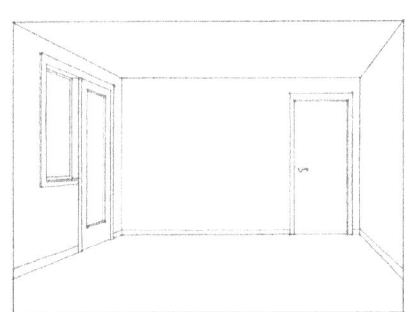

Continuação   Contraste   Contraponto

A casca básica   ...modificada arquitetonicamente   ...ou por meio da arquitetura de interiores

Espaço interno

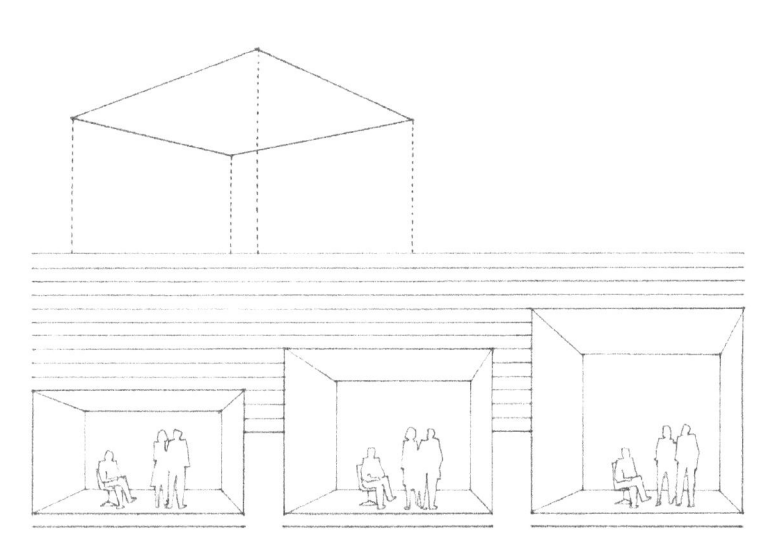

A dimensão vertical do espaço

A terceira dimensão do espaço interno, a altura de seu teto (o pé-direito), é estabelecida pelo plano do teto. Essa dimensão vertical é tão influente no estabelecimento das características espaciais de um recinto quanto as dimensões horizontais do espaço.

Ao passo que nossa percepção das dimensões horizontais de um recinto são muitas vezes distorcidas pela redução de profundidade da perspectiva (o escorço), podemos sentir de modo mais preciso o relacionamento entre a altura de um espaço e nossa própria altura corporal. Uma mudança visível no pé-direito parece ter um efeito maior na nossa percepção de um espaço do que uma mudança semelhante em sua largura ou profundidade.

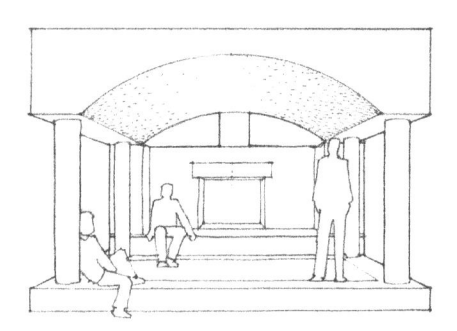

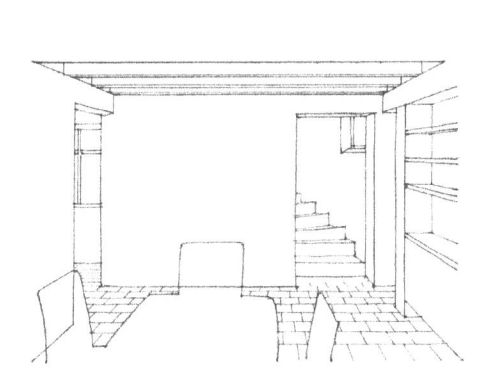

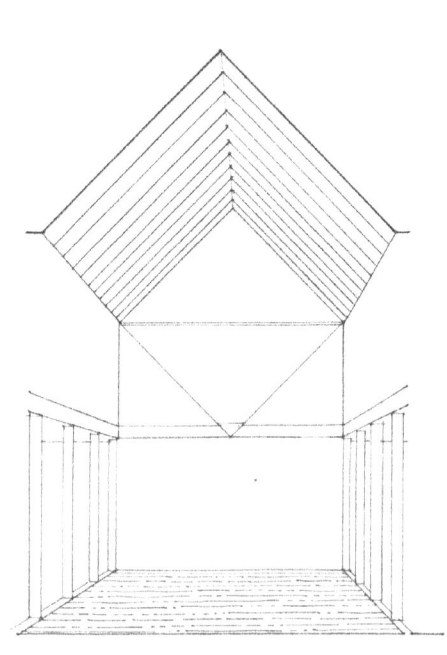

A variação do pé-direito pode ter um efeito poderoso no tamanho percebido de um espaço.

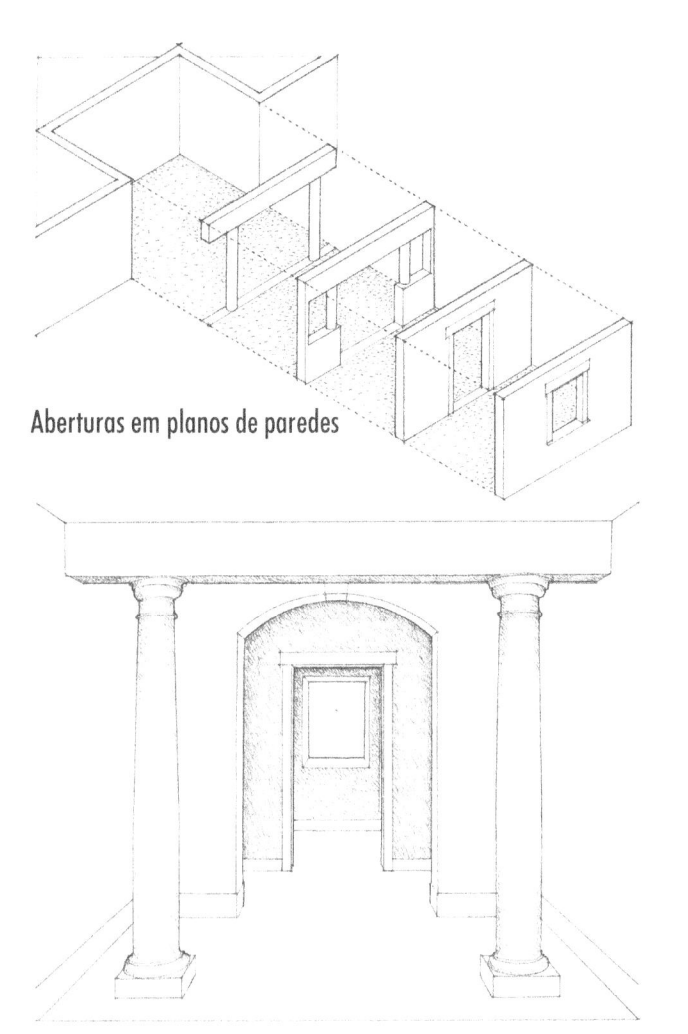

A ARQUITETURA DE INTERIORES

Transições espaciais

Embora espaços individuais possam ser projetados e formados para propósitos específicos ou para abrigar certas atividades, eles são reunidos dentro das vedações externas de uma edificação por estarem funcionalmente relacionados entre si, por serem utilizados por um grupo comum de pessoas ou por partilharem um objetivo comum. Como os espaços internos se relacionam entre si é determinado não somente por suas posições relativas no padrão espacial de uma edificação, mas também pela natureza dos espaços que os conectam e pelos limites que eles têm em comum.

Planos de piso, parede e teto servem para definir e isolar uma porção do espaço. Desses, o plano de parede, por estar perpendicular à nossa linha normal de visão, tem o maior efeito como limite espacial. Ele limita nosso campo de visão e serve como barreira ao nosso movimento. As aberturas criadas no plano das paredes para servirem como janelas ou portas restabelecem o contato com os espaços que o circundam e dos quais o recinto foi originalmente separado.

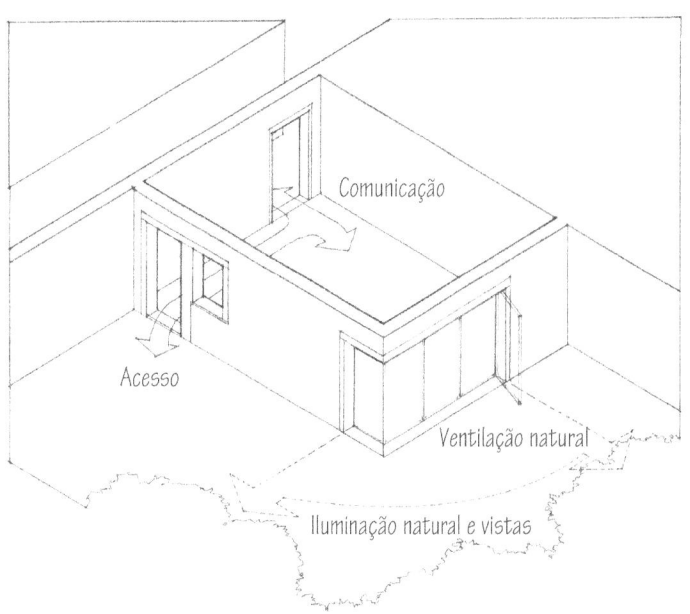

Aberturas em planos de paredes

Comunicação
Acesso
Ventilação natural
Iluminação natural e vistas

A arquitetura de interiores

A arquitetura de interiores é o planejamento, o leiaute e o projeto de espaços internos às edificações. Esses ambientes físicos satisfazem nossa necessidade básica de abrigo e proteção; estabelecem o palco para a maior parte de nossas atividades e influenciam suas formas; nutrem nossas aspirações e exprimem as ideias que acompanham nossas ações; afetam nossas vistas, humores e personalidades. O objetivo da arquitetura de interiores é, portanto, a melhoria funcional, o aprimoramento estético e a melhoria psicológica dos espaços internos.

Planejamento, Leiaute e Projeto das Partes

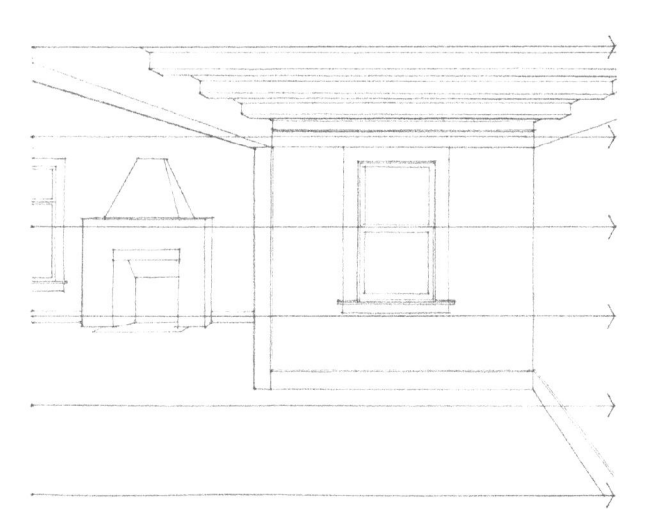

O contexto da arquitetura

Elementos de interior

A ARQUITETURA DE INTERIORES **365**

O propósito de qualquer projeto é organizar suas partes como um todo coerente para alcançar certos objetivos. Na arquitetura de interiores, os elementos selecionados são dispostos em padrões tridimensionais, conforme diretrizes funcionais, estéticas e comportamentais. As relações entre os elementos estabelecidos por tais padrões, em última análise, determinam as características visuais e a adequação funcional de um espaço interno e influenciam o modo como o percebemos e o utilizamos.

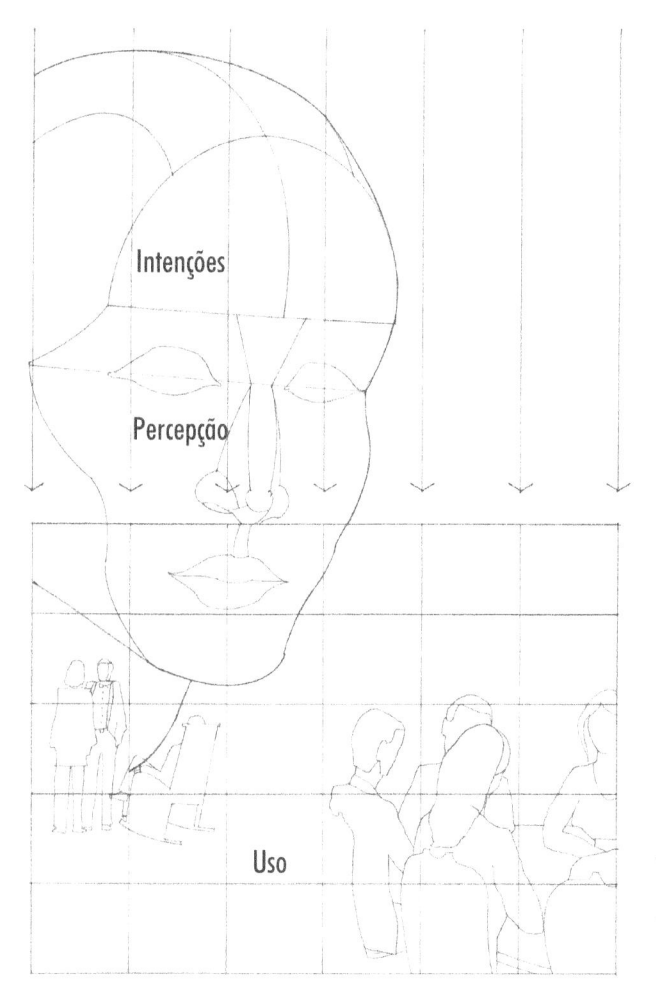

Intenções

Percepção

Uso

no Conjunto

O ambiente interno

366 AS DISCIPLINAS RELACIONADAS

```
Proprietário/cliente
    │
    ▼
Arquiteto de interiores ──► Engenheiros
         ▲          └────► Consultores
         │
    ▼
Empreiteiro ──► Subempreiteiros
             ► Subempreiteiros
             ► Subempreiteiros
```

```
                    ► Gerente de obras
Proprietário/cliente ──► Arquiteto ──► Engenheiros
                           ▲  └────► Arquiteto de interiores
                           │  └────► Consultores
                    ► Empreiteiro
                    ► Empreiteiro ──► Subempreiteiros
                    ► Empreiteiro ──► Subempreiteiros
                                     ► Subempreiteiros
```

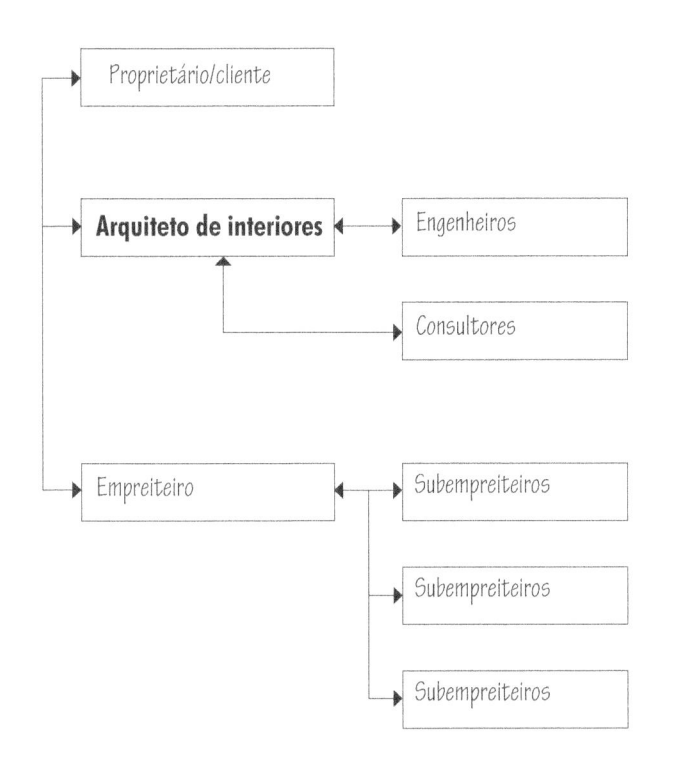

A equipe de projeto e execução

O desenvolvimento das formas de arquitetura e dos sistemas complementares de qualquer edificação tem implicações para o arquiteto de interiores, assim como as informações que este coleta sobre o cliente, o espaço e os usos pretendidos afetam o trabalho dos outros membros da equipe de projeto.

O arquiteto de interiores pode trabalhar como autônomo, colaborando com outros projetistas, arquitetos e especialistas em uma firma de projetos maior ou atuar como consultor para uma firma de arquitetura. De qualquer modo, ele terá contato com arquitetos, engenheiros e outros consultores de outras empresas. Além disso, trabalhará com representantes de clientes, inclusive síndicos, administradores e usuários finais. O arquiteto de interiores é muitas vezes o intermediário entre o cliente e as fontes de acabamentos e acessórios. Durante a construção, ele também está em contato com empreiteiros e fornecedores. Todos os membros da equipe de projeto e execução devem se esforçar para manter uma atmosfera de comunicação, cooperação e respeito mútuo.

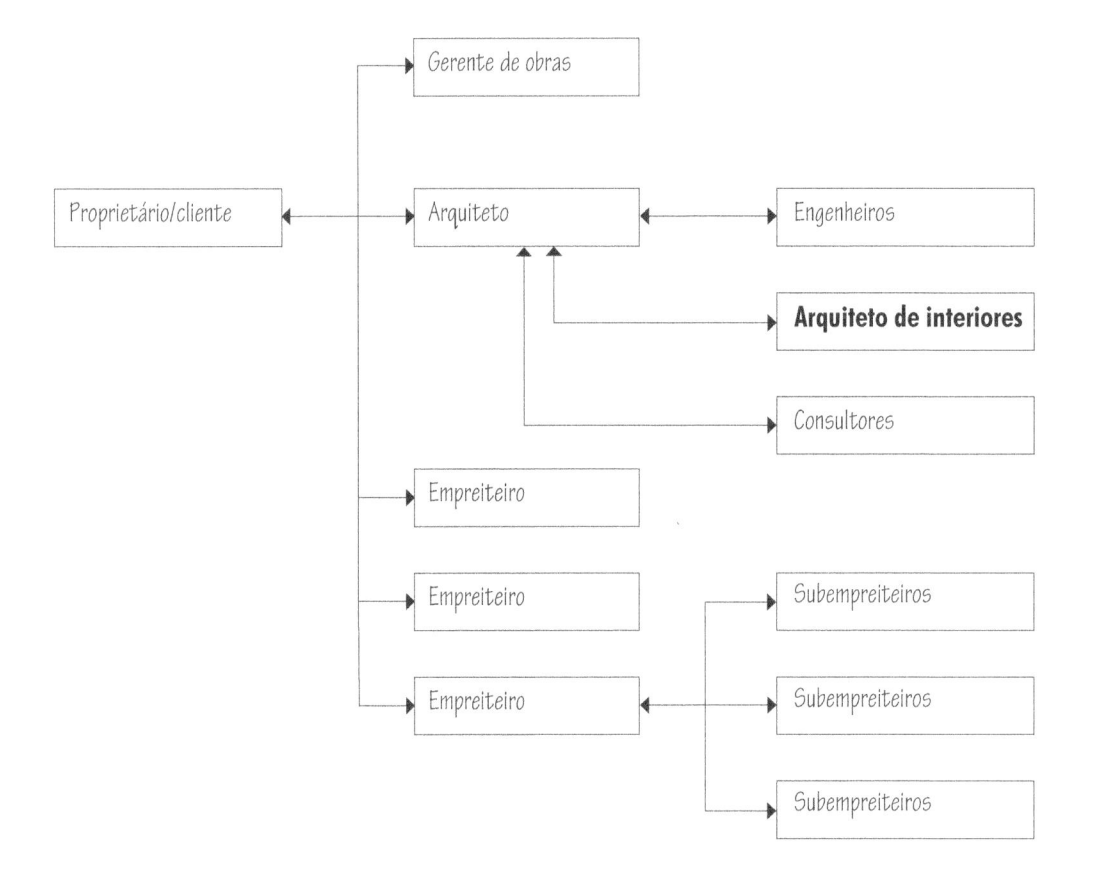

Critérios de projeto

Ao se definir e analisar um problema de projeto, pode-se também desenvolver objetivos e critérios por meio dos quais a efetividade de uma solução pode ser medida. Seja qual for a natureza do problema de projeto de interior com o qual se está lidando, há diversos critérios com os quais devemos nos preocupar.

Função e propósito

Primeiramente, a função desejada do projeto deve ser atendida e seu propósito deve ser alcançado.

Utilidade, economia e sustentabilidade

Em segundo lugar, um projeto deve apresentar utilidade, honestidade, economia e sustentabilidade na seleção e no uso de materiais.

Forma e estilo

Em terceiro lugar, o projeto deve ser esteticamente agradável aos olhos e aos nossos demais sentidos.

Imagem e significado

Em quarto lugar, o projeto deve projetar uma imagem e promover associações que tenham significados para as pessoas que o usam e o experimentam.

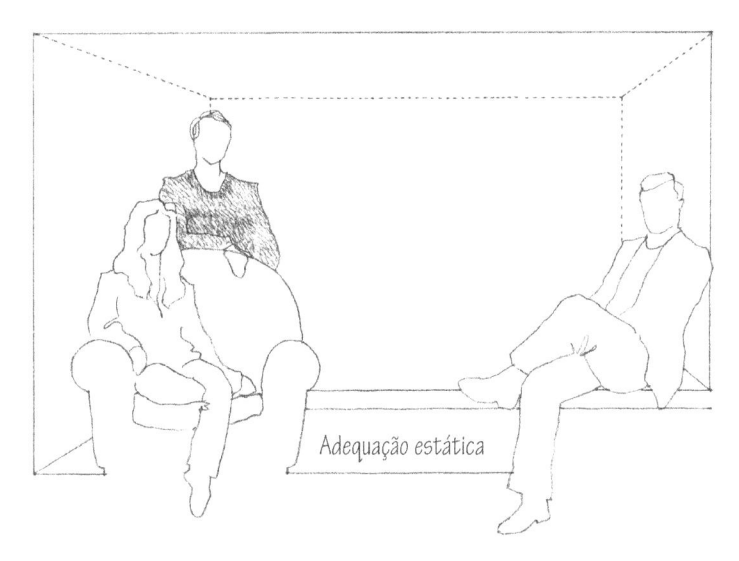

Fatores humanos

Os espaços internos das edificações são projetados como locais de movimento, atividade e repouso humano. Deve haver, portanto, um ajuste entre a forma e as dimensões do espaço interior e nossas próprias dimensões corporais. Esse ajuste pode ser estático, como quando sentamos em uma cadeira, nos encostamos em um corrimão ou nos acomodamos em um nicho.

Também pode haver uma adequação dinâmica, como quando entramos no saguão de um prédio, subimos uma escada ou nos deslocamos através das salas e saguões de uma edificação.

Um terceiro tipo de ajuste é como o espaço acomoda nossa necessidade de manter distâncias sociais e de controlar nosso espaço pessoal.

Além dessas dimensões físicas e psicológicas, o espaço também tem características táteis, auditivas, olfativas e térmicas que influem na maneira como o sentimos e no que fazemos dentro dele.

Adequação estática

Adequação dinâmica

Toque   Audição   Olfato   Calor

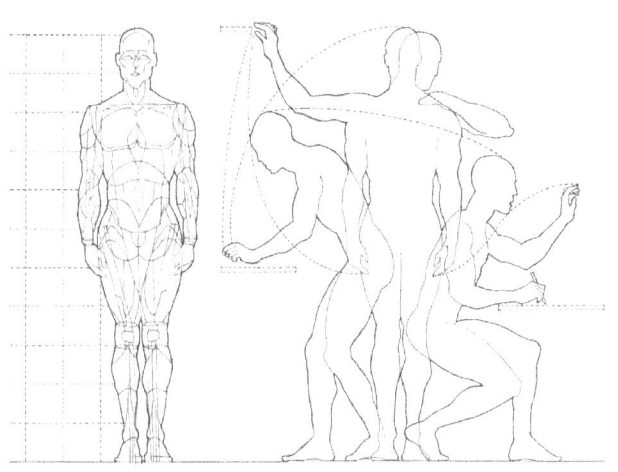

A ARQUITETURA DE INTERIORES   369

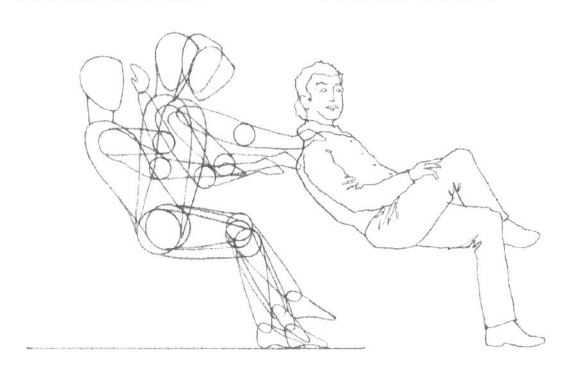

Nossas dimensões corporais e o modo como nos movemos no espaço e o percebemos são determinantes primordiais dos projetos de arquitetura e de arquitetura de interiores. Na seção a seguir, as dimensões humanas básicas são ilustradas nas posições em pé, caminhando, sentado, subindo ou descendo escadas, se deitando, se esticando e observando. Também são dadas diretrizes para as dimensões para atividades em grupo, como jantar ou conversar.

Há uma diferença entre as dimensões estruturais dos nossos corpos e aquelas exigências dimensionais resultantes do modo como nos esticamos para alcançar uma coisa sobre uma prateleira, nos sentamos a uma mesa, descemos um lanço de escadas ou interagimos com outras pessoas. Essas são dimensões funcionais que variam de acordo com a natureza da atividade sendo executada e a situação social.

Deve-se sempre ser cauteloso ao usar quaisquer tabelas de dimensões ou ilustrações como as apresentadas nas páginas a seguir. Elas são baseadas em medidas típicas ou médias que às vezes precisam ser modificadas para satisfazer necessidades de usuários específicos. Variações da norma sempre irão existir, devido a diferenças entre homens e mulheres, vários grupos etários e étnicos e até mesmo indivíduos.

A maioria das pessoas vivencia diferentes fases e habilidades à medida que cresce e envelhece e com as mudanças de peso, altura e capacidade física. Essas mudanças, ao longo do tempo, afetam o modo como um ambiente interior irá receber ou acomodar o usuário. Duas maneiras de acomodar essas condições são o *projeto para usuários obesos* e o *projeto para evitar que os usuários precisem se mudar quando idosos*.

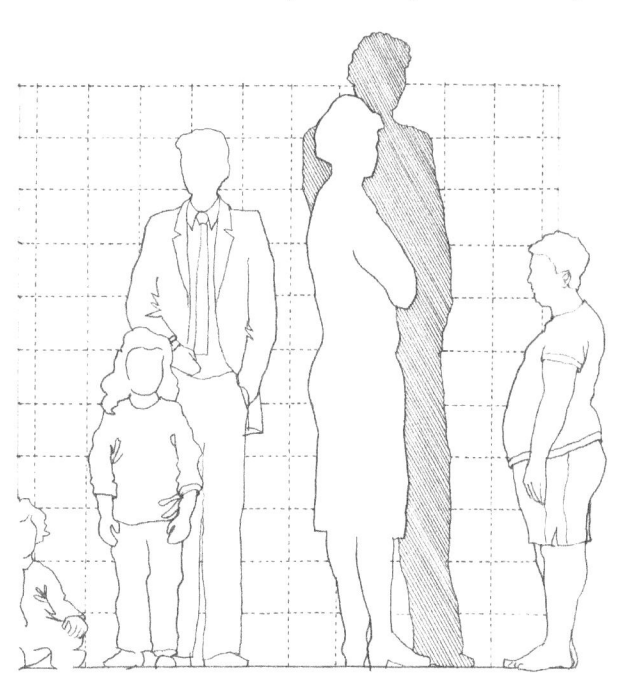

Dimensões estruturais   Dimensões funcionais

Variações e habilidades individuais

Elaboração do programa de necessidades

Um critério primordial para se julgar o sucesso de um projeto de interiores é se ele é funcional. Funcionalidade é o nível mais fundamental de projeto. Projetamos para melhorar o funcionamento dos espaços internos e tornar mais convenientes as tarefas e atividades que neles executamos. O funcionamento adequado de um projeto está, naturalmente, diretamente relacionado aos propósitos daqueles que o habitam e usam, assim como a suas habilidades e dimensões físicas.

Para ajudar a entender e, em última análise, cumprir a função e o objetivo de um espaço interno, é necessário analisar cuidadosamente o usuário e as exigências impostas pelas atividades que ocorrerão naquele espaço. As ideias gerais a seguir podem ajudar o projetista a incluir essas exigências no programa de necessidades, traduzir tais necessidades em formas e padrões e as integrar no contexto espacial.

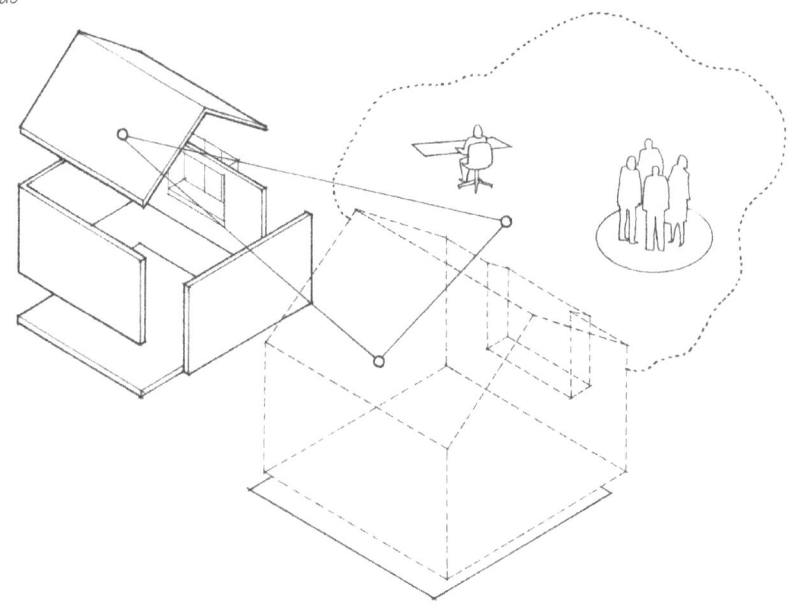

Necessidades do usuário

[ ] **Identifique os usuários.**

- Indivíduos
- Grupos de usuários
- Características dos usuários
- Grupos etários

[ ] **Identifique as necessidades.**

- Necessidades e habilidades individuais específicas
- Necessidades e habilidades de grupos

[ ] **Estabeleça as necessidades territoriais.**

- Espaço pessoal
- Privacidade
- Interação
- Acesso
- Segurança

[ ] **Determine as preferências.**

- Objetos favoritos
- Cores favoritas
- Locais especiais
- Interesses especiais

[ ] **Investigue as preocupações ambientais.**

- Economia de energia
- Iluminação natural, vistas e ar fresco
- Reduza, reúse, recicle
- Conservação de água
- Materiais e processos de fabricação sustentáveis
- Produtos com baixa emissão de compostos orgânicos voláteis (VOCs)
- Redução de resíduos

Comunicação   Movimento   Adjacências

Necessidades de mobiliário e leiautes

Áreas de atividade

Espaço existente ou proposto

Flexibilidade

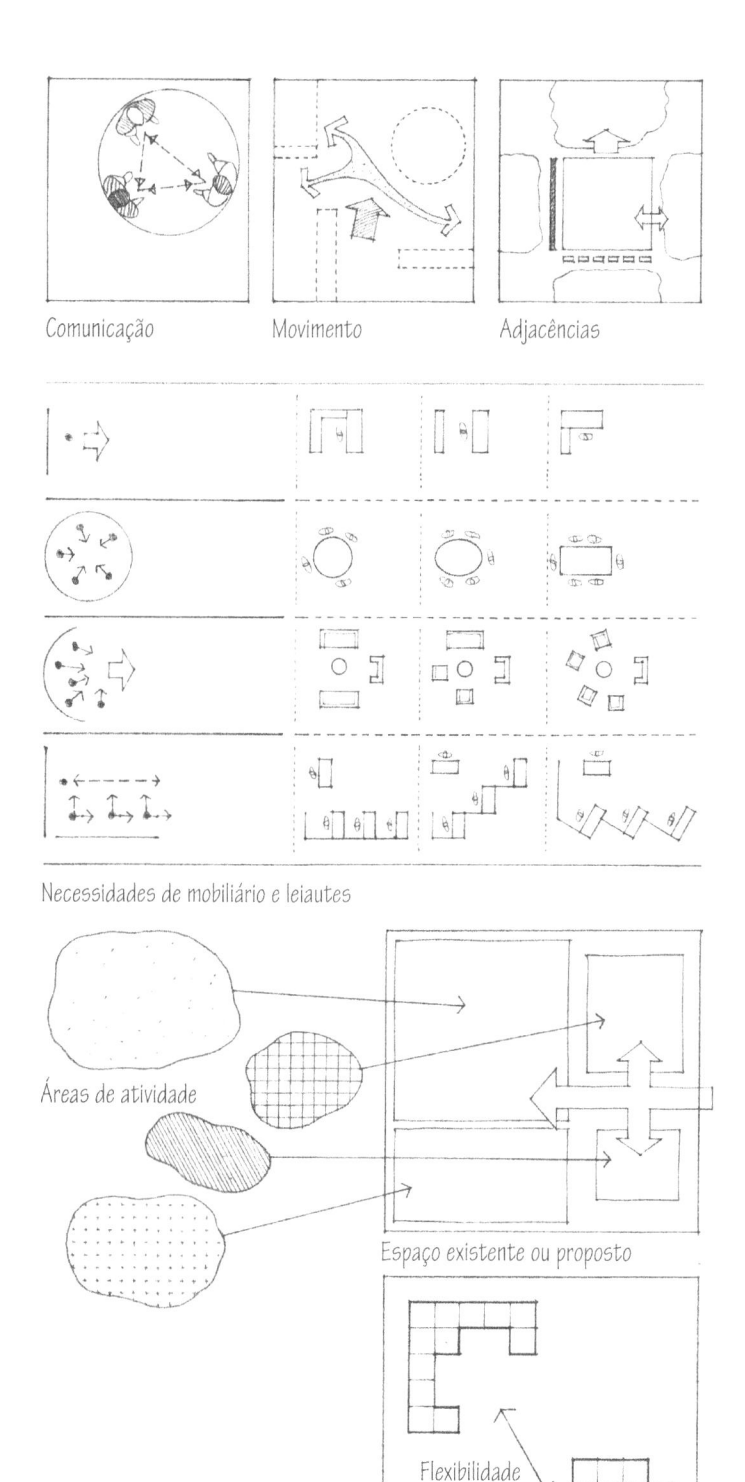

Necessidades das atividades

[ ] **Identifique as atividades primárias e secundárias.**

- Nome e função da atividade primária
- Nomes e funções das atividades secundárias ou relacionadas

[ ] **Analise a natureza das atividades.**

- Ativas ou passivas
- Ruidosas ou silenciosas
- Públicas, em pequeno grupo ou privativas
- Compatibilidade entre atividades, se o espaço for utilizado em mais de uma atividade
- Frequência de uso
- Horários de uso de dia e de noite

[ ] **Determine as exigências.**

- Privacidade e fechamento
- Acesso
- Acessibilidade
- Flexibilidade
- Luz
- Desempenho acústico
- Segurança

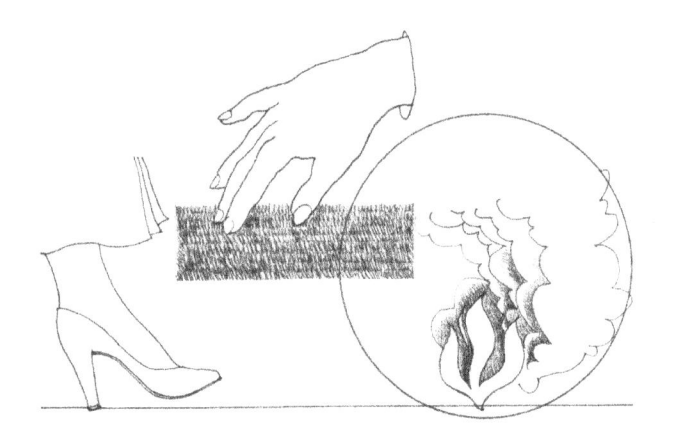

Materiais de acabamento

Os materiais de acabamento podem ser uma parte integral dos elementos de arquitetura que definem um espaço interno ou podem ser acrescentados como uma camada adicional ou uma cobertura a paredes, tetos e pisos previamente construídos em um recinto. Em ambos os casos, eles devem ser selecionados tendo-se o contexto da arquitetura em mente. Junto com os móveis, os materiais de acabamento desempenham um papel significativo na criação da atmosfera desejada de um espaço interno. Ao se especificar os materiais de acabamento, há fatores funcionais, estéticos e econômicos a se considerar.

Critérios funcionais
- Segurança, saúde e conforto
- Durabilidade no período de uso previsto
- Facilidade de limpeza, manutenção e reparo
- Grau necessário de resistência ao fogo
- Propriedades acústicas adequadas

Critérios estéticos
- Cor, seja natural ou aplicada
- Textura
- Padrão

Critérios econômicos
- Custo inicial de aquisição e instalação
- Avaliação do ciclo de vida (ACV) dos materiais e produtos, incluindo os impactos sobre o ambiente e a saúde, da aquisição das matérias-primas até a reciclagem ao fim da vida útil

Critérios de projeto sustentável
- Minimização do uso de materiais novos e maximização do reúso de materiais existentes
- Uso de materiais com conteúdo reciclado
- Uso de materiais de fontes sustentáveis locais rapidamente renováveis e certificadas
- Uso de produtos de fabricantes que empregam processos sustentáveis
- Minimização de lixo na construção, na instalação e na embalagem
- Durabilidade e flexibilidade de uso
- Redução da energia incorporada na fabricação e no transporte

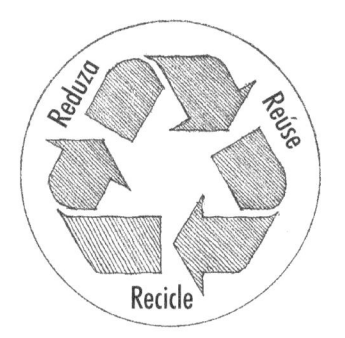

Uso de madeira reciclada

Logotipo do Forest Stewardship Council

15 As Disciplinas Relacionadas
O Urbanismo

Tecido urbano de Mohenjo-Daro, Vale do Indo, 2600–1900 a.C.

Como o desenho urbano ou o planejamento de cidades se relaciona com a arquitetura?

A profissão da arquitetura sempre esteve relacionada com o desenho urbano. Afinal, as cidades são compostas de edificações, e cada um desses prédios contribui para a estrutura geral de suas interações sociais, programas de necessidades, zoneamentos e comunidades. Essas questões são as principais preocupações do arquiteto que se dedica a trabalhar dentro do contexto urbano.

A tarefa do planejador urbano é designar espaços públicos abertos, áreas residenciais, industriais e comerciais e oportunidades para programas públicos. Na maior parte das cidades, esse tipo de zoneamento é estabelecido por lei, na forma de normas de zoneamento ou códigos diretores ou de edificações. E, como processo, ele não é diferente do modo como um arquiteto decide a distribuição dos vários espaços de uma edificação necessários para atender a um programa de necessidades. No entanto, a relação entre as duas disciplinas vai além dessa similaridade. A arquitetura é o principal meio pelo qual uma cidade é zoneada.

Parte do mapa de zoneamento de Seattle, Washington, Estados Unidos

Historicamente, o arquiteto era a figura responsável por desenhar a cidade, além dos prédios que a comporiam. Apesar de hoje as disciplinas do Urbanismo e da Arquitetura estarem separadas, o arquiteto ainda divide grande parte da responsabilidade pelo desenvolvimento da cidade. Ao operar de acordo com as normas de zoneamento estabelecidas por um município, a responsabilidade do arquiteto se concentra na negociação da relação entre os diferentes programas de necessidades de uma cidade.

As relações urbanas estabelecidas pela arquitetura são:

Público *versus* privado

Uma cidade é dominada por uma complexa relação entre os programas de necessidades públicos e os privados. Os equipamentos urbanos públicos são aqueles que podem ser acessados por qualquer um. Eles incluem os espaços públicos abertos, as lojas, os restaurantes e as instituições culturais. Os programas privados são aqueles que restringem o acesso a um grupo selecionado de indivíduos. Entre eles se incluem escritórios, prédios industriais e moradias.

Essa relação é, antes de tudo, definida pela composição das edificações individuais. Uma fachada pode ser transparente, a fim de permitir a alguém ver o que se passa em seu interior, ou ser opaca, não revelando sua função ao público. Em certas edificações, essa relação muitas vezes ficará evidente, porque algumas partes são acessíveis e outras não. Sob uma moradia, pode haver uma loja. Um restaurante costuma oferecer acesso público ao seu salão, mas não à cozinha. É um dos papéis da arquitetura definir tais limites.

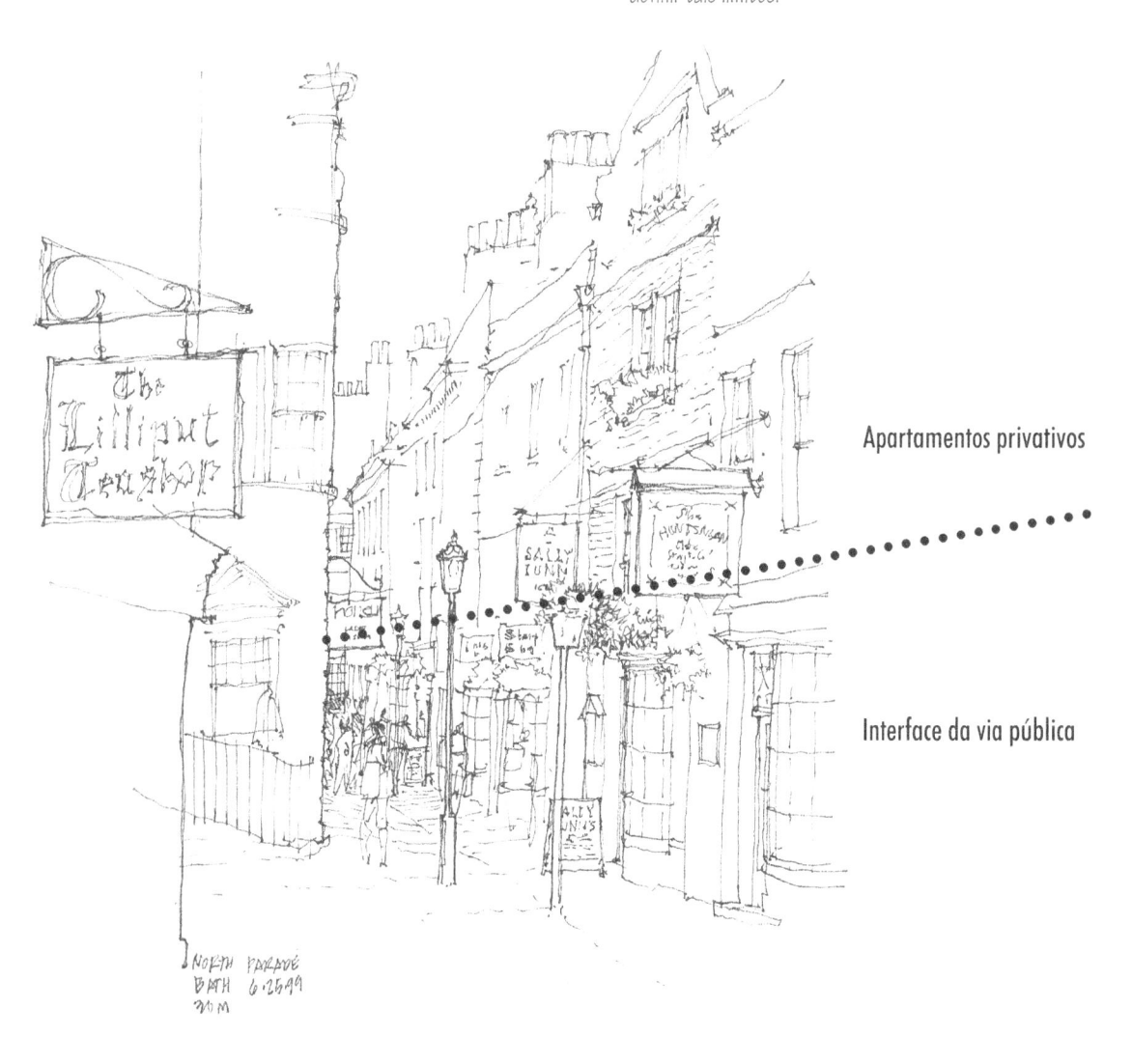

Apartamentos privativos

Interface da via pública

Espaços domésticos

Espaço público

Escala pública

Escala doméstica

Mapa esquemático de Manhattan, Cidade de Nova York, Estados Unidos

Doméstico *versus* público

Uma relação similar à existente entre o público e o privado é aquela entre os espaços domésticos e os públicos. Os espaços domésticos são privados, residenciais. Já os públicos são aqueles da esfera pública na qual ocorre a interação social.

Um arquiteto deve entender essa relação, a fim de acomodar de modo apropriado o programa de necessidades dentro de uma edificação. Na escala pequena, um prédio residencial pode posicionar um dormitório acima do nível da rua, de modo que um morador possa olhar para fora de uma janela, sem pôr em risco sua privacidade. Contudo, uma sala de estar pode estar exatamente no nível da rua e adjacente a um ambiente público, precisamente porque essa é a implantação que seria mais interessante para os convidados. Na escala grande, as edificações habitacionais podem ser removidas de um grande parque público ou de uma das principais vias arteriais para favorecer jardins urbanos e ruas, ambos em uma escala menor.

Interação social

As relações sociais listadas tratam de graus de interação social. A arquitetura em uma cidade desempenha um importante papel na definição do modo como as pessoas interagem entre si. Ela proporciona o espaço para que uma conversa possa ocorrer ou uma janela por meio da qual um indivíduo pode observar as pessoas na rua.

Neste capítulo, abordaremos a cidade. Apresentaremos as tipologias urbanas e as distintas maneiras pelas quais a arquitetura influencia o crescimento e o desenvolvimento da condição urbana. O capítulo também tratará do contexto social de uma cidade e do papel da arquitetura em uma comunidade.

O URBANISMO

Taxonomia urbana

O que realmente é uma cidade? Densidade, conjunto de edificações, malha viária, infraestrutura, instituições públicas – todos caracterizam uma cidade. O que a define, no entanto, é algo mais fundamental. A cidade é o clímax dos assentamentos urbanos. Ela é um ponto onde as pessoas se reúnem, habitam e interagem para benefício mútuo. Uma cidade pode ser entendida como uma identidade coletiva de pessoas que nela vivem, estabelecida por meio de suas tradições, práticas sociais e modo de vida.

Para o arquiteto, esses aspectos da comunidade influenciam o modo como as pessoas ocuparão e usarão qualquer edificação projetada para um lugar. As pessoas interagem entre si e usam o espaço de modos muito distintos, conforme o lugar. Essas diferenças devem ser consideradas durante o processo de projeto, a fim de garantir que uma edificação consiga atender às necessidades para as quais ela foi prevista.

Em geral, quando olhamos para o mapa de uma cidade, a primeira coisa que vemos é o tecido urbano, a malha viária. Todavia, observe que uma cidade não é uma composição de ruas, mas um conjunto de estruturas. Essa mudança de percepção nos permite entender a cidade de uma maneira um pouco diferente. Cada edificação que é erguida em uma cidade busca atender a uma necessidade das pessoas daquele lugar. A arquitetura, portanto, é um aspecto fundamental do desenvolvimento urbano. Assim, uma das tarefas do arquiteto é identificar as necessidades de um lugar e satisfazê-las por meio do projeto. Essa variabilidade nas formas como uma cidade pode se desenvolver leva a uma diversidade de tipos urbanos: de pequenos a grandes, de pouco densos a muito densos.

Planta de Roma no Império, cerca de 1 d.C.

Nestas plantas de figura e fundo de Washington, D.C., Estados Unidos, as ruas emergem como espaços entre as edificações, em vez de serem representadas simplesmente por meio de linhas.

A cidade e seu entorno

As definições legais dos ambientes urbanos baseadas na população variam muito de país para país. Nos Estados Unidos, essas definições variam inclusive entre os Estados. Por esse motivo, essa seção apresentará apenas as características gerais desses tipos.

Para definir o ambiente urbano com base na população, devemos entender sua relação com a área de influência imediata. As condições urbanas servem de ponto focal para o entorno. Em cidades maiores, essa região é chamada de grande área metropolitana. No entanto, mesmo em assentamentos menores, como nas aldeias, há um território no entorno cuja população depende das amenidades propiciadas pelo centro urbano.

Essas regiões circundantes consistem em populações que vivem em comunidades ou em assentamentos ainda menores do que a aldeia, os quais muitas vezes não são legalmente considerados parte da cidade. Apesar disso, as pessoas dessas áreas se identificarão como pertencentes à cidade principal do conjunto e desfrutarão de seu comércio e de suas atividades sociais. Esses ambientes urbanos focalizadores também proporcionam equipamentos urbanos que talvez não estejam disponíveis na periferia, como foros, bibliotecas e museus.

É por esse motivo que as populações urbanas muitas vezes são calculadas de duas maneiras. Uma delas é pela população que vive dentro dos limites da cidade legalmente estabelecidos; a outra é pela população de toda a área metropolitana.

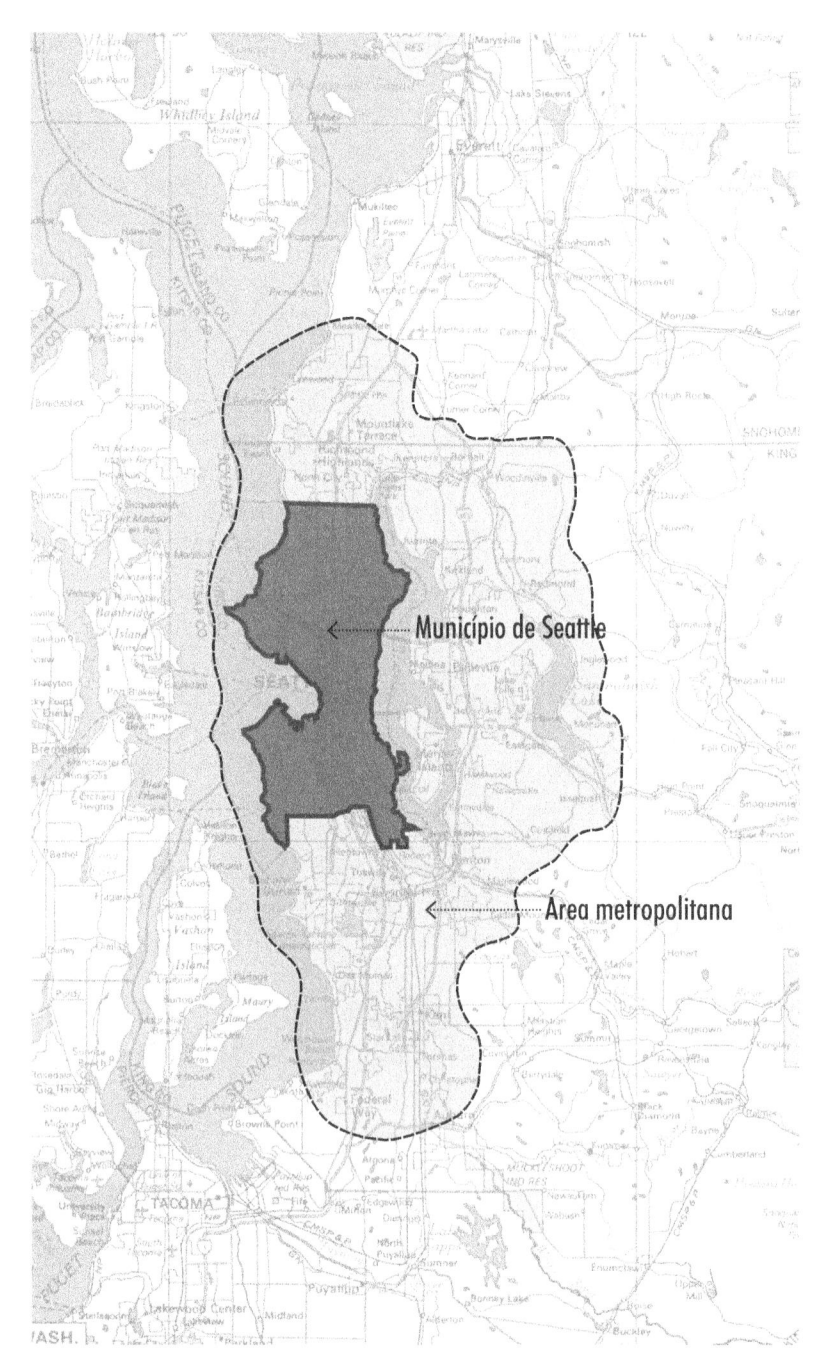

Mapa de Seattle, Washington, Estados Unidos, indicando tanto os limites do município como a área metropolitana vinculada a ele.

Tipologia baseada no tamanho da população

Vila, distrito, bairro

Estas são tipologias tipicamente urbanas que são menores do que uma cidade, tanto em tamanho quanto em população. Essas entidades também influenciam uma área circundante menor do que seus correspondentes maiores. No centro, há uma densidade de edificações e pessoas característica de uma condição urbana, mas que é bastante confinada e geralmente organizada em volta de um pequeno número de ruas ou de interseções principais. O acesso facilitado às ruas principais permite à população do entorno ter acesso eficiente às amenidades urbanas, como o comércio ou a vida social. Essa escala de ambientes urbanos tende a oferecer acesso limitado aos principais recursos da cidade, como as instituições de larga escala ou as agências do governo.

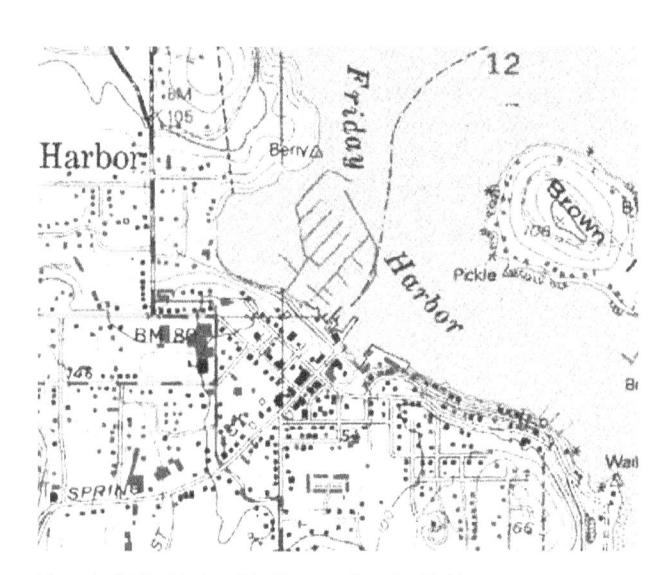

Mapa de Friday Harbor, Washington, Estados Unidos

Feira de sábado em Sarlat, Dordonha, França

AS DISCIPLINAS RELACIONADAS

A cidade

A cidade é um grande foco urbano servido por uma área metropolitana ainda maior composta de uma população relativamente grande, que vive principalmente em distritos autônomos. Ela costuma ser constituída de uma rede de quadras distribuída dentro de uma malha viária. Dentro das quadras, as edificações frequentemente estarão agrupadas de acordo com seus tamanhos e programas de necessidades específicos. A densidade da cidade em geral exige uma maior presença de obras de arquitetura de uso misto, com prédios acomodando diversos programas de necessidades.

A cidade tem uma distribuição de programas residenciais que serve à sua grande população. Uma faceta importante da vida urbana é o bairro. A cidade depende não apenas de um centro voltado para o comércio, mas também de uma área suburbana bem-conectada. Uma cidade bem-sucedida geralmente será aquela que desenvolveu uma relação interdependente entre seu núcleo de equipamentos urbanos e seus bairros predominantemente habitacionais. As vantagens de morar dentro de uma cidade ou em um local de fácil acesso a ela é o fato de que seus residentes têm acesso a grandes equipamentos urbanos de cultura, educação e governo. Também há uma maior diversidade no comércio, que varia de pequenos negócios a sedes de grandes corporações e importantes instituições financeiras.

Mapa de Seattle, Washington, Estados Unidos, mostrando o Centro Financeiro (CBD) em relação a seus vários bairros

Vista de uma rua de Hong Kong, China

A metrópole

A metrópole é uma cidade que cresceu em tamanho, população e densidade, ao ponto de já não poder ser considerada na mesma categoria que suas contrapartes menores, as cidades. Ela sustenta uma grande população, que costuma ser muito diversa em termos de demografia socioeconômica, cultura, etnia e nacionalidade. Uma metrópole sedia grandes corporações nacionais e internacionais, instituições financeiras e agências governamentais, além dos equipamentos urbanos menores oferecidos por qualquer cidade.

A metrópole é uma cidade internacional que sustenta uma população diversa, tanto de residentes como de visitantes. Ela também pode representar uma nação, uma vez que costuma concentrar autoridades e dignitários estrangeiros.

Vista de uma rua de Xangai, China

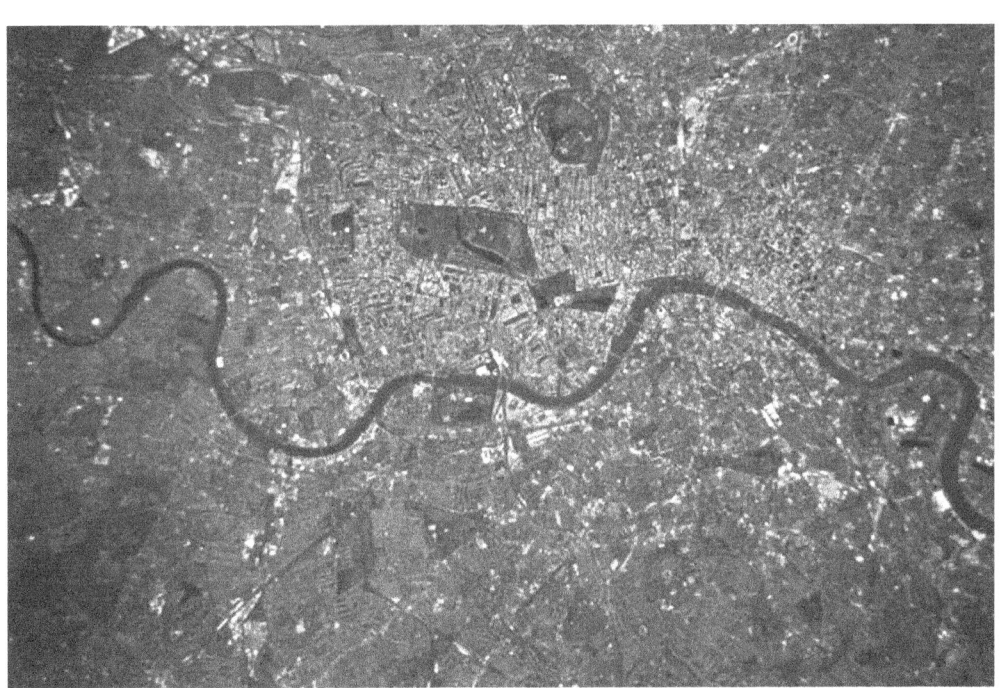

Fotografia aérea de Londres, Reino Unido, tirada da Estação Espacial Internacional (ISS), durante a Expedição 23, em 22 de maio de 2010

A megalópole

Uma megalópole é um agrupamento de cidades que se expandiram ao ponto de suas periferias terem se sobreposto e se tornado integradas. Essas cidades frequentemente compartilham certas infraestruturas, como o trânsito de massa. Elas também promovem certa sobreposição cultural, pela qual as comunidades se desenvolvem centradas no transporte pendular entre as cidades, atendendo tanto a fins familiares quanto profissionais. As populações às vezes também passam a compartilhar costumes e tradições, uma vez que essas práticas se cruzam com aquelas de várias unidades da megalópole.

BOSTON
NOVA YORK
FILADÉLFIA
WASHINGTON

Megalópole do nordeste dos Estados Unidos

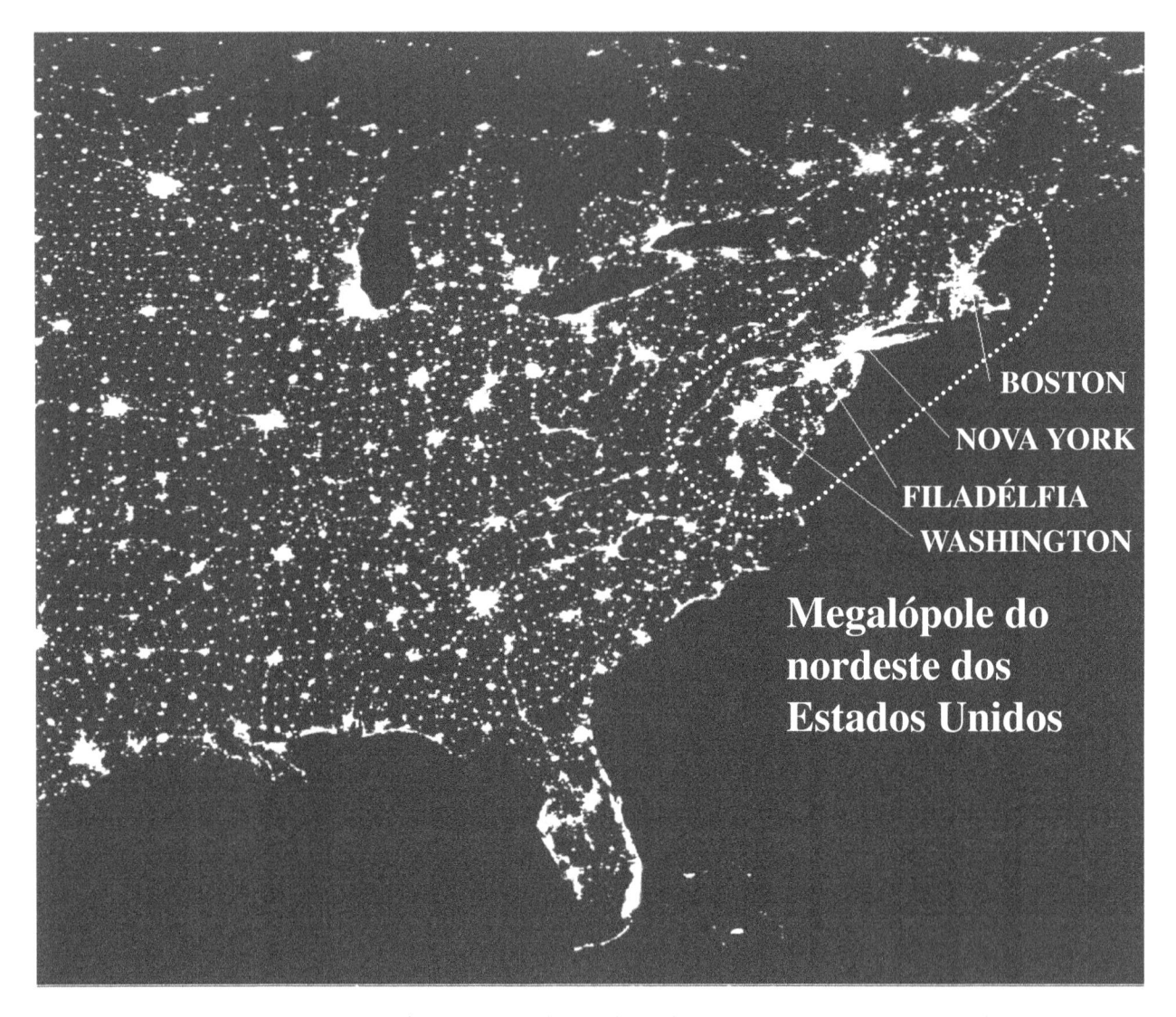

Fotografia tirada pela NASA, mostrando a megalópole do nordeste dos Estados Unidos, que compreende Nova York, Boston, Nova Jersey, Washington, D.C., Baltimore, Filadélfia, Hartford, Richmond e Norfolk, com uma população total de mais de 50 milhões de pessoas.

Tipologia urbana baseada na densidade da população

Zonas urbanas

Os ambientes urbanos se caracterizam pela alta densidade tanto de suas populações como de seus prédios. A fim de manter tal densidade, a tipologia urbana conta com sistemas sobrepostos:

- Edificações de uso misto oferecem uma oportunidade para que tipos múltiplos de programas de necessidades ocupem a mesma área geográfica.
- As oportunidades múltiplas de transporte (transporte de massa, veículos particulares, pedestres, etc.) permitem o movimento eficiente de pessoas, bens e serviços.
- Os prédios altos permitem uma maior densidade urbana.
- A densidade oferece acesso a pé a todo tipo de bem ou serviço.

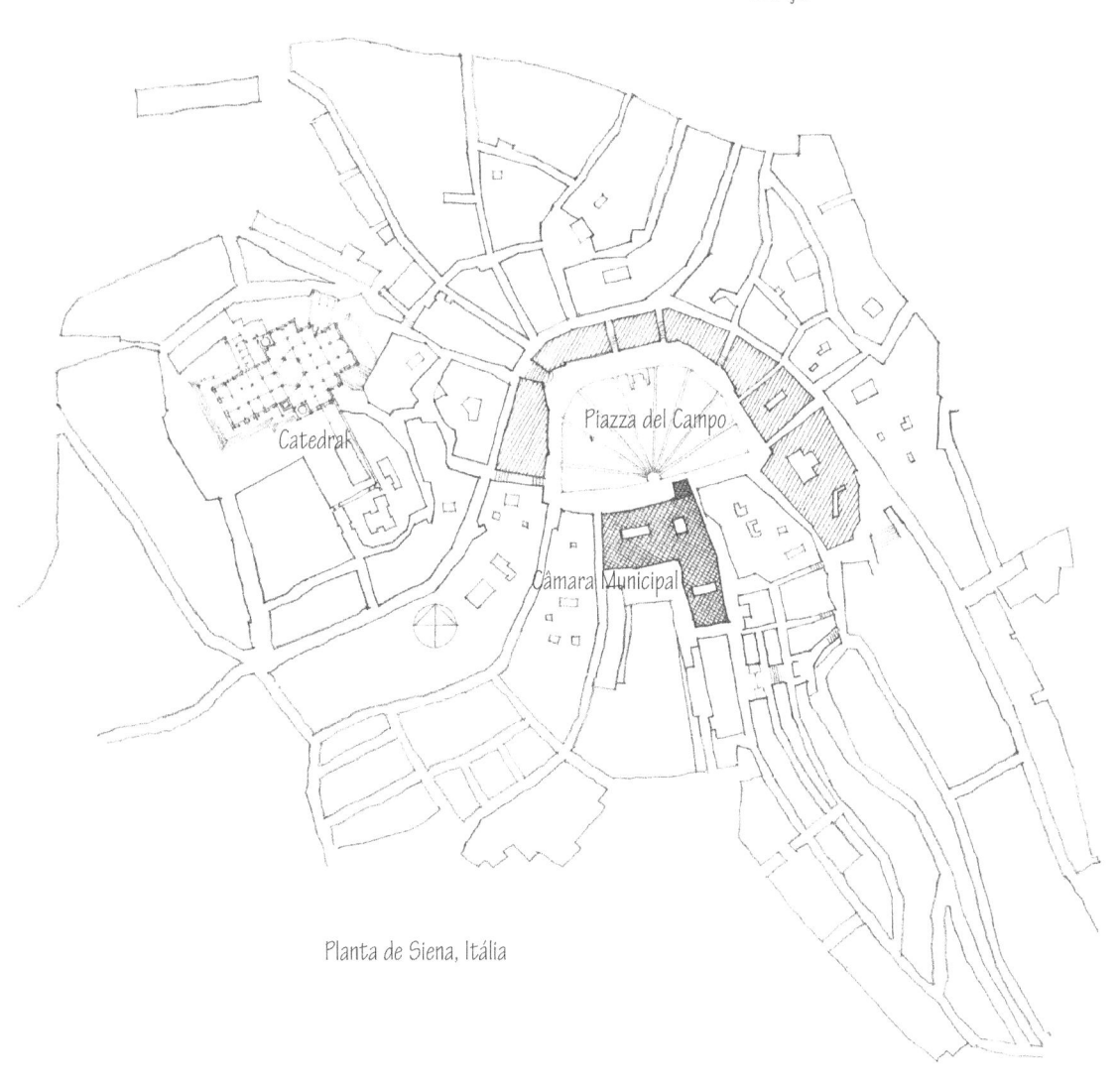

Planta de Siena, Itália

Zona suburbana

Um subúrbio é menos denso que o meio urbano descrito na seção anterior. Ele tende a ter uma maior proporção de funções habitacionais e domésticas do que o ambiente urbano propriamente dito. Sua principal característica é uma relação interdependente com um centro urbano – daí seu nome de zona suburbana. Apesar de sua natureza essencialmente habitacional, o subúrbio ainda se baseia em uma diversidade de funções, a fim de oferecer vários recursos a suas comunidades.

- Essencialmente habitacional.
- Menos denso que o ambiente urbano, mas ainda mantendo pequenos lotes ou mesmo compartilhando paredes-meias (casas geminadas ou em fita), a fim de acomodar um grande número de moradores.
- Algumas zonas de uso misto, para comércio de pequena escala e equipamentos urbanos, e infraestrutura necessária para atender aos residentes do bairro.
- Acesso fácil a um centro urbano – a maioria dos moradores dependerá dele para empregos e outros recursos não encontrados nos subúrbios.

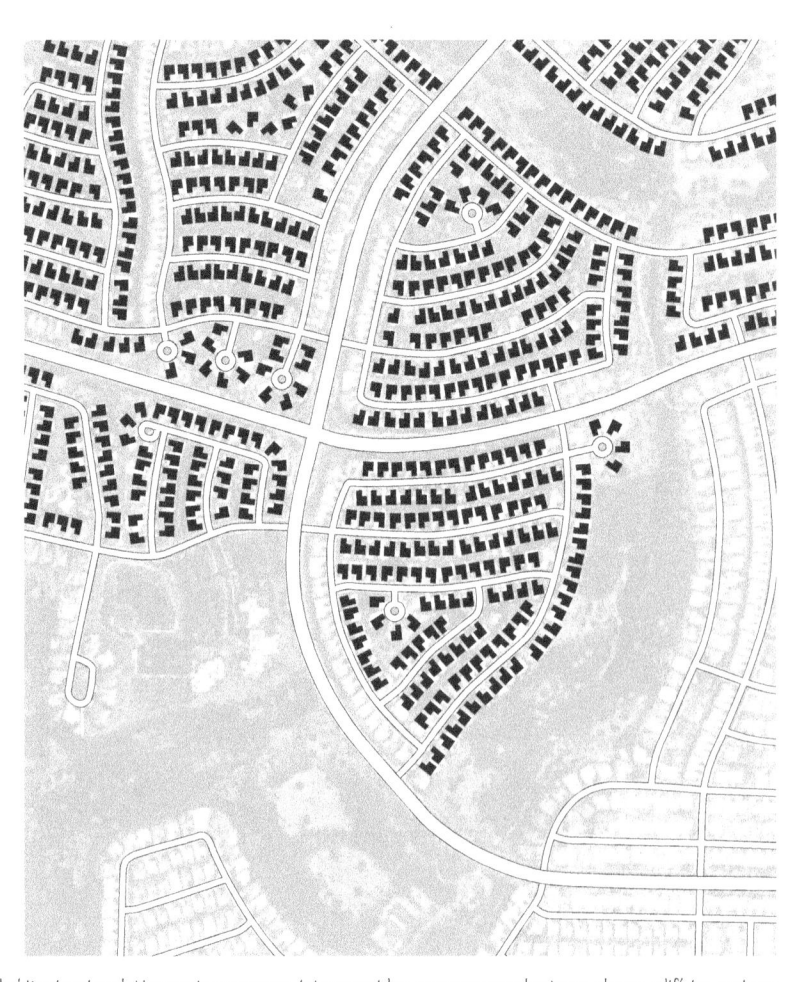

Típica densidade suburbana, com lotes habitacionais relativamente pequenos, interrompidos por espaços abertos e alguns edifícios maiores

Zona rural

As zonas rurais tendem a ser agrárias. Elas são muito menos densas que as zonas urbanas ou suburbanas. Aqui, as moradias costumam ser casas unifamiliares dispersas em uma área muito grande. Em geral, ainda há grande dependência de um centro urbano pequeno (uma cidade pequena ou um agrupamento de lojas ao longo de uma estrada ou avenida importante) para acesso aos bens e serviços necessários.

- As comunidades são compostas de uma pequena população de indivíduos.
- Não há praticamente qualquer sobreposição de função ou de sistema de transporte, exceto na vila ou em outro foco da zona rural.
- Pequenos centros urbanos oferecem o mínimo e o essencial em instituições e equipamentos urbanos e de comércio (sede do governo distrital, agência dos correios, etc.).
- Grande dependência da agricultura, da produção de subsistência e, às vezes, da indústria.

Distribuição de edificações típica de uma comunidade agrícola

AS DISCIPLINAS RELACIONADAS

Zona semirrural

Frequentemente chamada de "dispersão urbana" ou "urbanização dispersa", a zona semirrural é onde as funções de moradia têm pouca ou nenhuma conexão com um centro urbano, existindo, em vez disso, como unidades semiautônomas. Elas são geradas à medida que a tipologia suburbana se expande e ultrapassa a área de influência de seu centro urbano. No lugar das estruturas sociais e do comércio urbanos, a zona semirrural depende dos centros comerciais com lojas de redes para as interações sociais necessárias e os bens e serviços precisos para manter um estilo de vida particular.

- Baixíssima densidade populacional em relação aos recursos gerados (uma densidade não tão baixa quanto a da zona rural, mas também não tão produtiva).
- Caracterizada pelo zoneamento que separa as funções, em vez de se basear no zoneamento de uso misto.
- A baixa densidade faz do tráfego de veículos particulares uma necessidade, tornando-os praticamente o único meio de transporte.

Os loteamentos semirrurais frequentemente surgem em comunidades rurais.

A composição de uma cidade

Uma cidade é um lugar de diversidade. Ela é composta de muitos grupos diferentes de pessoas. Ela deve oferecer diversas amenidades na forma de serviços, infraestrutura e instituições culturais. Além disso, deve produzir vários recursos, com suas indústrias. Isso inevitavelmente resulta em uma diversidade de soluções de projeto de arquitetura, a fim de atender a todas as necessidades de uma população urbana típica.

As diversas funções de uma cidade podem ser divididas em quatro categorias:

- Doméstica: propriedades residenciais ou individuais
- Pública: esfera pública, instituições do governo e instituições culturais
- Comercial e de serviços: acesso a bens e serviços
- Corporativa: gestão e administração de empresas de dentro da cidade, além daquelas que ultrapassam seus limites físicos
- Industrial: processamento de recursos

Plano de Walter Burley Griffin para Canberra, Austrália, 1912

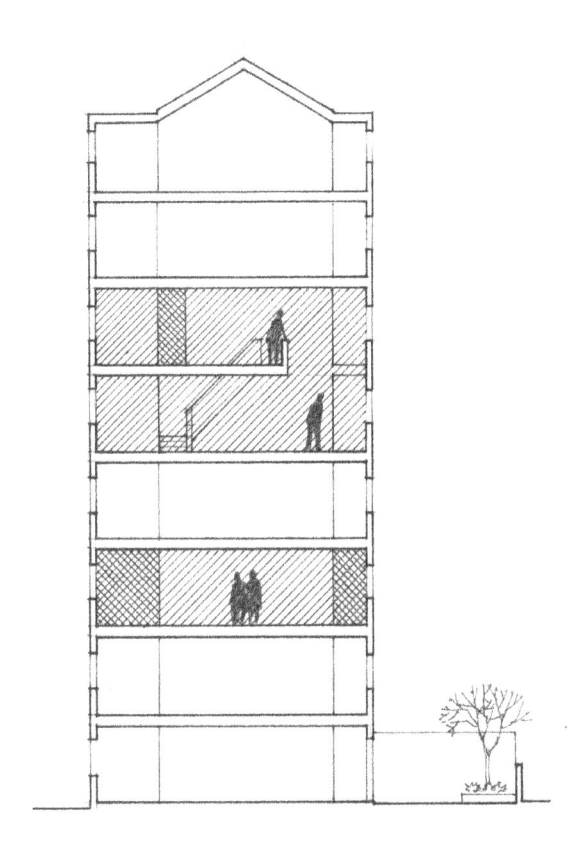

A função doméstica

A habitação é um componente fundamental de uma cidade. A função doméstica é qualquer função relativa a propriedades residenciais ou individuais. Essa função urbana se refere a uma necessidade em particular: habitar. O ato de habitar muda de forma, dependendo do ambiente urbano dentro do qual ele existe. A moradia em um grande centro urbano metropolitano pode ser na forma de um apartamento em um edifício alto, ao passo que em um subúrbio ela pode assumir a forma de uma casa em fita ou de uma casa unifamiliar.

As amenidades que sustentam a função doméstica também mudam com a forma. A necessidade de transporte pode se dar na forma do transporte de massa ou da propriedade de um automóvel. A proximidade da unidade de habitação ao centro urbano também afeta a distribuição do acesso aos bens e serviços necessários para manter o padrão de vida esperado pela população de um bairro.

As atividades domésticas oferecem suporte às outras funções da cidade. Elas oferecem moradia para os empregados das empresas que tornam a cidade economicamente viável, além de proporcionar clientes para as mesmas empresas. Essa realidade relativamente simples das moradias urbanas se torna mais complexa quando consideramos a localização das unidades de habitação em relação aos outros programas urbanos. A disponibilização de boas oportunidades de comércio e emprego a uma população é uma consideração necessária no desenho urbano.

Alguns exemplos de arquitetura doméstica ou residencial incluem:

- Edifícios de apartamentos
- Condomínios horizontais
- Casas em fita
- Casas unifamiliares geminadas ou isoladas nos lotes
- Hotéis

As funções públicas

As atividades públicas são aquelas dedicadas ao bem comum das pessoas da cidade. Em termos mais específicos, os programas de necessidades públicos são aqueles que se relacionam com o governo, os serviços públicos, o bem-estar público, a cultura e os espaços de uso público.

Função pública: as instituições do governo

Qualquer agência governamental em uma cidade contribui para os espaços públicos. Isso inclui as edificações e os espaços abertos que acomodam os órgãos legislativos, executivos e judiciários. Esse tipo de arquitetura pública também acomoda diversas outras funções administrativas, dos departamentos de coleta de impostos aos de planejamento e zoneamento urbano.

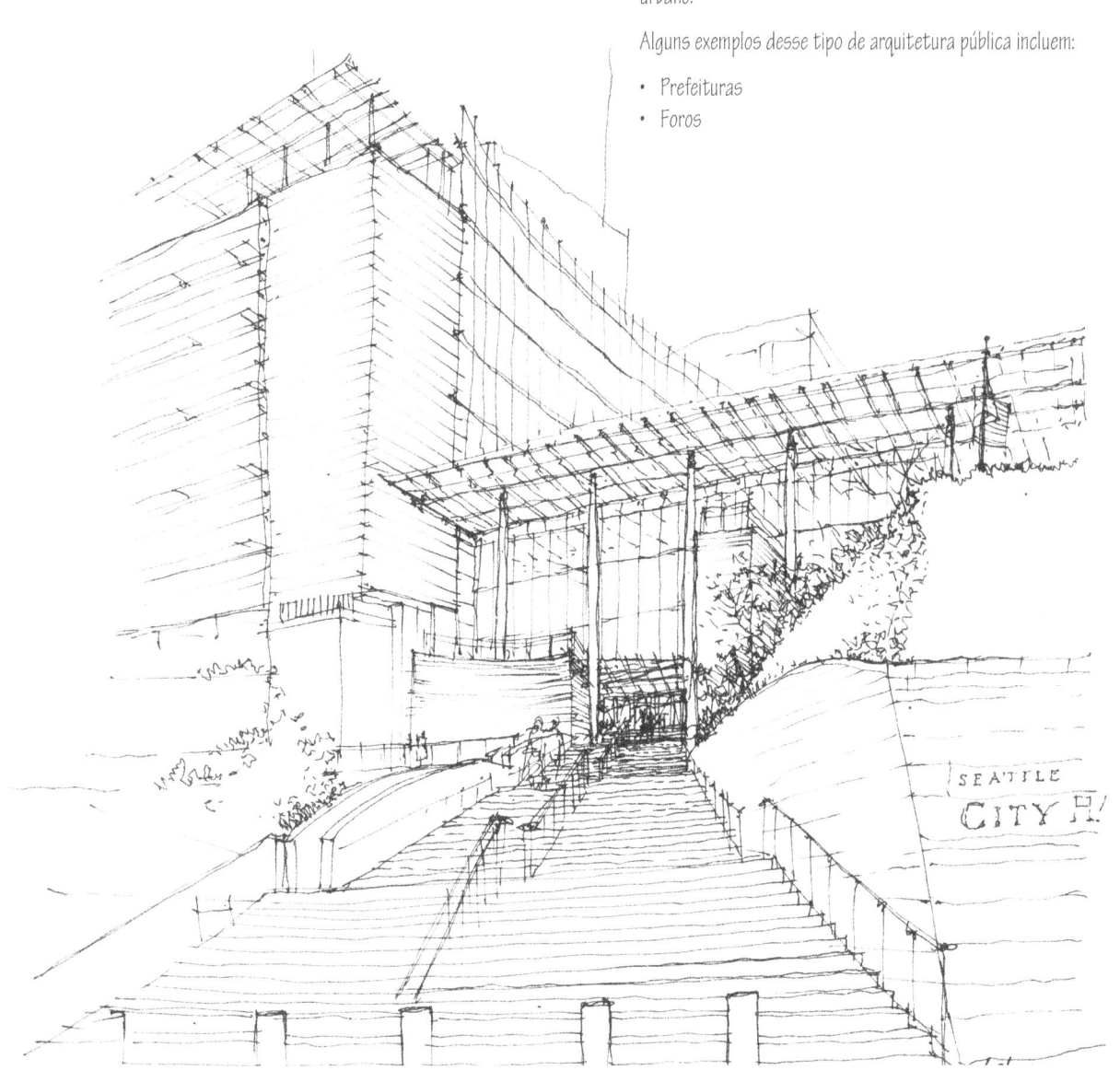

Alguns exemplos desse tipo de arquitetura pública incluem:

- Prefeituras
- Foros

Prefeitura de Seattle, 2005, Bohlin Cywinski Jackson/Bassetti Architects

Função pública: os equipamentos públicos

Um importante componente que garante o sucesso de uma cidade é o número de recursos públicos que ela oferece. Esses equipamentos geralmente se materializam em acessos a serviços públicos e incluem edificações que acomodam bens ou serviços oferecidos pela cidade, para o bem comum de seus cidadãos.

Alguns exemplos desse tipo de arquitetura pública incluem:

- Bibliotecas públicas
- Centros comunitários
- Escolas

Biblioteca Pública Central de Seattle, Washington, Estados Unidos, 2004, Rem Koolhaas & Joshua Prince-Ramus – OMA/LMN Architects

Função pública: a segurança pública

Um fator importante para determinar o sucesso de uma cidade é a segurança de seus cidadãos. Para isso, há uma diversidade de serviços oferecidos tanto por entidades públicas como por privadas que garantem o bem-estar físico de uma população. Esse tipo de arquitetura acomoda atividades como o cumprimento da lei e os serviços de saúde.

Alguns exemplos desse tipo de arquitetura pública incluem:

- Hospitais
- Delegacias de polícia
- Corpos de bombeiros
- Serviços médicos de emergência

Função pública: as instituições culturais

O sucesso de uma cidade no longo prazo depende em grande parte de sua capacidade de atrair continuamente moradores, para promover seu crescimento, e visitantes, para animar sua economia. Isso depende muito do acesso aos equipamentos públicos constituídos pelas instituições culturais, os quais incluem edificações que abrigam artefatos culturais, apresentações ou dão acesso a informações específicas. Essas instituições podem ser de caráter tanto público quanto privado – e muitas vezes têm caráter híbrido.

Sala de Concerto Walt Disney, Los Angeles, Estados Unidos, 1999–2003, Frank Gehry

Alguns exemplos desse tipo de arquitetura pública incluem:

- Museus
- Galerias de arte
- Auditórios
- Casas de espetáculos
- Centros históricos
- Jardins zoológicos
- Instituições religiosas

Ópera de Sydney, Sydney, Austrália, completada em 1973, Jørn Utzon

Função pública: o espaço público

A categoria mais abrangente da arquitetura pública é aquela que trata da mais fundamental das funções públicas: os aspectos públicos de uma cidade que focam no ambiente público de uso comum. Isso inclui as estruturas que oferecem oportunidades para a interação social casual, facilitam o trânsito, criam espaços abertos e proporcionam lazer. Esses serviços e as estruturas e edificações que os acomodam podem ser custeados e geridos por instituições privadas, mas em geral são responsabilidade da esfera pública de uma cidade.

Alguns exemplos desse tipo de arquitetura pública incluem:

- Passeios e equipamentos urbanos de pequeno porte, como a vegetação e o mobiliário urbano
- Espaços públicos abertos
- Espaços para eventos
- Parques
- Paradas de ônibus e estações do metrô

Campo de' Fiori, Roma, Itália

A função comercial e de serviços

Os ambientes urbanos prosperam com o comércio e os serviços. Eles promovem a economia de uma cidade, e a disponibilidade de vários bens e serviços atrai os moradores necessários para garantir o crescimento urbano. Uma cidade é o lar de uma grande variedade de tipos de arquitetura comercial, de lojas minúsculas a enormes lojas de rede. Ela também inclui muitos tipos de bens, oferecendo uma seleção maior do que aquela propiciada por áreas menos densas. A população de uma cidade também torna viáveis as lojas especializadas, uma vez que a massa crítica da população fornece um número suficiente de pessoas interessadas em qualquer tipo de bens ou serviços oferecidos. Assim, os moradores de uma cidade frequentemente têm acesso a bens e serviços que não podem ser encontrados fora de um denso ambiente urbano.

A distribuição de atividades comerciais e de serviço é uma importante faceta do planejamento e do desenho urbanos. As diferentes regiões de uma cidade exigem acesso a diferentes bens e serviços. Os bairros mais residenciais exigem o provimento de bens e serviços que permitam atividades cotidianas, como o consumo de alimentos e a limpeza de um lar. As lojas especializadas são mais comuns nas áreas mais densas, essencialmente comerciais, do centro da cidade. Esses são os bens e serviços que a maioria das pessoas não precisa no dia a dia; assim, um deslocamento mais longo para esse tipo de comércio é aceitável.

Alguns exemplos desse tipo de arquitetura comercial e de serviços incluem:

- Lojas em geral
- Butiques
- Hipermercados
- Centros comerciais, lojas de redes e lojas de departamentos
- Restaurantes
- Mercados
- Lojas de conveniência

Loja da Apple, Fifth Avenue, Cidade de Nova York, Estados Unidos, 2006, Bohlin Cywinski Jackson. O cubo de vidro foi reprojetado em 2011.

A função empresarial

As grandes corporações são um recurso muito importante para as cidades. Além da receita que geram na forma de tributos, elas também empregam muitas pessoas, atraindo porções significativas da população urbana. A arquitetura empresarial inclui várias funções administrativas privadas de grandes empresas e instituições financeiras. Essas atividades dominam o centro financeiro de uma cidade e geralmente definem a maior parte de sua área central.

Alguns exemplos desse tipo de arquitetura empresarial incluem:

- Edifícios de escritórios
- Instituições financeiras
- Centros de pesquisa e desenvolvimento

A função industrial

A indústria também é vital para o sucesso de uma cidade, mas é difícil integrá-la a um tecido urbano denso. As indústrias incluem quaisquer instalações para o envio, o processamento ou a manufatura de bens. Elas também criam muitos postos de trabalho e, portanto, atraem a população a um centro urbano. Além disso, geram recursos na forma de bens que são vendidos e giram boa parte da economia urbana.

A distribuição das atividades industriais em um ambiente urbano é difícil em função de suas exigências de espaço e solo. O solo urbano é muito valioso, devido à variedade de atividades que pode acomodar, e os prédios industriais tendem a exigir espaços muito grandes, sem a possibilidade de expansão vertical. Por isso, os setores industriais de uma cidade tendem a ser bem menos densos que as áreas de comércio e de serviços ou residenciais. A baixa densidade torna o fluxo de uma edificação a outra mais difícil, já que aumenta o tempo de deslocamento e os meios de transporte disponíveis são mais escassos. Além disso, a poluição atmosférica e sonora que resulta da produção torna essas áreas menos desejáveis para a maioria da população. Esses fatores geralmente fazem com que as áreas industriais fiquem afastadas do centro e isoladas de todas as áreas residenciais de uma cidade. Essas áreas industriais também costumam estar implantadas muito próximas de equipamentos de transporte de carga, como estações de trem e portos, para o transporte eficiente dos bens que são produzidos.

Alguns exemplos desse tipo de arquitetura industrial incluem:

- Depósitos
- Parques industriais
- Portos secos

Velha Cervejaria Rainier, Seattle, Washington, Estados Unidos

O zoneamento

Uma das ferramentas de controle do desenvolvimento urbano é o conjunto de normas de zoneamento municipais. A arquitetura projetada para uma cidade é sujeita a tais regulamentos, que determinam as características do projeto de arquitetura, as quais, por sua vez, afetam diretamente o ambiente urbano. As normas de zoneamento visam a definir as estratégias de crescimento e desenvolvimento da cidade; assim, variam de um município para outro, tanto em seu grau de exigência como nas questões que abordam. Esta seção oferece algumas informações gerais relativas às maneiras como o zoneamento pode afetar o projeto de arquitetura.

As normas de zoneamento oferecem um conjunto de condicionantes para a atuação de um arquiteto ao longo do processo de projeto. Elas regulam muitas das características da forma como uma edificação interage com seus vizinhos, os tipos de atividades que ela pode acomodar, as características gerais de sua forma e mesmo as maneiras pelas quais um novo projeto deve contribuir para um tecido histórico. Quando bem concebidas e interpretadas, elas podem ser diretrizes para a inovação, em vez de meros empecilhos ao projeto. A maioria dos municípios permite que algumas dessas normas de zoneamento sejam flexibilizadas ou desconsideradas, quando circunstâncias especiais o justificam.

Alguns aspectos da arquitetura que são regulados pelo zoneamento:

- Uso do solo
- Índice de ocupação de um terreno e densidade urbana
- Forma e aparência das edificações
- Preservação histórica

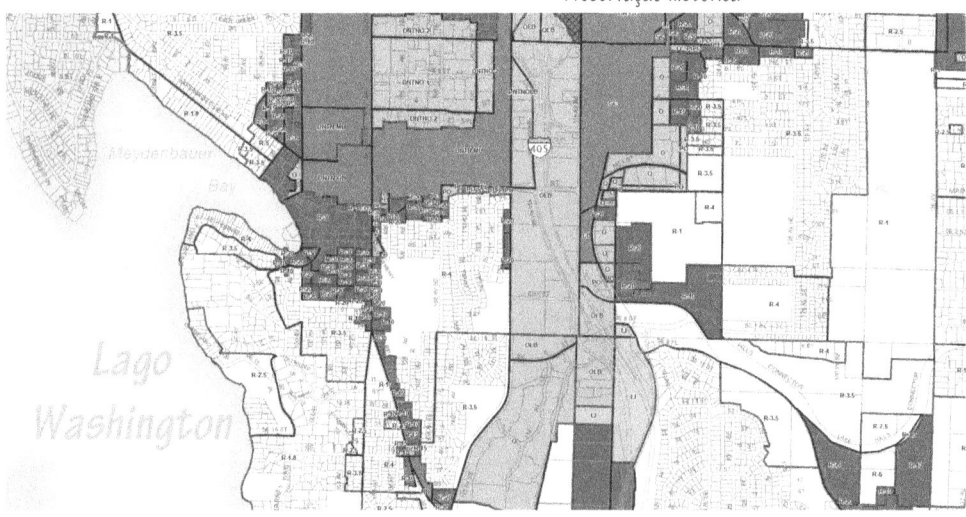

Parte do mapa de zoneamento urbano de Bellevue, Washington, Estados Unidos

O uso do solo

Algumas cidades empregam uma estratégia de divisão da paisagem urbana em regiões, de acordo com o uso – residencial, comercial/profissional e industrial. Isso determina que tipos de edificações podem ser projetados para determinadas localizações e é uma das maneiras pelas quais a cidade pode proteger os interesses de sua população. Como exemplo, uma norma de uso do solo pode garantir que uma fábrica não será construída no meio de um bairro residencial. Isso, até certo ponto, protege o valor dos imóveis, além de dar confiança para o morador de que o senso de lugar e o espírito de sua comunidade serão preservados.

O índice de ocupação do terreno e a densidade urbana

As cidades também podem controlar o tamanho das novas edificações em certas áreas ou sua implantação nos terrenos. Por exemplo, os recuos obrigatórios determinam a distância mínima de um prédio em relação às divisas de seu lote. Os recuos obrigatórios determinam a densidade urbana, ao controlar em parte o tamanho das edificações que podem ser inseridas em uma área. Eles também estabelecem a proximidade das edificações em relação à rua, dando às prefeituras certa influência no caráter de seus espaços viários.

A forma e a aparência

Alguns municípios desejam promover a imagem de como um lugar é percebido. Para isso, há regras que determinam a aparência das edificações – tudo pode estar sujeito a tais regras, como o uso das cores, materiais e sinais gráficos, a fim de manter certas características de um lugar. Essas leis municipais têm como objetivo preservar aspectos desejáveis da cidade que contribuirão para manter sua população ou até atrair novos moradores.

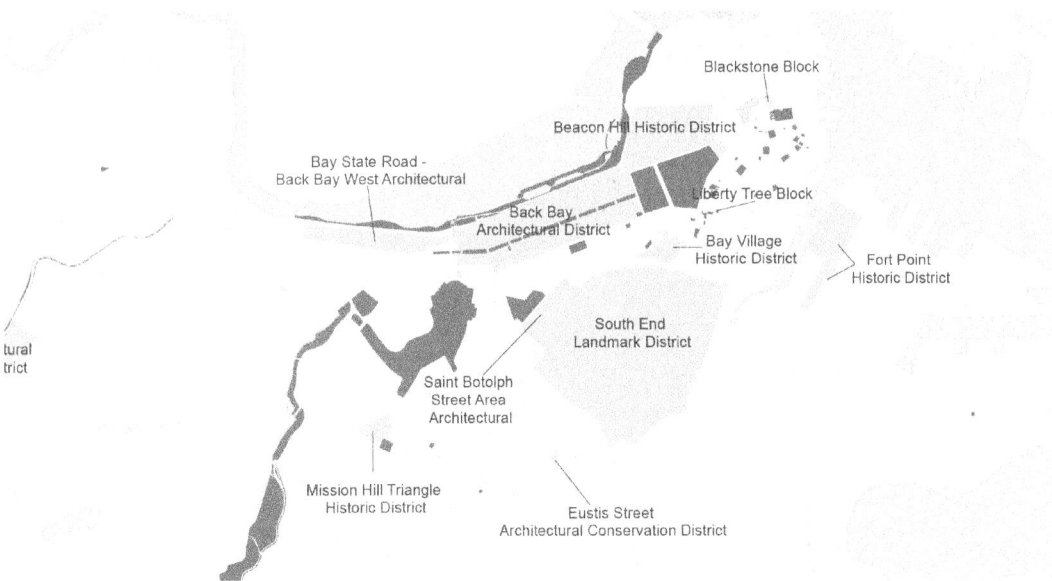

Parte de um mapa mostrando os Distritos Históricos e Marcos Arquitetônicos de Boston, Estados Unidos

Preservação histórica

As cidades com bairros históricos frequentemente decretam leis, a fim de garantir que as novas edificações não degradem o caráter histórico de um lugar. Esses regulamentos geralmente incluem diretrizes de forma e aparência mais rígidas, além de procedimentos adicionais na revisão dos projetos, antes que seja conferida a licença para a construção.

A arquitetura da cidade

Ao longo da história, o arquiteto tem desempenhado um papel fundamental na definição de estratégias de desenvolvimento urbano. A arquitetura é um ambiente construído, da mesma forma que uma cidade. As relações entre os espaços e as funções de uma edificação correspondem diretamente às mesmas relações de uma cidade. Uma cidade também deve proporcionar espaços para acomodar diferentes funções – assim como uma edificação. Essas coincidências têm feito com que o arquiteto assuma um papel único na definição das estratégias de intervenção urbana e no projeto de edificações que visam a pôr em prática tais estratégias.

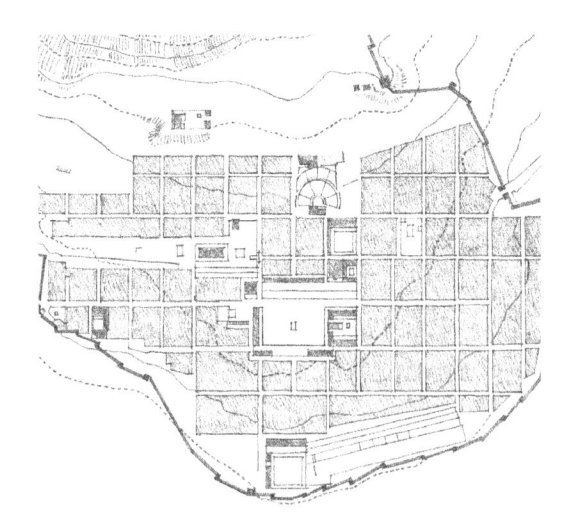

Na prática contemporânea, o planejamento urbano vem se destacando como a disciplina responsável pela configuração de cidades grandes e pequenas. É função do planejador urbano organizar estratégias para os sistemas de transporte, a infraestrutura e o uso do solo. O planejador urbano também tem um papel importante no desenvolvimento das políticas públicas que controlam o desenvolvimento das cidades. Devido à emergência do planejamento urbano, a função do arquiteto nesses processos vem se reduzindo em relação aos modelos históricos.

Priene, antiga cidade grega na Jônia, fundada no século IV a.C.

O planejamento urbano

Os planejadores urbanos lançam planos viários em larga escala, além de desenvolverem estratégias de uso do solo. Eles também colaboram com arquitetos e paisagistas para definir os espaços públicos e a distribuição das edificações.

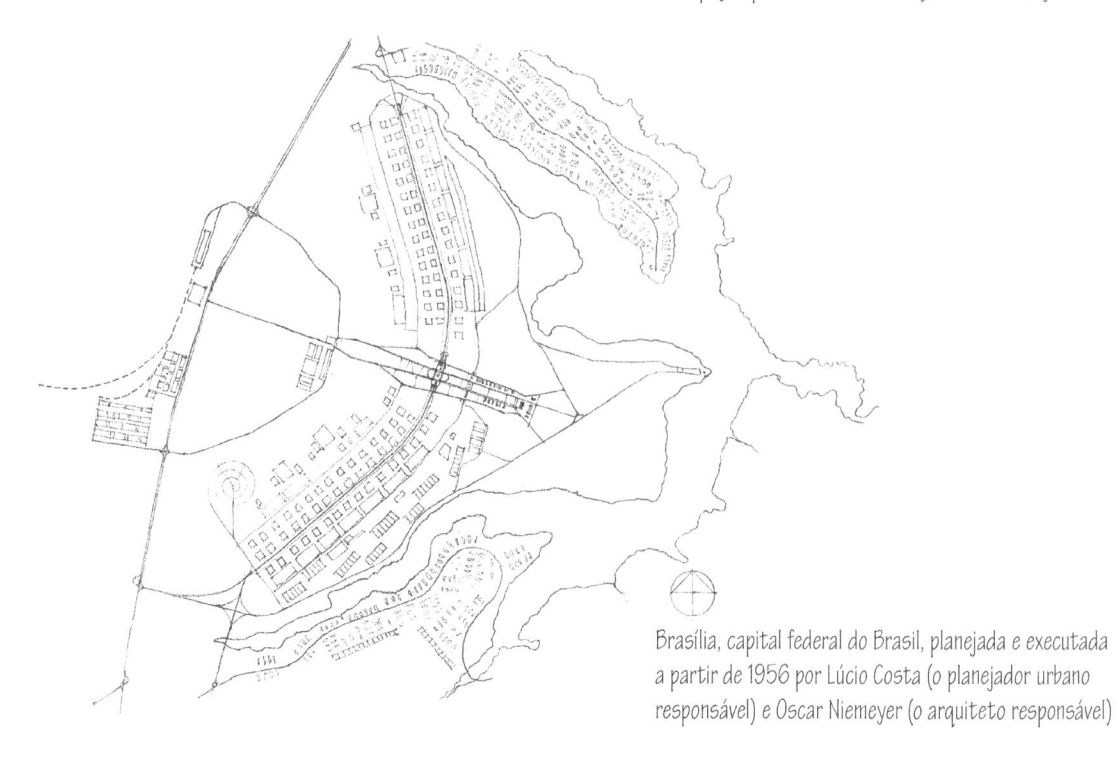

Brasília, capital federal do Brasil, planejada e executada a partir de 1956 por Lúcio Costa (o planejador urbano responsável) e Oscar Niemeyer (o arquiteto responsável)

O desenho urbano

Uma área na qual o arquiteto ainda tem um papel crucial é o desenho urbano. O desenho urbano difere pouco do planejamento urbano, mas inclui a colaboração com um conjunto mais amplo de disciplinas e escolas de pensamento. Entre as disciplinas que contribuem para os projetos de desenho urbano estão:

A arquitetura

Os arquitetos projetam edificações e trabalham junto com planejadores urbanos e engenheiros para desenvolver estratégias de intervenção urbana de larga escala.

O paisagismo

Os paisagistas ou arquitetos paisagistas projetam espaços públicos abertos e ruas. Eles também trabalham com arquitetos, para definir a implantação das edificações, e com engenheiros civis, para definir a infraestrutura pública.

A engenharia civil

Os engenheiros civis planejam a infraestrutura da cidade. Eles trabalham com planejadores urbanos, para definir estratégias de uso do solo de larga escala, e com paisagistas, para regular a distribuição da infraestrutura e dos elementos de projeto que controlam o escoamento superficial e a coleta da água da chuva.

Ao contrário das estratégias de planejamento urbano de larga escala, o desenho urbano se preocupa com uma ampla variedade de projetos, nas diversas escalas que influenciam o ambiente construído. As ideias de desenho urbano frequentemente são identificadas em projetos de pequena escala realizados no âmbito de qualquer uma das disciplinas mencionadas, assim como aparecem em colaborações de larga escala na elaboração do plano diretor de toda uma cidade.

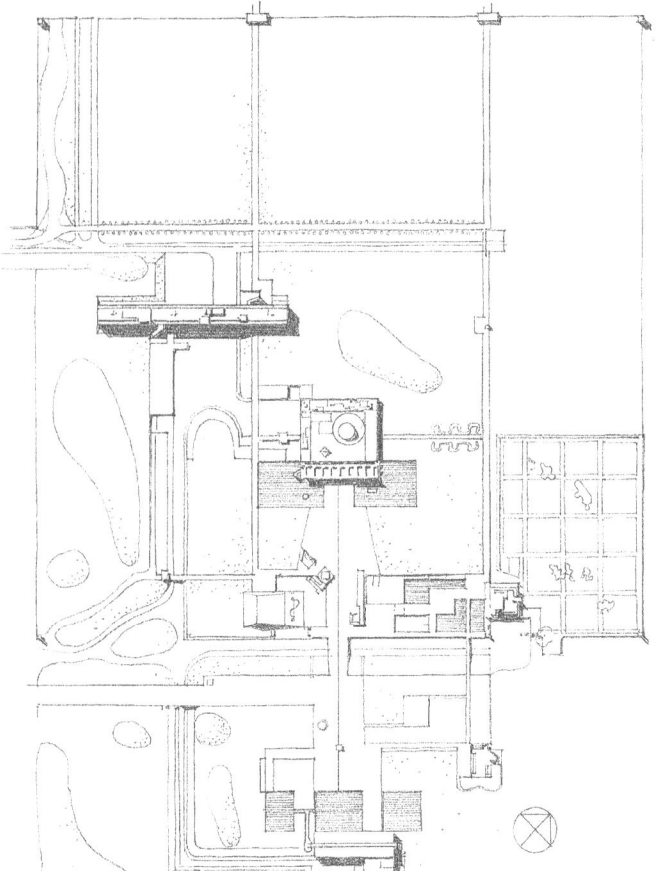

Planta de Chandigarh, Índia, 1951–1962
Le Corbusier substituiu o planejador urbano Albert Mayer e o arquiteto Matthew Nowicki, desenhando uma planta para Chandigarh que estava em conformidade com os princípios de planejamento urbano do Congresso Internacional de Arquitetura Moderna (CIAM) — divisão de funções urbanas, antropomorfia na forma da planta da cidade e hierarquia das redes viárias para veículos e pedestres. A cidade de Chandigarh também apresenta obras de arquitetura projetadas por Le Corbusier, Jane Drew e Maxwell Fry.

O desenho em pequena escala

Até mesmo edificações individuais podem contribuir para o desenvolvimento do ambiente urbano. Há basicamente três posturas que podem ser adotadas no projeto de uma cidade. Cada uma delas tenta prever o futuro daquele lugar e desenvolver esquemas adequados a ele. É por meio dessas posturas que a arquitetura pode influenciar a direção do desenvolvimento urbano.

A resposta ao pré-existente

Uma postura que pode ser adotada pelo arquiteto é projetar uma edificação que atenda às necessidades imediatas e se adeque ao tecido da cidade que já existe. Esse posicionamento visa à preservação das condições existentes do contexto urbano. Ele também considera que as necessidades se manterão constantes e que, portanto, a proposta de arquitetura continuará funcionando adequadamente no futuro próximo. Esta é a melhor estratégia para projetar uma edificação que será inserida em uma comunidade bem-sucedida e próspera.

Algumas vantagens dessa estratégia são:

A manutenção do senso de lugar

- As tradições e as práticas dos moradores da área provavelmente serão respeitadas pela nova arquitetura, uma vez que ela é o resultado do estudo do entorno imediato e da maneira pela qual as pessoas usam a área.

A preservação das características bem-sucedidas da área

- Esta estratégia busca afetar o mínimo possível as funções do bairro ou da área. Assim, as características bem-sucedidas provavelmente serão preservadas com facilidade à medida que a cidade se desenvolver.

Algumas possíveis desvantagens da estratégia são:

A estagnação do desenvolvimento

- Quando um bairro mantém suas características bem--sucedidas sem agregar novos recursos, os bairros vizinhos em crescimento tenderão a superá-lo em termos econômicos e dos vínculos sociais com seus moradores.

A falta de reconhecimento das mudanças que já estão ocorrendo

- Se os aspectos demográficos de um lugar estão sofrendo mudanças, mas as estratégias de projeto para esse lugar permanecem constantes, em determinado momento as novas edificações deixarão de atender de modo satisfatório às necessidades de sua população-alvo. Isso frequentemente acontece devido a um entendimento equivocado do contexto físico e social de um terreno.

O URBANISMO 401

A resposta a uma tendência

Em uma situação em que é identificada a evolução de um ambiente urbano, um arquiteto talvez decida responder àquela tendência de desenvolvimento. Em vez do projeto de um prédio perfeitamente adequado às condições presentes, aqui o objetivo é prever as condições que surgirão como resultado das mudanças que estão ocorrendo e responder a elas. Nessa postura, o desenvolvimento urbano pode receber a contribuição da arquitetura. A arquitetura que resulta desse espírito se volta para as ideias emergentes e os projetos recentes, buscando uma orientação para transformar a cidade. Uma abordagem vanguardista de intervenção urbana é mais bem aproveitada quando a cidade está crescendo e evoluindo. Essa estratégia visa a sustentar e manter tal crescimento.

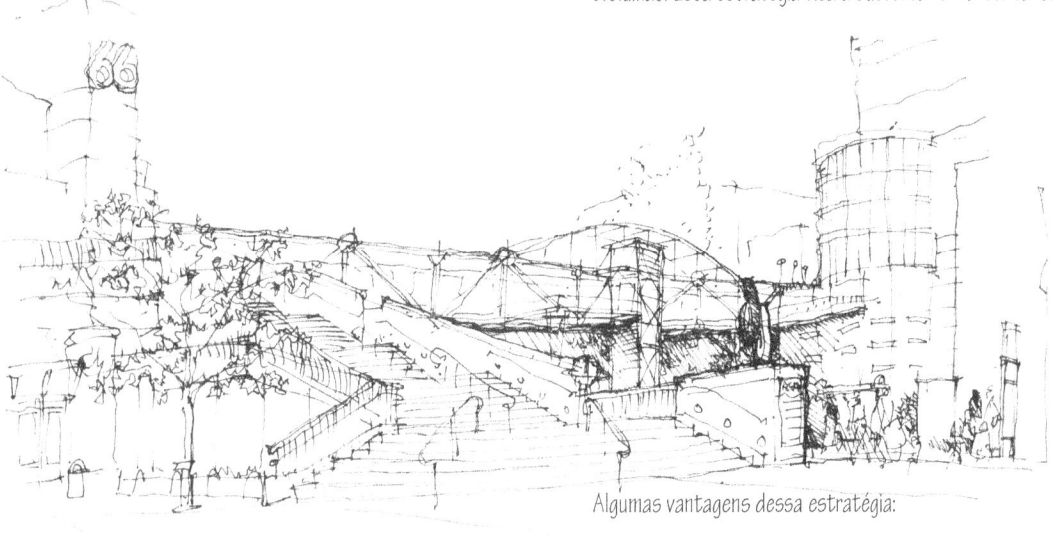

Algumas vantagens dessa estratégia:

Novas oportunidades
- À medida que são identificadas as tendências de desenvolvimento, o arquiteto pode oferecer à área novas oportunidades de comércio, serviços e moradia que sustentem seu progresso.

O crescimento populacional
- Uma área tem mais chances de atrair novas populações se forem aumentados os acessos a uma variedade maior de serviços urbanos.

Algumas possíveis desvantagens da estratégia são:

A gentrificação
- Se o progresso ocorrer à custa da população que vive em um local, ela tenderá à gentrificação, em vez de permitir o progresso dos moradores que lá vivem. Se a população atual não se beneficia com a intervenção urbana local, esse grupo geralmente é substituído por outro, que o fará. Isso faz com que a população original do local seja deslocada para outros bairros da cidade.

Os equívocos
- Se uma tendência não for identificada com precisão, a arquitetura projetada para o local talvez seja inadequada e não atenda perfeitamente às necessidades de sua população.

A mudança de uma tendência

Caso uma cidade esteja mudando para pior, o arquiteto poderá optar por um projeto que busque interromper ou modificar tal tendência. Em vez de projetar uma edificação que atenda às necessidades imediatas do lugar ou que considere que a decadência urbana é inevitável, aqui o objetivo será redirecionar o desenvolvimento do ambiente construído. A arquitetura que resulta desse espírito busca agregar novas atrações, infraestrutura ou recursos a uma área, no intuito de atrair investimentos permanentes e promover o desenvolvimento continuado.

Essa postura é muitas vezes adotada no desenho de cidades que estão sofrendo com o declínio populacional ou com a perda de um importante setor econômico. Às vezes chamada de renovação urbana, ela pode beneficiar lugares sofrendo com o aumento da pobreza ou das taxas de criminalidade, promovendo o influxo de novas atrações ao local.

Algumas vantagens dessa estratégia são:

As oportunidades de comércio e serviços
- Novas oportunidades nos setores de comércio e serviços oferecem mais chances de emprego para a população local, bem como acesso a uma maior variedade de bens e serviços. Para que isso dê certo, o arquiteto precisa identificar os atributos urbanos ausentes e projetar uma edificação que possa atender a eles.

Novos investimentos
- O posicionamento estratégico de novas tipologias de edificação também pode atrair novos investimentos e o desenvolvimento futuro do local, ao criar um senso de estabilidade.

O aumento populacional
- As edificações que mudam um ambiente também podem levar à reversão das tendências de perda populacional, ao modificar a composição demográfica de um lugar. Um bairro pode atrair novas populações ao somar amenidades que atraem um grupo de pessoas mais diverso.

A mudança na percepção do lugar
- A mudança na maneira pela qual um lugar é percebido oferece oportunidades para atrair novos negócios, moradores e visitantes, promovendo a economia do lugar.

Algumas possíveis desvantagens da estratégia são:

A gentrificação
- Se a população que permanecer nesse lugar não se beneficiar das mudanças que estão sendo feitas, ela será forçada a se retirar, devido ao aumento do custo de vida. Esse processo de gentrificação é insustentável e pouco ajuda a solucionar os problemas enfrentados por uma população – em vez disso, ela se move para outra parte da cidade.

O projeto subutilizado
- Se a mudança planejada na área de intervenção não der certo, a edificação resultante não suprirá as necessidades atuais do lugar. Uma nova edificação que não é utilizada ou que é subutilizada somente refletirá um gasto de recursos sem retorno significativo, o que apenas exacerbará os problemas que ela buscava amenizar.

O desenho em grande escala

Um elemento-chave do desenho urbano é o plano diretor. O plano diretor é o desenho de todo um bairro, distrito urbano ou mesmo cidade. Ele contém as estratégias para a implantação de edificações, espaços abertos, ruas e infraestrutura.

Esta é uma estratégia de intervenção urbana que exige a colaboração interdisciplinar para que se obtenha a expansão rápida ou o progresso de uma cidade. Nesses cenários, diferentes indivíduos colaborando para um objetivo comum tomam decisões de projeto em várias escalas.

- Um plano para um bairro ou para toda a cidade será desenvolvido, cobrindo o desenho da infraestrutura de grande escala, as redes de transporte, o uso do solo e a distribuição dos espaços públicos e privados. Esse plano serve para esboçar as estratégias de intervenção e desenvolvimento urbano.
- Os espaços públicos e viários serão posteriormente projetados com maior nível de detalhe, mas respeitando o plano de desenvolvimento urbano original.
- Vários aspectos do plano serão distribuídos a diferentes membros da equipe de planejamento, para maior desenvolvimento.
- Os membros da equipe desenvolvem seus projetos específicos, com maior nível de detalhamento, adequando-se ao plano diretor original.
- Os elaboradores do plano diretor supervisionam os diferentes projetos, de modo a garantir que estes contribuam para pôr em prática as estratégias e ideias do plano diretor.

Esses esforços funcionam bem em áreas que estão passando por um rápido crescimento populacional. Eles conferem ao processo de desenho urbano a eficiência necessária para acompanhar o progresso econômico e o aumento populacional. Contudo, essas estratégias às vezes também são empregadas como um modo de retomar o crescimento em uma cidade estagnada ou em decadência, injetando-lhe grandes quantidades de capital e equipamentos urbanos, os quais servem para atrair novos moradores e empresas para uma localidade.

Contudo, a eficiência tem seu preço. Com o desenvolvimento rápido e em larga escala criado por um número relativamente pequeno de projetistas, esses projetos raramente conseguem levar em consideração os sutis aspectos sócio-econômicos da cidade. Como não são desenvolvidos ao longo do tempo em resposta a necessidades específicas de uma população existente, eles frequentemente carecem de um senso de lugar, e os vínculos com a comunidade precisam ser restabelecidos.

Diagrama baseado no Plano de Parques e Recreação de Seattle de 2004, Estados Unidos, que estabelece objetivos quanto à área e ao tipo de espaços abertos na zona de South Lake Union.

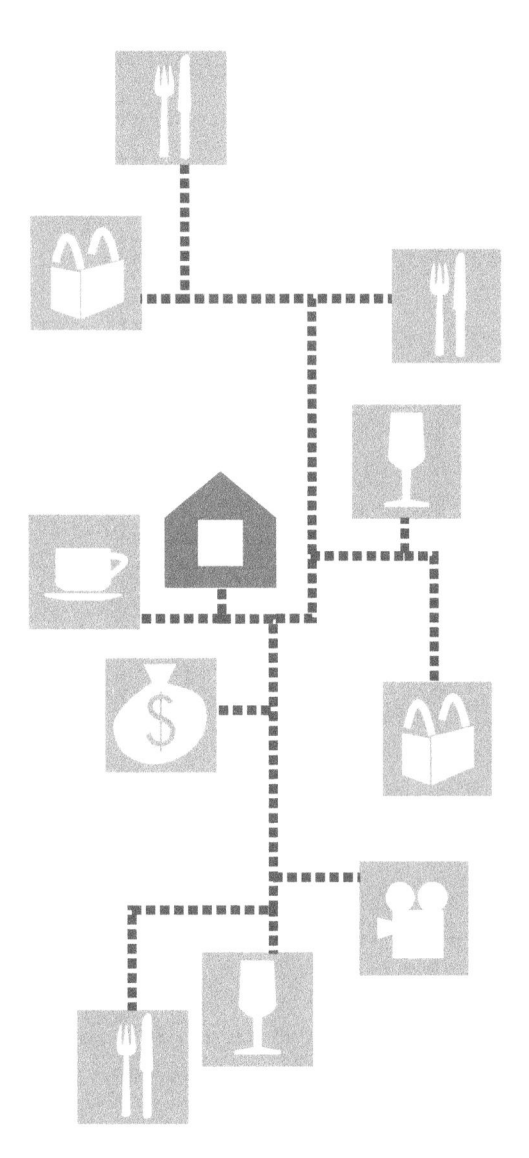

A comunidade e senso de lugar

Uma das maneiras pelas quais a arquitetura pode impactar em uma cidade é estabelecendo e mantendo um senso de lugar. O senso de lugar se refere a um conjunto de tradições e práticas locais que define uma comunidade de pessoas.

Para isso, a arquitetura pode criar espaços tanto na escala da edificação como da cidade que ofereçam a oportunidade para que a comunidade prospere, por meio da interação social. A arquitetura também tem o potencial de promover a comunidade em lugares onde ninguém se estabeleceu ainda.

Para isso, o arquiteto deve considerar várias questões como parte do processo de projeto:

- Acesso aos equipamentos públicos
- Relação entre o privado e o público, o doméstico e o cívico
- Espaços abertos de uso comum

Acesso às atrações urbanas

Uma atração urbana é um recurso qualquer ao qual o habitante de uma cidade pode ter acesso. Esses recursos podem ser as simples necessidades de habitar ou oportunidades para eventos sociais e explorações culturais.

Uma regra prática para o desenho urbano é que qualquer atração necessária para sustentar o estilo de vida típico de uma área deve ficar a uma distância que possa ser percorrida em uma caminhada de até 15 minutos a partir de qualquer localidade da área. Essa regra simples limita a necessidade de transporte e permite que os pedestres aproveitem mais a cidade ao seu redor. Eles encontram mais pessoas e conseguem estabelecer vínculos com elas. Mesmo que se direcionem para fora da área em busca de um bem ou serviço, eles podem encontrar outros no caminho.

Os pedestres estabelecem vínculos sociais com outros membros da sociedade. Por outro lado, aqueles que dependem do automóvel para o transporte frequentemente evitam os encontros que promovem os vínculos sociais. É mais provável que um pedestre se envolva com o bairro e busque preservar as características e condições que o tornam único.

A arquitetura desempenha um papel significativo ao definir o acesso às atrações urbanas. Quando um arquiteto está projetando uma edificação, há uma fase na qual o programa de necessidades é elaborado. Durante essa fase, o arquiteto trabalha com o cliente para decidir que funções a edificação deve cumprir. Se há uma atividade que não está disponível a uma distância percorrida em uma caminhada de 15 minutos, então é provável que o projeto seja mais bem-sucedido se incorporá-la ao programa de necessidades. Isso exige pesquisas e a observação do contexto de um projeto.

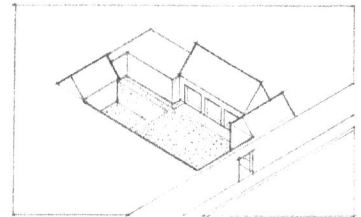

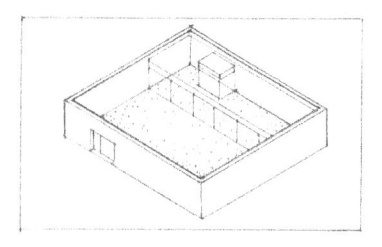

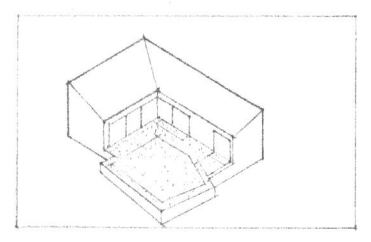

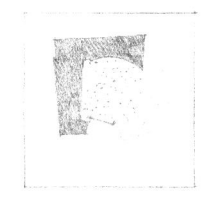

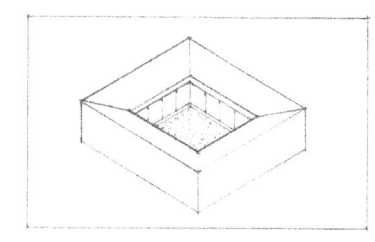

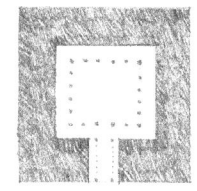

Relações entre o público e o privado

A interface entre o espaço público e o privado tem muitas implicações no estabelecimento de um senso de comunidade. Seja qual for a relação entre o doméstico e o urbano, essa interface é uma condição que reflete a cultura e as práticas sociais das pessoas que vivem em um lugar.

Os espaços domésticos adjacentes aos públicos

- Alguns lugares podem estabelecer um acesso direto entre os espaços privados, domésticos, e os públicos, cívicos. Esse é o caso, por exemplo, das casas que dão para parques, jardins públicos ou mesmo ruas com excelentes equipamentos urbanos. Isso oferece a um morador o acesso imediato às atrações públicas, bem como à infraestrutura urbana, e cria oportunidades para o desenvolvimento de vínculos comunitários com os vizinhos. Nesse cenário, a interação social ocorre em lugares imediatamente adjacentes à moradia das pessoas.

Os espaços domésticos separados dos públicos

- Outros lugares podem ter uma conexão menos direta, na qual a interface na verdade é um espaço de transição, como uma varanda ou um pátio frontal. Esses cenários criam uma maior separação entre o ambiente doméstico privativo e as interações sociais do ambiente público. Tais cenários também podem promover estruturas comunitárias mais coesas.

A composição da arquitetura

- A composição da arquitetura pode definir, promover ou limitar a interação social na qual uma comunidade se baseia. Na macro escala, o modo de implantação de uma edificação em seu lote estabelece certas relações entre os espaços internos da edificação e os espaços públicos ao seu redor. Essas relações estão sob o controle do arquiteto, à medida que ele distribui no terreno os espaços previstos no programa de necessidades e orienta a edificação em relação aos elementos do ambiente público do entorno. Na micro escala, a posição dos cômodos em relação aos elementos externos pode definir as relações entre as funções individuais e o contexto do prédio. O tipo de acesso do qual o usuário dispõe também é relevante. O arquiteto deve considerar em que local o usuário adentrará o espaço interno quando vier do exterior, e onde ele terá acesso (físico, visual ou auditivo) ao exterior. A fachada de uma edificação promove muitas dessas relações em escala menor entre o público e o privado. Até certo ponto, a fachada determina os papéis sociais que os indivíduos desempenham dentro de uma comunidade. Ela age como um filtro que determina onde o espaço público termina e onde o espaço privado começa. Ela também determina o nível de consciência que o público tem em relação às funções do interior. Todas essas características ajudam a posicionar uma edificação dentro de uma estrutura comunitária.

O espaço aberto comunitário

A arquitetura desempenha o papel de promover oportunidades para que uma comunidade exista, ao criar uma esfera semipública ou semiprivada na qual a comunidade possa prosperar. Essas estratégias priorizam a integração da arquitetura na paisagem urbana e resultam em uma proposta de arquitetura que é especificamente adequada a seu contexto tanto físico como social, o que é vital para a criação e a manutenção dos sensos de comunidade e de lugar.

Isso é tão importante que, às vezes, o arquiteto sacrificará parte do espaço para que uma edificação possa criar essas áreas de acesso aberto. Algumas edificações oferecem oportunidades para que a esfera pública entre na privada ou se sobreponha a ela.

Um parque

- Uma obra de arquitetura adjacente a um grande parque tem a oportunidade de aproveitar as atividades do parque para determinar os espaços internos de uma edificação. As janelas de um apartamento, por exemplo, podem ser distribuídas de modo a oferecer uma vista do que está ocorrendo no parque. Empresas que prestam serviços ou disponibilizam bens para atividades específicas do parque podem ser atraídas para os prédios distribuídos em sua periferia.

Um calçadão

- O calçadão é um espaço público que serve para conectar outras facetas do ambiente público. Ele pode, por exemplo, assumir a forma de uma praça com piso seco, rodeada de lojas e restaurantes. A distinção entre o interior e o exterior se torna imprecisa quando as lojas avançam em direção ao calçadão, a fim de atrair clientes.

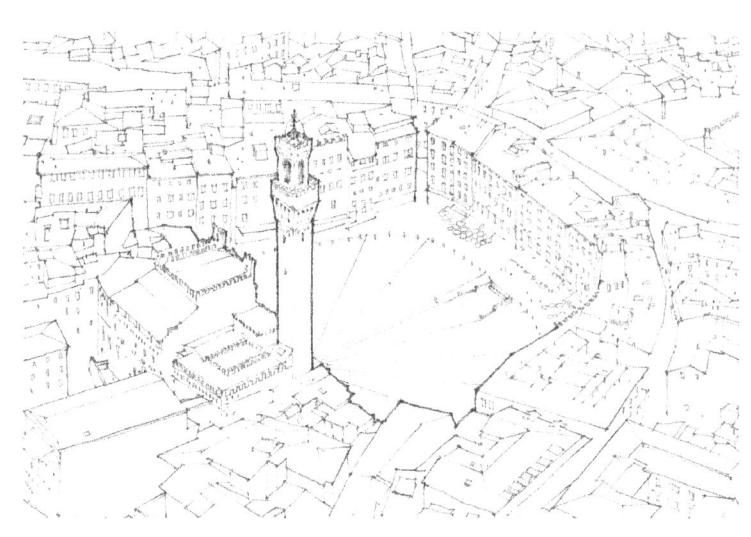

Praça em Giron, na Colômbia

Piazza del Campo, Siena, Itália

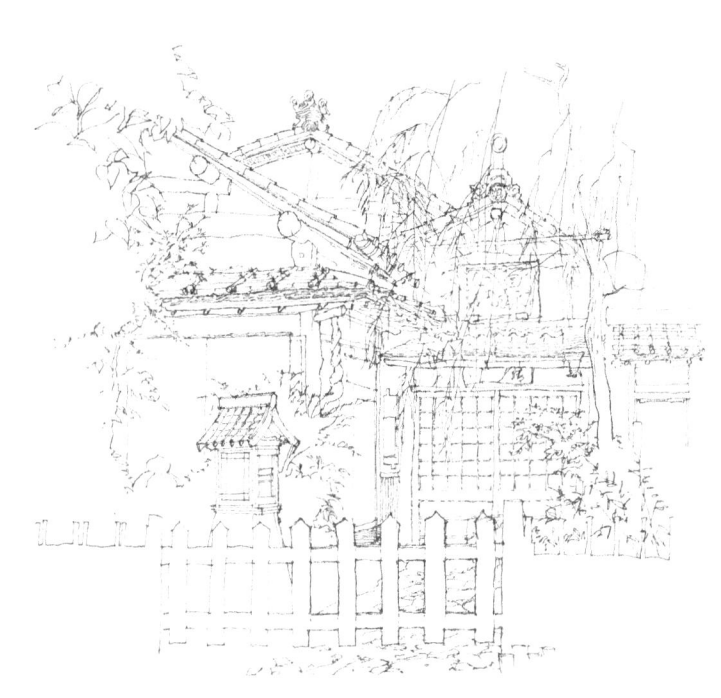

Casa no bairro Asakusa, em Tóquio, Japão

Cafeteria com mesas no passeio, em Orlando, Estados Unidos

O jardim ou pátio
- Uma arquitetura contígua a um pequeno jardim ou pátio agrega a noção de espaço aberto ao projeto de uma edificação. Em uma cidade, os espaços privados às vezes são separados dos públicos por jardins ou pátios semipúblicos. Essa situação pode ocorrer, por exemplo, quando um gramado privado ou um jardim público separa um prédio residencial da rua.

A varanda
- Uma arquitetura com uma varanda ou um alpendre que faz a transição para a rua cria uma separação entre o público e o privado similar àquela estabelecida pelo jardim. Nesse caso, no entanto, a varanda é um elemento interveniente, que leva as atividades públicas para os espaços privados do interior. A varanda se torna uma zona semiprivada na qual a interação pública pode ser convidada para "entrar na edificação", sem que de fato seja permitido o acesso aos espaços privados internos.

O passeio
- Uma arquitetura que se estende em direção ao passeio faz uma separação propositalmente pequena entre o público e o privado. Essas edificações oferecem acesso imediato às atividades públicas de uma cidade. Nesse caso, os espaços de uma residência podem ter funções de caráter mais público reunidos em torno da entrada e resguardar as áreas privativas nos fundos. As lojas podem ter acesso direto pelo passeio, para atrair clientes, ou mesmo ter elementos de seu programa de necessidades se projetando para o espaço público. Uma cafeteria pode ter suas mesas diretamente sobre o passeio, para promover uma interação social que se estende do espaço público externo para seus espaços internos.

Glossário

abstrato Formatos ou formas que têm um conteúdo intelectual e afetivo que depende somente de suas linhas intrínsecas, cores e da relação entre eles.

acrópole Área elevada fortificada ou cidadela de uma cidade grega da Antiguidade, especialmente a cidadela de Atenas e o sítio do Partenon.

acústica Ramo da física que trata da produção, do controle, da transmissão, da recepção e dos efeitos do som.

adobe Tijolo não cozido (seco ao sol), comum em países com poucas chuvas.

água furtada Estrutura que se projeta em uma cobertura em vertente, geralmente com uma janela ou uma abertura com venezianas. Também chamada de lucarna ou trapeira.

análise Separação de um todo entre as partes ou elementos que o compõem, especialmente como método para estudar a natureza do todo e determinar suas características essenciais e as relações entre elas.

analytique Termo francês que designa uma elevação de uma fachada cercada por um arranjo decorativo de desenhos de detalhes importantes e, por vezes, uma planta ou um corte da fachada.

antropomorfismo Concepção ou representação que se assemelha à forma humana ou que tem atributos humanos.

aparelho Qualquer uma das diversas formas de se dispor tijolos ou pedras em uma construção segundo um padrão regular, identificável e normalmente com as juntas desencontradas, a fim de aumentar a resistência da alvenaria, por meio de uma boa amarração, bem como contribuir para a estética da construção.

apoio Ponto, superfície ou massa que suporta um peso, especialmente a área de contato entre um elemento de sustentação, como uma viga ou treliça, e coluna, uma parede ou outro suporte abaixo.

apoio em cabo Ancoragem de cabo que permite a rotação, mas resiste à translação somente na direção do cabo.

apoio em rolete Apoio estrutural que permite a rotação, mas resiste à translação em uma direção perpendicular à sua face ou contrária a ela. Também chamado de junta de rolete.

arcada Série de arcos sustentada por pilares ou colunas.

arco Estrutura curva destinada a cobrir um vão, projetada para suportar uma carga vertical principalmente por compressão axial.

argamassa Mistura plástica de cal ou cimento, ou uma combinação de ambos, com água e areia, utilizada como material aglomerante em uma alvenaria.

arquitetônica Estrutura ou conceito unificador de uma obra artística.

arquitetura 1. Arte e ciência de projetar e construir edifícios. 2. Produto ou resultado do trabalho arquitetônico; edifícios, coletivamente. 3. Estilo ou método de construção característico de um povo, local ou período. 4. Profissão de projetar edifícios e outros ambientes habitáveis. 5. Ação consciente de formar elementos que resultem em uma estrutura unificadora e coerente.

articulação Método ou modo de junção no qual as partes reunidas se mantêm nítida e claramente definidas entre elas.

avaliação do ciclo de vida Análise de toda a variedade de consequências ambientais e sociais atribuíveis a um produto, processo ou serviço "do berço ao túmulo", como os impactos gerados ao longo da vida de um produto de edificação, desde a obtenção de suas matérias-primas até o processamento dos materiais, a manufatura, a distribuição, o uso, a manutenção e o descarte ou a reciclagem.

axonométrica Perspectiva na qual todas as linhas são paralelas aos três principais eixos, os quais são desenhados em escala, mas cujas linhas diagonais e curvas ficam distorcidas.

balanço Viga ou outro elemento estrutural rígido que se estende além de seu ponto de apoio e que é contrabalançado por um elemento de equilíbrio ou por uma força descendente atrás do ponto de apoio.

biqueira Abertura na lateral de uma edificação, como em uma platibanda, para a drenagem da água.

CAD Uso de tecnologia da informação e comunicação no projeto de objetos e ambientes reais ou virtuais. O termo inclui uma variedade de programas de computação e tecnologias de *hardware*, desde os desenhos e traçados de linhas baseados em vetores às figuras em um espaço bidimensional (2D CAD) e à geração de maquetes eletrônicas e animações de elementos tridimensionais (3D CAD). Acrônimo de Computer Aided Design (Projeto Assistido por Computador).

caixotão Cada um dentre uma série de painéis recuados, normalmente quadrangulares ou octogonais, de um teto, sofito ou abóbada. Também chamado de artesão ou caixão.

carga Qualquer uma das forças a que está submetida uma estrutura.

carga acidental Qualquer carga móvel sobre uma estrutura, resultante da ocupação, do acúmulo de neve e de água ou de equipamentos móveis. Uma carga acidental atua geralmente em sentido vertical descendente, mas pode agir horizontalmente ou refletir a natureza dinâmica de uma carga móvel. Também chamada de carga viva.

carga concentrada Carga que atua sobre uma área muito pequena ou sobre um ponto específico de um elemento estrutural.

carga dinâmica Carga aplicada subitamente a uma estrutura, via de regra com rápidas mudanças de magnitude e localização. Quando submetida a uma carga dinâmica, uma estrutura desenvolve forças inerciais em relação à sua massa, e sua deformação máxima não corresponderá necessariamente à intensidade máxima da força aplicada.

carga distribuída Carga dispersa pela extensão ou pela área de um elemento estrutural de sustentação.

carga estática Carga aplicada lentamente a uma estrutura até atingir seu valor máximo, sem variar rapidamente de intensidade ou posição. Quando submetida a uma carga estática, uma estrutura responde lentamente e sua deformação atinge um ponto máximo quando a força estática é máxima.

carga morta Carga estática que atua em sentido vertical descendente sobre uma estrutura, compreendendo o peso próprio desta e o peso dos elementos de construção, acessórios e equipamentos permanentemente vinculados a ela.

carga uniformemente distribuída Carga distribuída de intensidade uniforme.

carga viva Veja carga acidental

casca Placa estrutural delgada e curva cuja forma é determinada a fim de transmitir as tensões de compressão, tração e cisalhamento que atuam no plano de sua superfície.

charrette Esforço para completar um projeto na data-limite estipulada para sua conclusão.

cimento Mistura calcinada de argila e calcário, finamente pulverizada e utilizada como ingrediente de concretos e argamassas. Muitas vezes o termo é empregado para designar o concreto.

cinestesia Experiência sensorial de posição, presença ou movimento corporal, originária sobretudo do estímulo das terminações nervosas em músculos, tendões e juntas.

cisalhamento Deformação lateral provocada em um corpo por uma força externa, que leva uma parte do corpo a deslizar relativamente a uma parte adjacente, em uma direção paralela ao plano de contato entre as duas partes.

civilização Estágio avançado da sociedade humana, caracterizado por um nível relativamente elevado de desenvolvimento cultural, técnico e político.

claustro Passeio coberto que contém uma arcada ou uma colunata de um lado, abrindo-se para um pátio interno.

clerestório Parede de um interior que se ergue acima de coberturas adjacentes e que tem janelas por meio das quais a luz diurna chega ao interior.

cobertura Superfície superior externa de um edifício, incluindo a estrutura de sustentação de um telhado.

cobertura verde Cobertura de uma edificação com vegetação em parte dela ou em sua totalidade, dotada de meio de cultivo (um solo orgânico ou inorgânico) e sistema de drenagem, instalada sobre uma camada de impermeabilização, com o objetivo de reduzir a carga térmica da edificação, o efeito de ilha térmica da cidade e o escoamento superficial da água da chuva, além de aumentar a absorção de dióxido de carbono do ar.

código de edificações Código que regula o projeto, a execução, alterações e reformas de edificações, adotado e posto em execução pelo poder municipal, para salvaguardar a segurança, a saúde e o bem-estar do público.

código de zoneamento Lei municipal que regula a divisão do solo urbano em zonas, de modo a restringir a altura, o volume, a densidade e o uso dos prédios, bem como a dotação de equipamentos de apoio (como estacionamento); um dos principais instrumentos para a implementação de um plano diretor.

composição Arranjo de partes ou de elementos em proporção ou relação adequadas, de modo a formarem um todo unificado.

compressão Ato de reduzir ou estado de ser apertado, resultando em uma redução no tamanho ou no volume de um corpo elástico.

conceito de projeto Conceito referente à forma, à estrutura e às características de um edifício ou outra construção, representado graficamente por meio de diagramas, plantas ou outros desenhos.

concreto Material de construção artificial similar à pedra, feito pela mistura de cimento com vários agregados minerais e água suficiente para que o cimento cure e una toda a massa.

construção Arte, ciência ou profissão de construir.

construção industrializada Processo construtivo que utiliza um elevado grau de pré-fabricação na produção de unidades ou de componentes padronizados a fim de acelerar a construção e a montagem de uma obra.

corte Projeção ortográfica de um objeto ou de uma estrutura do modo como seria visto se fosse cortado por um plano vertical, mostrando sua configuração interna.

cricket Pequeno telhado cuja finalidade é desviar as águas pluviais em torno de uma projeção, como, por exemplo, uma chaminé ou um telhado inclinado.

cultura Padrão integrado do conhecimento, das crenças e do comportamento humanos, estabelecido por um grupo de seres humanos e transmitido de uma geração a outra.

cúpula Estrutura com planta baixa circular e geralmente na forma de parte de uma esfera, construída de modo a exercer um empuxo lateral igual em todas as direções. O mesmo que zimbório ou domo.

dado Fato ou proposição pressuposta, fornecida ou, ainda, determinada, a partir da qual é possível tirar conclusões ou tomar decisões.

desenho Arte, processo ou técnica para representar um objeto, um ambiente ou uma ideia por meio de linhas sobre uma superfície.

desenho de apresentação Qualquer peça de um conjunto de desenhos explicativos produzida para articular e comunicar um conceito ou uma proposta de projeto para fins de exposição, análise crítica ou publicação.

desenho universal Processo de planejar, projetar e criar produtos, edificações e ambientes que sejam acessíveis a todos os indivíduos, inclusive àqueles com incapacidades ou necessidades especiais, no maior grau possível, considerando-se os materiais, as tecnologias e os conhecimentos atuais.

desenho urbano Aspecto da arquitetura e do planejamento urbano que trata do desenho de equipamentos e espaços urbanos.

diagrama Desenho, não necessariamente figurativo, que esboça, explica ou esclarece o arranjo e as relações entre as partes de um todo.

edícula Abertura ou nicho coberto ladeado por duas colunas, pilares ou pilastras que apóiam uma empena, um lintel ou um entablamento.

edificação sustentável Edificação que proporciona ambientes saudáveis por meio do emprego eficiente dos recursos e aplicando materiais com base ecológica. Embora atualmente o termo "edificação sustentável" seja utilizado como sinônimo de "edificação ecológica", a verdadeira sustentabilidade exige uma abordagem holística que também inclui questões sociais, éticas e econômicas, bem como a contextualização das edificações na comunidade.

eixo Linha reta qual os elementos de uma composição são referidos para fins de medida ou simetria.

elevação Projeção ortográfica, normalmente em escala, de um objeto ou estrutura, sobre um plano vertical paralelo a um de seus lados. Também chamada de vista.

energia incorporada Consumo total de energia durante a vida útil de um material ou produto; isso inclui a energia dispendida com a obtenção de suas matérias-primas, a extração, o processamento, o transporte, a instalação, a desmontagem, a desconstrução, o descarte e a decomposição do recurso.

engenharia Arte e ciência de aplicar princípios científicos a finalidades práticas no projeto e na construção de edificações, equipamentos e sistemas.

escada Um dos lanços ou série de degraus que conduz de um nível a outro de uma edificação.

escadaria Passagem de um nível de uma edificação a outro por meio de um ou mais lanços.

escala Certo tamanho, extensão ou grau proporcional, geralmente julgado em relação a algum padrão ou ponto de referência.

escala humana Tamanho ou proporção de um elemento arquitetônico ou espacial ou de uma peça de mobiliário em relação às dimensões estruturais ou funcionais do corpo humano.

escala visual Tamanho ou proporção que um elemento arquitetônico aparenta ter relativamente a outros elementos ou componentes de tamanho conhecido ou pressuposto.

espaço Campo tridimensional no qual objetos e eventos ocorrem e têm posição e direção relativas; especialmente uma porção desse campo pode ser reservada em uma determinada ocasião ou para um propósito particular.

esplanada Área utilizada para passeio ou caminhada, especialmente em um local público, para fins de lazer ou exibições.

estilo Forma particular ou distintiva de expressão artística, característica de um indivíduo, povo ou período.

estrutura Organização dos elementos ou de partes em um sistema complexo, de acordo com o caráter geral do conjunto.

fachada verde Parede coberta com vegetação trepadeira, com raízes fixadas ao solo ou em vasos suspensos, e que cresce diretamente apoiada na parede ou em uma estrutura de suporte especialmente projetada.

fenestração Desenho, proporção e distribuição de janelas e outras aberturas externas em uma edificação.

fiada Fileira contínua de tijolos ou telhas, normalmente horizontais e de mesma altura de um extremo ao outro, como as que compõem uma parede ou um telhado.

forma Formato e estrutura de algo, enquanto contraponto de sua substância ou material.

formato Perfil ou configuração da superfície de uma forma ou figura. Enquanto a forma geralmente se refere ao princípio que dá unidade ao todo e frequentemente inclui uma ideia de massa ou volume, o formato sugere um perfil, com certa ênfase na área ou na massa delimitada.

friso Faixa decorativa, como ao longo da parte superior de uma parede interna, imediatamente sob a cornija, ou esculpida em uma cornija de parede externa.

frontão Empena com baixo caimento delimitada pelas cornijas horizontais e inclinadas de um templo da Grécia ou Roma Antigas. Também se refere a um elemento similar ou derivado empregado para coroar uma importante divisão de fachada ou abertura.

frontear Estar voltado ou abrir-se para uma determinada direção.

função Ação natural ou própria para a qual determinada coisa é projetada, empregada ou existe.

fundação profunda Sistema de alicerce que se estende por um solo instável abaixo, a fim de transferir as cargas da edificação a um estrato de apoio bem abaixo da superestrutura.

fundação rasa Sistema de fundação colocado diretamente sob a parte mais baixa de uma subestrutura, a fim de transferir as cargas da edificação diretamente ao solo de suporte por meio de pressão vertical. Também chamada de fundação superficial.

fundir Combinar, misturar ou unir gradativamente, por etapas, de modo a obscurecer identidades ou distinções.

geométrico Figuras e formas que se assemelham a ou que utilizam elementos retilíneos ou curvilíneos simples da geometria.

harmonia Arranjo ordenado, agradável ou congruente dos elementos ou de parte de um todo artístico.

helênico Referente à história, cultura e arte da Grécia antiga, esp. antes do período de Alexandre Magno.

helenístico Referente à história, cultura e arte grega entre a morte de Alexandre Magno, em 323 a.C., e o século I a.C., período no qual as dinastias gregas se estabeleceram no Egito, na Síria e na Pérsia, e a cultura grega foi modificada por elementos estrangeiros.

história Narrativa sistemática, via de regra cronológica, de acontecimentos significativos relacionados a um povo, país ou período particular, normalmente incluindo uma explicação de suas causas.

Idade da Pedra Período mais remoto de cultura humana conhecido, que antecede a Idade do Bronze e a Idade do Ferro, é caracterizado pelo uso de utensílios e armas de pedra.

Idade Média Período da história europeia compreendido entre a Antiguidade clássica e a Renascença, frequentemente datado entre 476 d.C. – quando Rômulo Augústulo, o último imperador do Império Romano do Ocidente, foi deposto – e cerca de 1.500.

imposta Parte de uma estrutura que recebe diretamente o empuxo ou a pressão, como uma massa de alvenaria que recebe e transmite o empuxo de parte de um arco ou abóbada.

instalações hidrossanitárias Sistemas de tubos, válvulas, acessórios e demais aparatos de um sistema de fornecimento de água ou esgoto.

International Building Code (IBC) Código de edificações nacional dos Estados Unidos. Trata-se de um código-modelo abrangente e coordenado desenvolvido, publicado e mantido pelo International Code Council (ICC), composto de representantes das três principais agências norte-americanas que anteriormente criavam códigos nacionais nesse país e sediado em Washington, D.C.

interstício Pequeno espaço intermediário entre diferentes coisas ou partes.

isometria Desenho *paraline* de uma projeção isométrica, em que todas as linhas paralelas aos eixos principais são traçadas em sua real dimensão na mesma escala.

janela Abertura na parede de um edifício destinada à entrada de luz e ar, normalmente guarnecida de uma moldura na qual estão instalados caixilhos móveis contendo vidraças.

jardim vertical Parede parcial ou totalmente coberta com vegetação e, em alguns casos, com um solo ou meio inorgânico de cultivo.

junta de pino Conexão estrutural que permite a rotação, mas resiste à translação em qualquer direção. Também chamada de junta gonzo ou junta de charneira.

junta rígida Conexão estrutural que mantém a relação angular entre os elementos reunidos, impede a rotação e a translação em qualquer direção e proporciona força e resistência ao momento. Também chamada de conexão fixa, junta fixa e conexão rígida.

lanço Série contínua de degraus entre um piso ou patamar em uma edificação e o piso ou patamar seguinte.

lanternim Estrutura elevada que corre ao longo da cumeeira de um telhado, provida de janelas ou venezianas para iluminar ou ventilar uma edificação.

Lei para os Norte-Americanos com Deficiências (ADA) Lei norte-americana de direitos civis federais que trata do projeto acessível e da construção de edificações e equipamentos públicos e privados. Lei do Congresso dos Estados Unidos aprovada em 1992, estabelecendo padrões e exigências para o projeto de qualquer edificação; exceto residências unifamiliares, para garantir a acessibilidade a deficientes físicos.

leito de rocha Camada de rocha sólida e inteiriça que subjaz todos os materiais não consolidados da superfície da terra, como solo, terra argilosa, areia ou fragmentos rochosos.

linha de eixo Linha traçada para expressar alinhamento, escala ou proporção.

lote Área geográfica de um projeto de edificação, normalmente definida por suas divisas legais.

lucarna Veja água furtada

massa Volume ou magnitude física de um corpo sólido.

material Matéria com qualidades específicas com base nas quais é possível classificá-la.

Mesoamérica Área que se estende do México central e da Península de Yucatán a Honduras e à Nicarágua, onde as civilizações pré-colombianas floresceram. Tais culturas se destacaram na astronomia e na medição do tempo e tinham em comum a construção de templos em forma de pirâmide e um panteon de divindades, incluindo os deuses do sol, do vento e da chuva.

modernismo Ruptura deliberada, filosófica e prática com o passado, nas artes e na literatura, ocorrida ao longo do século XX e que toma forma em qualquer um dos diversos movimentos e estilos inovadores.

módulo Qualquer um dentre uma série de componentes padronizados, via de regra intercambiáveis, utilizados na montagem de elementos de tamanhos, complexidade ou função diferentes.

Neolítico Relativo à última fase da Idade da Pedra, caracterizado pelo cultivo de grãos, domesticação de animais, estabelecimento de povoados, manufatura de artefatos cerâmicos e de tecidos e uso de utensílios de pedra polida; imagina-se que seu início date de aproximadamente 9.000–8.000 a.C.

olfativo Relativo ao sentido do olfato ou baseado nele.

ordem Condição de arranjo lógica, harmoniosa e total, na qual cada elemento de um grupo está adequadamente disposto com referência a outros elementos e ao seu propósito.

orgânico Formas e figuras de contornos irregulares que se assemelham àqueles das plantas ou de animais vivos.

organização Arranjo sistemático de partes interdependentes ou coordenadas em uma unidade coerente ou um todo funcional.

orientação Posição de uma edificação em um terreno em relação ao norte verdadeiro, aos pontos cardeais, a um local ou referência específico ou às condições locais de luz solar, vento e escoamento.

padrão Desenho artístico ou decorativo, especialmente aquele que apresenta um arranjo característico e é considerado uma unidade, do qual é possível transmitir uma ideia com base em um fragmento.

painel Parte pré-fabricada de piso, parede, teto ou cobertura, tratada como um elemento distinto na construção e na montagem de um edifício.

paisagismo Arte, atividade ou profissão dedicada a projetar, organizar ou modificar as características de uma paisagem por razões estéticas ou práticas.

parede Qualquer uma das várias estruturas eretas que apresentam uma superfície contínua e que servem para delimitar, dividir ou proteger uma área.

parede viva Jardim vertical autossuficiente fixado a uma parede interna ou externa de uma edificação, consistindo em uma estrutura de suporte, camadas de tecido geotêxtil, solo ou outro meio de cultivo, sistema de irrigação automático e vegetação.

partido Esquema ou conceito básico de um projeto de arquitetura, representado por um diagrama.

pavimento Divisão horizontal completa de uma edificação, com um piso contínuo ou praticamente contínuo, compondo o espaço entre dois níveis imediatamente sobrepostos. Também se refere ao conjunto de cômodos no mesmo nível ou pavimento de uma edificação.

pele Estrutura externa ou paredes e cobertura de um edifício. Também chamada de vedações externas.

perspectiva Faculdade de enxergar as coisas em suas verdadeiras relações ou de avaliar seu significado relativo.

perspectiva cônica Desenho que representa de modo realista objetos e relações espaciais tridimensionais em uma superfície bidimensional.

pilar Elemento estrutural rígido, relativamente delgado, projetado principalmente para suportar cargas de compressão aplicadas a suas extremidades.

pilar Elemento estrutural vertical de secção quadrada ou retangular que sustenta uma das extremidades de um arco ou lintel.

pilar Um dos diversos elementos verticais destinados a suportar uma estrutura acima do nível do solo ou da água.

piloti Qualquer uma de uma série de colunas que sustenta um edifício acima de um piso térreo aberto.

piso Superfície horizontal superior de um degrau de escada, sobre a qual se apoiam os pés.

planejamento espacial Aspecto da arquitetura e do projeto de interiores que trata do planejamento, da distribuição, do desenho e da criação de espaços no contexto de uma edificação proposta ou existente.

planejamento urbano Atividade ou profissão dedicada à determinação da futura organização física e condições de uma comunidade, envolvendo uma avaliação das condições correntes, uma previsão das exigências futuras, um plano para o atendimento a tais exigências e propostas de programas legais, financeiros e de construção para implementar esse plano.

planta Projeção ortográfica do topo ou do corte de um objeto ou de uma estrutura sobre um plano horizontal, geralmente desenhada em escala.

planta livre Planta baixa sem nenhum espaço ou ambiente distinto inteiramente fechado.

pleno Espaço entre um teto rebaixado e o plano do piso acima ou o espaço sob um piso elevado, especialmente quando utilizado para o insuflamento ou o retorno de ar-condicionado.

porta Anteparo articulado, corrediço ou dobrável, feito em madeira, vidro ou metal, para abrir e fechar a entrada de uma edificação, um cômodo ou um armário.

pós-modernismo Movimento na arquitetura e nas artes decorativas desenvolvido na década de 1970 como uma reação aos princípios e às práticas do modernismo, que encorajava o uso de elementos dos estilos vernáculos históricos e frequentemente da ilusão lúdica, do efeito decorativo e da complexidade.

poste Suporte vertical rígido, especialmente uma coluna com estrutura de madeira.

praça cívica Praça pública ou espaço aberto em uma cidade.

pré-fabricar Fabricar ou produzir anteriormente, esp. unidades ou componentes padronizados para construção e montagem rápidas.

princípio organizador Conceito fundamental e abrangente de percepção visual para se estruturar uma composição estética.

projeção axonométrica Projeção ortográfica de um objeto tridimensional inclinado em direção ao quadro, de modo que seus três eixos principais são escorçados. Também chamada de perspectiva axonométrica.

projeção oblíqua Desenho *paraline* de uma projeção em que todas as linhas e faces paralelas ao quadro são desenhadas exatamente na escala e todas as linhas que se afastam perpendicularmente do mesmo plano são mostradas em qualquer ângulo conveniente diverso de 90°, às vezes em uma escala reduzida, a fim de compensar o aspecto distorcido.

projeção ortográfica Método de projeção no qual um objeto tridimensional é representado pelo encontro de linhas de projeção paralelas perpendiculares ao plano do desenho.

projetar Conceber ou idealizar a forma e a estrutura de um edifício ou de outra construção.

projeto de interiores Arte, empresa ou profissão dedicada a planejar o desenho e supervisionar a execução de interiores arquitetônicos, incluindo esquemas de cor, mobiliário, acessórios e, por vezes, elementos arquitetônicos.

projeto estrutural Plano em que se determina o processo ou o modo de reunir peças relativamente delgadas para dar forma e estabilidade a uma estrutura.

projeto modular Planejamento e projeto que se utilizam de módulos pré-fabricados ou de coordenação modular com vistas à facilidade de montagem, à flexibilidade de arranjos e à variedade de aplicações.

projeto sustentável Abordagem ao projeto que enfatiza a eficiência e a moderação no uso de materiais, energia e recursos espaciais, exigindo atenção aos resultados gerais previsíveis das decisões, ações e eventos ao longo de todo o ciclo de vida de uma nova edificação, de sua concepção inicial à implantação, ao projeto, à construção, ao uso e à manutenção, bem como do processo de renovação das edificações existentes e da revitalização de comunidades e cidades.

projeto-construção Regime mediante o qual uma pessoa ou uma organização é contratada diretamente por um proprietário para projetar e construir um imóvel.

proporção Relação comparativa, apropriada ou harmoniosa, de uma parte com a outra e com o todo, no que diz respeito à magnitude, à quantidade ou ao grau.

rampa Piso, passeio ou via inclinada que conecta dois níveis. Os códigos de edificações geralmente exigem que o declive máximo das rampas de acesso seja de 8%, com comprimento máximo de 760 cm entre os patamares.

Renascença Atividade, espírito ou período da revivescência humanística da arte, das letras e da cultura clássicas, que tem início na Itália no século XIV e se estende até o século XVII, assinalando a transição do mundo medieval para o moderno. Também chamada de Renascimento.

repetição Ato ou processo de repetir elementos formais ou motivos em um projeto.

ritmo Movimento caracterizado por uma repetição ou alternância padronizada de elementos formais ou de motivos do mesmo modo ou de modo modificado.

seção áurea Proporção entre as duas dimensões de uma figura plana ou as duas divisões de uma reta, na qual a razão da menor para a maior é igual à razão da maior para o todo: uma razão de aproximadamente 0,618 para 1,000.

símbolo Algo que representa outra coisa por associação, semelhança ou convenção, especialmente um objeto material utilizado para representar algo invisível ou imaterial, cujo significado advém principalmente da edificação na qual aparece.

síntese Combinação de partes ou elementos separados e frequentemente distintos, a fim de formar um todo uno ou coerente.

sistema Grupo de coisas ou partes que interagem e estão relacionadas entre si ou dependem umas das outras, formando um conjunto ou todo uno, especialmente a fim de servir a um propósito único.

sociedade Comunidade duradoura, cooperativa e de longo alcance entre indivíduos possuidores de tradições, instituições e identidades comuns, cujos membros desenvolveram interesses e crenças coletivas mediante sua interação.

soleira Peça horizontal de um vão de porta que cobre a junta entre dois revestimentos de piso ou que oferece proteção térmica a uma porta externa.

soleira da lareira Piso de uma lareira, normalmente de tijolo, ladrilho cerâmico ou pedra, que com frequência avança uma pequena distância no ambiente.

sólido Figura geométrica que tem três dimensões: comprimento, largura e espessura.

subparede de alvenaria Secção vertical contínua de uma parede de alvenaria, com apenas uma unidade de tijolo, bloco ou pedra de espessura.

sustentável Adjetivo dado a um material, produto ou processo considerado não prejudicial ao meio ambiente.

taipa de pilão Mistura rígida de barro, areia ou outro agregado e água, socada e secada dentro de formas e utilizada como material de construção. Também chamada de pisé ou *pisé de terre*.

tátil Relativo ao sentido do tato ou baseado nele.

tectônica Ciência ou arte de moldar, ornamentar ou agregar materiais na construção de edificações.

teoria Pensamento ou especulação abstratos que resultam em um sistema de hipóteses ou princípios utilizado na análise, na explicação ou na previsão de fenômenos, proposto ou seguido como a base da ação.

textura Qualidade visual e especialmente tátil de uma superfície, além de sua cor ou forma.

textura tátil Estrutura física e dimensional de uma superfície, afora sua cor ou forma.

textura visual Textura aparente de uma superfície, resultante da combinação e da relação entre cores e valores tonais.

tijolo Unidade de alvenaria feita de argila, moldada na forma de um prisma retangular enquanto maleável e seca ao sol ou mediante cozimento em uma fornalha.

tipo de construção Nos Estados Unidos, classificação de edificações de acordo com a resistência ao fogo de seus principais componentes: estruturas, paredes externas estruturais e não estruturais, paredes estruturais internas, pisos e tetos, coberturas e áreas para saída de emergência e passagens verticais. Embora os códigos de edificações apresentem diferenças em termos dos detalhes de suas exigências, todos limitam a área e a altura dos edifícios de acordo com a construção e a finalidade pretendida.

torque Momento de um sistema de forças que produz ou tende a produzir rotação ou torção.

tração Ato de esticar ou afastar resultante do alongamento de um corpo elástico.

trama Estrutura de partes relativamente delgadas, reunidas para sustentar, definir ou delimitar. Também chamada de estrutura.

transição Movimento, passagem ou mudança de uma forma, estado ou local para outro.

trapeira *Veja* água furtada

treliça espacial Armação estrutural tridimensional baseada na rigidez do triângulo e composta por elementos lineares submetidos apenas a tensões ou compressões axiais. A unidade mais simples de uma estrutura espacial é o tetraedro, que possui quatro juntas e seis elementos estruturais. Também chamada de tesoura espacial ou pórtico espacial.

vanguarda Do francês avant-garde: Vertente mais avançada em qualquer campo, esp. nas artes visuais, literárias ou musicais, cujas obras se caracterizam sobretudo pela adoção de métodos não ortodoxos e experimentais.

vão Divisão espacial grande, geralmente uma de uma série, demarcada ou separada pelos suportes verticais principais de uma estrutura.

vazio Espaço não ocupado dentro de uma massa ou limitado por ela.

veneziana Anteparo formado por palhetas inclinadas, sejam fixas ou móveis, com a finalidade de admitir o ar, mas impedir a entrada de chuva e neve, ou proporcionar privacidade.

viga Elemento estrutural rígido projetado para suportar e transferir cargas através do espaço para os elementos de sustentação.

viga-mestra Grande viga principal projetada para a transferência de cargas concentradas em diferentes pontos de seu comprimento.

volumetria Composição unificada de formas bidimensionais ou de volumes tridimensionais, especialmente aquela que dá a impressão de peso, densidade e magnitude.

Índice

1 d.C. 22
1000 d.C. 32
1200 d.C. 34
1400 d.C. 38
1500 a.C. 15
1600 d.C. 40
1700 d.C. 42
1800 d.C. 44
1900 d.C. 46
1950 d.C. 48
200 d.C. 24
2500 a.C. 14
400 a.C. 20
400 d.C. 25
600 d.C. 28
800 a.C. 18
800 d.C. 29

A

Aalto, Alvar 6, 48, 95, 113, 134, 164, 200–201, 221
Abásidas 30–31
Abastecimento de Água 189
Aberturas em Elementos Definidores do Espaço 114–117
Abóbada de Berço 170
Abóbadas 170, 296
Abramovitz, Max 95
Abrigo Subterrâneo 171
Acaso, Aproveitando o 206
Aço 241
Acolhua, Povo 38
Acrópole de Atenas, Grécia 20
Adobe 177
Aduela 191
Aduela de Nascença 191
Aechen, Cidade de 31, 39
África 14, 24–25, 35, 36, 46
Agregado 177
Água Potável 189
Alameda 198
Alberti, Leon Battista 4
Alçapão 171
Alemanha 33, 42, 44, 46–48, 50
Aleppo, Cidade de 42
Alhambra 35
Alimentador 187
Alpendre de entrada 172
Altura 191

Alvenaria 239–240
América Central 18, 23, 25, 31, 36
América do Sul 14, 18, 21, 28, 38
Anasazi, Povo 31
Ando, Tadao 146
Angkor Wat 34
Aparelho Sanitário 190
Apartamentos da Vincent Street 67
Aquecedor de Água 189
Aquífero 189
Ar de Exaustão 186
Ar de Insuflamento 186
Ar de Recirculação 186
Arco de Alvenaria 191
Ar-Condicionado 186
Arcos e Abóbadas 296
Área Metropolitana 378
Areaway 183
Arena de Natação Olímpica, Munique 77
Árias/Arianos 16
Armênia 18, 28, 32
Arquitetura da Cidade 398–407
Arquitetura de Interiores 9, 349–372
Arquitetura de Interiores e Arquitetura *Lato Sensu* 350
Arquitetura Neoclássica 45, 48
Art Nouveau 47
Articulação 175
Ásia 14, 16, 18–20, 22–24, 26–32, 34–36, 38–40, 42–44
Asplund, Eric Gunnar 222
Assírios 19
Átrio 173

B

Babilônia 19
Bagdá, Cidade de 30–31
Bairro 379
Baixo-Relevo em Chalcatzingo, México 21
Baldaquim, Catedral de Maiorca 201
Balmumcu, Sevki 48
Banco Fukuoka Sogo 68
Bandeira 179
Banpo, China 13
Barabar, Cavernas das Colinas, Índia 20
Barnes, Edward Larabee 221
Batente 178
Bateria 187

Batistério de Parma, Itália 33
Bauhaus 47–48
Beaux-Arts 47
Bellevue, Washington, Mapa de Zoneamento 396
Belvedere 198
Béquer, Povo 15
Bérbere, Povo 32
Berlim, Filarmônica de 49
Biblioteca de Mount Angel, Faculdade Beneditina 164
Biblioteca do Centro Paroquial Wolfsburg 95
Biblioteca em Rovaniemi, Finlândia 164
Biblioteca em Seinajoki, Finlândia 164
Biblioteca Pública de Seattle 390
Birmanês, Povo 19
Bizâncio 26, 31
Bloco de Coroamento, Bloco de Transição 196
Bohlin, Cywinski, Jackson/Bassetti Architects 389, 393
Bomba de Calor 186
Bombaim, Cidade de 42
Borobudur 30
Borromini, Francesco 41, 61, 143
Boston, Cidade de 42
Botta, Mario 63, 221
Boullée, Étienne-Louis 45
Bramante, Donato 129
Brasília, Cidade de 48, 398
Breuer, Marcel 69
Brises 180
Brutalismo 49
Buenos Aires, Cidade de 42
Bukhara 39, 42
Burlington, Lord 131
Busse, August 140

C

Cabo 188
Cafeteria com Mesas no Passeio, Orlando, Flórida 407
Caibros 194
Caixilho 178
Caixotão 169
Calcutá, Cidade de 42, 44
Caldeira 185
Calefação a Vapor 185
Calefação central 184
Calefação por Água Quente 185
Calefação por Ar Quente Insuflado 185

ÍNDICE

Calefação Radiante 184
Calor Elétrico 184
Cambio, Arnolfo di 153
Camboja 30, 32, 34, 36
Campo de'Fiori 392
Canalização de Esgoto 190
Canberra, Planta de 8, 387
Capela do Bosque 222, 347–348
Capitel de Coluna Coríntia 22
Capitólio dos Estados Unidos 44
Características da Forma 53–57
Caramanchão 198
Carga de Aquecimento 184
Cargas Dinâmicas 284–287
Carroll, Lewis 204
Casa Adler 147
Casa Caplin 133
Casa Chiswick 131
Casa da Cascata (Casa Kauffman) 7, 120
Casa da Colina 118
Casa de Vidro 105
Casa em Alvenaria de Tijolo 118
Casa em Riva San Vitale 221
Casa em Stabio 63
Casa Flagg 223
Casa Gamble 143
Casa Gorman 62
Casa Gwathmey 59
Casa Herbert F. Johnson (Casa Wingspread ou Casa Cata-Vento) 141
Casa Hines 223
Casa Hoffman 67
Casa I para Eric Boissonas 146
Casa Japonesa Tradicional 143
Casa Karuizawa 143
Casa Kauffman no Deserto 141
Casa Lawrence 131
Casa Manabe 146
Casa Metade 133
Casa no Bairro Asakusa, Tóquio 407
Casa no Litoral de Massachusetts 95
Casa para a Exposição de Edificações de Berlim 106
Casa Pope 149
Casa Robie 214
Casa Samuel Freeman 117
Casa Sarabhai 109
Casa Schwartz 77, 334
Casa Snyderman 147
Catedral de Florença 39, 156
Catedral de Salisbury 162
Cela do Norte da Índia 163
Cenotáfio para Sir Isaac Newton 45
Central Park, Planta do 46
Centro de Belas Artes de Fort Wayne 202

Centro de Concertos e Convenções, Helsinque 200
Centro de Pesquisa em Ciências Sociais 50
Centro de Pesquisas da IBM 69
Centro Rockefeller 95
Cervejaria Old Rainer 395
Chandigarh, Cidade de 48, 399
Chang'an, Cidade de 24, 30–31
Chauvet 14
Chengde, Cidade de 44
Chicago, Cidade de 47
Chichén Itzá 36
Chimu, Povo 38
China 14–16, 18–27, 29–30, 32, 34–36, 38–39, 43–46
CIAM 48, 399
Cidade 380
Cidade do Cabo 42
Cidade Maia de Copán 33
Cidade Proibida 39–40
Cidade Radiante 48
Cidades, Função 387–395
   Comercial e de Serviços 393
   Doméstica 388
   Empresarial 394
   Industrial 395
   Pública 389–392
Cimento 177
Cinco Pontos de Uma Nova Arquitetura 64
Circuito 187
Circuitos Paralelos 187
Cisterna 189
Claraboia 180
Claustro e Sala dos Cavaleiros, Mont Saint Michel 103
Clerestório 179
Climatização 186
Clube Náutico Yahara 61
Cobertura em Vertente 168
Cobertura Plana 168
Coberturas, Construção 272–280
   Aço Estrutural 273
   Coberturas com Estrutura de Barrotes de Madeira e Painéis ou Tábuas 279
   Lajes de Concreto 272
   Telhados de Duas Águas 277–278
   Telhas de Metal 276
   Tesouras de Madeira 280
   Treliças de Aço 274–275
Códigos de Edificações 322–328
   Estaduais 326
   Federais e Nacionais 324–325
   International Building Code 323
   Municipais 326
   Outros Códigos 327
   Padrões Mínimos 328

   Proteção da Vida *versus* Proteção da Propriedade 328
Colunata 172
Combinações de Carga 284
Complexo Administrativo da Capital de Bangladesh 2, 213
Complexo da Capital do Paquistão, Islamabad 9
Complexo da Mesquita de Beyazid II 160
Complexo de Palácios de Persépolis 20
Complexo de Pesquisas da IBM 69
Complexo de Rituais Mingtang-Biyong 24
Complexo de Templos de Zoser 14
Complexo do Palácio de Akbar, o Grande 90
Complexo Monástico Kushana 25
Componentes 165
Composição 207
Comunidade 404–407
Conceito 199, 225–230
Concreto 177, 236–238
Conduíte 188
Conjunto do Palácio, Fatehput Sikri, Índia 41
Construtivismo 47
Construtores de Morros, Povo 21
Contraforte 170
Convento para as Irmãs Dominicanas 112
Copán, Cidade de 33
Cor 53
Corbusier, Le 47–48, 59, 61, 64, 109, 115, 129, 149, 216, 337, 399
Córdoba, Cidade de 30–31
Coreia 26, 29, 39–40
Coroa 191
Correa, Charles 147
Corrente 187
Corte nas Cavernas Magao 27
Cortes 343–348
Crown Hall 77
Cultura Adronovo 15
Cumeeira 168
Cúpula 168, 297
Cúpula da Rocha 30
Cuzco, Cidade de 38

D

Da Vinci, Leonardo 41, 136, 199
De Stijl 47
Densidade 397
Deque 172
Desenho de Estudo 200
Desenho Urbano 9, 46, 373–408
   Estratégias em Larga Escala 403
   Estratégias em Pequena Escala 400–402
Desenho Urbano e Arquitetura 374–376

Desenhos de Vistas Múltiplas 329–348
    Cortes 343–348
    Elevações 340–342
    Plantas 332–339
Desenvolvendo a Fluência 205
Destaque das Superfícies 66
Dezesseis Reinos 27
Diagramas 214–223
    Analíticos 216
    Conceitos 220–223
    Elementos 217–218
    Relações 219
    Tipos 215
Dinastia Han 23–24, 26–27
Distritos Históricos e Marcos Arquitetônicos de Boston 397
Dóricos 18
Duto 185

E

Edifício da Assembleia Nacional, Complexo do Capitólio de Daca 125
Edifício da CBS 68
Edifício da Companhia John Deere 68
Edifício da Faculdade de História, Cambridge University 107
Edifíco da Associação dos Tecelões 216
Eero Saarinen & Associates 68
Egito, Arquitetura do 14, 16, 18, 20, 25, 32, 39, 46
Egito 14, 16, 18, 20, 25, 32, 39, 46
Eixo 151–153
El Salvador 31
Elementos de Construção 167–198
    Cobertura 167–168, 310–311
    Cômodos 167, 171–173
    Estruturas 167, 191–195
    Fundações 167, 196–197, 302–305
    Instalações 167, 184–190, 312–320
    Janelas 167, 178–180
    Paredes 167, 174–177, 308–309
    Pisos 167, 183, 306–307
    Portas 167, 181–182
    Tetos e Forros 167, 169–170
Elementos Estruturais 291–298
    Arcos e Abóbadas 296
    Cascas 298
    Cúpulas 297
    Estruturas Independentes e Paredes 294
    Pilares 291
    Placas 295
    Tesouras 293
    Vigas 292

Elementos Horizontais 88–98
    Plano de Cobertura 88, 96–98
    Plano-Base 88–89
    Plano-Base Elevado 88, 90–92
    Plano-Base Rebaixado 88, 93–95
Elementos Verticais 99–113, 362
    Elementos Lineares 100–103
    Fechando Planos 100, 113
    Plano Único 100, 104–105
    Planos em L 100, 106–107
    Planos em U 100, 110–112
    Planos Paralelos 100, 108–109
Elevações 340–342
Empena 168
Energia Incorporada 233–235
Episteme 3–5, 10
Erlach, Fischer von 131
Escadas 183
Escadas e Escadarias 71–73
Escala 5–8, 53, 66, 70, 74, 76–77, 84, 103, 105, 118, 213, 222, 227, 332–333, 358–362
Escola de Artes e Ofícios Haystack Mountain 221
Esgoto 190
Espaço Definidor da Forma 87–113, 357
Espaço na Arquitetura 80, 118–124, 351–358, 360–363
Espanha 14–15, 24, 30–33, 35–36
Espigão 168
Esplanada 198
Estacas 196
Estrutura de uma Edificação, A 281–283
Estrutura Tensionada, Mostra Nacional de Jardinagem 97
Etruscos 18
Europa 14–16, 18, 20, 22, 26–28, 31, 33, 38–48
Expressionismo 47
Exterior para Interior 359
Extradorso 191

F

Face íngreme do penhasco de Bamiyan, Afeganistão 26
Fachada 175
Fatímida, Povo 32
Fatores Humanos 368–369
Fecho 191
Fenestração 175
Fengchu, Complexo Ritual de 19, 155
Figura e Fundo 356
Filarete, Antonio 154
Fio 188
Fio-terra 188
Fisher, Frederick 133
Florença, Cidade de 39

Folly 198
Forças Estruturais 288–289
Forma, Características da 53
Forma e Aparência 397
Forma e Espaço 81–86
Forma e Movimento 70
Fornalha 184
Forro Integrado 169
Forro Suspenso 169
Fossa Séptica 190
França 14, 33–34, 41–42, 44, 46, 48
Frontear 198
Fundação de Estacas 196
Fundação Flutuante 197
Fundações, Construção 250–257
    Fundações Rasas 252–253
    Lajes de Concreto Diretamente sobre o Solo 256–257
    Muros de Arrimo 254–255
    Sistemas de Contenção de Talude 251
Fundações Profundas 196

G

Galeria dos Ofícios 153
Gandharan, Povo 22, 25
Gaudí, Antoni 201
Gehry, Frank 50, 57, 391
Geórgia 28
Gótico 4, 33
Grade de Retorno 185
Grades de Ar-Condicionado 185
Grande Estupa de Sanchi 155
Grande Muralha da China 27
Grande Praça de Tikal 28
Graves, Michael 147
Grécia 18, 20, 44
Greene & Greene 143
Grego, Povo 3, 18, 20, 28, 44, 52
Griffin, Walter Burley 8, 387
Gropius, Walter 47–48
Guatemala 31
Gwathmey, Charles 59
Gwathmey/Siegel 59

H

Habraken, John 204
Hachuras 335, 348
Hagia Sophia 28, 41
Hariharalaya, Cidade de 30–31
Harrison, Wallace K. 95
Hausmann, George-Eugene 47
Hejduk, John 133
Helenismo 20

Herrmann, Heinrich 140
Hierarquia 151, 156–157
Hitita, Povo 16, 18
Honduras 31
Hong Kong, Cidade de 42
Horyu-Ji 29, 123
Hôtel de Beauvais 154
Hun, Povo 38

I

Idade do Bronze 16, 18
Idade do Ferro 18
Iêmen 18
Igreja da Abadia de Santa Maria 345
Igreja da Peregrinação (Basílica dos Catorze Santos Auxiliares), Vierzehnheiligen, Alemanha 129
Igreja de São Michel em Hildensheim, Alemanha 33
Igreja de São Pedro, Roma 27, 41, 129
Igreja Ideal (Da Vinci) 136
Igreja Ideal (Filarete) 154
Igrejas Talhadas nos Rochedos de Lalibela, Etiópia 35
Il Redentore 59
Império Babilônico 19–20
Império Romano 22, 24, 31
Império Srivijayan 32, 36
Imposta 191
Incas 38
Índia 16, 19–20, 22–27, 29–30, 32, 35–36, 39–41, 43–44, 48
Índios Norte-Americanos 17
Indonésia 25, 30, 32, 36
Indus, Arquitetura dos 14–16, 20
Inércia Visual 54
Inglaterra 15, 24, 33–34, 41–42, 46–47, 49–50
Instalações 299–301
Instituto Bandung de Tecnologia 98
Interruptor 188
Interruptor de Circuito 188
Interruptor de Vazamento para a Terra 188
Intradorso 191
Intuição 204
Isozaki, Arata 68
Itália 18, 28, 33–34, 39, 42, 44, 48, 50
Iwan de Khusrau I 26

J

Jacobsen, Arne 6
Jami Masjid (Mesquita da Sexta-Feira), 161
Janela de Batente 178
Janela de Empena 179
Janela de Hospital 179
Janela de Sacada 179
Janela de Toldo 179
Janela Panorâmica 179
Janela-Guilhotina 178
Japão 26–27, 29–30, 32, 34, 36, 40, 43, 45, 49
Jardim-de-inverno 173
Jerusalém, Cidade de 18, 27, 30, 34
Johansen, John M. 149
Johnson, Philip 105, 118, 146
Jônios 18
Juntas e Conexões 290

K

Kaffeehaus Jüngling 42
Kahn, Louis 2, 9, 37, 69, 112, 125, 147, 202, 213, 222
Kallmann, McKinnell & Knowles 85
Kaminaljuyu, Vista Aérea 21
Kent, William 131
Khasneh al Faroun, Petra 63
Khmer, Povo 30–32, 34, 36, 39
Klenze, Leon von 92
Koolhaas, Rem 390
Kurokawa, Kisho 143
Kush, Reino de 18

L

La Venta 18
Laboratório de Pesquisas Médicas Richards 222
Lacunar 169
Laje de Piso Diretamente sobre o Solo 197
Laje Plissada 195
Lanternim 180
Lascaux 14
Ledoux, Claude Nicolas 45
Liao, Povo 30, 36
Limiar 182
Loja da Apple, Fifth Avenue 393
Londres, Cidade de 39, 44–46, 49
Longarina 194
Lucarna 168
Lugar 404–407
Luoyang, China 19
Lutyens, Sir Edwin 67

M

Macau, Cidade de 42
Mackintosh, Charles Rennie 118
Madeira 244–246
Madras, Cidade de 42
Magna Grécia 18
Mahavihara de Nalanda 159
Maias 21, 23, 28, 31, 33, 36
Mainéis 178

Maquetes Eletrônicas 224
Maquetes Tradicionais 224
Margiana, Arquitetura da 14–15
Materiais de Acabamento 372
Maybeck, Bernard 223
Medidor de watts/hora 187
Mediterrâneo 16, 18, 20, 26, 28, 30, 39, 41
Megalópole 382
Meier, Richard 67
Melinkov, Konstantin 47
Mesoamérica 18, 21
Mesopotâmia, Arquitetura da 14–16, 19, 24
Mesquita da Sexta-Feira (Jami Masjid), 161
Mesquita da Sexta-Feira de Bibi Khanum 38
Mesquita de Tinmal 146
Mesquita de Umayyad (A Grande Mesquita) 30
Metais Não Ferrosos 242
Metrópole 381
Méxica, Povo 38
México 18, 23, 25, 38
Mezanino 183
Michelozzi 67
Miró, Joan 6
Moche, Civilização 21, 23, 25
Modelagem 224
Módulo 194
Mohenjo-Daro 15, 373
Monastério de São Melécio de Antioquia, Monte Kithairon 84
Mongóis 25, 35–36, 38, 40
Mont Saint Michel 103
Montantes 175
Moore-Turnbull/MLTW 131, 223
Movimento Artes e Ofícios 47
Movimento Moderno 47–50
Mudando de Escala 213
Mudando os Pontos de Vista 211
Município de Seattle 378
Muros de Arrimo 197
Museu Gandhi Ashram 147
Museu Guggenheim, Bilbao, Espanha 50
Museu Guggenheim, Nova York, Estados Unidos 149

N

Nabateus 22
Nascença 191
Nazca, Tribos 21, 23, 25
Nervura, Abóbada 170
Nervura 170
Neski, Barbara 63
Neski, Julian 63
Neumann, Balthasar 129
Neutra, Richard 141

Nolli, Giambattista 1, 83
Normandos 33
Nossa Senhora de Haut 115
Nossa Senhora de Reims 34
Nova York, Cidade de 42, 47–48
Núbia 18

O

Óculo 173
Oitão 168
Olmecas 18, 21
Olmsted, Frederick Law 46
OMA/LMN Architects 390
Ópera de Sydney 49, 230, 391
Organização das Vistas 331
Organização e Ordenação na Arquitetura 125
Organizando a Circulação 148–149
Orientação 54, 198
Os Materiais da Arquitetura (Propriedades, Características e Comportamentos) 231
Otonianos 33
Otto, Frei 77, 97

P

Padrões de Organização 134–147
    Agrupados 135, 142–143
    Centralizados 135–137
    Em Malha 135, 144–147
    Lineares 135, 138–139
    Radiais 135, 140–141
Pagode de Madeira Yingxian 29
Painel 188
Palácio da Dinastia Shang 16
Palácio de Carlos Magno em Aachen 31
Palácio de Carlos V 37
Palácio de Cristal 46
Palácio de Ninomaru 40
Palácio de Potala 40
Palácio Xianyang, Xi'an, China 21
Palazzo Medici-Ricardo 67
Palazzo Picolomini 133
Palestina 18
Palladio, Andrea 41, 59, 112
Panteão (religião) 34
Panteon (edificação) 1, 81
Parede Externa 174
Parede Hidráulica 190
Parede Oeste da Caverna Magao 27
Parede Portante 174
Parede-Cortina 175
Parede-Meia 174

Paredes, Construção 266–271
    Alvenaria 269
    Concreto 266–268
    Estrutura de Aço 270
    Montantes Leves 271
Paredes Internas 174
Paris, Cidade de 39, 41, 45, 47
Paris, Planta de 8
Paris na época de Luís XIV 149
Parterre 198
Pátio 173
Pátio 173
Pátio de Entrada 172
Pátio Interno 173
Pautre, Antoine Le 154
Pavilhão, Projeto, século XVII 131
Pavilhão 198
Pavilhão da Suprema Harmonia 92, 222
Pavilhão Soviético, Exposição Internacional de 1925 47
Pavimento de Cobertura 171
Pavimento de Subsolo 183
Pavimento Térreo 183
Paxton, Sir Joseph 46
Pedra 243
Pensamento do Arquiteto 5, 10, 52, 213
Pensando no Papel 202–213
Pensiero Della Chiesa di San Carlo 61
Pequim, China, Planta da Cidade de 39
Pérgola 198
Período Paleolítico 14
Pérsia 19–20, 23, 25, 28, 30, 32, 41
Persiana Externa 180
Peruzzi, Baldassare 129
Piano Nobile 183
Piazza 198
Piazza del Campo, Siena, Itália 103, 406
Pilares 291
Pilastra 174
Pinásio 178
Pinturas Rupestres 14
Pirâmide, Projeto de uma Forja de Ferro 45
Pisos, Construção 258–265
    com Estrutura de Aço 264
    com Estrutura de Concreto 258–263
    com Estrutura de Madeira 265
Placa 195, 295
Place Royale, Paris 41
Planejamento Urbano 398
Plano de Parques e Recreação de Seattle de 2004 403
Planta da Ágora, Atenas, Grécia 158
Planta de Caral, Peru 17
Planta de Pérgamo 150
Planta dos Foros Imperiais de Roma 22

Plantas 332–339
Plantas de Igrejas Armênias 28
Plásticos 247
Pleno 169
Plinto 197
Poço 189
Pont, Henri Maclaine 98
Populações dos Andes 15, 17
Porão Baixo ou Depósito 171
Porta adaptável 182
Porta Almofadada 182
Porta Articulada 181
Porta Biarticulada 181
Porta Corrediça 181
Porta corrediça embutida 181
Porta de Duas Folhas 181
Porta de Duplo Sentido 181
Porta de Sentido Único 181
Porta de Tela 182
Porta Envidraçada 182
Porta Giratória 182
Porta Holandesa 182
Porta Lisa 182
Porta Pivotante 181
Porta Sanfonada 181
Portal 182
Pórtico 172
Pórticos e Paredes 294
Posição 54
Pós-Modernismo 50
Poverty Point 17, 25
Praça de São Marcos 85
Praça Durbar, Patan, Nepal 43
Praça em Giron, Colômbia 87, 406
Prateleira de Luz 180
Precedentes 37, 199
Prefeitura de Boston 85
Prefeitura de Säynätsalo 48, 113
Prefeitura de Seattle 389
Preservação Histórica 397
Priene, Cidade de 398
Primeira Igreja Unitária, Rochester, Nova York 37, 69
Primeiras Culturas 14
Prince-Ramus, Joshua 390
Princípios de Organização 125–133
    Espaço Dentro de Outro 126–127
    Espaços Conectados por um Terceiro Espaço 126, 132–133
    Espaços Contíguos 126, 130–131
    Espaços Intersecionados 126, 128–129
Princípios Ordenadores 150–164
    Eixos 151–153

Hierarquia 151, 156–157
Referência 151, 158–159
Ritmo 151, 160–162
Simetria 151, 154–155
Transformação 151, 163–164
Prisão Moabit 140
Prisão Panóptica 44
Processo Criativo 201
Processo de Projeto 3–6, 80, 163, 199–230, 231, 249, 281, 299, 329, 349–350, 373–374, 377, 396, 403–404
Programa de Necessidades, Elaboração 370–371
Projeto de Hospital, Veneza 149
Proporção e Escala 74–78
Pueblo Bonito 31
Pulesi 44

Q

Qin, Dinastia 21, 23
Quadro de Distribuição 187
Quatro Formas de Casas 64
Qubba, Al-Barubiyyin 32
Quebec, Cidade de 42
Quebra-sol 180
Quiosque 198
Quioto, Cidade de 40

R

Radiador 185
Radier 197
Rampa 183
Rampa Escalonada 183
Recinto Sagrado, Santuário Interno de Ise 29
Recomposição 208
Rede de Condução 185
Rede Hidráulica 189
Referência 151, 158–159
Registro 186
Reino de Israel 18
Reino Sabeu 18
Renascimento 13, 37, 39
Renovação de Paris 47
República de Veneza 39
Reservatório 189
Resistência 187
Respiradouro 184
Responsabilidades Profissionais 321
Retorno de ar frio 185
Rincão 168
Rio de Janeiro, Cidade do 42
Ritmo 151, 160–162

Roma, Cidade de 24, 27, 41, 83
Rosselino, Bernardo 133
Rota da Seda 22, 24–25, 27, 32
Rotação 212
Rotunda 173
Rural 385
Rússia 27, 35, 38, 42

S

Sacro Império Romano 31, 36
Saimel 191
Saint Pierre 61
Sala de Concerto da Walt Disney 57, 391
Salão de Exposições para a Feira Internacional de Izmir 48
Salão de Reuniões em Banpo, China 13
Samarkand, Cidade de 39, 42
San Carlo alle Quattro Fontane 143
San Lorenzo 18
San Lorenzo Maggiore 136
Santa Maria Novella 4
Santuário do Imã Dur 32
Santuário Ise 76
São Sérgio e São Baco 37, 86
Sapata Contínua 197
Sapata Corrida 197
Sapata em Balanço 197
Sapata Escalonada 197
Sapata Isolada 197
Sapata mista 197
Scharoun, Hans 49
Segundo Pavimento 183
Segundo Subsolo 183
Seleção de Materiais 232
Sendo Flexível 210
Senegal, Cidade de 42
Séries 187
Shaft 185
Shang, Dinastia 16
Shimbara, Distrito das Gueixas 43
Sifão 190
Simetria 151, 154–155
Singapura, Cidade de 42
Síria 28
Sistema de Drenagem 190
Sistema de Ventilação 190
Sistemas Mecânicos 184
Sofito 191
Solário 173
Sótão 171
Stirling, James 50, 107
Stubbins, Hugh 95

Subúrbios 384
Superfícies 56–57

T

T'ang, Dinastia 29–30
Tailandês, Povo 19, 39
Taipa de Pilão 177
Tamanho 53–54
Taxonomia Urbana 377–386
Densidade 381–386
Tamanho 379–380
Teatro de Seinäjoki 134, 221
Techne 3–5, 10
Técnicas de Construção e suas Implicações no Projeto de Arquitetura 249
Tectônica 52
Templo da Montanha no Templo Bakong 92
Templo de Júpiter Capitolino 92
Templo de Kailasnath, em Ellora 79
Templo de Mars Ultur 22
Templo de Poseidon, Isthmia, Grécia 18
Templo do Fogo em Ani, Armênia 26
Templo Hindu 17 26
Templo I em Hattusas 16
Templo Khandariya 32
Templo Maior 38
Templo Toshogu 149
Tenochtitlán, Cidade de 38
Teotihuacán, Cidade de 23–25, 28, 36
Tepanecas 38
Terraço 172
Terracota 177
Terreno 167, 198
Terreno Budista Mahayana de Borobodur 30
Tesouras 168, 293
Teto Acústico 169
Textura 53
Tijolo Furado 177
Tijolos, Tipos e Aparelhos 176, 239
Tímpano 191
Tipos de Arco 191–192
Tipos de Edificações 166
Tolerando a Ambiguidade 203
Topiaria 198
Trama 170
Transformação 58–65
Dimensional 58, 60–61
Por Adição 58, 65
Por Subtração 58, 62–64
Princípio da 151, 163–164
Transformador 187
Transformando 209

Transição 171, 363
Trapeira 168
Treliça 198
Treliça Espacial 195
Trocador de Calor 186
Tubo Ascendente 189
Tubo Ramal 189
Tubo-Mestre 189
Tubulação 189
Túmulo de Teodorico, o Grande 27
Túmulo do Obelisco em Petra 22
Turquia 18, 28

U

Ubirr 14
União das Repúblicas Socialistas Soviéticas (URSS) 47–48
Unidade de Habitação 59
Unidade de Manejo de Ar 186
Urartu, Povo 18
Urbanismo 38, 45, 373–408
Urbano 383
Uso do Solo 396
Utzon, Jørn 49, 230

V

Valhalla 92
van de Rohe, Lugwig Mies 47
Varanda 172
Vaux, Calvert 46
Vedações externas 175, 298
Veneza, Cidade de 39, 41
Veneziana 179
Ventilador 190
Versalhes, Planta de 42
Vidraça 178
Vidro 248
Vietnamitas 19
Vigas, Teto de 169
Vigas, Tipos de 193
Vigas 292
Vignola, Giacomo 152
Vila 379
Vila de Adriano 24
Vila em Cartago 129
Vila Farnese 152
Vila Mairea 6
Vila Savoye 47
Vila Tressino em Meledo 112
Vistas Ortogonais 330

W

Washington D.C., Cidade de 44–45
    Planta feita por L'Enfant 44
Wright, Frank Lloyd 1, 7, 47, 49, 61, 77, 117, 120, 141, 149, 214, 334

X

Xia, Dinastia 15

Y

Yuan, Dinastia 36

Z

Zapotecas 21, 33
Zhou, Dinastia 19, 21
Zona de interconexão 15
Zona Semirrural 386
Zoneamento 396–397